Susanne Hauser

Metamorphosen des Abfalls

Konzepte für alte Industrieareale

D1705155

Campus Verlag
Frankfurt/New York

Als Habilitationsschrift auf Empfehlung des Fachbereichs
der Philosophischen Fakultät III der Humboldt-Universität zu Berlin
gedruckt mit Unterstützung der Deutschen Forschungsgemeinschaft.

Die Deutsche Bibliothek – CIP-Einheitsaufnahme

Ein Titeldatensatz für diese Publikation ist bei
Der Deutschen Bibliothek erhältlich
ISBN 3-593-36756-4

Copyright © 2001 Campus Verlag GmbH, Frankfurt/Main
Umschlaggestaltung: Guido Klütsch, Köln
Umschlagmotiv: Serropolis, Foto: Susanne Hauser
Satz: Satz-Studio Rolfs, Dreis-Brück
Druck und Bindung: Druck Partner Rübelmann GmbH, Hemsbach
Gedruckt auf säurefreiem und chlorfrei gebleichtem Papier.
Printed in Germany

Besuchen Sie uns im Internet: www.campus.de

Wo bis vor etwa 15 Jahren Hochöfen in Betrieb waren, kann heute die Alpingruppe Duisburg einen 150 m langen eisernen Klettersteig erklimmen, die »Via ferrata Monte Thysso«. Das alpine Angebot wird ergänzt durch Bunkerwände auf dem Gelände der ehemaligen Thyssen-Hütte in Duisburg-Meiderich, an denen sich das Klettern in allen Schwierigkeitsgraden systematisch erlernen läßt.

Im Industriegebiet um Coalbrookdale liegt Ironbridge, ein dreihundert Jahre altes Industriedorf mit einer bemerkenswerten eisernen Severnbrücke aus dem Jahr 1779. Ab Mitte des letzten Jahrhunderts verfiel das Dorf, bis es in den fünfziger Jahren des 20. Jahrhunderts als industriearchäologischer Fund gefeiert wurde: Hier waren aufgrund des ungestörten Verfalls noch Strukturen sichtbar, die in anderen Industriegebieten längst überbaut waren. Ende der siebziger Jahre war das Dorf fast vollständig restauriert und zog pro Jahr 200.000 Besucher an, ein lebendes Museum, auch nach Einschätzung seiner meist vom Tourismus lebenden Bewohner.

Im Stadtteil Oberschöneweide, Berlin-Ost, sind nach 1989 fast alle Industriebetriebe stillgelegt worden, nur wenige Grundstücke und Bauten haben eine neue Nutzung gefunden. Einige Entscheidungen über die künftige bauliche Struktur des Gebietes sind jedoch vorgegeben durch den Denkmalschutz: Er sichert Gebäude von bauhistorischem und strukturellem Wert, unter ihnen Peter Behrens Zentrale für die AEG von 1907 und Jugendstilhäuser des Architekten Max Stuttenheim.

In Wanlockhead befindet sich das Museum of Scottish Lead Mining. In seiner Nähe gab es bis 1992 unbefestigte Ablagerungen mit Bleianteilen, die auch dreißig Jahre nach Aufgabe des Bergbaus noch nicht von Pflanzen besiedelt waren. Als eine Untersuchung der Bevölkerung auffällige Bleiwerte im Blut anzeigte, wurden die Ablagerungen überarbeitet. Sie sind nun fixiert, mit Gras eingesät und mit Zäunen von den umliegenden Wiesen abgetrennt, damit Schafe und wildlebende Tiere sie nicht beweiden und sich nicht vergiften. Da die Flächen nur selten gemäht werden, haben sie sich zum sommerlichen Blickfang für die Museumsbesucher entwickelt: Auf den Ablagerungen ist eine Wildwiese mit seltenen Pflanzen entstanden.

Inhalt

Vorsatz

Wäre es nicht eine wundervolle Welt, wenn sie nur ihre Abfälle wegräumte?
Emile Cioran

Reinheit ist der Feind aller Veränderungen, Mehrdeutigkeiten und Kompromisse.
Mary Douglas

I.

Dieses Buch handelt von Abfall, Müll und Ruinen, nicht von ihren stofflichen Qualitäten, sondern von den diskursiven Prozessen, in denen Müll und Abfall konstituiert und vernichtet werden. Die Zeitspanne, um die es hier geht, ist die der letzten 50 Jahre, denn in diesem Zeitraum hat sich die Erzeugung von Abfällen beschleunigt wie in keinem vorhergehenden. Gleichzeitig ist die Bewältigung der angefallenen Abfälle an reale wie imaginäre Grenzen gestoßen, die zu Revisionen der Lösungen des 19. Jahrhunderts und ihrer Konzepte geführt haben und noch führen.

In nicht spezialisierten wie in Fachdiskursen haben sich in den letzten Jahrzehnten neue Muster ausgebildet, die der Bestimmung und Deutung des Abfalls dienen. Dieser Prozeß läßt sich als der einer Erzeugung von neuen Gegenständen, von neuen Fragen und Antworten verstehen. Er ist in dieser Hinsicht den umfassenden Thematisierungen vergleichbar, die den Konzepten für Abwassersysteme und ihrer Einrichtung in den Städten des 19. Jahrhunderts vorausgingen – mit dem Ergebnis, daß das Abwasser für etwa hundert Jahre aus der öffentlichen Wahrnehmung und Diskussion verschwunden war.

Wie die städtebaulichen und hygienischen Diskussionen des 19. Jahrhunderts, führen auch die heutigen Diskussionen zu einer Revision der Grenzen zwischen Abfällen und Ordnung wie zu einer Revision bisheriger Konzepte der stofflichen Qualitäten der Umwelt. Die Bestimmung dessen, was Abfall sein und heißen soll, zeigt sich dabei untrennbar verbunden mit der Bestimmung dessen, was nicht Abfall ist, einer ökologischen und ökonomischen Ordnung, von der er abgefallen ist. Revisionen der Konzepte des Abfalls revidieren nicht nur das, was Abfall heißt, sondern auch das Konzept der Ordnung, die ihn erzeugt.

Die in Deutschland, aber auch in anderen alt-industrialisierten Ländern nahezu selbstverständlich gewordene öffentliche Befassung mit Hinterlassenschaften der industriellen Massenproduktionen, mit Müllhalden, Altlasten und Industriebrachen, steht im Kontext eines umfassenderen gesellschaftlichen Diskurses, in dem Konzepte, die das Selbstverständnis der industriellen Gesellschaften geprägt haben, zweifelhaft, wenn nicht anachronistisch werden. In der öffentlichen wie fachöffentlichen Diskussion um Müll und Abfall werden Identitäten und Grenzen, Beziehungen zwischen Ordnung und Nicht-Ordnung, zwischen Sichtbarkeit und Unsichtbarkeit, zwischen bedeutungstragenden Objekten und bedeutungslosem Stoff, zwischen Wert und Unwert, zwischen Dingen, die zu erhalten, und solchen, die wegzuwerfen sind – und nicht zuletzt auch zwischen »richtigem« und »falschem« Tun in Frage gestellt.

Abfallvermeidung, Recycling, Wiederverwertung und Wiederaufarbeitung von Stoffen oder Böden sind selbstverständliche Themen, die weit über den »Grünen« nahestehende Diskurse hinaus diskutiert worden sind und, vor allem seit den siebziger Jahren, Eingang in neue rechtliche Regelungen gefunden haben. Insofern könnte die Vermutung aufkommen, daß ein neuer Umgang mit Abfällen und Ruinen der industriellen Produktion einen Bruch mit bisherigen Praktiken darstellt, ein Innehalten vor dem Verbrauchen und Ruinieren, eine Umkehr zu einer effektiveren, ressourcenschonenderen, zu einer auch moralisch besseren Ökonomie der Stoffe.

Zweifel daran, daß es sich hier um eine völlig neue Entwicklung hin zum Besseren handelt, um einen Bruch mit alten und als zerstörerisch erkannten Mustern, Verfahren und Gewohnheiten, sind angebracht. Denn der im Zeichen der »Grenzen des Wachstums«, der Sorge um begrenzte Ressourcen und um die begrenzte Aufnahmefähigkeit von Wasser, Luft und Boden für schädigende Stoffe begonnene Diskurs über die Überreste und Hinterlassenschaften der Industrie läßt auch eine andere Deutung zu: In dem ihm folgenden Diskurs weitet sich der Bereich des Definierten, des Bekannten, des Kontrollierten als Gegenstand einer Planung und Verfügung nur aus.

Der übersehene, der abseitige Bereich wird aus seiner Unsichtbarkeit und Unbekanntheit gezogen, von seinen Ambivalenzen befreit und seinerseits einer Ordnung und Kontrolle unterworfen. Die Ausbeutung und Verwendung

12

immer neuer Rohstoffe weicht nicht der Suche nach Möglichkeiten des Wiedernutzens, sondern gewinnt neue Gegenstände: Abfälle, Reste, Ruinen, aufgegebene Industrieareale werden zu neuen Ressourcen. Die Aufmerksamkeit für Abfälle, die dazu beiträgt, daß immer mehr Abfälle in etwas anderes transformiert werden, ist Teil einer Entwicklung, die in den alt-industrialisierten Ländern Begriffe von dem, was Natur und Kultur, was innen und außen, global und lokal, zentral und peripher ist, ändert. Sie dehnt den Bereich des Kontrollierten und der Planung aus bis dahin, wo er auch Müll und Abfall umfaßt, um ihn insofern konzeptionell zu vernichten. Diese Entwicklung folgt einer Logik der Expansion.

II.

Aufgegebene Industriegelände der großen Industrien des 19. und 20. Jahrhunderts, Gelände der Montan- oder der Textilindustrie, zeichnen sich dadurch aus, daß hier Abfall, Müll und Ruinen in beeindruckender Menge auf beeindruckend großen Flächen anzutreffen sind. Deshalb sind Planungen für diese Gelände geeignete Beobachtungsgegenstände für den avancierten Umgang mit den unbrauchbaren Überresten der industriellen Produktion. Anhand von Planungen für alte Industrieareale lassen sich paradigmatisch einige der diskursiven Muster sichtbar machen, die in den letzten Jahren für den Umgang mit Abfällen bestimmend geworden sind.

Industriebrachen fallen seit etwa 50 Jahren in den alt-industrialisierten Ländern in steigender Zahl an. Prozesse der Wiedergewinnung zielen auf die Einbeziehung des Unbrauchbaren in eine neue Praxis, in eine neue Ordnung. Sie erzeugen Bedeutungen und Kontexte für Gelände, die ihre alte Bedeutung verloren haben.

Die Aufmerksamkeit für die Eigenschaften alter Industriegelände hat sich in den letzten Jahrzehnten differenziert. Ihre Neunutzung geschieht in den siebziger Jahren nach Erwägungen, die ökonomischen, sozialen und politischen Diskursen zuzurechnen sind, seit den achtziger Jahren berufen sich Planungen verstärkt auf ökologische wie historische Argumente, und zunehmend ist es einer (Natur-)Ästhetik aufgegeben, Abfälle neu sehen zu lehren, um sie einer Integration, einer neuen Brauchbarkeit, einer neuen Ordnung zuzuführen. Heute spielen in dem Unternehmen der Nutzung und Vernichtung des Abfalls ästhetische Momente eine zentrale Rolle: Die Ränder und Grenzen des

Ästhetischen, verstanden in einem weiten Sinn – als gesellschaftlich und kulturell Wahrnehmbares und mit Sinn und Bedeutung Belegtes – weiten sich beständig aus. Auch diese Bewegung folgt einer Logik der Expansion.

Im Zentrum dieser Untersuchung stehen Verfahren, die erlauben, aus Abfall etwas anderes zu machen und ihn insofern vernichten. Es zeigt sich am Beispiel aufgegebener Industriegelände im Verlauf der letzten Jahrzehnte vor allem diese Tendenz: An die Stelle von Scheidungen zwischen geordneten, gesäuberten und kontrollierten Räumen und dem Unbrauchbaren, aus ihnen Ausgeschlossenen treten Konzepte der (Re-)Integration und der Vermischung, der Minimierung materieller Eingriffe und Umwandlungen und der Maximierung diskursiver und symbolischer Bewältigung.

In Planungen für alte Industriegelände gehen ästhetisierende Strategien ein, die schon eine lange Geschichte haben, die sie aber bis in die fünfziger Jahre des 20. Jahrhunderts nicht oder kaum je mit Hinterlassenschaften der Industrie in Zusammenhang gebracht hat. Heute sind sie verfügbar geworden für die Wiedergewinnung aufgegebener Territorien. Zu den heute wichtigsten dieser Strategien zählen Verfahren, die alte und verbrauchte Dinge und Bauten, auch Ruinen, über ihre Musealisierung und Unterschutzstellung als Denkmal in Kultur und Erbe verwandeln. Andere bestehen in der möglichst nahtlosen Einfügung der überflüssigen industriellen Strukturen, von Kanälen und Infrastruktureinrichtungen, von Müllhaufen, Löchern und Halden des Bergbaus in die Landschaft, die Natur. In dem Prozeß, der die Hinterlassenschaften der alten Industrie musealisiert, schützt, naturalisiert oder verlandschaftet, ändern sich die Konzepte der Musealisierung, des Denkmal- und Naturschutzes, der Landschaft.

Musealisierung, Denkmalschutz, Naturalisierung und Verlandschaftung operieren heute als von bestimmten Gegenständen und Qualitäten abstrahierbare Verfahren über einem Gegenstandbereich, der das Gegebene, das Vorgefundene umfaßt. Nicht bestimmte Qualitäten, die überflüssig gewordenen Gegenständen zugeschrieben werden, sondern die Relationen, in die sie über den Prozeß ihrer Unterwerfung unter eine oder mehrere Strategien gestellt werden, ermöglichen und rechtfertigen die Einfügung der verbrauchten Gelände unter die geordneten Territorien.

Ziel dieser Untersuchung ist es, die Art der Veränderungen als Erzeugung und Expansion neuer Konzepte der Stofflichkeit und des für Planung und Kontrolle verfügbaren Materials kenntlich zu machen, ein zweites ist es, zu zeigen, inwiefern die Vernichtung des Abfalls die Strategien gleichzeitig dementiert und nutzt, mit denen sie ins Werk gesetzt wird.

III.

Der *erste Teil* der Untersuchung dient der Verständigung über ihren Gegenstand sowie die ihr vorausliegenden Beobachtungen und Thesen. Ein einleitendes Kapitel lotet zunächst phänomenologisch die Beziehungen zwischen Abfall und der Ordnung, von der er abgefallen ist, aus. Dabei stellt sich die Frage nach Bestehen und Art einer Grenze, die zwischen beiden angenommen werden kann. Ein zweites Kapitel führt aufgegebene Industrieareale als Gegenstände einer Untersuchung über den Abfall ein. In diesem Kapitel wird ein für diese Arbeit grundlegendes Konzept entwickelt, das des Umweltmodells. Anmerkungen zur Auswahl der Planungen, die als Beispiele dienen, zur Chronologie der Planungsstrategien, zur Materialgrundlage der Untersuchung sowie zu den methodischen Entscheidungen, die der Lektüre des Materials zugrundeliegen, sind ebenfalls in diesem Kapitel zu finden.

Ein *zweiter Teil* nimmt eine erste Besichtigung der Abseite vor. In ihm wird das Bild aufgegebener und nicht weiter bearbeiteter Industrieareale im Hinblick auf die Zuschreibungen, die sie mit jeglichem Abfall teilen, untersucht. Dazu gehören ihr Verschwinden aus der kollektiven Wahrnehmung bis hin zur Unsichtbarkeit, ihre Marginalisierung und ihre Verwandlung in tabuisierte Zonen, die psychische, physische und territoriale Unzugänglichkeit, ihre Besetzung mit (Schmutz-)Angst, seit den siebziger Jahren mit der Angst vor Giften. Ein zweites Kapitel skizziert die Entwicklung der Aufmerksamkeit für Altlasten, für Kontaminationen. Hier erscheinen Grenzen, nicht der ästhetisierenden Strategien, wie in späteren Teilen zu zeigen sein wird, doch der möglichen künftigen Nutzungen, die die Definition von Einschränkungen erzwingen.

Alles dies verbindet ehemalige Industrieareale mit generalisierbaren Abfallimages, in ganz konkreter Weise ablesbar an dem Umstand, daß sie bevorzugte Standorte und Ziele der Müllindustrie, der Entsorgungswirtschaft sind. Planungen für alte Industrieareale und -regionen gehen mit Schmutz- und Abfallimages, mit stigmatisierten Gebieten um. Deshalb entwerfen sie nicht nur das Bild einer neuen räumlichen oder baulichen Ordnung, sondern entwickeln Modelle der Umwelt, die die ihren Planungsgegenständen zugeschriebenen Abfalleigenschaften und -imagines in Betracht zu ziehen und zu unterlaufen, zu konterkarieren, zu ignorieren, zu ändern suchen. Die Formen, in denen das geschieht, haben sich mit der Menge der aufgegebenen Industrieareale und der zunehmenden fachlichen wie nicht spezialisierten Aufmerksamkeit für Abfälle in den letzten 50 Jahren stark geändert.

Strategien, die die alten Gelände im weitesten Sinne für die Wahrnehmung öffnen, sind privilegiert und spielen eine umso größere Rolle in Planungsprozessen, je komplizierter sich die über physikalische oder chemische Eingriffe vermittelte Vernichtung des Abfalls gestaltet. Die folgenden fünf Teile der Untersuchung konzentrieren sich auf diese miteinander kompatiblen und in vielen Planungen miteinander verbundenen Verfahren des Zurückholens von Stoffen, Dingen, Bauten, Arealen aus dem Abseitigen.

Der *dritte Teil* untersucht die Transformationen früheren Abfalls in Kultur und Erbe. Er zeigt, wie Musealisierung und Unterschutzstellung von Gegenständen des Alltags in der industriellen Gesellschaft, von Maschinen und Bauten, die industrieller Produktion gedient haben, entwickelt und in Beziehung zu einem Paradigma der Kultur verteidigt und etabliert worden sind. Diese Möglichkeit der Errettung vor Abriß und Schutthalde, die heute so selbstverständlich ist, daß die Assoziierung mit Abfall schon provozierend sein mag, ist als Option für Planungen ehemals industriell gebrauchter Flächen nicht einmal 50 Jahre alt. Das erste Kapitel geht Argumenten für den Erhalt technischer Kulturdenkmäler nach, die sie in zunehmender Zahl vor der Verschrottung geschützt haben, ein zweites beschreibt anhand von Beispielen die Musealisierung industrieller Hinterlassenschaften als den einer Herstellung, nicht als den der Bewahrung einer Vergangenheit, einer Identität, einer Geschichte industriell geprägter Regionen. Ein drittes Kapitel befaßt sich über einen Exkurs in die bildenden Künste mit der Ausweitung der Sammlungsspektren. Denn der quantitativen Zunahme von Museen der Industrie und des Alltags korrespondiert eine Ausweitung der Sammlung in qualitativer Hinsicht: Musealisierung ist bis in die Müllhaufen der industriellen Gesellschaft vorgedrungen und findet auch dort ihre Objekte.

Ein *vierter Teil* stellt zwei Projekte vor, in denen Musealisierung zur entscheidenden ökonomischen Basis der Umgestaltung ganzer Regionen nach der Schließung der sie prägenden Industrien geworden ist: ein englisches Beispiel aus den sechziger Jahren des 20. Jahrhunderts, die Ironbridge Gorge Museen, und ein belgisches Beispiel, die Écomusealisierung des Centre mit dem Zentrum Bois-du-Luc, begonnen in den neunziger Jahren. Die Analyse der Museumsprojekte bezieht sich jeweils auf die Konstruktion des Museums der Industrieregion und auf die Art und Weise, in der die Autoren der Projekte ihre Gegenstände in Kultur und Erbe verorten.

Wenn von Transformationen des Abfalls in Kultur und Erbe die Rede ist, ist von Denkmalschutz zu reden, der musealisierende Aspekte hat, aber nicht darin aufgeht. Der *fünfte Teil* der Untersuchung befaßt sich mit Planungen, in denen industrielle Bauwerke vor ihrer Beseitigung gerettet werden, ohne daß Museen entstehen. Eine wichtige Rolle spielt dabei die Aufmerksamkeit für ihre spezifische Materialität. Das erste Kapitel diskutiert die Monumentalisierung und die Umwidmung von Industriebauten des 19. Jahrhunderts unter dem Aspekt ihrer konzeptuellen Lösung von früheren Funktionen, von ihrer und jeder Geschichte unter Betonung ihrer materiellen Qualitäten. Ein Kommentar stellt die Beziehung zwischen Denkmal und Altlast her und zeigt, wie Umwidmungen Teil einer neuen Wahrnehmung und Anerkennung des Vorhandenen und einer zugehörigen neuen Ökonomie der Stoffe sind. Das zweite Kapitel fragt nach der Dauerhaftigkeit von Industriebauten des 20. Jahrhunderts, eine wichtige Voraussetzung des Erhalts, und damit ihrer Eignung als Monumente und zeigt, daß viele Bautypen von vorneherein auf kurze Dauer angelegt sind: Sie sind ephemere Strukturen. Das dritte Kapitel untersucht Planungen, die daraus ihre Konsequenzen ziehen und den verfallenden Industriebau des 20. Jahrhunderts unter Rekurs auf Ruinenästhetiken inszenieren.

Der *sechste* und der *siebte Teil* behandeln Natur und Landschaft als Basis abfallvernichtender Strategien. Nicht anders als Musealisierung und Unterschutzstellung und mit ihnen eng verbunden, erfahren Naturalisierung und Verlandschaftung eine Ausweitung ihres Anwendungsbereichs. Das Vorhandene, das auf dem alten Industrieareal Vorgefundene, gibt den neuen Maßstab für Natur und für die Landschaft: Natur wie Landschaft werden in zunehmendem Maße auf den Abfallbergen industrieller Produkte gefunden, in den abgeschriebenen Arealen der alten Industrie gesehen.

Das erste Kapitel des sechsten Teils beschreibt die Pluralität und Relativität der Konzepte von Natur, die in Planungen für alte Industrieareale eingehen, sowie die Schwierigkeiten der dennoch häufigen Versuche, unter Berufung auf Natur eine unzweifelhafte Grundlage für eine neue Planung, für ein neu zu entwerfendes Modell der Umwelt zu legen. In weiteren zwei Kapiteln werden die planerische Entdeckung der Flora und Fauna auf (Industrie-)Brachen sowie Kriterien des Naturschutzes und ihre Beziehung zu Konstruktionen einer Technonatur diskutiert. Es zeigt sich in diesem sechsten Teil der Untersuchung, daß auch hier eine Integration der Dinge, Stoffe und Gegenstände, die Natur heißen können, in eine verallgemeinernde Sicht des Vorhandenen als Material stattfindet, über dem neue Umwelten konstruiert werden.

Verlandschaftung ist traditionell ein ästhetisches Verfahren mit einer harmonisierenden, integrativen Kraft. Es bietet die wohl meisten vertrauten Möglichkeiten und Anschlüsse, wenn auf eine traditionelle Strategie zurückgegriffen werden soll, um eine verfahrene Situation zu ordnen. Seit den fünfziger Jahren findet sich ein Blick in englischen Planungen, der unter dem Müll alter Industrieregionen die Landschaft erspäht, seit den achtziger Jahren findet sich in deutschen Entwürfen für alte Industriegelände ihre Beschreibung als Kulturlandschaft. Die postindustrielle Landschaft ist in neueren Planungen eine sichtbar zweifach überformte: zuerst durch die industrielle Entwicklung, dann durch die nachfolgende Planung, in der eine je schon konstruierte Landschaft als solche neu akzentuiert wird. Das erste Kapitel dieses Teils stellt die Motive aus alten Landschaften und Gärten vor, die in Planungen für Industriegelände aufgerufen, gebraucht und transformiert werden. Pictoresque Bilder der Landschaft, Schäden kompensierende, tröstende Landschaften, harmonische, zu Genuß auffordernde Gartenarrangements und ihren Bewohnern entsprechende, korrespondierende postindustrielle Landschaften werden in weiteren Kapiteln vorgestellt. Sie zeigen, daß die Landschaft und der Garten, je schon Konstrukte, auch über Abfällen konstruiert werden können, und zwar so, daß diese darin verschwinden.

Teil I

Die Untersuchung des Abfalls

Der erste Teil der Untersuchung dient der Verständigung über ihren Gegenstand sowie die ihr vorausliegenden Beobachtungen und Thesen. Das einleitende Kapitel untersucht die Beziehungen zwischen Ordnung und Abfall. Unter Ordnung wird dabei im Zusammenhang dieser Arbeit eine Ökonomie der Stoffe verstanden, die, um ihre Strukturen aufrecht zu erhalten, das ihr Unbrauchbare aus sich heraussetzt. Der Zugang der Beschreibung ist phänomenologisch und erlaubt eine erste Versammlung und Sichtung der heterogenen Eigenschaften, die dem Abfall der alt-industrialisierten Länder zugeschrieben werden, ihn konstituieren und seine Ausgrenzung aus ihrer Ordnung bestimmen.

Diese Eigenschaften werden Abgefallenem differenziert zugesprochen. Im Deutschen gibt es seit dem 19. Jahrhundert die Unterscheidung zwischen Müll und Abfall, zwei Kategorien, die unterschiedlich konnotiert sind und deren Verwendung unterschiedliche Effekte erzeugt: Während der Müll, nach neuerlicher Differenzierung der Restmüll, das Verworfene schlechthin bezeichnet, ist Abfall etwas, bei dem noch nicht entschieden ist, ob es in diese allerletzte Kategorie gehört: Möglicherweise kann Abfall wiederverwendet werden.[1]

Es stellt sich angesichts der Notwendigkeit von Recycling, nachhaltigem Wirtschaften, der Etablierung von Stoffkreisläufen – Überzeugungen, die Diskussionen über die globale Umwelt in den letzten 30 Jahren bis zu Weltwirtschafts- und UNO-Konferenzen bestimmt haben – die Frage nach der Beschreibung und nach der Veränderung der Grenze, die zwischen einer Ordnung, einer bestimmten Ökonomie der Stoffe, und ihren Abfällen angenommen werden kann. Diese Frage ist in territorialer und symbolischer Hinsicht zu stellen, und die Antworten, die im folgenden gegeben werden, laufen darauf hinaus, daß die Grenzen zwischen Ordnungen und Abfällen in Auflösung begriffen sind. Zum einen gelingt die Abschiebung des Abfalls über die Grenzen einer Ordnung immer seltener, zum anderen hat sich die Ordnung soweit ausgedehnt, daß sie gezwungen ist, mit ihren Abfällen zu existieren und sie in sich zu verdauen. Befördert wird die Auflösung der Grenzen des Abfalls unter anderem durch seine stoffliche wie diskursive Differenzierung, seine stoffliche Transformation, auch durch die hier zu untersuchenden Diskurse, die die Potentiale ästhetisierender und naturalisierender Verfahren für sein Verschwinden einsetzen.

Damit kommt die Frage auf, ob es denn überhaupt noch Abfall gibt – und in der Tat, die weiteren Argumente in dieser Arbeit werden zumindest für Planungen von Industriearealen zeigen, daß daran Zweifel angebracht sind: Aus der symbolischen Ordnung verschwinden Müll und Abfall weitgehend. Es bleiben nur Stoffe, auf die noch einige Zeit Kontrollbemühungen zu richten sind, damit niemand realen Schaden erleidet, Stoffe, die allenfalls das Imaginäre noch beschäftigen können.[2]

Das zweite Kapitel führt aufgegebene Industrieareale als Gegenstände einer Untersuchung über den Abfall ein. Anmerkungen zur Auswahl der Planungen, die als Beispiele dienen, zur Materialgrundlage, auf die sich die weiteren Ausführungen beziehen, sowie zu den methodischen Entscheidungen, die der Lektüre des Materials zugrundeliegen, sind ebenfalls dort zu finden. Vor allem aber stellt das Kapitel ein grundlegendes Konzept vor, nämlich das des Umweltmodells.

Die Einführung dieses Begriffs entspricht einer für diese Untersuchung zentralen Überlegung: Bei den alten Industriearealen, die untersucht werden, handelt es sich um Gebiete, die in einem solchen Maße durch die industrielle Produktion gestaltet worden sind, daß jede Anknüpfung einer Planung an einen »ursprünglichen« oder vorherigen Zustand allenfalls eine Anknüpfung an ein Modell eines möglichen vorindustriellen Zustandes sein kann, kaum aber an etwas, das aus dem früheren Zustand noch existieren würde. Und auch die Anknüpfung an die industrielle Produktion verlangt eine besondere Modellierung, denn diese ist nicht mehr da, sondern nur noch ihre Reste. Es geht deshalb darum, in den Entwürfen einen nächsten Schritt zu tun und die ohnehin schon völlig der Konstruktion unterworfenen Gelände neu zu modellieren als postindustrielle Umwelten.

Dabei nehmen die Modelle verschiedenste Wissens- und Traditionsbestände, Bilder und Motive auf, verarbeiten sie, fügen ihnen damit einen neuen Kontext zu und schreiben damit das Gedächtnis der Gesellschaft um, jenes Verfügenkönnen über Bilder, Erzählungen, Motive, die auf eine weitgehende intersubjektive Verständlichkeit, Akzeptanz, mindestens aber erklärliche Fremdheit rechnen dürfen.[3] Es sind insbesondere die Erzählungen, Bilder und Motive von Natur und Kultur, die im Umgang mit den Überresten der alten Produktionen neu kontextualisiert werden. Kultur und Natur mutieren zu Chiffren, deren Lektüre im Kontext der einzelnen Entwürfe immer nur auf die Konstruktion eines neuen Gesamts, das beides nicht mehr braucht, auf das Modell einer Umwelt verweist.

1 Abfall, Müll und Grenzprobleme

Annäherungen

Der Müll ist eine gute Metapher für eine nicht funktionierende Zivilisation.
Ilya Kabakov

Der Schmutz entstand durch die differenzierende Tätigkeit des Geistes,
er war ein Nebenprodukt, das beim Schaffen von Ordnung abfiel.
Mary Douglas

In der Diskussion über Abfälle und Müll steht eine Beziehung zwischen Ordnungen und dem, was nicht mehr in sie paßt, zur Debatte.[4] Denn Abfall oder Müll sein heißt von einer Ordnung abgefallen und in ihr und durch sie überflüssig geworden zu sein. Abfall sein ist keine substantielle Eigenschaft, sondern Ergebnis eines Prozesses, in dem Dinge und Stoffe als unbrauchbar oder gar gefährlich ausgesondert werden. Aus identifizierbaren Stoffen und Objekten sind Bestandteile einer unbestimmten, undifferenzierten Materialmasse geworden, die chaotisch, manchmal widerwärtig, auf jeden Fall nicht mehr der Aufmerksamkeit wert ist, es sei denn im Hinblick auf ihre Beseitigung.

Die Beziehung, in der Müll und Abfall zu der sie erzeugenden Ordnung stehen, ist in mehreren Dimensionen als die von Negativität und Positivität beschreibbar: Eine Ordnung und ihr Abfall scheiden sich an einer Grenze zwischen Differenziertem und Nicht-Differenziertem, Identischem und Nicht-Identischem, Bezeichnetem und Nicht-Bezeichnetem. Zwischen ihnen verläuft eine Grenze, die Sprechen und Schweigen, Wahrnehmen und Nicht-Wahrnehmen trennt.

Diese Scheidungen sind nicht stabil. Abfall und Müll haben undeutliche Grenzen und ziehen in diese Undeutlichkeit alle (anderen) Dinge, Stoffe, auch Konzepte und Informationen ein. Kaum ein Ding, kaum eine Vorstellung ist, die nicht müllverdächtig erscheinen können. In einem Wirtschaftssystem, das sich die Erde fast vollständig untertan gemacht hat, um ihre Stoffe durch Produktionsprozesse zu leiten und in der Konsumtion in Müll zu verwandeln, steht jedes Ding, jede Information im Verdacht, bald Müll zu werden.[5]

Abfall oder Müll geworden sein heißt den zentralen Aktivitäten unserer heutigen Gesellschaft entgegensetzt sein, der Verwertung, dem Nutzen und Brauchen, Produzieren und Konsumieren. Der Ausschluß aus diesen Aktivitäten heißt, so der Umkehrschluß: Müll oder Abfall sein. Abfall oder Müll Produzieren ist dagegen trotz aller abfallvermindernden Maßnahmen eine zentrale Aktivität der industriellen wie der postindustriellen Gesellschaften.[6] Noch keine Gesellschaften vorher haben sich so gründlich mit der Verdauung aller verfügbaren Ressourcen befaßt, der Umsetzung von Stoffen in wegwerfbare Produkte. Dies geschieht meist ohne klares Bild von den Schatten, die sich auftürmende Abfallhalden werfen.

Müll, nicht Abfall

Als Bezeichnung für eine bestimmte Abfallsorte taucht der Eintrag »Müll« vor etwa 100 Jahren in deutschsprachigen Lexika und Enzyklopädien auf. Er bezeichnet die Abfälle von Privathaushalten, auch Straßenschmutz. Es handelt sich um Stoffe, auf deren Verwendung niemand mehr Anspruch erhebt und die in jeder Hinsicht als unbrauchbar bestimmt sind. Müll bezeichnet die Stoffe, mit denen sich die kommunalen Müllabfuhren zuerst befassen, und ist eine Kategorie, deren Aufkommen im deutschsprachigen Raum mit dem Beginn der modernen Reinigungsanstrengungen im städtischen Raum zusammenfällt. Seit dieser Zeit war die Differenzierung nach verschiedenen Kategorien wie Kehricht, Scherben, Lumpen, Asche außer Gebrauch geraten, unterbrochen durch Notzeiten, in denen eine weitgehende Differenzierung aller verfügbaren Stoffe und eine Umwidmung von Müll zu wiederverwertbaren Substanzen zu beobachten ist (Kuchenbuch 1988, 164). Erst seit den achtziger Jahren des 20. Jahrhunderts nehmen Differenzierungen wieder zu, die unter anderem das Allerletzte definieren: den Restmüll.

Ihre Bestimmung als Müll verdrängt Dinge und Stoffe nicht unbedingt aus bestimmten, territorial zu verstehenden Räumen – wohl aber aus dem Bereich der Dinge und Stoffe, die als abgegrenzt oder abgrenzbar gelten, und, weil abgegrenzt, bezeichnet werden können. Müll ist amorph, es gibt ihn nur in Haufen, Massen oder Bergen. Dem Müll zugehörige Dinge und Stoffe werden nicht als einzelne identifiziert. Das Undefinierte und Undifferenzierte des Mülls ist eine seiner zentralen und oft als bedrohlich empfundenen Eigenschaften. Der Müll, außerhalb der Ordnung, ist ein Bereich, aus dem bekannte wie unbekannte Gefahren drohen, ein Zusammenhang, der bei der Rede vom Atommüll, vom Sondermüll unmittelbar evident wird.

Ordnungen haben und produzieren Identität unter anderem in der Abwehr dessen, was nicht oder nicht mehr zu ihnen gehören soll. Eine Abwehr, die sich gegen das Ausgeschlossene richtet, kann sich innergesellschaftlich auf Dinge, Stoffe, auch auf Menschen richten, die mit Eigenschaften, die dem Müll zugeschrieben werden, identifizierbar erscheinen.[7] Metaphorisch, »metarealistisch« kann »Müll« jede Art von definitiver Unbrauchbarkeit bezeichen: »Das Müll-System«, Titel einer auf die Basiskategorie Müll gegründeten Bestandsaufnahme der Weltsituation, trifft sich mit der Beschreibung der post-sowjetischen Gesellschaft durch Ilya Kabakov: »Diese gesamte Wirklichkeit ist ein einziger großer Müllhaufen.«[8]

Abfall

Während Müll das aus der häuslichen und städtischen Ökonomie Ausgeschlossene schlechthin bezeichnet und die eindrucksvollere Metapher abgibt, ist Abfall ein neutralerer Oberbegriff: Abfall ist möglicherweise dazu geeignet, wiederverwendet zu werden. Darauf verweist beispielsweise die Definition des Abfalls im deutschen Kreislaufwirtschafts- und Abfallgesetz: Es handelt sich um »bewegliche Sachen, deren sich der Besitzer entledigt, entledigen will oder entledigen muß. Abfälle zur Verwertung sind Abfälle, die verwertet werden; Abfälle, die nicht verwertet werden, sind Abfälle zur Beseitigung.«[9] Abfälle können Grenzgänger der Ordnung werden.

Solange sie als Abfall bestimmt werden, ist nicht klar, ob sie völlig unbrauchbar sind, also Müll, oder ob sie eine erneute Bewertung als brauchbar erfahren. Abfall ist insofern eine Denkfigur, die die Untersuchung der Grenzen einer gesellschaftlichen, kulturellen, ökonomischen Ordnung ermöglichen kann – als Untersuchung eines Dritten, das nicht der Ordnung angehört, aber nur vorläufig der Nicht-Ordnung, und so in der Schwebe zwischen beiden verharrt, aktualisierbar für die Wahrnehmung, die Ordnung und die ökonomische Verwertung, aber nicht aktualisiert, ausschließbar aus der Ordnung, aber nicht endgültig ausgeschlossen aus ihr. Diese Bedeutung ist seit etwa 100 Jahren in Konversationslexika nachzuweisen: »Die Industrie bemüht sich, diese Abfälle soviel als möglich zu vermindern, die unvermeidlichen Abfälle aber in den Kreis der Fabrikationsprozesse zurückzuführen oder anderweitig lohnend zu verwerten. Von der vorteilhaften Verwertung der Abfälle hängt nicht selten das Gedeihen des ganzen Geschäftsbetriebs ab …«, sagt Meyers Konversationslexikon von 1889. Die Entstehung folgenreicher Teile der Chemieindustrie wie etwa die Teerfarbensynthese oder die Herstellung von FCKW verdankt sich den Verwertungswünschen von Abfällen der Montanindustrie und einem optimistischen Glauben an die praktische Tauglichkeit von Kreislaufmetaphern.[10]

Abfall kann sich so, wie Vilém Flusser 1991 angemerkt hat, in einem Zwischenbereich des Unbestimmten, einem dritten Bereich bewegen, aus dessen Beziehung zu »Natur« und »Kultur« sich ein neuer Blick auf die Beziehung der Ordnung und ihres Anderen erschließt. Die Untersuchung dieser Beziehung verweist auf die Unschärfe und Beweglichkeit der jeweils aktuell gezogenen Grenzen zwischen Ordnungen und diesem ihrem Anderen, das sie erzeugen, auf die widersprüchlichen Verfahren von Kulturen, Gesellschaften, Ökonomien, die gleichzeitig ihre Grenzen und ein Potential zur Störung, Irritierung und Verschiebung dieser Grenzen schaffen, indem sie in großem Maßstab Stoffe und Dinge in den Abfall und Müll verweisen.

Die Untersuchung der imaginären und realen Transformationen des Abfalls als Phänomene eines Grenzganges ist die Untersuchung eines Bereichs »dazwischen«, einer hybriden Zone möglicher Transformation einer Ordnung, von Prozessen der Übersetzung und der Vermischung. Diese Untersuchung hat verschiedene Aspekte, territoriale, physische, diskursive – und stellt vor allem die Frage nach den Formen, Konsequenzen und Grenzen von Überschreitungen.

Territorium und Müll, Expansionen

Ein Motor der Müllerzeugung war und ist die mit dem als grenzenlos imaginierten wirtschaftlichen Prozeß einhergehende, als »schöpferische Zerstörung« (Schumpeter) beschriebene Innovation, die immer wieder neu optimierte Effizienz, mit der industrialisierte Gesellschaften seit zwei Jahrhunderten in zunehmender Wirksamkeit global nahezu alles Vorfindbare durch Produktion und Konsumtion leiten. Die Obsoleszenz der immer wieder überwundenen alten Ordnungen ist einer ihrer Effekte, die Vernutzung von als solchen begriffenen Rohstoffen und menschlicher Arbeitskraft ihre Voraussetzung.

Das hat auch einen territorialen Aspekt, ablesbar an aufgelassenen Industriestandorten, liegengelassenen landwirtschaftlichen Einrichtungen, vernutztem Land. Sie sind Zeugen der fortgesetzten und fortgesetzt beschleunigten schöpferischen Zerstörung. Sie geht aus von einem Zentrum, in dem eine (neu)ordnende Tätigkeit beginnt, und schafft um sich einen Raum, der dieser Ordnung nicht mehr entspricht und also vermüllt. Die Orte, an denen Innovation erzeugt wird, sind müllfreie Räume, Räume, in denen eine künftige Ordnung entsteht, die um sich herum ihren Müll, das heißt ihr Chaos, ihre desemantisierten, entdifferenzierten und ignorierten Zonen schafft.

Die Begründung einer Ordnung und die damit einhergehende Raumbildung durch Abgrenzung eines sauberen Innenraumes hat Leroi-Gourhan bereits für vorgeschichtliche Gesellschaften, anhand von Wohnstätten aus dem 30. Jahrtausend vor Christus beschrieben. Er deutet sie als den Akt, mit dem »im umgebenden Universum von einem Punkt her eine Ordnung« geschaffen wird: »Der ganze Raum ist sorgfältig gesäubert; außerhalb stößt man auf einige Haufen größeren Schutts und, über die Abhänge verstreut, auf die ›Abfallhaufen‹, kleine Ansammlungen von Asche, die mit Steinabfällen und winzigen Knochenfragmenten durchsetzt ist. Der Zeitpunkt in der Evolution, zu dem die ersten bildlichen Darstellungen auftauchen, ist also zugleich der Punkt, da der Wohnraum gegen das Chaos der Umgebung abgegrenzt wird. Die Rolle des Menschen als Organisator des Raumes erscheint hier als dessen systematische Einrichtung.« (Leroi-Gourhan 1980, 396f)

Das Modell, in dem Leroi-Gourhan die Beziehung zwischen menschlicher Wohnung und Müll oder Abfall beschreibt, läßt sich als Muster übertragen auf viele bekannte frühere und auch noch gegenwärtige Bemühungen, das, was als Müll und Abfall gilt, loszuwerden. Das gilt für Reinhaltungsvorschriften aus dem Sizilien des 12. und 13. Jahrhunderts wie für die Maßnahmen, die im 19. Jahrhundert in allen größeren europäischen Städten ergriffen werden, um Abwässer und Müll aus dem sauberen Stadtinnenraum fernzuhalten.

Letztere unterscheiden sich von früheren Versuchen, Ordnung, Müll und Abfall zu trennen, im wesentlichen durch die umfangreiche Planung, die Konzentration und Zentralisierung der Abfälle und den technischen Aufwand wie die Maschinisierung der Prozesse (s. Hauser 1992, 1996), durch die zu bewältigende Menge, desweiteren aber dadurch, daß neue Stoffe hergestellt oder xenobiotische Substanzen mobilisiert werden, die qualitativ von bisher gemachten oder genutzten unterschieden sind. Ab etwa 1900 beginnt die Entwicklung von Stoffen, die nicht verrotten oder erst nach einer Zeit in den Stoffkreislauf ohne Gefahr für Lebewesen zurückkehren können, die alle bisherigen Erfahrungen in dieser Hinsicht sprengt. Die Produktion von »Kunst-Stoffen« und neuen Giften stellt einen qualitativen Sprung in den Voraussetzungen der Müll- und Abfallbeseitigung der industrialisierten Länder und aller Länder dar, in die diese Stoffe gelangen.

Die Müll- und Abfallbeseitigung folgt dennoch weiter einem Muster, das dem des 30. Jahrtausends vor Christus nicht unähnlich ist: Zunächst wird eine, häufig definitorisch, etwa durch Rechtsvorschriften, festgelegte Grenze um einen Innenraum gezogen, der sauber bleiben soll. Der zweite Schritt ist die vorgeschriebene, organisierte, gelegentlich auch zentralisierte Entfernung unerwünschter Stoffe aus diesem definierten Bereich in ein Außen, das seinerseits zumeist als unbegrenzt und unbegrenzt aufnahmefähig, oft auch als unbewohnt imaginiert wird. Ziel der Maßnahmen ist, Müll und Abfall verschwinden zu lassen, und wenn das nicht geht, sie wenigstens irgendwohin zu verbringen, wo sie die Grenzen des sauberen Innenraumes nicht verletzen. Methoden des Verschwindenlassens sind Wegtragen und Aufschütten, Begraben, Wegschwemmen, Verbrennen; eine fast magische Macht des Verschwindenmachens wird noch heute dem Versenken im Meer zugeschrieben.

Der saubere Innenraum, der im 19. Jahrhundert die meisten diskursiven wie baulichen Anstrengungen auf sich gezogen hat, ist die Metropole, die große Stadt. Abwässer werden über zentral geplante und systematisch ausgeführte Kanalisationen in Flüsse geleitet, mehr oder weniger kontrollierte Müllhalden entstehen vor den Städten. Manchmal gibt es beeindruckende Lösungen, die sich auf die Metapher des Organismus Stadt beziehen und einen Kreislauf zu etablieren trachten, beispielsweise die Anlage von Rieselfeldern, die in schnell wachsenden Städten jedoch bald aufgrund von Konkurrenzen mit anderen Flächenansprüchen, aufgrund des geringen Ertrags auf den Rieselflächen, aufgrund von kontaminierenden Stoffen im Abwasser zugunsten der Verbrennung weitgehend wieder aufgegeben wird.

Das Außen der Städte reicht in vielen Fällen bald nicht mehr aus: Es wachsen besonders in den dicht besiedelten Industriestaaten Europas städtische und industrielle Zonen aufeinander zu, so daß Interessenkonflikte unter starken Gegnern entstehen. Das Verschmutzen der Flüsse wird hinderlich für bestimmte Produktionen oder für den Erhalt einer Mindestqualität des Trinkwassers, lokale Ressourcen an Boden und Wasser werden knapp, unkontrollierte Kippen brauchen Platz und richten Schäden an. Industriell erzeugte neue Stoffe mit zum Teil nicht unerheblichem Gefährdungspotential nehmen absolut und relativ zu anderen Müllquellen zu. Es etablieren sich verschiedene Ärgernisse, die mancherorts ein neues Außen suchen lassen.

Im 20. Jahrhundert finden vor allem Länder mit großen Territorien den Außenraum für aggressiven Müll innerhalb der eigenen Staatsgrenzen. Länder, die die Möglichkeit haben, auf ihrem Gebiet gefährlichen Müll in einer vom Zentrum abgelegenen Gegend mit wenigen Bewohnern oder mit unerwünschten Bewohnern wie Minderheiten oder den staatstragenden Gruppen unliebsamen Völkern unterzubringen, ergreifen diese Möglichkeit noch heute: In China befinden sich Produktionsstätten, Testgebiete und Müllhalden der Kerntechnik in Xinjiang, in Gebieten, die bis zur vermehrten Ansiedlung von Han fast ausschließlich von Turkvölkern bewohnt waren. Die in den USA bevorzugt untersuchte potentielle Endlagerstätte für hochradioaktive Substanzen, Yucca Flats, Nevada, liegt in einem Gebiet, auf das die Western Shoshone Anspruch erheben. Die Aufmerksamkeit von Betreiberfirmen von End- und Zwischenlagern richtet sich bevorzugt auf Reservate indigener Völker, etwa auf das der Cree in Saskatchewan/Kanada. In der ehemaligen UdSSR waren die Stätten gefährlicher Produktionen und der in ihnen entstehende Müll überwiegend in Gebieten angesiedelt, die durch regimeferne Völker bewohnt wurden.

Schließlich sind es Staaten und Staatengemeinschaften, die ihr Territorium als Innenraum definieren und seine Sauberkeit planen und organisieren. Lange Zeit haben die wohlhabenderen Industriestaaten mit Raum- und spürbaren Umwelt-, und das heißt Müllproblemen, sich den Müll in der Form vom Hals gehalten, daß sie ihn in ein Außen in andere Staaten schickten. Ein neueres Beispiel dafür ist etwa der Plan, auf dem Bikini-Atoll ein internationales Atommüllendlager einzurichten. Der Müllhandel aus westeuropäischen Staaten mit ehemaligen Ostblockländern war und ist ebenfalls rege. Mit ihm ist ein spektakuläres Versagen der Methode des Fortschaffens verbunden. Denn die solide »Mauer«, eine der undurchlässigsten Grenzen neuerer Zeit, hat mit ihrem Fall den aus westlichen Ländern gebrachten Müll wieder ins Zentrum ihres Interesses geholt. Der Bundesrepublik Deutschland ist mit der Vereinigung ein endgültig dahinter vermuteter Giftmüllschatz wieder zugefallen. Allein die Bundesländer Hamburg, Niedersachsen und Hessen hatten bis zur Maueröffnung 1989 etwa 700.000 t Sonderabfälle in die DDR transportieren lassen. Eine der schnellst durchgeführten Maßnahmen nach dem Mauerfall war die erste Sichtung und Sicherung von etwa 5.000 Deponien durch Behördenvertreter und die Schließung der meisten.

Begrenzungsversuche, territorial, diskursiv

Die Grenzenlosigkeit des Mülls ist, um es versuchsweise auf eine einfache Formel zu bringen, bedingt durch die Tatsache, daß es in den meisten der bisherigen Aktionen zur Müll- und Abfallbeseitigung nicht darum ging, dem als Müll Ausgesonderten einen bestimmten Ort zuzuweisen oder ihn nicht zu produzieren, sondern ihn in ein als unbegrenzt imaginiertes Außen zu verbringen. Die sauberen Innenräume wurden genau abgegrenzt, mit weniger Konsequenz wurde versucht, dem Müll definierte Grenzen durch Produktionsverfahren, Ermöglichung und Förderung eines anderen Konsumverhaltens, andere Ökonomien der Stoffe und der Werte zu setzen.

Heute wird an den diskursiven Anstrengungen in den reicheren und dichter besiedelten Länder deutlich, daß sich in der kulturellen, der gesellschaftlichen Definition der Grenzen, die um saubere Innenräume gezogen werden, eine Dynamik entwickelt hat. Der erste Schritt ist die Wahrnehmung und Erzeugung von Fragen, die sich auf das Ausgeschlossene beziehen. Es folgen vor allem in den dicht besiedelten alt-industrialisierten Ländern Erfassungsanstrengungen, qualitative Beschreibungen, Klassifizierungen. Abschätzungen von Gefahren, Quantifizierungen und Konzepte möglicher Verwendungen von Müll und Abfall entstehen. Rechtliche Regulierungen, die Umgang, Verantwortungen und Haftungen bestimmen, werden etabliert. Alle diese Verfahren zielen auf die Setzung neuer Grenzen in einem bis zum Beginn dieser Anstrengungen jenseits einer Ordnung gedachten, doch weitgehend undefinierten Bereich. Die Strategien, die zur Bändigung des Mülls und zur Verhinderung von weiteren Schädigungen erarbeitet werden, lassen sich unter ein Thema setzen: Wie sind dem Müll Grenzen zu geben und wie sind diese zu kontrollieren?

Begrenzungsversuche bewegen sich auf verschiedenen Ebenen: der juristischen Definition von Stoffen, beispielsweise als Müll, Altlasten, Sondermüll, und der Schaffung rechtsverbindlicher Regelungen zum Umgang mit ihnen, der Bestandsaufnahme und Beschreibung vorhandener Müllmengen, der Erfassung von Altlasten, der Einführung von Deklarationspflichten für Sondermüll, der technischen Sicherung von stillgelegten wie in Betrieb befindlichen Deponien, der Entwicklung von technischen Anlagen, die der Müllreduktion, der Müllverbrennung unter möglichst geringem Schadstoffausstoß dienen sollen, der Entwicklung von Ansätzen zu Stoffkreisläufen und entsprechendem neuen Produktdesign, der Beschränkung der grenzenlosen Müllexporte.

Bemühungen dieser Art überziehen den als ungeordnet interpretierten und behandelten Bereich mit Ordnung und integrieren ihn, indem er identifizierbar, definierbar, beherrschbar gemacht wird. Indem aber die Ordnung, die Ökonomie der Stoffe, ihre Grenzen in dieser Weise erweitert und revidiert, ändert sie sich. Der als notwendig erkannte Prozeß der Eingrenzung des Mülls führt dazu, daß mit einer Reduktion, einer Inlandsverarbeitung, -vernichtung, -deponierung des als Müll Qualifizierten in den Erzeugerländern und Exportmöglichkeiten allenfalls von »Wertstoffen« gerechnet wird.[11] Diese Revision zerlegt die Kategorien des Mülls und des Abfalls in immer präziser definierte Teilmengen von Stoffen und Dingen, die über entsprechend vielfältige Wege Teil einer neuen Ökonomie der Stoffe und Werte werden.

Solche Entwicklungen, wie wirksam und umfassend sie auch immer sein werden, geschahen und geschehen nicht ohne Not. Seit absehbar ist, daß der Platz im Außen, in dem der Müll zu verschwinden pflegte, abnimmt, steigt der Zwang zur Etablierung neuer Verfahren. Sie sind Reaktionen auf eine Bewegung, die bis zum Rande des Möglichen gegangen ist, auf eine vollendete Expansion. Diese hat die jenseits der Grenze sauberer Räume verortete Unbegrenztheit aufgelöst und damit die Erfahrung der – überschreitbaren – Grenze selbst in Frage gestellt. Die »Grenze des Unbegrenzten« ist verschwunden und ein »von nun an konstanter Raum« entstanden. Die Auflösung des Außen, die Erkenntnis des Erreichens einer Grenze weist zurück in das Innere der sauberen Territorien.[12] Die Begrenzungsversuche des Mülls, des Abfalls, revidieren die räumlich expansive Bewegung. Müll- und Abfallstoffe bleiben heute häufiger an ihren Orten, Grenzen von Territorien werden weniger als *borders*, eher als *limits* betrachtet. Ihre Überschreitung unterliegt nun zunehmend restriktiven Regelungen. Expansion geschieht als Diskursivierung und Differenzierung im neu geordneten Innenraum.[13]

Konzept der Grenze – Struktur und Überschreitungen

Ich bin nämlich der Ansicht, daß die Vorstellungen vom Trennen, Reinigen,
Abgrenzen und Bestrafen von Überschreitungen vor allem die Funktion
haben, eine ihrem Wesen nach ungeordnete Erfahrung zu systematisieren.
Mary Douglas

Es wäre zu einfach, sich nur am Rand aufzuhalten. Das ist eine alte Vorstellung der Avantgarde.
Peter Eisenman

Sich am Rande befunden zu haben heißt, mit der Gefahr in Berührung
gekommen, am Ursprung der Kraft gewesen zu sein.
Mary Douglas

Das, was am Rand geschieht: Brüche, Verschiebungen, Transpositionen
und Refigurationen versuche ich gerade in das Zentrum zu injizieren.
Peter Eisenman

Jede Vorstellungsstruktur ist an ihren Rändern verletzlich.
Mary Douglas

Bei Überlegungen zu Müll und Abfall liegt es nahe, sich an dem berühmten
Vorbild der Ethnologin Mary Douglas zu orientieren. Sie hat in ihrem Buch
über »Reinheit und Gefährdung« die Grenzen und Ränder aufgesucht, an denen sich Ordnung und Chaos, in diesem Fall Reinheit und Unreinheit oder
Schmutz, scheiden. Ausgangspunkt ist die These, daß sich Auffassungen von
Unreinheit am besten ausgehend von der Ordnung symbolischer Systeme beschreiben lassen, ausgehend von Mustern, nach denen Kulturen und Gesellschaften sich reproduzieren.[14]
  Der Zugang zu Konzepten des Abfalls und des Mülls in industrialisierten
Gesellschaften wäre danach also eine strukturale Beschreibung der Beziehung
von Abfall und Ordnung. Sie müßte zwei qualitativ unterschiedene Seiten
berücksichtigen: die Seite der definierten Ordnung und die Seite eines nicht-
definierten Bereichs, der Unordnung, dem Abfall und Müll zugehören, und
denkt man in dichotomen Strukturen weiter, so läßt sich eine lange Reihe
von vernetzten oppositionellen Merkmalen und Termen finden, die jeweils die
klare Geschiedenheit der zwei Welten immer weiter qualifizieren und immer
wieder bestätigen. Weiter könnte man annehmen, daß zwischen ihnen eine
kulturspezifische und sich in der Geschichte verschiebende Grenze verläuft:

Auf der Seite der Ordnung ist positive Bestimmtheit, Klarheit, Sauberkeit, Begrenzung, auf der anderen die Negation dieser und jeder Identität, das Nicht-Identische, ein Chaos, das Unreinliche, das Ungeschiedene, das Unbegrenzte.

Doch in den Entwürfen für alte Industrieareale, die im Folgenden vorgestellt werden, zeigt sich ein anderer Prozeß: die Überschreitung der konzeptionellen Grenzen, ihre Auflösung in dieser Überschreitung und die Bildung jenes konstanten Raumes, der keine Grenze und also auch keine Überschreitung mehr zuläßt. Dieser Befund findet seine Analogie in Revisionen eines Denkens in Alternativen, in Oppositionen und binären Strukturen, auf Überbietungen und Dekonstruktionen strukturaler Beschreibungen kultureller Phänomene in philosophischen und kulturwissenschaftlichen Diskursen. Das Konzept der Grenze zwischen zwei geschiedenen Bereichen in Raum und/oder Zeit ist seinerseits eine Grenze, deren Verschwinden, Erfahrung und Wirksamkeit ein zentrales Problem und Thema philosophischer Diskurse seit den sechziger Jahren ist. Die Untersuchung der Grenze, der Überschreitung führt in Philosophie und den Kulturwissenschaften zu Beobachtungen von Unschärfen an Rändern von Ordnungen, an den Rändern von bedeutungserzeugenden Strukturen, von Texten, von Zeichensystemen, in die Randbereiche von Disziplinen und Kulturen, an die Grenzen, die zwischen fundamentalen Unterscheidungen des abendländischen Denkens verlaufen.

Das zeichnet ein Denken vor, das nicht nur über Grenzen denkt, sondern sich seinerseits auf Grenzverläufen zu bewegen sucht.[15] Es entsteht die Frage nach einem Dritten zwischen Zweien, und damit die Auszeichnung eines Bereichs »in between« (Peter Eisenman).[16] Der Abfall, der Rest in seinen vielfältigen Dimensionen wird dabei Metapher, auch paradigmatischer Gegenstand, an dem sich Grenzen, ihre Auflösungen und Überschreitungen zeigen und zeigen lassen. Die Kraft der Bereiche jenseits der Grenzen, von der Mary Douglas spricht,[17] ist in philosophischen Diskursen virulent, sie in einen philosophischen Diskurs übersetzen heißt, für eine Philosophie der Umschärfe zu plädieren, die sich mit diesem Nicht-Identischen befaßt und es in den Blick nimmt. »Es fragt sich wohin mit dem Schmutzigen, Unreinlichen?«, fragt Michel Serres: »Schwankung, Unordnung, Unschärfe und Rauschen sind keine Niederlagen der Vernunft, sind es nicht mehr; wir sprechen nicht von dieser Vernunft, teilen nicht mehr länger nach -ismen ein, diesen simplen und starren Puzzles (...) So unterhält ein System interessante Beziehungen zu dem, was man früher als dessen Verluste und Abgänge einstufte.« (Serres 1981, 27)

Die Aufmerksamkeit für dieses Nicht-Identische ist eine Form des Insistierens auf relativen Stabilitäten und relativen Grenzen. Erst ein Denken, das das Nicht-Identische in seinen Raum holt, stellt Identifizierung und Identität, Positivierung und die Setzung von Grenzen in Frage und beginnt ein anderes, das sich als prinzipiell grenzüberschreitend, intermediär, interstitiell, transgressiv und/oder transitorisch präsentiert und seine Gegenstände als differente, heterogene, ephemere, in heterotopen Ordnungen vorfindliche erzeugt, die ihrerseits als vorläufig, instabil, beweglich gedacht werden. Voraussetzung eines solchen Denkens ist die Figur der dezentrierten, der nicht auf ein zentrales Signifikat, nicht auf einen Ursprung und nicht auf eine zentrale Referenz rückführbaren Struktur der Sprache, des Bezeichnens, der Dinge, die ein im Prinzip unbegrenztes Spiel des Bezeichnens annehmen läßt. Das ist die Figur, die die Dekonstruktion für einen Prozeß liefert, der nicht in der Beobachtung und Transformation von Strukturen besteht, sondern das Konzept der Struktur und ihrer Grenzen selbst in Frage stellt.[18]

Die Wiederkehr des Abfalls setzt voraus, daß etwas, das aufgegeben war, neu interpretiert, in neue Bezüge gesetzt und in eine Ordnung eingefügt wird, die sich aber in diesem Prozeß verändert und ihre Grenzen verschiebt. Insofern zeigen Wiedergewinnungsverfahren die Methoden und Strategien, die tauglich sind, um die prekäre Grenze zwischen einer Ordnung und ihrem Abfall zu überwinden und schließlich einzuebnen – unter Erzeugung einer umfassende Ökonomie der Stoffe, die ihren Ort und ihre Bedeutung nur in besonderen, konkreten Konstellationen gewinnen.

Noch ungewohnte Beziehungen zu Dingen und Stoffen sind vorgezeichnet in den vielfältigen Wieder-Holungen von Abfallstoffen in Gestaltungen. Im Ausgreifen über alte Grenzen erweisen sich aber die Entgegensetzungen, die den Sanierungsdiskurs der Moderne konstituieren, als obsolet,[19] die zwischen Sauberkeit und Schmutz, die zwischen Ordnung und Unordnung, die zwischen Funktion und Disfunktionalität, Sicherheit und Gefahr, Schutz und Bedrohung, Wahrnehmen und Nicht-Wahrnehmen, Kultur und Natur, Ausschließen und Einschließen, Abschreiben und Wiederholen, Erinnern und Vergessen, Leben und Tod.

Wiederverwertung richtet sich gegen das Vergehenlassen, das Vernutzen, gegen Endlichkeit, Verschwindenlassen, das Vergebliche, auch gegen den Ablauf der Zeit. Wiederverwertung vermeidet das endgültige Verwerfen, die endgültige Funktionslosigkeit und sucht Unwiederbringlichkeit und Unwiederholbarkeit aufzuheben: Wenn auch die Endlichkeit des Verfügbaren und die Endlichkeit aller menschlichen Produkte gegeben ist, so eben doch auch die

Unendlichkeit aller Wiederverwertung. »Recycling basiert auf der Idee, daß im Universum nichts verloren gehen kann; präziser noch: auf der Hoffnung, daß der Verwertungsprozeß sich die Welt restlos aneignen kann« (Grassmuck/ Unverzagt 1991, 145). Wiederverwertung ist nicht nur als rationale Strategie angesichts abnehmender Ressourcen und zunehmender Müllberge lesbar, sondern auch als Versuch, Destruktion zu löschen, Vergänglichkeit, Endlichkeit und Tod zu erledigen.[20]

Dafür stehen große Chiffren wie Nachhaltigkeit, Kreislaufwirtschaft, Metabolismus, die den linearen Prozeß des Verbrauchens, die Ausschließung von Stoffen und Dingen nach einem Prozeß nicht zulassen, sondern sie idealiter in einen alle Stoffe und Dinge integrierenden Prozeß einbinden wollen, der sich ausgreifend, totalisierend wiederholt, sich als möglichst stabiler Prozeß mit möglichst wenig Verlusten perpetuiert:[21] Die Überschreitungen der den Konzepten und Stoffen gezogenen Grenzen gehen einher mit einer Ausdehnung der Planung und Kontrolle auf immer weitere Gegenstände und einem Eindringen in Bereiche, in denen Ungewißheit und Widerstände gegen Kontrollen liegen und macht sie zu ihrem Material. Insofern folgt diese Entwicklung, indem sie ausgreift in das Nicht-Identische, einer Logik der Expansion: »Es darf überhaupt nichts mehr draußen sein, weil die bloße Vorstellung des Draußen die eigentliche Quelle der Angst ist.« (Horkheimer/Adorno 1969, 22)

Der Diskurs, der heute über das Weggeworfene und Ausgesonderte geführt wird, ist an Entwürfen für Industriebrachen zu lesen als imaginärer Versuch einer Auflösung obsoleter Momente, der Zerstörung, der Verletzung, des Todes in der Konzeption der Welt. Das erinnert, trotz aller Brüche, die den Integrationen ablesbar sind, an einen alten Traum, den der Versöhnung der Entzweiung.

2 Beschreibungen und Lektüren

Planung gegen Abfall, gegen Abfallimages

Gegenstand dieser Reflexion über Abfall und seine Behandlung sind Entwürfe und Umbauten in Landschaftsgestaltung und Stadtplanung zur Wiedernutzung von offengelassenen Arealen, auf denen sich die Überreste und Hinterlassenschaften aufgegebener Industrien und Produktionsverfahren finden.[22] Die Gelände, denen die hier untersuchten Planungen gelten, haben vor ihrer Neubeplanung ihren Platz in einer wirtschaftlichen Ordnung verloren und waren – Abfall.

Die Entwürfe für diese Gelände werden als Ergebnisse eines Prozesses gelesen, in dem ein neuer Sinn und ein neuer Kontext für das bedeutungslos und unbrauchbar Gewordene erzeugt wird. Ziel der Untersuchung ist, anhand von Planungen für ehemalige Industriegelände und -gebiete zu zeigen, wie in den letzten Jahrzehnten die Grenze zwischen Abfall und Ordnung reformuliert und repräsentiert worden und dabei fast verschwunden ist.

Die Fragen sind: Wie werden in der Darstellung der Planer, wie werden in künstlerischen Aktionen auf Industriebrachen Abfall und Ruinen transformiert? Welche Rolle spielen Prozesse, die im weitesten Sinne als ästhetische begriffen werden können? Wie stellen sie die neuen Gegenstände der Rede und der Planung her? Welche Traditionen nehmen sie in Anspruch, welche Kontextualisierungen des Vorgefundenen nehmen sie vor, um aus etwas, das aus der Ordnung gefallen ist, einen neuen Gegenstand zu erzeugen? Wie transformieren sich Musealisierung, Denkmalschutz, Naturalisierung und Verlandschaftung im Prozeß ihrer Adaption für alte Industriegelände und -regionen? Und schließlich: Wie sehen die Modelle der Umwelt aus, in denen die neu erzeugten Gegenstände bestehen können?

Die Konzentration auf diese Fragen schließt von vornherein einige Themen aus, die eine Untersuchung zu Industriebrachen auch thematisieren könnte. In dieser ausdrücklich nicht soziologischen Untersuchung beschäftigen nur am Rande die Umgestaltungen sozialer Strukturen wie der Zerfall der mit der Industriegesellschaft verbundenen Lebensformen oder ihrer Geschichte. Außen vor bleibt die Frage nach der Neuschaffung von Arbeitsplätzen und ihrer Qualität. Untersuchungen dieser Themen müssen ökonomischen und soziologischen Studien vorbehalten bleiben.

Weiter gehe ich davon aus, daß das, was planbar und umsetzbar war und ist, den jeweils realisierbaren Stand des möglichen Umgangs mit den Abfällen und Ruinen der Industriegesellschaft repräsentiert. Das bedeutet für den Bereich der Untersuchung, daß die gelegentlich konfliktreichen und viele Institutionen tangierenden Abstimmungsprozesse, in denen sich schließlich bestimmte Planungen als durchsetzbar erwiesen, *nicht* nachvollzogen und auch die Akteure in Planungsverfahren und Umsetzungen weitgehend nicht genannt werden. Sie sind aufgrund der in allen Industrieländern verzweigten Planungs- und Genehmigungsverfahren auch kaum vollständig zu benennen. Verwiesen wird allerdings gelegentlich auf Autoren von Planungen, auf Architekten und Architektinnen, auf Verwaltungsangehörige oder planende Gruppen in verschiedenen institutionellen Zusammenhängen, eingedenk der Tatsache, daß das, was sie planen, das jeweils zur Zeit und unter den jeweils gegebenen Bedingungen Mögliche ist.[23]

Aufgegebene Industrieareale und -regionen sind Gebiete, die in vielerlei Hinsicht als Abfall imaginiert werden. Planungen für alte Industriegelände und -regionen sind Versuche zur Vermeidung und Überwindung von Abfallimages. Deshalb lassen sich an Versuchen, sie aus diesen Imagines zu lösen, Revisionen des Abfalls zeigen. Doch auch in einem konkreteren Sinne haben Planungen für einzelne alte Industriegelände mit Müll und Abfall zu tun: Auf ihnen finden sich praktisch alle Arten von Müll und Abfall, die die Umgangssprache oder juristische Definitionen ebenfalls als solche bezeichnen würden. Das reicht von verseuchtem Erdreich bis zu verrosteten Maschinen und Gerätschaften, von Gruben, die mit unbekannten Stoffe verfüllt sind, bis hin zu brüchigen Plastikverschalungen, von Bergehalden und Altlasten von Kokereien, von Hausmüll bis hin zu verschimmelten Bauwerken.

In Entwürfen aus Architektur, Stadt- und Landschaftsplanung, die Industriegebiete von Brachen und marginalisierten Nutzungen zu befreien suchen, finden sich deshalb aufwendige und experimentelle Umgangsweisen mit Obsoleszenz aller Art: Ökonomische, soziale, technische, ökologische, symbolische und ästhetische, auch naturästhetische Gesichtspunkte gehen in Konzeptionen und ihre Realisierungen ein. Sie thematisieren umfassend die Beziehungen, in denen Abfall und Ordnung konstituiert und aufgelöst werden. Sie sind befaßt mit der Frage nach Nutzen und Liegenlassen, Funktion und Disfunktionalität, Sinn und Bedeutungsgebung, Ökonomie und Ökologie, Wahrnehmen und Nicht-Wahrnehmen, Bedeutungen von Materie, Material, Stoffen aller Art, Abschreiben und Wiederholen, Leben und Tod, Erinnern und Vergessen, Kultur und Natur, Integration, Ausschließen und Einschließen.

Am Beispiel des reflektierenden Diskurses wie der Praxis der Planung für die unbrauchbaren Reste der Industriegesellschaft läßt sich deshalb zeigen, auf welche Weise die Vorstellung von Rändern und Abgrenzungen zur Debatte steht. Denn Entgegensetzungen und Identifizierungen, von Natur und Kultur, von Krankheit und Gesundheit, Ordnung und Abfall, sind an Überlegungen zur Wiedernutzung von unbrauchbar gewordenen Arealen zum Gegenstand der Reflexion geworden. Planungen für alte Industrieareale und -regionen sind konkrete Beispiele von Verfahren, in denen die Auflösung und Befriedung obsoleter Momente realisiert werden soll. Ein weiterer Grund, an dieser Stelle mit der Untersuchung der Wiedergewinnung von Müll und Abfall anzusetzen ist ihre Rezeption: Über Öffentlichkeitsarbeit und die Nutzung neu gestalteter Gebiete sind Ergebnisse aufwendiger Planungen für Industriebrachen häufig einer weiten Öffentlichkeit bekannt. Damit prägen sie einflußreiche Bilder des Umgangs mit den Hinterlassenschaften der Industriegesellschaft.

Umweltmodelle

Entwürfe haben eine weitere Eigenschaft, die sie für die Untersuchung der Konstituierung und des Verschwindens von Abfällen geeignet macht. Sie erzeugen Modelle davon, wie eine Gegend, die Abfallcharakteristika aufweist, so gestaltet werden kann, daß diese Charakteristika ausfallen: Zu einem angebbaren Zeitpunkt wird aus einem heterogenen Diskursmaterial, aus Wissen, Techniken, aus Bildern, aus Erfahrungen, nach Auseinandersetzungen zwischen unterschiedlichen gesellschaftlichen Gruppen und Interessen, ein Modell, ein Plan für ein Gelände. Der Plan ist Voraussetzung der Umsetzung in bauliche, organisatorische und informationelle Strukturen, und schließlich gibt es eine Praxis, die diese Modelle materialisiert. Sie beendet den Prozeß der Sinnproduktion und der Interpretation eines Geländes nicht – bringt ihn aber zu einem, wenn auch vorläufigen Halt im Prozeß der Umsetzung, und führt neue Elemente in die Welt ein, die schließlich hergestellten baulichen Strukturen.

Diese Strukturen materialisieren eine Möglichkeit, einen Teil der menschlichen Umwelt ausgehend von den gegebenen Voraussetzungen neu zu bestimmen und ihm Gestalt zu geben. Der Entwurf für ein neues Projekt, für ein altes Industrieareal, ist auf ein Ziel gerichtet, auf die schließlich sich jeweils bildende materialisierte Synthese oder Koordination der heterogenen Momente und Interessen, die in den Entwurfsprozeß und die Gestaltung eingehen. Damit entstehen Modelle der menschlichen Umwelt, Umweltmodelle.

Modellbildung ist eine fundamentale semiotische Tätigkeit, kein Privileg der Wissenschaften oder der Künste, vielmehr eine der Formen, in der Menschen Beziehungen zur Welt herstellen (Anderson/Merrell 1991). Sucht man einen semantischen Kern in der Fülle der mehr oder weniger reflektierten Modellbegriffe, die in den Wissenschaften wie in den Künsten verbreitet sind, so kann man an ein Bild anknüpfen, das Ernst Cassirer in der »Philosophie der symbolischen Formen« verwendet. Um das »erste Allgemeine«, den Anfang jeder Begriffsbildung, zu charakterisieren, spricht er von »Kristallisations-Mittelpunkte(n)«, die (mittels Sprache) die »Reihe der Besonderungen« teilen und gliedern. Cassirer beschreibt diese genetisch ersten Repräsentationen als Punkte, an die dann »alles neu Entstehende« anschließt (Cassirer 1990, 135).

In einer freien Beziehung dieses Bildes auf Modelle lassen sich auch diese als »Kristallisationen«, als Kristallisationen von Sinn verstehen. Mit ihnen verbindet sich ein Moment der Festigkeit, sie sind ein Ruhiggestelltes in einem Kontinuum, in einem als »Fluß« vorgestellten Gedanken- und Bilderstrom.[24] Modelle erlauben, Gedanken um etwas kreisen zu lassen, das einen Eindruck relativer Stabilität vermittelt, auf das sich nicht einmal, sondern öfter, nicht nur durch einzelne, sondern intersubjektiv Bezug nehmen läßt. Und ein weiterer Aspekt des Bildes der Kristallisation scheint für Modelle zentral zu sein: Sie sind strukturiert, sie stellen Beziehungen und Verhältnisse vor.

Mit dem Vorschlag der Beschreibung von Umweltmodellen greife ich zurück auf Überlegungen Jakob von Uexexternal Uexexternal Uexexternal Uexkülls. Er zitiert Sombart, der schreibt: »Es gibt keinen Wald als objektiv fest bestimmte Umwelt, sondern es gibt nur einen Förster-, Jäger-, Botaniker-, Spaziergänger-, Naturschwärmer-, Holzleser-, Beerensammler- und einen Märchenwald, in dem Hänsel und Gretel sich verirren.« (Uexküll 1956, 108). Die verschiedenen Nutzungen, so fährt Uexküll fort, geben dem Wald verschiedene »Tönungen«. Nach Kriterien, die durch gesellschaftliche Praktiken bestimmt sind, entstehen spezifische Selektionen von Merkmalen, von »Wirkmalen«. Damit aktualisiert sich jeweils ein anderer Ausschnitt, eine andere Qualität der zu einem bestimmten Zeitpunkt gattungsspezifisch als »Umwelt« verfügbaren Welt. Diese Bemerkung Uexexternal Uexkülls hat mich dazu geführt, solche Ausschnitte »Umweltmodelle« zu nennen und ihre Charakteristika beispielsweise in Planungen aufzusuchen.[25]

Sie entstehen in Praktiken und Handlungen wie in Bildern, in Beschreibungen, Erzählungen, in Metaphern, Symbolen, Allegorien, als diskursive und durch praktische Prozesse materialisierte Welten, die wahrgenommen und auf die Einfluß genommen wird. Menschliche Umwelten sind das Resultat individueller oder kollektiver Erfahrung, sie sind Konfigurationen verfügbaren Wissens, das die Wahrnehmung lenkt und die Aufmerksamkeit richtet. Die »Tönungen« wie die ihnen entsprechenden Umweltmodelle sind bewegliche Größen, Ergebnis und Bedingung von Bezugnahmen und Praktiken, nicht einer einmaligen Setzung. (Hauser 1996). In diesem Sinne leben wir mit Umweltmodellen, die wir und in denen wir uns erzeugen. Sie bestimmen, worauf wir unsere Aufmerksamkeit richten, lenken den Fokus der Wahrnehmung und unsere Fähigkeiten des Bemerkens, die Bereitschaft zu handeln; sie reflektieren unser Selbstbild und ein Bild der Welt. Sie sind entscheidend für die Ziele, Motive und Praktiken, die die Gestaltung menschlicher Lebensgrundlagen betreffen.

Den Begriff der Umweltmodelle habe ich gewählt, um damit die Strukturiertheit und die Rekonstruierbarkeit des bis hier skizzierten Phänomens zu benennen und als Gegenstand der Reflexion zu erschließen. Die Rede von mehreren Umweltmodellen impliziert den Abstand, der die damit bezeichneten Versionen der Umwelt von der prinzipiell unmöglichen Erkenntnis der *einen* gattungsspezifischen menschlichen Umwelt trennt. Er verweist auf die Individualität, die Unterschiedlichkeit und die Diskretheit möglicher Umwelten.

Umweltmodelle finden sich in den Wissenschaften, in verschiedenen Praxisfeldern und im unspezialisierten Alltagsgebrauch. Da die Wissenschaften aber heute als der privilegierte Ort gesellschaftlicher Modellbildung angesehen werden können, ist anzunehmen, daß nicht wissenschaftliche Umweltmodelle, die alltägliches Handeln beeinflussen, die zunehmende Rolle wissenschaftlicher Beschreibungen, Modellbildungen und (Re)Konstruktionen von Umwelt(en) reflektieren. In den unten gegebenen Beispielen für Planungen ist dieser Umstand evident. Eine weitere Annahme über Umweltmodelle ist, daß sich in ihnen Bilder, Konzepte der Natur wie der Kultur untrennbar amalgamieren.

Die Frage nach Umweltmodellen muß sich also nicht nur anhand von Planungen stellen, generell eröffnet sie einen Bezug sowohl zu kulturwissenschaftlichen, wissenschaftshistorischen und -theoretischen, zu wissenssoziologischen wie historischen Fragestellungen. Denn individuelle und gesellschaftliche, ge-

schlechtsspezifische, globale wie lokale, aktuelle wie historische Umweltmodelle und ihre Erzeugung in Praktiken und Repräsentationen sind identifizierbar.

Welche Umweltmodelle einen spezialisierten wie unspezialisierten Alltag
beherrschen, ist eine entscheidende Frage: Umweltmodelle im bis hierher bestimmten Sinne, ihre Vermittlungen über Bilder und Erzählungen, ihre Arti-
kulationen in Gestaltungen und Bauten sind Ergebnisse gesellschaftlicher,
kultureller, politischer Auseinandersetzungen. Unter anderem an Planungen
für aufgegebene Industriegelände werden Umweltmodelle kenntlich als etwas,
das beständig ausgehandelt und hergestellt wird. Sie sind erschließbar über die
Beobachtung von Entscheidungen, Setzungen, Handlungen, die schließlich
zu bestimmten Gestaltungen führen. In jede Gestaltung gehen Spuren persönlicher Zuwendung der Planenden zu dem zu planenden Gegenstand und Ergebnisse einzelner Vorschläge oder Konflikte ein, doch weitere Einflüsse spielen eine Rolle: Die Wahl unter verschiedenen Gestaltungsmöglichkeiten hängt
von kulturellen Stilen, von Moden und von Entwurfstraditionen ab. Strukturen des Wissens, der Aufmerksamkeit spielen eine Rolle. Und im Falle von
Gestaltungsprozessen in der Stadt- und Landschaftsplanung artikulieren einzelne Entwürfe immer auch rechtliche und politische, allgemeiner gesprochen,
institutionelle Bedingungen, unter denen Planungen realisiert werden können.
Damit verbundene Entscheidungen haben Einfluß auf die Art des Umweltmodells, das schließlich einer Gestaltung abzulesen ist.[26]

Planungen erzeugen in und mit Repräsentationen, diskursiv, in Zeichnungen und Bildern, schließlich in der Umsetzung, neue Gegenstände, ein neues
Reales. Die erzeugten Gegenstände sind hybride Konstruktionen, lokale wie
soziale, technische, institutionelle, instrumentale und epistemische Dinge. Sie
öffnen einen Raum der Repräsentation und erzeugen etwas, was danach als
Reales für weitere Planungsprozesse verstanden und bedingend werden kann.
Darüber hinaus regulieren sie die materiale Erzeugung eines Gegenstandes,
der wie die Repräsentationen Interpretationsprozessen unterzogen wird und
unweigerlich immer neue Deutungen und Nutzungen erfährt.[27]

Umweltmodelle, die in Planungen und daraus entstehenden Bauten und
Landschaften artikuliert sind, sind wohl am angemessensten als flüchtig zu
betrachten, da sie für einen Prozeß entstehen, in dem ein bestimmtes Problem
als Problem konstituiert, gelöst und abgeschlossen wird. Es handelt sich also
um Modelle, die keine Fixierung als die im schließlich vollendeten Entwurf
erfahren. Temporal gesehen sind sie in einer zweiten Zukunft situiert: Sie werden schließlich der Gestaltung zugrunde gelegt haben, jede (weitere) Inter-

pretation des Entwurfs wie der materialisierten Gestalt erzeugt an ihr neue Modelle der Umwelt – im übrigen ein Prozeß, den auch diese Untersuchung vorführt. Sobald eine planerische Lösung in einen anderen Kontext versetzt und auf einen anderen Ort bezogen wird, wird sie in jeder Hinsicht, auch in ihrem Umweltmodell, zu einem Gegenstand neuer Interpretationen, eröffnet eine neue Freiheit des Spiels und des Modellierens. Sie setzt aber Bedingungen für neue Gestaltungen und für künftige Projekte.

Dieser Zugang ermöglicht den Blick auf einen Phänomenbereich, der seit etwa 30 Jahren zunehmend Raum im öffentlichen Diskurs gewinnt. Seit die Frage der Beziehungen zwischen Kultur und Natur, zwischen Natur und Gesellschaft unter dem Eindruck der irreversiblen Vernutzung der Lebensgrundlagen gestellt wird, häufen sich mehr oder weniger explizierte, wissenschaftliche wie nicht-wissenschaftliche Modelle, nach denen die Beziehungen zwischen Gesellschaften, Kulturen und ihrer Produktionen einerseits und ihren Lebensgrundlagen andererseits beschrieben und gelebt werden. Auch Modelle, nach denen günstige Lebensbedingungen zu gestalten sind, sind in einer Pluralisierung begriffen. Heterogene Modelle der Umwelt konkurrieren.

Mein Interesse ist es, über die Beschreibung wie über die Bestimmung dessen, was ich Umweltmodelle nenne, eine Perspektive zu formulieren, die es erlaubt, den genannten Gegensatzpaaren zu entkommen und Planungen für alte Industrieareale als ein Gesamt zu analysieren. Ein solches Konzept drängt sich deshalb auf, weil es unfruchtbar geworden ist, Natur und Kultur oder Zivilisation, Natur und Gesellschaft, Natur und menschliches Handeln als dichotome Strukturen zu diskutieren. Der Zweifel am Sinn einer Diskussion über einen substantiell verstandenen Naturbegriff wie über eine Dichotomie von Natur und Kultur nährt sich aus der Unmöglichkeit, auf Natur, auf Kultur anders zu rekurrieren als in dem Bewußtsein, mit mythischen Termen umzugehen. Jeder Rekurs auf die Natur wie auf die Kultur erfordert einen ausführlichen kritischen Kommentar. Kaum sind Begriffe weniger klar als diese, die über die Jahrhunderte jede Menge von Entgegensetzungen und Ideen in sich aufgenommen haben. Die Analyse von Umweltmodellen zielt dagegen darauf, die konzeptuellen Momente zu erfassen, die in Planungen eingehen und diese zu bestimmen.

Städtebauliche und landschaftplanerische Entwürfe artikulieren Entscheidungen darüber, wie unter den jeweils als gegeben angenommenen Umständen Lebensbedingungen für Menschen beschaffen sein sollen. Die Entwürfe entsprechen als Ergebnisse von Auseinandersetzungen zwischen vielen mehr oder weniger wirksam durchgesetzten Interessen niemals allein einzelnen In-

treten von. In ihnen schlagen sich Ergebnisse von Auseinandersetzungen um Vorstellungen von Investoren, von Behörden und Städten nieder, sie folgen ästhetischen Stilen und reflektieren philosophische Entwicklungen, Ideen von historisch Interessierten oder von Umweltschützern gehen in sie ein. Planungen und damit auch die in ihnen artikulierten Umweltmodelle sind Ergebnisse komplexer Entscheidungsprozesse.[28]

Die schließlich umgesetzten Planungen sind diejenigen, deren Analyse heute Aufschluß gibt über die Modelle, die die Gestaltung menschlicher Umwelten bestimmen. Jetzt entstehende und bereits entstandene Umweltmodelle, die in Planungen für alte Industrieareale artikuliert sind, sind paradigmatische Abschiede von Natur, Kultur, Ordnung und Abfall.

Die Wahl der Beispiele

Die Areale, die im folgenden die Hauptrolle spielen, sind Flächen, die nach dem Ende des Bergbaus oder dem eines verarbeitenden Gewerbes aufgegeben worden sind. Das sind Gelände, auf denen Rohstoffe abgebaut wurden oder industrielle Produktionsanlagen standen, und die Gelände, die zur Unterstützung dieser Produktion vonnöten waren. Denn mit der Aufgabe der Produktion werden auch Einrichtungen und Flächen nutzlos, die der Erzeugung von Elektrizität, der Lagerung oder Bereitstellung von Gas und Wasser, dem damit zusammenhängenden Transport, der Lagerhaltung oder auch Wohnzwecken der Beschäftigten gedient haben. Weiter finden Projekte für Gelände Erwähnung, die aufgrund der Rationalisierung des Transportwesens überflüssig geworden sind wie etwa Hafenanlagen.

Es gibt keine national noch eine international verbindliche Definition von Industrie- oder Gewerbebrachflächen. Kriterien, nach denen Bearbeitungsverfahren und ihre öffentlichen Finanzierungen ausgerichtet werden, beziehen sich auf Funktionslosigkeit, auf die Lage, etwa im Zentrum der Stadt, Vergiftungen und Gefährdungen der Umwelt, das Erscheinungsbild, Kosten der Aufarbeitung bis zu einer möglichen neuen Nutzung, die Bedingungen, die sie Flora und Fauna bieten, auch auf die Frage, ob für die Wiedernutzung ein öffentlicher Handlungsbedarf gegeben ist und den Zeitraum, über den ein Grundstück nicht genutzt worden ist (Kahnert 1989, 8f). Aufgegebene Industriegelände in diesem Sinne gibt es in unüberschaubarer Zahl, nicht nur in den Ländern West- und Osteuropas oder Nordamerikas, sondern in allen Erdteilen. Sehr viel kleiner, doch ebenfalls unüberschaubar ist die Zahl der Revitalisierungsprojekte dafür.

Eine erste und willkürliche Entscheidung über den Untersuchungsbereich dieser Arbeit betraf die Auswahl der Länder, aus denen Industriebrachen Berücksichtigung finden sollten. Die Untersuchung konzentriert sich auf die »altindustrialisierten« Länder, die zu den ersten gehören, in denen die sogenannte industrielle Revolution stattgefunden hat und/oder die auch heute noch die höchstindustrialisierten Länder der Erde sind. Es sind Entwicklungen in England, Frankreich, Deutschland und Belgien, die hier ins Auge gefaßt werden, mit einem deutlichen Schwerpunkt bei deutschen und einem zweiten bei englischen Beispielen. Auf Projekte in den USA, in den Niederlanden, Schweden, Spanien, Tschechien und Polen wird verwiesen.

Die Zahl der Projekte, die in diesen Ländern für aufgegebene Industriegelände entwickelt worden sind, übersteigt die Zahl der hier behandelten Projekte bei weitem. Außerdem fehlen hier die zahllosen früheren Industriegelände und -gebäude, über deren Entwicklung nie in Fachzeitschriften oder Fachveröffentlichungen berichtet wurde.[29] Das dürfte einige lokal bekannte und auffallende Projekte ausschließen, auf jeden Fall aber diejenigen Wiedernutzungen, die ohne umfangreiche Planung, Instandsetzung und Konzeptentwicklung zu anderen, meist weniger ertragreichen Verwendungen als den vorherigen geführt haben. Und das ist, neben der völligen Aufgabe von früheren Industriegeländen, dem schlichten Verlassen, der wohl häufigste Fall ihrer Behandlung. In diesen unspektakulären Umnutzungen werden nach Aufräumaktionen Produktionsgebäude zu Lagerstätten für Waren und Rohstoffe, zu Sitzen von Getränkemärkten und Großhandelsfirmen, Grundstücke werden als Baugrund parzelliert oder dienen in ländlicheren Milieus als Weiden. Anschauungsbeispiele für Umnutzungen dieser Art bietet nahezu jede Stadt der alt-industrialisierten Länder.

Die Durchsicht der Veröffentlichungen über Revitalisierungsprojekte zeigte, daß es drei Strategien für aufgegebene Gelände gibt, die sich als typisch charakterisieren und als Muster begreifen lassen. Daraus sind weitere Kriterien für die Auswahl der hier vorgestellten Projekte entstanden.

Die erste Strategie zielt auf die erneute gewerbliche, zumindest aber gewinnbringende Nutzung des Gebietes. In fast allen Fällen ist das das zuerst verfolgte Ziel. Immer seltener ist es allerdings möglich, frühere Industrieareale erneut für industrielle Produktion zu nutzen, auch wenn öffentliche Unterstützung und Planungen dafür vorhanden sind. Weder der Platzbedarf der alten Industrien noch die Menge der Anlagen entsprechen heutigen Anforderungen.

Fließgut sind seit den siebziger Jahren, seit eine postindustrielle Gesellschaft denkbar wurde und die Dienstleistungsgesellschaft als neues Leitbild Gestalt annahm, andere Nutzungen. Prominentes neueres Beispiel ist in Deutschland die »Neue Mitte Oberhausen«, ein Einkaufs-, Vergnügungs- und Dienstleistungszentrum auf einem alten Hüttengelände. Dieses Zentrum verbindet drei Funktionen und Konzepte, die auch einzeln für die wirtschaftliche Entwicklung von früheren Industriearealen genutzt worden sind.

Weitere Entwicklungen, die hier zu subsumieren wären, sind der Aufbau von forschungs- und entwicklungsintensiven Technologiezentren wie in den Technopôles Frankreichs und die Technologie- und Gründerzentren, die in vielen deutschen Städten entstanden sind.[30] Ein markantes Beispiel anderer Art ist die Entwicklung der Londoner Docklands zu einem neuen Geschäfts- und Bürostandort mit zahlreichen Wohnungen. Auch die Entwicklung neuer Wohnstadtteile durch private Entwicklungsgesellschaften mit staatlicher Unterstützung ist hier zu rubrizieren, etwa der Ausbau der Java-Insel in Amsterdam oder der des alten Hafengebietes Kop van Zuid in Rotterdam, das Teil eines neuen Stadtzentrums mit Administrationen, Büros und Wohnungen wird.

Charakteristisch für diese Entwicklungen ist, daß Investitonen größeren Ausmaßes mit dem direkten Ziel der wirschaftlichen Restrukturierung getätigt werden und dabei auf meßbaren Erfolg gerechnet wird. Eingriffe in das Bestehende verändern das Gelände oder Gebiet stark. Häufig ist das Vergessen der alt-industriellen Vorbenutzung ein explizites Ziel. Die Geschichte des Geländes spielt in den Präsentationen dieser Projekte eine marginale Rolle, wenn sie auch gelegentlich kenntlich bleibt. Die Betonung liegt auf dem Neuanfang, ohne Abfall sowieso, oft auch ohne Erinnerung. Diese Strategie überbaut das Alte und führt Imagekampagnen gegen seine Reste. Sie sucht einen alten Industriestandort unmittelbar in einen neuen, postindustriellen Wirtschaftsstandort der erwarteten Dienstleistungsgesellschaft zu transformieren.[31]

Eine zweite Strategie stellt die Vergangenheit des Grundstückes oder Gebietes in ihr Zentrum. Sie zielt auf Unterschutzstellung, Denkmalschutz und außerdem auf die teilweise oder völlige Musealisierung, auf die Bewahrung von Bauwerken, von oberirdischen wie unterirdischen Anlagen der Produktion, von Hochöfen, Fördertürmen und Kohleschächten, und will möglichst auch die technische Ausstattung des Betriebes oder der Betriebe erhalten, die sich auf aufgegebenen Arealen befinden. Aktivitäten, die normalerweise mit dieser Strategie verbunden sind, sind Ausstellungstätigkeit, die Anlage und der Aufbau von Sammlungen sowie Dokumentations- wie Archivarbeiten, die sich auf die Vergangenheit des Geländes beziehen. Typische Beispiele für diese Strategie sind Industriemuseen wie das Bergbaumuseum in Bochum, zu dem unter anderem eine in den dreißiger Jahren aufgegebene Zeche gehört, das Museumsdorf Ironbridge in der Nähe von Shrewsbury in England, die ehemalige Textilstadt Lowell in Massachusetts, oder die Anlagen von Bergslagen in Schweden. Auch die *Écomusées* Frankreichs und Walloniens folgen dieser Strategie. Le Creusot, Fourmis-Trélon in Frankreich, Bois-du-Luc in Belgien sind ehemalige Industrieorte, die heute größtenteils musealisiert sind. Einigen dieser Industrieanlagen ist insofern besondere Aufmerksamkeit und besonderer Schutz zuteil geworden, als sie in die Liste des Weltkulturerbes der UNESCO aufgenommen worden sind, wie Ironbridge 1986 oder 1995 die Völklinger Hütte im Saarland.

Neuer und ebenso dieser Gruppe zuzurechnen sind Erhaltungsversuche von einzelnen »Landmarken«, dem Gasometer Oberhausens im Ruhrgebiet, Fördertürmen in neuen Einkaufszentren wie in Liévin, Nord – Pas de Calais, außer Gebrauch genommenen Wassertürmen in nahezu allen früheren Industrieregionen Europas. Dazu gehören auch Nutzungen, die das Milieu aufgegebener Industrie als pittoresk auffassen und es für im weitesten Sinne künstlerische Aktivitäten bereitstellen wie das beispielsweise über mehrere Jahre der Fall war in der Westergas-Fabrik in Amsterdam.

Diese Strategie hat als primäres Ziel den Erhalt von ansonsten verlorenen und aufgegebenen Dingen und Bauten, oft verbunden mit dem Anspruch einer touristischen Nutzung. Gewinnerzielung kann beabsichtigt sein, ist aber als Ziel oft unrealistisch. Projekte, die dieser Strategie folgen, beginnen und definieren sich häufig über künstlerische Aktionen oder wissenschaftliches Interesse und setzen sich fort mit einer Finanzierung über Spenden, Stiftungen und ehrenamtliche Arbeit. Sie werden und bleiben oft abhängig von öffentlichen Finanzierungen, auch wenn sie touristische Anziehungspunkte werden und damit zur Verbesserung der wirtschaftlichen Lage der Region beitragen.

Die dritte Strategie wendet sich weder vordergründig der wirtschaftlichen Zukunft, noch dem Erhalt materieller Anhaltspunkte für die Geschichte des Ortes zu, sondern richtet die Anstrengungen auf »grüne« Lösungen verschiedener Qualität. Die Verfahren reichen von der völligen Umgestaltung des Geländes durch Parkanlagen oder Gartenschauen mit Freizeiteinrichtungen bis hin zu Begrünungen oder Bewaldungen ohne genau definierte Nutzungsansprüche, von Entwürfen, die übriggelassene Strukturen und neu entstandene Biotope integrieren, bis hin zu rein konzeptuellen Umdeutungen, die das Vorgefundene als neue Natur deuten. Zu dieser Gruppe gehören Planungen, die sich aus der Perspektive des Naturschutzes mit alten Industriegeländen befas-

jch, auch Unternehmungen, die mit dem »wilden Industriewald« eine neue Wildnis vorfinden.

Beispiele für die Entstehung eines völlig neuen Parks auf altem Industriegelände sind der Parc André Citroën in Paris, in dem nur noch der Name an die frühere Automobilproduktion erinnert, auch der Parc de la Villette in Paris oder, mit einem ganz anderen Konzept, der Peoples Park in Liverpool, der auf einer städtischen Müllhalde liegt. Weiträumige Grüngebiete mit wenig definierten Nutzungsansprüchen sind die sich über mehrere Quadratkilometer erstreckenden Gebiete um Wigan bei Manchester. Sie bedecken heute ein ehemaliges Industriegebiet, das Gebiet Englands, das in den fünfziger Jahren den höchsten Prozentsatz an vergiftetem, unbrauchbarem und zu behandelndem Land aufwies.

Auch die Wiederverwaldungen größerer Areale im Gebiet der Internationalen Bauausstellung Emscher Park im Ruhrgebiet folgen diesem Muster. Andere Gelände werden »naturalisiert« und allenfalls gärtnerischer Pflege überantwortet, indem ihre Bauwerke und Strukturen unter dem Aspekt des Verfalls gesehen werden und als Ruinen in eine wieder anders gesehene Natur eingehen. Das ist der Fall im Landschaftspark Duisburg-Nord oder auf der Hafeninsel in Saarbrücken. Deutungen als neue Natur erfahren zur Zeit in einigen Projekten die Braunkohlegebiete um Bitterfeld oder die alten Kohlegebiete im Süden Luxemburgs. Die Einbeziehung von Sekundärbiotopen und die Nutzung der Mittel des Naturschutzes mit dem Ziel, die Natur der Brache zu erhalten, findet sich beispielsweise realisiert in den River Valleys um Manchester.

Die drei als typisch charakterisierten Strategien kommen in Reinform nicht vor. Planer und Planerinnen stützen sich heute auf eine Fülle von Überlegungen und Erfahrungen und integrieren, besonders seit den achtziger Jahren, Momente aus allen drei Strategien in ihre Entwürfe, ob sie nun einzelne Grundstücke oder Konzepte für eine ganze Region betreffen. Doch bei der Entscheidung über die Auswahl der Projekte war die Orientierung an dieser Dreiteilung hilfreich. Sie führte dazu, daß der Schwerpunkt der Arbeit sich auf die Projekte verlagerte, für die keine unmittelbaren ökonomischen Erfolgsaussichten angenommen werden konnten, die also der zweiten und der dritten Strategie entsprechen. Denn diese Projekte sind es, die die spektakulärsten konzeptionellen Anstrengungen erfordert haben, hier vor allem sind die Strategien entwickelt und angepaßt worden, die die Revision des Abfalls zeigen.

Innerhalb dieses Rahmens sind zwei weitere Kriterien bestimmend. Das erste Kriterium ist der Zeitraum, den es dauerte, bis ein aufgegebenes Gelände über eine neue Planung zu neuen Nutzungen fand. Als Mindestzeitraum wurde die Dauer von fünf Jahren angesetzt. Damit schieden die Projekte aus, in denen eine sofortige Umnutzung von Industriebrachen oder -bauten möglich war. Denn einige frühere Industrieflächen sind recht einfach zu integrieren, etwa als erwünschte Erweiterungsflächen für Städte, die sonst Erweiterungen auf bisher unbebautem Land ausweisen wollten, das durch Naturschutzauflagen, bäuerliche Bewirtschaftung, Bürgerproteste oder andere für einen Ausbau hinderliche Umstände schwieriger zu bebauen ist als altes Industrieland. Es blieben Industrieareale übrig, die eine Phase der Verwahrlosung und des Ignoriertwerdens durchgemacht, also für einen längeren Zeitraum Eigenschaften aufgewiesen hatten, die sie als Abfall qualifizierten. Die Gründe für ein solches Liegenlassen sind unterschiedlich, sie reichen von ungeklärten Eigentums- und Haftungsfragen, Geldmangel für vorgesehene Umbauten, kommunalen Zwisten bis hin zu profunder Ratlosigkeit ihrer Besitzer oder Verwalter darüber, was mit diesen Geländen zu tun sei. Dieses Kriterium war also geeignet, Fälle auszufiltern, in denen besondere Anstrengungen nötig waren und unternommen wurden, um ein Gelände wieder nutzbar zu machen.[32]

Ein weiteres Kriterium entwickelte sich aus der Beobachtung der Chronologie der Planungsziele. Modelle für Gestaltungen sind heute wesentlich komplexer als in den Anfängen der Behandlung von altem Industrieland, Ziele und Visionen für alte Areale haben sich geändert. Die Schwerpunkte und ihre Reihenfolge stimmen in den alt-industrialisierten Ländern weitgehend überein, wenn auch nicht die Zeitpunkte, zu denen sich bestimmte Probleme stellten oder als politisch relevant erachtet wurden.[33]

Für die Bundesrepublik, die als Beispiel einer Chronologie dienen möge, sind vier Phasen mit typischen Schwerpunkten in Planungen für ehemalige Industrieareale unterscheidbar. In der unmittelbaren Nachkriegszeit sind im Gegensatz etwa zu Großbritannien kaum Industriebrachen entstanden. Entweder konnten aufgegebene Industriegelände gleich wieder für neue Produktionen umgebaut werden, oder die Produktionsanlagen wurden absichtlich aus Städten heraus verlegt, um anderen Funktionen Platz zu machen, dem Wohnungsbau vor allen Dingen. Mit den ersten Krisenerscheinungen in Gebieten mit Textil- und Schwerindustrie entstehen Brachen in nennenswertem Umfang. So fallen zwischen zwischen 1958 und 1967, der Zeit des »großen Zechensterbens«, im Ruhrgebiet allein 1.673 Hektar an stillgelegtem Zechengelände an, von denen 1979 erst knapp ein Drittel neu genutzt wird. Die verfolgte Strategie bleibt zunächst die der weiteren Ausweisung der aufgegebenen Flächen als Gewerbe- und Industriegebiet, verbunden mit dem Versuch, neues Gewerbe auf den alten Betriebsflächen anzusiedeln.[34]

In den siebziger Jahren werden Altlasten entdeckt und, übrigens etwa zeitgleich in allen industrialisierten Staaten, zum öffentlich diskutierten Thema. Die Gefährdung von Umwelt und Gesundheit wird mit produzierenden, aber eben auch alten Industrieanlagen in Zusammenhang gebracht. Ab Mitte der siebziger Jahre wird die Behandlung alter Industriegelände als spezifische Frage in Kommunen diskutiert (Henckel/Nopper 1985, 35f) und als eigener Gegenstand der Planung begriffen. Es entstehen Pläne, die der Spezifik der baulichen und ökologischen Strukturen wie den sozialen Folgen des Industrie- und also auch Arbeitsplatzabbaus gerecht zu werden suchen.

Die Entwürfe zielen nicht mehr nur auf industrielle, gewerbliche Wiedernutzung früherer Industriegelände oder auf Wohnbebauung im Sozialen Wohnungsbau: Es kommt zu ersten aufwendigen Umbauten von ehemaligen Fabrikgebäuden für öffentliche Einrichtungen und für finanzstarke Wohnungssuchende. Überlegungen zur Musealisierung, zum Industriedenkmalschutz, in England schon seit den fünfziger Jahren begonnen, werden von Einzelnen rezipiert.

Das Nutzungsspektrum erweitert sich um Bildungs-, Kultur- und Freizeiteinrichtungen sowie Grünanlagen. Auffallend ist die durch Bürgerinitiativen und Alternativprojekte durchgesetzte Zunahme teils öffentlich geförderter, oft sozialer Einrichtungen auf Brachland für große, doch als marginal betrachtete Gruppen. Es entstehen dort Begegnungshäuser, Kinder-, Jugend-, Frauenhäuser, Ausländerzentren, auch andere Orte der Alternativkultur. Klein- und Kleinstgewerbe wird auf altem Industrieland angesiedelt.[35] Manche Gelände werden auch nur gesichert und erst einmal aufgegeben.

In den achtziger Jahren nimmt die Zahl verfügbarer Industrieareale wie die Zahl schwer zu beseitigender nutzloser Anlagen weiter zu. Eine 1985 veröffentlichte Umfrage unter bundesdeutschen Städten mit mindestens 50.000 Einwohnern ergibt, daß zwei Drittel der befragten Städte Gewerbebrachen haben, ein weiteres Drittel eine deutliche Zunahme in den letzten fünf Jahren erlebte, ein weiteres Drittel erwartet eine Zunahme. Es richten sich Hoffnungen darauf, daß Brachen als Landreserve einen erwarteten weiteren Flächenverbrauch eindämmen können.[36] Fünf Schwerpunkte bilden sich in den achtziger Jahren im Umgang mit Industriebrachen aus, die gegen das negative Image vernachlässigter Gebiete gerichtet sind: Sanierungen und Wohnungsbau werden unter Nutzung von bestehenden Gebäuden, häufig im Hinblick auf eine (äußerst) zahlungsfähige Käuferschicht, vorgenommen. Denkmalschutz und Musealisierung von Industrieanlagen nehmen einen starken Aufschwung, die Ansiedlung von Ausstellungsgeländen oder Museen wird endemisch. Alte Gewerbeflächen und -gebäude werden für neue Gewerbe umgebaut, wie beispielsweise den »Technologie- und Innovationspark Berlin«. Öffentlich geförderte Arbeitsbeschaffungsprogramme werden mit Revitalisierung verbunden. Und es gibt eine Fülle von Planungen, die an Natur- und Umweltschutz orientiert sind und der Sanierung von Boden und Wasser, der Pflege von Flora und Fauna den Vorrang einräumen. Es gibt definierte Rückzüge von besonders vergifteten Flächen.

Mitte der neunziger Jahre setzt eine Umorientierung ein. Grund ist die Menge kürzlich aufgegebener Gelände in teilweise exponierter stadträumlicher Lage im Osten Deutschlands. Seitdem werden mehrere Industriebrachen, die inmitten von Städten liegen, beplant mit dem Ziel, auf ihnen neue Zentren entstehen zu lassen. Angesichts von Zahl und Umfang der Brachen ist aber zu vermuten, daß einige Industriegelände und Konversionsflächen auf absehbare Zeit nicht wiedergenutzt werden. Möglich ist, daß sich eine neue Tendenz zu minimalen Eingriffen entwickeln und sich der Rekurs auf naturästhetisch inspirierte Lösungen verstärken wird.[37]

Aus dieser Chronologie hat sich die Konzentration auf zwei Arten von Projekten ergeben, auf solche, die Pionierqualitäten haben insofern, als an ihnen ein neuer Zugang zu Planungen für alte Areale entwickelt worden ist, der dann fortgesetzt wurde und zum Muster avancierte. Das Kriterium ist die Relevanz des Projektes für folgende andere Projekte, das heißt, seine relative fachinterne Prominenz. Das aber ist ein wichtiges Ziel dieser Arbeit: Entwicklungen zu identifizieren, die als typisch angesehen werden können und die insofern Aussagen über Transformationen und Wiedernutzungen zulassen, die über den Einzelfall hinausgehen und modellbildend sind. Die zweite Reihe von Beispielen umfaßt solche, die in den letzten Jahren diese Muster weiter fortgesetzt haben.

Materialien

Materialgrundlage der Arbeit sind Publikationen, auch Werbeschriften, Kongreß- und Diskussionsbeiträge sowie Projektpräsentationen von Beteiligten an ausgewählten Planungsprozessen. Denn in diesen Präsentationen finden sich die am weitesten ausgearbeiteten und kondensierten Interpretationen des eigenen Handelns im Hinblick auf einen öffentlichen Diskurs. Anzunehmen ist außerdem, daß diese Texte und Darstellungen Einfluß auf die Fragestellungen von Planern und Planerinnen anschließender Vorhaben ausgeübt haben, sei es allein durch die Verbreitung von Gestaltungsideen, sei es durch Erregung von

Neugierde und dadurch provozierte Inaugenscheinnahme. Diskussionspapiere der Planenden oder Bestandsaufnahmen ergänzen das Material wie auch Kommentare zu einzelnen Projekten aus Fachzeitschriften und -publikationen. Zur Verdeutlichung der in Planungen artikulierten Strategien dienen Exkurse in die Bildende Kunst, in die Bild- und Motivarsenale, aus denen sich Gestaltungen bedienen, in die Argumente, die, oft lange vor Planungen für alte Industrieareale entstanden, ihnen Plausibilität verleihen.

Der Suche nach den Grauen Materialien dienten Gespräche mit Planern, Planerinnen, darunter auch Mitgliedern von Verwaltungen, die für die betreffenden Projekte verantwortlich waren oder sind. Diese Gespräche sollten nicht den Anforderungen entsprechen, die sie zur Grundlage einer methodisch der *oral history* verpflichteten Untersuchung machen könnten.[38] Ihnen ist keine systematische Rolle in der Argumentation eingeräumt, sie haben aber zur Ergänzung der Materialien beigetragen und ihre Deutung erleichtert.

Seit 1996 habe ich Städte und Regionen besucht, in denen Sanierungsvorhaben für Brachen umgesetzt werden oder bereits abgeschlossen sind. Aus den Besuchen ist eine weitere Materialgruppe entstanden. Sie besteht aus Dias und Protokollen des Gesehenen. Das betrifft englische, französische, belgische, niederländische und US-amerikanische Beispiele. Die Reisen hatten – neben Lektüren in Archiven und Bibliotheken – einen bemerkenswerten und durchaus erwarteten Effekt. Sie rückten einige Bilder, das heißt verbreitete fotografische Darstellungen zurecht. Die Textilfabrik Le Blan in Lille, Nordfrankreich, etwa, ein berühmtes Umbauprojekt des auf Revitalisierungen spezialisierten Architektenbüros Reichen et Robert aus Paris, wird üblicherweise so fotografiert, daß man im Bild den imposanten Uhrenturm dieses *Chateau fort* der Textilindustrie sieht, und auf einem zweiten Bild dann den Umbau eines Teils der weiteren Gebäude, ohne Uhrturm. Wenn auch beigefügte Planskizzen klarstellten, daß sich der Umbau nur auf einen Teil bezog, so konnte man doch nicht ganz sicher sein – denn vielleicht waren ja nicht alle Skizzen abgedruckt? Der Besuch auf dem Grundstück im Sommer 1996 förderte einen Anschlag zu Tage, der die Abrißerlaubnis von 1991 der Stadt Lille für den wahrzeichentauglichen Turm verkündete.

Ein weiteres Bild: Die Hafeninsel in Saarbrücken, ein eigenwilliger Barockgarten aus den frühen neunziger Jahren des 20. Jahrhunderts auf altem Industriehafengelände, wird in den fotografischen Präsentationen, die sein Architekt Peter Latz davon veröffentlicht hat, kontextfrei präsentiert. Ein Besuch dort selbst überraschte mich zwar nicht mit der Tatsache, daß mitten über ein Kernstück der Gestaltung eine vierspurig ausgebaute Straßenbrücke führt, denn darüber ist geschrieben worden, wohl aber mit ihrer Lage nahe am »Wassertor«, einem der Blickfänge des Gartens. Die sogenannte »Westspange« kann zwar den Garten nicht sonderlich beeinträchtigen, doch verschiebt sich das Bild. Diese Beobachtungen waren nicht die einzigen überraschenden. Deshalb sind gelegentlich Teile meiner Reisetagebücher aus Frankreich, England, Belgien, den Niederlanden, den USA und aus Deutschland in den Text integriert.

Die Lektüre

Die Lektüre der Texte ist auf die Annahmen und Wissensbestände gerichtet, die für die Umweltmodelle der jeweiligen Planungen charakteristisch sind. Die Lektüre zielt dabei jeweils auf den Prozeß, in dem Sinn erzeugt und ein abgeschriebenes Gelände als neuer Gegenstand konstituiert wird. Die Ebene, auf der meine Lektüre der Materialien angesiedelt ist, ist die Ebene des Diskurses. Unter einer Lektüre, die sich auf dieser Ebene bewegt, verstehe ich eine Lektüre des Materials, in der sich das Augenmerk auf Prozesse richtet, in denen handelnde Menschen Wirklichkeit herstellen und in denen Sinnkonstitution stattfindet. Das impliziert in dem oben angegebenen Rahmen[39] eine Befassung mit der Rolle und den Wirkungen der dabei Sprechenden, mit Wahlen von Wirklichkeitsausschnitten und Gegenständen der Rede, ihrer Legitimation und den heterogenen Perspektiven, aus denen sie erzeugt werden, mit den Umständen und Kontexten, unter denen und in denen gesprochen wird, mit den Institutionen und Traditionen, die eine Rede sichern und stützen.[40]

Die methodische Grundorientierung ist die eines revidierten hermeneutischen Zugangs zur Ebene des Diskurses, das heißt, zu Texten eines Diskurses wie auch zu den Materialien, aus denen die Bedingungen erschließbar sind, die an der Konstituierung jeweils bestimmten Sinns beteiligt sind.

Klassische hermeneutische Positionen sind zu recht poststrukturalistischer Kritik verfallen. Die Intention klassischer Hermeneutik richtete sich auf die Aufdeckung eines Ursprunges, auf die Beziehung eines Textes oder auch eines Gegenstandes auf seinen eigentlichen und ursprünglichen Sinn. Daraus bezog die Hermeneutik ihr kritisches Potential wie ihren Konservativismus und ihr Legitimationspotential. Das kritische Potential der Hermeneutik besteht darin, daß sie sich in der Lage sieht, einen »ursprünglichen« Sinn und »ursprüngliche« Intentionen und damit verbundene Versprechen mit einer Rede zu vergleichen, die später diesen Sinn und diese Intentionen in Anspruch nimmt, ohne ihnen noch verpflichtet zu sein. Das konservative Element, das der Hermeneutik eignet, rührt aus der Grundintention her, der des Verstehens auch dessen, was nicht zu legitimieren ist. Alles, was einer hermeneutischen Kritik unterzogen wird, erweist sich doch als voller Sinn. Die Interpretationen geben den Texten, Bildern, Dingen, also den Gegenständen, auf die sie sich richten, einen Ort in der Geschichte der Diskurse darüber und nehmen in Anspruch, die Gegenstände gegen Fehlinterpretationen zu schützen.

Der Glaube an einen ursprünglichen Sinn ist in der pragmatizistischen Semiotik, der machttheoretischen Lektüre Foucaults wie in dekonstruktiver Lektüre kenntlich geworden als mythisch. Die Geschichte des Sinns, etwa eines Textes als Geschichte seiner Übersetzungen, die Möglichkeit der Unterscheidung von richtigen und falschen Lektüren ist aufgehoben in der Beobachtung der Tatsache von Lektüren verschiedener Art, die neuen Sinn erzeugen. Dieser ist aber nicht beliebig, sondern Ergebnis eines historischen Prozesses, in dem Sinn konstituiert und in jeder Lektüre transformiert und revidiert wird.

Texte, auch Bilder und Dinge, treten als Zeichen ein in einen Deutungsprozeß, in dem Kontexte sich als immer wieder erneuert erweisen wie Blicke, Haltungen, Auszeichnungen von Interessen und Fragen, die sich wandelnde Aufmerksamkeit von Lesenden. Unter sich verändernden Rezeptionsbedingungen wird ein Text, eine Textstelle, ein Wort, ein Bild, ein Gegenstand jeweils zum Ereignis. »Wenn man Semiosis als Prozeß und Bewegung versteht, heißt das, daß man ein Zeichen nicht als Ding, sondern als Ereignis betrachtet. Das hat zur Folge, daß man dieses Zeichen nicht von den anderen trennt, sondern die mögliche Entstehung eines Zeichens in einer konkreten Situation als ein Ereignis in der Welt nachzeichnet.«[41] Zeichen sind in ihren Kontexten jeweils als aktiv und bedeutungserzeugend zu begreifen – und nicht auf den Ausdruck von etwas oder das Zeugnis für etwas zu reduzieren.

Doch auch, wenn man einen Text, ein Bild, einen Gegenstand, der der materiellen Kultur zuzurechnen ist, als Ereignis liest, das jetzt in der Lektüre Sinneffekte erzeugt, ist die Ferne von hermeneutischen Vorgehensweisen nicht absolut. Es gibt in jedem Falle in einer ersten Lektüre eines Textes, im ersten Blick auf ein Bild, auch eine erste Erfassung seines Sinnes. Sie ist Voraussetzung aller weiteren Behandlung, denn ohne sie wären die in rhetorischer oder allgemeiner gesprochen, jeglicher auf die Form sich richtende Lektüre zu identifizierenden Momente des Textes, eines Zeichens, nicht auffindbar. Eine auf aktuelle Sinneffekte gerichtete Lektüre kommt nicht aus ohne Bezug auf Sinnverstehen. Und dieser Sinn ist nicht völlig gegen das Gedächtnis, verstanden als Archiv der Sinnproduktionen, zu immunisieren. Text- und Bildlektüren, die Betrachtung von Dingen, Bauten, Gegenständen materieller Kultur implizieren die Aktivierung einer Fähigkeit, die geschulte Leser und Leserinnen unwillkürlich mit jeder Lektüre verbinden, die Assoziation anderen Sinns, früher hergestellter Kontexte. Eine gänzlich davon abstrahierende Lektüre findet nicht statt, solange wir historische Wesen sind, die ihre Kontinuität unter anderem durch einen Strom der Gedanken herstellen und ist erst das Ergebnis von trennenden analytischen Akten.[42]

Kontexte sind nicht als gegeben anzunehmen, sondern ihrerseits als Konstruktionen zu befragen. Was zu einem Kontext gehört, wird durch interpretative Strategien bestimmt. Kontexte bedürfen deshalb ebenso der Erhellung wie die in ihnen gelesenen Zeichen, die wiederum ihren Kontext mit bestimmen. Das läuft auf die Frage hinaus, was Zeichen »rahmt«, d.h., sie in einen Zusammenhang stellt, der die Praktiken der Vergangenheit und die Interaktion mit dieser Vergangenheit zum Gegenstand macht. Die Fragen, die Jonathan Culler vorschlägt, sind die nach der Konstituiertheit von Zeichen durch diskursive Praktiken und semiotische Mechanismen, durch institutionelle Arrangements und durch Bewertungen (Culler 1988, XIV). Diese Fragen lassen sich hier als methodisches Prinzip der Lektüre auffassen: In welchen Kontexten entsteht die Rede, die aus Abfall etwas nicht dem Abfall Zugehöriges schafft?

Diese Lektüre setzt ein Verständnis der Produktion von Sinn nicht nur für die eigene Interpretation voraus, sondern auch für ihren Gegenstand. Auch die Erzeugung neuer konzeptueller Gegenstände ist gebunden an die Geschichte des Sinns und an ein Arsenal von Motiven, das erst die Möglichkeit der Erzeugung von neuem Sinn bietet. In der, in welchem Maße auch immer, kontinuierlichen oder unterbrochenen Geschichte einer diskursiven oder handelnden Bearbeitung von Dingen, Konzepten, Zeichen entstehen Muster des Umgangs mit ihnen – aufzufassen im Sinne symbolischer Formen, die jeweils zur Verfügung stehen, um auf eine aktuelle Frage zu antworten. Diese Muster, man könnte sie auch als Dispositive bezeichnen, spielen auch dann eine Rolle, wenn das den Sprechenden, Schreibenden, Gestaltenden, Handelnden nicht klar ist. Jede Äußerung und jede Handlung gründet auf früheren Äußerungen und Handlungen, liest sie neu und schreibt sie fort, selbst wenn die Akteure nicht darüber reflektieren.

Insofern sucht die hier vorgelegte Lektüre von Texten und anderen Materialien, in denen Planer ihre Konzepte vorstellen, die kontinuierlichen wie diskontinuierlichen Prozesse der Konstituierung von Gegenständen auf, die in dem jeweils aktuell untersuchten Diskurs ihre erneute Transformation, Modi-

nuation, Übersetzung finden und ihm, wenn nicht Legitimationen, so doch den Effekt der Plausibilität verleihen. Erschließbar sind Kontexte und Bezüge, die in einer historischen Reihe immer wieder im Zusammenhang mit bestimmten Motiven, Themen standen. Planer, die sich mit alten Industriearealen befassen, greifen zurück auf ein Archiv verfügbarer Motive, um dort Möglichkeiten der Neukontextualisierung und damit der Produktion von neuem Sinn für die alten Areale zu gewinnen. Indem sie das tun, tragen sie zu diesem Archiv bei und schreiben es um.

Die Bezugnahme auf diese Kontexte ist nicht als Suche nach einem erklärenden Ursprung zu verstehen, sondern als Versuch, die Sinneffekte einer Präsentation heute in die Bezüge zu stellen, auf die sich diese Effekte stützen. Viele der heute als neu und avantgardistisch verstandenen Entwürfe werden damit sichtbar als gesättigt mit bekannten Mustern, verweisen auf traditionelle kulturelle Strategien des Verschwindenmachens, des Erinnerns, des Harmonisierens und so fort. Andere Entwürfe, die zunächst bescheidener anmuten, zeigen sich als tatsächlich die bekannten Traditionen überschreitende.

Die hier angegebenen Kontexte der Planungen sind heterogen, teilweise ausschließlich durch Literaturangaben in den Anmerkungen markiert, und andere Verbindungen als die hier gesetzten sind denkbar: die Texte könnten in Beziehung treten zu anderen Textsorten, anderen Bildtypen, anderen Zeichnungen, sie könnten Jahrhunderte überbrücken und dort Kontexte finden. Ikonographische Beziehungen und Motivquellen, aus denen neue Sinneffekte entstehen, könnten weiter eruiert werden, Metaphern in Texten in Bezug auf ihre ikonologischen Eigenschaften untersucht werden und vieles mehr. Das würde ein Prinzip des Lesens weitertreiben und die Materialien dieser Arbeit weiter so mit Kontexten zu umstellen vermögen, daß der Sinn und die Deutung stärker variiert und verdichtet werden können. Auch die Fülle von Bezügen wird keine »Wahrheit« hinter einem Zeichen und kein »Zeugnis« für etwas zutage fördern. In jeder Erweiterung der Kontexte entstehen neue Effekte und neue Bezüge, neue Fragen und neue Zeichen, die ergänzt werden durch das Wissen derjenigen, die die Texte des Materials lesen oder eine Fotografie oder eine Zeichnung betrachten. Jede weitere Lektüre wird denselben Effekt haben, ohne die Materialien je in Schrift oder Rede zu erschöpfen.

Die Lektüre früherer Prozesse der Bedeutungskonstituierung führt nicht zu Ursprüngen, zu einem ersten Sinn, die hier präsentierten Kontexte finden sich nicht als definitiv richtige oder falsche. Die hier gezeigten Bezüge sind dadurch bestimmt, daß sie eine Möglichkeit bieten, die Herstellung der neuen Modelle der Umwelt und die in ihnen verfolgten Strategien im Hinblick auf ihren Gebrauch von Motiven und Bildern zu charakterisieren und die Frage beantworten, welches symbolische Material recycelt und umgeschrieben wird, damit aus Abfall Material, Stoff, etwas anderes werden kann.

Teil II

Erste Besichtigung der Abseite

Dieser Teil zeichnet zwei Weisen der Annäherung an alte Industrieareale aus: Die informelle und ästhetisierende Besichtigung, die Nachbarn oder Reisende, auch schon vor ihrer Entdeckung als Kunden der Industrietourismusbranche, und andere vornehmen, und eine Besichtigung ganz anderen Typs: die systematisch erkundende, wissenschaftlich analysierende und technischen Säuberungsbemühungen vorangehende Untersuchung, wie sie die Erforschung der Böden früher industriell genutzter Grundstücke darstellt. Die Entdeckungen, die in beiden Annäherungen zu machen sind, sind Voraussetzungen für die heutigen Strategien der Bearbeitung, die über die systematische Sichtbarmachung der ausrangierten und marginalisierten Areale das Verschwinden des Abfalls befördern.

Es ist auch heute, nach Jahrzehnten von Bemühungen um die Sichtbarkeit der Produktion, immer noch nicht ganz selbstverständlich, den Blick zweckfrei auf Industrieareale zu richten, und noch weniger selbstverständlich ist der Blick auf aufgegebene Areale. Zieht man als Indikatoren Reiseführer zu Rate, so weisen sie unter den Sehenswürdigkeiten, dem also, was des Ansehens würdig ist, vielleicht eine Mühle als Überbleibsel einer vorindustriellen Produktion aus, selten aber führen sie auch heute noch ihre Leser zu produzierenden oder aufgegebenen Industrieanlagen. Als touristisches Ziel, das des Anschauens, des Besichtigens wert wäre, sind Industriegebiete in den westlichen Industriestaaten, solange sie arbeiten, kaum je prominent geworden. Industrieregionen gelten keinesfalls als attraktiv. »Man« fuhr bis vor einigen Jahren nicht zur Besichtigung, nicht zum Vergnügen nach Manchester, Dortmund oder Le Creusot.

Die Planungen, von denen hier die Rede sein wird, versuchen seit etwa 50 Jahren genau diese Situation der Unsichtbarkeit zu ändern. Sie überschreiten dabei gleich zwei Grenzen, die das Wahrzunehmende von ignorierten Dingen und Räumen trennen: So wenig der Abfall ansehnlich ist, so wenig ist es die Produktion. Das erste Kapitel dieses Teils führt Arten des Wegschauens und

Arten des Hinschauens vor, die Planungen für alte Industrieareale und ihre Ästhetik beeinflussen.

Zum Ruf von Industriegeländen hat keinesfalls beigetragen, daß auf ihnen gefährlicher Abfall aller Art nicht nur vermutet, sondern in den siebziger Jahren auch gesucht und gefunden wurde. Das zweite Kapitel in diesem Teil stellt die Frage nach der Diskursivierung der realen Gefahr, nach einbrechenden Stollen und rutschenden Halden, nach Giften und Kontaminationen und beschreibt die Entwicklung der »Altlast«.

Das Konzept der Altlast ist einer der Indikatoren für die Revision des Abfalls und seiner Grenzen: Denn in der Beschreibung und in der Bearbeitung von Altlasten gibt es sowohl das Überschreiten als auch das Neuziehen von Grenzen, nun aber von Grenzen, die nicht gegen ein als unermeßlich imaginiertes Außen gezogen werden, sondern innerhalb eines kontrollierten Bereichs: Aus der Konstituierung der Altlast ist ein Programm ihrer technischen Bewältigung abgeleitet, das nicht ihrer Ausschließung, sondern ihrer kontrollierten Einschließung oder ihrer kontrollierten Diffundierung und Nutzung dient. Gifte, die als Altlasten definiert werden, verlangen eine Kontrolle der Trennungen zwischen Berührbarem und nicht Berührbarem, die, je nach Stoffen, mehr oder weniger weit in die Zukunft fortgeschrieben werden muß. Und sie verlangen Definitionen eines partiellen und gestuften Rückzugs vor Abfällen der industriellen Produktion. Vor allem diese Kategorie steht für eine Umkehrung der jahrtausendealten Praxis der Ausschließung des Abfalls. Das Kapitel skizziert die Chronologie der Auffindung der Altlast, ihrer Definition und die Vorgehensweisen, die als Formen ihrer Bewältigung gelten. Daß die zunächst technisch definierten Strategien unter anderem ästhetische Bewältigungsversuche in Gestaltungen provozieren, ist eine zweite Frage, in die dieser Abschnitt einführt.

Die Besichtigung der Industriegelände und die Aufdeckung der Altlasten gehören seit den siebziger Jahren zusammen. Denn indem die früher abgeschlossenen Terrains nach ihrer Nutzung und Vernutzung zur freien Verfügung stehen und also in den Blick treten, wird ihre stoffliche Beschaffenheit von Interesse.

1 Die Unsichtbarkeit der Industrie und ihrer Reste

Besichtigung der produzierenden Industrie

... oder ist das Unzugängliche das reale Innere?
Peter Eisenman

Ästhetisierungen des industriellen Produktes, auch der Maschine, wie sie auf Weltausstellungen seit der Mitte des 19. Jahrhunderts zur Geltung kamen, können nicht darüber hinwegtäuschen, daß das Bild der industriellen Produktion seit ihren Anfängen ambivalent ist. Wenn ihre Resultate den Prozeß der Produktion auch möglichst spurlos verschwinden machen sollen, so wissen diejenigen, die hinschauen, doch um ihn: Industrielle Produktion ist schmutzig, gewalttätig, zerstörerisch und abstoßend. Sie ist mit Gestank, Dreck, Krankheit und Armut verbunden. Aber sie schafft Reichtum.

Diese Ambivalenz zieht sich durch englische, deutsche wie französische Beschreibungen der Industrie seit dem 18. Jahrhundert. Das hat nicht ganz den Blick von interessierten Reisenden auf sie verhindert, doch diese begeben sich, wenn sie in Industriestädte gehen und nicht vorbeifahren, dorthin, um, durchaus fasziniert, unter anderem auch über die Schrecken der Produktion zu berichten. Äußerungen, die nicht von der Ansehnlichkeit, sondern von den Schrecken sprechen, lassen sich häufen, Friedrich Engels Beschreibung Manchesters steht nicht allein. Karl Friedrich Schinkel ist 1826 fasziniert von den Fabrikbauten der Stadt, er beschreibt sie als »herrlich«, »schön«, »gewaltig« und doch schreckt ihn, was er sieht, der Schmutz und die Reduktion aller Bauten auf eine reine Zweckmäßigkeit: »Vierhundert neue Fabriken..., wo vor drei Jahren noch Wiesen waren, aber diese Gebäude sehen schon so schwarz aus, als wären sie hundert Jahre in Gebrauch. Die ungeheuren Baumassen, blos von einem Werkmeister, ohne alle Architektur und nur für das nackteste Bedürfnis allein aus rothem Backstein aufgeführt, machen einen höchst unheimlichen Eindruck.« (Schinkel 1986, 244) Riesig, finster und düster, massiv, rauh und ungehobelt – so beschreibt Edmund Burke 1757 die Eigenschaften von Gegenständen, die er den erhabenen zurechnet. Grauen, Schrecken, Furcht und Bewunderung sind die Gefühle, die durch sie erzeugt werden (Burke 1989, 165f, 91ff). 1835 schreibt Alexis de Tocqueville über Manchester: »In der Mitten dieser stinkenden Kloake nimmt der große Strom des menschlichen Fleißes seinen Ausgang, um die ganze Welt zu befruchten. Aus diesem schmutzigen Abfluß ergießt sich Gold. Hier erreicht der menschliche Geist seine höchste Perfektion und seine größte Brutalität, hier erzeugt die Zivilisation ihre Wunder und hier wird der zivilisierte Mensch beinahe wieder zum Wilden.« (Tocqueville 1865, 368f) Die industrielle Produktion ist ein aufbauendes und zerstörerisches Unterfangen, das Schmutz, Abfall, Unreinheit neben den Gütern der Zivilisation hervorbringt. Aus einer irdischen Hölle entsteht ein irdischer Himmel. Fruchtbarkeit wie Destruktion, Zivilisation und Barbarei gehen eine widersprüchliche und in ihrer Widersprüchlichkeit erschreckende Koalition ein.[1]

Der Blick auf die Destruktion, die Industrie (auch) erzeugt, führt in der Lehranstalt des bürgerlichen Auges, der bildenden Kunst, ein Schattendasein. »Schmutzangst kennzeichnet die gesamte Kultur des 19. Jahrhunderts: vom Biedermeier über die Gründerzeit zum Jugendstil. Einer Epoche, in der sich der Schmutz mit industrieller Routine aufzuhäufen begann, wurde er von der Kunst tunlichst verschwiegen. Über die Herkunft des gesellschaftlichen Reichtums zu sprechen war fast so unanständig, wie wenn man sich bei einer Konzertpause über seine Verdauungsprobleme ausgebreitet hätte.« (Wyss 1997, 216) Die Randständigkeit der Auseinandersetzung mit Themen wie Armut, Schmutz, Not in der Kunst bestätigt die Ausblendung der sozialen wie ökologischen Destruktionen, des unbesehen und unheimlich bleibenden Bereichs der industriellen Manipulation von Stoffen und ihrer Umstände.[2]

Die Ambivalenz verschwindet auch in der Ästhetisierung der Industrie, der Maschine, ihrer Kraft und Dynamik durch die futuristische Avantgarde nicht. Sie wird nur als nicht gegeben behauptet. Die Schönheit der Maschine verbindet sich mit der Schönheit des Krieges, der Gewalt, des gewaltsamen Todes, mit der Verherrlichung und Ästhetisierung der Destruktion, die als Quelle neuer Kreativität gefeiert wird. Die Entwürfe des Futurismus zielen auf eine Ästhetik, die der durch die Industrie geprägten Erfahrungswirklichkeit adäquat ist, in diesem Sinne mimetisch verfahrend.[3]

Produktion wie Destruktion, Prozesse, in denen Stoffe transformiert werden, gehören im Imaginären der industrialisierten Gesellschaften noch heute zu den bestenfalls mit Faszination anschaubaren Gegenständen der Erfahrung.[4]

Wenn es auch eine Wertschätzung der Arbeit in industrialisierten Gesellschaften geben mag, so hat sie sich nicht in einer selbstverständlichen und ungebrochenen Wertschätzung der Industriegebiete, nicht einmal ihrer Bevölkerung niedergeschlagen. Noch Ende der achtziger Jahre des 20. Jahrhunderts zeigen wahrnehmungsgeographische Studien zum Ruhrgebiet, daß Dreck, Schmutz, moralische Verfehlungen wie Schamlosigkeit und Mangel an Bildung und Kultur, Primitivität, in einem abwertenden Sinne verstanden, mit dem Image des Ruhrgebietes untrennbar verbunden sind. »Diese Assoziationskette reproduziert noch einmal die Verschränkung von Arbeit, Armut und Schmutz, Schmutz und Laster ..., wie sie im 19. Jahrhundert in Bezug auf das Proletariat herausgebildet wurde.«[5]

Die Probleme, die eine solche Assoziation für die gewünschte und mittlerweile auch teils erfolgreiche Sichtbarmachung nicht nur des Ruhrgebietes, sondern auch anderer Industrieregionen zur Folge hat, untersucht unter anderem die Industrietourismusforschung. Sie arbeitet an der öffentlichen Wahrnehmung der alten Industrie als Ziel von Ausflügen und Freizeitgestaltungen, an der Aufnahme produzierender und aufgegebener Industrieanlagen unter die Reiseziele eines »Kulturtourismus«. Sie stößt dabei auf »ausgesprochen negative, ja vielfach sogar aggressive Reaktionen« auf produzierende wie aufgegebene Industriebetriebe und -gegenden (Soyez 1993, 44). Der Widerstand beginnt in den Regionen selbst, in denen häufig über lange Jahre »sehr konsequent ein an Wäldern oder anderen naturnahen Landschaftstypen orientiertes Image aufgebaut wurde«, und speist sich aus »mangelnde(r) historische(r) Distanz zu den Objekten der Industriekultur«, aus dem »Trauma des Arbeitsplatzverlustes«, auch aus der Sicht von stillgelegten Anlagen als »Symbole(n) der Ausbeutung«. Auf Abwehr trifft schon ein Kulturbegriff, der die Industrie einschließt und ihre Ästhetik für bemerkenswert hält, statt davon auszugehen, daß sie »zugleich wenig interessant und schmutzig, ja sogar gefährlich (Altlasten, Umweltbelastung)« ist (ebd. 42ff).[6]

Areale der Schwerindustrie sind aber nicht nur aufgrund dieser Abwehr unsichtbar, sie sind es in einem völlig trivialen, einem territorialen Sinne. Neben imaginären Grenzen sind es reale Hindernisse des Zugangs, die sie zu nicht öffentlich sichtbaren Gebieten machen. Industriegelände liegen hinter weitläufigen Mauern verborgen, hinter Zäunen oder sind in einem solchen Maße von Transportanlagen umstellt, daß sich eine zweckfreie, eine unabsichtliche Annäherung von selbst verbietet. Zugang zu produzierenden Anlagen haben oder hatten nur diejenigen, die auf diesen Geländen arbeiten oder arbeiteten. Kontrollen, Pforten, Pförtner, später elektronische Schutzvorrichtungen trennen diese Bereiche von den allgemein öffentlich zugänglichen.[7] Diese Restriktionen des Zugangs zu Werksgeländen sind begründet mit Sicherheit für nicht an der Produktion Beteiligte, Sicherheit vor Industriespionage, Umweltrücksichten, Ungestörtheit der Produktion, Ungestörtheit durch die Produktion, mit privatem Besitz.

Anlagen und Produktionsflächen liegen überdies abseits. Die Produktion in Innenstädten findet in Stadtteilen statt, die nicht zur Schauseite alter Städte gehörten, gerade in kleineren Städten heute noch nachvollziehbar auf von jeher gemiedenen Flächen. In den großen Städten Europas liegen die Industriegebiete des 19. Jahrhunderts häufig so, daß die Stadtzentren und die bevorzugten Wohngegenden von Rauchwolken unbehelligt blieben, meist im (Nord-)Osten der Stadt, so in London, Paris und Berlin zu beobachten. Auch die Konzentration der Produktion auf der »grünen Wiese«, Nachhall der Idee der Funktionstrennung in der Charta von Athen, seit den sechziger Jahren in allen alt-industrialisierten Ländern entwickelt, verlagert Fabriken in Gebiete, die einer Besichtigung nur aus professionellen Gründen wert sind. Unvermeidlich sichtbar sind Produktionsanlagen dann, wenn ihre Einrichtungen sich hoch über Wohnbebauungen erheben, wie das beispielsweise in Industriegebieten mit Hochöfen oder Fördertürmen der Fall war oder ist. Industrieorte aber, wie sie im Ruhrgebiet oder im nordfranzösischen Kohlegebiet anzutreffen sind, liegen in städtischen Agglomerationen, die als solche, hält man sich an Reiseführer, nicht besichtigenswert sind, sie sind Arbeitsstädte, in die Außenstehende nur kommen, um dort beruflichen Aktivitäten nachzugehen.[8]

Der Unsichtbarkeit und Unzugänglichkeit der Industrie begegnet eine Bewegung hin zur Sichtbarkeit der Produktion, die seit etwa 60 Jahren auf Offenheit zielende Öffentlichkeitsarbeit von Produktionsbetrieben. Sie soll dem interessierten mit der Produktion nicht vertrauten Publikum einen gelenkten, gezielten Einblick in die unbekannte Welt geben und bis zu einem gewissen Grade in die Tätigkeiten von Unternehmen einführen. Einige Firmen haben für diese Art der Öffnung des Geländes eigene Besucherabteilungen geschaffen, die sich an eine Fachöffentlichkeit, doch auch an interessierte Nichtfachleute wenden, die dort wohlunterhalten ihre Freizeit verbringen können.[9]

Abgesehen von besonderen Tagen und Vorkehrungen werden industrielle Gelände anderen als den dort Arbeitenden erst zugänglich, wenn sie offengelassen und obendrein, was nicht selbstverständlich ist, auch betretbar sind – das heißt, wenn sich die gewerblichen Nutzer zurückgezogen haben und eine meist öffentliche Hand sich um die weitere Entwicklung zu kümmern beginnt.[10] Es kann sein, daß sich dann die Tore von Industriearealen öffnen und eine

Durchlässigkeit des vorher unzugänglichen Raumes entsteht: Er wird physisch zugänglich, wird als Teil in die Imagination des Stadtraums integriert und ist für neue Zwecke verfügbar. Dann tastet sich der Blick vor und überschreitet gleich zwei Grenzen des anerkanntermaßen Sichtbaren und Sehenswerten, nicht nur die der Unsichtbarkeit der Industrie und der Produktion, sondern auch die der eigentümlichen Unsichtbarkeit, die ihren Abfällen, Überresten und Ruinen eigen ist.

Besichtigung der aufgegebenen Produktion

Die Brachen sind das inverse Gesicht der Urbanisierung, die preisgegebenen Gebiete, die offenen Rechnungen der Stadt, die Stadt im Negativ.
Jacques De Courson[11]

Von den ungeordneten, unstrukturierten Bereichen gehen unbewußte Kräfte aus, die andere dazu herausfordern, eine Verminderung der Zweideutigkeit zu verlangen.
Mary Douglas

Die ersten Grenzgänger der zugänglichen oder auch der offiziell unzugänglichen Niemandsländer sind Kinder und Erwachsene aus der Nachbarschaft, Motocross- und Mountainbikefahrer, Botaniker und Faunisten, die zwischen Verfall und anarchischer Entwicklung der Vegetation, zwischen Ruinen und unterirdischen Höhlen und Kellern, zwischen hochaufragenden Eisenstrukturen und weiten Hallen einen Raum der Freiheit und Ungestörtheit entdecken. In Städten, in durchgeplanten ländlichen Gegenden bieten diese Areale Platz für raumgreifende Sportarten, Spielplätze, Imaginationen, sie fungieren als nicht kontrollierte, überraschende Zonen, in denen Erlebnisse nicht schon gekannt werden, bevor man sie hatte, in denen fremde Dinge vorkommen und das Staunen möglich ist.

Diese Reaktionen und das zugehörige Nicht-Tun, Kaum-etwas-Tun wird verdrängt, sobald sich ein anderer, dezidierter und in ökonomischer Hinsicht stärkerer Nutzungsanspruch auf ein Gelände richtet. Die Entdeckung eines unbestimmten Ortes wie einer Industriebrache durch Künstler ist der Anfang seines Endes als unbestimmter Ort, denn soweit sich künstlerische Arbeit an den Markt anzuschließen vermag, gewinnt der alte Raum an Attraktivität.[12] Der Blick, der die Poesie der alten Industrieareale zu publizieren suchte, hat die Lage seit den sechziger Jahren des 20. Jahrhunderts verändert. Dazu hat der Mangel an bezahlbaren Ateliers in den Metropolen seitdem viele alte Industriebauten und die Gelände dazu in Wallfahrtsstätten der Kunstliebhaber verwandelt. Die *Factory* in New York, das *Albany Empire* in London, das *Melkweg* in Amsterdam, die *Fabrik* in Hamburg, die *Laîterie* in Straßburg, die *Schokoladenfabrik* in Aachen, das *Huset* in Kopenhagen, sind Kunst- und Kulturzentren in aufgegebenen Fabriken. Sie antworten auf die ästhetischen Eigenschaften der Bauten und Gelände, doch nicht zuletzt auch auf den Umstand, daß dort große undefinierte Flächen verfügbar waren in einer Zeit, in der solche Flächen für Ateliers, für Installationen, Events und Happenings gesucht wurden. Die Auseinandersetzung mit den alten Arealen ließ sie als Orte nicht nur des Aufgegebenen, sondern auch als Orte mit einer eigenen Kraft erscheinen.

Nicht selten war die Nutzung durch Künstler der Beginn einer weiteren ökonomischen Aufwertung, und nicht selten werden Künstler heute eingeladen, als erste den Leerraum vorübergehend zu besiedeln und zu füllen, den die aufgegebene Industrie hinterlassen hat. Für manche Areale war die Kunst nur eine Übergangs- oder Pioniernutzung, wie etwa in den Lagerhäusern auf Kop van Zuid in Rotterdam oder in der Schokoladenfabrik in Aachen.

Der nicht besetzte, der nicht geordnete und nicht kontrollierte Raum ist dennoch nur für eine Minderheit die positiv erfahrene Enklave mit anarchischen Zügen, andere werden durch alte Industrieareale abgestoßen. Denn diese halten Provokationen bereit, unter anderem die, daß sich an ihnen das Zerbrechen alter Strukturen und damit verbundener Lebensformen zeigt, an deren Stelle nicht zwingend als besser empfundene Lebensbedingungen entstehen. Aufgegebene Industrieareale und -regionen sind provozierend, weil die industrielle Nutzung aufgehört hat. Sie zeigen und symbolisieren den Zerfall des Glaubens an einen Fortschritt, der sich auf industrielle Arbeit stützte. »Ein ungenutztes Fabrikgelände, dem Zahn der Zeit schutzlos ausgesetzt, gilt nicht nur als Schandfleck, entwickelt sich, unbetretbar, wie es ist, nicht nur zu einem etwas unheimlichen, gemiedenen Ort, sondern auch die umliegenden Grundstücke verlieren an Wert.« (Damus 1989, 26f) Dieser Effekt läßt sich in den alt-industrialisierten Ländern Europas und in den USA feststellen. Und es sind nicht nur einzelne Grundstücke, deren Wahrnehmung diese Wirkung haben, die sich allenfalls dem Ästheten zur Erfahrung eines Erhabenen schließen wollen.[13]

Die abschreckenden Images des Verfalls, des Niedergangs, des Endes, des Verworfenen betreffen ganze Regionen, und nicht immer ist eine Alternative zur niedergehenden Industrie in Sicht: »Teile von Wales, Schiffbauregionen in Schweden und Schottland fallen einer Ent-Industrialisierung anheim. Ganz zu schweigen von jenem Rust-Belt, dem Rost-Gürtel, bei Chicago und Detroit oder Pittsburgh, den die amerikanische Forschung eindeutig im Prozeß der Deindustrialisierung sieht. Die alten Industriezentren Nordamerikas machen nicht die schicke Karriere der Londoner Docks oder der Fisherman's Wharf in San Francisco durch, die der Luxus-Sanierung. Vom Battleship zum Bistro ist für die schottische Clyde-Region wenigstens ein Lichtblick, aber dies gilt z.B. nicht für Lothringen und noch weniger für Lancashire. Der unvermeidlichen Wahrnehmung von Strukturkrise ist eine Strukturpolitik zu verdanken, die im wesentlichen reagiert. Oft ist es gerade eine solche Politik, die das Sterben verlängert und im Grunde wenig zur Genesung beiträgt. Auf der anderen Seite liegen Prozesse des Niedergangs der alten Industrien nur sehr begrenzt im Einflußbereich staatlichen Handelns. Wenn Märkte sich global organisieren und Produktionsprozesse internationalisiert werden, wenn Kapitalbeziehungen weltweit verflochten werden und ein europäischer Markt sich bildet, welches Exportland wie die Bundesrepublik Deutschland will und kann da mit restriktiver Handelspolitik, Zöllen und anderen Interventionen zum Schutz der heimischen Industrie reagieren?« (Wirtz 1994, 19)[14]

Unweigerlich verbindet sich mit dem Verfall früherer industrieller Zentren eine Marginalisierung. Sie drückt sich ganz banal aus, in zunehmender Unerreichbarkeit mit öffentlichen Verkehrsmitteln, in der Reduzierung zur Verfügung stehender öffentlicher Mittel für den Erhalt der Infrastruktur, nicht selten mit der Einsparung öffentlicher Reinigungsdienste verbunden, gelegentlich auch in zunehmendem Interesse der Abfallwirtschaft an der Nutzung vorhandener Grundstücke: Marginalisierung heißt, in der Gefahr sein, marginalisierte Funktionen zu übernehmen. Wo Müll liegt, kommt mehr Müll dazu, eine alltägliche Erfahrung, die sich an jedem nicht beständig aufgeräumten und kontrollierten Gebiet nachvollziehen läßt. Diesen Vorgang gibt es als organisierten, großräumigen Prozeß, der ganze Regionen auf Abseiten des wirtschaftlichen Prozesses verweist und schließlich dazu führt, daß sie den Müll der umgebenden und abgegrenzten Gebiete aufnehmen. Die Ansiedlung von Müllverbrennungsanlagen, von Deponien, von Müllverwertungs- und Bodenreinigungsanlagen auf alten Industriearealen ist eine der ersten Nutzungen, die sich an das Ende der industriellen Nutzung anzuschließen pflegt. Anlagen dieser Art waren die frühesten Investitionsvorhaben nach der Wende von 1989 im industriellen Raum um Dessau und Bitterfeld. Auch die Emscherregion im Ruhrgebiet hat diese Entwicklung durchgemacht.[15]

Die möglichst schnelle und erfolgreiche Wiedergewinnung liegengelassener Areale ist für Kommunen und Regionen ein Wettlauf gegen die Abwanderung der Bevölkerung und Mittel im Kampf um die eigene Existenz. Es geht für viele alt-industrielle Regionen und Kommunen um die Verhinderung der Marginalisierung und der Aussonderung, auch darum, nicht unter die aufgegebenen Orte und Zonen zu geraten, die umfahren und sowohl von ansiedlungswilligen Betrieben wie von möglichen Besuchern »übersehen« werden. Unter dieser Drohung ist jede größere Industriebrache geeignet, Ende, Tod, Unheimliches, Unsicherheit, Unkontrolliertheit, Ungeordnetes zu symbolisieren, Überschreitung aller Grenzen des Normalen. »Diese Gelände auf sich wirken lassen heißt die negativen Seiten unserer industriellen Zivilisation entdecken. Aufgegebene Bauten, riesige Hallen, die allen Winden offenstehen, hohe, vom Rost zerfressene Metallstrukturen, große Niemandsländer, manche unfruchtbar, manche von einer unordentlichen Vegetation überwuchert, Anhäufungen von Schutt, Aufschüttungen oder Bergehalden, alles hier wirft das Bild des Bankrotts, des Endes, des Todes.« (Musicka 1994, 29f)[16]

Für einen Teil der Unheimlichkeit gibt es seit den siebziger Jahren einen rationalisierten Zugang, der auch gleich eine technische Erledigung des Unwohlseins verspricht. Mit der Entdeckung von möglichen gesundheitsschädlichen Folgen durch Gifte im Wasser oder im Boden alter Industrieareale wurden die ohnehin nur in besonderen Lagen begehrten Grundstücke vollends unverkäuflich. Die Konstituierung der Altlast, der Kontamination hat dazu beigetragen, zumindest einen Teil des Vorgefundenen in seiner Ungewißheit und Unsicherheit zu definieren und damit zu unterwerfen. Mit der Bestimmung der Altlast und der Kontamination ist ein Gegenstand erzeugt worden, der nur noch technische Probleme aufwirft, pragmatisches Handeln verlangt und Erfolg dabei verspricht: Sauberkeit und Kontrolle. Die Definition der Altlast bestimmt seit dieser Zeit die Entwürfe für alte Industrieareale entscheidend und etabliert neue Grenzen – doch nicht mehr gegen ein Unbekanntes, sondern gegen ein Bekanntes, das, wenn es anders nicht verschwinden will, nicht aus-, sondern eingeschlossen wird.

2 Gefährliche Reste

Pflege des Abfalls

Nur wo die Masse schwer und gestaltlos herrscht und zwischen unsicheren Grenzen die trüben Umrisse wanken, hat die Furcht ihren Sitz; jedem Schrecknis der Natur ist der Mensch überlegen, sobald er ihm Form zu geben und es in sein Objekt zu verwandeln weiß.
Friedrich Schiller

Systematische Beobachtungen von Bergsenkungen, Anlagen zur Wasserhaltung wie Deiche oder Pumpen, Vorrichtungen zur Kontrolle von Grubengasen gehören zu den üblichen Praktiken und Einrichtungen in Bergbauregionen. Die Situation von Boden, Wasser und Luft ist nur über – je nach Gegebenheiten – mehr oder weniger aufwendige Maßnahmen zu stabilisieren und zu sichern. Ungesicherte Halden stellen eine Gefahr dar, Bodensenkungen können, unvorhergesehen und nur über »Verdacht« erwartet, vorkommen, Wasserregulationen, die weiträumige Folgen haben, müssen oft fortgesetzt werden, selbst wenn der Abbau in einer Region schon längst beendet ist, nicht zuletzt, wie im noch teils aktiven Braunkohleabbaugebiet der Lausitz, um naturgeschützte Gebiete, in diesem Fall den Spreewald, vor der Vernichtung zu bewahren.

Im Emschergebiet sorgen nach der Schließung der meisten Zechen etwa 800 Pumpen dafür, daß das Gelände nicht in einen Zustand als Bruchgebiet oder Sumpf gerät, wie das Mitte des 19. Jahrhunderts, als Bodensenkungen durch den Tiefbau der Großzechen entstanden, der Fall war.[17] Gasdrainagen dienen heute dazu, Ausdünstungen aus Gruben wie aus Deponien für (Sonder-)Abfall zu beherrschen und Entzündungen und Explosionen zu verhindern. Die Umgestaltung des vormaligen Überschwemmungsgebietes der Emscher zunächst für den Bergbau, später durch die Folgen des Bergbaus, hat einen beständigen Zwang zur Kontrolle, zur Pflege des Abfalls hervorgebracht.

Vernachlässigung dieser Pflege führte zu den ersten großräumigen Maßnahmen, die sich zuerst mit der Sicherung, dann der Aufarbeitung von altem Industrieland befaßten. Im Oktober 1966 löste sich eine Bergehalde, liegengelassen nach Aufgabe des Bergbaus, oberhalb des walisischen Dorfes Aberfan. Mehrere Wohnhäuser und die Schule des Dorfes wurden verschüttet. 144 Menschen starben, die meisten von ihnen Kinder im Alter bis zu elf Jahren. In kaum einer einführenden Abhandlung über Brachflächenrecycling wird die Erwähnung des *Aberfan desasters* ausgelassen.

Auffallende permanente Schäden wurden bis in die sechziger Jahre dieses Jahrhunderts als lokale Ereignisse und einzelne Vorkommnisse gehandelt, ihre Folgen als intentionslos geschehende, schicksalhafte, auf keine, und wenn, dann im Einzelfalle versagende, Verantwortung zurückzuführende Vorkommnisse. Sie wurden als »Unglücke« verstanden, ohne daß ein Fachdiskurs, geschweige ein öffentlicher Diskurs, die Frage der Gifte und Bodenbewegungen generell thematisiert hätte. Das *Aberfan desaster* aber wirkte als Fanal. Die abrutschende Halde setzte die Bereitstellung von Finanzmitteln und die Aufarbeitung von altem Industrieland in Großbritannien in Gang. Das »Unglück« lenkte den Blick nicht nur auf ungesicherte Halden, sondern auch auf die Lebensbedingungen in den Kohlegebieten in Südwales, das zu dem Zeitpunkt seine wirtschaftliche Bedeutung bereits verloren hatte. Die Regierung setzte kurz nach dem Unglück das erste umfangreiche Programm in Europa in Gang, um aufgegebenes Industrieland zu sichern und wieder verwertbar zu machen.[18] Der *Local Government Act* von 1966 ermöglichte über die Vergabe von »derelict land grants« an Gemeinden in ganz Großbritannien die Aufarbeitung alten Industrielandes. Mechanische Sicherung und ästhetische Erwägungen standen dabei im Vordergrund.

Die ersten *reclamation schemes* der sechziger und siebziger Jahre sahen allerdings keine detaillierte Boden- oder sonstige chemische Untersuchung der einzelnen Orte vor. *Contaminations*, Kontaminationen, ein neuer Gegenstand der Diskurse über Industriebrachen aus den siebziger Jahren, wurden entweder übersehen, überdeckt, bei Auffindung eingegraben, weggeschafft oder verteilt und in der Konzentration verdünnt. Es zeigte sich gelegentlich erst später, nach der vermeintlichen Wiederherstellung, daß Wasser unerwünschte Stoffe ausgeschwemmt hatte, die nicht berücksichtigt worden waren, und weitere Vergiftungen in Angriff zu nehmen waren. Mitte der neunziger Jahre wurden Folgen dieser Art, wie sie etwa von alten Müllkippen und dem Eingraben von Tonnen, deren Inhalt nicht untersucht wurde, ausgehen, als unberechenbar angesehen (n. Richards 1995).

Gifte und Gefahren

Einige Ausdrücke erscheinen immer wieder in der planerischen Beschäftigung mit schwer zu bewältigenden Überresten der Industrie, mit brennenden Halden und Giften: »Gefahr«, »Schaden«, »Sicherheit«, »Sicherung«, »Schutz«, »Vorsorge«, »Gefahrenabwehr«, »Verdacht«, »Kontrolle«. Vor allem von dem letztgenannten Ausdruck wird hier zu handeln sein, denn kaum eine Anerkennung von Gegebenheiten hat in solchem Maße den Raum des Beobachtbaren, des Bestimmbaren und dann zu Kontrollierenden ausgedehnt wie die Beschäftigung mit Gift in Wasser, Boden und Luft, kaum ein anderer Umstand als die Aufmerksamkeit für »Gefahrstoffe« hat in einem solchen Maße den Bereich dessen ausgedehnt, was nach heutigem Stand des Wissens erfaßt und geplant werden muß, wenn ein altes Industriegelände wiederverwertet werden soll. Es schließt sich an diese Anerkennung in allen alt-industrialisierten Ländern eine langsame, immer wieder unterbrochene Diskussion an, in der es um die juristische und technische Definition einer realen Gefahr und ihre pragmatische Abwendung geht. In diesem Prozeß werden »contaminations« (englisch / französisch), werden Altlasten als Gegenstand und Problem konstituiert und führen zu neuen Untersuchungen, Erfassungen und Verfahren.

Erst mit dem prolongierten Ende der europäischen Schwerindustrie und dem damit verbundenen Ende der auffallendsten Emissionen hat sich die Aufmerksamkeit auf die übriggebliebenen Abfälle gerichtet. Eine »Altlastenproblematik«, eine Problematik der *contamination* wird zuerst in den siebziger Jahren in England, in Frankreich, den Niederlanden und Deutschland, auch in Japan als generelles Problem und nicht nur als Frage von Einzelfällen identifiziert. In dieser Zeit entstehen die ersten, seitdem ausgeweiteten rechtlichen Instrumente zur Abschätzung von Gefahren und zur Definition von Schutzgütern. Die Deutung findet jeweils statt in Zeiten eines starken wirtschaftlichen Niedergangs der Schwerindustrie. Das Problem wird als Problem konstituiert, seit die schwerindustrielle Produktion abnimmt, die alten Industriegrundstücke in meist öffentliche Verfügung übergehen und sich die Frage ihrer Neunutzung stellt.

Es handelt sich bei dem, was heute als Altlast oder *contamination* verstanden wird, um Überreste, die, wenn sie nicht behandelt werden, unerwünschte Folgen erzeugen können. Die diskursive Anstrengung hat nicht damit zu tun, daß es vorher real nicht das gegeben habe, was seit den siebziger Jahren Definitions- und Handlungsfolgen zeigt. Denn heute als solche verstandene *contaminations*, Altlasten sind in Bergbauregionen, in früh industrialisierten Gebieten teils über Jahrhunderte produziert worden und in Boden und Wasser gelangt, ohne daß sich auf ihre Erfassung, ihr Fortschaffen, Reinigen oder Sichern eine umfassende, systematische Anstrengung gerichtet hätte.

Folgen permanenter Verunreinigungen wurden durchaus bemerkt, doch wie im Falle rutschender Halden als Unglücke verbucht, als Krankheitsfälle verzeichnet. Der halböffentliche Diskurs in Form von Beschwerden, Eingaben, öffentlichen Briefen über Fluß-, Boden- und vor allem Luftverunreinigung durch die Industrie ist in den alt-industrialisierten Ländern so alt wie einige der heute als Kontaminierungen oder Altlasten gebliebenen und auffallenden Stoffe selbst. Beobachtungen von verändertem Pflanzenwuchs, Unruhe und Krankheiten von Tieren, Krankheitsfolgen bei Menschen, die teils auch kausal mit konkreten Emissionen verbunden werden konnten, waren häufig. Auch gab es in allen alt-industrialisierten Ländern da, wo Interessen aufeinanderstießen, Regelungen von Risiko- und Haftungsrechten, die meist aus schon bestehenden Wasser- und Bodenrechten hergeleitet, teils, wie das Bergrecht, eigens kodifiziert wurden. Umwelthistorische Untersuchungen zur Industrialisierung konnten für einige Fälle zeigen, daß und wie sich wirtschaftliche Interessen an einer Nichtbearbeitung von Abfällen durchgesetzt haben.[19] In der Zeit industrieller Produktion waren Erwägungen über Stoffe in Wasser und Boden nicht oder nur selten von Interesse, auch wenn sie bekannt oder vermutet waren. Insofern ist der in den letzten 30 Jahren entwickelte Umgang mit Altlasten, mit Kontaminationen Teil der Sichtbarwerdung der alten Industrieareale. Franz-Josef Brüggemeier und Thomas Rommelspacher geben vier Gründe für die späte Aufmerksamkeit für Gifte im Boden an: Im Gegensatz zu Luft und Wasser wurde Boden als Privatbesitz betrachtet, in den kein Eingriff stattfinden sollte; Böden schienen belastbar; Meßverfahren waren nicht in ausreichend ausgebildet und schließlich wurde die Rolle des Bodens erst in den siebziger Jahren in ökologische Zusammenhänge gestellt (Brüggemeier / Rommelspacher 1992, 75).

Contamination

Auf Industriebrachen und Abfallhalden werden seit den siebziger Jahren Abfälle festgestellt, deren Behandlung vor Probleme stellt: Seen aus Teer, Bodenbecken, die mit Naphta-Produkten verfüllt sind, Böden, die durch Unfälle, Unachtsamkeit oder den Normalbetrieb, etwa bei der Produktion von Kohlewertstoffen, mit Benzol, Toluol, Xylol und polyzyklischen aromatischen Kohlenwasserstoffen verseucht worden sind. Schlacken und beispielsweise durch Dioxine kontaminierter Bauschutt aus dem Abriß von Schornsteinen stellen weitere Kategorien möglicher Problemstoffe dar; auf Geländen mit früherem Erzabbau finden sich Schwermetalle, auch hochtoxische Metalle wie Thallium oder Arsen. Dies sind die Stoffe, die vorzugsweise thematisiert werden, wenn von Bodenschäden mit unerwünschten Folgewirkungen die Rede ist.[20]

In den siebziger Jahren tritt, wie gesagt, in Großbritannien zu der institutionalisierten Befassung mit *derelict land* die mit *contaminated land*. Dieser Terminus beschreibt »Land, das toxische Substanzen in einer solchen Konzentration enthält, daß sie eine potentielle direkte oder indirekte Bedrohung für Menschen, die Umwelt oder andere Gegenstände wie Gebäude oder Teile von Gebäuden darstellen.« (Richards 1995, 23) Während *derelict land* sich im wesentlichen auf physikalisch beschreibbare Zerstörungen und Instabilitäten bezog, kommen nun chemische und biologische Aspekte ins Spiel. Die Kategorie der *contamination* wird als Gegenstand der Diskurse und für eine neue Praxis konstituiert.

Der Ausdruck stellt, semantisch gesehen, eine interessante Wahl dar. Die Rede von der *contamination*, auch im Deutschen üblich (»Kontamination«), und die Benennung der Behebung des Schadens, die *decontamination* (»Dekontamination«) geben dabei ein suggestives Bild von dem, was geschehen ist: Etwas ist von etwas angesteckt, krank und verdorben worden, kontaminiert eben. Es gab also etwas, das rein und ganz war, dann mit etwas anderem in Berührung kam und dadurch in seinen Eigenschaften gestört worden ist. Dekontaminierung beschreibt dann einen Prozeß, in dem die vorherige Grenze zwischen Stoffen oder Körpern wiederhergestellt wird, denn in diesem Prozeß wird etwas, was unzulässigerweise, unkontrolliert vermischt war, wieder auseinandergezogen.[21] Die Rede von Dekontaminierung suggeriert, daß es einen Prozeß gab, der reversibel ist. Was in der Zeit der industriellen Produktion angerichtet wurde, kann heute wieder rückgängig gemacht werden. Zeit und Folgen der industriellen Produktion können materiell gelöscht werden.

Mit der Auf- und Erfindung der *contamination* beginnt zunächst die fachinterne Rede von einem generalisierten »Verdacht«, der sich auf Boden und Wasser auf Industriebrachen richtet, das Gefaßtsein auf unvorhergesehene, doch zu berücksichtigende Gifte auf Industriegeländen: »Wenn man mit industriell genutztem Land umgeht, ist es nie möglich, genau zu wissen, welche Kontamination existiert und wo sie sich befindet«, so der Landschaftsplaner Richard Cass (1994, 34). Das generalisierte Interesse an den nach der Produktion verbliebenen Stoffen jetzt dennoch nur langsam Erfassungsbemühungen in Gang. Mitte der achtziger Jahre wurde in Großbritannien noch geschätzt, daß dort etwa 45.000 Hektar *derelict land* vorhanden und zu bearbeiten, das heißt, zu stabilisieren und mindestens zu begrünen, wenn nicht anders weiter zu verwenden seien. Spätere Schätzungen, die *contaminated land* zu berücksichtigen suchten, erhöhten die Zahl auf das Doppelte, wobei auch bereits aufgearbeitetes Land einbezogen wurde, dessen Kontaminierungen bei den Wiederherstellungsarbeiten nicht berücksichtigt worden waren. Mit ausgeweiteter Aufmerksamkeit, mit vermehrtem Wissen und neuen Fragen gehen neue Ansprüche an die Praxis des Umgangs mit Industriebrachen, mit Ablagerungen aus industriellen Produktionen einher.[22]

Die Veröffentlichung von Untersuchungsergebnissen und die Publizierung von Listen wie auch Registrierungen von Grundstücken mit Kontaminierungen stoßen nach wie vor auf Widerstände. Als 1990 die britische Regierung kurz vor der Beschlußfassung in den *Environmental Protection Act* die Forderung aufnahm, daß lokale Behörden ein Register kontaminierender oder durch Kontaminierungen gefährdeter Nutzungen von Grundstücken anlegen sollten, gab es einen Sturm der publizierten Entrüstung. Die Forderung wurde interpretiert als die nach einer Veröffentlichung aktueller Kontaminationen auf Grundstücken. Vor allem die Immobilienbranche und einige lokale Verwaltungen sahen, wohl durchaus richtig, als Folge des Registers eine Schwarze Liste unverkäuflicher Grundstücke voraus (vgl. Lawton 1994, 18). In fast allen alt-industrialisierten Ländern besteht nach wie vor ein mehr oder weniger eingeschränktes, Recht von Grundbesitzern, über den Zustand ihrer Grundstücke zu schweigen, das mit diesem Vorschlag in Frage gestellt schien.[23] Die Forderung wurde fallengelassen.

Das Wissen darum, daß Gefahren vorhanden sein könnten und das trotzige Schweigen zeitigen merkwürdige Reaktionen: Sie reichen von diffusen Ängsten und Verdächten über begründete Furcht bis hin zu offensivem Nicht-Wissen-Wollen. Da öffentlich bekannt ist, daß es möglich ist, über Kontaminierungen von Geländen etwas zu wissen, wollen Käufer und Nutzer eines Grundstücks wissen, ob dieses Wissen berücksichtigt worden ist: Das dem Verdacht folgende Gefühl des Unheimlichen kann erst wieder rational abgewiesen werden, wenn das mögliche Wissen auch erzeugt ist. Es gibt nun einen Zwang zur Erforschung, zur Konfrontation mit dem Abfall, zur Konfrontation mit dem Verdrängten. Die Zeitschrift *Landscape Design* hat 1994 ein Heft den Fragen der kontaminierten Flächen gewidmet. Darin stellt der Planer einer lokalen Behörde zusammen, was nach dem Scheitern der Liste erfordert ist: »Klarheit darüber, worum es geht, eine von Furcht ungetrübte Einstellung zu den Problemen, eine angemessene Informationsbasis, eine klare Definition der Verantwortlichkeiten, eine faire und leicht verständliche gesetzliche Grundlage, angemessene Mittel für Untersuchungen und die Technik sowie ein kurzfristiges und ein langfristiges Aktionsprogramm.« (Lawton 1994, 19) Diesen Forderungen nähert sich die Gesetzgebung der alt-industrialisierten Länder zunehmend an.[24]

Altlast

Die erste öffentliche Aufmerksamkeit für problematische Abfälle auf alten Industriegrundstücken entwickelte sich auch in Deutschland nicht aus systematisch gesuchter und entwickelter Kenntnis, ebensowenig wie die Handlungsbereitschaft von Behörden. Untersuchungen von Grundstücken im Hinblick auf mögliche Nutzungseinschränkungen stehen auch hier in Zusammenhang mit Spätfolgen, die als »Unglücke« verbucht wurden. In Deutschland kam es zu einer breiteren öffentlichen Aufmerksamkeit für das, was heute als Altlast verstanden wird, als nach Erklärungen für »unerklärliche« Vorkommnisse gesucht wurde wie die Vergiftung von Siedlungen, die auf altem Industriegrund standen. Auslöser von Diskussionen waren heute so genannte »bewohnte Altlasten«. Nach 1979 wurden als solche die Siedlungen Hamburg-Stolzenberg, Bielefeld-Brake, auch Dortmund-Dorstfeld, Herne-Baukau oder Essen-Zinkstraße prominent. In Nordrhein-Westfalen waren 1991 über zehn Prozent der damaligen »Altlastverdachtsflächen« überbaut.[25]

Die deutsche, in juristischen wie nicht spezialisierten öffentlichen Diskursen benutzte Bezeichnung, die dem englischen Term *contamination* weitgehend entspricht, ist die der »Altlast«. Im 1998 verabschiedeten ersten Bundes-Bodenschutzgesetz werden Altlasten definiert als Altablagerungen und Altstandorte, »durch die schädliche Bodenveränderungen oder sonstige Gefahren für den einzelnen oder die Allgemeinheit hervorgerufen werden«. In diesem Gesetz wie in den unterschiedlichen Definitionen der Ländergesetze sind zwei Begriffe zentral, der der »Gefahr« und der der »Schädigung«, Kriterien, die auf ökotoxikologische Bewertungen rekurrieren.[26]

Wie die Rede von der Kontamination ist auch die Bezeichnung »Altlast« durchaus sprechend. In der Befassung mit ihnen geht es um »Lasten«. Das ist ein im engeren Sinne juristischer, in einem nicht spezialisierten Sinne ein auf jeden Fall eine negative Wertung ausdrückender Term: Altlasten sind Belastungen, die aus abgeschlossenen Prozessen stammen und jetzt als Schuld, Schaden, Hindernis, Gefahr aufgefaßt und als ordnungsrechtliches Problem thematisiert werden. Die Verursachung ist dabei, das läßt die Rede von »Alt«-Lasten assoziieren, nicht zu verfolgen und für die Zuschreibung meist nicht relevant, da, mit Ausnahme des Bergbaus und des Bergrechts, keine rechtlichen Ansprüche, Verantwortungen und Folgehandlungen abzuleiten sind. Als Indiz für die langsame öffentliche Diskursivierung der Altlasten mag dienen, daß bis Frühjahr 1998 in Deutschland kein Gesetz existierte, das die Definition, die Erfassung, die Verantwortlichkeiten und den Umgang mit Stoffen dieser Art bundeseinheitlich regelte; dieses Gesetz nimmt endlich Grundstückseigentümer und Verursacher in die Pflicht. Im Juli 1999 ist es um die Bundes-Bodenschutz- und Altlastenverordnung ergänzt worden, die u.a. Untersuchung, Bewertung und Sanierung von Böden regelt und Prüf-, Maßnahmen- und Vorsorgewerte festlegt. Ebenfalls erst in den letzten Jahren sind Landesgesetze entstanden, die explizite Regelungen in den genannten Punkten für den Umgang mit Altlasten enthalten.[27]

Im Saarland, das nach dem Stand der Erfassung von 1996 pro Quadratkilometer immerhin durchschnittlich zwei Flächen aufwies, bei denen ein Kontaminationsverdacht nicht ausgeschlossen werden kann, ist ein Gesetz dieser Art im Juni 1994 verabschiedet worden. Die vorangegangene Reflexion und die praktischen Folgerungen daraus, hier dargestellt von einem Referenten des saarländischen Umweltministeriums, mögen als Beispiel für eine Entwicklung gelten, die sich als eine in Schritten vollzogene Quantifizierung, Definition, Erfassung und schließlich Qualifizierung kontaminierter Flächen entfaltet hat:

»Erste Ansätze zur systematischen und landesweiten Bestandsaufnahme der alten Mülldeponien der Gemeinden, des Gewerbes und der Industrie im Saarland reichen bis in das Jahr 1965 zurück. Ziel dieser Erfassung war jedoch lediglich die quantitative Feststellung der Ablagerungsplätze, eine Gefährdungsabschätzung wurde nicht vorgenommen. Basierend auf diesen ersten Aktivitäten sowie auf einer vom LfU (Landesamt für Umweltschutz, S.H.) im Jahre 1980 durchgeführten Umfrage bei 1.400 saarländischen Betrieben, die der Erkundung von Ablagerungsstätten produktionsspezifischer Abfälle diente, brachte der Kommunale Abfallbeseitigungsverband (KABV) mit Unterstützung des LfU im Jahre 1984 eine Studie heraus, die sich mit dem Umweltgefährdungspotential aller bis dahin im Saarland bekannten 738 Altdeponien befaßte. Mittels eines auf einem Punktsystem basierenden Bewertungsschlüssels wurde zum ersten Mal landesweit eine Beurteilung der möglichen Umweltgefährdung der Altlasten unter besonderer Berücksichtigung der Art des abgelagerten Materials, der Entfernung zu Wasserschutzgebieten, Wassergewinnungsanlagen und Oberflächengewässern, zur Wohnbebauung usw. durchgeführt.

Aufbauend auf diesen Erfassungen wurde im Jahr 1986 mit der systematischen Erstellung eines saarländischen Altablagerungskatasters (ALKA) begonnen. ... Durch intensives Aktenstudium, Befragung von ortskundigen Personen, aber auch durch Auswertung von topographischen Karten und Luftbildern hat sich die Zahl der erfaßten Altablagerungen von 738 im Jahr 1984 auf 1.801 zum jetzigen Zeitpunkt mehr als verdoppelt .... Mit der Erstellung des saarländischen Altstandortkatasters (ALSTOR) wurde im Herbst 1990 begonnen. ... In der historischen Erhebung der Altstandorte werden nur ehemalige Standorte von potentiell gefahrverdächtigen Industrie- und Gewerbebetrieben berücksichtigt, deren Flächen zum Zeitpunkt der Erhebung nicht mehr einer gefahrverdächtigen Nutzung unterliegen.« (Sobich 1996, 6ff)

Beschleunigt wurde die Befassung mit Altlasten in der Bundesrepublik ab 1989. In den neuen Bundesländern kam es nach dem Mauerfall zu einem Zusammenbruch der Schwerindustrie. Die plötzlich verfügbare Menge an schwer verkäuflichem Industrieland setzte neben Erfassungen auch Überlegungen zu Sanierungen in Gang – als notwendige Voraussetzung für eine künftige wirtschaftliche Entwicklung. In diese Zeit fallen die konzentriertesten Bemühungen um die Definition des Gegenstandes, um die Schaffung von rechtlichen und finanziellen Instrumenten. Sie führte nicht nur zu einer Beschleunigung der Reflexionen über Altlasten, zu ihrer systematischen Erfassung in den neuen wie den alten Bundesländern, sondern auch zur Festlegung von 21 Großprojekten der Altlastensanierung in den neuen Bundesländern.

1988 waren in den alten Bundesländern zwischen 42.000 und 48.000 Verdachtflächen identifiziert (Henkel 1988, 18ff), Ende 1993 in Deutschland knapp 140.000 Altlasten und Altlastverdachtsflächen erfaßt, nach unterschiedlichen Kriterien. 1994 wurde geschätzt, daß 240.000 Altlasten und Altlastverdachtsflächen verschiedener Größe insgesamt vorhanden sind; 1998 belaufen sich die Schätzungen auf 300.000.[28]

Ihre Erfassung ist deutbar als eine Ausdehnung der Definition und der Kontrolle über Bereiche, die bisher nicht definiert und kontrolliert waren. Insofern ist der Diskurs über Altlasten ein Beispiel für die einholenden Bemühungen, die heute den Umgang mit Abfällen generell bestimmen: Zur Gefahrenabwehr tritt dabei das Ziel des Brachflächenrecyclings, der Wiederverwendung des als Ressource verstandenen Bodens. Daneben wird ein Maß an notwendiger Kontrolle definiert, das jede bisher bekannte kontrollierende Abschließung von Abfällen übersteigt.

Ausschließen und Einschließen

... eine Industriegesellschaft glaubt, sie könne erst alles machen und danach auch wieder ungeschehen machen.

Karl Ganser

Mit der Definition und Behandlung von Altlasten verbindet sich eine Stufen-
folge von definierten Schritten: Der erste Schritt ist die Erfassung, die idealer-
weise zu einem Verdachtsflächenkataster führt, es folgen die Gefährdungsabschätzung mit Probebohrungen, orientierende und gegebenenfalls detaillierte
Untersuchungen, dann die Bewertung, darauf, je nach Ergebnis, Sanierung
und Überwachung (Grosser/Schmidt 1994, 15).

Das Wissen, wann welche Stoffe aus welchen Produktionsprozessen herausgefallen sind, an welcher Stelle sie liegen, ist in vielen Fällen nicht vorhanden. Deshalb beginnt die Identifizierung von kontaminierten Flächen nicht
unbedingt mit ingenieur- oder naturwissenschaftlichen Erfassungsmethoden,
sondern durchaus auch mit einer historischen und archäologischen Arbeit, das
heißt, mit der Befragung von früheren Beschäftigten in Industriebetrieben, mit
Auswertungen alten Bild- und Textmaterials, mit Archivstudien zu Produk-
tionszweigen und zur Technikgeschichte. Dies erzeugt in der Geschichtswissenschaft einen Zweig, der sich mit unmittelbar anwendungsbezogenen Fragen einer detektivischen Arbeit widmet, eine Forschung, die heutige materielle
Auswirkungen früherer Produktionen identifiziert.[29]

Es folgen die Entnahme von Boden- und Wasserproben und ihre Auswertung. Der Anspruch einer Erfassung setzt eine positive und prinzipiell bis zur
Vollständigkeit getriebene Definition, Identifizierung und Bewertung des Gegenstandes »Altlast« voraus. 1996 wurden in Deutschland 76 Stoffe identifiziert, die als Gefahrstoffe galten. Diese Erfassung war nicht als abschließend
anzusehen. Für die Bewertung des Vorgefundenen waren 1996 in Deutschland, je nach angenommenen Stand der Forschung und länderspezifischen
gesetzlichen Grundlagen, etwa 30 verschiedene Maßstäbe in Gebrauch. Unterschieden wurden Hintergrundwerte, Prüfwerte und Maßnahmenwerte, das
heißt »zivilisationsbedingte« und »natürliche« Schadstoffgehalte, Werte, die eine
weitere Prüfung auslösen sollten und Werte, die eine Gefahrensituation anzeig-
ten. Was eine »Gefahr« ist und was keine, war Ergebnis unterschiedlicher Be-
urteilungen, kommunale und regionale, länder- und nationale Verordnungen
und Gesetze sprachen hier unterschiedliche Grenzen aus.[30] Erst die Bundes-
Bodenschutz- und Altlastenverordnung vom Juli 1999 hat Verfahren und Werte standardisiert.

Sind nach den gegebenen Maßstäben bestehende Gefahren identifiziert, so beginnt, nach einem Entscheidungsprozeß, der Sanierungsziele und -verfahren in einem Sanierungsplan festlegt, in etwa zehn Prozent der untersuchten Fälle eine Sanierung. Der Ausdruck »Sanierung« knüpft an die im 19. Jahrhundert geführte Diskussion der Hygiene wie der modernen Stadtplanung und ihre Körpermetaphorik an. Sanierung, bezogen auf eine gebaute Umwelt, ist ein Prozeß, in dem die Gesundung eines als Organismus verstandenen baulichen oder sozialen Gebilde das Ziel ist. Der metaphorische Bezug zu einem als Ganzheit verstandenen Organismus fehlt allerdings der neuen Definition der Altlastensanierung. Sie zielt nicht auf Gesundung eines Organismus, sondern auf »Gefahrenabwehr«, wo Gefahr festgestellt wird. Die Abwehr der Gefahr wird nicht absolut, sondern relativ definiert: »Altlastensanierung ist die Durchführung von Maßnahmen, durch die sichergestellt wird, daß von der Altlast nach der Sanierung keine Gefahren für Leben und Gesundheit des Menschen sowie keine Gefährdung für die belebte und unbelebte Umwelt im Zusammenhang mit der vorhandenen oder geplanten Nutzung des Standortes ausgehen.«[31]

Dekontaminierungen, Entgiftungen im oben beschriebenen Sinne also, sind ein Verfahren der Sanierung und haben nach dem Bundes-Bodenschutzgesetz Vorrang vor der Sicherung. Dekontaminierende Maßnahmen sollen Schadstoffe entfernen, zerstören oder ihre Menge reduzieren, so »daß der behandelte Boden vor Ort wieder als Verfüllmaterial eingesetzt oder an anderer Stelle ohne Umweltrisiken verwendet werden kann« (Bundesumweltministerium 1994, 19). Ein Gelände kann dekontaminiert werden durch die Fortschaffung von »Gefahrstoffen« auf eine gesicherte Deponie, einen Ab-Ort, der der Verunreinigung vorbehalten ist und es erlaubt, sie kontrolliert an einem Ort zu fixieren. Bevorzugt wird allerdings die »Reinigung« am Standort. »Reinigungen« von Boden und Wasser finden auf dem ehemaligen Produktionsgelände, neben dem Gelände, in thermischen, chemisch-physikalischen und mikrobiologischen Verfahren, auf der Stätte der Altlast oder nach Bodenaushub andernorts statt. Biologische Verfahren verlangen einen weiteren Schritt der Prozessierung und Kontrolle des Materials. Denn auf der Stätte können die Bedingungen, unter denen biologische Verfahren eingesetzt werden, nicht völlig konstant gehalten und optimiert werden. Das hat zur Folge, daß der ganze Prozeß unter Kultur, die Kultur des Labors und seiner kontrollierten Bedingungen genommen werden muß. Anschließende Verfüllungen verlangen, daß die dekontaminierten Materialien Klassifikationen und Meßwerten entsprechen, die, gestuft, ihre Verwendbarkeit bestätigen.

Neben Dekontaminationen stellen Sicherungsmaßnahmen die zweitbeste Lösung dar, nicht nur im Falle der gesicherten Deponie an einem anderen, an einem abseitigen Ort. Sicherungsverfahren sind unter anderem die Anlage von geologischen Barrieren, von baulichen Abdichtungen. Sie haben die Aufgabe, Emissionswege zu unterbrechen, Wege, die über Gase und Wasser Schadstoffe verbreiten könnten. Es gibt passive hydraulische oder pneumatische Sicherungsmaßnahmen zur Umleitung und Ableitung oder zur Eingrenzung von zu- oder abströmenden flüssigen oder gasförmigen Medien. Es gibt bautechnische Einkapselungs- oder Einschließungsmaßnahmen, die den Zutritt oder das Abfließen von Wasser verhindern sollen – und es gibt Immobilisierungsmaßnahmen, die durch Zufügung von Bindemitteln und Zuschlagstoffen die Stoffe an einem Platz halten sollen. Sie sollen Schadstoffe, damit die vorher definierte Gefahr, an einen Ort binden, begrenzen, kontrollierbar machen und Zonen schaffen, die exempt sind: Idealiter sind sie aus jeder mechanischen Bewegung und jedem Stoffwechsel herausgenommen.

Maßnahmen, die Schadstoffe zurückhalten sollen, bedeuten, je nach Qualität der Stoffe und Schranken, eine mehr oder weniger intensive Überwachung: Die Wirksamkeit muß kontrollierbar sein, und »technisches Versagen langfristig mit hinreichender Sicherheit ausgeschlossen werden« können (Freier et al. o.J., 4). Erzeugt wird eine kontrollierte, von Meßwerten, von Quantitäten und Gefahreinschätzungen definierte und sanierte Umwelt, in der den unerwünschten Resten ein Platz zugewiesen wird, an dem sie gebändigt und als Kontrollaufgabe für künftige Zeiten bleiben.

Das bereits erwähnte Sachverständigengutachten von 1989 (Rat von Sachverständigen für Umweltfragen 1990) reflektiert schon eine relationale Beziehung zwischen »Gefahr« und künftiger »Nutzung« und entspricht damit einer Umgangsweise mit Altlasten, die sich in den letzten Jahren zunehmend durchgesetzt hat. Es geht nicht prinzipiell mehr um eine »Säuberung«, vollständige »Sanierung«, nicht um eine Metaphern aus dem medizinischen Diskurs borgende »Genesung«, sondern um eine relative und damit einen Zusammenhang von Abwägungen voraussetzende Praxis: »Die ›reine Lehre‹ der Bodenschützer der ersten Generation mit Forderungen nach Sanierungszielen in Holland-A-Qualität und flächendeckenden Spielplatzstandards hat sich als völlig unrealistisch erwiesen (...) Neben der Gewährleistung der Sicherheitsfunktion gegenüber der Biosphäre muß daher künftig der Qualitätsaspekt der Folgenutzung noch stärkeres Gewicht bekommen.« (Bonberg/ Sobich 1995, 52)

Die Position des in der Bundesrepublik einflußreichen Ingenieurtechnischen Verbandes Altlasten e.V. (ITVA), der 1990 auf Initiative des Bundesministeriums für Umwelt, Naturschutz und Reaktorsicherheit gegründet wurde, um generalisierte Qualitätsstandards, technische Regeln und Lösungswege zu erarbeiten, ist diesem Weg gefolgt. Sein Vorsitzender Hans-Peter Lühr stellte ihn schon 1996 folgendermaßen dar:

»So war der Start des ITVA im wesentlichen geprägt von dem Ziel, Kontaminationen zu beseitigen, um Flächen wieder einer multifunktionalen Neunutzung zuzuführen. Die Anwesenheit von Schadstoffen war ausschlaggebend, ohne ihre Verfügbarkeit in die Überlegungen einzubeziehen. Diese Sichtweise, die mit dem Begriff des ›Maximalismus‹ beschrieben werden kann, ermutigte viele Sanierungsfirmen, auf eigene Rechnung Dekontaminationstechniken wie Bodenwaschanlagen, thermische Behandlungsanlagen oder biologische Behandlungsanlagen zu entwickeln und zu installieren. Aber genau in der Zeit, in der die Techniken verfügbar waren, trat eine grundlegende Veränderung der Zielwerte ein. Ausgelöst durch die Erkenntnisse über den geschätzten Kostenaufwand für die Sanierung in den neuen Bundesländern auf der Basis der ›Maximalismus-Philosophie‹ wurde insbesondere durch die damalige Treuhandgesellschaft der wünschenswerte generelle Genesungsgedanke auf den reinen Gefahrenabwehrgedanken reduziert. Damit einher ging der Trend von der Dekontamination hin zur Sicherung, verbunden mit der Diskussion um die Gleichwertigkeit der beiden grundlegend verschiedenen Sanierungsmethoden. Der Begriff des ›Minimalismus‹ war geboren. … Mittlerweile sind die Positionen … ausdiskutiert. Erfahrungen aus dem Alltagsgeschäft haben ihr übriges dazugegeben, so daß man sich einer realistischen, am tatsächlichen Sachverhalt orientierten Behandlung zuwenden kann. … Realismus bedeutet Gefahrenabwehr sowie nutzungs- und pfadbezogene, weitergehende Sanierungsziele. Dabei ist die Möglichkeit der Schadstoffbeseitigung unter naturwissenschaftlichen, technischen und ökonomischen Bedingungen stets zu prüfen.« (Lühr 1996, 1)

Nutzungsbeschränkungen ergeben sich daraus, daß es keine geeigneten Verfahren gibt, oder daß der Aufwand als zu hoch angesehen wird.[32] Der Aufwand kann durch anfallende Kosten als untragbar angesehen werden, aber auch dadurch, daß Sanierungen Auswirkungen haben können, die den Nutzen der Maßnahme in Frage stellen. Das Resultat ist die Definition von abgestuften Einschränkungen der Nutzung.

Ein Fallbeispiel

Das Prinzip der abgestuften Nutzung und der Beurteilung von Böden über Grenzwerte ist international. Ein Fallbeispiel aus England: Die Wandgas Site in Wandsworth, London, diente teils British Gas als Abfallhalde für die Reste

..., teils als Kohlelagerplatz. Nach Füllung der Deponie wurde sie eingeebnet und darauf ein Sportplatz angelegt. Dann sollte eine Wohnanlage im Grünen mit einem Park entstehen. Bei Untersuchungen, die vor der Bebauung durchgeführt wurden, fanden die Landschaftsplaner im Boden »zootoxic and phytotoxic contaminants«, für Tiere und Pflanzen schädliche Stoffe also. Sie befanden sich im vorgesehenen Bebauungsbereich und auch dort, wo Grünanlagen und Privatgärten entstehen sollten. Das verlangte eine eigene Behandlung.

Für die Planungen wurde die Frage der »Sicherheit« entscheidend. Diese wurde als Einhaltung von Grenzwerten definiert, Werten also, die nicht überschritten werden dürfen, ohne daß eine Gefahr angezeigt ist, die aber nicht wesentlich unterschritten werden müssen, um die gesuchte »Sicherheit« zu bieten. Die Entfernung der Erden mit den festgestellten Kontaminationen stand nicht zur Debatte, ebensowenig ihre Reinigung, die Durchführung eines Trennungsprozesses: Erzeugt werden sollte vielmehr die richtige Mischung so, daß sie den Standards entsprach, die nach bestehendem Stand der Forschung und gesetzlichen Grundlagen Sicherheit bieten können. Die Konsultation verschiedener Spezialisten, von Literatur über Kontaminationen und die Interpretation von gesetzlichen Richtlinien ergaben die Bestimmung von »acceptable levels« (Wells 1994, 26). Die als Maß akzeptierten Grenzwerte wiederum wurden in Relation zu Nutzungsabsichten gestellt. Damit waren den Aufräumungs- und Säuberungsaktivitäten Grenzen gezogen.

Die Konsequenz für den Entwurf war die Planung einer Umschichtung von Materialien aus dem Gelände, auf dem Häuser gebaut werden sollten, in den für den öffentlichen Park vorgesehenen Teil der Fläche, der an die Bebauung angrenzt. Impliziert war, daß in privaten Gärten bestimmte Aktivitäten stattfinden, wie der Anbau von eßbaren Pflanzen, das Graben im Garten, tägliche Aktivitäten wie Jäten und andere Tätigkeiten, die Gartenbesitzer und -nutzer ausüben, während ein Park anders gebraucht wird und insofern eine »unempfindlichere Nutzung« anzunehmen ist: »Obwohl diese Böden für Gärten zu stark kontaminiert und also dafür nicht akzeptabel waren, konnte doch der größte Teil des Materials für die Verwendung im öffentlichen Freiraum akzeptiert werden.« (ebd. 27) Ausgewählte Sande und Erden wurden aufgebracht, um einen neuen Sportplatz zu bauen, Erdwürmer eingesetzt, die die Drainage auf lange Zeit sichern sollen, eine Reihe von Bäumen gepflanzt, die bekanntermaßen auf Böden wachsen, die Schwermetalle enthalten. Auf dem ehemaligen Kohlelagerplatz entstand eine *wild area*, die eine seltene und dadurch ausgezeichnete Vegetation besitzt und – Forderungen des Naturschutzes, wie etwa in dem *National Parks and Access to Countryside Act* von 1949 formuliert, aufnehmend – der Erholung und Erziehung dient: »In dem … Gebiet gibt es saure Wiesen sowie aufkommende, niedrig wachsende Birken und Weiden, ein in der Gegend seltener Habitattyp. Das Gelände ist eingezäunt worden, um den Zugang zu kontrollieren, und wird sowohl der Bildungsarbeit als auch der informellen Nutzung durch die ansässige Bevölkerung dienen.« (ebd. 27)

Altlastengestützte Nutzungen

Die Gestaltung, die sich auf eingeschränkt nutzbare Flächen bezieht, nutzt sie für wenig anspruchsvolle Fälle: Auf kontaminierten oder der Kontaminiertheit verdächtigen Böden entstehen Parks, in noch problematischeren Fällen Parkplätze, grüne Freiflächen oder »nicht betretbares Grün«. Der Terminus der Stadtplanung dafür ist »unempfindliche Nutzung«.[33] Die mittlerweile aufgrund der Erfassung und Diskursivierung der Altlasten unumgängliche politische Aushandlung von ökologischen Minimalstandards und ökonomischen Maximalkosten definiert Spielräume für Entscheidungen über Sanierungen und Nutzungen. Einer meiner Gesprächspartner brachte den pragmatischen Umgang mit identifizierten, doch nicht zu reinigenden kontaminierten Flächen auf den Punkt: Er sprach von der Notwendigkeit, »altlastengestützte Nutzungskonzepte« zu entwickeln.[34]

Der Versuch, eine sichernde Grenze zu etablieren und dafür ein Stück Boden oder Land für jede Nutzung aufzugeben, oder auch der Versuch, ein Gelände entsprechend einer genau skalierten und abgewogenen Einschätzung nur eingeschränkt zu nutzen, ist ein organisierter, kontrollierter, gestufter und wohldefinierter Rückzug vor Abfällen, denen damit Gelände, Zonen überlassen werden. Hier wird ein Modell der Umwelt entworfen, das die weitgehende Kontrolle des Zustandes und der – auch künftigen – Nutzungen von Geländen als notwendig begreift. Zu den Voraussetzungen gehört, daß die Kontrolle und Überwachung der Grundstücke durch handlungsfähige und dieser Aufgabe gewachsene Institutionen fortgesetzt wird und künftige Nutzungen jeweils in Bezug auf Altlasten und ihre künftigen Entwicklungen durchdacht werden.

Es ist auch vorausgesetzt, daß für jede künftige Nutzung die Informationen und ihre Bezugs- und Deutungssysteme zur Verfügung stehen, die zu der jetzt gegebenen Einschätzung geführt haben, daß die notwendigen Kenntnisse allen, die eine Nutzung darauf beginnen, auch zur Verfügung stehen. Ebenso ist vorausgesetzt, daß die Legitimation dieser Kenntnisse nicht in Frage gestellt wird, daß die Verhinderung von Gefahr bringenden Nutzungen möglich ist, also Verletzungen sanktioniert werden können, und schließlich ist vorausgesetzt, daß keinerlei Umstände dazu zwingen, das Gelände anders als nach definierten Einschränkungen zu nutzen.

Die Entscheidungen über für möglich gehaltene Nutzungen werden üblicherweise nicht durch einzelne Stadt- und Landschaftsplaner bestimmt, sondern sind als Vorgaben für die weitere Konstruktion eines neuen Modells der Umwelt für den gebrauchten Platz zu begreifen. Einzelne Gestaltungen antworten aber mit symbolischen Bewältigungsformen auf die eingeschränkte Nutzung oder auch die vollständige Trennung von nicht zu bewältigenden Abfällen. Andere gehen dabei mit der in der Geschichte des Umgangs mit Abfällen relativ neuen Erkenntnis um, daß es Stoffe gibt, die nicht oder erst nach einer langen Zeit ihr Gefährdungspotential verlieren und einem historisch neuen Traum, der in der Diskussion um Atommüll zuerst denkbar und denknotwendig wurde: Es ist der Traum, Giften eine definitive Grenze zu ziehen, dauerhafte Endlager zu bauen und Barrieren, die gegen Xenobiotika, lebensfeindliche Stoffe aller Art, eine haltbare Verteidigungslinie darstellen.

Viele der in den nächsten Kapiteln diskutierten Musealisierungen, die Unterschutzstellungen, Verlandschaftungen und Naturalisierungen haben mit Grundstücken, Gebäuden und Gebieten zu tun, auf denen sich giftige, schädigende Stoffe befanden oder noch befinden. Teilweise haben sie eine Untersuchung und, je nach Befund, eine Behandlung erfahren, die Einschließung oder andere Formen der Dekontaminierung einbezog.

Die Mittel, derer sich Gestaltungen bedienen, um mit dem Müll, dem Abfall und schließlich auch diesem wohldefinierten Anteil, der Altlast, imaginär, symbolisch und real umzugehen, sind sehr verschieden. Ihnen gelten die folgenden Teile der Arbeit. Sie befassen sich mit den Strategien, die die Sichtbarkeit des Abfälligen erhöht und bestätigt haben und gleichzeitig das Verschwinden des Abfalls organisieren. Alle in den weiteren Teilen dieses Buches ausgewählten, im weitesten Sinne ästhetisierende, Strategien der Vereinnahmung und Vernichtung des Abfalls werden genutzt, um auch mit den als Altlasten oder *contaminations* definierten Abfällen möglichst abschließend fertigzuwerden – zumindest erst einmal.

Teil III

Kultur und Erbe

Chronologisch führt die Betrachtung der Verfahren, mit denen aus Abfall Kultur und Erbe wird, erst einmal zurück vor die Zeit, in der von Altlasten und Kontaminationen die Rede ist, nämlich in die fünfziger Jahre. Zu der Zeit ist dieser Teil des Abfalls noch nicht aufgedeckt, noch nicht Grund für Verdächtigungen und noch nicht zum Bestandteil eines anerkannten und gesuchten Wissens über alte Industriestandorte geworden. Doch in den fünfziger Jahren beginnt die Transformation von aufgegebenen, unansehnlichen, übersehenen, marginalisierten Industriegebieten in Gebiete, die nicht nur, wie schon um 1900, vereinzelte Befürworter interessieren, sondern eine breite Aufmerksamkeit beanspruchen dürfen, beginnt der Prozeß der Ästhetisierung der aufgegebenen Industrie, der schließlich auch Altlasten fast verschwinden lassen wird.

Seit den fünfziger Jahren verbreitet sich die Ästhetisierung alter Industrieanlagen, und es setzen sich die Argumente durch, die sie unter Denkmalschutz bringen und museumstauglich machen werden. Beides entzieht überflüssig gewordene Gegenstände dem Abfall oder Abriß. Dinge, Objekte, Bauten werden festgehalten, gesammelt, gedeutet und eingeordnet, geschützt und bewahrt. Alles dies sind Handlungen, die sich gegen die Auflösung und Vernichtung, gegen ein damit assoziiertes Vergessen von menschlichen Tätigkeiten stemmen und ihre Ergebnisse materiell, dinghaft festzuhalten suchen.

Der Bruch zwischen der sich beschleunigenden Transformation von wirtschaftlichen Strukturen und einem Konservierungswillen, der sich in den letzten Jahrzehnten in verstärktem (Industrie-)Denkmalschutz wie auch einer (Industrie-)Museumsvermehrung äußert, ist bemerkenswert. Den entsprechenden Planungen und Entwürfen liegt ein Modell von Vergangenheit, Gegenwart und Zukunft zugrunde, das von einem tiefen Mißtrauen gegen eine Zukunft ohne Möglichkeit des über materielle Überreste vermittelten Rekurses auf die Vergangenheit geprägt ist. In der Vergangenheit, materialisiert in den Dingen und Bauten aus dieser Vergangenheit, wird eine kontinuitätsstiftende

Kraft vermutet, die sich auch angesichts veränderter Umstände noch nicht erschöpft hat.

Die interessanteste Figur dabei ist die der Gegenwart. Denn die Rückgewinnung, Wiedernutzung von alten Bauten, Strukturen, die Sammlung, Ausstellung und Pflege von alten Maschinen führt zu einer Sammlung von – gegebenfalls restaurierten, renovierten, wiederhergestellten, auch perfektionierten – Zeugnissen der Vergangenheit im Jetzt: Noch nie waren in dem Industriedorf Ironbridge alle Gebäude gleichzeitig in einem solch perfekten Zustand wie seit dem Ende der siebziger Jahre, noch wurde je mit solcher Emsigkeit weiter an den Schönheiten des Ortes gearbeitet. Noch nie waren die Fassaden der wilhelminischen Industriebauten in Berlin-Oberschöneweide gleichzeitig in einem solch perfekten Zustand wie heute. Noch nie war die Industrie, waren Industriestädte und -dörfer, waren industrielle Massenprodukte und ihre Überreste in einem solchen Maße betrachtenswert. »Vor allem wird alles unternommen, nur keine Spuren der Gegenwart zu hinterlassen, als ob wir keine Geschichte produzieren dürften.« (Severin Heinisch 1993, 85).

Doch genau das wird die Spur dieser Gegenwart sein. In einigen Jahren wird ablesbar sein, wann etwas für die Erhaltung präpariert wurde, wann verschiedene Dinge oder Bauten gleichzeitig auf Optimalzustand gebracht wurden.[1] Die Erhaltung von alten Industriebauten, von Geräten und Infrastrukturen beendet den als unendlich imaginierten Prozeß des Erschaffens und Verschwindens, des Verwerfens und der Verbesserung und agiert mit einer anderen, ebenso auf einen nicht mehr endenden Prozeß angelegten Strategie, die das Vorhandene zum Gegenstand der Wahrnehmung macht, es ästhetisiert, musealisiert, als Denkmal schützt und neu interpretiert. Das Retten alter Bauten, Strukturen, Dinge entspricht der Idee, das Ende der Zeiten mitzuerleben, Definitives zu gestalten. Die Alternative des Abrisses oder des Wegwerfens ist ein Verlust, an dessen Stelle möglicherweise nichts Neues tritt, dem Wert beigemessen werden kann. Das damit verbundene Zeitmodell privilegiert die Gegenwart nicht primär mit Blick auf eine zu erwartende, womöglich bessere Zukunft, für die jetzt die Bedingungen geschaffen werden, sondern als stillgestellte Zeit, in die die wertvollsten Überreste der Vergangenheit gerettet sind, um weiter in diesem Zustand erhalten zu werden.

Die Argumente für dieses Vorgehen auf alten Industriegeländen, für einen dementsprechenden Umgang mit den Überresten und Hinterlassenschaften der verschwundenen Produktionen sind vor allem in den achtziger und frühen neunziger Jahren wirksam geworden. Sie rufen in deutschen Argumentationen als zentralen Begriff bildungsbürgerlichen Selbstverständnisses die *Kultur* auf, hilfsweise die *Geschichte* und die *Kunst*, Legitimationen für Erhalt auf unabsehbare Zeit. Im englischen Sprachraum überführt die Einordnung in Zusammenhänge des *(National) Heritage*, hilfsweise der *Education*, Dinge, Bauwerke aus einem gefährdeten Zustand in einen gesicherten. Sie legitimieren die Gestaltung von Modellen der Umwelt, die das Bestehende als das materialisierte Ende der Geschichte dieses bestimmten Ortes, an diesem bestimmten Ort fassen.

Dabei fungieren *Kultur* und *Heritage* als imaginäre Speicher, die über einen über etwa 100 Jahre laufenden Diskurs ausgeweitet und modifiziert worden sind. Ihre konzeptionellen Grenzen haben sich dabei soweit verschoben, daß diese sich ihrer Auflösung nähern: Musealisierung kann heute nicht mehr als kompensatorische Gegenbewegung gegen die Innovationen, die das Alltagsleben bestimmen, gefaßt werden, denn es ist nicht mehr möglich, den Bereich des zu Musealisierenden über Reflexion einer Praxis als begrenzt zu bestimmen, über prinzipielle Erwägungen zu definieren und abzugrenzen. Davon profitiert das Verschwinden von ehemaligem Abfall, und es erweitern sich die Möglichkeiten, über musealisierende Praktiken Modelle einer nachindustriellen Umwelt zu erzeugen, während ihre Erzeugung dazu beiträgt, das Konzept des Museums nachhaltig zu verändern.

In den folgenden Kapiteln wird der Vorgang der Musealisierung industrieller Hinterlassenschaften allerdings nicht nur als der einen treuen Bewahrung kenntlich, sondern auch als Strategie, die mit der Herstellung einer Vergangenheit, einer Identität, einer Geschichte befaßt ist. Denn erst indem Musealisierung als eine Möglichkeit der Konstruktion einer Geschichte für die Zukunft und nicht nur der Rekonstruktion von Vergangenheit in Planungen integriert wurde, konnte sie zum Verfahren der Wieder-Holung ganzer Regionen werden.

Musealisierung geschieht dann nicht mehr als Bewahrung eines Anderen, Fremden oder Verschwindenden, das sich in Distanz zu einer nicht musealisierten Welt noch als Eigenes, Fremdes oder Fremdwerdendes behaupten und abgrenzen ließe: Musealisierung ist heute eine Strategie, über die umfassend das Vorgefundene neu bestimmt werden kann, um zum Material einer neuen Erfindung der Geschichte, der Gegenwart und der Zukunft zu werden. In diesem Sinne konnte Musealisierung zu einer Strategie der ökonomischen Wiederbelebung notleidender Gebiete werden. Seit den fünfziger Jahren zeigt sich dies auch in aufgegebenen Industrieregionen.

Indem Musealisierung sowohl exzessiv ausgreifen kann in den bestehenden Alltag wie in das Abgefallene, ist sie, chronologisch gesehen, überdies das erste

Verfahren, das über einen generalisierten Begriff des Materials verfügt, mit dem sich aus dem Vorhandenen neue und umfassende Modelle der Umwelt für aufgegebene Industrieregionen und -areale erzeugen lassen. Es stellt sich dann die Frage, was mit dem Konzept der Musealisierung, des Museums dadurch geschehen ist, daß seine Entgrenzung durch einen zweifachen Exzeß des Sammelns wahrscheinlich, vielleicht schon real geworden ist. Denn die museale Sammlung nimmt zum einen keine territorialen Grenzen und keine Grenzen der sozialen Einbindung mehr als selbstverständlich an, zum anderen kennt sie keine prinzipiell ausgeschlossenen Gegenstände mehr: Sie ist heute bis in den Alltag der industriellen Gesellschaft vorgedrungen und läßt auch den Müll nicht mehr aus.

Die Beispiele, an denen die Thesen dieses Kapitels entwickelt werden, sind Museen, die Hinterlassenschaften industrieller Produktionen in alten Industrieregionen, in alten Industrieanlagen zeigen. Ihr Vorgehen wird verdeutlicht durch die Vorstellung einiger künstlerischer Kommentare zum Museum. Zwei weitere Beispiele, die ausführlich behandelt werden, beziehen sich auf die Musealisierung als grundlegende Strategie für die Neuplanung alter Industrieregionen. Zu beschreiben ist aber zunächst der Weg, über den die Musealisierung der Industrie legitimiert werden konnte. Er beginnt um die Jahrhundertwende zum 20. Jahrhundert mit einer Argumentation, die das Museum als Hort der Bewahrung und Hütung der Vergangenheit sieht – und in seine Hut auch die Dinge, Bauten und Landschaften aufgenommen sehen will, die bei der Scheidung zwischen Abfall und Museum bis in die achtziger Jahre des 20. Jahrhunderts nur ausnahmsweise nicht dem Abfall zugeschlagen wurden.

1 Das Museum als Gegenwelt

Die Bewahrung des Technischen Kulturdenkmals

Eine Bitte noch: Alle Bestandteile des Werkes, auch die kleinste Schraube,
sind Elemente seiner Geschichte und kein Schrott! Denken Sie daran, daß
spätere Besucher Ihnen danken werden, wenn sie nichts entfernen oder
beschädigen.
LEG Landesentwicklungsgesellschaft

Musealisierung der Industrie ist bis in die achtziger Jahre des 20. Jahrhunderts
exotisch. Das Werben für eine Einreihung überholter Maschinen, aufgegebener Anlagen der produzierenden Industrie unter die museumstauglichen Gegenstände beginnt allerdings im deutschen Sprachraum schon um 1900: Der
Blick auf Maschinen, Geräte, Industrieanlagen und Industriebauten als »technische Kulturdenkmale« wird auch gleich verbunden mit dem Gedanken des
Schutzes dieser »Denkmale« als »Kulturgut«. Dieser Gedanke ist alles andere
als populär.[2] Museen der Technik und der Industrie werden gerade erst errichtet und ihre Gründer nennen kaum Vorbilder. Als Fluchtpunkt der Argumentationen, die Geräte und Bauten der Industrie für museumswürdig halten, dient
immer wieder allein die Einrichtung des 1794 gegründeten *Conservatoire des
Arts et Métiers* in Paris.[3]

Eines der um die Jahrhundertwende entstehenden technischen Museen ist
das *Deutsche Museum* in München, 1905 gegründet, das die neuesten Errungenschaften der Technik vorstellen und popularisieren sollte, doch von seinem
ersten Direktor Oscar von Miller auch für die Sammlung nicht mehr in Gebrauch befindlicher industrieller Maschinen vorgesehen war. Ein Teil der Sammlung sollte den von ihm so genannten »technischen Kulturdenkmalen« gewidmet sein.[4] Von diesem zunächst auf handhabbare museumstaugliche Objekte
gerichteten Erhaltungswillen aus entfaltet sich die Argumentation in immer
weitere Größenordnungen. Ein Besuch Oskar von Millers in *Skansen*, dem 1891

gr gründeten Freilichtmuseum in Stockholm, das Höfe und Dörfer aus allen Regionen Schwedens ausstellt, führt ihn bereits zu der Idee, solche Museen auch für ausrangierte Anlagen der Industrie zu errichten.[5]

Ein weiteres Argument für die Anerkennung technischer Kulturdenkmale entsteht mit der Anknüpfung an das Legitimationspotential, das der Geschichte zugeschrieben wird, hier einer Geschichte der Industrie, der Technik und damit auch der Arbeit des Ingenieurs. In dieser Argumentation werden alte Geräte und Bauten der Industrie zu Zeugnissen der Technikgeschichte und gewinnen darüber den Wert, der sie zu Dingen macht, die in die Schatzkammern einer Gesellschaft gehören. Der *Verein Deutscher Ingenieure* (VDI) veranstaltet in den zwanziger Jahren Tagungen zur Technikgeschichte und kooperiert von Anfang an mit dem Deutschen Museum und dem Bund Heimatschutz. Ebenfalls in den zwanziger Jahren des 20. Jahrhunderts beginnen Mitarbeiter und engagierte Mitglieder des VDI mit der Erstellung von Inventaren von nicht mehr in Gebrauch befindlichen Maschinen und Produktionsstätten. Dabei werden technische Bauten und »Denkmale« zu »Zeugnissen der Kulturentwicklung« und zu bedingenden Faktoren des Fortschritts der »Kultur«.[6]

Eine dritte Argumentation, über die die Anerkennung der technischen Kulturdenkmale gesucht wird, ist ihre Beschreibung als »schön«, ihre Anerkennung als ästhetisch befriedigende Gegenstände, die zum Thema der Kunstreflexion und Baugeschichte werden sollen, und die darüber Eingang in die Kultur finden.[7] Für den Industriedenkmalschutz ist der Weg dahin vorgezeichnet in den Argumenten, die eine eigene Art der Schönheit, zumindest des ästhetischen Reizes des technischen Bauwerks reklamieren, eine durchaus umstrittene Frage am Anfang des 20. Jahrhunderts.

Die Schwierigkeiten in der Argumentation für den Industriebau als Kunstdenkmal reflektieren damals wie heute noch das Auseinandertreten von Architektur und Ingenieurbau, von Gestaltung mit Anspruch auf Dauer und Erzeugung reiner Zweckmäßigkeit, die nach dem Ende des Zweckes auch die materielle Manifestation als erledigt betrachtet. Industriebauten sind eben kein Gegenstand der »Baukunst«, sondern werden der »Bauwissenschaft« zugeschlagen, die sich mit reinen Nützlichkeitserwägungen und wirtschaftlichen Interessen befasse.[8] In einer Abhandlung des Ingenieurs und Lehrers an der späteren Technischen Universität Berlin, Wilhelm Franz, findet sich vor diesem Hintergrund auf die Frage, »Kann man Ingenieurbauten schön gestalten?« eine lapidare Antwort: Man kann, wenn man einen neuen Begriff der Schönheit entwickelt, denn nicht nur alte, sondern auch neue Ingenieurbauten sind schön, wenn man sie versteht, das heißt, nachvollziehen kann in Zweck, Form, Baustoff und Konstruktion (Franz 1910, 4). »Nichts ist häßlich in der Welt der technischen Erfindungen, der Maschine und der tausend Gebrauchsgegenstände, die ebenso wichtigen Zwecken dienen wie Architektur und Kunstgewerbe. Ja, ihre durch Wahrheit und Kühnheit erschütternden Formen haben alle jene, die der neuen, der zukünftigen Schönheit leidenschaftlich entgegenharrten, zu Ausdrücken höchster Bewunderung hingerissen«, so Henry van de Velde (1918, 41). »Materialehrlichkeit« und »Konstruktionsehrlichkeit«, die er schon kurz nach der Jahrhundertwende gefordert hatte (Conrads 1984, 14), führen zu einem zeitgemäßen Stil und einer zeitgemäßen Schönheit.

Weniger auf die ästhetische Neuheit der Maschine bezogen, denn auf archetypische Eigenschaften technischer Bauwerke setzend, argumentiert Walter Lindner 1932: »Aber in der ausdrucksvollen Klarheit und organischen Verbindung von Werkstoff, Konstruktion und Zweckbestimmung wird gerade bei ihm (dem schmucklosen Zweckbau, S.H.) die immerwährende Wiederkehr eines ungeschriebenen Formenkanons, sozusagen der ewigen Formen, wie kaum an einem anderen Bauwerk sichtbar.« (Lindner 1932, 8) Die Dokumentarfotographie eines Albert Renger-Patzsch zeugt weiter von möglichen Zugängen zu einer Ästhetisierung von Industriebauten und Maschinen.

1932 geben Conrad Matschoss und Werner Lindner für das Deutsche Museum München eine seit den siebziger Jahren in industriearchäologischen Zusammenhängen viel zitierte, doch singulär dastehende und programmatische Sammlung von Aufsätzen mit dem Titel »Technische Kulturdenkmale« heraus. Daß diese nicht darauf rechnen können, selbstverständlich in die Kultur und also zum museumstauglichen Bestand gezählt zu werden, führt Matschoss auf die Geschwindigkeit ihrer Entwicklung zurück, um dann einen unzweifelhaft der Kultur zugehörigen Kronzeugen dafür zu präsentieren, daß ein anderes Denken über Technik, über nicht mehr der Produktion dienende Anlagen möglich ist: »Die Entwicklung im 19. Jahrhundert ging mit solcher Geschwindigkeit vor sich, daß es dem menschlichen Empfinden nicht gelang, alle diese neuen Schöpfungen in den Kreis des kulturellen Lebens mit einzufügen. Goethe allerdings hat für seine Zeit noch die Technik und technische Arbeit als einen Bestandteil des Lebens in sich aufgenommen, in sich verarbeitet und wir wissen, wie ihm, der nicht nur ein großer Künstler, sondern vor allem ein großer Mensch gewesen ist, die Technik nicht etwas war, was man zu bekämpfen hatte, sondern was im Dienst des Menschen zu fördern war. (…) Goethe hat bei aller seiner Verehrung für die Antike die Geringschätzung der schaffenden Arbeit für falsch empfunden.« – »Auch die Werke der Technik haben ihre kulturellen Werte, die man begreifen lernt, wenn man sich die Unsumme von menschlicher Arbeit, die notwendig war, um sie entstehen zu lassen, vergegenwärtigt, wenn man sieht, wie oft ganze Generationen von Menschen mit Freude und Leid mit ihnen verbunden sind.« (Matschoss 1932, 1f) Die Argumentation, bei Maschinen, Geräten, Ingenieurbauten handele es sich um Manifestationen von Kultur und Geschichte und deshalb um erhaltenswerte Dinge, findet bis heute in der Legitimation des Erhalts von Überresten der Industrie einer Verwendung, wenn auch die Bezugspunkte, die für Matschoss den sicheren Anschluß an Kultur symbolisieren – ein Goethe, der neben sein Interesse an der Antike das Interesse an der »schaffenden Arbeit« stellt, die Menge der Arbeit, die in technische Anlagen geflossen ist – nicht auf Wirkung rechnen können. Was bleibt, ist die Suche nach Anerkennung technischer Überreste der Industrie als Teil der Kultur, und das defensive Werben um diese Zuordnung zieht sich noch im Denkmalschutzjahr 1975 durch die Argumentationen der an der Bewahrung technischer Kulturdenkmale Interessierten. Der damalige Direktor des 1930 gegründeten Bochumer Bergbaumuseums leitet den ersten Band eines Inventars möglicher Industriedenkmäler mit diesem Verlangen ein: »Das Buch richtet sich als ein Aufruf an alle betroffenen Personen, an Institutionen und Behörden, den unbestreitbaren Tatbestand zu erkennen, daß technische Denkmäler ebenso zu unserem kulturellen Erbe gehören wie die Bauwerke, die von der traditionellen Denkmalpflege betreut werden, daß ihre Dokumentation und eventuelle nachfolgende Erhaltung – möglichst in ihrem umfassenden, naturgeographischen und sozialen Umfeld – dringende Gebote der Gegenwart sind.« (Conrad 1975, VIII)

Rainer Slotta, der folgende Leiter des Bochumer Bergbaumuseums und 1975 Bearbeiter des Inventars, argumentiert 1984: »Es muß die Aufgabe und das Interesse einer Kulturnation sein, die Entwicklung der industriellen Tätigkeit sorgfältig und ausreichend zu dokumentieren. Da sich die Kultur eines Volkes nun nicht nur aus künstlerischen Leistungen zusammensetzt, sondern da auch die Technik neben anderen Kulturkomponenten untrennbar zur Kultur hinzugehört, versteht es sich von selbst und bedarf keiner weiteren Begründung, daß auch Industrien der verschiedenen Ausbildung zum kulturellen Faktor der Kultur eines Volkes gehören: Sie sind Teil des kulturellen Erbes, das es zu dokumentieren und zu inventarisieren gilt.« (Slotta 1984, VI)[9]

Mit der in den siebziger Jahren in westlichen wie östlichen Industriestaaten diskutierten oder bereits beantworteten Frage, wer das Subjekt der Geschichte sei, fragt sich nun auch, wessen Geschichte, und damit, wessen Dinge und Bauten zu bewahren seien. In diesem Sinne entwickeln in den damals sozialistischen Ländern Denkmalschützer einen Bezug zwischen Staatlichkeit, technischen Denkmalen, Geschichte und Arbeiterschaft. Architekten, Historiker und Soziologen beschreiben Industriedenkmäler als Teile einer »Geschichte der Produktivkräfte«, eine Beschreibung, die 1973 auf dem 1. Kongreß über die Erhaltung von Industriedenkmälern in Ironbridge durch den Beitrag des Ostberliners Eberhard Waechtler auf dokumentiertes Interesse stößt.[10] Fundamental für die Argumentationen aus Ost wie West, die Kultur, Geschichte, Kunst in Anspruch nehmen, ist die selbstverständliche Annahme einer dialektischen und erschließbaren Beziehung zwischen Produkt und Produzent, zwischen Objekten und Subjekten, zwischen Bauten und Dingen und Menschen, zu denen sie in wie auch immer erzeugter, doch als vorhanden und vertraut angenommener Beziehung stehen. Industriebauten werden als Zeugnisse, Dokumente und Monumente nicht nur einer Geschichte der Technik, sondern auch sozial- und wirtschaftsgeschichtlicher Zusammenhänge lesbar, vor allem aber Teil der Dokumentation einer allgemeinen Geschichte, die, so die Argumentation, nicht geschrieben werden kann, wenn ihre archäologischen Zeugnisse und Dokumente fehlen.[11] Die Legitimation, die aus der angenommenen Zeugenschaft alter Bauten und Geräten kommt, wird in den siebziger und achtziger Jahren des 20. Jahrhunderts für den Erhalt von Arbeitersiedlungen in Anspruch genommen und führt vor allem im Ruhrgebiet bis zur Forderung nach Sozialschutz, dem Erhalt ihrer Mitte der siebziger Jahre gefährdeten Sozialstrukturen.[12]

Die genannten Argumente, mit denen für die Musealisierung und Bewahrung industrieller Strukturen geworben wird, richten sich aus an den Argumentationen, die generell für musealisierende Bemühungen um den Erhalt von Kultur vorgebracht werden. Sie suchen ihren Gegenstand an diese Argumentation anzuschließen und ihn zum selbstverständlichen Bestandteil eines bereits bestehenden und bis heute wirksamen Diskurses über das zu Erhaltende zu machen.

Geschichte, Identität, Kompensation

Industrien, auf die Großbritannien traditionell seinen Wohlstand gründen
konnte, wie Kohle, Eisen, Stahl und Textilien, sind nahezu verschwunden
oder haben sich bis zur Unkenntlichkeit in ihren Arbeitsweisen verändert.
Die Entdeckung und Erhaltung von Überbleibseln solcher Industrien unterstützt die Entwicklung eines Sinnes für Kontinuität und Identität für jene
Städte und Orte, die jetzt schnell ihre ökonomische Basis verlieren.
Stella V. F. Butler

Hannah Arendt hat argumentiert, daß die »Handgreiflichkeit des Dinghaften«,
das Vorhandensein materieller Anhaltspunkte, eine notwendige Voraussetzung
des Erinnerns sei (Arendt 1981, 87f). Diese Ansicht mag extrem erscheinen,
doch faßt sie damit eine Überzeugung zusammen, die in der europäischen
Erinnerungskultur bis heute eine wichtige Rolle spielt: Erinnerung, Geschichte hängt an der Materie, am materiell überkommenen Gegenstand, nicht unbedingt an seinem privaten oder öffentlichen Besitz, wohl aber an der Verfügbarkeit von materiellen Objekten, denen Zeugnischarakter zugeschrieben
werden kann.

In ihnen sind Geschichte, Arbeit, Wünsche inkorporiert, sie bezeugen vergangene Lebenszusammenhänge: »die Menschen unterscheiden sich nur, ja
existieren überhaupt nur durch ihre Werke. ... allein sie (liefern) den Beweis,
daß sich im Laufe der Zeiten unter den Menschen wirklich etwas ereignet hat.«
(Lévi-Strauss 1995, 172) Materielle Zerstörung von Dingen, von Bauten, von
allem, was sich materiell bewahren ließe, ist dementsprechend Zerstörung von
etwas, was das Gedächtnis *ist*. Mit der Zerstörung des Sacharchivs wird unmittelbar die Möglichkeit des Erinnerns gelöscht. Die Dinge, die diesem Gedächtnis eingeordnet sind, sind (wie die) Schrift, die immer wieder (neu) gelesen
werden kann, ohne sie verliert das Erinnern seinen Anhaltspunkt.

Erinnerung aber konstituiert Identität, ein zweites Schlüsselwort der Argumentationen. Identitäten, in museologischer Diskussion zu verstehen als Selbstdefinition von Bevölkerungsgruppen, der Bevölkerung einer Region oder der
Bürger eines Staates[13] über bestehende oder auch verlorene soziale und kulturelle Bezüge, konstituieren sich deshalb über den Erhalt von Dingen. Die Zerstörung von Dingen und Bauten stellt nicht nur das Erinnern, sondern die
Auffassung, die Menschen von sich, von Gruppen, denen sie angehören, von
Territorien, auf die sie sich beziehen, in Frage. Jedes historische Museum wird
so lesbar als seinerseits materielles Zeugnis zutiefst materialistischer Konzepte

der historisierten (und nicht mehr gelebten) Tradition, des Gedächtnisses, der Zeugenschaft, des Erinnerns und der Identität.[14]

Museen sind in dieser Interpretation die privilegierten Orte, an denen Identität erhalten und abzulesen ist, nicht nur für Einzelne, auch für Gruppen, Schichten und Nationen. Das Museum ist dann der Ort nicht einer Konstruktion, sondern des Wiederfindens von Selbst-Bewußtsein. Das Retten und das Zeigen im Dienste der Erinnerung und der Identität sind denn auch häufig genannte Motive, wenn es darum geht, die rasch zunehmende Zahl der Museen zu begreifen. Sie dienen der Legitimierung auch industriemusealer Arbeit, des Aufbaus und Erhalts von unzähligen alten Fabrikbauten, die in Museen ihrer selbst verwandelt worden sind, des Erhalts von Sammlungen zur Alltagsgeschichte der Industriegesellschaft.

Der Zuwachs an Museen verdankt sich in den siebziger und achtziger Jahren in Österreich, in den alten Bundesländern Deutschlands und in Westberlin vor allem der Neugründung von historischen Museen, besonders Heimatmuseen. Geringer ist der Anteil von Museen, die sich ausschließlich des Alltags in der Industriegesellschaft und der Industrie annehmen, wobei hier aber auffallende Großgründungen zu verzeichnen sind wie das *Museum für Technik und Arbeit* in Mannheim, das *Centrum Industriekultur* in Nürnberg, der Ausbau der Industriemuseen der Landschaftsverbände Nordrhein-Westfalen (Korff/Roth 1990, 12). In Großbritannien ist seit 1961 die Mehrzahl der Neugründungen auf industriearchäologische und sozialhistorische Museen zurückzuführen (Prince/Higgins-McLoughlin 1987, 26), in Frankreich nehmen die *Écomusées* zu, die im Rahmen eines umfassenden Konzepts der lebendigen Tradition Zeugnisse vergangener Wirtschaftsweisen sammeln und ausstellen.[15]

Die Annahme, daß Museen Identität erhalten und Kontinuität verbürgen, wird häufig mit Überlegungen zur kompensatorischen Funktion des Museums verbunden. Sie liegt etwa Hermann Lübbes bekannten Argumentationen zugrunde, der sich mit der schnellen Zunahme der Museen und der progressiven Ausweitung ihrer Sammlungsbereiche auseinandergesetzt hat. Er hat sie analysiert als Reaktion auf den beschleunigten Verschleiß und die zunehmende Vernichtung von Objekten und Stoffen, als Reaktion auf den Verlust von materialen Anhaltspunkten für eine persönliche Geschichte, für Erinnerung, also für Identität (Lübbe 1983, 9f). Lübbe zieht daraus den Schluß, daß das Museum unter den gegebenen Bedingungen eine kompensatorische Funktion übernommen hat, es kompensiere Verluste an Vertrautheit. Kompensatorische Funktion musealer Arrangements nimmt auch Kevin Walsh angesichts der *heritage-industry* Großbritanniens an, doch betont er weniger den Verlust an

Verhandelt. Er führt die Popularität und den ökonomischen Erfolg dieser Entwicklung auf den Verlust ökonomischer und imperialer Macht Englands zurück und identifiziert diesen Verlust an Macht als kompensationsbedürftig (Walsh 1992, 52).[16]

Die Expansion des Museums, die Zunahme der Museen des Alltags oder der industriellen Produktion insbesondere, wird, so verstanden, Zeugnis für das beschleunigte Verschwinden der Dinge wie für einen gegenläufigen und doch ergänzenden Prozeß im Umgang mit ihnen, der Identifikationsmöglichkeiten und damit Möglichkeiten der Selbstdefinition bewahren soll. Folgt man den genannten Thesen, so begegnen Museen einer Entwicklung, die mit Dingen auch Identität vernichtet, mit der Rettung dieser Dinge und damit der Identität in einen Raum mit besonderen Qualitäten.

... ausgenommen Museen

Diese Standpunkte positionieren das Museum in einem Raum, der exempt ist, unabhängig, ausgenommen von dem, was in der Welt ansonsten geschieht, ein geschützter Bereich, an dem die Spielregeln der Gesellschaft, der ökonomischen Prozesse, die Vernichtung gelebter Traditionen ihre Grenzen finden und als materiell beglaubigte Geschichte aufgehoben bleiben.

Diese Sicht des Museums wird durch aktuelle museale Praxis bestätigt. Denn wollte man die Quintessenz der Musealisierung beschreiben, so gehörte dazu allemal die Beobachtung, daß das Museum in mehrfacher Hinsicht gegen eine außerhalb herrschende Ökonomie steht, die Werte, Vorstellungen wie Gegenstände in immer kürzeren Zyklen dem Abfall oder dem Recycling überantwortet. Die museale Sammlung entspricht einer Ökonomie, die sich in ihren Regeln als gerades Gegenteil der »draußen«, außerhalb des rettenden und geschützten Raumes abspielenden ökonomischen Entwicklung entfaltet. Zu diesen gegen den ökonomischen Prozeß der Produktion, Konsumtion und beständigen Erneuerung stehenden Charakteristika des Museums gehört das Beharren auf den Prinzipien der Materialität und des Authentischen, das sich in Gegenständen, in Bauten materialisiert. Ihre Auratisierung gelingt, da nach wie vor jede Musealisierung an der Tradition der Kultstätte und der Kunstmuseen als Aufbewahrungsorte kultureller Werte partizipiert.[17]

Museen werfen, zumindest grundsätzlich, nichts weg, was sie einmal in ihre Hut, ihre Sammlung, genommen haben. Das Museum arbeitet gegen den Abfall, gegen das Verschwinden in Destruktion oder Neukonstruktion. Die Idee einer Zeit, in der vernichtet wird, die vernichtet, wird nicht zugelassen. Vergangenheit, ästhetische, historische und andere Werte sollen in ihren materiellen Überresten gegenwärtig und verfügbar bleiben. Gerade dieses Verhältnis zur Zeit, das auf eine unabsehbare Zukunft des Erhalts und einer Versammlung aller Dinge in einer prolongierten Gegenwart, der der Sammlung, gerichtet ist, läßt keine Trennung und Verabschiedung von einmal aufgenommenen überlebten Gegenständen zu und ist die Basis konservatorischer Bemühungen.

»Außerhalb« des Museums sind Lokalität und Materialität der Produktion längst zu Randbedingungen des globalen wirtschaftlichen Prozesses geworden. Gegen diesen Effekt steht die Musealisierung, die Sammlung von materiellen Gegenständen. Sie nimmt Dinge, Bauten, Landschaften aus wirtschaftlichen Prozessen, dem Markt, der Produktion und Konsumtion heraus, erhält sie materiell und versammelt oder beläßt sie an einem bestimmten Ort. Das Aufhäufen und Versammeln von musealisierten Schätzen in Zeit und Raum folgt in diesen Charakteristika der Ökonomie der Schatzkammer, bei immer weiter überlaufenden Schatzkammern. Das Museum, das musealisierte Denkmal ist in dieser Hinsicht Ort und Materialisierung eines atavistischen ökonomischen Prinzips.

Kunstmuseen sind als »Ansammlung eines exzessiven und daher unverwertbaren Kapitals«[18] beschrieben worden. Sind aber musealisierte Kunstwerke noch mit einem fiktiven Marktpreis zu belegen, so ist die Lage für die Reste der industriellen Produktion und des mit ihr verbundenen Alltags eine andere. Überreste der Industrie und der Industriegesellschaft werden heute, auch wenn sich Liebhabermärkte für ausgewählte Stücke etabliert haben, nicht aufgrund eines Marktwertes gesammelt. Für sie trifft zu, daß sie Anhaltspunkte für Geschichte(n) sind. Diese stellen den Wert dar, der den meisten der musealisierten Zeugnissen der industriellen Gesellschaft zukommt. Auch in diesem Sinne ist das Museum als manifestes Gedächtnis, die Musealisierung als »Kapitalisierung des Gedächtnisses« (Jean-Louis Déotte) zu verstehen. Museen der industriellen Produktion, des industriellen Alltags verfügen weniger über Werte, die sich in Marktpreisen ausdrücken ließen, als über Werte, die als symbolisches Vermögen, symbolisches Kapital (Pierre Bourdieu) begriffen werden, ein Kapital, das über die Bewahrung der Dinge Kultur, Geschichte und damit Identität abwirft.

Zweifel

Sie wissen übrigens, daß die Historiker und Ästheten mit drei Federstrichen alles mit allem und irgendwen mit irgendwas zusammenfädeln können.
Pierre Boulez[19]

Es sind Zweifel daran angebracht und besonders um 1990 vorgebracht worden, ob die Funktionen des Museums im allgemeinen, des historischen, auch des Industriemuseums sinnvoll beschrieben werden können als Bewahrung eines Gedächtnisses, von Geschichten, von Identitäten, als Kompensation. Und über die Zweifel an der eben gegebenen Beschreibung des Museums läßt sich der Prozeß begreifen, in dem Musealisierung zu einer grundlegenden Strategie der Umgestaltung ganzer (Industrie)Regionen werden konnte. Der Zweifel ist ein zweifacher. Er bezieht sich auf die identitätsstiftende Kraft der Dinge und die Weise, in der sie auf Vergangenes Bezug nehmen und nehmen können, und er nährt sich aus der Exzessivität der Sammlung und des Sammelns.

Die Legitimation von Museen über ihre identitätserhaltende Funktion setzt voraus, daß es sich bei Geschichte, bei Kultur, bei Identität, bei Gedächtnis um Entitäten handelt, die als ebenso permanent und gegenständlich behandelt werden können, wie die Gegenstände, mit denen sie verbunden gedacht werden. Das nahezu automatische Verknüpfen von Dingen, auch Bauten und Landschaften, mit Identität setzt weiter die Annahme einer charakteristischen Beziehung zwischen Identität und sie verbürgenden Gegenständen voraus. Identität wird als vergegenständlichte gedacht, damit als Resultat eines Prozesses, in dem menschliche Tätigkeit, Gedanken, Ideen sich manifestieren in einem dinglichen Überrest, so an dialektische Konzeptionen der Beziehung zwischen Gesellschaften und ihren Gegenständen erinnernd.

Wie dieser untergründig angenommene Prozeß auch gedacht wird, als Arbeit, als Reflexion, als Interaktion, er ist verbunden mit der impliziten Annahme, daß, wie immer entfremdet, wann und wo dieser Prozeß auch abgelaufen sein mag, er sich im Museum oder Denkmal gleichsam zurückbiegen läßt in eine Form der Vertrautheit, der Spiegelung, der Erkenntnis einer eigenen Kraft in den Gegenständen, die sich dem Blick bieten. Diese Vertrautheit löscht das Unheimliche an den toten Dingen, sie streicht die Erinnerung an mögliche Verausgabung, mögliche Reifizierung, möglichen Zwang, mögliche Bedingtheit – im übrigen ein Moment, das Vorbehalte erklären mag, die gegen die Musealisierung von Industrieanlagen ja durchaus vorgebracht werden. Denn jene Vertrautheit, die aus dem alltäglichen Umgang mit Dingen kommt, kann, wenn dieser Alltag nicht mehr besteht, durchaus auch seine Unheimlichkeit und Undurchschaubarkeit dem Blick preisgeben.[20]

Imaginiert wird überdies ein Prozeß, dessen Ergebnis und Ende gleichsam in den Dingen ein- und aufgefangen ist und in dieser Form bewahrt werden kann, immunisiert gegen weitere Prozesse. Roland Barthes hat in seinen *Mythologies* von 1957 schon die »mythische« Möglichkeit der Abschneidung der Gegenstände von ihrer, von Barthes als identifizierbar und eigentümlich angenommenen, Geschichte gesehen, die Möglichkeit der Neukonstruktion parasitärer Geschichten und die der Naturalisierung der Verhältnisse über diese. Das ist der Beginn des theoretischen Zweifels an einer unzweifelhaft mit den Dingen verbundenen (historischen) Botschaft oder Vertrautheit, die sich in semiotischer, strukturalistischer und poststrukturalistischer Lektüre der Dinge fortsetzt.[21]

Vergänglichkeit, Abwesenheit, Unwiderruflichkeit des Verlustes und Reaktionen darauf und die Wahl des zu Erhaltenden, die Scheidung zwischen dem, was aus der auch künftigen Aufmerksamkeit getilgt wird, und dem, was materialiter für aktuelle oder mögliche zukünftige Beachtung bewahrt werden soll, waren in Reaktion auf den Boom an Museumsneugründungen in den späten siebziger bis zum Anfang der neunziger Jahre Diskussionsstoff in Museologie, Geschichtswissenschaft und Kunst. Gegenpositionen wurden diskutiert, die Walter Benjamins etwa, die das konkrete Erinnern anhand der Gegenstände als unmöglich sah und die Dinge als Fundstücke einer Naturgeschichte der Menschheit vor ihrem Eintritt in die Geschichte verstand; eine in anderer Hinsicht vom materiellen Erhalt abstrahierende Position zur Frage des Erinnern knüpft das Erinnern nicht an Dinge, sondern gibt es einzig wie auch immer überlieferten Zeichen auf.[22]

Sichtbar wurde in einer Fülle von neu entwickelten und eingeführten Fragestellungen an die Geschichte, an das Erinnern der konstruktive Charakter sowohl der Sammlung als auch der Ausstellung[23]: Museumskritik wie -pädagogik sahen das Museum nicht als einen Ort der Sicherstellung und Präsentation von klassifiziertem, dann selbstevidentem Material, sondern formulierten seine Funktionen neu. Musealisierung wurde kenntlich als eine Form nicht der Bewahrung, sondern der Konstruktion von Geschichte, von Erinnerung, eine Form nicht des Vorhandenseins und Erhaltens, sondern der Verfertigung von Gedächtnisspeichern und daran geknüpfte Sprache, Rede, Narration, von Wahlen, die mehr oder weniger reflektierten Regeln folgen. Die Ausstellung wurde teils mit pädagogischem Mißtrauen, teils mit Freude als Inszenierung, auch als Installation oder Komposition erkannt. Der Besuch des Museums mutierte in einem Teil museologischer Literatur zum mehr oder weniger lehrreichen Ereignis und Erlebnis, viele Inszenatoren von Ausstellungen standen dem Spektakel- und Schaubudencharakter aufgeschlossen gegenüber, den schon Walter Benjamin für die museale Präsentation als vorbildhaft empfohlen hatte. Während Eröffnungen von Museen zunahmen, unterminierten museologische Überlegungen das begründende Fundament, zunächst die so selbstverständliche Bindung an und ihr Insistieren auf Identität und Identifikationsmöglichkeiten: Die Analyse, der jedes museale Objekt unterworfen wird, und seine Synthese zum Simulakrum wurden sichtbar.

Damit aber wurden die möglichen Gegenstände einer Musealisierung als immer »jetzt« arrangiertes Material deutbar, Musealisierung in historischer Perspektive kenntlich als Prozeß, in dem die alten Dinge immer schon Material einer aktuellen Formung waren. Dies hinderte und hindert nicht die Fortsetzung und gängige Legitimierung musealer Arbeit als Arbeit an Erbe, Kultur, Geschichte, Identität, doch macht die Kritik der Musealisierung verständlich, weshalb aus dieser Arbeit eine Entgrenzung des Konzepts des Museums entstanden ist bis dahin, wo Musealisierung als Strategie schließlich ablösbar wird von konkreten Materialien und jedes Material schließlich in angemessener Zubereitung Rohstoff einer musealisierenden Praktik werden kann.

Die folgenden Abschnitte untersuchen diese Entwicklung in drei Schritten, zunächst in einer kursorischen Übersicht über die Produktion des musealen Objekts für das Museum der Industrie, dann in einer Darstellung der Ausweitung des Sacharchivs und der Aufgabe seiner Grenzen und schließlich in der Beschreibung zweier Musealisierungen, die nicht allein das Sacharchiv, sondern auch das Territorium und die sozialen Zusammenhänge, die eine Musealisierung der Industrie betreffen kann, ausweiten bis zur Musealisierung ganzer Regionen.

2 Konstruktion des Museums der Industrie

Analyse des Objekts

Museale Objekte sind das Ergebnis eines Produktionsprozesses, in den ein Ding, ein Bau, ein Fragment eines Dings oder Gebäudes als Rohstoff eingeht. Diesem Produktionsprozeß werden sowohl das zum Museum umgebaute Industriegebäude, wie auch die Gegenstände in einem Industriemuseum, in einem Museum des Alltags unterzogen. Zum Prozeß der Musealisierung ehemals nützlicher Dinge gehört ihre Auswahl, Bestimmung und Klassifikation, der Umstand, daß aufgeräumt, geputzt und gereinigt wird. Gerettete Dinge und Bauten werden, damit sie als museale Gegenstände sichtbar werden können, einem intensiven Prozeß der Bearbeitung unterzogen. Die Aufbereitung, etwa eine Konservierung, die Einfügung in die Sammlung und gegebenenfalls in die Ausstellung erfolgt in konzeptioneller, handwerklicher, künstlerischer Hinsicht auf dem neuesten Stand der museologischen Technik, so er verfügbar ist. In diesem Prozeß wird eine Distanz zu den Dingen bestimmt und eine neue Nähe über ihre Zubereitung für die Präsentation erzeugt.

Das erste Aufräumen besteht in der Wahl unter den möglichen Gegenständen, die gerettet werden sollen und die als geeignet für eine musealisierende Aufbewahrung und Zubereitung angesehen werden. Einige Dinge oder Bauten gelten als erhaltenswert, andere nicht. Was darf bleiben in den definierten Grenzen des beobachtbaren, sichtbaren und bedeutungserfüllten Raumes? Was verfällt dem Müll, verschwindet also gründlicher als es die nicht auswählende Praxis eines einfachen Verkommen- und Verfallenlassens erledigen würde? Diese Wahl reduziert bereits, gezielt oder nicht, gewollt oder ungewollt, das, was dem sinnlichen Zugang zur Erinnerung geboten wird. Die Auswahl des Erhaltenswerten »vollzieht« Geschichte, bestimmt das Erhaltenswerte und verwirft anderes.

Ein weiteres Moment, das das Erinnern mit Fremdheit konfrontiert, ist die Dislozierung der Stücke, ihre Überführung in eine Sammlung an einem anderen als dem angestammten Ort. Das geschieht nicht nur mit hundertjährigen Schreibmaschinen oder zwanzigjährigen Computern, sondern mit Gebäuden verschiedensten Alters bis hin zu erheblichen Größenordnungen.[24]

Museumsdörfer wie das 1891 gegründete erste Freilichtmuseum von Skansen in Schweden, Commern in Deutschland, die Industriedörfer Beamish oder Blists Hill in England sind Zusammenstellungen von Bauernhöfen, Wohnhäusern, Geschäften, Produktionsstätten und Wirtshäusern aus verschiedenen Orten. In Blists Hill ergeben sie zusammen ein neues viktorianisches Städtchen um ein am Ort verbliebenes altes Bergwerk, eine Ziegelei und ein Hüttenwerk. In Beamish finden sich georgianische Häuser, eine viktorianische Bank, ein Laden und zwei Wirtshäuser aus verschiedenen Orten um ein am Ort befindliches Bergwerk gruppiert, um einen »microcosm of the north east«, einen Mikrokosmos des englischen Nordostens zu zeigen (Walsh 1992, 98).

Der Spinnsaal in der alten Textilfabrik in Fourmis/Frankreich, die heute Zentrum eines Écomusée ist, enthält eine Zusammenstellung von mehr als einem Dutzend Kardier-, Spinn- und Zwirnmaschinen unterschiedlichen Typs und Alters, die aus verschiedenen Fabriken zusammengetragen sind und in dieser Zusammenstellung niemals einen funktionierenden Maschinenpark ergeben hätten. Und die großen Glasschränke des Bergbaumuseums in Bois-du-Luc/Belgien konzentrieren Grubenlampen, Helme, Plakate, Rechnungsbücher und vieles mehr, das einst über ein großes Gelände in einer nicht mehr nachzuvollziehenden anderen Ordnung verteilt war. Museale Sammlungen nehmen ihre Gegenstände aus ihren früheren Zusammenhängen und von den Orten, an denen sie nützlich waren, um sie einer neuen Ordnung, der des Museums zuzuführen. Sie sind Ergebnisse einer *bricolage*.

Für den erwählten und an den Ort seines Verbleibs gebrachten Überrest der Industrie stellt sich wie für jeden aufzubewahrenden Gegenstand die Frage nach der Art und den Schichten der Erhaltung. Erhaltene Industriebauwerke, Maschinen oder Gegenstände, die im Alltag der industriellen Gesellschaft eine Rolle gespielt haben, sind meist über einen langen Zeitraum entstanden und immer wieder überarbeitet, repariert, umgebaut, umgeändert oder ergänzt worden. Ihre Musealisierung stellt die Frage, welcher Zustand denn nun der erhaltenswerte oder der zu dokumentierende sei. Das ist nicht nur ein konservatorisches Problem, das die materiale Aufbereitung der Dinge betrifft. Es ist ebenso eine Entscheidung über die Geschichte und die Geschichten, die dazu erzählt werden sollen. Denn diese Entscheidung zieht – wie die Wahl, wie die Konzentration – eine bestimmte »Spur des Erinnerns und Vergessens«, die normalerweise nicht für die Museumsbesucher erkennbar offengelegt wird: »Es ist einer der markantesten Wesenszüge unserer Gesellschaft des ausgehenden zwanzigsten Jahrhunderts, daß trotz oder gerade wegen aller konservierenden Bemühungen diese Spuren der Wahrnehmung entzogen werden.« (Heinisch 1993, 85)

Renovierungen und Überarbeitungen sind die deutlichsten Verfahren, die einige Schichtungen, die im Laufe der Gebrauchszeit entstanden sind, tilgen, um einen bestimmten Zustand als den »eigentlichen« oder den »originalen« freizulegen und zu erhalten. Das ist das Programm der Arkwright Society, die 1979 die Cromforder Spinnereien erworben hat, um sie nicht im damals vorgefundenen Zustand zu belassen, sondern sie wieder in den baulichen Zustand des 18. Jahrhunderts zu versetzen: »Die Arkwright Society ist eine Organisation von Freiwilligen, die 1971 gegründet wurde. ... Als die Gesellschaft das Gelände erwarb, wurde sie mit großen Problemen konfrontiert. Obwohl die meisten Originalgebäude erhalten waren, war das Gelände mit modernen Hallenkonstruktionen überzogen, mit dem Ergebnis, daß viele Merkmale der Architektur aus dem 18. Jahrhundert verunklart waren. Die erste Aufgabe, der sich die Gesellschaft gegenübersah, war, diese modernen Gebäude wieder abzubauen und die Originalgebäude instandzusetzen.« (Charlton 1989, 25f) Der Prozeß der Formung des Gedächtnisses besteht hier im Vernichten der Spuren, die nach dem 18. Jahrhundert entstanden sind, in der Abweisung und Vernichtung dessen, was an materiellen Überresten aus späterer Zeit auf dem Gelände vorgefunden wurde.

Ebenso deutlich wird der Prozeß der Auswahl, der Reinigung und Zubereitung in der »Retro-Fiction«, die trotz und aufgrund unzureichender Unterlagen nachbaut, »wie es gewesen sein könnte«, und in Versuchen der »authentischen Reproduktion«, einem Vorgang, der einen Gegenstand nach altem Muster gänzlich neu erzeugt.[25] Es entsteht eine bereinigte und selektive Version der Vergangenheit, die Veränderungen über die Zeit, die Schichtungen unterschlägt. Sie unterbindet so die über Vergangenheit, Gegenwart und Zukunft reichende Deutung eines Ortes als Lesen eines immer wieder revidierten Textes.[26]

Mehr Mittel der Befremdung: Musealisierung ist in einem ganz trivialen Sinne Reinigungsprozedur: Die minimale Aktivität besteht im Putzen. Für die museale Präsentation werden gesäuberte Maschinen, aufgewischte Böden, desinfizierte und desodorierte Reste erhalten, Spinnweben entfernt, Fenster im neu so definierten Ausstellungsbau gereinigt. Der Schmutz, der mit der Produktion verbunden war und nach ihr noch bleibt, auch das Zerstörte und Kaputte und alles, was Ekel oder Abscheu provozieren könnte, wird entfernt. Dieser musealen Zubereitung fallen die Reste dessen zum Opfer, was drei der klassisch unterschiedenen fünf Sinne zum Erinnern verwerten könnten, Geruch,

Geschmack, Gefühl. Manche Unsauberkeit, die mit der früheren industriellen Produktion verbunden war, muß nicht mehr erst in einem Putzvorgang entfernt werden, weil sie schon durch deren Ende verschwunden ist, der Gestank des Rauchs, der aus Schornsteinen kam, die Luft, die einen metallischen oder ranzig öligen Geschmack auf der Zunge hinterlassen oder den ganzen Körper mit einer Geruchsschicht versehen konnte, der Fischgestank in der Konservenfabrik, der Blutgeruch im industrialisierten Schlachthof... Diese Wahrnehmungen, die zum Produktionsprozeß gehört haben, bleiben den späteren Besuchern in aufgegebenen Fabriken fremd. Vielen Besuchern dürfte das nicht unrecht sein.

Für die Beschäftigung der Nahsinne bleibt nach dem Putzen und Wischen ein Geruch von Öl, nicht aber mehr der der Baumwolle in der alten Spinnerei übrig, der Geruch von rostendem Metall, nicht aber die Gerüche, die im industriellen Produktionsprozeß entstanden. Holprige Wege sind geglättet, der Fuß findet keinen Widerstand auf durchgeführten und neu angelegten Trassen und eigens für Besucher angelegten Spazierwegen. Und das Betasten der musealisierten Gegenstände ist, wenn es auch als Möglichkeit sichtbar wird, im allgemeinen verboten. Die Nahsinne werden nicht mit vergangenen Ereignissen und Vorgängen beschäftigt, sondern mit den Gerüchen, dem Geschmack, den Wahrnehmungsanlässen für den Tastsinn, die sich jetzt anbieten.

Zur Erzeugung von Fremdheit tragen Dislozierung und Überführung in eine traditionell auratisierte, Werte präsentierende Institution, die Entfernung aus dem Kontext der früheren Nutzungen, tragen die Reparatur- und Reinigungsbemühungen bei. Susan Stewart hat gerade diese befremdenden Vorgänge des Erwerbs und der Herauslösung aus Kontexten als Bedingungen der Entstehung, der Erzeugung des (musealen) Sammlungsstücks beschrieben (Stewart 1984, 162).

Synthesen des Gedächtnisses

Industriemuseen bieten neuen Sinn für ehemals funktionale Dinge an, der eine erste oder eine neue Vertrautheit mit den Dingen ermöglichen soll. In der Präsentation entstehen anhand der materiellen Überreste neue Gegenstände und neue Traditionen der Erzählung, vielleicht auch nur kurzlebige Varianten möglicher Erzählungen. Der Prozeß, in dem eine museale Ausstellung entsteht, entwirft die Dinge neu. Sie werden Exponate. Als solche beglaubigen sie einen

Zusammenhang, der nicht den Dingen in ihrer Unmittelbarkeit ablesbar ist, sondern über ihre Neukontextualisierung, »Re-Dimensionierung« (Arnold Esch) hergestellt wird. Arrangement der Dinge, ihre Kontextualisierung und Deutung über verschiedenste Medien bestimmen ihren neuen Platz in Gegenwart und Zukunft.

Es sind Zuschreibungen und die Erzeugung von Zusammenhängen, die den Gegenstand erst zu einem Träger bestimmter Bedeutung machen, ihm einen spezifischen Sinn verleihen. Initiatoren oder Gestalter von Industriemuseen, der Musealisierung von Fabriken lesen Vorgefundenes, Dinge, Fragmente als Zeugnisse eines Zustandes der technischen Entwicklung oder einflußreicher Erfindungen, als Zeugnisse früheren Unternehmergeistes, als Dokumente alltäglicher Lebensverhältnisse, der Ausbeutung oder des technischen Könnens der Arbeiterschaft, als Zeugnisse der Arbeiterbewegung, einer technischen, sozialen und ökonomischen Fortschrittsgeschichte oder auch ihrer Dekonstruktion, als Zeugnisse einer im Vergleich mit jetzigen Zuständen anderen, einer schlechteren oder auch in manchem besseren Zeit, als Dokumente der erfolgreichen Naturbeherrschung oder -zerstörung.

Die Präsentation der Exponate folgt unter anderem didaktischen Programmen, die »historisches Wissen«, einen »bildhaften Eindruck« vermitteln oder die persönliche Aneignung »kulturellen Erbes« fördern sollen. Ausstellungen suchen Vergangenheit in Aspekten oder umfassend, als geschehene, als gemachte, als abgeschlossene, in ihren Folgen andauernde oder in Zukunft fortzusetzende zu zeigen. Auch dienen sie der Popularisierung von Produktionen oder der Werbung für andernorts weiter existierende Firmen. Nicht zuletzt gibt es Programme, in denen spielerischer Genuß, lernfreie Freizeitgestaltung oder die zweckfreie Betrachtung früherer Nutzgegenstände im Vordergrund stehen.[27]

In den sechziger Jahren wurde in England der Umstand thematisiert, daß die Musealisierung und Präsentation von anerkannten Kunstwerken und die von industriellen Überresten Unterschiede aufweisen: Als das Interessante am früheren Nutzgegenstand wird weniger eine ihm zugeschriebene und vom erhofften Publikum unbezweifelte historische oder ästhetische Kraft identifiziert als gerade seine frühere, jetzt verlorene Funktion. Die methodische Reflexion setzt mit den ersten Rettungsaktionen für industrielle Hinterlassenschaften ein. In der Bundesrepublik verweisen seit den siebziger Jahren Autoren darauf, daß eine schlichte Ausstellung nicht den Gegenständen gerecht wird, sondern Prozesse zu zeigen seien: das aktive Geschehen in der Fabrik müsse dargestellt und rekonstruiert werden. Rainer Slotta plädiert für Anschaulichkeit in der Präsentation und den Erhalt der Möglichkeit, »die historische Arbeitswelt des

Hörmännnis (...) zu ›erleben‹ (...) Geschichte ohne Umgang mit den Objekten und ohne Kenntnis der Objekte bleibt leere Theorie.« (Slotta 1975, XIV). Demonstrationen gehören heute zum Bestand der meisten Museen, die alte Industrie ausstellen.[28]

Besichtigungstouren durch alte Gebäude und Gelände der Industrie, durch Museen der industriellen Arbeit mit Demonstrationen sind Einladungen zu Vorstellungsreisen, in denen das Konservierte die Rolle der sinnlichen Zeugenschaft übernimmt. Als einem authentischen Zugang förderlich gelten Führungen durch ehemals in den jetzt musealisierten Werken Beschäftigte. In ihrer neuen Funktion verkörpern sie Geschichte und beglaubigen die historischen Tatsachen, die sie erzählen, durch Berufung auf eigene Erfahrung. Aus Erfahrung können sie unter den musealisierten Überresten eine Verbindung herstellen, die für das Publikum einen Teil der alten Zusammenhänge, wenn nicht erlebbar, so doch begreifbar macht. Kaum ein Verfahren zur Vermittlung läßt die Fremdheit der »anderen« und früheren Erfahrung deutlicher erscheinen, kaum ein Verfahren hat so sehr den Nimbus der Nähe.[29] Es gibt allerdings nicht immer die Möglichkeit des Aufrufs einer Erinnerung, an die anzuschließen wäre. »Sie müssen sich vorstellen, daß in dieser Halle früher alles nach Öl gerochen hat. In der Luft hing ein feiner Öldunst und auf dem Boden war eine Schicht, auf der man leicht ausgleiten konnte. In diesem Raum wurde Tag und Nacht geputzt, um die Unfallgefahr zu vermindern.« (Führer in der Gasgebläsehalle der Völklinger Hütte, 28. 8. 1996) – »Sie müssen sich vorstellen, daß in diesem Raum Tag und Nacht Lärm war. Lärmschutz gab es bis einige Jahre vor Stillegung der Fabriken nicht. Die Maschine, die ich jetzt anstelle, ist nur eine, Sie müssen aber bedenken, daß in diesem Raum zwanzig andere standen und arbeiteten.« (Führer in Fourmies, Ecomusée, 5. 9. 1996, Reisetagebuch S.H.)

Narration, klassifizierende Information und Kommentar, Arrangement der Gegenstände und Vorführung von Prozessen sind Verfahren, in denen der neue Zusammenhang im Museum, der neue Sinn vermittelt werden soll. Die Fernsinne und die Vorstellungskraft sind angesprochen, wenn es darum geht, das Alte zu rezipieren. Das Ohr, das Texte lesende oder Dinge betrachtende Auge sind die Sinne, an die sich museale Präsentationen bevorzugt richten. Das Ohr wird angesprochen in Führungen mit ihren Beschreibungen, Erklärungen und Geschichten, bei Vorführungen über den Klang der wieder in Gang gesetzten Maschine, über mediale Präsentationen, die Geräusche der vergangenen Arbeitswelt wiedergeben. Auch die musikalische Untermalung/Interpretation filmischer Darstellungen etwa eines Hochofenanstichs spricht das Gehör an. Das Sehen übernimmt nach wie vor den wichtigsten Teil der Rezeption, schließlich werden Industriedenkmäler, wird in Industriemuseen »besichtigt«, seien es Maschinen, sei es ein Video mit schauspielerischer Darstellung der Lebensgeschichte eines Firmengründers, sei es der Film vom letzten Tag der Produktion am Standort, seien es die Bilder auf einem interaktiven Computerbildschirm, an dem man durch Produktionsprozesse wandern kann.

Über diese Wege erfährt der interessierte Besucher über Berufskrankheiten der Arbeiter und Arbeiterinnen, über Hunger, Entlassungen und Entlassungsgründe, militärisch beendete Streiks, Zwangsarbeiter, Sterblichkeitsraten und die Schwankungen der Reallöhne, über Bilanzen und Produkte, über Handels- und Vertriebsorganisationen, über Aufstieg und Niedergang, Beschäftigtenzahlen, persönliche Erinnerungen und Geschicke einzelner Arbeiter, Arbeiterinnen und Unternehmer, über architektonische Eigenarten und baugeschichtliche Relevanz von Produktionsgebäuden, über Erfindungen und ihre Ausbreitung, über Konstruktionsideen und ihre Folgen, über die Produktionsschritte, in denen Badezimmerkacheln und Kanonenrohre, Steinperlen und Fischkonserven erzeugt wurden.

Es gibt Versuche, »Erfahrungen« zu vermitteln und alle Sinne mit ausgewähltem historischen Erleben zu beschäftigen, bis hin zum Anspruch, die Gelegenheit zum – arbeitsfreien und mühelosen – »Nachleben«, zum Leben im Simulakrum früherer Zeiten zu bieten. In Blists Hill, dem Freilichtmuseum, das zum Museumskomplex Ironbridge gehört, werden in einem Raum voller Wachsgerüche Kerzen wie zu viktorianischen Zeiten gezogen, die sich mit viktorianischen Spielmünzen aus der viktorianischen Bank erwerben lassen, eine kleine Werkstatt erzeugt Stuckformen nach viktorianischen Mustern, eine Kupfergießerei stellt Töpfe her, ein viktorianisches Wirtshaus sorgt für Speisen und Getränke nach viktorianischen Rezepten und so fort. Meist ehrenamtlich Tätige, viele von ihnen ausgebildete Handwerker und Handwerkerinnen, betreiben diese Produktionen. Viktorianische Kleider, in denen man sich fotographieren lassen, doch auch über das Gelände streifen kann, sind in Blists Hill auszuleihen.[30] Kleider des 18. Jahrhunderts gibt es in Cromford: »Die Vergangenheit soll für die jüngeren Besucher zum Leben erweckt werden, und hierbei sind spielerische Umsetzungen besonders sinnvoll. Während der Sommermonate sind die Straßen Cromfords von Kindern und Erwachsenen in Kostümen des 18. Jahrhunderts erfüllt, die den Alltag in Arkwrights Industriesiedlung nachleben.« (Charlton 1989, 30) Zum Nachleben endlich werden doch die Nahsinne beschäftigt, beispielsweise mit Gerüchen, die aus der Vergangenheit stammen. In den achtziger Jahren begann die Produktion von Düften und Ölen, die synthetisch den alten Gerüchen wieder zur Realität verhelfen sollten. Im Angebot waren, wie Kevin Walsh berichtet (1992, 112), »Essensgerüche, Gasthausgerüche, Rauchgeruch von Kohle- und Holzfeuern, Gerüche von frischen Äpfeln, von Leder, Kaffee und Heu, der Geruch eines Bauernhofs, der von Schinken, der Geruch eines Metallwarengeschäfts und der einer alten Fabrik.«

Die Verfahren sind zahlreich, in denen Museen des Alltags in der Industriegesellschaft oder der industriellen Produktion durch Inszenierungen und Arrangements von Dingen, durch Beschriftungen, Textbeigaben, mit und ohne Multimediaunterstützung, in Spielen »Erfahrungen«, »Erlebnisse«, »historische Kenntnisse« zu vermitteln suchen. Immer aber dienen diese Verfahren der Vermittlung spezifischer Haltungen zum Vergangenen und Aufgegebenen, wenn auch nicht unbedingt zu einem *metarécit* Geschichte, zu einer spezifischen Geschichte. Die Fragen und Antworten, die Initiatoren und Arrangeure von Ausstellungen und Sammlungen der Industriekultur stellen, sind vielfältig, umstritten und nicht abschließend aufzuzählen. Es sollte in diesem Text keinesfalls ein Versuch dazu vermutet werden.

Wichtig für die Argumentation hier ist die Feststellung, daß dem Prozeß der Ausweitung des materiell Erhaltenen ein Prozeß entspricht, sich mit ihm entwickelt, ihm auch vorausgeht, in dem sich die Themen der veröffentlichten Erinnerung, ihrer Erzählung und musealen Inszenierung vermehrt haben. Auf die alte Industrie verweist nicht mehr nur das technische Museum. Fragestellungen und Formulierungen der industriellen Vergangenheit folgen der Erweiterung des Themenhorizonts der politischen Geschichte durch die Sozial- und Wirtschaftsgeschichte wie im *Museum der Arbeit* in Hamburg, öffnen sich einem an Peter Behrens geschulten Begriff der Industriekultur, der auch Designgeschichte mit einbezieht, wie es das *Centrum Industriekultur*, heute *Museum Industriekultur*, in Nürnberg vorführt, Museen knüpfen an Ergebnisse der *oral history*, der »Geschichte von unten« oder der schwedischen »Grabe wo du stehst«-Bewegung an, die vor allem in Schweden zahlreiche Gründungen von Industriemuseen gefördert hat.[31]

Fragestellungen aus Volkskunde, Anthropologie, Kunst- und Baugeschichte haben den Horizont dessen, was die Ausstellung musealisierter Industrie zu leisten hat, erweitert und modifizieren ihn weiter auf der Grundlage einer politischen und von Museumsbesuchern offensichtlich geteilten Überzeugung, die jeder Tätigkeit, jeder Spur eine Bedeutung und einen Wert zuerkennt.

»Das Projekt des Aufbaus eines Erdölmuseums oder eines Museums des Kalibergbaus, des Holztransportschlittens oder der Landmaschinen war nicht unmittelbar einsichtig für jeden und wäre für abgeschmackt gehalten worden, gäbe es nicht die von einer großen Mehrheit geteilte Überzeugung, daß alle Menschen des Erinnerns und also auch des Vorkommens in einem Museum würdig sind – auch wenn sie dabei nicht als Individuen namentlich genannt werden, so doch wenigstens als Mitglieder einer Gruppe, die einen bestimmten Ort bewohnt und dort gearbeitet hat. Genauso sind alle Formen menschlicher Aktivität des Erinnerns und also der Musealisierung würdig, und seien sie auch noch so banal. Daraus folgt, daß auch die Objekte, die bei diesen Aktivitäten eine Rolle gespielt haben, schutzwürdig sind, also einen Wert haben und, ihrer nützlichen Zwecke schließlich beraubt, die Spuren der Menschen bewahren, die sich noch kürzlich ihrer bedient haben. Die Objekte erlauben deshalb, sich diese Menschen vorzustellen, wie sie zu Lebzeiten waren. Daß die gesamte Gesellschaft von der Idee der Gleichheit durchdrungen war, war also eine notwendige Bedingung für die Schaffung der Museen des Alltags.« (Daumas 1980, 61)[32]

Der Prozeß der Ausweitung von Fragestellungen, Programmen und Intentionen ist weiter expansiv. Die Vielfalt herstellbarer Bezüge reflektiert sich in der Vielfalt angebotener Programme für Identitäten und Traditionen, mögliche Erinnerungen und Gedächtnisse. In der Summe der Themen museologischer Reflexion zeigt sich ein kollektiver Versuch einer umfassenden, einer in der Summe totalen Erfassung, Kontrolle und Befriedung des Vergangenen. Wenn potentiell alles erinnert und materiell im Arrangement des Museums erhalten werden kann, wird nichts in die Vergangenheit sinken und die Fremdheit des Abgelegten annehmen. Peter Sloterdijk hat dem Museum die Funktion zugeschrieben, »eine Gesellschaft, die sich an Identifizierungen klammert, in einen intelligenten Grenzverkehr mit dem Fremden (zu) verwickeln.«[33] Statt dessen geht das Bestreben vielmehr dahin, das, was fremd, nicht anschließbar, vergessen oder aus dem eigenen Leben geglitten sein könnte, als Fremdes, als Anderes, als Verschwundenes nicht zuzulassen, sondern Formen der Vergegenwärtigung zu finden – und sich dem Unheimlichen an den toten, fremden Dingen nicht auszusetzen. Dies ist eine Lesart des Exzesses der Sammlung und der Ausdehnung musealisierter Territorien.

3 Exzeß der Sammlung –
Exkurs in die bildende Kunst

Müll und Museum –
Kommentare zu einer Institution

Boris Groys hat 1992 das »kulturelle Archiv«, die Sammlung der Werte, Museen, Archive, Bibliotheken, dem »profanen Raum« gegenübergestellt. Zwischen beiden finde ein beständiger Austausch durch Umwertung statt. Der profane Raum, dem alles angehört, was alltäglich und belanglos ist, ist das Reservoir, aus dem Verschiebungen, Umstellungen, Weiterungen des kulturellen Archivs erzeugt werden. Die Arbeit an den Grenzen des kulturellen Archivs leiste die Kunst, insbesondere die der künstlerischen Avantgarde des 20. Jahrhunderts. Groys sieht sie in einer Zwischenstellung, denn sie öffne einen Raum, in dem Profanes und Archiv in nicht-hierarchischer Weise verschmelzen und ihre Grenzen revidiert werden.

Die Avantgardekunst, befasse sie sich auch mit dem Abseitigen, ist nicht die einzige Grenzgängerin, wenn es um die Umwertung der vorhandenen Werte geht, um die Dehnung der Speicher, die langsame und ausdauernde Arbeit an ihren Rändern, das wäre gegen Groys' Sicht einzuwenden und wird sich im Weiteren erweisen: Gerade das Ausgreifen in den alltäglichen und weiter, in den abseitigen Raum hat das kulturelle Archiv in einem solchen Maße verändert, daß die Grenze zwischen Kunst und Alltag fragil geworden ist bis hin zur Möglichkeit der umstandlosen Funktionalisierung künstlerischer Verfahren für alltägliche Zwecke. Doch künstlerische Verfahren sind in der Tat mit den Rändern und ihrer Herausforderung beschäftigt, so auch in den folgenden drei Beispielen, die Potential und Grenze der Musealisierung als Strategie der Rückgewinnung des Wertlosen ausloten und hier deshalb skizziert werden, weil sie Musealisierung als potentiell exzessive Strategie bereits kommentiert haben, als Museen noch kaum mit dem Alltag der industriellen Welt, geschweige mit Abfällen oder Industriebrachen beschäftigt waren.

Was diese Strategien leisten können, zeigt sich, wenn das Material, das dem Museum zur Aufbewahrung angeboten wird, jeden Wert vermissen läßt und aus dem alltäglichen urbanen Müll stammt. Konfrontiert selbst mit dem Abseitigen erweist sich das Museum immer noch als rettender Ort, der dem Wertlosen einen Platz unter den Werten anzuweisen vermag. Und doch gibt es eine Grenze: Das Museum weist dem Gegenstand keinen Kontext zu außer dem über die Musealisierung bestimmten. Die Rettung ist die des Materials in ein neues Arrangement, das über das Museum erst hinausweist, wenn es sich wieder mit dem Bereich des Profanen in Beziehung setzen läßt. Der künstlerische Eingriff François Villeglés, Robert Rauschenbergs oder Raffael Rheinsbergs, zeigt sich dabei als einer der Vermittlung, der Wahl und des Arrangements. In ihm verwandelt sich das abseitige Material in eines, das die Bewahrung lohnt – durch seine Überführung in die Sammlung, in das Museum.

In den fünfziger Jahren entwickeln einige Künstler in Paris eine neue Praxis, die des Abrisses und der Sammlung von Plakaten von Pariser Häuserwänden. In der Schilderung eines der sogenannten »Plakatabreißer« sieht der Vorgang folgendermaßen aus: Ein Künstler geht durch die Stadt, richtet sein Augenmerk auf zerfetzte Plakate, identifiziert die schönsten unter ihnen mit seinem geschulten Blick und nimmt sie mit, um sie zu retten. François Villeglé schreibt: »Von der Handlung des Malens oder des Klebens distanziere ich mich. Ist die Unabsichtlichkeit nicht eine unerschöpfliche Quelle der Kunst, und zwar einer museumsreifen Kunst? Als positiv betrachte ich das Resultat, das irgendein Zufallspassant hinterlassen hat, der ohne die geringste künstlerische Absicht ein Plakat zerfetzt hat. Größten Wert lege ich jedoch auf die Auswahl. Diese besondere Betonung der Auswahl impliziert die Ablehnung jeden Wertunterschiedes zwischen dem geschaffenen Objekt und dem in seiner Fülle vorgefundenen Objekt.« (Villeglé 1971, o.S.)

Der künstlerische Prozeß besteht aus einer Suche und Identifizierung, die jemand ausführen muß, der einen Blick hat für die richtigen zu bewahrenden Objekte. Die Wahl wird die Fundstücke in die Hände von Sammlern oder in Museen bringen. Damit die gewählten Gegenstände nicht in den ansonsten absehbaren Vernichtungsprozeß eingehen können, sind besondere Sicherungsvorkehrungen nötig, die die »Schönheit« bewahren helfen. Villeglé sagt: »Bedauernswert bleibt es immer, wenn man ein abgerissenes Plakat signiert … dennoch erleichtere ich mit meiner Schutzmarke die Erkenntnis und verhüte die Zerstörung. Die Schönheit ist nun einmal den bürgerlichen Verhältnissen tributpflichtig.« Zur Einebnung des Künstlerprivilegs schlägt Villeglé vor, daß auch die Erwerber eines solchen Plakates es signieren sollen. »Indem sie mit mir das Verdienst der Erfindung teilen würden, wäre zu gleicher Zeit dadurch die Bedeutung meines Fingerabdrucks vermindert und der Abriß zu seiner ursprünglichen Anonymität zurückgeführt.« (ebd.) Die Errettung der verkannten Schönheit vor dem Abfallhaufen und ihre Überführung in die sicheren Häfen, die die Institution Kunst zu bieten hat, ist das Anliegen Villeglés, wenn wir seinen Aussagen trauen wollen. Diese Praxis schließt an Marcel Duchamps Konzeption des *ready made* an, interpretiert aber in neuer Weise die private Sammlung wie die Institution des Museums. Villeglé bringt die Definition der Sammlung oder des Museums ins Spiel, setzt sie aufs Spiel und stellt eine Eigenschaft pointiert in den Vordergrund: Kunstsammlung und Museum können Dinge, egal, welche Dinge, aufnehmen, für die es sonst keinerlei Aufmerksamkeit, keinerlei Rettung, keinerlei Überlieferung gäbe, und auf unabsehbare Zeit erhalten.

Diesen Umschlag zeigt auch Robert Rauschenberg in seinen *Combines* aus den fünfziger Jahren: Sammlungen des auf der Straße Gefundenen, gestaltet zu Tableaus, zu teils allegorischen Bildern. Der auswählende, geschulte (Künstler-)Blick ist derjenige, der die richtigen Gegenstände findet, um sie zu transponieren, sie dem Alltag und dem Abfall zu entziehen und in einem Ausstellungsarrangement anzuordnen, das das Museum zitiert. Insofern fungiert er auch hier als rettender Blick, der allerdings ausgeht vom »vernacular glance«, dem gewöhnlichen Blick auf die Gleich-Gültigkeit der Dinge, der schnell verbrauchten Waren: »Der gewöhnliche Blick: … er bringt uns jeden Tag durch die Stadt – ein Zustand nahezu unbewußter oder zumindest geteilter Aufmerksamkeit … er greift das Unerwartete heraus, macht es schnell vertraut und ordnet überschüssige Information in sichere Kategorien ein. Ziellos egozentrisch akzeptiert er das Wunderbare als das Übliche … Der gewöhnliche Blick richtet sich nicht nach Kategorien wie dem Schönen oder dem Häßlichen. Er befaßt sich nur mit dem, was da ist … Er läßt Hierarchien des Bedeutsamen gleich weg, da sie sich ohnehin dauernd verändern, je nachdem, wo du bist und was du brauchst. Der gewöhnliche Blick sieht die Welt als Supermarkt … er ist stark, scharf und kurz, wie Slang.« (O'Doherty 1973, 84)

Was sich entzieht, ist die Geschichte der Dinge, die in die Tableaus eingehen, die auf eine nicht mehr rekonstruierbare Geschichte verweisen. Das Vorgefundene ist vielleicht allegorisch, mythisch zu deuten, doch verweist es vor allem auf den schnellen Verbrauch und den schnellen Verlust der Beziehungen und Kontexte.[34]

Raffael Rheinsberg hat 1980 eine Fundstücksammlung mit Resten aus etwa 100 Jahren aus dem Boden des Anhalter Bahnhofs in Berlin gezogen, um sie, arrangiert in zwei Kisten, als Erinnerungsmaterial und als Ergebnis einer »archäologischen« Arbeit zu präsentieren. Wie Rauschenbergs Vorgehen erinnert das an Walter Benjamins archäologisches Abtragen der dinghaften Schichten der Großstadt, die Rekonstruktionsarbeit, die der Sammler vollzieht, jener Praktiker der Erinnerung, jener Kämpfer gegen die Zerstreuung und Verworrenheit, in der die Dinge sich in der Welt finden. Der Sammler der alten Dinge liest sie als Spuren, nicht wie ein belesener Historiker, sondern so, wie ein erfahrener Physiognomiker ein Gesicht liest.[35] Rheinsbergs Sammlung war 1982 in der Zeitschrift *Daidalos* unter dem Titel »Zeit-Brüche, Zeit-Schichten, Interferenzen« abgebildet, verbunden mit dem folgenden Text: »Zwei Kisten voller Funde – Zeit-Befunde. 1980 ausgegrabene und aufgelesene Zeugnisse vom Gelände des zerbombten und später bis auf einen Portal-Rest abgerissenen Anhalter Bahnhofs in Berlin, erbaut 1874-80. (…) Heute im Besitz der Berlinischen Galerie. (…) – Erste entschlossene Schritte des Fortschritts, dann bald schon Verdichtungen, Knäuel; zahllose Ankünfte, Abfahrten; später Fluchten und zuletzt langsame Abschiede; nun alles längst zugedeckt, eingewalzt. Darüber die Blumenstreu des Plastikzeitalters. Eine bloße Anordnung von Dingen und Resten von Dingen führt zurück in die genaue Wirklichkeit des Mythischen.« (Rheinsberg 1982, 90f)

Die Fundstücke werden als Zeugnisse, »Zeit-Befunde« qualifiziert, ihr sicherer Hafen ist ein Museum. Der elegisch getönte Blick des Autors und Sammlers fällt auf Überreste mit bekanntem Fundort. Sie werden als Spuren gelesen, sind Anlässe zu Reminiszenzen an und Anspielungen auf Stationen bekannter deutscher Geschichte. Der Schrecken des materiellen Begrabens der Dinge und damit womöglich der Erinnerungen wird evoziert. Rheinsberg insistiert damit vordergründig auf Materialität, Lokalität, Identität der Dinge und der Erinnerung und darauf, daß dieser Sinn den Materialien, obwohl weggeworfen und »eingewalzt«, nicht verloren geht: Sie haben und bezeugen eine Geschichte und diese ist zu erhalten. Doch die Forderung läuft ins Leere, die »Zeugnisse« verweisen auf keine bestimmten Geschichten, allenfalls mögliche, auf Betrachtern zufällig Bekanntes, setzen diffuses Erinnern, historisierende Imagination in Gang. Die Dinge vom Anhalter Bahnhof sind stumm. Die Materialität der Gegenstände führt nicht zur Beglaubigung von irgendetwas, sondern ein in die »genaue Wirklichkeit des Mythischen«.[36]

Die materielle Bewahrung von verdinglichter Geschichte ist als Konstruktion, auch als Fiktionalisierung, als Simulierung und Simulakrum denkbar geworden, die Ästhetisierung des historischen Zeugnisses wohl unwiderruflich. Beat Wyss erinnert daran, daß Hegel angesichts der Vergänglichkeit als angemessene Haltung eine »›uninteressierte Trauer‹« anempfahl und damit auf das »Ästhetisch-Werden des historischen Materials« verwiesen hat (Wyss 1997, 236), eine Kurzformel, die heutige Entwicklungen zutreffend charakterisiert. Denn eine Konvergenz musealer, historischer und künstlerischer Arbeit, die Erinnerung betreffend, ist unübersehbar.

Neu ist dabei die prominente Rolle, die in dieser Vermittlung Stoffe und Dinge finden, die als Müll und Abfall kenntlich bleiben, auf Müll und Abfall aus dem Raum des Museums des Alltags wie aus dem Raum des Kunstmuseums heraus verweisen. Als Indiz mag die Ausstellungsgeschichte von Ursula Stalders Installation »Gestrandet an den Rändern Europas« dienen, in der Schwemmgut von europäischen Stränden versammelt ist, gezeigt als Ausstellung im *Kunstmuseum Zürich* 1995 und gezeigt 1997 in einem Museum der Alltagskultur, dem *Werkbundarchiv Berlin*, heute *Museum der Dinge*. In dieselbe Richtung weist der Übergang von Museum/Kunstobjekt, wie ihn das im Folgenden porträtierte schwedische Müllmuseum präsentiert, verweisen weitere Müllmuseen: Bernd Löbach, Kunstprofessor, betreibt seit einigen Jahren in Weddel/Deutschland das *Museum für Wegwerfkultur*, in Berlin besteht das *Friedenauer Kompostmuseum*, das Gegenstände sammelt, die Verrottungsprozesse überstanden haben.

Die Konvergenz betrifft ebenso Themen eines künstlerischen Metadiskurses wie der historischen und der museologischen Reflexion, die Frage der (un)-möglichen Erinnerung, der Formen und Medien des Gedächtnisses, die Formen und Zufälle des Erhalts historischen oder einfach nur alten Materials – Spur, Index nicht von oder für Geschichte, sondern eines Vergangenen – die Thematisierung der Verfaßtheit der Sammlung, also des (Sach-)Archivs, seiner Ordnungen und Fehlstellen. Gegenüber dem Insistieren auf einem materialen Gedächtnis, das Geschichte, Vertrautheit, Identifikation und Identität ermöglicht, sind die Fiktionalisierung, die Simulierung, die Virtualisierung, die Verschiebungen und die Flüchtigkeiten des Erinnerns denkbar geworden.[37]

Nicht nur historiographische, historische, museologische oder künstlerische Umgangsweisen mit dem Erinnern fordern das Museum heraus, denn einzuholen ist auch der Exzess, neben dem der Fragestellungen der der Sammlungen.

Die Exzessivität der Sammlung unterläuft die Legitimationen, auf die sich die meisten Musealisierungen der Industrie beziehen, die Legitimation des Museums als Identitätsanker, als Kontinuitätsmaschine, als externalisiertes kollektives Gedächtnis. Das Zeigen und Retten, die Erweiterung der Sammlungen und der Dokumentation stößt gerade aufgrund seines Erfolgs und seiner Attraktivität an die Grenzen, die eine exklusive Strategie braucht, um weiter exklusiv zu sein. Der Exzess der Sammlung hat Musealisierung zu einer potentiell überall einsetzbaren Strategie gemacht: Alles ist mögliches Gedächtnis geworden, auch, wie in den genannten Museen / Installationen / Kunstobjekten gezeigt, der Müll.

Museen der Industriegesellschaft

Ist die Überzeugung gegeben, daß einzelnes wie kollektives Erinnern materielle Dinge als Anlässe und Speicher zur Verfügung haben muß, so fallen mit der Produktion immer vielfältigerer Dinge, ihrem beschleunigten Verschleiß und Veralten laufend mehr Gegenstände an, die musealisiert werden »müssen«: Die Alternative ist ihr Verschwinden und eben nicht nur das Verschwinden des Gegenstandes, sondern auch das, siehe oben, der daran haftenden Erinnerung. Das betrifft vor allem die Gegenstände, die für das alltägliche Leben in der industrialisierten Gesellschaft hergestellt worden sind, dann bald ihre Funktion oder ihren modischen *appeal* verloren haben oder durch den Verbrauch erschöpft worden sind, schließlich die immer wieder erneuerte und in immer kürzeren Abständen ersetzte und ergänzte Maschinerie, mittels derer sie produziert worden sind.

Museen der Industrie und Museen der Alltagskultur in der industriellen Gesellschaft reflektieren diesen Prozeß. Ohne ihre Rettungsaktivitäten dürften zahlreiche Gegenstände kaum mehr auffindbar, kaum mehr außerhalb von Aufzeichnungen in Firmenarchiven nachweisbar und also als Dinge wie als Konzepte an den Müll, den Abfall verloren sein. Initiatoren und Mitarbeiter von Industriemuseen und Museen der Alltagskultur im Industriezeitalter suchen und finden abgelegte Dinge an abgelegenen Orten, sie übernehmen Werks-, Büro- und Wohnungseinrichtungen, die vor der Verschrottung oder dem Sperrmüll stehen, und suchen nach Gegenständen an Orten wie Flohmärkten, dem letzten Halt vor der Müllkippe. Auf diese Art und Weise kam und kommt etwas, das beinahe die Abfallhalden vergrößert hätte, ins Museum, wird gerettet und bereitgehalten und inspiriert vielleicht Besucher zu eigener Such- und Sammeltätigkeit.

Das Problem, das das Sammeln von Gegenständen stellt, die erst kürzlich ihre Funktion verloren haben, ist gerade die Beschleunigung des Veraltens, der diese Museen ihr Dasein und ihre Attraktivität verdanken. Der »historisierende Blick« muß immer schneller hinsehen, um das zu Bewahrende von nicht zu bewahrenden Marginalien zu trennen. Die musealisierende Arbeit an der Wahrnehmung und Erinnerung wird beschleunigt, weil Gegenstände immer schneller entweder Müll oder materielle Anhaltspunkte und Zeugnisse der »Geschichte« und »Gedächtnis« werden. Insofern wird die Rettungsarbeit zu einem Unterfangen, das einen geschulten Blick voraussetzt, der in kürzesten Zeitabständen in der Lage ist, das Verschwindende zu erkennen, es als Wert und historische Marke zu verstehen, seine kommende Fremdheit, Überflüssigkeit und Müllverdächtigkeit zu sehen, um ihm dann einen Platz einzuräumen im sicheren Hort des musealen Raumes.[38]

Gottfried Korff und Martin Roth sehen 1990 die Arbeit des Museums in zwei Modi, »einmal im Modus der Potentialität als umfassendes Archiv der Sachkultur, als ›Totale‹ angesammelter und bewahrter Realien, Bilder und Objekte, und zum zweiten im Modus der Aktualität als der von einer jeweiligen Gegenwart aus aktualisierte und perspektivierte Bestand aus verfügbar gemachtem Sinn« (Korff/Roth 1990, 18). Gerade der totalisierende Anspruch an die Sammlung und die Freiheit der darauf gerichteten Perspektive strapazieren das Prinzip des Museums. Die Grenzen dessen, was zu suchen, zu bewahren, zu zeigen und zu interpretieren ist, haben sich soweit ausgedehnt, daß ihre Auflösung denkbar wird.[39] Denn gerettet und gezeigt, erwählt und geschützt, als Wert verstanden und geneigten Besuchern als historisches Zeugnis vorgestellt wird auch der Müll der Industriegesellschaft.

Ein Projekt, das diese Möglichkeit in die Tat umzusetzen sucht, ist das »Müllmuseum«, das zwei Schwedinnen, Monika Gora und Gunilla Bandolin, eine Künstlerin und eine Landschaftsplanerin, entworfen haben. Ihr Projekt deutet auf die prekäre Grenze, die das Museum zwischen dem Anschauungswürdigen und dem Verworfenen zieht. Hier trennen nur noch die fachgerechte ausstellungstechnische Behandlung und künstlerische Praxis den Müll in der Präsentation vom Müll außerhalb des musealen, des rettenden Raumes.

Das Projekt des Müllmuseums ist der Entwurf einer langjährig reisenden Ausstellung, die Müll zeigt und ihn als Müll in musealer Bearbeitung zum Ausstellungsobjekt macht. In einem Lastwagen, der als beweglicher Museums-»bau« fungiert, befinden sich erleuchtete Schaukästen mit gefundenen und ergrabenen Objekten von Müllkippen, verbunden mit und interpretiert durch Computeranimationen. An den Seitenwänden des Wagens sind Kästen installiert, in die man mit Gummihandschuhen bewaffnet eingreifen kann, um »echten« frischen Müll anzufassen. Auch die 30 Objekte, die in der Mitte des Wagens in Schaukästen liegen, sind schlichter Müll, »Fundstücke« einer Archäologie auf Mülldeponien.

Vermutlich nach dem Vorbild des tatsächlich facharchäologischen Müllprojektes der Universität Texas (Rathje/Ritenbaugh 1984), haben sich die beiden Ausstellungsmacherinnen bis zum Müll der siebziger Jahre vorgegraben, um aus dieser Zeit Fundstücke zu gewinnen, »historischen« Müll also. Jedes der 30 ergrabenen Fundstücke ist eigens von je einem Künstler bearbeitet worden – so eine ausrangierte Windel, der Griff eines Kühlschranks, eine Barbiepuppe ohne Kopf und mit nur einem Bein. Die Künstler und Künstlerinnen sind gebeten worden, sich mit der Vergangenheit und Gegenwart des Gegenstandes auseinanderzusetzen und seine Rolle im Leben sowohl der Entwerfer als auch der Benutzer zu untersuchen, das heißt, zu imaginieren, Geschichten und Deutungen als fiktive Erinnerungen zu produzieren. Die Medienwahl war freigestellt. Die Ergebnisse sind dann in interaktive Computerprogramme übertragen und akustisch unterlegt worden. Zur holistischen Wahrnehmung trägt bei, daß in den Lastwagen echte Mülldüfte eingespeist werden.

Monika Gora und Gunilla Bandolin geben ihrem Projekt diesen Text bei: »Mülldeponien sind wohl die bedeutsamsten Orte unserer Zeit. In ihnen liegen unsere Schuldgefühle gegenüber der Vergangenheit und unsere Zukunftsängste verborgen. Sie sind die Orte, die uns verbinden. Eine Deponie unterscheidet nicht zwischen öffentlich und privat: Hier verrotten unsere privaten Reste neben den Banalitäten der Gesellschaft...«. – »Die Mülldeponie ist der Friedhof des gesamten westlichen Unterbewußtseins. Doch wir verstecken unsere Deponien, wenn sie voll sind, werden sie verkleidet, in gemeiner Praxis mit Rollrasen landschaftlich eingebettet ... Sie sollen als Natur kaschiert werden, damit wir vergessen können, damit uns vergeben wird, auch dies ist ein Ritual. ...« (Gora/Bandolin 1996, 69)

Müllkippen können durchaus anders gesehen werden, doch sei das gerade nicht das Thema. Es interessieren die Intention, mit der die Autorinnen Müll ausstellen, und die konzeptuellen Implikationen. Wie die Objekte Villeglés und die Aktionen Raffael Rheinsbergs machen sie eine Entwicklung deutlich, die den künstlerischen wie auch den musealen Praktiken im Umgang mit Abfall und müllverdächtigen Objekten eignet: Die Wahrnehmung greift aus in ein Gebiet des Nicht-Wahrgenommenen, des nicht Strukturierten, scheut hier auch nicht vor der Befassung mit ekelbesetzen Dingen zurück. Nichts darf verloren gehen und was schon verloren ist, ist wieder anzueignen. Das ist eine konsequente Ausdehnung der Aufmerksamkeit wie die einer Verpflichtung zur Wahrnehmung, die Grenzziehung zwischen Wert und Nichtwert, zwischen Außen und Innen, zwischen Produktion und Konsumtion in Frage stellt. Denn alles ist der Aufmerksamkeit wert.

Von einer Verpflichtung zur Wahrnehmung ist hier zu sprechen, weil einmal in den Bestand der Kunst, des Museums aufgenommene Gegenstände Aufmerksamkeit fordern und eine Aussagen machen (sollen/können), die nicht mehr zu ignorieren ist. Zumindest ist das die Konsequenz, wenn das Museum ganz traditionell als Ort der Rettung und des Zeigens im Dienste der Erinnerung und einer, in diesem Fall verdrängten, Identität verstanden wird, wie es die Autorinnen des Müllmuseums offensichtlich tun. Folgt man dem Vorschlag von Gora und Bandolin, so soll auch das Ausgesonderte, das Widerwärtige, das Faulende und Stinkende, das Überflüssige sichtbar sein, zu Tage liegen, offen, öffentlich und offenbar sein, als Material, als Ding, als Stoff, auch als Geschichtsanker, als – in diesem Falle moralisch gedeutete – Erinnerungsstütze.

Insofern ist hier in einer ästhetischen wie musealisierenden Anstrengung eine Totalisierung der Wahrnehmung inszeniert, die die Grenzenlosigkeit des Sacharchivs als Gedächtnis und die ebenso umfassende Erinnerung vorführt, zugänglich und erfaßbar über alle fünf Sinne. Die Ausstellung antwortet in ihrer »Offenbarung« des Mülls der grenzenlosen Vernutzung der Ressourcen. Erinnerung wird als je fiktiv begriffen und hergestellt in einem ästhetischen Prozeß, ihre Funktion ist die Einholung und Aufhebung eines als entzweit gedachten Ganzen – Versöhnung und Erlösung. Man muß das »Müllmuseum«, auch den Kommentar seiner Autorinnen dazu nicht goutieren, um zu sehen, daß mit diesem Konzept die Frage nach den Ansprüchen und Grenzen des Museums, der musealen Sammlung, des Museums der Industriegesellschaft wie der Kultur, der Geschichte, der Identität, der Erinnerung konsequent weitergedacht worden ist.

In der Konsequenz liegt die Loslösung der Musealisierung von einer qualitativen Bestimmung dessen, worauf sie sich richtet: Alles kann ihr Material werden, Musealisierung ist eine universal einsetzbare Strategie. Von den dadurch gegebenen Möglichkeiten profitieren Argumente für den Erhalt von Denkmälern der Industrie, profitieren Entwicklungsprojekte für ganze Regionen, während gleichzeitig sowohl das Museum als auch die Dinge, die es schützt gleichgültiger werden: Musealisierung ist potentiell überall an jedem Gegenstand, in jeder Größenordnung möglich und verliert so ihren Charakter als auszeichnende Strategie. Sie löst sich von ihrem Material und ist frei verfügbar für ausgreifende Pläne.

Teil IV

Das Museum der Industrieregion

Jedes Bemühen, diese Zeugnisse der Industriellen Revolution – oder auch nur einige von ihnen – zu erhalten, erscheint aussichtslos. Die Vorstellung, daß die Denkmalpflege sich ihrer annehmen könnte, ist absurd; es handelt sich hier nicht um Kunstdenkmäler. Von der Industrie selbst ist keine Initiative zu erwarten, denn ihr Sinn für ihre eigene Geschichte ist, von Ausnahmen abgesehen, schwach entwickelt, sie interessiert sich nicht für Bauten und Anlagen, die nichts mehr einbringen.

Wend Fischer

Wend Fischer beschreibt 1967 eine Situation, in der die Ausweitung des Sacharchivs im Museum erst beginnt, in der die Anerkennung von alten Geräten und Gebäuden der Industrie als Gegenstände von Denkmalschutz und Denkmalpflege gerade in Deutschland noch äußerst selten ist. In England wird zu der Zeit nicht nur ein einzelnes Bauwerk, sondern ein ganzes frühindustriell geprägtes Tal in ein Museum seiner selbst verwandelt, in Frankreich beginnen die Bemühungen um die Errichtung des ersten *Écomusée* einer industriegeprägten Region in Le Creusot: Hier beginnt eine territorial ausgreifende Musealisierung der alten Industrie.

Sie soll im Folgenden an zwei Beispielen nachvollzogen werden, der in den sechziger Jahren des 20. Jahrhunderts projektierten Umgestaltung des Iron Bridge Gorge und dem seit Anfang der neunziger Jahre in Ausgestaltung befindlichen *Écomusée régional du Centre* in Belgien, das in der Bergarbeiterstadt Bois-du-Luc seinen Sitz hat. Beide sind typische Vertreter von Museen industrieller Regionen, Ironbridge als Prototyp und Vorbild weiterer Entwicklungen nicht nur in England, das *Écomusée du Centre* als nach dem Muster aller *Écomusées* verfahrendes Projekt im Aufbau. Beide Projekte erschließen ihre Region nicht als Park oder als Gegend mit angenehmen Ausblicken auf die technisch überformte Landschaft, nicht als gegebene Naturlandschaft und nicht als Kulturlandschaft, in der Menschen und Natur einander in mehr oder weniger ästhetisch befriedigender Weise korrespondieren. Sie erschließen sie, mit gelegentlichem Rekurs auf diese Vorstellungen, als »geplatztes Museum«. Diese Art der territorialen Ausdehnung des Musealisierungsprozesses beginnt mit der von Fischer 1967 noch für unmöglich gehaltenen Anerkennung von Bauten und Geräten der Industrie als Denkmale: Sie bilden die Foci der Museen der industriellen Region. Über sie werden die Ordnungssysteme geschaffen, die die ehemalige Industrieregion erschließen. Dem wichtigsten Instrumentarium für die Sicherung alter Industriebauten und Geräte, dem rechtlich verankerten Denkmalschutz und der Denkmalpflege seien deshalb hier einige Worte gewidmet.

Denkmalschutz stellt ein Erbe zusammen und sichert es, ein Erbe, das nicht weniger mit der Frage der Identität verbunden gedacht wird als Musealisierung im allgemeinen. Doch die Sammlung, die über den Denkmalschutz zustandekommt, ist immer ein öffentlicher Schatz, der einer Nation, einer Region, einer Kommune, einer staats- und/oder verwaltungsrechtlich bestimmten Größe.[1] Dieser Umstand drückt sich etwa in der »Haager Konvention vom 14.5.1954 zum Schutz von Kulturgut bei bewaffneten Konflikten« aus. Dort ist die Rede von Objekten, die »aufgrund ihres hohen materiellen, historischen und ideellen Wertes die Identifikationsmöglichkeit für eine bestimmte Volksgruppe oder eine Nation« bieten. Mit der 1972 beschlossenen, 1975 von 21, 1991 von 112 Staaten ratifizierten Liste des Weltkulturerbes sind es die Staaten der Vereinten Nationen, die, national untergliedert, ein Weltkulturerbe für eine Weltöffentlichkeit verwalten (Choay 1996a, 155). Während Musealisierung nicht per se mit spezifischen rechtlichen Regelungen verknüpft ist[2], sind der Denkmalschutz, die US-amerikanische *monument protection*, das britische *listing*, die französische *protection des monuments historiques* verbindliche, in staatlichen und auch überstaatlichen Gesetzen und Konventionen geregelte Erhaltungsstrategien. Denkmalschutz hat einforderbare Konsequenzen für Hausbesitzer, Grundstückseigentümer, Kommunen, Länder, nationale Institutionen, oft zum Schrekken derselben. Denn für den Erhalt und die Sorge für geschützte Bauten dürfen Eigentums- und Verfügungsrechte beschnitten werden.

Plädoyers für Industriedenkmalschutz und -pflege stützen sich auf die ansonsten üblichen Argumente für den Erhalt von Denkmalen.[3] Während aber Gesetze, zumindest Verwaltungsregeln, die den Schutz von Kunst- und Kulturdenkmälern vorsehen, seit der Jahrhundertwende in vielen mit dem europäischen Kulturkreis verbundenen Staaten verabschiedet werden, verweisen sie bis in die siebziger Jahre des 20. Jahrhunderts kaum je explizit auf Überreste alter Industrie.[4] Ab den sechziger Jahren wird die Unterschutzstellung von

Industriebauten und -anlagen, ohne daß dafür Gesetzesänderungen vollzogen worden wären, in England zunehmend praktiziert,[5] seit den siebziger Jahren wird sie auch wichtiger in Deutschland. Vor allem Nordrhein-Westfalen stellt seitdem vermehrt alte Industriebauten unter Schutz, mit einem breiten Kriterienkatalog. Axel Föhl, Denkmalpfleger in Nordrhein-Westfalen, hat Mitte der neunziger Jahre die wünschenswerten Gesichtspunkte zusammengestellt, nach denen funktionslose Bauten oder auch Geräte zu erhalten sind (Föhl o.J., 23ff): Denkmalwürdig sind danach alle Bauten, die der Produktion, dem Verkehr und der Versorgung gedient haben und die eine der folgenden weitere Bedingungen erfüllen: Es handelt sich um künstlerisch wertvolle Objekte oder/ und um historisch typische Objekte, um historisch einzigartige Objekte, um die Anfangs- oder Endglieder einer technischen Entwicklungsreihe, um Objekte, die sozialgeschichtliche Strukturen aufzeigen, um Objekte, die für geistes- oder kulturgeschichtliche Sachverhalte repräsentativ sind.[6] Kultur, Geschichte, Kunst: Was unter eine dieser Überschriften gehören kann, darf und soll, zumindest nach Ansicht der am Industriedenkmalschutz Interessierten, auf Überleben rechnen.

Die materiellen Überreste der alten Industrie aber, daran läßt schon die frühe Diskussion über das technische Kulturdenkmal keinen Zweifel, werden am besten *in situ* – und das heißt, mit der durch sie bestimmten Umgebung und möglichst in betriebsbereitem Zustand geschützt und dann gegebenenfalls musealisiert. Diese Forderung, erhoben schon von Oscar von Miller, 1936/37 bereits in Plänen für ein erstes Freilichtmuseum der Industrie in Hagen artikuliert (Claas 1966), zeichnet das territoriale Ausgreifen der Musealisierung der Industrie vor. Auf dem 4. Internationalen Kongreß der Industriearchäologie, der 1981 Industriearchäologen und -museumsfachleute aus den meisten altindustrialisierten Ländern in Lyon und Grenoble versammelt, gehen mehrere Vortragende auf diese Frage ein und beantworten sie in ähnlicher Weise: Industrieanlagen mit der gesamten durch sie geprägten Umgebung sind erst das adäquate Museum. Bei den Gründungen des Westfälischen und des Rheinischen Industriemuseums 1979 und 1984 sind diese Überlegungen Programm.[7]

Die Sicherung größerer Industriekomplexe wird durch rechtliche Regelungen unterstützt, die Denkmalschutz – prinzipiell, wenn auch nicht faktisch – zum Instrument einer exzessiven Strategie des Wieder-Holens qualifizieren.[8] Mit dem *Civic Amenities Act* wurde es ab 1967 in England möglich, ganze Stadtviertel einschließlich alter Industriebauten unter Schutz zu stellen. Danach sind *conservation areas* in englischen Städten ausgewiesen worden, die auch alte Industrieanlagen und ihre Gelände umfassen können und, wie beispielswuloe in Manchester, zur Schaffung eines *Urban Heritage Parks* geführt haben, der römische Wallanlagen, Markthallen, Infrastruktureinrichtungen aus dem 18. und 19. Jahrhundert sowie Fabrik- und Wohnbauten umfaßt. In deutschen Ländergesetzen entspricht dem die Möglichkeit des Schutzes von Stadtgrundrissen und Siedlungen, von Denkmalbereichen und Ortsbildern, schließlich der Ensembleschutz auch für Industriedenkmäler.

Zwei dieser durch Denkmalschutz geförderten territorialen Ausweitungen des Sacharchivs werden im Folgenden einer genaueren Betrachtung unterzogen. Sie haben die Strategie zur Wiedergewinnung ganzer Regionen bestimmt oder sollen dies künftig tun. Das erste Beispiel stammt aus England und bezieht sich auf einen Prozeß, der seit Mitte der sechziger Jahre das Dorf Ironbridge aus einem spärlich bewohnten, zerfallenen Ort in ein umstrittenes, doch unbestreitbares Zentrum der Industriearchäologie, der Museologie und des Industrietourismus verwandelt hat, das zweite Beispiel stammt aus Belgien, aus Wallonien, und beschreibt die Situation Ende 1996 in Bois-du-Luc, einem Bergarbeiterdorf, das über seine Écomusealisierung Teil einer touristischen Infrastruktur werden soll.

1 Der Fall Ironbridge

Das Zentrum einer Wissenschaft

Die Entwicklung, die alte Industrie, Industriebauten und Ingenieurbauten, Überreste alltäglicher Arbeit und alltäglicher Verrichtungen in den Kreis des Musealisierbaren bringt, beginnt an vielen Stellen. Eine der Stellen, die als Gründungsort und Zentrum des industriearchäologischen Diskurses fungiert, ist Ironbridge.[9]

Es hat bereits eher Industriemuseen gegeben, nicht nur private Firmenarchive und Ausstellungen mit geringer Öffentlichkeitswirkung, sondern auch ausgreifende und pädagogisch anspruchsvolle Präsentationen wie etwa die des *Bergbaumuseums* in Bochum, das bereits 1930 eingerichtet worden ist, die Museumsanlage in Bergslagen/Schweden, die seit den vierziger Jahren existiert, oder die von der Betreiberfirma Stora Kopparberg genutzten und geschützten Bergwerke zu Falun. Als Ironbridge hinreichende Publizität und wissenschaftliches Interesse auf sich gezogen hat, um als Symbol für einen einheitlichen Prozeß mit verschiedenen und vielfältigen regionalen Schwerpunkten zu fungieren, gibt das Akteuren in diesen Museen die Möglichkeit, die Arbeit und die Intentionen, die sich auf eine Musealisierung der Industrie beziehen, in einen Rahmen zu stellen, der der einer neuen wissenschaftlichen und museumspraktischen Arbeit auf alten Industriegeländen ist, der der Industriearchäologie.

Im Herbst 1955 erscheint ein Aufsatz, der in europäischen Kommentaren als ein Gründungsdokument der Industriearchäologie gelesen wird. Er heißt »Industrial Archaeology« und stammt von Michael Rix. Er ist in seinen Rücksichten auf Traditionen, Legitimationen, Kompetenzen ein Lehrstück für die Weise, in der ein neuer Diskurs, eine neue Disziplin verankert werden kann in etablierten Formen der Artikulation von Wissen. Zugleich ist er ein Lehrstück über die Erschließung eines neuen Gegenstandsbereichs für die Wahrnehmung. In diesem Aufsatz finden sich nahezu alle Argumente, die der Denkmalschutz für Industriebauten und -anlagen in England gebraucht hat, um sich zu etablieren, und die heute noch in der Legitimierung von Unterschutzstellungen Anwendung finden.

Der Aufsatz erscheint weit ab von den Institutionen des akademischen Diskurses der Geschichtswissenschaft wie der Archäologie in einer Zeitschrift namens »The Amateur Historian« und umfaßt gerade einmal drei Seiten Text und zwei Bildseiten. Wenn dieser Aufsatz zunächst anscheinend wenig rezipiert wird, so wird er doch später als »erster« Text anerkannt, als sein Autor sich in seiner Eigenschaft als Hochschullehrer in die breiter werdenden Diskussionen um eine Industriearchäologie einmischt.[10]

Eine erste Einordnung des Textes nimmt die distanzierte redaktionelle Vorschrift zu Rix' Artikel vor: »Der letzte Artikel in unserer Serie über Archäologie beschreibt einen erst kurz zurückliegenden Zeitraum, für den die Techniken der Archäologie bedeutsam sind. Der Artikel legt nahe, daß es selbst in einer industriell geprägten Landschaft viel Interessantes, manchmal auch Schönes, zu finden gibt.« Das impliziert, daß die industrielle Landschaft nicht per se interessant, geschweige schön ist, der ästhetische Blick verweigert sich. Daß der Artikel von Rix in einer Ausgabe des »Amateur Historian« über Archäologie erscheint, ist hier allein der Relevanz von archäologischen Techniken zuzuschreiben, nicht aber dem Gegenstand, der weder auf selbstverständliches Interesse, noch auf eine bereits bekannte oder eingeübte ästhetische Rezeption rechnen kann. Die Erwägung beider Möglichkeiten ist Sache des Autors. Die Einleitung nennt gleich zwei Hürden, die die Industriearchäologie, die Untersuchung und Unterschutzstellung der Industrie auch in England überspringen mußte – die einer nicht vorhandenen Aufmerksamkeit und die der Unmöglichkeit, Industrie mit positiven ästhetischen Bewertungen in Zusammenhang zu bringen.

Michael Rix' Artikel kontextualisiert die Überreste der industriellen Produktion also auf herausfordernde Weise. Die Namensgebung »Industrial Archaeology«, zu der Zeit noch kaum gebräuchlich, liefert den Anschluß an eine etablierte Disziplin, die der Industriearchäologie und ihren Gegenständen einen Ort unter anderen Disziplinen verschaffen soll. Die Bestimmung der eigenen Intentionen und Tätigkeiten als archäologische gibt den weiteren Argumentationen Zugang zu einem entfalteten und anerkannten Gefüge von Techniken und Praktiken, zu einer etablierten Praxis im Umgang mit materieller Kultur, die hohes Prestige genießt. Dieser Anschluß liefert ein Argumentationsgerüst für die Legitimation dessen, was mit Ruinen und anderen materiellen Überresten aus vergangenen Zeiten zu geschehen hat.[11]

Rix beginnt mit Setzungen, die spätere Autoren zustimmend aufgreifen werden: »Großbritannien, das Geburtsland der Industriellen Revolution, ist voller Denkmale, Überreste der damaligen, so wichtigen Entwicklungen. Jedes andere Land hätte schon längst einen Apparat geschaffen, um diese Denkmale eines Prozesses, der das Gesicht der ganzen Erde verändert hat, zu registrieren und zu schützen. Doch wir sind so nachlässig im Umgang mit unserem nationalen Erbe, daß, abgesehen von ein paar Museumsstücken, die Mehrzahl dieser Denkmale vernachlässigt oder gar unwissentlich zerstört wird.« (Rix 1955, 225) Zentral ist der Appell an das nationale Bewußtsein: Großbritannien wird als erster Ort und Ursprung der industriellen Revolution vorgestellt, Großbritannien ist die Nation, von der ausgehend die gesamte Erde verändert wurde. Das impliziert globale, Weltgeltung auch nach wirtschaftlichem Niedergang und dem Verlust der Kolonien nach dem Zweiten Weltkrieg.[12]

Die Überreste werden als Monumente, Stätten der Erinnerung: *memorials*, als Landmarken, Wahrzeichen beschrieben und identifiziert. Sie sind nationales »Erbe«. Rix stellt damit einen Bezug zur Institution des *National Heritage* und der *National Heritage Convention* her, zu Argumenten und zur rechtlichen Grundlage anerkannter Erhaltungs- und Musealisierungsbemühungen. Auch damit trifft er eine Wahl des Anschlusses seines Gegenstandes an bereits etablierte Diskurse, in denen über die Erhaltung von Dingen und Bauten entschieden wird.[13] Vernachlässigung, aus Kenntnislosigkeit erfolgende Zerstörung und die damit einhergehende Verschwendung von »Reichtum« zeugen von Bildungsmangel und widersprechen der Tugend der Sparsamkeit. Falsch ist die Bescheidenheit, zwar anerkennenswert, doch im Wettbewerb mit unbescheideneren Nationen von Schaden. In Rix' Text mutieren Krise und Zusammenbruch der Industrie zur Stärke, wird ein internationaler Wettbewerb der Nationen von der Sphäre der Wirtschaft in die Sphäre geschichtlich erworbenen Reichtums verschoben. Und als ein Teil der Werte, in denen der nationale Reichtum manifestiert ist, werden die Überreste der industriellen Produktion ausgemacht.

Der Artikel geht dann dazu über, einen Ort als ersten Ort der Industriearchäologie, als herausragende Stätte materieller Zeugnisse der Industriegeschichte zu bestimmen und dafür Gründe zu liefern. Es handelt sich um Coalbrookdale, Teil des Ironbridge Gorge, »am Rande des Severntales in Ost-Shropshire. Hier schmolz zur Zeit von Königin Anne ein Quaker, Abraham Darby, als erster Eisen mit Koks, und ein Teil des Ofens von 1657, den er kaufte, ist heute noch da. Die Pionierarbeit des 18. Jahrhunderts in Coalbrookdale ist beeindruckend. Die ersten gußeisernen Haushaltswaren, die erste Schiene aus Eisen, der erste eiserne Hochofen, die erste eiserne Brücke, die erste kommerziell genutzte Lokomotive…« (ebd. 225). Diese Reihe erster Funktionen, urster technischer Verfahren und erster Produkte wird ergänzt um die Erwähnung und anekdotisch vorgebrachte Charakterisierung dort ansässiger Unternehmer und Erfinder.

In der Nähe von Ironbridge/ Coalbrookdale befindet sich außerdem nach Rix das zweite je, nämlich 1793, gebaute »metal-framed building«, die Spinnerei Malings in Ditherington. Auch diese Argumentation verweist auf einen weiten Kontext, den der Architekturgeschichte, und sucht die Industriearchäologie an ihn anzuschließen. Denn in Rix' Beschreibung wird die Eisenkonstruktion der Spinnerei zur Vorläuferin späterer Konstruktionen von Hochhäusern. Rix' Beschreibung der Iron Bridge, der in Coalbrookdale seit 1779 über den Severn führenden Brücke, weist in dieselbe Richtung: Die Brücke stellt die erste Nutzung von Eisenguß für architektonische Zwecke dar, der dann auch in längst denkmalgeschützten georgianischen Kirchen genutzt wurde, schließlich für den *Crystal Palace* der Weltausstellung von 1851, und von dort aus kann die Erfolgsgeschichte fortgeschrieben werden bis zum Hochhausbau, der Mitte der fünfziger Jahre des 20. Jahrhunderts spektakulärsten Bauaufgabe. Ironbridge wird so als Ort konstituiert, an dem das industrielle Bauen begonnen hat, ausgewiesen durch »erste« Konstruktionen. Neben den materiellen Resten beglaubigen biographische Überlieferungen über Erfinder, Konstrukteure und Autoren Ironbridge als den ersten Ort der Industriearchäologie.

Die Tauglichkeit des Textes zur Begründung und Umrißzeichnung eines industriearchäologischen Diskurses erweist sich vollends in seinen letzten Absätzen. Denn der Artikel endet mit der Angabe von Organisationen, die im Sinne Rix' industriearchäologisch arbeiten: technikhistorischen Vereinigungen mit oder ohne wissenschaftliche Ambitionen und Museen. Dazu gehören die *Newcomen Society for the Study of the History of Engineering and Technology*, 1919 in Birmingham gegründet, die den mechanischen Bereich abdeckt, *Railway Clubs*, in denen sich Eisenbahnbegeisterte treffen, die *Inland Water Ways Association*, Museen in Birmingham und Glasgow, die technische Gegenstände sammeln, das *Science Museum* in South Kensington, fast so alt wie das Pariser *Conservatoire*, die Eisenbahnausstellungen in York, in Darlington und Euston.[14] Das sind Stationen, die Neil Cossons in einer der ersten Einführungen in die Industriearchäologie als die relevanten in größerer Ausführlichkeit nennt und mit weiteren Daten und Fakten angereichert präsentiert (Cossons 1975, 23ff). Unter anderem darin erweist sich Michael Rix' Artikel als »texte inaugurale«, als sich in ihm die Definition einer möglichen Geschichte, Tradition und Organisation der Industriearchäologie skizziert findet – samt ihren heute noch prominenten Protagonisten.

Ästhetik und Gefühl, Werte

In einer verbreiteten Einführung in die Industriearchäologie berichtet Kenneth Hudson 1975, wie aus persönlicher Erfahrung und geradezu vertraulich sprechend, über die Motivation, die Michael Rix seit den vierziger Jahren zu einem der ersten Aktivisten werden ließ, die für den Erhalt, die Erfassung und das Studium alter industrieller Zeugnisse, der Maschinen und Industriebauten wie der Wohnhäuser, arbeiteten.[15] Rix hatte, wie Hudson schreibt, vorher für die Universität Birmingham in der Erwachsenenbildung in der *Black Country* gearbeitet, einem Gebiet, in dem in den fünfziger Jahren Vieles abgerissen wurde, was an frühere industrielle Produktionsweisen erinnerte. Die Quelle der Energie sind, folgt man Hudson, Emotionen. Aus ihnen entsteht die Motivation zur Industriearchäologie:

»Doch ... war dies ... die Region, die vor allem Stolz und Dankbarkeit verdiente, denn mit guten Gründen kann man behaupten, daß hier das moderne Britannien seinen Ausgang genommen hat. Die westlichen Midlands zwischen dem Severn und Birmingham sind die Wiege der Industriellen Revolution. Hier waren Abraham Darby, James Watt, Matthew Boulton und andere große Pioniere aktiv ... hier wurden Kanäle und Eisenbahnstrecken zuerst als unverzichtbare Ausstattung eines modernen Staates begriffen, und hier lernten Facharbeiter ihr Handwerk, das sie zu einer gesuchten und hochbezahlten Elite in Amerika wie überall in Europa machte. Weil er dies alles wußte, war Michael Rix traurig und zornig, wenn er sah, wieviele der Denkmale aus dieser großen Zeit, die Dampfmaschinen, die Fabriken, die Brücken und Kanäle, Installationen, Bahnhöfe und Arbeiterwohnungen zerstört, verschrottet oder einfach nur dem Verfall preisgegeben wurden.« (Hudson 1975, 1f)[16]

Hier tritt ein Moment in der Argumentation für den Erhalt alter Industrieanlagen auf, das im deutschen Sprachraum in der Literatur zur Schutz und Pflege des Industriedenkmals selten nur und in Andeutungen zu finden ist: die Beschwörung einer sinnlichen Nähe zum Objekt, einer Faszinaton, einer ästhetischen und doch nicht einem künstlerischen Diskurs zuzuweisenden Rolle, es ist die Rede von einer Liebhaberei, die sich auf die technisch bestimmte Landschaft bezieht.

Neil Cossons, der 1975 ein Standardwerk der Industriearchäologie schreibt, »The BP Book of Industrial Archaeology«, widmet ebenfalls der emotionalen Grundlage der industriearchäologischen Arbeit einige Aufmerksamkeit.[17] Im Vorwort beschreibt er die Faszination, die ein altes Industriegelände auf ihn ausübte, als er noch ein Kind war, als Schlüsselerlebnis:

»Das verlassene Shardlow war ein eigentümlich magischer Ort. Hier war etwas geschehen und jetzt geschah nichts. Auf der Bahnlinie zwischen Ashby und Ticknall oder auf dem Charnwood Forest Canal, in King's Mills am Rande des Donington Park, neben den Überresten der Morley Park Hochöfen in Heage oder den großen Spinnereien in Cromford wurde für mich dieses Gefühl für einen Ort überwältigend, dieses ihm Wesentliche, das die Phantasie anregte und für mich die Menschen und Pferde, die Schiffe, Wagen, die Flammen und den Rauch einer Zeit wieder zum Leben erweckte, die sonst genauso weit entfernt und unwirklich war wie die des alten Ägypten oder des alten Rom.« (Cossons 1975, 11)

Emotionen leiten zur Industriearchäologie an: » »Industriearchäologie entstand … nicht aus einem distanzierten oder akademischen Interesse, sondern auf einer Woge emotionaler Betroffenheit und aus dem tiefempfundenen Eindruck, daß ein entscheidender Teil unserer Vergangenheit vor seiner Zerstörung stand.« (ebd. 17) Es habe sich weithin seit den fünfziger Jahren die Einstellung zur Industrie geändert:

»Die materiellen Überreste derjenigen (Industrien, S.H.), die während der Industriellen Revolution so spektakulär Wachstum erzeugt hatten, wurden (nun) in einer Weise geschätzt, die in den 1930er Jahren vollkommen undenkbar gewesen wäre, als Industrie allgemein mit Arbeitslosigkeit, Verfall, mit trostlosen, erbärmlichen Städten und zerstörten Landschaften assoziiert war. Mitte der 1950er Jahre aber regte sich zum ersten Mal ein nationaler Stolz auf das früher in der Industrie Erreichte, der langsam, ausgleichend neben die widrigen sozialen Folgen trat, die vormals damit so eng verbunden waren.« (ebd. 18)

Emotion, Imagination und Ästhetik sind für Cossons generell die ersten Zugänge zur Industriearchäologie, Zugänge, die keine besondere Bildung und keine besondere ästhetische Erziehung verlangen, sondern als Effekte eines lange schon durch Wahrnehmung gebildeten »Unterbewußten« unmittelbar empfunden werden. Diese Vorstellung eines ästhetischen Zugangs naturalisiert ihn und bettet den Gegenstand der Wahrnehmung ein in eine durch Gewohnheit als natürlich empfundene Industrielandschaft.

»Für eine wachsende Zahl von Menschen sind Motoren und Maschinen, Fabriken und Eisenwerke, Lagerhäuser, Kanäle und Eisenbahnlinien, die die Landschaft in den letzten zwei Jahrhunderten beherrscht haben, bedeutsam geworden als Teil unseres kulturellen Erbes; sie sind in das Unterbewußte unzähliger ganz gewöhnlicher Menschen eingedrungen, die keinerlei Schulung oder Training ihrer künstlerischen oder architektonischen Urteilsfähigkeit erfahren haben, und sich dabei entdecken, daß sie auf den Bogen einer Eisenbahn, die durch ein bewaldetes Tal fährt, auf das triumphierende Streben eines Viadukts, auf die Laute und die Gerüche einer perfekt laufenden Maschine oder auf den Rhythmus und die Symmetrie einer Textilfabrik des 18.

Jahrhunderts in einem ästhetischen Sinne reagieren. Diese Monumente der Industrialisierung repräsentieren nicht nur in ihrem Design funktionale Perfektion, vielmehr erregt ihr heroischer Maßstab, der perfekt an die Landschaft angepaßt ist, die Einbildungskraft und stimuliert die Sinne.« (ebd. 22).

Maurice Daumas, Nestor der französischen Industriearchäologie, hat – unter Bezug auf Buchanan – die sensible, neugierige, sympatisierende Imagination in seiner Einführung in die französische Industriearchäologie gar zur Voraussetzung der Qualifikation des Forschers erklärt (Daumas 1980, 427).

Der National Park of Industrial Archaelogy

1964 schreibt Michael M. Rix, nun *Staff Tutor in Architectural History* im *Department of Extra-Mural Studies* der *University of Birmingham* im ersten Jahrgang des *Journal of Industrial Archaeology* über »A Proposal to Establish National Parks of Industrial Archaeology«. Der Artikel beginnt: »Ein Teil des Problems des gestiegenen allgemeinen Interesses an der Industriearchäologie betrifft ihre Präsentation in der Öffentlichkeit. Ich möchte hier für die Einrichtung von National Parks in den Gegenden plädieren, in denen es eine besondere Dichte bedeutender Monumente gibt. Der Ironbridge Gorge ist ein Kandidat ersten Ranges für eine solche Ausweisung.« (ebd. 184) Das dürfte die erste Erwähnung von Parks in Zusammenhang mit industriellen Monumenten sein, eine Idee, die später, doch dann ausführlich, aufgenommen worden ist.

Es folgt eine Reisebeschreibung, die, wenn sie nicht in späterer Literatur vollen Ernstes zitiert worden wäre, in ihrem Ton als rein rhetorisches Vergnügen verstanden werden müßte. Rix reproduziert Formen der Reisebeschreibung, wie sie verbreitete Reiseführer für Autowanderer bieten. Er schildert die Anfahrt zu Sehenswürdigkeiten einschließlich der Angabe von Standpunkten, die die besten Blick- und Fotografiergelegenheiten bieten, er gibt die Beschreibung der Ziele, die das Aussteigen lohnen, liefert die Einordnung derselben in diverse Wertesysteme unter häufiger Verwendung von Superlativen, setzt Angaben zur historischen Entwicklung dazu, zitiert passende Sentenzen anderer Reisender und gegebenenfalls gelehrter Kommentatoren und fährt fort, indem er nach der Beschreibung einer jeden solchen Sehenswürdigkeit die Richtung der Weiterfahrt zum nächsten Ziel angibt. Anders als im klassischen Baedeker sind es nur eben die dort vermiedenen »industriellen Monumente«, zu denen die Reise führt. Unter diese werden bekannte Sehenswürdigkeiten eingereiht wie die Ruinen eines Klosters, doch hier deshalb, weil sie mit der industrie-archäologischen Thematik verbunden werden können: Dort fand schon frühe Eisenverarbeitung statt. Auch diverse Kirchen des 18. und 19. Jahrhunderts erscheinen in der Beschreibung, da sie gußeiserne Strukturen enthalten. Der Bereich des Sichtbaren, des Sehens- und Bemerkenswerten wird neu geordnet und ausgeweitet. Und in die Reihe der Sehenswürdigkeiten sortieren sich die Iron Bridge und das an ihr liegende Örtchen Ironbridge ein, denn die Brücke über den Severn ist der unumstrittene Höhepunkt der Reiseroute: »Worte sind nicht angemessen, um dieses ›Stonehenge‹ der Industriellen Revolution zu be-schreiben, das sich wie ein schwarzer Regenbogen über den Severn spannt. Daß es sich um die älteste Metallstruktur der Welt handelt, macht die Brücke zu einem Denkmal von einzigartiger Bedeutung.« (ebd. 186)

Stonehenge, die Ikone prähistorischer Reste Britanniens und das älteste Monument mit Metallkonstruktion erscheinen auf gleicher Stufe der Wertig-keit. Die Brücke trägt klassische Epitheta der Sehenswürdigkeit, ästhetische Kategorien und Werte verbinden sich mit ihr und dem Dorf, in dem sie sich befindet: »Das Pittoreske der Häuser aus dem 18. Jahrhundert, die aus lavendelfarbenen Ziegeln gebaut sind und sich an den steilen Hängen des Severn Gorge emporziehen bis hin zu Plätzen, die freundliche Namen tra-gen wie Paradise und Hodge Bower, machen dieses Dorf zu einem wertvol-len Überlebenden der atemberaubenden Zeit, in der die Industrielle Revolu-tion heraufdämmerte.« (ebd. 189) So tritt ein altes und 1964 weitgehend verfallenes Industriedorf in Beziehung zu einer Kategorie, die zu seiner Ent-stehungszeit in der englischen Ästhetik der Landschaft eine wichtige Rolle spielte. Lavendelfarbe und Namen verbinden Blüten, Gärten und Vorstellun-gen vom Paradies. Sie verstärken den Eindruck einer sinnlich zu genießen-den Landschaft, für Bewohner wie Touristen. »Seine Zukunft wird dadurch günstig beeinflußt, daß der Gorge … als Teil der Dawley New Town ausge-wiesen worden ist. Was für eine Möglichkeit, diesen ›National Park‹ unver-dorben als Erholungsgebiet für die Bürger und als ein Mekka für wohl-informierte Touristen zu erhalten!« (ebd.)

Die Zukunft des Ironbridge Gorge als Erholungslandschaft, attraktiv für Touristen wie Bewohner, wird just zu dem Zeitpunkt entworfen, in dem der Artikel Argumente für eine konkrete Planung liefern kann. Die Ausweitung des Gegenstandes der Industriearchäologie auch auf die Landschaft und die Möglichkeiten, die sich dadurch für den Tourismus und die *public relations* für das Gebiet ergeben, werden dabei eine wichtige Rolle spielen und nicht nur in Ironbridge zur Anwendung kommen.[18]

Ironbridge, Planung

Dereliction and decay was all that was left...
Text zum Videofilm des Visitor Centers
des Ironbridge Gorge Museums Trust, 1996

Ab 1961 bereiten das Ministerium für *Housing und Local Gouvernment*, später das *Department of Environment*, die Gründung einer *New Town* in Dawley, Ost-Shropshire vor.[19] Das Gebiet, das der beauftragte Architekt Sheppard Fidler ins Auge faßt, umgreift auch den Severn Gorge, Ironbridge und Coalbrookdale: »Zweifellos können die steilen Täler, die hinunter zum Severn führen, und der Severn Gorge selbst mit der berühmten Iron Bridge zu einer Hauptsehenswürdigkeit Englands werden und eine Menge Touristen anziehen, wenn man dort nur aufräumt.« (n. Thomas 1982, 1)[20] In der »Draft Dawley New Town (Designation) Order under the New Towns Act 1946« wurde der gesamte Bereich als Erholungsgebiet für die zu entwickelnde Stadt definiert, eine neue Stadt, die zuerst Dawley, dann Telford hieß. Der Erholungsgedanke, den die 1963 gegründete *Dawley Development Corporation* (DDC) für das Severngebiet weiterverfolgte, bezog schon Überlegungen zum Erhalt historischer Gebäude ein.

Hier beginnen in der Planungsdokumentation die Bezüge auf die von Michael Rix und Anfang der sechziger Jahre auch von Verwaltungsangehörigen der lokalen Behörden vorgebrachten Argumente für eine Erhaltung alter industrieller Strukturen in Ironbridge und für den Aufbau eines Museums. Ein Chronist der Entwicklung, Emyr Thomas, Angehöriger der *Development Corporation* und einer der Verfechter der Ideen Rix', spricht von einigen anfänglichen Schwierigkeiten wie etwa der, von dem »stuffed bird«-Image loszukommen, unter dem Museen in dieser Zeit generell litten (Thomas 1982, 3). Doch war 1964 bereits durch das Ministerium ein *Survey of Industrial Monuments* in Auftrag gegeben, der unter anderem das Gebiet des künftigen *Blists Hill Open Air Museums*, die *Old Works* in Coalbrookdale und das Stadtzentrum von Ironbridge, das heute im wesentlichen aus Antiquitätenläden, Verpflegungs- und Versorgungsgeschäften, kleinen Hotels und Geschenkläden besteht, auflistete. Gleichzeitig ist dem umfassenderen Report *Survey and Analysis* der dringende Rat zu entnehmen, die Dinge zu sammeln, die in ein lokales Museum gehören, da sie im Verschwinden begriffen seien, dasselbe gelte für Bauten, die teilweise einfach zusammenfallen könnten, wenn man nicht schnell etwas unternehme (ebd. 3f). September 1964 erscheinen die Argumente, die Michael Rix schon 1955 für eine neuartige Planung vorgebracht hatte, in den Planungsunterlagen: Industrielle Überreste seien anzusehen als Gegenstände von »besonderem nationalen Interesse«, als »etablierte Attraktionen für Besucher«. »Der Severn Gorge verlangt eine ganz besondere Behandlung, da er eine bedeutende Erholungsgegend für die gesamte Region werden wird. Er wird ein enormes Potential haben, wenn die frühindustriellen und historischen Elemente entwickelt werden und der Zugang zu ihnen verbessert worden ist.« (ebd. 4) Vorbild wird, nachdem über 20 Freilichtmuseen Informationen eingezogen worden sind, Skansen.

Die *Development Corporation* hat keinen Auftrag, kein Geld und keine organisatorischen Kapazitäten, um selber ein Museum zu betreiben, ehrenamtliche Unterstützung trägt das Projekt weiter. 1966 schreibt Emyr Thomas, zu dem Zeitpunkt Sekretär der DDC, später ihr Leiter, in einem 1982 veröffentlichten internen Report über *Industrial Archaeology*: »Wir betrachten das Problem nicht einfach als das der Einrichtung eines konventionellen Industriemuseums, … sondern als das der Erhaltung bedeutender historischer Überreste in ihrer angestammten Umgebung und als Teil einer Landschaft, die vollkommen öffentlich zugänglich ist … Jetzt brauchen wir ein inspiriertes und gewagtes Pionierunternehmen, das die ganze Geschichte vom Wachstum des Landes als Industriemacht in einer völlig neuen und herausfordernden Weise präsentieren kann.« (ebd. 8)[21]

Im Oktober 1967 wird unter Beteiligung von Lokalpolitikern und Industriearchäologen, Verwaltungen, Planern und Finanziers die Organisation gegründet, die die Musealisierung nicht nur der einzelnen Gebäude, sondern vieler Orte in einem weiten Territorium, die erste dieser Art, in die Wege leiten wird. Sie heißt *The Ironbridge Gorge Museum Trust*, ist eine gemeinnützige Gesellschaft, ein »educational trust« und »charity«, hat also einen Erziehungsauftrag. In einer späteren Urkunde ist der Zweck des *Trusts* umschrieben mit »der Erhaltung, Restaurierung, Entwicklung, Verbesserung und Unterhaltung der Elemente und Objekte von historischem und industriellem Interesse im Gebiet von Dawley New Town (…Telford New Town) und den umgebenden Gebieten von East Shropshire und der Einrichtung eines Industriemuseums« (Ironbridge Museum Trust Deed 1973, 1). Die Argumente der sich formierenden Industriearchäologie gehen hier das erste Mal in eine Stadt(teil)- und Landschaftsplanung als fundierendes Konzept ein.

Chronik eines touristischen Ziels

The industrial decay can be transformed into a heritage bonanza.
Ronald J. Jones et al.

1967	Das Gebiet um Ironbridge wird als *Conservation Area* ausgewiesen.
1968-70	räumen Freiwillige, ehrenamtlich Arbeitende, Industriegelände auf, die für einen Ausstellungsbetrieb eingerichtet werden.
1971	Ein erster bezahlter Museumsdirektor wird eingestellt.
1973	wird *Blist's Hill*, ein Freilichtmuseum, eröffnet.
1973	findet hier der erste internationale Kongreß über die Erhaltung von Industriedenkmalen statt.[22]
1973	wird der erste *Museum's shop* eröffnet.
1973	*British Tourist's Authorities Award*: »Come to Britain Trophy«.
1972-74	wird das einigende Symbol der verschiedenen Standorte, die Iron Bridge, restauriert.
1974	wird das daranliegende Zollhaus als Ausstellungs- und Empfangsraum eröffnet.
1975	Architekturpreis: »Special Civic Trust Medallion«.
1976	eröffnet das *Coalport China Museum* in einer alten Porzellanfabrik.
1977	Auszeichung als »Museum of the Year« (*National Heritage*).
1978	Auszeichnung als »Europäisches Museum des Jahres«.
1978	wird die *Ironbridge Gorge Trading Corporation Ltd.* gegründet, eine Handelsgesellschaft, die den Vertrieb von Souvenirs und Schriften übernimmt.
1979	wird das *Museum of Iron* eröffnet.
1979	Zweihundertjahrfeier der Brücke.
1979	Besuch des Prince of Wales.
1980	arbeiten 70 fest Beschäftigte in Ironbridge und 230 Beschäftigte in verschiedenen Arbeitsbeschaffungsmaßnahmen der *Manpower Services Commission*.
1981	eröffnet das *Institute of Industrial Archaeology*, ein Kooperationsprojekt mit der Universität Birmingham.
1983	erscheint eine Publikationsliste des *Trusts* mit 150 Titeln.
1985	wird das *Jackfield Tile Museum* eröffnet, eine Kachelfabrik, in der für Besucher weiter Kacheln nach traditionellen Mustern produziert werden.
1986	wird der *Ironbridge Gorge* als erstes Industriedenkmal der Welt in die Liste des UNESCO-Weltkulturerbes aufgenommen. Zu den eingereichten Unterlagen gehört u.a. eine Liste mit knapp 300 Gebäuden und Einrichtungen unter Denkmalschutz in den Orten Coalport, Coalbrookdale, Ironbridge, Madley.

1987	überweist die britische Regierung ein Basiskapital von 4 Millionen Pfund Sterling und übernimmt Kosten für Renovierungsarbeiten.
1987	wird das Institut in das *Ironbridge Institute* umgewandelt; es bietet ein Studium und Kurse für das professionelle Management industriellen Erbes an.
1988	ist der Höhepunkt der Besucherzahlen erreicht: In diesem Jahr kommen 404.000 Menschen nach Ironbridge.
1989	eröffnet das *Museum of the River*.[23]

Zum 200. Geburtstag einer Brücke

1979 veranstaltet der *Ironbridge Gorge Museum Trust* eine Ausstellung zur Zweihundertjahrfeier des Baues des zentralen Symbols des Museums. Der Direktor leitet den Katalog zur Ausstellung folgendermaßen ein: »Wenn irgendein einzelner Ort für sich mit Recht in Anspruch nehmen kann, der Geburtsort der Industriellen Revolution zu sein, so ist das das Tal des Severn in Shropshire mit einem Zentrum in Ironbridge und Coalbrookdale. Die Ereignisse, die sich hier im 18. und frühen 19. Jahrhundert abgespielt haben, waren für die Entwicklung Britanniens zur ersten Industrienation der Welt grundlegend, und noch heute ist das Tal reich an archäologischen Schätzen, die aus dieser bedeutenden Zeit stammen.« (Cossons 1979a, 1)

In einer anderen Veröffentlichung von 1979 ist zu lesen: »Die Zukunft des Gorge und die des Museums sind untrennbar miteinander verbunden. Vor zehn Jahren gab es wenig Möglichkeiten für das Gebiet: weiterer Verfall oder Zerstörung oder irgendeine Form der Rehabilitierung verbunden entweder mit Erholungs- und Freizeitangeboten oder mit Geschichte und Archäologie. Obwohl die Wahl der letzten der genannten Möglichkeiten keinesfalls unvermeidlich war, folgte daraus, als sie einmal getroffen war, eine Verpflichtung – den Erhalt der industriellen Monumente als Teil des National Estate zu sichern.« (Cossons 1979, 185)

Absicht wie Geldmangel zwangen von Anfang an zur Öffentlichkeitsarbeit. Sie begann mit Tagen der offenen Tür 1969. 1972 wurde ein Gesamtdesign entwickelt »um alle für die Interpretation eingesetzten Mittel, Publikationen, Wegweiser, die Uniformen des Personals und alle visuellen Aspekte der Museumsarbeit zu vereinheitlichen« (Iron Bridge Gorge Museum Trust 1973/74). Die Zusammenarbeit mit örtlichen, überregionalen wie nationalen Tourismus- und Denkmalschutzorganisationen wird aufgenommen. Ausschilderungen nach Ironbridge an allen großen Straßen von großen Städten wie Birmingham, Liverpool, Manchester, Sheffield werden errichtet. Die Öffentlichkeitsarbeit war in einem solchen Maße wirkungsvoll, daß die Zeitschrift »Design« 1978 voller Anerkennung schrieb:

»Man braucht starke identifizierbare Elemente, um alle Teile in ein Ganzes zusammenzuziehen, und eine gleichermaßen starke Präsentation in Publikationen. Ironbridge hat das erste Problem sehr einfach gelöst, indem es exzellente Graphik und dazu Literatur anbot, die so leicht zugänglich ist, daß allenfalls ein sehr entschlossener Besucher ohne einen Stapel davon wieder geht. Der Stil der Graphik ist diskret genug, um einem denkmalgeschützten Gebiet zu entsprechen, doch deutlich genug, um Besucher schnell für es einzunehmen. ... Als Designprojekt ist das ganze Ironbridge Museum so ruhig und unaufdringlich, daß man sich fragt, was da eigentlich zu tun gewesen ist. Aber dann stelle man sich vor, daß das ganze Projekt von Denkmalschützern betrieben worden ist, und man erkennt die Leistung.« (n. Cossons 1979, 182)[24]

Hinter der Erzeugung des Bildes von Ironbridge steckt eine planvolle Konzentration auf einige wenige »Nachrichten«, die über Imagekampagnen verbreitet werden sollen:

»Das Museum ist von Anfang an mit einem kleinen Budget für Öffentlichkeitsarbeit, verbunden mit einer klaren Philosophie, bekannt gemacht worden. Erstens ist der Platz einzigartig und von allererster Bedeutung, zweitens ist die Arbeit des Museum Trusts neu und interessant, drittens ändert sich das Museum andauernd, viertens führt ein ›up-market‹-Zugang zu einer definierten Zielgruppe zur Kontrollierbarkeit und trägt zu einer Steigerung des Besuchserlebnisses bei und fünftens darf Bekanntheit nicht die Integrität in Frage stellen. Die Anstrengungen sind deshalb auf die redaktionelle Präsentation in den Medien konzentriert worden, beginnend mit einem Empfang im Londoner Presseklub im Februar 1973, der sofort zu einer sechsseitigen Beilage in der Times geführt hat und ausführliche Berichterstattung in internationalen Zeitungen und Magazinen nach sich zog. Radio und Fernsehen sind mit viel Energie und beständig umworben worden, und die Erfolge konnten sich sehen lassen. 1978 besuchten etwa 220.000 Menschen das Museum; die Hälfte davon waren Schüler und Studenten auf Bildungsreise, und etwa zwölf Prozent kamen aus Ländern außerhalb Britanniens.« (ebd. 182)

Als der 200. Geburtstag der Iron Bridge gefeiert wird, ist Ironbridge schon längst eine Stadt geworden, die in ihrem Bild erstarrt ist. Sie ist Symbol mit stereotyper Lesart geworden, für eine statische Geschichtskonstruktion, nicht nur für die Stadtplanung, die die Musealisierung in ihrem Zentrum hat, sondern auch für das Bild der industriellen Revolution.[25] In dem nicht gezeichneten Vorwort der Redaktion zur *Industrial Archaeology Review* zum 200. Geburtstag der *Iron Bridge* scheint Skepsis durch, sei es da, wo die Hauptsehenswürdigkeiten als »Pilgerstätten« bezeichnet werden, sei es da, wo der Wandel zum Erhalt als größte Veränderung des Iron Bridge Gorge seit je beschrieben wird: »Es ist wohl so, daß in den letzten Jahrzehnten der Gorge schneller verändert worden ist als zu jeder anderen Zeit in seiner Geschichte, vielleicht mit dem Effekt, daß dabei die Vor- und Frühgeschichte der Zeit nach der industriellen Revolution erschaffen wurde. Natürlich bleiben viele Probleme und Gefahren. Man kann nichts erhalten, ohne es zu verändern; das gilt für Landschaften genauso wie für Dampfmaschinen. Kann der Trust in dem Versuch, den Ironbridge Gorge zu konservieren, denn das ist die Herausforderung, der er sich stellt, verhindern, daß er Fossilierung durch Sanierung ersetzt?« (Editorial 1979, 111)

Und weiterer Widerspruch folgt, der sich vor allem auf die Folgen der Museumsarbeit und ihrer Konzepte bezieht, denn die Arbeit des *Trusts* ist für die Industriearchäologie so bedeutsam wie für die Denkmalpflege und das Verständnis der Geschichte. Dort setzt die Kritik an, und es folgen Gegenpositionen gegen Mythen, die schon gar nicht mehr genannt werden müssen, weil sie über die Öffentlichkeitsarbeit des *Trusts* so selbstverständlich geworden sind, daß sie keine Einführung mehr verlangen: »Die Geschichte der weltweiten industriellen Revolution hat nicht in Coalbrookdale 1709 begonnen, noch war der Ironbridge Gorge die Wiege der industriellen Revolution zu irgendeinem späteren Zeitpunkt. Die industrielle Revolution war und ist ein komplexes Phänomen. ... Überdies kann das Einsetzen der industriellen Revolution nicht einfach auf bestimmte technologische Erfindungen zurückgeführt werden.« (ebd.)

Dem sekundiert *The Architectural Journal* im selben Jahr: »... wenn der Ironbridge Gorge jetzt die alleinige Verantwortung für die industrielle Revolution haben will, dann wird es eine Menge anderer Orte geben, die denselben Anspruch geltend machen wollen – Südwales etwa, wohin sich nach Meinung der meisten Experten das Zentrum der Eisenindustrie bereits verschoben hatte zu der Zeit, als die industrielle Revolution wirklich in Gang kam« (Fleetwood 1979, 290). Oder, polemischer noch, in Reaktion auf einen Reiseführer für Ironbridge und seinen Titel »The Ironbridge Gorge: Birthplace of the Industrial Revolution« (Der Ironbridge Gorge: Geburtsort der Industriellen Revolution) geschrieben: »Nehmen wir die zentrale Rolle, die die meisten Autoritäten für die entscheidenden Jahre der Industriellen Revolution der Baumwollindustrie zusprechen, und ebenso Lancashires Beitrag zur Ausdehnung der Sklaverei als gegeben an, so macht es für eine Ex-Sklavenplantage in den Südstaaten der USA gerade genausoviel Sinn, dasselbe Schild aufzustellen.« (ebd. 290f)

Ironbridge 1996

»Unter dem dreieckigen Schutzgebäude vor Ihnen befindet sich der Darby Ofen. Er ist eines der weltweit bedeutendsten Industriedenkmäler. Hier erfand Abraham Darby I eine Methode, mit der man Eisen billig und in großen Mengen herstellen konnte, und die Entdeckung vor nahezu 300 Jahren veränderte die Art und Weise, in der die Welt Eisen verwendete. Im 19. Jahrhundert war der Ofen selbst nicht sichtbar und arbeitete umgeben und in Diensten von Gießereien, Hammerwerken, Schmieden, und Boraxfabriken. Eine Rekonstruktion der Gebäude und der Fabrikanlagen im Tal um 1805, die das wichtige Gebiet vor Ihnen umfaßt, können Sie im ersten Stock des Eisenmuseums sehen. In den 1930er Jahren waren die Gebäude, die den Ofen bedeckten und umgaben, verfallen und verlassen und der gesamte Platz wurde benutzt, um Gießereiabfälle abzukippen. 1952 begannen Ausgrabungen, die den Ofen, der unter Tonnen von Asche, Erde und Schutt begraben war, freilegten. Das war der Beginn der Untersuchungen und Forschungen, die heute noch fortgesetzt werden. Der Ofen blieb erhalten aufgrund des Engagements von Fred Will, Manager in den Werken in den 50er Jahren, und aufgrund seines Ratgebers, des Quakerhistorikers Arthur Raistrick. Sie restaurierten den Ofen und entwickelten ein Museum der ersten 250 Jahre der Coalbrookdale Company, das 1959 eröffnet wurde. 1970 wurde dieser Ort dem IGM Trust übergeben, der das Denkmal weiter erforschte. Elf Jahre später wurde das schützende Bauwerk darüber errichtet; weitere umfassende Restaurierungsarbeiten folgten 1993 bis 1995 mit Unterstützung der Kommission für die New Towns, dem Europäischen Fonds für Regionalentwicklung und English Heritage. Die Ironbridge Gorge Museums.«

Das ist die Präsentation des zentralen Stückes der *Ironbridge Gorge* Museen heute. Im überdachten Innenraum, über dem Ofen, in den eine Tribüne wirkungsvollen Einblick gewährt, hängt an der Wand eine Gedenktafel aus Bronze. Sie erinnert an Michael Rix und seine tätige Förderung der industriearchäologischen Arbeit in Ironbridge.

Die Identifizierung Ironbridges als »Wiege« der industriellen Entwicklung hat sich fortgesetzt, Informationsblätter und Bücher halten die kreierte Geschichte weiter wach: »Der Ironbridge Gorge war der Geburtsort der Industriellen Revolution. Sie schuf die Stadt Ironbridge. Doch nachdem die Revolution aus Ironbridge weitergezogen war, kam es in der Stadt zu einem Niedergang. … Dieses Buch erzählt, in ihren eigenen Worten, die Geschichte der Leute, die die Stadt am Leben hielten.« (Iron Bridge Gorge Museum Trust, 1996). Das ist die Einleitung zu einem Buch, das die ansässige Bevölkerung beschreibt, über deren Kopf hinweg *New Town* und Museum eingerichtet wurden – als Helden der Durststrecke, der Zeit des Verfalls.

Geht man über die bewaldeten Hügel am Ufer des Severn, trifft man auf viele Stellen, die die Spuren alter bergwerklicher Tätigkeit tragen, allenthalben sind Mulden im Boden, teils aus Tagebauen, teils aus eingestürzten Schächten herrührend. Die Spazierwege führen über alte Kohlehalden, über Eisenbahntrassen und Packpferdpfade. Ihr Ausbau verweist auf eine neue Entwicklung, denn ein neues Programm des *Iron Bridge Gorge Museum Trusts* ist die Entwicklung von Infrastrukturen für ein Publikum, das nicht einen Tag, sondern länger bleibt: »Die Geschäftsstrategie des Trust ist seit 1992 durch drei Ziele bestimmt: geboten wird die Möglichkeit eines angenehmen Tagesausflugs; wir laden ein zur Betrachtung der ›Wiege der Industrie‹, und wir bieten und unterstützen längere Aufenthalte für Studien und zur Teilnahme.« (de Haan 1996, 7) Ein Informationsblatt verkündet: »History is fun«–»Geschichte macht Spaß«. Es verweist auf die Konkurrenzsituation, in der Ironbridge, der *Ironbridge Gorge Museums Trust* steht: Seine Konkurrenten um Aufmerksamkeit, Besucher respektive Touristen sowie um öffentliche Unterstützung sind Freizeitparks.

2 Écomusealisierung

Ein umfassendes Konzept

En avant la mémoire!
Motto der Ecomusées Frankreichs und Belgiens 1996

Aufbewahrungen, Rekonstruktionen, Erhaltungen von alten Industrieanlagen haben, wenn nicht öffentliche Gelder stabile Bedingungen schaffen, eine Bewährungsprobe zu bestehen, in der sich zeigt, ob sich die Mühen »lohnen«. Der »Lohn« besteht entweder in direkten Einnahmen oder in indirekten, in Geldwert zu bemessenden oder über statistische Erfassung zu schätzenden ökonomischen Effekten für eine Region. Das setzt voraus, daß neben Investoren externe Besucherscharen als Touristen und Konsumenten angelockt werden können.[26] Massenhafte Attraktion allein kann die finanzielle Grundlage für wirtschaftliches und materielles Überleben bieten.[27] Musealisierung ist nicht nur konzeptionell, sondern auch über die finanzielle Sicherung aus dem Schutzraum entlassen in die Privatwirtschaft. Museen, Musealisierung können in Konzepten für die wirtschaftliche Zukunft mancher ehemals industriellen Region eine tragende Rolle bekommen.[28]

In den *Écomusées*, die in Frankreich und später in Belgien an früheren Industriestandorten entstanden sind, war die gebrauchsfähige Musealisierung der ganzen Umgebung für die Bewohner und für den Tourismus Programm.

»Écomusées setzen das kulturelle und natürliche Erbe eines Gebietes ins rechte Licht, auch Technikmuseen, Museen des Meeres, ethnographische, regionalgeschichtliche und Heimatmuseen, Orte und Gegenstände des Erinnerns. Écomusées sind nicht einfach nur Aufbewahrungsstätten. Sie nehmen teil am Leben in ihrer Region und leisten einen Beitrag zur gesellschaftlichen Auseinandersetzung. Sie sind eng mit ethnologischen Forschungen, den Umweltwissenschaften, der Technikgeschichte verbunden... und stellen kritische Fragen, die Eigenarten, Identitäten und das Erbe betreffen. Um das zu tun, betrachten sie das Objekt als Zeugnis des Menschen und der Gesellschaft –

und die Museographie als ein Mittel, durch das dieses Zeugnis Besuchern vorgestellt werden kann.« (Ministère du Tourisme France 1995)

Écomusées haben verschiedene Formen angenommen, doch ihre Begründer und Betreiber folgen einem Konzept, das auf der Sammlung und Ausstellung nicht nur von materiellen Überresten beruht, sondern den Anspruch auf eine Gesamterfassung und -erhaltung einer Region, ihrer Kultur und ihrer Natur erhebt. Der Autor des Konzepts ist Georges-Henri Rivière, Volkskundler und 1937, bei der Gründung des *Musée de l'Homme* in Paris, dessen stellvertretender Leiter, später Gründer des *Musée National des Arts et Traditions Populaires* und nach dem Krieg erster Direktor des ICOM, des *International Council of Museums*.[29] Rivière hat programmatisch die Rolle des Écomusée als Spiegel beschrieben: »Die Bevölkerung betrachtet sich darin, um sich wiederzuerkennen und die Bedeutung des Gebietes sorgfältig zu untersuchen, mit dem sie über die Diskontinuität oder Kontinuität der Generationen verbunden ist. Es ist auch ein Spiegel, den diese Bevölkerung ihren Gästen reicht – das ist sehr wichtig – um besser verstanden zu werden, um ihre Arbeit, ihr Verhalten und ihren alltäglichen Umgang anerkannt zu sehen.« (Rivière 1979, 29) In dem umfassenden Sinne, in dem dieser Spiegel hergestellt, erhalten und überliefert werden soll, zeichnet sich ein umfassender Zugriff auf eine Kulturlandschaft ab, deren Bewohner und Natur als einander korrespondierend verstanden werden, ein Verständnis, von dem auch spätere Entwürfe noch ausgehen werden.[30]

Écomusées teilen Charakteristika mit einem Typus des historischen und ethnographischen Museums, das in Frankreich in der zweiten Hälfte des 20. Jahrhunderts entwickelt wurde, mit den *musées d'identité*. Sie »bieten eine Orientierung über die Chronologie, die Geschichte des Gebietes von seinen Anfängen bis in unsere Tage. Ihre Belegschaft, die aus vielen Disziplinen und Berufen kommt, stellt enge Beziehungen zur Öffentlichkeit her.« (Écomusée régional du Centre o.J., o.P.)

Dieser Anspruch wird bis heute bei Neugründungen von *Écomusées* erhoben. Mitte der neunziger Jahre beschreibt das *Écomusée regional du Centre* in Wallonien, eines der *Écomusées*, die sich an einem alten Industriestandort befinden, Ziel und Absicht seiner Arbeit:

»Das Écomusée ist der Reflex der Umgebung, in der der Mensch lebt und der Beziehungen, die er mit dieser Umgebung unterhält. Das Museum verbindet immer drei Elemente: die Bevölkerung, das Gebiet, in dem diese Bevölkerung lebt, und die Zeit, von den Anfängen bis heute. Durch seinen interdisziplinären Anspruch fügt das Écomusée dem traditionellen Museum eine neue Dimension hinzu. Es soll Beziehungen herstellen zur gesamten umwohnenden Bevölkerung, und diese ist aufgerufen, die Sammlungen zu bereichern und an der Realisierung von ihr gewünschter Ausstellungen teilzunehmen. Das Écomusée hat im Grunde keinen anderen Zweck als die Einwohner der Region, die es selber machen. Das Écomusée zeigt keine ›Meisterwerke‹, sondern Objekte des früheren und des heutigen alltäglichen Lebens, um die Menschen darin zu unterstützen, den Reichtum ihres regionalen Erbes zu erfassen. Dadurch können die Menschen wirklich auf die Zukunft ihrer Region Einfluß nehmen. Das Écomusée ist das kollektive Gedächtnis einer ganzen Region. Es führt die Bevölkerung dazu, einen neuen Blick auf ihre Vergangenheit zu richten, daraus Stolz zu ziehen und sich darin wiederzuerkennen. Das ist der Anfang einer wirklichen Popularkultur. Dadurch, daß es allmählich das Image der Region verändert, kann das Écomusée einen wohltuenden Einfluß auf die Entwicklung eines qualitätvollen Tourismus ausüben.« (Écomusée régional du Centre o.J., o.P.)

Im Zentrum der Entwicklung der *Écomusées* steht ein umfassender Sammlungsanspruch, der eine Region als Ganze, als Einheit zu bewahren sucht. Diese Einheit von Region, Natur, Mensch, Zeit verlangt die Sammlung von vier Typen von Gegenständen. Gesammelt werden Gegenstände einer Größenordnung, die sie museumstauglich macht, »bewegliche Güter« als historische und ethnologische Zeugnisse. Eine zweite Kategorie umfaßt »unbewegliche Güter«. Dazu gehören Gebäude aller Art, Schlösser, Kirchen, Fabriken, aber auch Felder und Wälder. Sie sollen idealiter nebst traditioneller Bewirtschaftung erhalten bleiben. Die dritte Kategorie umfaßt »fungible Güter«, Pflanzen- und Haustierarten, die für eine Region charakteristisch sind, sie werden erhalten, manchmal auch rückgezüchtet. Eine vierte Kategorie sind »immaterielle Güter«. Darunter fallen Praktiken und Fertigkeiten, unter anderem Tänze und Lieder, die aufgezeichnet und deren Aufzeichnungen archiviert werden.

Zentralisiert ist die Sammlung nicht, nur eine Dauerausstellung zur Natur- und Kulturgeschichte der Region in einem zentralen Gebäude ist typisch; ansonsten ist das Gebiet über *antennes* strukturiert, über die »Natur- und Kulturobjekte, die für das Verständnis und die Deutung eben dieses Raumes von Bedeutung sein können« (von Hinten 1985, 90).[31] Bei der Auswahl dieser Objekte handelt es sich beispielsweise um Ausstellungen, markante Bauten, historisch bedeutsame Orte oder typische Naturerscheinungen.[32]

Idealiter bilden Forscher, Verwalter und Benutzer, zu denen auch die Bevölkerung gehört, drei Gruppen, die die Sammlung entwerfen und über ihre Verwendung konferieren sollen. Ziel der Unternehmung ist die Erhaltung von Identität und die Aneignung von kulturellem Erbe – doch nicht für eine Flucht in die Vergangenheit, sondern für die Entwicklung einer Kraft, die aus dieser materiell erhaltenen, als Gesamt auch im Alltag idealiter fortlebenden und sich entwickelnden Kultur eine Zukunft gestalten soll. Neben der Aufwertung der regionalen Traditionen, die in den sechziger Jahren in Frankreich angestrebt wurde, dient diese Musealisierung dem Tourismus. Die Regionen, die heute ein *Écomusée* haben, sind meist durch Wanderwege, Entdeckungsrouten der *antennes*, erschlossen und betreiben intensive Öffentlichkeitsarbeit.[33]

Das erste Industriedorf, das gleichzeitig eines der bekanntesten *Écomusées* geworden ist, ist Le Creusot, nach der Stillegung der dortigen Industrie auf Initiative der Bevölkerung ab 1971 zum *Écomusée* umgewandelt, 1973 eröffnet als *Museé de l'Homme et de l'Industrie*. Maurice Daumas, der 1980 ein grundlegendes Buch über die Industriearchäologie Frankreichs veröffentlicht hat, stellt diese Entwicklung in den Zusammenhang einer neuen Aufmerksamkeit für die Industriearchäologie, ihre Einbettung in bereits bestehende ethnologische Diskurse über vergehende Traditionen in Frankreich, für die Landschaften und ihre industriellen Umgestaltungen, für die Umwelt, für die nicht nur agrarische, sondern auch die industrielle Arbeit, für das Bestehende und seinen Erhalt. Dieses Syndrom, das man zu etwa derselben Zeit ähnlich auch in Deutschland konstatieren könnte, gehe, so Daumas, einher mit der Vorstellung eines Verlustes der vertrauten Umgebung.

Le Creusot ist der Anfang einer Reihe von Museen, in denen das Sammlungsspektrum sich ausweitet auf den Alltag der industriellen Arbeit und sie als eine Tradition anerkennt, die ebenso schützenswert ist wie die bereits vorher musealisierten agrarischen Landstriche und Arbeitsweisen. Dieses Museum reagiert auf die »zweite französische Revolution«, die, wie in allen alt-industrialisierten Ländern, Textil- und Schwerindustrie und die damit zusammenhängenden Lebensweisen ablöst (Daumas 1980, 60f). Heute befinden sich in Le Creusot Forschungsarchive zur Technik- und Firmengeschichte, weitere umliegende Orte haben sich dem dort situierten *Écomusée* angeschlossen. Entstanden ist ein »musée éclaté«, ein »geplatztes Museum«, das weiträumig die Region charakterisiert. Hugues de Varine, Mitinitiator und Direktor des ICOM zur Zeit der Gründung des *Écomusée* in Le Creusot, hat – zustimmend – den charakteristischen Kern des Projektes beschrieben: »Die gesamte Gemeinde stellt ein lebendes Museum dar, dessen Publikum sich ständig im Innern aufhält. Das Museum hat keine Besucher, sondern Einwohner.«[34]

Keine musealisierende Strategie hat in einem solchen Maße die Erfassung und Überspannung einer ganzen Region im Auge wie die der *Écomusées*. Keine geht so deutlich darauf aus, ein Modell einer natürlich-kulturellen Gesamtheit, eine Umwelt, vollständig über ihre Eigenarten und Sehenswürdigkeiten zu beschreiben, zu definieren, zu konservieren. Und kein Konzept sonst geht in solcher Überzeugtheit davon aus, daß das Gewordene und nicht mehr Benötigte in seiner Gesamtheit weiter existieren muß. Geschichte wird nicht als in Bruchstücken überlieferte und in ausgewählten Teilen zu erinnernde und ansonsten abwesende Vergangenheit gedacht. Vielmehr wird das *patrimoine*, das Vergangene und noch Lebende als Reichtum, als Tradition und als Ressource für neue Entwicklungen verstanden. Es soll vollständig in der Gegenwart bleiben. Auch wenn die wirtschaftliche. politische oder soziale Situation zu einem Ende gekommen ist, in der dieses *patrimoine* ohne besondere Vorkehrungen überliefert wurde, soll das Gewordene idealiter ohne Verluste durch die Anstrengung der Musealisierung im alltäglichen Leben gehalten werden.

Das Unbehagen, das den angestrebten Erhalt von wirtschaftlichen und sozialen Zusammenhängen trifft, hat der Museologe Henry Jeudy bereits Mitte der achtziger Jahre am Beispiel von lokalen Traditionen und »Ethnokulturen« klar und drastisch formuliert: »Wo man sozialen Lebensformen, im Glauben, sie warteten unter den Trümmern von einst lebensfeindlichen Institutionen drängend auf ihre Befreiung, neue Entfaltungsmöglichkeiten zu schaffen versucht, wird in Wirklichkeit bereits Abgestorbenes zu neuem Leben erweckt. Das kulturelle Erbe ist nur die Geschichte einer Destruktion, die in einem Spiel konstruktiver und sogleich museal eingemeindeter Bilder rehabilitiert wird. Der konservierte Tod erscheint idealiter als ein Bild, das nicht das von etwas Zerstörtem ist. ... Der museographische Wahn ist demnach in der Lage, durch spektakuläre Großanlagen Leben zu simulieren.« – »Eine andere Form, in der sich die Auflösung der Idee des Erbes vollzieht, zeigt sich gegenwärtig in der zukunftsorientierten Umstrukturierung notleidender Industriegebiete. Die Erforschung und Darstellung der sich verändernden Produktionsweisen und ihrer sozio-technischen Auswirkungen wird begleitet von einer neuen Apologie der technischen Kultur, die man als therapeutisches Mittel zur Bewältigung sozialer Konflikte einzusetzen versucht. Im Gefolge der durch die ökonomische Krise und die technologischen Veränderungen hervorgerufene Destrukturierung stellt sich die derzeitige Hochschätzung des industriellen Erbes als eine große therapeutische Figur dar: die Industriemuseen und insbesondere der ›ökomuseale Prozeß‹ erleichtern es, die Verwerfungen und Umbrüche in jenen Beschäftigungsbereichen zu bewältigen, in denen eine besonders hohe Arbeitslosigkeit herrscht. Ein Umbruch, der unmittelbar in die Ordnung einer musealen Gestaltung übergeht, wird offensichtlich als weniger schmerzhaft empfunden... Ein ideologischer Erfolg des ökomusealen Prozesses, der die Welt am liebsten in einen großen Spiegel des Lebens verwandeln würde...« (Jeudy 1987, 22f und 9f) Dieser Kritik wäre umstandslos zuzustimmen, wenn es nur um den Erhalt alter Kulturen, um die Wiederbelebung von toten Traditionen, um Strategien der Erinnerung und der Musealisierung ginge. Doch diese Intention ist in ihrer Reinheit selbst bei der Ikone der Industriearchäologie in Ironbridge nicht zu sehen, und schon gar nicht liefert sie bei neueren Gründungen von Industriemuseen allein die Legitimation und die Motivation. Jeudys Kritik erkennt und verkennt den ökonomischen Impuls, der mit der Realisierung beispielsweise eines neuen *Écomusée* einhergeht. Mit der Musealisierung von Kulturen und ihren Schätzen, von Industrieregionen oder -dörfern geschieht nicht mehr die Musealisierung eines Anderen, eines Verschwindenden als Solches, das sich in Distanz zu einer nicht musealisierten Welt noch als Eigens behaupten ließe. Musealisierung ist eine der möglichen Strategien der ökonomischen Entwicklung notleidender Gebiete geworden, eine Strategie, die Abfall in Attraktion überführen und aus marginalen Zonen Ziele des Tourismus machen kann.

Ein neues Zentrum des Industrietourismus: Bois-du-Luc

Wie bestimmt sich heute ein *Écomusée* einer industriellen Region, in einer industriellen Region? Was in Le Creusot noch Experiment war, ist in Bois-du-Luc zum Muster geworden. Bois-du-Luc im Bergbaugebiet von Wallonien gehört zu den Siedlungen vom Anfang des 19. Jahrhunderts, in denen mit Arbeiterunterkünften um eine Kohlemine der Entwurf einer Sozialordnung gebaut wurde. Sie zeigt sich deutlich in den *Carrés*, Arbeiterwohnhäusern mit Gärten, die an geraden und vom an sie angrenzenden Bergwerk aus gut übersehbaren und also kontrollierbaren Straßen angeordnet sind.

In der Selbstdarstellung folgt das heutige Projekt zunächst weitgehend den Ideen der *Écomusées*, die in Le Creusot ebenfalls eine Realisierung erfahren haben. Das beginnt mit der Darstellung der Geschichte, die ihren vorläufigen Endpunkt in der Vergewisserung über das industrielle Erbe und seinen Reichtum findet: Die Geschichte von Bois-du-Luc, Sitz der 1685 gegründeten Minengesellschaft *Société civile charbonnière de Bois-du-Luc* und heute Sitz des *Écomusée régional du Centre*, Museum im Aufbau, liest sich so:

»Zwischen 1874 und 1936, war die Gesellschaft durchgehend erfolgreich … Am 28. März 1936 wurde sie in eine Aktiengesellschaft umgewandelt. Aber die neue Gesellschaft vermochte nichts gegen das Unausweichliche: die Erschöpfung der wallonischen Vorräte, die Konkurrenz leichter zugänglicher Vorkommen, der Import ausländischer Kohle nach Belgien kündigten den Niedergang an. Immerhin nahm der Abbau aufgrund des Brennstoffmangels in der Industrie nach dem Zweiten Weltkrieg einen

Aufschwung. Die Schwierigkeiten der Kohle in den fünfziger Jahren führten dazu, daß die CECA diesen Bereich rationalisierte und führten zur Schließung der ersten Gruben. Saint-Emmanuel schloß am 31. Dezember 1959, Beaulieu Ende 1961 und der letzte Ort, an dem noch Abbau stattfand, Le Quesnoy (bei Trivières) am 30. Juni 1973. Von da an hat sich Bois-du-Luc in eine Grundstücksgesellschaft verwandelt, die kontinuierlich ihren Besitz veräußert hat.« (Écomusée régional du Centre o.J.o.P)

Chronik Bois-du-Luc

Die Chronik der Ereignisse nach der Schließung zeugt von einem mühsamen und von viel Engagement getragenen Prozeß:

1973	Gründung eines Bürgerkomittees, das den Erhalt des Wohnraums in der Siedlung sichern will.
1974	Der belgische Staat kauft die *Carrés*, die Renovierung durch das *Institut national du logement*, später durch die *Région wallonne*, beginnt.
1975	Das *Centre hennuyer d'Histoire et d'Archéologie industrielles* legt einen Plan für den Erhalt des Geländes in Bois-du-Luc vor.
1979	Der belgische Staat kauft die Produktionsgebäude und -gelände.
1979	Eine Firma wird beauftragt, äußerliche Restaurierungen durchzuführen.
1983	Abschluß der Restaurierungsarbeiten.
1983	Gründung und Beginn der Ausstellungstätigkeit des ersten *Écomusée* in Belgien, die bis 1995 zu 52 Ausstellungen an verschiedenen Orten führt.
1985	Die Verwaltung nahezu aller Gebäude in Bois-du-Luc, die zur *Société* gehört haben, wird dem *Écomusée* übertragen.
1985	Beginn der Durchführung von Kolloquien.
1994	Das *Écomusée* bekommt den Auftrag von der *Région wallonne,* eine Studie zu einem Museumsvorhaben in Bois-du-Luc zu erstellen.
1995	Übergabe des Ensembles von Bois-du-Luc durch die *Région wallonne* als Zentrale an das *Écomusée*.
1995	Entwicklung eines Museumskonzepts durch PRESENCE France, Lille[35]

Die Lücke im Markt der Gedächtnisse

In einer Selbstbeschreibung für den Strukturfonds der Europäischen Gemeinschaft werden die aktuellen wirtschaftlichen Bedingungen charakterisiert und die Reichtümer der *Region du Centre* identifiziert: Es handelt sich um eine

»künstlich geschaffene Region, die aus der Ökonomie geboren ist«, als Region nicht durch geographische oder Verwaltungsgrenzen, sondern dadurch beglaubigt, daß sich, nachdem seit 1832 in offiziellen Dokumenten die Rede vom »Centre« erscheint, 1928 eine *Chambre de Commerce et d'Industrie du Centre* gründet. Dem Zweck des Antrages entsprechend, wird der Analyse der wirtschaftlichen Lange breiter Raum eingeräumt: »Das Centre zeigt also dieselben Symptome und Gründe der Rezession wie der Großteil der anderen alten Kohle- und Industriegebiete des europäischen Nordwestens: eine Entwicklung, die auf Schwerindustrie basierte, wenig bedeutsame kleine und mittlere Unternehmen, die zudem oft ausschließlich als Zulieferer für die örtliche Schwerindustrie tätig waren; ein Schulsystem, das auf die vorherrschend nachgefragten Spezialisierungen ausgerichtet ist; eine vorzeitige demographische Alterung und die Schwäche des dritten Sektors« (Écomusée du Centre o.J.a, 8). 1986 bot das Kohlegebiet des *Centre* noch 17.469 Menschen Arbeit in der Industrie, 1925 waren es etwa viermal so viele (ebd. 9f).

Was aus der Vergangenheit überleben und den Grundstock für eine neue Entwicklung liefern soll, sind zunächst die anerkannten und noch nicht anerkannten Denkmale und Eigentümlichkeiten der Region. Neben Überresten der Industrie werden weitere Schätze aufgezählt, Schlösser und Gärten, Festungen und Kirchen, Landwirtschaft und Brauchtum der Bevölkerung genannt, Karnevalsbräuche, Heiratsbräuche und andere aufgelistet (Écomusée régional du Centre o.J.a, 5). »Die Region des Centre besitzt Museen, religiöse Stätten wie das Stift von Soignies und die Abtei von Bonne-Espérance, Schlösser wie das in Seneffe oder die Festung von Ecaussinnes-Lalaing, ein industrielles Erbe mit Bois-du-Luc als Kleinod, Wasserflächen wie die von La Marlette bei Seneffe, eine Folklore, die vom Karneval und vom Gille bestimmt wird, Wallfahrtsorte wie den ›Tour Saint-Vincent‹ in Soignies…« (ebd. 16) Das ist der Stoff, aus dem eine neue ökonomische Grundlage für eine aufgegebene Kohleregion geschaffen werden soll.

Die Musealisierung wird in dem zitierten Antrag auf Gelder aus dem europäischen Strukturfonds weniger als Zweck an sich gesehen, weniger auf Identität, Kompensation oder eine mit Emphase vorgetragene Frage an die Geschichte bezogen. Die Argumentation entfernt sich, den Intentionen des *Écomusées* den Ansprüchen des Antrags, aber auch der wirtschaftlichen Situation Mitte der neunziger Jahre entsprechend, durchaus von den industriehistorischen und industriearchäologischen Argumentationen, die etwa im Fall Ironbridge im Vordergrund standen. Diese Argumente werden nur noch als selbstverständliche Grundlagen der Argumentationen aufgerufen. Hier wird die Entwicklung einer wirtschaftlichen Krisenregion über ihre »Erbe« zur touristisch interessanten Gegend geplant. Die Überreste sind nicht Reichtum, sondern Kapital, und die Entwicklung des *Écomusée* ist »eine Antwort auf die Krise« (ebd. 11). Die Ziele sind von einer Ambivalenz geprägt, die noch öfter in Planungen für alte Industriegelände und -regionen zu beobachten sein wird. Auf der einen Seite steht der Wunsch, die Region für die Wirtschaft aufzuwerten, auf der anderen die Notwendigkeit, es über indirekte Mittel zu versuchen. Das heißt hier, wie in anderen Regionen, Stärkung der »Attraktivität«. Sie soll Abwanderung verhindern und gleichzeitig das Gebiet für nicht in ihm lebende Menschen sichtbar und sehenswert machen, zunächst für Touristen. Schließlich soll es aber auch anziehend für die Entwicklung neuer Gewerbe, für industrielle Produktionen werden. Ästhetische und als »kulturell«, hier im Gegensatz zu »ökonomisch«, verstandene Aktivitäten, Interpretationen und Konzepte, sollen das Gebiet aus seiner jetzigen Lage in eine bessere versetzen. »Die Zukunft der Region muß durch eine stärkere Berücksichtigung der Lebensbedingungen und -qualität und durch die Überwindung der kulturellen Anomie geschaffen werden, die sich im Verlust des Selbstvertrauens und der Schwäche der lokalen, gemeinschaftlichen Initiative in vielen alten Industrieregionen zeigt. Der touristische Anker kann eines der Heilmittel in der Krise sein: Arbeitsplätze verschiedener Art, das Gefühl des Stolzes auf das gemeinschaftliche Erbe, weitere Aufwertung...« (ebd. 8)

Das Konzept, das 1995 von einer Marketingfirma entwickelt wird, ist das Ergebnis eines Such- und Testprozesses. Das Konzept ist entworfen im Hinblick auf Marktchancen und Marktlücken und bezieht sich auf das Image, dem die größten Erfolgschancen eingeräumt werden. Das Konzept besteht in einer genauen Darstellung des Profils, das das *Écomusée* entwickeln muß, um sich als eigenständiges, besonderes, identifizierbares Museum der Industrie und der Arbeitswelt präsentieren zu können. Die Eigenart ist ein Verkaufsargument, die Identität des Museums, nicht die seiner Besucher, ist die Frage, auf die sich die Überlegungen beziehen. Die Grundidee, nach der Bois-du-Luc und das *Écomusée du Centre* entwickelt werden sollen, beschreibt die Aufgabe der Selbstdarstellung und Deutung in Abgrenzung von anderen wenige Kilometer entfernten musealen Unternehmungen wie folgt:

»Wenn das Gelände in Lewarde (Nordfrankreich) der Spiegel der Bergbautechnologie, wenn le Grand-Hornu der Spiegel einer eigentümlichen und ›fürstlichen‹ Industriearchitektur ist, dann ist es für Bois-du-Luc passend, der Spiegel des Bergmanns zu sein und bescheiden, doch mit Energie rund um die großen mechanischen Räderwerke das Tun und Treiben, das Leben dieser Frauen, dieser Männer ins rechte Licht zu

uoteen, das durch das Kohleuniversum polarisiert und auf einen eingeschränkten, die Gewohnheiten und Gebräuche prägenden Raum fixiert war, und die Erinnerungen daran zu schärfen. Bois-du-Luc muß diesen kohärenten sozialen Zusammenhang zeigen, der DIE MENSCHLICHE ENERGIE ausdrückt. Diese Wahl wird uns von den anderen Bergbauzentren unterscheiden, die der Öffentlichkeit zugänglich sind, und uns erlauben, Bois-du-Luc zu einem Erlebnis zu machen.« (ebd.)

Da mittlerweile mehrere eingeführte und zum Teil sehr populäre Institutionen und Museen existieren, die auf die Bergbaugeschichte Walloniens wie die der wenige Kilometer entfernten nordfranzösischen Kohlegebiete verweisen, ist der Zwang zur Differenzierung und zur genauen Bestimmung der eigenen Position gegeben. Ereignishaftigkeit muß erzielt werden, nicht nur Aufmerksamkeit. Der Versuch, über eine Musealisierung die nicht mehr nur drohende, sondern eingetretene Marginalisierung zu mildern, verlangt mittlerweile nicht nur die Erweckung von Interesse am industriellen Erbe, das geradezu *common place*-Qualitäten angenommen hat, sondern einen genauen Entwurf des Bildes, das eine nicht leicht auffindbare Lücke im touristischen Markt noch zu füllen vermag.

Die lokale Identifizierung mit dem »industriellen Erbe«, die Soyez in Frage gestellt hatte, ist in Bois-du-Luc vorhanden, der Wunsch, mit dem (auch) industriellen Potential für die Publizität einer Sehenswürdigkeit zu sorgen, desgleichen. Eine neue Grenze dieses Bemühens, mit der in Bois-du-Luc umgegangen wird, stellt die Fülle des nunmehr in die Museums-, die Denkmal- und Besuchswürdigkeit Drängenden dar. Denn ein langsam akzeptierter und erweiterter Denkmalbegriff und der Erfolg einiger Industriemuseen haben bereits viele Gebäude und Anlagen der Schwerindustrie in Ziele des Tourismus verwandelt.

Wie Bois-du-Luc seine Lücke im Markt der Gedächtnisse finden und füllen wird, ist noch nicht klar. Aber eines zeigt dieses Projekt bereits in seinen Ansätzen: Musealisierung ist eine selbstverständliche Strategie, zu der eine marginalisierte Region mit Erfolgserwartung greift, wenn es um ihre wirtschaftliche Entwicklung geht. Die Überreste allen bisherigen Wirtschaftens fungieren dabei, zumindest in den Argumentationen für Strukturfondsgelder der Europäischen Gemeinschaft, kaum mehr als Gegenstände eigenen Rechts und eigener Qualität, sondern als notwendige Bedingungen für die Erzeugung eines Bildes, das Hoffnungen auf seine touristische Entdeckung macht. Wichtig ist, daß Dingen und Bauten irgendeine Bedeutung abzuringen ist, nicht aber, welche. Im Wettbewerb der ausgestellten Gedächtnisse zeigt sich die Notwendigkeit, ein Modell der Region zu entwickeln, das über ein Motto aufgerufen werden kann. Indem sie zur grundlegenden Strategie für die Modellierung einer ganzen Region wird, löst sich Musealisierung so von ihrem materiellen Substrat: Vieles kann zu ihrem Gegenstand werden, und glückt sie nicht in wirtschaftlicher Hinsicht, so wird das Besondere ungesehen bleiben.

Teil V

Übergänge – Monumentales, Ephemeres, Ruinen

Es gibt Prozesse, in denen Bauten und Dinge erhalten oder zumindest nicht zerstört werden, die nicht umstandslos in einer Strategie der Musealisierung aufgehen. In diesen Verfahren findet eine nicht nur abwehrende Auseinandersetzung mit den größten Feinden der Musealisierung statt, dem Verfall und Vergehen von Dingen, Bauten und Stoffen, der Vergänglichkeit von Lebensformen. Unter der Anerkennung des Verfalls und unter Berücksichtigung der Qualitäten von Materialien eröffnen sich andere Möglichkeiten für Wieder-Holungen der Dinge, Bauten und Landschaften, als sie der Anschauung und ihrer Industrie, dem Tourismus, zu geben. Die Verfahren sind heterogen, und einige bemühen zu ihrer Absicherung das rechtliche Instrumentarium des Denkmalschutzes, ein zu Unrecht allein mit Musealisierung assoziiertes Institut.

Die ersten Verfahren, von denen im Folgenden die Rede sein wird, richten sich auf die symbolische und ästhetische Umdeutung und Umnutzung alter Bauten, ohne daß dabei der Anspruch, sie als Zeugnisse einer Vergangenheit aufzubewahren, im Vordergrund steht: Sie bleiben und gewinnen eine andere als ihre vorherige Funktion. Dieser Weg des Wieder-Holens bezieht sich auf die Umwidmung alter Gebäude, auch alter Stadtteile für neue Zwecke und Besetzungen. Das ist durchaus ein Prozeß der Monumentalisierung, der Schaffung von Denkmalen, doch keiner der Musealisierung. Vielmehr handelt es sich um einen Prozeß, der Dinge und die Qualitäten, die sie aufweisen, die Bedeutungen, die mit ihnen verknüpft werden, neu in Dienst nimmt ohne den Anspruch der Konservierung von Zeugnissen der Geschichte, der Kunst, der Kultur. Es geht um Verfahren, die sowohl die materialen als auch die symbolischen Potentiale der Überreste alter Produktionen respektieren, aber sie als Material auffassen, über das es freier zu verfügen gilt als es die Bindung an eine Darstellungs- und Ausstellungsabsicht erlauben würde.

Eigen ist diesen Entwicklungen, daß mit ihnen eine sehr alte Strategie der Verwertung auf den Plan tritt, nämlich die Umwidmung, der Umbau, Verfah-

ich, die gerade einmal im 19. und 20. Jahrhundert aus dem Blick geraten sind. Es ist genau diese Strategie der Verwertung, die in ihrer perfektionierten Form erlaubt, Recycling zu betreiben, das heißt, das stoffliche Wieder-Holen alter Gebäude, Infrastrukturen und Stadtgebiete zu organisieren. Das ist möglich unter völliger Abstraktion von all dem, was Musealisierung zu schützen sucht: Identität, Geschichte, jede Art der Sinngebung, die über den Erhalt von materiellen Relikten als Gedächtnis erzeugt wird. Der Prozeß der Umnutzung erhält keine Geschichte, wie es die museale Gegenwelt über sich vermutet, er konstruiert keine Geschichte, wie es die musealisierenden Projekte für die Entwicklung einer Region unternehmen: er braucht sie nicht.

Es stellt sich die Frage nach der Qualität dieser Wieder-Holungen, nach dem, was sie auszeichnet, sowie nach den Überzeugungen, die das Umnutzen in den siebziger Jahren des 20. Jahrhunderts wieder gesellschaftsfähig machen. Der abgeschlossenen Postmodernediskussion in Architektur und Stadtplanung ist dabei hinzuzufügen, daß die Umnutzung von Fabrikbauten und Produktionsanlagen lesbar ist auch als Kommentar zum Ende der durch die schwerindustrielle Produktion geprägten Gesellschaft in den alt-industrialisierte Ländern.

Der Rekurs auf postmoderne Deutungen in Architektur- und Stadtplanungstheorie reicht allerdings nicht aus, um den Prozeß zu begreifen, in dem Umwidmungen zu üblichen Verfahren des Umgangs mit ausrangierten Bauten werden, zumal es eine Fortsetzung der Entkleidung von historischen und semantischen Aufladungen aller Art gibt. Während postmoderne Gestaltungen den Geschichten das Tanzen unter den Umständen einer angestrebten Marktfähigkeit alter Bauten beizubringen suchten, gibt es in letzter Zeit Befunde und darauf gegründete Argumente, die Geschichte und Geschichten völlig zum Verstummen bringen könnten, auch wenn die Initiatoren dieser Rede das wohl keinesfalls beabsichtigen. Denn eng an das Spielen mit und Abstreifen von Geschichten schließt sich eine Argumentation für den Erhalt des Industriebaus an, die auf der gesetzlichen Grundlage des Denkmalschutzes zur weiteren Entwicklung der Erhaltungsstrategien beitragen wird: Neuerdings wird eine Beziehung zwischen Industriedenkmal und Altlast hergestellt, die das Denkmal von einer stofflichen Seite her begreift.

Die Argumentation bezieht sich auf den Gedanken der Ressourcenschonung, der zwar aufgrund der besonderen stofflichen und handwerklichen Qualitäten alter Industriebauten auch schon den als postmodern zu bezeichnenden Umnutzungen der achtziger Jahre zugrunde liegt, doch wird dieser Bezug nun neu entwickelt. Das Industriedenkmal wird dem Kalkül einer allein auf Stoffe gehenden Wiederverwertung ausgeliefert. Seinen Ausgang hat dieser Gedanke in einer Verbindung der mittlerweile etablierten Diskurse über Industriedenkmale und Altlasten. Sie kommt zustande über Objekte, auf die sich beide richten: Denkmalgeschützte Kokereien beispielsweise sprengen allemal die Grenzwerte, die eine Bearbeitung als Altlast angezeigt erscheinen lassen kann.

Zu sprechen ist in diesem Teil auch von anderen Formen des Übergangs, in denen sowohl ein Wieder-Holen als auch ein Verschwinden geplant und organisiert werden können, das heißt, von der Akzeptanz des Verfalls und einigen Planungen, die seine Begleitung vorsehen und arrangieren. Denn Erhalt stößt an Grenzen. Manche ungeplanten, unwillkürlichen Transformationen stellen Erhalt überhaupt in Frage und verlangen einen planerischen Umgang mit dieser Tatsache. Deshalb befaßt sich das zweite Kapitel dieses Teils mit den Übergängen, die die daraus entwickelten Formen der Rettung alter Bestände in Kultur und Erbe zu einer naturalisierenden Sicht der vorhandenen Reste der alten Industrien unterhalten: Dort, wo das industrielle Gerät, die »anonyme Skulptur«, wie Bernd und Hilla Becher sie genannt haben, sich als ephemer erweist, dort, wo Gebäude soweit zerfallen sind, daß Rekonstruktion ausfällt, hört das Wieder-Holen des technischen Kulturdenkmals auf. An dieser Stelle ist über die besonderen Qualitäten des Industriebaus zu sprechen, die ihn zu einem Gegenstand machen, der eine moderne Ästhetik des Ephemeren exemplifizieren kann: Industriebauten sind ephemer und steigern die Geschwindigkeit ihres Verschwindens im 20. Jahrhundert. Das zweite Kapitel dieses Teils diskutiert einige Folgen dieses Umstandes am Beispiel des Völklinger Hochofens, der in die UNESCO-Liste des Weltkulturerbes aufgenommen worden ist.

Das Ephemere, zentraler Begriff für das Verständnis moderner Ästhetik, ist mit einer besonderen Art des Verschwindens verbunden. Es handelt sich um ein Ausdünnen des Materials, ein Fragilwerden, ein schließlich spurlos nicht mehr Anwesendsein: Das Ephemersein charakterisiert Prozesse des Vergehens eines als leblos imaginierten Materials. Das, was belebt ist, oder als belebt gedacht wird, ist nicht mit einer Ästhetik des Ephemeren assoziiert, sondern mit einer Ästhetik, die auf eine oder mehrere Deutungen der Ruine rekurriert: Da, wo das Verschwinden der Industrie als ein Sterben wahrgenommen wird, tauchen Bilder aus dem reichen Arsenal der Ruinenmotive auf. Und wo Gartenarchitekten sich mit zerfallenden Industriebauten befassen, weist die Motivgeschichte der Ruine ihnen den Weg zur Gestaltung.

Das ist der Grund, weshalb hier nicht nur von dem Ephemeren als Signum einer modernen Ästhetik zu handeln ist, sondern auch von einem Fundus von Motiven des Vergehens, der nicht erst mit der Industrie entsteht. Wie an verschiedenen Gestaltungen gezeigt werden kann, ermöglicht der Rekurs auf Ruinenmotive überdies die Auszeichnung von Haltungen, eine Möglichkeit, die der Rekurs auf das Ephemere nicht eröffnet: Mit Ruinenmotiven verbinden sich Trauer, Freude oder Gleichmut, Haltungen, zu denen die Ästhetik des Verschwindens des leblosen Materials nicht anleitet. Die Bilder des Übergangs, die die Ruine zeigt, stellen darüber hinaus eine Verbindung her zu dem, was als Natur gedacht und empfunden wird. Damit ist die Diskussion einiger Entwürfe für und von Ruinen der alten Industrie auch geeignet, in die folgenden Teile der Arbeit einzuführen, die sich auf die Bilder der postindustriellen Natur, auf die postindustrielle Landschaft und ihre Gärten beziehen.

1 Monumentales

Die Trivialität der Umnutzung

Alte Gebäude oder Stadtteile, die, renoviert oder umgebaut, neuen Zwecken zugeführt worden sind, sind keine neue Erscheinung. Ohne Musealisierung, Denkmalschutz, kunsthistorische Erwägungen und besondere erhaltende Vorkehrungen sind über Jahrhunderte alte Gebäude wieder und neu genutzt worden. In Verona und Tours sind Reste antiker römischer Amphitheater und Zirkusbauten Teile von Wehranlagen geworden, in Florenz und Lucca mutierten sie zu Wohnungen. Die französische Revolution und die Säkularisierung im Anschluß daran führte zur Umnutzung von Klöstern etwa als sorgfältig umgebaute Rathäuser, Kirchen und Abteien wurden zu Gefängnissen, zu Handwerks-, auch Industriebetrieben umgenutzt oder ohne jeden Umstand als Ställe verwendet. Manche Umnutzungen sind symbolisch zu deuten, so etwa der letztgenannte Fall der Entweihung. Auch Umwandlungen von Kirchen in Moscheen, von Moscheen in Kirchen, von Schlössern in Verwaltungsgebäude entbehren eines symbolischen Aspektes keinesfalls. Doch sind Umnutzungen weniger als besonders ausgezeichnetes und bedeutungsvolles traditionelles Verfahren anzusehen als vielmehr als pragmatische Umgangsweise mit Bauten, die ihre Funktion durch verschiedenste Umstände verloren haben, deren Nutzen sich verflüchtigt hat, während die Hülle, in der sie stattfand, noch da ist.

Auch Produktionsgebäude der Industrie werden bis ins 19. Jahrhundert meist in bestehenden Bauten eingerichtet. Bauten der Textilindustrie beispielsweise sind häufig Mühlen, die umgenutzt und erweitert werden. Umnutzungen von bestehenden Bauten und Nutzungen durch verschiedene Gewerbe nacheinander sind nachgewiesen, solange die Spezifik einzelner Produktionszweige und Funktionen noch kaum besondere Bauformen verlangt.[1] Bei vielen Bauten, die für andere Nutzungen umgebaut werden konnten, dürfte einer der Gründe neben Lage und Brauchbarkeit gewesen sein, daß es zu

153

aufwendig war, sie zu beseitigen – die Nutzung ist ephemer, der Bau beständig.

Nicht nur in den alt-industrialisierten Ländern ist dieser Gedanke im 20. Jahrhundert verschwunden. Mit einem Höhepunkt in den fünfziger bis siebziger Jahren setzt sich die Praxis durch, für neue Nutzungen neue Bauten zu erstellen – und nach dem Ende einer Nutzung den Bau abzureißen, in dem sie stattgefunden hat. Das entspricht einer monofunktionalen Auffassung von Bauwerken und zeugt von einem Glauben an eine immer wieder zu überholende Perfektionierbarkeit.[2] Auch setzt ein solches Vorgehen die Überzeugung voraus, daß die Transformation von Baustoffen in Schutt – mit zunehmenden Verkabelungen, Verklebungen und nicht traditionellen Baumaterialien in Sondermüll – keine erwähnenswerten Fragen aufwirft. Diese Auffassungen sind allein dem 20. Jahrhundert eigen. Sie sind mit dem industriellen Bauen verbunden, insofern auch mit dem Industriebau, mit der Ideologie einer reinen, auch in der Außengestalt von Bauten ausgestellten Funktionalität. Sie ist mit einer Ästhetik verbunden, die das Überleben und die Fortentwicklung von Bau- und Finanzierungskonzepten in den Vordergrund stellt, während sie die materialen Realisierungen zunehmend als ephemer begreift[3] – der Bau ist ephemer, die Verpflichtung des Bauens auf aktuelle Zwecke beständig.

Es ist erst eigens die Entdeckung der Qualitäten alter Bauten und Stadtteile notwendig, um der kurzzeitig vergessenen Trivialität des Umbaus wieder Geltung zu verschaffen. Die Faszination, die der alte Industriebau, die alte Industrieanlage, das Industrie- oder Hafengebiet ausübt, ist in diesem Falle nicht museal, sondern geht aus von neuen Zwecken und beginnt mit dem Blick auf vorhandene Qualitäten alter Bauten und Stadtteile, die für die Erfüllung dieser Zwecke nutzbar sind. Diese Aufmerksamkeit zeichnet viele Entwürfe für Umbauten und Umwidmungen aus, die ab Ende der siebziger Jahre und fortgesetzt bis heute an die Stelle des Abrisses alter Industrie- und Infrastrukturbauten getreten sind.

Qualitäten des Stadtteils

Die Qualitäten, die eine gegebene Situation aufweist, werden nicht nur im Zusammenhang einzelner Fabrikanlagen gesehen, diskutiert und anerkannt, sondern betreffen auch große innerstädtische Industriegebiete. Seit den siebziger Jahren des 20. Jahrhunderts, mit einem Höhepunkt in den achziger Jahren, werden Städte in ihren stadträumlichen und funktionalen Schwerpunkten verändert und verschoben. Auslöser dieser Verschiebungen sind Umwidmungen alter Industriegegenden, ganzer für die Wahrnehmung der Stadt verlorener Stadtteile.

Diesen Stadtumbauprojekten ist gemein, daß sie mit einer neuen semantischen Besetzung der alten Areale beginnen, ihre Qualitäten hervorheben, ihre Monumente selektieren und die alte Unsichtbarkeit der Industrie und ihrer Brachen zu bannen suchen. Die Wahlen erzeugen das Bild einer wertvollen Vergangenheit und integrieren es in ein neues Konzept. Dieses setzt auf einen neuen Anfang, der zwar, zumindest vage, mit Tradition und Geschichte verknüpft sein soll, doch nicht mit der Vernutzung. Die Images antworten auf die Assoziationen, die sich mit altem Industrieland verbinden.[4]

Die Londoner Docklands, über deren mühsamen Anschluß an die öffentlichen Verkehrsmittel, über nicht immer erfolgreiche Imagekampagnen und ausführliche Bautätigkeit East London zum Innenstadtbereich erschlossen wurde, sind das wohl prominenteste Beispiel dieser Art. Über die Docklands, das wohl größte umgenutzte Gebiet, ist viel geschrieben worden,[5] deshalb sei hier ein weniger prominentes Beispiel skizziert, in dem die vorhandenen Qualitäten des Stadtteils eine Rolle als visuelle und konzeptionelle Anker für die Planung und Errichtung einer fast ausschließlich neuen und dichten Bebauung spielen: der Umbau eines alten Hafengebietes in Rotterdam.

Das Gebiet von Kop van Zuid gehört zu den älteren Teilen des Hafens von Rotterdam. Mitte der siebziger Jahre waren die Hafenanlagen nicht mehr in Gebrauch.[6] Mitte der achtziger Jahre kamen im Rat der Stadt Überlegungen zu einer Erweiterung des Geschäfts-, das heißt, des Büro-, und Wohnzentrums auf. Mit diesen Plänen geriet Kop van Zuid aus der symbolischen wie räumlichen Abseite ins Zentrum der Stadt. Die Maas, die eine schwer zu überwindende Grenze zwischen dem Zentrum im Norden und den Hafengebieten im Süden bildete, wurde nun als Zentrum der Stadt gelesen. Deshalb ist eine Brücke, die Kop van Zuid mit der alten Innenstadt verbindet, zum zentralen Bestandteil der Planung geworden, nicht nur aufgrund der optischen Prägnanz und ihres Einflusses auf die Skyline des Hafengebietes, sondern auch wegen ihrer praktischen wie symbolischen Funktion: Sie verbindet zwei früher getrennte Gebiete zu einem Zentrum.[7]

Die alten Strukturen auf Kop van Zuid erfahren eine Neubewertung. Die Nutzungen, die nun geplant werden, richten sich an anspruchsvolle, das heißt zahlungskräftige Mieter und Eigentümer, die im großstädtischen Milieu in einer Innenstadt wohnen wollen und für die dieses Angebot noch nicht existiert.

Funktionen, die urbanes Wohngefühl im alten Industriehafen, dem neuen Innenstadtteil, erzeugen sollen, sind Dienstleistungen und öffentliche Verwaltungen, vor allem aber Büronutzungen nach neuesten Bedürfnissen und international konkurrenzfähigen Standards. Dabei sollen weder Hafenbecken verändert, noch alle Erinnerungen an die Vergangenheit des Gebietes getilgt werden, wohl aber soll – nach Abrissen von Lagerhallen und Eisenbahnlinien, Umsiedlungen von noch dort arbeitenden Betrieben und nach Altlastenbeseitigung – ein völlig neues »Nutzungsprofil« entstehen. Materiell erhalten bleiben die Piers, die Hafenbecken, die restauriert oder wiederaufgebaut werden, auch das Abfertigungsgebäude der Holland-Amerika-Linie, das heute ein Vier-Sterne-Hotel ist. Daneben entstehen neue Bauten, ein Justizgebäude, mehrgeschossige Wohnbauten, Eigenheime, Spiel- und Sportanlagen. Die Anbindung an die Nachbarstadtteile, Arbeiterviertel aus dem 19. Jahrhundert, um das alte Hafengebiet soll ausgestaltet werden. Im Gebiet soll eine Funktionsmischung entstehen, die neben Wohn- und Geschäftsaktivitäten Freizeit-, Sport- und touristische Nutzungen vorsieht. Das Ziel ist eine »toplocatie« für die erwartete neue Dienstleistungsgesellschaft. Vorbilder sind die Hafenumbauten von Baltimore, Boston, Toronto, London und Hamburg.[8]

Diese Ideen wurden in der Ausarbeitung eines städtebaulichen Entwurfs durch den Architekten und Stadtplaner Teun Koolhaas integriert, entwickelt und 1987 vorgestellt. Mit der seitdem verfolgten Planung für Kop van Zuid ist nicht nur ein lokales Umwidmungs- und Umbauprojekt in Gang gesetzt worden, sondern ein Stadtumbau, der das Stadtbild ganz Rotterdams in zweierlei Hinsicht verändert. Das eine Ziel ist, Rotterdam als Teil der sogenannten Randstad, die Amsterdam, Rotterdam, Utrecht und s'Gravenhage umfaßt, zum internationalen Geschäfts- und Handelszentrum auszubauen, das mit London, Paris, Brüssel und Frankfurt konkurrieren kann, das zweite Ziel ist eine Erweiterung des Zentrums Rotterdams durch einen auf dem aufgegebenen Hafengelände neugestalteten Stadtteil. Damit ändert sich die Gesamtstruktur der Innenstadt.

Die Zentrumserweiterung impliziert darüber hinaus den Wandel des Images der gesamten Stadt. Ein Strategieentwurf für die Jahre 1989-1999 benannte als erste Bedingung für das Gelingen der Zentrumserweiterung, daß »(ein) neues Image für Rotterdam geschaffen werden kann als eine Stadt, die für ihre Führungsposition im internationalen Handel, ihre technologische Avanciertheit und ihre moderne Lebensqualität bekannt ist, und nicht als Stadt mit jenem schalen, industriellen Charakter der letzten Jahrzehnte.« (Enterprise Development Company 1988, I) Der anvisierte Prozeß der materiellen Veränderungen und großen Umbauten wurde begonnen als ein Prozeß, in dem die Wahrnehmung und Deutung der Stadt sich ändern mußte, um schließlich von dieser Grundlage ausgehend den materiellen Umbau zu realisieren.

Umwidmung ist also zuerst ein symbolischer Prozeß der Neubesetzung, dann erst eine materielle Umgestaltung. Das Vorhandene bekommt dabei seine Rolle genau zugeteilt, wie es am deutlichsten die Zusammenfassung in einer Broschüre ausdrückt:

»Charakteristische, authentische Elemente der Gegend wie die Kais, doch auch monumentale Gebäude werden so weit wie möglich erhalten. So wird beispielsweise das alte Warenhaus ›De vijf Werelddelen‹ (Die fünf Erdteile) im Entrepôthaven, das aus dem Jahr 1874 stammt, künftig wieder eine Schlüsselfunktion haben. Auf der Wilhelminapier werden ebenfalls eine Reihe von monumentalen Gebäuden erhalten. So wird das alte Direktionsgebäude der Holland Amerika Lijn (HAL) restauriert und mit neuem Leben erfüllt. Der Wilhelminapier ist der Ort, an dem von 1873 an und danach über viele Jahre Tausende von Niederländern und Europäern sich auf Schiffe der Holland Amerika Lijn begeben haben. Sie hofften, in den Vereinigten Staaten oder in Canada die Grundlage für eine bessere Existenz legen zu können. Eine Ankunfts- und Abfahrthalle auf dem Wilhelminapier wird an diese Zeiten erinnern. Im Gesamtensemble der Entwicklung von Kop van Zuid wird der Wilhelminapier als ökonomischer Dreh- und Angelpunkt dienen. Das logistische Konzept für den Wilhelminapier wird auf der Basis des Gesamtplanes des berühmten Architekturbüros Foster Associates aus London Gestalt annehmen.« (Kop van Zuid Communications Team 1996, 27f)

Semantische Revisionen

Weniger die Trivialität des Abrisses nach modernem Muster noch die Trivialität der Umnutzung, sondern die Tatsache, daß ab Ende der siebziger Jahre bis Anfang der neunziger Jahre die Neunutzung von Industriebauten, von Handels- und Infrastrukturbauten, von industriell geprägten Stadtteilen für neue wirtschaftliche Entwicklungen und die Bedürfnisse der erwarteten Dienstleistungsgesellschaft eine Bauaufgabe darstellte, die internationale Reputation versprach, ist erwähnenswert. International bekannte Architekten und Büros befaßten sich mit dem Umbau von alten Industriebauten und arbeiteten an den großen Stadtumgestaltungen der achtziger Jahre mit, darunter Aulenti, Bohigas, Bouteille, Mackay, Martorell, Ove Arup, Rogers, Stirling; einige Architekten wurden damit bekannt, wie Robert et Reichen in Paris und andere.

Als Ereignisse der Architekturwelt gefeiert sind die Umnutzungen einzelner Verkehrs- und anderer Infrastrukturbauten des 19. Jahrhunderts, des Gare d'Orsay in Paris, der zum Nationalmuseum mutierte, der Union Station in St. Louis, aus der ein Shopping Center und ein Hotel wurden, der Umbau eines Teils der Albert Docks zur Tate Gallery Liverpool, der Fisherman's Wharf in San Francisco zu einem Einkaufs- und Freizeitzentrum, der Amsterdamer Hauptpost in das Einkaufzentrum Magna Plaza, des alten Wasserwerks der DWL in Rotterdam in eine Wohnanlage mit Gewerberäumen, der Umbau eines Lagerhauses in das Kulturmagasinet in Sundsvall, Schweden, der Umbau des Pavillon d'Arsenal in Paris in ein Ausstellungszentrum für Architektur, der Grande Halle – der Rinderhalle des ehemaligen Schlachthofs von Paris – in ein Kulturzentrum, der Fischauktionshalle in Hamburg-St. Pauli in eine Mehrzweckhalle.

Ebenso sind zahlreiche Fabriken für neue Nutzungen umgebaut worden, nicht nur zu Industriemuseen. Dazu gehören die Lowell und Boot Mills in Lowell, Massachusetts, USA, die Multifunktionszentren geworden sind, die Leatherworks in London, heute Ausstellungsräume für Möbel, der Umbau der Chewing Gum and Battery Factories in New York in ein Designzentrum, die Aachener Schirmfabrik Emil Brauer, heute das Ludwig Forum für Internationale Kunst, die Municipal Asphalt Plant in New York, umgebaut in eine Sporthalle und ein Kulturzentrum, die Ravensberger Spinnerei, jetzt ein Kultur-, Bildungs- und Informationszentrum, die Textielfabriek Jannink in Enschede/ Niederlande, aus der Wohnungen und ein Textilmuseum wurden, die Tiefenbrunnen-Mühle in Zollikon/Zürich, ein Multifunktionszentrum, die Textilfabrik Le Blan in Lille, jetzt teilweise ein Bürohaus, die Textilfabrik Motte-Bossut in Roubaix, umgebaut für das Centre des Archives du Monde du Travail, die Spinnerei Ermen und Engels in Engelskirchen, umgebaut in ein Rathaus, das Fiat-Werk Lingotto, heute unter anderem Tagungszentrum, die Vapriikki in Tampere, nun doch in ein Museum, das der finnischen Industrie, eine alte Munitionsfabrik, die das Karlsruher Zentrum für Medien aufgenommen hat … Die Reihe ist nicht abzuschließen.[9]

Es ist durchaus sinnvoll, die Fülle mit der Fülle aufgegebener Industrie- und Verkehrsbauten zu erklären. Doch die Prominenz dieser Bauaufgabe, die sich in zahlreichen Publikationen eigens zu diesem Thema niedergeschlagen hat, spricht dafür, daß es sich dabei eben auch um einen Gegenstand handelte, an dem ein für die alt-industrialisierten Gesellschaften aktuelles Thema gestalterisch verhandelt wurde – die Frage der Vergangenheit, Gegenwart und Zukunft angesichts der aufgebenden Industrie und die Frage einer bis Anfang der achtziger Jahre bei Großbauten beherrschenden modernen, vom Internationalen Stil geprägten Architektur, die mit der Aufgabe ihrer ästhetischen Basis, der (Schwer-)Industrie, konfrontiert war und sich eben nicht nur über Abriß und Musealisierung lösen ließ.

Darauf verweist eine Eigenart der Umbauten vor allem der achtziger und frühen neunziger Jahre. Sie versuchen, den Charakter der alten Bauten – nicht nur von Industriebauten – in genau gewählten Zügen zu erhalten. Was fasziniert, ist die Stabilität der vorgefundenen Strukturen aus dem 18. und 19. Jahrhundert. Materielle Reste der vergangenen Nutzungen werden ausgewählt beseitigt, die zur Erhaltung ausgewählten Reste werden integriert in neue Konzepte. Die Charakteristika der alten Bauten werden dabei zum konzeptionellen wie stofflichen Material einer neuen Architektur und Architekturtheorie. Mit diesen alten Zügen verbinden sich neue Nutzungskonzeptionen, die Nutzungen für Dienstleistungsbetriebe, Ausstellungen, Museen in zahlreichen Fällen, auch für Wohnungsbau, seltener Bürobau, vorsehen. Viele Entwürfe integrieren dezent neueste Bautechnik, oft Überlegungen zum ökologischen Bauen und verweisen darüber auf einige der Themen, die die Architektur auch nach dem Ende postmoderner Diskussionen beschäftigen.[10]

Es sind »Spuren«, die die Vergangenheit hinterlassen hat, die in genau gewählten Zügen präsentiert werden. Die Beispiele für den deutlich sichtbaren Erhalt charakteristischer Züge lassen sich häufen, im Umbau des Gare d'Orsay der sichtbar bleibende Einbau von Strukturen des Museums in eine nach wie vor als solche identifizierbare Bahnhofshalle, die Gasgebläsehalle der Völklinger Hütte, in die zwischen die alten Maschinen Veranstaltungsflächen gesetzt sind, die Bauten der Albert Docks in Liverpool, deren Fassaden überholt sind und die nach wie vor von Kränen und Verteuungsanlagen umgeben sind, die Londoner Docklands, in denen die Hafenbecken, die Wasserwege und die Schleusen weitgehend erhalten wurden. Die umgenutzten Bauten verweisen auf eine vorherige, eine abgeschlossene Nutzung, die sie explizit in ihren materiellen Relikten vorweisen. Aus dem Alten kommt das Neue, das über das Alte verfügt, es verändert, ohne es (ganz) zu zerstören. Historische Imagination und neue, zukunftsweisende Nutzung gehen eine sichtbare und zweifach zu lesende Verbindung ein. Lesbar sind die genannten Umbauprojekte als dreidimensionale Vexierbilder, »Vexierskulpturen«, die Vergangenheit und/oder Zukunft zu zeigen vermögen, auch als »Geisterzeichen, die auf die Vergangenheit anspielen«, wie Charles Jencks in einem Gespräch mit Peter Eisenman jede Architektur beschrieben hat, die er der Postmoderne zurechnet (Eisenman 1995, 255).

Der Architekt Philippe Robert spricht von einer Architektur, deren Ergebnisse als Palimpseste zu entziffern sind, und verbindet diesen Gedanken mit der durchaus nicht modernem Verständnis des Architekten entsprechenden Feststellung, daß auch alte Bauten dem Architekten Kreativität erlauben, denn sie sind *re-crées*, wiedergeschaffen. Der alte Bau ist nicht nur in seinen Stoffen, sondern auch in seiner Konzeption ein Rohstoff, der einer Formung zu unterwerfen ist. Es entstehen Konstruktionen, die sich in verschiedener Weise des Alten bemächtigen, und gebaut werden *dedans, dessus, autour, à côté*, darin, darüber, rings herum und daneben. Adaptionen an neue Nutzungen und Recycling von Materialien spielen ebenso eine Rolle wie das »Bauen nach Art von« (*construire de manière de*) – und das ist der Schritt, an dem deutlich wird, daß der alte Bau nicht gebraucht wird, um *reconversion* zu betreiben, sondern, daß es hier um die Deutung der Relationen des Alten und des Neuen geht, ohne Angewiesenheit auf ein bestimmtes Material, so daß jedes Material zum Ausgangsstoff dieses Prozesses werden könnte (Robert, 1989, 6ff).

Außer Gebrauch geratene Industriebauten und industriell geprägte Stadtteile, die den Abriß vor sich hatten, sind deshalb prototypische Gegenstände dessen, was als postmoderne Architektur verhandelt worden ist. Liest man postmoderne Architekturtheorie und -konzepte als Reaktion nicht nur auf modernes Bauen und die veränderte Funktion der Architektur, sondern auf das Ende der durch die Schwerindustrie geprägten Gesellschaft, dann erscheinen die Charakteristika postmodernen Bauens nicht nur als Oberflächeneffekte oder Spiele, sondern als begleitende, zustimmende, auch experimentelle Kommentare zum Ende der Industriegesellschaft, zum Ende einer durch Industrieästhetik bestimmten Architektur wie zur schleichenden Aufkündigung sozialer Verpflichtungen. Man greift zu kurz, wenn man die Umbauten von alten Industriegebäuden, die teils zu typischen Projekten der architektonischen Postmoderne wurden, als »nostalgisch«, »emotional ansprechend«, als Umgang mit »leere(n) Hülle(n)«, als »affirmativ« beschreibt und die Momente der Revision darin nicht sieht[11], denn die Alternative zu diesem durchaus respektvollen »postmodernen« Spiel wäre »moderne« Vernichtung. Die meisten der Entwürfe erzeugen eine andere Vision der Moderne, die die materiellen Reste alter Funktionen nicht mehr materiell entsorgt, weil das irrelevant ist.[12]

Die Industriebauten, die umgenutzt werden oder wurden, weisen im Wesentlichen drei Eigenschaften auf: Sie, zumindest ihre Fassaden, waren errichtet in repräsentativen Stilen, oder sie waren von vornherein als Monumente entworfen, oder es handelt sich um Strukturen, die aufgrund von Größe oder Lage als monumental und damit als erhabene deutbar sind. Überschaut man die Reihe besonders auffallender Gestaltungen von Bauwerken, die vom Abriß bedroht waren, so fällt immer wieder dieser Umstand ins Auge.[13] Der heute nahezu unbesehen erhaltenswerte, umgenutzte Industriebau stammt im allgemeinen aus dem letzten Jahrhundert oder aus der Zeit um die Jahrhundertwende. Im Idealfall handelt es sich um die Fabrikburg, das Fabrikschloß, gebaut mit Eisenträgern, aus Ziegelsteinen, selten auch aus Sand- oder Kalkstein, massive Bauten, häufig aber auch um Eisenkonstruktionen,[14] jene Strukturen, die für die Zeitgenossen das schockierende Verschwinden des Körperlichen zeigten, wenn sie nicht verkleidet und getarnt wurden.[15] Den genannten aufgegebenen und umgegebenen Bauten ist eine Eigenschaft gemeinsam, sie sind für dauerhafte Nutzungen geeignet. Würde man ihnen sonst so viele Ausstellungen und Museen anvertrauen?

Materiale Revisionen

Umwidmungen betrafen und betreffen zum Teil eingetragene Industriedenkmäler, aber auch Industriebauten, die nicht unter Denkmalschutz stehen. Wenn es sich um Denkmäler handelte, wurden und werden Regeln des Denkmalschutzes zur Verhandlungsmasse, denn für die Umnutzungen sind in manchen Fällen stark eingreifende Veränderungen notwendig. Umwidmung wird dann die Strategie, die es, nach und neben semantischen Revisionen, erlaubt, das stoffliche Wieder-Holen alter Gebäude«substanz» zu organisieren. Demgegenüber erscheint die stoffliche Verwertung über Abriß, Verschrottung und Recycling als defizitär insofern, als diese Prozesse das Vorhandene entformen und degradieren. Dieser neue Aspekt im Diskurs über das Denkmal konturiert die neue Ökonomie der Materialien, die auch ein geschütztes Denkmal als Vorhandenes und als solches als Material einer es neu organisierenden Planung sieht. Ein Beispiel aus den achtziger Jahren soll diesen Zusammenhang verdeutlichen.

Um 1980 stand die Stadt Engelskirchen vor zwei Problemen: Sie hatte ein großes Industriegelände, das der 1837 gegründeten Textilfabrik Ermen und Engels. Die Gebäude standen unter Denkmalschutz und lagen, getrennt vom Zentrum durch Verkehrswege und eine Mauer, doch in seiner Nähe. Es gab keine Idee dazu, was mit diesem gesicherten, aber verfallenden und störenden Denkmal geschehen sollte. Das zweite Problem war, daß durch kommunale Neuordnung ein Rathaus in der Stadt gebaut werden mußte, dessen Finanzierung jedoch gescheitert war. Das Rathaus im Denkmal einzurichten, löste gleich beide Probleme.

Die Architekten haben 1988 einen Bildband herausgebracht, der den Zustand vor dem Umbau, den Umbau und sein Ergebnis dokumentiert (Boeminghaus et al. 1988). In diesem Band stellt Dieter A. Boeminghaus »Ein Dutzend gute Gründe für die Umwidmung alter Gebäude« vor, die sich als Zusammenfassung der Überzeugungen lesen lassen, die eine Umnutzung angesichts der Alternative des Abrisses und des Neubaus rechtfertigen (ebd. 6ff). Dabei tauchen Standpunkte und Überlegungen zur Wiederverwertung von Bauten auf, die sich vor allem auf ihre Materialität und die Qualitäten der Stoffe beziehen, aus denen sie bestehen. Das erste Argument ist mit einem zentralen Argument für den Denkmalschutz industrieller Bauten identisch: Alte Gebäude sind »Zeugen der Geschichte«. Doch gleich wird die Frage des Denkmalschutzes relativiert: »Ursprünglich vornehmlicher und oft einziger Anlaß, ein Gebäude zu erhalten, erfährt die Denkmalpflege heute durch die Umnutzung eine ganz neue Bedeutung. Durch eine flexiblere Handhabung ihres Auftrages, Kulturgut zu bewahren, trägt sie mit dazu bei, daß die Baustruktur vieler Gebäude und Anlagen erhalten bleibt. Der Planer wird in der Denkmalpflege einen neuen Mitstreiter finden, wenn es darum geht, interessante, leerstehende alte Gebäude vor dem Abriß zu retten.« (ebd. 22)

Ist der Denkmalschutz so zum Erfüllungsgehilfen der Neuplanung geworden, folgen die Argumente, die eine eigene ästhetische, handwerkliche, architektonische und materielle Qualität des alten Baues betreffen. Sie beziehen sich auf die Bewährtheit des alten Ortes, der als Struktur in der Landschaft vorhanden und etabliert ist, sie beziehen sich auf die Formen, auf die aus heutiger Sicht und mit heutigen Nutzungsideen verglichene Großzügigkeit alter Bauten sowie auf die Materialien und die ökologischen Effekte seiner Wiederverwertung.

Aus den alten Formen ergeben sich Hinweise im neuen Formfindungsprozeß (ebd. 6). »Die Umwidmung setzt neue Formen der Architektur frei. Elemente der Architektur, die nicht gleich auf den ersten Blick ihre Bedeutung und Nützlichkeit preisgeben, sind heute nur noch begrenzt durchzusetzen. Bei der Umnutzung und dem Teilabriß alter Gebäude bleibt jedoch fast immer genügend Spielraum, um Bauelemente als selbständige Einheiten in einer ganz neuen Erscheinungsweise zu präsentieren. So könnten sie niemals neu gebaut werden.« (ebd. 32) Gerade die Funktionslosigkeit fordert zu neuen Entwürfen heraus, gerade die Undeutbarkeit führt zu Deutungen, Inszenierungen von Deutungen und Interpretationen. Das Alte ist nicht einfach schlechter als Neues, in manchen Hinsichten ist es sogar besser: Es hat Luxuselemente, die funktionales und heute finanzierbares Bauen, etwa für ein öffentliches Gebäude wie ein Rathaus, nicht mehr zulassen würde: große hohe Räume beispielsweise, die in Neubauten durch »einfache, knapp bemessene und niedrige Räume« ersetzt würden, und mehr Platz als nötig für neue Nutzungen. Reserveflächen sind vorhanden, die neue Nutzungsformen denkbar machen – oder eben den Luxus des vorhandenen ungenutzten Raumes bieten.[16] Außerdem finden sich Reste alter Handwerkskunst, die auf alte Gebäude verwendet wurde, einer qualitativ hochstehenden Arbeit, die heute nicht mehr finanzierbar ist und derer man sich »bedienen« kann. Qualitäten weist das Vorhandene noch in anderen Hinsichten auf. Denn auf alten Geländen stehen alte Bäume, es gibt Fassaden, Mauern, Pflaster und Treppen aus Naturstein: »Abgesehen davon, daß eine derartige Vielfalt schon bei einer Neuplanung schwer zu erzielen sein wird, bestechen die natürlichen Gestaltungselemente durch ihre mit dem Alter gewachsene Farbigkeit, Größe und Gestaltungsqualität. Außerdem haben sich mit der Zeit alle überflüssigen Einflüsse der Gestaltung abgeschliffen, so daß heute eine Gestaltung in Erscheinung tritt, die sich im Laufe der Zeit durchgesetzt, bewährt und stets an Bedeutung gewonnen hat.« (ebd. 40)[17]

Die physische Präsenz von Material, seine Körperlichkeit, das Wissen um seine Alterungsprozesse und sonstige alltagsphysikalische Eigenschaften und damit verbundene Sinnzuweisungen sind mit dem Material gegeben. In die Wiederverwendung dieses Materials geht die Geschichte seines Gebrauchs ein in Form der Spuren, die langsam die sinnlichen Qualitäten des Materials immer mehr in den Vordergrund gerückt haben.

Aufmerksamkeit, die über die Frage der Materialgerechtigkeit hinausgeht, wendet sich dem architektonischen Aspekt von Stoffen aller Art verstärkt zu, seit sie in ökologischen Bezügen gesehen werden. In diesem Zusammenhang steht auch der genauere Blick auf das, was abgefallen ist oder zur Disposition stehen könnte. »Bei der Umwidmung werden vorhandene Ressourcen genutzt. Im weitesten Sinne wird an Energie gespart und somit die Umweltbelastung eingeschränkt, die durch die Gewinnng neuer Rohstoffe notwendig würde. Alte, wertvolle Materialien (Ziegel, Holz, Naturstein) die man heute in solcher Qualität und ihrem großzügigen Ausmaß nicht mehr herstellen, verarbeiten und bezahlen könnte, werden nicht vernichtet, sondern sinnvoll wiederverarbeitet.« (ebd. 58) Was fasziniert, ist nicht nur der Mythos des Materials, die Geschichtlichkeit seiner Nutzung, sondern auch seine Unschädlichkeit im Gebrauch: »Die Umnutzung schafft ein besseres Raumklima. Baubiologie ist das Gebot der Stunde, die Suche nach dem gesunden Bauen und Wohnen. Die moderne Bauindustrie tut sich schwer, mit ihren künstlichen Materialien und

Anstrichen, den geringen Abmessungen und den vielen Dämmstoffen, einen immer nachdrücklicher geforderten Nachweis zu erbringen, daß ihre Produkte auf den Menschen keinen schädigenden Einfluß haben und vielmehr das Wohl- und Wohngefühl der Nutzer fördern.« (ebd. 52)

Materiale Revisionen

An diese Argumentation aus den achtziger Jahren, die auf die positiv empfundenen Qualitäten alter Materialien setzt, schließt sich Mitte der neunziger Jahre eine neue Argumentation für den Erhalt des Industriebaus an. Sie könnte unter Berücksichtigung der gesetzlichen Grundlage des Denkmalschutzes zu einer weiteren Entwicklung der Erhaltungsstrategien beitragen. Denn nun wird eine Beziehung zwischen Denkmal und Altlast hergestellt, die beides unter der Überschrift »stoffliche Verwertung« zusammenfaßt.

Anlaß dazu gaben Überlegungen zur Ressourcenökonomie sowie einzelne Fälle potentieller Industriedenkmäler, deren Abriß sich schon deshalb verbot, weil er zu unerwünschten Vergiftungen führen würde. Dies beides rückt das gerade erst in den letzten 40 Jahren mit viel Mühe aus der Abfallkategorie gezogene Industriedenkmal wieder in eine konzeptionelle Nähe zur Altlast, zum Abfall. Gleichzeitig wird so der Unterschied zwischen dem ausgezeichneten, dem durch besondere Argumente und Wertschätzung herausgehobenen Denkmal, dem Müll und jeglichem anders kategorisierten Material auf das Gründlichste eingeebnet: In kaum einem anderen Diskurs ist das Materialwerden des Vorgefundenen für umfassende Strategien bisher in solcher Klarheit formuliert worden, wie in dem des Denkmalschutzes. Die stoffliche Verwertung über Abriß, Verschrottung und Recycling wird also nicht nur deshalb als defizitär angesehen, weil diese Prozesse das Vorhandene entformen und degradieren (Downcycling, s. Hettler 1996), sondern auch, weil in diesem Prozeß Gefährdungen entstehen. Dieser neue Aspekt im Diskurs über das Denkmal konturiert die neue Ökonomie der Materialien, die auch Denkmal und Erhaltenswertes als Vorhandenes und als solches als Material eines Wieder-Holens sieht.

In diesem Sinne haben Michael Petzet und Ute Hassler in der Einleitung zu einem Tagungsband zu der Frage »Das Denkmal als Altlast?« argumentiert: »Schon aus ökonomischen Gründen würde sich die in der Denkmalpflege häufig auftretende Frage nach der Zumutbarkeit des Erhalts bestehender Gebäude nicht mehr stellen. Mit der Masse vorhandener Altbauten böten sich weitaus umfassendere Interventionsmöglichkeiten für ein aus ökologischer Sicht notwendiges Ressourcenmanagement, als sie durch Einflußnahme auf die Neubautätigkeit je erreicht werden könnten. In diesem Sinne stellen die vorhandenen Gebäude nicht nur kulturelle Werte, sondern auch wichtige materielle und energetische Ressourcen dar.« (Petzet/Hassler 1996, 3)

Wenn manche Eigentümer und Kommunen auch Denkmäler als Last begreifen mögen, die gewünschten Entwicklungen im Weg steht, so ist im Zusammenhang der so eingeleiteten Tagung mit der Rede von der Altlast dennoch etwas anderes gemeint, nämlich sowohl der alte Industriebau, das alte Gerät der Industrie als auch die Vergiftungen, die allen Regeln der Altlastdefinition entsprechen: »Das Thema ›Denkmal als Altlast‹ bezieht sich also in erster Linie auf historische Zeugnisse des Industriezeitalters, Industriedenkmäler bis hin zu großen industriellen und auch militärischen Komplexen.« (Petzet 1996, 17) Daraus folgt auch, daß die Altlastenbearbeitung vom Denkmalschutz und seinen grundlegend diskutierten Verfahren lernen kann: »…die Erhaltung einer ›Altlast‹ an Ort und Stelle, also ganz nach denkmalpflegerischen Grundsätzen ›in situ‹, ist unter Umständen für die Umwelt weniger problematisch.«[18]

Eine auf Ressourcen setzende Ökonomie des Denkmals hätte auch andere Konzepte der traditionellen Denkmalpflege mit der Bewältigung der Altlasten zu verbinden. Mit der Praxis der Reparatur, die Denkmalpflege immer schon zum Erhalt von Baudenkmälern einsetzen mußte, der von einigen Schulen der Denkmalpflege angestrebten Minimierung der Eingriffe in Vorhandenes sowie dem Ziel der möglichst lange dauernden Erhaltung verbindet sich zwanglos das Konzept der Ressourceneffizienz. Mit der Tradition der Inventarisierung verbindet sich leicht das Thema der Definition, der Erfassung und der Kontrolle der Gegenstände, das, wie gezeigt, so entscheidend ist in der technischen Bewältigung der Altlasten.[19] Und mit dem Konzept des ephemeren Denkmals und der Praxis, es »in Schönheit sterben« zu lassen, findet sich auch ein Verfahren vorgezeichnet, das es mit den zerfallenden Monumenten der Industrie aufnehmen und sie in einen kontrollierten Prozeß einzufügen erlaubt.

Das führt dazu, daß sich auch Denkmalpfleger in einer neuen Rolle sehen, die keinesfalls mehr darauf beschränkt bleibt, dem Monument und damit der Vergangenheit Referenz zu erweisen und die Pflege zu sichern:

»Auf einer Denkmalpflegertagung im Frühjahr 1995 in Chicago sprach ein Referent davon, die wachsende Einsicht in die Endlichkeit der Ressourcen führe neuerdings dazu, daß die Denkmalpfleger den Anspruch erhöben, als Experten verantwortlich zu sein für das ›universelle Management‹ der gesamten Welt. Dieser Anspruch schien dem Redner reichlich verstiegen – um nicht zu sagen, lächerlich, denn konservatorische Tugenden seien ja ›per se‹ vergangenheitsorientiert und keinesfalls als Leitideen neuer Weltentwürfe brauchbar. Wir denken darüber anders und glauben, daß im Bauwesen die Frage der Ressourceneffizienz nur im Umgang (im intelligenten Umgang) mit dem Bestand zu lösen sind.« (Hassler 1996, 11)

So könnte in der Verbindung von Denkmalschutz und Altlastendiskurs eine weitere umfassende Strategie des Wiederholens entstehen: Denkmalpflege qualifiziert sich für die Wieder-Holung jeglichen Materials und jegliches Material sich für eine ihm gemäße Denkmalpflege.

2 Ephemeres

Das Monument

Anfang des 20. Jahrhunderts gibt es zwei prominente Positionen zum Denkmalschutz. Die eine zeichnet eine Ästhetik des Flüchtigen, des Verschwindenden vor und neigt dazu, Verfallsprozesse zu begleiten, die andere besteht auf Erhalt der Monumente. Beide Positionen sprechen von Denkmalschutz. Diskussionen um das, was mit Industriedenkmälern geschehen soll, gehen, auch ohne Zitat und genauen Bezug, auf diese zwei Positionen zurück, die um die Jahrhundertwende in unversöhntem Gegensatz standen. Die Positionen Alois Riegls und Georg Dehios stehen weniger für eine typisch deutsche Problematik als für einen Konflikt, der in allen hier behandelten Ländern an konkreten Fällen debattiert und aktuell wird. Denn es geht um grundlegende Auffassungen zu Vergehen und Verfall, zu Natur und Kultur, zum Umgang mit Gegebenem und zur Beziehung zwischen Vergangenheit, Gegenwart und Zukunft, zum Monumentalen und zum Ephemeren.

In seinem Aufsatz »Über den modernen Denkmalkultus« hatte Riegl 1903 festgestellt, daß zwei im 19. Jahrhundert prägende Kriterien für den Denkmalwert ausgefallen seien: der Kunstwert und der historische Erinnerungswert, beides Kriterien, die, wie oben gezeigt, in Versuchen, den Industriedenkmalschutz zu fördern, auch am Ende des 20. Jahrhunderts noch eine Rolle spielen. An ihre Stelle, so Riegel, sei der »Alterswert« zu setzen. Dieser aber bestimme sich nicht aus einer Bedeutung, die ein Gegenstand in der Vergangenheit gehabt habe, sondern einzig aus der Bedeutung, die ihm in der heutigen, das heißt, der zeitgenössischen Rezeption zukomme. Die Gegenwart macht Denkmäler, die Legitimation kommt nicht aus der Vergangenheit, ebensowenig wie die Bedeutung des Gegenstandes, eine Auffassung, die später auch Planungen für alte Industriegelände zugrundeliegen wird. Diese Position nimmt schon 1903 die Kritik des hermeneutischen Prozesses, der ursprüngliche Bedeutun-

$\text{\textellipsis}$ postuliert und zu ergründen sucht, vorweg und stellt die Frage nach der Möglichkeit des Erinnerns wie der Konstanz der Bedeutung von Gegenständen und der Kontrollierbarkeit von Sinneffekten.

Der »Alterswert«, den Riegl dann als Kriterium für Denkmalwürdigkeit postuliert, ist eine Kategorie der Rezeption. Sie bezieht sich auf die Rezeption alter Gegenstände nicht durch Experten, sondern durch die Bevölkerung. Der Alterswert ist ihnen über eine als unmittelbar verstandene Sinnlichkeit deutlich, er ist subjektiv begründet in der »Stimmung« derjenigen, die einen Gegenstand als »alt«, als Spur von einem beliebigen, einem unspezifischen gelebten Leben wahrnehmen. Dieser Wahrnehmung alles Alten als alt parallelisiert Riegl eine Entwicklung der Geschichtswissenschaft, die sich, um Entwicklungen zu zeigen, auch ins Kleinste vertieft habe und so allmählich allem Alten, selbst der kleinsten Notiz in einem Archiv, historischen Wert beimessen könne. Riegl konstatiert deshalb eine bereits vollzogene Verflüchtigung der Kriterien für die Wahl und Auszeichnung des historisch aufgefaßten Denkmals: Die Tätigkeit des Historikers und ihre schließlich alles einbeziehenden Narrationen schreiben derartig vielen Gegenständen Denkmalwert zu, daß ihre spezifischen Eigenschaften keine Rolle mehr spielen und Kriterien außer schierem Alter ohnehin ausfallen: Gegenstände, Dokumente, Denkmäler als solche sind bedeutungslos und wirken nur noch atmosphärisch. Und so werden sie nach Riegl auch rezipiert, nicht durch die ästhetisch und historisch Gebildeten, die den Einzelheiten der Forschungen zu folgen wissen, sondern durch die Massen, die im Interesse des Denkmalschutzes einen Bezug zu Denkmälern haben müssen, um sie erhalten zu wollen.

Die Konsequenz für Riegl ist, daß aktive Konservierung nicht zur Denkmalpflege gehört, wohl aber die Sicherung der Möglichkeit, daß alte Häuser in der Zeit verfallen können, die sie dazu brauchen, einzig aus dem Grund, weil »sie überhaupt etwas in früheren Zeiten Gewordenes von bestimmtem individuellen Charakter sind und damit ein Recht darauf erworben haben, sich womöglich nach ihren eigenen Erhaltungsbedingungen auszuleben« (Riegl 1988, 109). Als Haltung gegenüber den zerfallenden Zeugnissen früherer Leben bleibt der Genuß an diesem Alten, ein »zwingendes Gefühl«, »verwandt dem religiösen Gefühl«, nicht Genuß der Dekadenz, sondern die versöhnende und versöhnte Kontemplation des Verfalls. Werden und Vergehen werden nicht mit Trauer betrachtet, sondern als der an sich nicht bedauernswerte Gang der Dinge. Der Verfall alter Denkmäler schadet nicht – denn neue werden entstehen und den Kultus des Alterswertes weiter ermöglichen. »Die Denkmale entzücken uns hienach als Zeugnisse dafür, daß der große Zusammenhang, von dem wir selbst ein Teil bilden, schon lange vor uns gelebt und geschaffen hat« (ebd. 111). Riegl begreift dieses Gefühl als tröstlich, da es die Menschheitsgeschichte in den größeren Zusammenhang der Naturgeschichte einbette. Deshalb sollen ihm Anhaltspunkte bleiben, nicht nötig aber ist der Erhalt spezifischer Gegenstände in ihrer Materialität.

Gegen diese Position vertritt Georg Dehio die Notwendigkeit nicht nur des rechtlichen Schutzes, den auch Riegl befürwortet, sondern auch den technischen Schutz für das Denkmal, Schutz seiner Materialität, Erhaltung und Stillstellung seiner Prozesse. Denkmalschutz ist für Dehio kein passives Geschehenlassen, sondern eine aktive Tätigkeit, die sich nicht auf die Gegenwart und ihre Rezeption, sondern auf die Vergangenheit und ihre Vermittlung in die Zukunft bezieht. Dazu dienen die Immobilisierung und Immunisierung des Denkmals gegen Veränderungen so lange wie eben möglich, sein Entzug aus dynamischen Prozessen und die Sammlung und Akkumulation von Gegenständen. Den Begriff des Denkmalschutzes, der nach Dehio um 1880 aufgetaucht ist, begreift er dementsprechend als Antwort auf die Frage: »Wie kann die Menschheit die geistigen Werte, die sie hervorbringt, sich dauernd erhalten?« (Dehio 1988, 89) Begründet seien die, wie Dehio es sieht, Errungenschaften in den Erhaltungsbemühungen in einer »Pietät« vor der Geschichte, der historischen Existenz, die Dehio im Sinne des Historismus faßt. Der Geschichtswissenschaft schreibt er dabei die Aufgabe zu, das »historische Sensorium« zu verfeinern, um so die historischen Wirkungen von bestimmten Werken und Bauten nachvollziehen zu können, zu zeigen, wie sie gewesen sein mögen.

Dabei geht es nicht um ästhetische Kriterien, sondern um den Wert im Hinblick auf einen historischen und nationalen Reichtum: »Wir konservieren ein Denkmal nicht, weil wir es für schön halten, sondern weil es ein Stück unseres nationalen Daseins ist«, eine Position, gegen die Riegl »das Kollektivgefühl für Menschenwürde« und den Eigensinn der Dinge, auch der Naturdinge setzt. Dehio fährt fort: »In alle Schichten muß das Gefühl eindringen, daß das Volk, das viele und alte Denkmäler besitzt, ein vornehmes Volk ist. ... Ohne Sentimentalität, ohne Pedanterei, ohne romantische Willkür wollen wir Denkmalpflege üben als eine selbstverständliche und natürliche Äußerung der Selbstachtung, als Anerkennung des Rechtes der Toten zum Besten der Lebendigen« (ebd. 92; 97). Man denke an Michael Rix' Begründung der Industriearchäologie.

Bei aller Gegensätzlichkeit der Position in Bezug auf Aktivität und Passivität, in Bezug auf die Interpretation der Zeitverhältnisse, in Bezug auf die Geschichte ist Riegl und Dehio eine Position gemeinsam: die Ablehnung nicht nur sogenannter Stilverbesserungen, sondern auch die Restaurierung von Altem. Was für Dehio als »Fiktion« erscheint – »Mitten unter die ehrliche Wirklichkeit Masken und Gespenster sich mischen sehen, erfüllt mit Grauen« (Dehio 1988, 97) – erscheint für Riegl als Eingriff in den natürlichen Verfallsprozeß, der doch gerade den Gegenstand der Betrachtung ausmachen soll. In »letzter Not« allerdings, wenn die Konservierung an ihr Ende zu kommen droht, ist Dehio doch zum restaurierenden Eingriff bereit: »Man bereite beizeiten alles auf diese Möglichkeit vor, durch Messungen, Zeichnungen, Photographie und Abguß – wie man um des Friedens willens den Krieg vorbereitet -, aber tue alles, diesen Augenblick hinauszuschieben« (ebd. 98). Halten wir fest, daß mit der Assoziation des Kriegsfalls nicht nur eine Ablehnung, sondern Aggression gegen Vernichtung, Vergehen, Verfall ausgesprochen ist.[20]

Der Gegensatz der Positionen entfaltet sich in seinen Konsequenzen, wenn als Denkmäler akzeptierte Bauwerke schneller zerfallen, als Konservierungsbemühungen folgen können.

Exkurs in die Kunst: Das Ephemere

Das Ephemere ist der gerechte Preis für wahre Aktualität.
Paraphrase nach Walter Benjamin

Baudelaire hat das Transitorische, das notorisch Flüchtige als das Kennzeichen auch der ästhetischen Moderne beschrieben: »Die Modernität ist das Vorübergehende, das Flüchtige, das Zufällige, die eine Hälfte der Kunst, deren andere Hälfte das Ewige und Unwandelbare ist.« Suche nach »Modernität« heißt, »der Mode das abzugewinnen, was sie im Vorübergehenden an Poetischem enthält, aus dem Vergänglichen das Ewige herauszuziehen.« (Baudelaire 1989, 225f) Das authentische moderne Kunstwerk ist »radikal dem Augenblick verhaftet; gerade weil es sich in Aktualität verzehrt, kann es den gleichmäßigen Fluß der Trivialitäten anhalten, die Normalität durchbrechen und das unsterbliche Verlangen nach Schönheit für den Augenblick einer flüchtigen Verbindung des Ewigen mit dem Aktuellen befriedigen.« (Habermas 1991, 19)

Die Zeit ihrer Werke und damit das Ephemere beschäftigt Künstler seit Ende des 19. Jahrhunderts verstärkt. Es beschäftigt auch Konservatoren, die Kunstwerke und nicht zuletzt den Ewigkeitscharakter der Kunst in jedem einzelnen Werk bewahren. Die Kunst des 20. Jahrhunderts hat sie vor erheblich Probleme gestellt. Happenings, vorübergehende Tableaus und Aktionen, die nur in ihren

Requisiten, immerhin museumswürdigen Reliquien, blieben, entzogen und entziehen sich über diese hinaus der musealen Feststellung. Die materialen Überreste etwa von Fluxus-Aktionen wirken wie liegengelassene Überreste, die bei den Rezipienten eine Rekonstruktionsarbeit in Gang setzen, die niemals über den Umstand hinweggehen kann, daß die Inszenierungen einmalig waren, das Werk ein Ereignis war und nun vorbei und unwiderruflich abwesend ist. Keine Dokumentation in irgendeinem Bildmedium, in Schrift und Ton ist möglich soweit, daß dieser Umstand in der Rezeption vergessen werden könnte: Das ganze Werk ist nicht mehr da, es gehörte zu ihm, daß es flüchtig war.

Die durchaus auch als Werke konzipierten, aber dann den Institutionen der Kunst entzogenen *Garbage Sculptures* des Amerikaners Wallace Berman erschienen erst gar nicht zur Musealisierung, sondern wurden an nur ihm bekannten Plätzen in San Francisco ausgestellt, wo sie langsam im sonstigen Straßenmüll untergingen. Und Bob Verschuerens *Wind Paintings* aus farbigen Erden, die auf Felder und Wiesen aufgetragen werden, gewinnen mit dem Wind Formen und verwehen.

Man denke aber auch an musealisierte Werke, die Fettblöcke des Josef Beuys, die seit ihrer Entstehung mit Metallzwingen am Zerbrechen gehindert werden, an die rostenden Metallringe Ulrich Rückriehms, an die zarten Wattesculpturen Andrea Tippels, die sich konservatorischen Bemühungen vollends zu entziehen suchen. Nur hartnäckiger Konservierungswille, der diesen Werken ihre eigene Zeit nicht zugesteht, schützt sie vor dem Verschwinden.

Im Zusammenhang mit den Wieder-Holungen der Überresten der alten Industrie wäre nicht über die Auseinandersetzung in den Bildenden Künste mit dem Material, der Zeitdauer des Werkes und dem Ephemeren zu sprechen, wenn nicht die Akzelerierung und Steigerung der industriellen Umsetzung von Rohstoffen einen assoziativen Konnex nahelegen würde. Beider Beziehungen zu Materialien, der der Bildenden Künste und der der industriellen Produktionen, treffen sich da, wo sie die Umsetzung von Stoffen in Produktionsprozessen organisieren. Und sie treffen sich da, wo sie den Umgang mit Materialien, ihren Eigenarten und Verwandlungen, die Permanenz von Zuständen, die Form von Produkten, der Zeitdauer eines Ereignisses annähern. In beiden Fällen meint das nicht, daß es um Immaterialität geht, sondern allein um das Ephemerwerden, den beschleunigten Durchzug von Stoffen, die irgendwohin, in den Müll oder in die Natur eingehen. Dieser Konnex wird augenfällig, wo Produkte der Industrie als Kunstwerke und damit als erhaltenswerte Dinge diskutiert werden. Und das ist der Fall, wo Industriebauten und Geräte des 20. Jahrhunderts dem Denkmalschutz überantwortet werden sollen.

Ephemere Industriebauten

Nach dem Ersten Weltkrieg macht in Europa eine auf Monumentalität Anspruch erhebende Industriearchitektur einer Nüchternheit Platz, die nicht mehr auf Ausstellung der großen Industrie, nicht mehr auf Repräsentativität, sondern auf die »nackte« Sichtbarkeit des Zwecks setzt. Gelegentlich sind durchaus ästhetische und Ansprüche auf Dauerhaftigkeit damit verbunden[21], doch vor allem entstehen Bauten für kurzfristige Nutzungen, die sich nach Ende dieser Nutzungen schnell wieder beseitigen lassen. »Schuppenagglomerate« bestimmen das Bild, die nicht Architektur zeigen sollen, sondern allenfalls Werbeflächen.[22] Industriegebäude werden im 20. Jahrhundert mit der Beschleunigung der Innovationszyklen zu ephemeren Konstruktionen, von ihren Besitzern und Betreibern begriffen als »Wegwerfarchitekturen« (Neumann 1986, 88). Wenn diese aus dem Vergänglichen über den Denkmalschutz ins Zeitlose transponiert werden, treten sie neben die Gegenstände, an denen sich eine moderne Ästhetik exemplifizieren läßt.

Ständiger Umbau von Anlagen, das Experimentieren mit Lösungen, vorläufige Bauten, Anfügungen und Abrisse charakterisieren den Umgang mit Produktionsstätten und sind ihnen häufig abzulesen. Während Unternehmen nicht vorrangig in Gebäude investieren, in denen produziert wird, sondern so weit wie möglich in Maschinen, Organisation und Abläufe, steigert sich die Geschwindigkeit, mit der Bauten und Geräte verschwinden. Eine auf Dauer angelegte Repräsentationsfunktion zeigt sich allenfalls an Verwaltungsgebäuden. Der Rest wird gesichtslos und im Grenzfall reduziert auf eine Haut, deren Beschaffenheit elementaren Funktionen der Architektur, dem Witterungsschutz, der für die Produktion notwendigen Klimaregulierung, genügt, und deren Bestand auf Zeit angelegt ist.

Es gibt zwei Träume von einem Ephemeren, die in der Architektur seit den zwanziger Jahren des 20. Jahrhunderts geträumt worden sind und das mit dem Ephemeren bezeichnete Verschwinden auf sehr unterschiedliche Weise fassen:[23] einerseits als Gewinn an Leichtigkeit, an Ermöglichung einer Minimierung des Materials und damit einer ungeahnten Beweglichkeit in Nutzen und Konzepten, die auch ressourcenorientierten Entwürfen entgegenkommen (Buckminster Fuller),[24] andererseits als ästhetische »Entmaterialisierung« des Bauens, wie sie Giedion angesichts der Bauten des Bauhauses, Umsetzungen industriellen Bauens in den Wohnbereich mit den neuesten industriell verarbeitbaren Materialien, behauptet hat (Giedion 1976, 311). Diese Bemerkung verdient Aufmerksamkeit aus zwei Gründen, die Giedion nicht ausführt. Zum einen boten Stahl, Glas und Beton die Möglichkeit, weniger massiv zu bauen, zum anderen war ihre Verwendung weniger dem Prinzip der Dauerhaftigkeit und Solidität verpflichtet als einem Zweck, einer »Sache«, einem Programm, das jederzeit wieder dieselbe Struktur entstehen lassen und sie in Zeit und Raum identisch multiplizieren konnte, was den Anspruch auf stoffliche Dauerhaftigkeit zu einer sekundären Frage machte.

Die großen, aber durchaus dauerhaften Hallenkonstruktionen vom Ende des 19. Jahrhunderts, Prototypen des industriellen Bauens, wirken körper- und schwerelos und verweisen in dieser Hinsicht auf eine schon durch das Ephemere inspirierte Ästhetik und voraus auf die Möglichkeiten materialsparenden Bauens. Prototypen des industriellen Bauens im 20. Jahrhunderts, der Flugzeughangar, das Öllager, die Baracke, der Hochofen, aber sind dem Verfall und dem schnellen Austausch nahe und damit einem Ephemeren, das aus dem gesteigerten Verbrauch von Materialien hervorgeht. Da die Gebäude und Geräte nicht dauern müssen, können oder sollen, noch anspruchsvolle ästhetische Aufgaben zu erfüllen haben, werden sie auch nicht dafür ausgelegt. Gebäude werden nicht umgenutzt, Geräte wie Fördertürme oder Hochöfen, sind kaum umnutzbar. Sie werden abgerissen oder verkauft und versetzt werden, sobald sie Entwicklungen in der Produktion oder anderen Zwecken im Wege stehen. Dieses Ephemer-Sein betrifft alle Maschinerie des 20. Jahrhunderts, auch die heute als mögliche Skulpturen diskutierten Hochöfen. Diese sind aufgrund ihrer extremen Nutzung für einen schnellen Verschleiß, das heißt für etwa zehn Jahre Betriebszeit, gebaut worden, nicht für den Erhalt und nicht für einen prolongierten Stillstand.

Ästhetisierung des Geräts

Diese Sicht von alten Industriegeräten ist die Voraussetzung, mit der Hilla und Berhard Becher in den fünfziger Jahren mit ihrer künstlerischen Arbeit an der Sichtbarkeit alter Industriegeräte als architektonische und kunsthistorisch bedeutsame Gegenstände, als Skulpturen zwischen Kunst, Ingenieurbau und Architektur beginnen. »Anonyme Skulpturen – eine Typologie technischer Bauten«, so hieß ein Bildband, den das deutsche Künstlerpaar 1970 veröffentlicht hat. Er zeigt industrielle Bauwerke und Geräte im Stadium des Verfalls, kurz vor dem Abriß, aufgenommen mit der Sicherheit, daß sie bald verschwunden sein werden.

Der Titel spielt an auf eine übliche Unterscheidung: die zwischen dem als ästhetisches Objekt verständlichen Bauwerk und dem technischen Objekt, das keinem ästhetischen Anspruch gerecht zu werden hat, auf die Trennung zwischen künstlerischem Entwurf mit identifizierbarem Autor/Architekt und der technischen Konstruktion und ihrem meist anonym bleibenden Konstrukteur/Ingenieur. Die Einleitung zu einem früheren Ausstellungskatalog von 1967 thematisiert bereits die Zwischenstellung: »Die Bilder dieser Ausstellung sind fotografische Dokumentationen aus einem Grenzgebiet der Architektur. Sie zeigen Bauten, die nicht, wie die strenge Bestimmung des Begriffs Architektur es verlangt, als räumliche Gebilde, sondern als geräthafte Konstruktionen konzipiert sind.« (Fischer 1967, o. P.) Eine Aufhebung der Trennung zwischen Architektur und Ingenieurbau suggeriert der Titel eines Bildbandes, der 1971 die Arbeit des Paares in einem größeren Umfang vorstellte: »Die Architektur der Förder- und Wassertürme«. In ihrer Einleitung zu diesem Band schreiben sie: »Am Anfang stand die Erkenntnis, daß diese Industriebauten ein eigenes Phänomen der modernen Welt sind, das nicht länger übergangen werden kann und einer näheren Untersuchung bedarf. Daneben setzt sich heute immer stärker die Einsicht durch, daß die zweckgebundenen Formerfindungen der Technik neben die freien Gestaltungen der Kunst gestellt werden müssen.« (Becher/Becher 1971, 11)

Bernhard und Hilla Becher begannen 1957, Fördertürme und andere in ihrem Bestand bedrohte Industriebauten und -anlagen zu fotographieren. Mittlerweile sind Tausende von Fotographien von alten oder ehemaligen Industriebauten, Maschinen und Geräten entstanden, die meisten zeigen nicht mehr existierende Bauten. Die Dokumentationswürdigkeit eines »Phänomens der modernen Welt« ist vorausgesetzt, die behauptete Nähe zur Kunst unterstreicht den damit erhobenen Anspruch: Dieses Phänomen darf nicht verschwinden. Die Geschwindigkeit der Dokumentationsarbeit aber hing mit einer besonderen Eigenschaft der Bauten zusammen: Sie waren für den Verschleiß und eine begrenzte Nutzungszeit gebaut und nach dieser Zeit zum Abriß bestimmt: »Die Notwendigkeit für die rasche Dokumentation dieser Zweckbauten ergab sich daraus, daß sie nur eine kurze Lebensdauer haben und bald funktionsgerechteren Neubauten weichen müssen.« (Becher/ Becher 1971, 11) Wenn es je einen systematischen Versuch gab, dem Abriß und Verschwinden überantwortete Überreste der Industrie zumindest im Bilddokument festzuhalten, dann hier. Die Intention zur Bildung eines neuen Blicks auf funktionsloses Gerät der Industrie thematisiert schon ein früher Kommentar zu den Arbeiten des Paares: »Die Qualitäten dieser gebauten Großgeräte erschließen sich nicht leicht dem Blick und dem Verständnis; und oft genug ist das an sich schon schwer erkennbare obendrein noch versteckt unter der Kruste der Verwahrlosung – die Aufnahmen zeigen die Objekte meistens in der Endphase ihrer Existenz. Man muß diese Dinge sehen lernen, um sie recht sehen zu können.« (Fischer 1967, 3)

Das zögernde Interesse, auf das diese Arbeit zunächst stieß, ist heute kaum noch nachvollziehbar, da mittlerweile Abbildungen dieser Bauten vertraut sind, weil weitgehend ein ästhetischer Konsens besteht, nach dem klar ist, daß Förder- und Wassertürme kein selbstverständlicher Fall für den Abfall sind, sondern ästhetischen Reiz und landschaftsbildende Funktion haben, ähnlich wie andere Überbleibsel alter Produktionen – holländische Windmühlen beispielsweise. Dieser Blick auf altes Industriegerät ist, zunächst unter künstlerisch Interessierten, in Deutschland durch die Arbeiten des Künstlerpaares sehr gefördert worden. Provozierend war ihre Unternehmung in den sechziger Jahren vor allem deshalb, weil sie die Geräte, die für die überwältigende Mehrheit der Zeitgenossen etwa so interessant waren wie Schraubenzieher, die man nach Verschleiß wegwirft, nicht nur europaweit dokumentierten, sondern auch mit kunsthistorischen Verfahren interpretierten.

Ihr Vorgehen und die Motivation zur Wahl der Fotografie als Medium beschreiben Bernhard und Hilla Becher 1971 wie folgt: »Mit Hilfe der Fotografie ist es möglich, die wichtigsten Gebäudearten optisch zu konservieren und typologische Reihen aufzuzeigen, die über das ursprüngliche Interesse an der Form allein hinaus den verschiedensten Wissengebieten als Informationsquellen dienen können. Um diesen Zweck der Information und der Vergleichbarkeit zu erfüllen, muß eine Abbildung erreicht werden, die das Wesen des Objektes erfaßt und auf fotographische Verfremdungseffekte verzichtet.« (Becher und Becher 1971, 11)

Die von Bernhard und Hilla Becher als »anonyme Skulpturen« bezeichneten Bauten werden in ihren Bildreihen nahezu kontextfrei präsentiert. Die Umgebung der Förder- und Wassertürme, der Industriebauten und Anlagen interessiert nicht. Die Fotographien sind nicht (nur) dazu gemacht, Abbilder von Geräten und Bauten der Industrie als architektonische Gebilde zu liefern, sie inszenieren sie als Gegenstände einer spezifischen Ästhetik. Dazu tragen das gleichmäßige Grau der Bilder und die Konzentration auf vielfältige, doch immer gleiche Perspektiven bei wie auch die Schattenfreiheit, in der die Gegenstände stehen. Unabhängig vom Gegenstand erscheinen die Bauten und Geräte in der Bildmitte. Es gibt keine Wolken am Himmel, keine besonderen Lichteffekte. Die Bilder zeigen Bauten und Geräte nach jeder Aktivität: In den

Gebäuden wird nicht mehr gearbeitet. Es gibt keinen Rauch, keine Fahrzeuge, kein Mensch ist zu sehen. Sie sind verlassen.

Die Bauten erscheinen in den Bildbänden des Paares als Solitäre immer gleichen Typs, neu kontextualisiert über die Hintereinanderfügung der einzelnen Bilder. Das stellt sie in einen Zusammenhang, der jeweils bestimmte Eigenarten hervortreten läßt. Bernhard und Hilla Becher stellen Formvergleiche an, untersuchen ihre Gegenstände, indem sie sie in verschiedenen Perspektiven zeigen, wie das ein kunsthistorisches Vorgehen bei der Untersuchung von Bauten oder Skulpturen verlangen würde, und stellen Typologien beispielsweise von Förderturmköpfen auf, die sie in Beziehung zu klassischen Bauformen interpretieren. Die fotographische Abbildung zitiert Traditionen einer Dokumentarfotographie, die beansprucht zu zeigen, was ist oder war, während die Präsentation der Bilder nur vordergründig ihren Regeln entspricht. Die Ordnung der Bilder ist organisiert über kunsthistorische Erfassungsmethoden, während in diesem Neuordnen die Grenzen des kunsthistorischen Gegenstandskatalogs überschritten werden. Die Bildfolge zielt auf die Erweiterung der Grenzen des kunstwissenschaftlich Diskutablen – damit auch des Sichtbaren und Erhaltenswerten.

1963 begannen Ausstellungen der Arbeiten, zunächst in Galerien, 1966 in der Staatlichen Kunstakademie in Düsseldorf, der Kunstakademie Kopenhagen, 1967 in der Neuen Sammlung in München. Die erste größere Publikation war der Band von 1971. Das Vorwort zu dem Band, der schließlich in einer kunstgeschichtlichen Reihe erschien und erst nach Intervention des britischen Kunsthistorikers Nikolaus Pevsner[25] durch die Fritz Thyssen Stiftung finanziert wurde, thematisiert den ästhetischen Wandel: »Erst jüngste künstlerische Bestrebungen öffneten den Zeitgenossen die Augen für die Qualitäten und die oft hohen ästhetischen Reize gerade jener Strukturen, welche die – heute oft als anonyme Skulpturen bezeichneten – Werke der Ingenieure darstellen.« (Domke/Weyres 1971, 8) Um 1970 ist es gelungen, in einem Teil des Abfalls, den leere Kohlelager hinter sich ließen, zweifelsfrei Kunst und Erhaltenswertes zu erkennen. Das heißt nicht, daß damit Förder- und Wassertürme weithin als erhaltenswert gegolten hätten: Die Bergbaustadt Duisburg stellte 1976 zum ersten Mal ein Fördergerüst unter Denkmalschutz und verhinderte so seinen geplanten Abriß. Es handelte sich um eines der letzten noch vorhandenen.

Die auf den Bildseiten gezeigten Objekte und Areale sind nicht alle im Text dieses Buches erwähnt und nicht alle erwähnten sind auch abgebildet. Die Bilder verweisen an einzelnen Beispielen auf charakteristische Züge postindustrieller Gestaltungen. Sie ergänzen so die Darstellung typischer Strategien und Verfahren im Umgang mit altem Industrieland. Die thematische Ordnung folgt der des Textes.

Der Dank der Autorin gilt den Fotografen, Büros, Archiven und Museen, die Bilder zur Verfügung gestellt haben, und Hans-Gerd Rudat für die Gestaltung der Seiten. Wenn keine anderen Angaben gemacht sind, stammen die Fotografien von der Autorin.

Die Untersuchung des Abfalls:
Die Themen

Erste Besichtigung der Abseite - beispielhafte Ausgangslagen:
▸ Abriß im Industriegebiet von Berlin-Oberschöneweide,
» Hochofenschlacken im Tal des Nine Mile Run, Pittsburgh, Pennsylvania.

Das Museum der Industrieregion: die Ironbridge Gorge Museen und das Écomusée du Centre, Belgien.
◂ Fabrik im Freilichtmuseum Blist's Hill mit viktorianisch verkleideten Besuchern.
▸ Die Gärten der Bergwerkssiedlung im Écomusée du Centre.

Natur nach der Industrie, Neugestaltung und Reinterpretation:
» Ruderalvegetation, Foto: Jörg Dettmar.
◂ Kanal im ehemaligen Montanindustriegebiet bei Wigan in England.

*Kultur und Erbe: zur Musealisierung
der Industrie.*
‣ *Beispiele musealer Präsentationen
auf dem Gelände des größtenteils
abgerissenen Braunkohlenkraftwerks
in Zschornewitz, Sachen-Anhalt.*

*Übergänge: Umnutzungen zwischen
Monumentalisierung und Ruinen-
ästhetik.*
‹ *Der heute von Design- und Archi-
tekturbüros genutzte Zentralbau des
Bergwerks Le Grand Hornu.*
‣ *Warehouses in den Londoner
Docklands vor ihrem Umbau.*

Postindustrielle Landschaften:
‣ *"Neue Kulturlandschaft" - Landart
in einem Braunkohlentagebau,*
» *Flutung eines Tagebaurestloches
bei Dessau, beides Sachsen-Anhalt.*

Erste Besichtigung der Abseite

‹ Braunkohlentagebau Greifenhein
bei Spremberg, Lausitz, Brandenburg.

› Gelände der ehemaligen
Burbacher Hütte in Saarbrücken
- heute der 'Saarterrassen',
eines Gewerbe-, Wohn- und
Dienstleistungszentrums.

› Eine aufgegebene Zuckerfabrik
in Brooklyn, New York.

‹ Innenansichten aus einem Berliner
Umspannwerk, heute teilgenutzt für
Ausstellungs- und Verkaufszwecke.
Fotos: Hans-Gerd Rudat.

‹ Abgeräumtes Gelände eines Stahlwerks im Don Valley bei Sheffield, England, vor seiner Entwicklung als Freizeitpark.

‹ Typische Bergehalde der 1. Generation bei Liévin im Nord - Pas de Calais, Frankreich.

› Stillgelegte Gleise auf dem Gelände der Völklinger Hütte, Völkingen, Saarland.

Bergarbeitersiedlungen vor der Gesamtsanierung:
« Le Grand Hornu, Belgien und
‹ Schüngelberg im Ruhrgebiet.

Kultur und Erbe

‣ Aus der ständigen Ausstellung im Deutschen Technikmuseum Berlin: "Die Schmiede". Foto: Deutsches Technikmuseum Berlin.

‣ "Turbogenerator aus dem Kraftwerk Steglitz, 1913 gebaut von BBC Mannheim". Foto: Deutsches Technikmuseum Berlin.

‣ Installation zum Wiederaufbau nach dem Zweiten Weltkrieg. Rheinisches Industriemuseum Oberhausen. Foto: Joachim Schumacher, Landschaftsverband Rheinland.

‣ Gasausstellung im Deutschen Technikmuseum Berlin, 1997. Foto: Deutsches Technikmuseum Berlin.

‣ "TeKaDe" - Austellung zur Geschichte der Kommunikationstechnik, Museum Industriekultur, Nürnberg. Foto: Museen der Stadt Nürnberg.

‣ "Ohne Titel. Sichern unter ...". Ausstellung im Museum der Dinge, Berlin. Foto: Museum der Dinge.

› "Ausbildung zum Facharbeiter".
Exponate: Planschreibendrehbänke
(1929, 1916) und Langhobler (ca.
1928). Rheinisches Industriemuseum
Oberhausen.
Foto: Andreas Schiblon,
Landschaftsverband Rheinland.

‹ "Die historische Werkstatt".
Aus der ständigen Ausstellung
des Deutschen Technikmuseums
Berlin. Foto: Deutsches
Technikmuseum Berlin.

› Massenprodukte in der Ausstellung
"Ohne Titel. Sichern unter ..." und
» ein Ausschnitt aus Ursula Stalders
Installation "Gestrandet an den
Rändern Europas",
Museum der Dinge, Berlin. Fotos:
Museum der Dinge.

Das Museum der Industrieregion

‹ Die Ironbridge, Symbol und Zentrum der Ironbridge Gorge Museen, Shropshire, England. Foto: Christian Brünig.

Blist's Hill, Freilichtmuseum des Ironbridge Gorge Museum Trust:
‹‹ Wohnhaus aus dem 18. Jahrhundert und
‹ Werkstatt für Stuckanfertigung nach viktorianischen Mustern.

‹ Écomusée du Centre, Bois-du-Luc, Houdeng-Aimeries, Belgien: Wohnraum eines zur Besichtigung eingerichteten Hauses in den Carrées, der Bergarbeitersiedlung von Bois-du-Luc.
› Der umbaute Förderturm der Bergwerksanlage.

‹ Das Museum of Iron in einem Gebäude der ehemaligen Eisenwerke von Coalbrookdale.
‹ Reste gemauerter Hochöfen auf demselben Gelände.

‹ Friedhof der Quäkergemeinde in Coalbrookdale mit Gräbern prominenter Fabrikanten und Ingenieure, Teil der musealen Anlage.
» Das 1976 eröffnete Coalport China Museum in einer ehemaligen Porzellanfabrik.

‹ Innenhof des Werkstättenkomplexes am Bergwerk von Bois-du-Luc, der heute als Verwaltungssitz und Ausstellungsfläche des Écomusée dient.
‹ Maschinenhalle des Bergwerks mit vorläufiger Gerätesammlung, Zustand 1996.

Übergänge
Monumentales, Ephemeres, Ruinen

Umgenutzte Industriebauten auf dem ehemaligen Schlachthofgelände im Pariser Norden, dem heutigen Parc de la Villette,
‹ die frühere Rinderhalle, heute Multifunktionszentrum,
› das ehemalige Schlachthaus, heute Wissenschafts- und Technikmuseum.

› Zschornewitz, Sachsen-Anhalt: die unter genauen Auflagen des Denkmalschutzes restaurierte Werkskolonie des aufgegebenen Braunkohlekraftwerks.

Viele Umnutzungsprojekte können von der Dauerhaftigkeit ihrer Gegenstände ausgehen, andere beziehen sich auf Gegenstände, die für eine begrenzte Nutzungsdauer ausgelegt waren. Beispiele dafür sind musealisierte Hochofenanlagen.

› Ruinenästhetik: Zentralplatz der Bergwerksanlage Le Grand Hornu, Belgien.
» Neu erbaute Ruinen im Park auf der früher als (Industrie) Hafen genutzten Hafeninsel in Saarbrücken.

Natur nach der Industrie

↔ Duisburg-Meiderich, auf dem Gelände des späteren Landschaftsparks Duisburg-Nord, einem Projekt der Internationalen Bauausstellung Emscher Park, 1992 und 1989. Ausschnitte aus Fotos von Jörg Dettmar.

Industriegebiete im Nordwesten Englands, nach Abrissen, Sicherung der Halden und geringfügigen Einsaaten sich selbst überlassen.
‹ Wanderweg in der Nähe von Ashton-in-Makersfield.
› Eingang zum ehemaligen Montanindustriegebiet bei Wigan.

‹ Der Sale Water Park in einem der früher industriell genutzten River Valleys bei Manchester, heute ein von Rangern und ehrenamtlichen Naturschützern betreutes Gebiet.

‹ "Industrienatur. Wilder Industrie-wald, Zechenbrache Mont Cenis, Herne, Ruhr". Foto: Jörg Dettmar.
› Feuchtgebiet auf einer Zechen-brache, Bundesgartenschau in Gel-senkirchen, Ruhr, 1997.

‹› Unbearbeitetes Gelände eines um 1960 stillgelegten Eisenbahnknoten-punktes im Industriegebiet um Wigan, England.

‹ Pittsburgh, Pennsylvania. Der als Abwasserkanal genutzte Nine Mile Run und sein mit Hochofenschlacken verfülltes Tal werden von einem Projekt der Carnegie Mellon University auf ihre ästhetischen und ökologi-schen Qualitäten untersucht.

Postindustrielle Landschaften

‹ Neunkirchen, Saarland. Einkaufs-
zentrum, Hochofen und Gartenan-
lage. Letztere erinnert an den Landschaftsgarten, der die Villa des
Fabrikanten umgab.
› Garten um die Sloss Furnaces in
Birmingham, Alabama.

‹ Paris, Gärten im Parc de la
Villette, die industrieästhetische
Motive aufnehmen.

‹ Fassadengestaltung sozialer
Wohnbauten in Uckange,
Lothringen, Frankreich. Entwürfe und
Fotos, hier in Ausschnitten gezeigt:
Bernard Lassus.

‹ Gasbehälter hinter den mit Wasser gefüllten Resten eines weiteren, Westergas Fabrik, Amsterdam, Niederlande.
› Reste des Stahlwerks von Homestead, Pittsburgh, Pennsylvania, bekannt durch einen 1892 blutig beendeten Streik.

‹ Parc de Bercy, Paris. Auf dem Gelände von Weingroßhandlungen ist ein Park mit völlig neuen Strukturen entstanden.
› Japanischer Garten zwischen einer Fabrik und einer Deponie im Gebiet des Greenpoint-Entwicklungsprojektes, Brooklyn, New York.

Projekt zur Beerdigung eines Atomreaktors in Wales.
‹ Eine Abraumhalde bei Blaneau sollte die Baumaterialien liefern
» für neue grüne Hügel über den Reaktoren.
Entwurf und Darstellung: Tom Armour, Ove Arup Partnership.

‣ "Ferropolis - Die Stadt aus Eisen". Braunkohlebagger am Rande einer neu erbauten Arena auf einer Halbinsel im Tagebau Golpa-Nord.

‹› Flutung des Tagebaurestloches um "Die Stadt aus Eisen", des ehemaligen Tagebaus Golpa-Nord in der Nähe von Gräfenhainichen, Sachsen-Anhalt.

‹ "Neue Kulturlandschaft", Landart-Projekt im Rahmen der EXPO, Halbinsel Pouch im Tagebau Goitzsche, Sachsen-Anhalt.
‣ Landart in der Lausitz: Teil eines Kunstprojektes in Pritzen am Tagebau Greifenhein, Brandenburg.

Ephemeres Weltkulturerbe

Die Einordnung in Kunst und Denkmalschutz macht aus zunächst ephemer gedachten Bauten Gegenstände mit dem Anspruch auf Erhalt auf unabsehbare Dauer.[26] Daraus erwächst die Notwendigkeit, ihre Konservierung zu bedenken und die Tatsache der Vergänglichkeit und Fragilität der rechtlich geschützten Bauten zu berücksichtigen, ein Problem, das dem des Erhalts von (anderen) ephemeren Kunstwerken entspricht. Eine andere Möglichkeit aber des Wieder-Holens ist die, den Verfall, das Übergehen in die als geschichtslos imaginierte Natur zu begleiten und damit Ruinenästhetiken aufzurufen.

1982 wurde in Neunkirchen/Saar die älteste Hütte des Saarlandes geschlossen. Ihre Lage war prominent: Sie beherrschte das gesamte Stadtgebiet nicht nur insofern, als sie einen Großteil der Arbeitsplätze der Stadt stellte, sondern auch räumlich. Sie war das Stadtzentrum und in der ganzen Stadt sichtbar. Die Schließung muß, so Erinnerungen einiger meiner Gesprächspartner, traumatisch gewesen sein. Die Stadtverwaltung war vorbereitet und hatte Pläne entwickelt, was nach Schließung der Hütte zu tun sei: Abriß einschließlich der Gasgebläsehalle, und Aufbau eines neuen Gewerbe- und Handelsgebietes. Das geschah trotz Interventionen des Landeskonservators. Es blieben zwei Hochöfen stehen, die aufgrund ihrer Unvollständigkeit nicht sonderlich gut als technische Denkmale geeignet,[27] sondern eher als »Skulpturen« zu nehmen sind (Soyez 1988).

Aus der Sicht der Industriedenkmalschützer bleibt Neunkirchen der Name eines Debakels, bereitete allerdings den Weg für einen anderen Erhalt. Als die Abrisse in Neunkirchen vollzogen waren, richtete sich das Interesse der am Denkmalschutz der saarländischen Hütten Interessierten auf den nächsten anstehenden Fall, auf die 1876 gegründete Hütte in Völklingen, die 1986 stillgelegt werden sollte. Es fanden sich für eine Unterschutzstellung mehrere Lobbyisten, an der Universität des Saarlandes im Fachbereich Geographie, der Landeskonservator, auch eine Bürgerinitiative. Das saarländische Ministerium für Bildung, Kultur und Wissenschaft unterstützte die Initiative mit Raummieten und bezahlte Dokumentationsarbeiten. Ein Videofilm, der am letzten Arbeitstag der Hütte gedreht wurde, wurde finanziert unter anderem durch die Bundesanstalt für Arbeitssicherheit.[28]

Wenn die Ratlosigkeit steigt und die Schrottpreise fallen, steigen die Chancen für die Industriedenkmalpflege, tatsächlich zu erhalten, wofür die Argumente vorhanden sind, und die Planungen entscheidend zu beeinflussen. Schon vor der Schließung der Roheisenphase, des Hochofenbereichs mit Gasgebläseanlage, Sinteranlage und Kokerei, im Juli 1986 wurde der Bereich Roheisenerzeugung der Hütte als Kulturdenkmal, im Oktober 1987 durch das Staatliche Konservatorenamt des Saarlandes als Denkmalensemble ausgewiesen. Direkt nach der Schließung begann unter anderen die »Initiative Völklinger Hütte« die Hütte als Denkmal bekannt zu machen; sie veranstaltete Führungen und publizierte darüber. Mit Geldern der Europäischen Gemeinschaft wurden das Dach der Gasgebläsehalle gesichert und Gutachten zum Erhalt der Anlage erstellt. Einflußreich wurde vor allem ein vom damaligen Saarländischen Ministerium für Kultur und Wissenschaft in Auftrag gegebenes industriearchäologisches Gutachten. Der Gutachter, Rolf Höhmann aus Darmstadt, belegte die Einzigartigkeit des Ensembles. Das verhinderte nicht, daß der Abriß oder das Verfallenlassen der Hütte in der Stadt Völklingen weiter diskutiert wurden. Ende Juni 1992 beschloß der Ministerrat des Saarlandes, die Anlage in ihren »denkmalrelevanten« Teilen zu erhalten. Sie ging danach in das Eigentum des Finanzministeriums des Saarlandes über. Der ersten materielle Eingriff auf dem Gelände war die Einrichtung eines Cafés, der zweite die Gründung einer Hütten-Bauhütte im August 1992, die permanent am Erhalt der Anlage arbeiten sollte.[29] Einander ablösende Direktoren und mehrfach revidierte Konstruktionen der Eigentümergesellschaften sorgten danach für eine wechselhafte Verwaltungsgeschichte der Hütte. Relative Ruhe kehrte 1999 mit der Gründung der »Weltkulturerbe Völklinger Hütte. Europäisches Zentrum für Kunst und Industriekultur GmbH« ein, an der das Land nach wie vor beteiligt ist.

Ende der achtziger Jahre schon kam die Idee auf, unbekannt wo, aber wie einer meiner Gesprächspartner bemerkte, »mittlerweile hat jeder die Hütte gerettet« – die Völklinger Hütte als Weltkulturerbe anzumelden. Der Anmeldeantrag passierte die kommunale und die Landesverwaltung sowie die Kultusministerkonferenz und geriet neben Quedlinburg auf einen der aussichtsreichen Plätze auf der für 1995 eingereichten nationalen Liste: Das Ensemble aus dem 8. Jahrhundert und die Hütte aus dem späten 19. Jahrhundert ereilte gleichermaßen im Frühherbst 1995 die Eintragung.

Die Eintragung von Bauten, Ensembles und Landschaften in die Liste des Weltkulturerbes folgt anspruchsvollen Kriterien. Sie verlangen von »Kulturgütern« »großen Einfluß auf die Entwicklung der Architektur, der monumentalen Künste oder des Städtebaus sowie der Landschaftsgestaltung« oder daß sie »ein hervorragendes Beispiel eines Typus von Gebäuden oder Gebäudegruppen darstellen, die einen bedeutsamen Abschnitt der Geschichte veranschaulichen«, oder daß sie »in unmittelbarer und anschaulicher Weise mit Ereignissen, Ideen oder Glaubensbekenntnissen von außergewöhnlicher weltweiter

Bedeutung verknüpft sind (…) und dem Anspruch auf Authentizität nach künstlerischer Gestaltung, Material, handwerklicher Ausführung und Gesamtzusammenhang genügen …« (Richtlinien für die Durchführung der Konvention zum Schutz des Kultur- und Naturerbes der Welt o.J.)

In einer Publikation des deutschen Nationalkomitees von ICOMOS, dem *International Council on Monuments and Sites* der UNESCO, mit Beschreibungen der Weltkulturdenkmäler in Deutschland werden dementsprechend die Gründe für die Unterschutzstellung der Völklinger Hütte zusammengefaßt: Sie ist denkmalwürdig, weil sie »die wirtschaftliche, soziale und kulturelle Identität des Saarlandes wesentlich geprägt« und entscheidenden Einfluß auf die urbane Entwicklung Völklingens genommen habe:

»Der monumentale Gesamteindruck der Hochofenanlage prägt das Stadtbild so entscheidend, daß auf ihre Anlagen nach Stillegung der Roheisenerzeugung nicht verzichtet werden kann. In der kompakten und bis heute vollständigen Anlage bietet sich die Möglichkeit, den Prozeß einer inzwischen geschichtlichen, großtechnischen Roheisenerzeugung anhand originaler Anlagen zu veranschaulichen. Zugleich können Monumente herausragender technikgeschichtlicher Bedeutung erhalten werden. Die Gasgebläsehalle mit ihrem einmaligen Maschinenbestand, die Trockengasreinigungen, die Hängebahnanlagen und die Sinteranlage dokumentieren als technische Erfindungen jeweils innovative Pionierleistungen ihrer Zeit, die die Roheisenerzeugung der Eisen- und Stahlindustrie weltweit beeinflußten. In ihrem originalen Erhaltungszustand sind sie materiell erlebbare technikgeschichtliche Meilensteine.« – »Es ist kein anderes geschichtliches Hochofenwerk bekannt, das in gleicher Weise, gleicher Authentizität und gleicher Vollständigkeit, herausgehoben zudem durch technikgeschichtliche Meilensteine innovativer Ingenieurkunst, den Gesamtprozeß der Eisenverhüttung zeigen kann.« (Lüth/Skalecki o.J., 120, 123)

Diese Argumente nehmen alle Traditionen und Disziplinen auf, die in Bezug auf den Denkmalschutz in den letzten hundert Jahren diskutiert worden sind: wirtschaftliche, soziale und kulturelle Bedeutsamkeit, städtebauliche Relevanz, technikhistorische Bedeutsamkeit, museale Qualität, eine Rolle für die Identitätsbildung. Bezüge zu sakralen Metaphern werden nicht gescheut, die Autoren beschreiben eine »Kathedrale des Industriezeitalters«.[30] Kultur, Geschichte, Kunst: Was unter eine dieser Überschriften gehören kann, darf auf Überleben rechnen. Nur noch der Rest gehört zum Abfall.

Verfall als Grenze der Kultur, der Geschichte, der Kunst

Mittlerweile wird mit Billigung des Denkmalschutzes in Völklingen auch abgerissen und saniert. Zwei Koksbatterien in der Nähe des Saarufers sind verschwunden, zwei noch übrig. Da im Verhüttungsprozeß nicht nur ungefährliche Stoffe beteiligt sind, war eine der frühen Aktivitäten, die sich auf das stillgelegte Areal bezogen, die Erfassung und Sicherung der Altlasten. Gleich nach Gründung der Hütten-Bauhütte 1992 wurden zwei »Untersuchungen zu Altlasten und Reststoffen im Denkmalbestand« in Auftrag gegeben. Eine diente der »Erfassung und Ermittlung des Einflusses vorhandener Kontamination auf die Sanierung/Konservierung und Nutzung der Völklinger Hütte«, eine zweite der »Erfassung und Ermittlung des Einflusses von Reststoffen der Produktion auf die Korrosion, Bauchemie und Bauphysik der Hochöfen, Cowper, Wind- und Gasleitungen und Kamine«, die jeweils auch »Entsorgungswege« aufzeigen sollten. (Lüth 1992, o.S.)[31] Die ephemeren Strukturen werfen Probleme der Erhaltung auch dann auf, wenn sie zum Weltkulturerbe erklärt worden sind: Die Erhaltung der Öfen verschlingt deshalb große Summen und wird sie verschlingen, weil sie rosten. Und nicht nur Rost setzt ihnen zu, sondern auch aggressive Reststoffe und Kontaminationen, die aus der früheren Nutzung herrühren. »Mit der Erkaltung der Anlage spielen sich ›umgekehrte‹ Reaktionen ein, auf die die ursprünglich permanent erhitzte, stählerne Anlage nicht vorbereitet ist.« (Lüth/Skalecki o.J., 123)

Der Anspruch auf Dauer, den Denkmäler wie Kunstwerke für gewöhnlich haben, ist hier nicht durch eventuellen Abriß, sondern durch die relativ kurze Zeit gegeben, in der diese Bauten ohne menschliches Zutun verfallen, der Wunsch nach Erhalt richtet sich auf Gegenstände, die im Verschwinden begriffen sind. Sie erhalten heißt, sich gegen einen Prozeß zu stemmen, der »von selber« ruiniert. An Bauten dieser Art zeigen sich Grenzen des erhaltenden Denkmalschutzes: die Völklinger Hütte ist ein »Denkmal auf Zeit«, eine »kontrollierte Industrieruine«, die dem »kontrollierten Verfall«, so zumindest eine der Planungsvorstellungen, überlassen werden muß. Denn die Völklinger Hütte gehört zwar sicher nicht mehr in die Verschrottung, aber in eine besondere Kategorie des Denkmals. Sie ist in weiten Teilen eine kontrolliert verfallende Ruine, für die ein gärtnerisches Konzept angemessen wäre.[32]

3 Ruinen der Industrie

Ruinen, Geschichte und Natur

Es gibt eine Sache, die ist schöner als eine schöne Sache, das ist die Ruine
einer schönen Sache.
Puvis des Chavannes

Eine gärtnerische Lösung für die Hütte in Völklingen müßte nicht erst von
Grund auf erfunden werden. Denn sobald das Ephemere mit Prozessen des
Lebendigen in Zusammenhang gebracht wird, bieten Ruinenmotive reiches
Material für Deutungen und Planungen. Ruinenmotive finden sich bereits zahlreich in Entwürfen für verfallene und verfallende Industrieanlagen – begleitet
von der Entwicklung einer Ästhetik der Industrieruine in der Fotografie wie
auch von der Schaffung von keinesfalls ephemeren Monumenten für die ver-
schwundene Industrie, die einer Ästhetik der Ruine verpflichtet sind. Es gibt
dabei zwei als Verfahren anzusprechende Formen der Inszenierung der Ruine(n)
der Industrie. Zerfallene, zerfallende Industriebauten werden als Ruinen befe-
stigt und in diesem Zustand erhalten oder »begleitet« und: neue Ruinen entstehen auf alten Industriegeländen. Beides ist als Kommentar zu lesen, der das
Ende der Industrie in die vielschichtige Motivgeschichte und Ikonographie der
Ruine einrückt.

Die Ruine ist untrennbar mit Ästhetik und künstlerischer Artikulation verbunden. Denn erst wenn Dinge, Bauten, Artefakte aller Art verfallen und ihr
»natürlicher« Verfall ästhetisiert wird, entsteht die Ruine. Was Ruinen vom ab-
rißwürdigen Bau, vom unbrauchbaren Rest, vom Abfall trennt, ist allein der
Blick, der in und an ihr etwas sieht, das über das nur Zerstörte, nur Hinfällige,
nur Chaotische hinausweist. Ruinen sind Zeichen, die in der Geschichte der
europäischen Befassung mit ihnen auf verschiedenste Weise gelesen werden.
»Erst in Gesellschaften, in denen zerfallende Gebäude in Differenz zu ihrem

vormaligen Verwendungssinn semantisch neu besetzt werden, kann man von einer Ästhetik der Ruine sprechen.« (H. Böhme 1989, 287f)

Der Ruin eines Bauwerks allein erzeugt noch keine Ruine, die der Betrachtung würdig wäre. Die Ruine, die »stumme( ) Zeichensprache der Geschichte« (H. Böhme 1989, 288) werden kann, ist historisch spezifisch und gewählt. Hilfreich für die Entstehung und Goutierung einer Ruine ist, wenn die Bauten und Strukturen, auf die sich der ästhetisierende Blick richtet, eine Größe haben, die sie unter zeitgleich entstandenen Bauten auszeichnet, wenn ihre alte Funktion noch erkennbar ist und für eine Gesellschaft von äußerster Wichtigkeit war. Kirchen, Tempel und Klöster, monumentale Grabmäler, Gebäude, die politische Relevanz hatten, kommen vor allem als Ruine in Frage[33] – in diese Reihe sind nun auch die monumental anmutenden Reste der alten Industrie aufgenommen.

Wenn Ruinenmalerei, Ruinenliteratur, philosophische Reflexion der Ruine identifizierbare Bauwerke zitieren, so spielt es für den angestrebten Effekt dennoch nicht immer eine Rolle, daß es sich um ein bestimmtes Bauwerk handelt, so auch im Falle der Ruinen der Industrie.[34] Deutlich wird dieser Umstand in der Ruinenmalerei des 18. Jahrhunderts: Es ist möglich, in einem Bild verschiedene Ruinen identifizierbarer Bauten zusammentreten zu lassen, die sich an ganz verschiedenen Stellen befinden. Ruinen sind als Bildgegenstände transportabel in Zeit und Raum und montagefähig. Gotische, griechische, ägyptische oder auch maurische Ruinen können in Bildern nebeneinander stehen, ein Muster, das zumindest in seinem Eklektizismus an historistische Stilsammlungen der Architektur erinnert, auch an postmoderne Zitierweisen.[35]

Es ist insofern nicht verwunderlich, daß weder Ruinen in der Literatur, der Malerei und der Philosophie, auch nicht die in Landschaften und die der Gärten, zur Systematisierung einladen. Es handelt sich vielmehr um einzigartige Plätze, die ihren Reiz aus dieser Einzigartigkeit beziehen. Und dennoch ist selten eine zerfallende Struktur mit einer bestimmten alten oder neuen Bedeutung belegt, selten ist der Sinn einer bestimmten Ruine ein bestimmter Sinn: Ruinen verweisen in aller Einzigartigkeit allgemein auf Verfall. Ambivalenzen, die im Konzept der Landschaft versöhnt, kompensierend oder harmonisch gedeutet werden können (s. Teil VII), stehen deshalb in der Ruine in einem fragileren Verhältnis zueinander. Die Ruine bleibt beunruhigend, denn nie verliert sich der Hinweis auf Zerstörtes. Ruinen sind zerstörte Werke oder zerstörte Natur.[36] Sentimentalisch können sie goutiert werden,[37] im 20. Jahrhundert verweisen sie allein auf die uneingelösten Versprechen einer säkularen Heilsgeschichte.

Die künstlerische Verfügbarkeit des Bildes einer bestimmten Ruine in Raum und Zeit findet ihre Entsprechung in Kulturphilososophie und Kulturtheorie des 20. Jahrhunderts, soweit sie auf die Ruine rekurrieren, denn sie abstrahieren die Ruine von ihrem Material. Die Ruine, jede Ruine ist Allegorie einer Geschichte, die in Naturgeschichte aufgeht. In der geschichtsphilosophischen Betrachtung, die melancholische Traditionen der Ruineninterpretation fortsetzt, wird die Ruine zum Topos. Sie steht für die Kritik und das Zerbrechen aufklärerischer Hoffnungen, für Schuld und die mögliche Rache der Natur für ihre Formung:

»Diese einzigartige Balance zwischen der mechanischen, lastenden, dem Druck passiv widerstehenden Materie und der formenden, aufwärts strebenden Geistigkeit zerbricht aber in dem Augenblick, in dem das Gebäude verfällt. Denn dies bedeutet nichts anderes als daß die bloß natürlichen Kräfte über das Menschenwerk Herr zu werden beginnen: die Gleichung zwischen Natur und Geist, die das Bauwerk darstellte, verschiebt sich zugunsten der Natur. Diese Verschiebung schlägt in kosmische Tragik aus, die für unser Empfinden jede Ruine in den Schatten der Wehmut rückt, denn jetzt erscheint der Verfall als die Rache der Natur für die Vergewaltigung, die der Geist ihr durch die Formung nach seinem Bilde angetan hat.« (Simmel, 1993, 124f)

Sind barocke Vanitaserfahrungen, das Vergehen der Geschichte in Natur, allegorisiert in der Ruine, noch aufhebbar in einer Welt vor Gott, so sind es die des 20. Jahrhunderts nicht mehr. Wenn Walter Benjamin in seinem Buch über das barocke Trauerspiel die barocke Erfahrung der Vergängnis liest, liest er sie als zeitgenössische Erfahrung der Entfremdung von den Dingen, von der Welt. Die im Trauerspielbuch geleistete Aufwertung der Allegorie als ästhetisches Verfahren gegenüber dem Symbol ist die Vergewisserung über eine Chiffrenschrift, in der je nur Hinfälliges zu sagen und zu entziffern ist. Ein symbolfähiger Zusammenhang der Dinge ist nicht zu denken. »Auf dem Antlitz der Natur steht ›Geschichte‹ in der Zeichenschrift der Vergängnis« (Benjamin 1974, 155) ist ein Satz, der die Gegenwart meint. Es gibt keine Sprache der Natur, keine Schrift Gottes, die zu entziffern wäre. Der Ruine, dem Ruin ist keine Versöhnung abzugewinnen.

Die Inszenierung baulicher Reste der alten Industrie als Ruinen nimmt insofern nicht nur die ästhetisierenden Verfahren auf, die in Malerei und Gartengestaltung schon Ruine und Landschaft in Beziehung gesetzt haben, sie ruft auch geschichts- und naturphilosophische Traditionen auf, in denen die Ruine Zentrum der Reflexionen geworden ist.

Motive und Übersetzungen

Die Motive, in denen sich die vielfältigen Deutungen der Ruine artikulieren, entwickeln sich mit der Landschaftsmalerei und sind nicht allein der im 20. Jahrhundert bestimmenden melancholischen Sicht auf die Ruine verwandt. Seit dem 16. Jahrhundert ist die Ruine Gegenstand, auch Thema malerischer Darstellungen. In Fresken dieser Zeit erscheinen die Requisiten, die die Umgebung der Ruine in der Malerei der schönen Landschaft weiter bestimmen werden, Wasserläufe, Quellen, Tempel, heilige Haine, Berge, Fischer- und pastorale Szenen gehören zum Programm der Landschaftsmalerei, in die die Ruine eingeführt wird.[38] Mythologische, idyllisch-pastorale, heroische und sublime Topoi finden sich, auch utopisch und sehnsuchtsvolle Motive des heiteren Arkadien. Bibelszenen ereignen sich mit Ruinen im mehr oder weniger betonten Hintergrund, antike Alltagsszenen wie Genreszenen mit zeitgenössischem Personal erscheinen mit Ruine. Schäfer, Fischer, Wäscherinnen gehen vor zerfallenen Bauwerken ihren Tätigkeiten nach. Eremiten bevölkern höhlenähnliche zerfallene Bauten.

Im 17. und 18. Jahrhundert erscheinen Ruinen mit melancholischen und dem Allegorienkreis der *vanitas* zugehörigen Motiven verbunden. In ein Arsenal des Schreckens, des Todes führen chtonische Motive wie stehendes, unreguliertes Wasser, Dunkelheit, unbegrenzte Räume. Brüchig erscheinende Höhlen, Ruinen der Natur, unermeßliche und roh gebaute Keller im Verfall werden vorgestellt und in ihnen das Entsetzen: Bilder der Machtlosigkeit und der Folter verbinden sich mit dem ruinösen Zustand der Architektur, Piranesis *Carceri* von 1743 zeugen davon wie die Wasser, die in Landschaftsgärten durch zerstörte Bauwerke fließen, Wasser, in denen Trümmer als die untergegangener Zivilisationen inszeniert werden.

Ab Ende des 18. Jahrhunderts findet sich die melancholisch gestimmte »empfindsame Seele« ins Bild gestellt, elegische Motive werden bestimmend, die Ikonographie ändert und erweitert sich. Ruinen stehen im Kontext neuer ästhetischer, philosophischer und religiöser Bezüge. Sie reichen von christlicher Mahnung bis zur Erweckung bestimmter, auch kodifizierter subjektiver Gefühle und Einstellungen. Die zugehörigen Requisiten werden für die Ruinenbilder der deutschen Romantik bestimmend sein: »Winter, Mönche, Kloster, lebendig begraben, Toter, Gräber, Mondbeleuchtung...« (Althöfer 1977, 61). Bevorzugt in diese klischeehaften ikonographischen Zusammenhänge tritt um 1980 die Industrieruine ein.

Ab Ende der siebziger Jahre erscheinen vermehrt Bücher, deren Autoren und Fotographen den Verfall, den Abfall und das Abrißwürdige in Szene setzen und in gepflegter Melancholie auf den nun schon deutlichen Niedergang der Textil- und Montanindustrie antworten. Sie reflektieren die Interpretationen der Ruinen und nutzen die Kontexte, die in dem Arsenal der Motive bereitstehen, um in das Zentrum des Bildes vom Verfall die Industrieruine einzusetzen. Zeitgleich beginnt eine Phase, in der sich Planer mit Ruinenästhetiken auseinandersetzen.[39]

Industrieruinen werden mit Andreij Tarkowskis apokalyptischen Filmen »Stalker« (1979) und »Nostalghia« (1982) von einem breiten Publikum entdeckt, jenen Filmen, die die industrielle Zerstörung der inneren Natur des Menschen wie der äußeren Natur als irreversibel zeigen – unter Rekurs auf die hermetische Welt der Melancholie-Reflexion der europäischen Renaissance und des Barock.[40] In *Stalker* stellt Tarkowski zerstörte Natur und Menschen im Schatten einer funktionierenden Industriemaschinerie, an der Grenze einer geheimnisvollen und ebenfalls Spuren industrieller Zerstörung tragenden Zone vor, die selbst die Phantasie vom Glück verloren haben. Ende der Hoffnung, Ende der Geschichte und Ende der Natur fallen zusammen und finden ihre Allegorien in Bildern des Zivilisationsmülls, unter Zitat vor allem der chtonischen Motive, die die Ruinenästhetik zu bieten hat, der Höhlen, der dunklen Wasser, der versunkenen Städte.

1981 erscheint ein Band mit Aufnahmen von alten Kriegsschiffen und Piers, mit Bergwerken und Fördertürmen, mit Autohalden und Bunkern. Der Band heißt *Tote Technik* und ist einer der ersten, die sich mit der Ästhetisierung nicht des zu Erhaltenden, dem Denkmal, dem Zeugnis, dem technischen oder sozialhistorischen Monument der Erinnerung befassen, sondern mit den Bauten, Anlagen, Geräten, die zerfallen (Hamm/Steinbacher 1981). Dies geschieht nicht ohne Klischee, nicht ohne Melodramatik und wird hinreichend populär, um eine Taschenbuchausgabe zu rechtfertigen. »Tote Technik« läßt »lebendige« Technik assoziieren, das »Sterben« der Industrie, organische Auffassungen der alten Industrie und ihrer Bauten also und damit auch die Überschreitung jener Grenzen zwischen Natur und menschlichen Erzeugnissen, die seit ihren Anfängen mit Ruinenästhetiken verbunden werden. In den Bildern tauchen keine Menschen auf, Gebäude sind oft von außen, bei geschlossenen Türen fotographiert, oder mitten in einem gerade stillstehenden Abrißprozeß aufgenommen.

Der Zerfall, das Ende ist interessant, und darauf richtet sich der trauernde Blick des Fotographen, gleich welches Industriegebiet er sich zum Gegenstand macht. Fotographien von Zechenanlagen und Kokereien aus alten Industriegebieten sind versammelt unter der Überschrift »Ruinen der Montankrise. Das Altertum von Kohle und Stahl«. Die Schwerindustrie ist eine überwundene, historisch zu verortende, möglicherweise auch geologisch aufzufassende Epoche. Die ökonomische Krise hinterläßt Ruinen, Verfall, nach dem sich nichts Neues ankündigt, allenfalls eine sentimentale Anwandlung: »Die Kulissen eines schwerindustriellen Ballungsraumes begleiten uns heute wie damals durchs Ruhrgebiet; nur zeigt das einst so imposante Panorama von Kohle, Eisen und Stahl Risse und Sprünge. Die Versatzstücke des Fortschritts bröckeln auseinander. Der alte Kohlenpott mit seinen dicht gestreuten Zechenanlagen und dem Wald eiserner Fördertürme ist dahin.« (ebd. 110)[41] Der Band »Sterbende Zechen«, den Manfred Hamm 1983 zusammen mit dem Denkmalpfleger Axel Föhl herausgegeben hat, führt, wie auch der über »Tote Technik«, nicht ohne Klischees durch das Arsenal der Motive, die die Ruinenmalerei vorgezeichnet hat.

Die Wahl des Fotographen fällt vor allem auf Bauten, die leicht an klassische Ruinenmotive anzuschließen sind. Einer der zentralen Gegenstände seiner Fotographie ist Le Grand Hornu – eine Zechenanlage in Wallonien, die ab 1819 teils in barockem, teils in gotischem Stil erbaut wurde. Die Arbeiterstadt, die Villa des Unternehmers, Produktionsstätten und Zechengebäude sind um ein weites, streng achsial gestaltetes Oval zusammengebracht, in dessen Zentrum das Denkmal des Firmengründers steht. Die Maschinenbauwerkstatt war gestützt von gotischen und in der Tat aus einer gotischen Abtei stammenden Säulen. Nebel, unscharfe Konturen und Reminiszenzen an Caspar David Friedrichs »Klosterruine Eldena« oder »Huttens Grab« in der Licht- und Motivgestaltung in Hamms Fotographien tragen das ihre zur Nobilitierung dieser Industrieruine bei. Andere Fotographien zeigen die an barocke Stilelemente erinnernde Treppe zum Eingang der Zeche Prosper 1 in Essen, mit teils zerbrochenen Fensterscheiben und zugemauerten Fensterlöchern: Hier ist in streng symmetrischer und frontaler Bildkomposition die Treppe aufgenommen und zeigt sich von wuchernden, schlingenden Pflanzen überwachsen.

Die Fotographie einer Zeche in Cuesmes, Belgien, präsentiert sie ein Tal überschauend, in dem Schafe grasen: arkadische Assoziationen. Weniger klassisch, doch in der Aussage der Bestimmung der Ruine als Übergang von Kultur in Natur nahe, zeigt eine Fotographie, wie die Bildunterschrift besagt, Waschbecken in der Kaue des Schiffshebewerkes Henrichenburg. Efeu rankt sich über die Becken und läßt die Rückeroberung des von Menschen besetzten Terrains durch die Natur erahnen. Die Gegenstände dieser Bilder stammen aus der aufgegebenen Industrie, die Themen und die Präsentation entstehen mit einem an barocker und romantischer Ruinenmalerei geschulten Blick. Die Fotographien zeigen ein Bild der Industrie nach dem Abzug des Menschen, das Ende der Produktion, die Brüchigkeit der zweiten Natur und den langsamen Weg der ersten Natur, die in sich wieder die Reste der Kultur aufnimmt. Diese Bilder stehen für eine Erweiterung dessen, was in den Bereich des Sichtbaren, den Bereich des Wahrnehmbaren fällt: Was als Rest, als Abfall einer bestimmten Produktionsform übriggeblieben ist, wird im Licht von Ruinenästhetiken deutbar und über sie einem naturalisierenden Blick gegeben.

Ruinen in Gärten

Während Ruinen in der Landschaftsmalerei erscheinen, werden sie auch unverzichtbare Bestandteile von Gärten. Sowohl die zerfallenen Gebäude als auch die neu erbaute Ruine finden sich in englischen Landschaftsgärten ab Beginn des 18. Jahrhunderts.[42] Die Fassaden, die Silhouetten alter wie neuer Ruinen führen den Blick im Garten über weite Strecken. Sie ordnen sich dem perspektivischen Landschaftsbild ein wie Bildgegenstände oder Theaterkulissen einer Guckkastenbühne. Ihr Platz im Bild des Gartens ist meist in den westlichen, dem Sonnenuntergang zugeneigten Partien, hierin verweisend auf die Assoziation von Ruine und Verschwinden,[43] wirkungsvoll stehen sie vor dem Hintergrund der untergehenden Sonne.

In Gärten kommt vor allen Dingen eine Eigenschaft des Konzepts der Ruine zum Tragen: Sie spielt mit der Grenze zwischen Natur und Kultur. Die Beobachtung der Zwischenstellung der Ruine zwischen Natur und »Menschenwerk« gehört zum Motivbestand europäischer Ruinenliteratur wie Ruinenmalerei. Ruinen führen in eine Landschaft, in der langsam das von Menschen Gebaute von Pflanzen überwuchert und von Tieren neu besiedelt wird und in der Auflösung und im Zurückfallen aus der menschengemachten Struktur ununterscheidbar wird von der Natur. Georg Simmel hat diese Auffassung der Ruine ins Zentrum seiner Beschreibung gestellt: »daß hier ein Menschenwerk ganz wie ein Naturprodukt empfunden wird« (Simmel 1993, 126).[44]

Ein Entwurf von Peter Latz für einen Park auf dem Hochofengelände der Firma Thyssen in Duisburg-Meiderich setzt dieses Motiv ab 1991 um. Gärten in und auf alten Vorratsbunkern entstehen, die teils mit anderweitig nicht zu verarbeitendem Müll gefüllt sind; der Bewuchs soll sie teils überwuchern, teils in sichtbarer Ordnung bleiben. In den Gärten in den Bunkern finden sich immergrüne Ranken an brüchigen Mauern, Steinkreise, die in grottenähnliche Quellenumfassungen führen und an Barockgärten und ihre Interpretation der Ruine erinnern. Am Hochofen selbst findet sich die *Via ferrata Monte Thysso*. Sie ist als steiler Wanderweg interpretiert und zieht sich hoch an den Wänden des unter Denkmalschutz stehenden Ofens. Auch alte Bunker, in denen Erzvorräte gelagert wurden, dienen dem Bergsteigen, an ihren Wänden läßt sich in verschiedenen Schwierigkeitsgraden trainieren. »In den Bunkertaschen, in die ein paar tausend Tonnen Erz hineingepaßt haben, ist jetzt der Alpenverein als Pächter tätig, machen seine Mitglieder Kletterübungen. Sie haben etwas ganz schnell nachvollzogen, was wir von Anfang an gesagt haben: Für uns sind diese Hochöfen das Matterhorn, das man erklettern kann, oder riesige Drachen. Sie müssen uminterpretiert werden, sollen aber da stehenbleiben – das ist die eigentliche Aussage.« (Latz 1994, 107)[45]

In diesen Ruinen ist der martialische Bau der Industrie naturalisierend gedeutet. Bergsteigen, das begonnen hat und entwickelt worden ist als das Bezwingen äußerer und schwer zu beherrschender Natur, dann weiter getrieben worden ist als Bezwingung der eigenen Natur, wird transponiert und möglich an menschlichen Bauwerken. Was die Übersetzung ermöglicht, sind Strukturen, Größenordnungen und technische Eigenschaften, die nun nicht mehr die Natur der Berge zum Gegenstand der Bezwingung werden lassen, sondern eben Erzbunker, von denen einige mit den giftigen Abfällen aus einem Schornsteinabriß gefüllt sind. Dieser Entwurf ist der Abschied von der als unbezwungen imaginierten Natur der Berge und die Hinwendung zu einer Idee von Gegenständlichkeit der menschlichen Auseinandersetzung, dem der neutralere, unhistorische, relationale und zentrierte Begriff der Umwelt sehr viel angemessener ist als der der Natur: Das hier vorgestellte Umweltmodell nimmt die Gegenstände, die sich finden, als von Geschichte gereinigte Natur, in die die Imagination Funktionen baut. Sie beziehen sich auf eine neue zu beherrschende äußere Natur, nicht mehr auf eine Kultur, die ihre Geschichte erzählt, und macht das Vorfindliche so zu ihrem Material, zu ihrer Natur. Das, was im Entwurf vielleicht noch kühne ästhetische Interpretation war, ist zum viel genutzten natürlichen Ambiente geworden – zu einem Ambiente, in das sich Aktivitäten verlagern lassen, die ansonsten in als unberührt imaginierten Bergen möglich sind. Das Moment, das dabei stark macht wird, ist das, was Georg Simmel zum zentralen Moment der Ruine gemacht hatte: Ihre Fähigkeit, »Menschenwerk« als Natur erscheinen zu lassen.

Das ist ein nicht melancholisches Bild. Es zeigt die Ruine zwar nicht gedeutet als Triumph des Gegenwärtigen über ein überwundenes oder endlich überwundenes Zeitalter, einen früheren und schlechteren Zustand der Gesellschaft, über eine überwundene Herrschaftsform, wie das im utopischen Blick etwa eines Volney geschieht.[46] Doch behauptet sie, daß soziale Verhältnisse wieder in die Unerschöpflichkeit der Natur zurückgekehrt sind und eine neue Zeit triumphiert, die diese Natur zum Material ihrer eigenen Formen macht.[47]

Melancholie und eine neue Ruine

Ruinen entstehen durch Zerstörung, durch Erdbeben, Vulkanausbrüche, Blitze, durch aktives Eingreifen von Menschen, im Krieg, durch gelegtes Feuer, durch Abtragen und auch durch passives Geschehenlassen, das den Gegenspielern menschlicher Werke Raum gibt, dem Wind, dem Regen, den Pflanzen, den Tieren, thermodynamisch gesagt, der Entropie. Die Gründe des Verfalls werden in Auseinandersetzungen mit Ruinen vielfältig gedeutet und führen zu spezifischen Interpretationen des Verhältnisses zu Vergangenheit, Gegenwart und Zukunft.

Die Geschichte des Blicks auf die Ruine zeigt vor allem zwei Haltungen, die der Gegenwart und Zukunft zugewandte, ganz irdisch und pragmatisch triumphierende oder auch von einem utopischen Frieden träumende, und die auf die Vergangenheit, die Vergänglichkeit und die entgleitende Erinnerung gerichtete, die melancholische. Beide Haltungen vermischen sich vielfältig in den legitimatorischen und geschichtsphilosophischen Bezügen, die an Ruinen anknüpfen.[48] In melancholischer Sicht ist die Gegenwart eine sich unterschiedslos in die Zukunft erstreckende Zeit der Trauer, der Gedanken über die Vergänglichkeit, der *vanitas* menschlichen Strebens, eine Zeit des Nachsinnens, womöglich der Verzweiflung, auch des gepflegten Genusses der Trauer, oder eine Zeit, in der der Betrachter sterben und/oder in der sich der allgemeine Ruin nur noch fortsetzen kann.

Die Überreste sind für den melancholischen Kommentar immer auf der Seite des Un-Heilen, des irreversibel Verlorenen. Ruinen sind dann auch unheimlich, unheimlicher als die umgebende Natur ohne sie. Ruinen ansehen, das heißt »Schädelstätten« besuchen, Plätze an denen sichtbar mehr oder weniger allegorisch deutbare Tode gestorben wurden.

Im ehemaligen Hafengebiet von St. Peter's Riverside in Sunderland/England ist altes Werftland neu gestaltet worden. Eine Teilplanung der *Tyne and Wear Development Corporation* betraf die Flußufer, die in weiten Teilen zum

Landschaftspark geworden sind. Auf einer Erhebung in den Parkanlagen steht eine neue Ruine. Es ist das sogenannte »Red House«, ein *environment* aus größeren und kleineren Steinskulpturen, das der Bildhauer Colin Wilbourne von 1991 bis 1994 geschaffen hat. Es ist erbaut aus den roten Quadern einer abgerissenen Sandsteinbrücke und fixiert einen Moment im Zerfall eines kleinen, typisch viktorianischen Hauses. Seine Bewohner scheinen plötzlich fortgegangen zu sein und nur Hinweise und Spuren hinterlassen zu haben. Ein halbverbrannter Brief (aus Stein) liegt in der Feuerstelle und eine Brille (aus Stein) darüber auf dem Kaminsims. Das Haus hat kein Dach, die Möbel (aus Stein) sind zerschmettert, der Kamin halb eingerissen, (Stein-)Bücher liegen aufgeblättert und ungelesen im Wind, eine Treppe (aus Stein), in die teils lesbare Schrift, teils nicht entzifferbare Ornamente, die an Orientteppiche erinnern, geschnitten sind, führt ans Wasser, das früher dem Transport von industriellen Rohstoffen und Erzeugnissen diente.

Der Skulptur ist nichts abzulesen, was die Bewohner des imaginierten und in Stein gesetzten Hauses identifizieren würde. Gezeigt ist ein Moment, in dem verbreitete und alltägliche Gegenstände eines durchschnittlichen Hauses noch vorhanden und erkennbar sind, und dazu die Wirkungen der Zerstörung, der Witterung, der Natur, denen jedes verlassene Haus unterliegen würde. Das *environment* vermittelt kein Wissen, etwa über Bewohner des Hauses und ihre Lebensumstände, doch sehr wohl Imaginationen. Die Geschichte und die Geschichten, die dem Verlassen und dem Verfall vorausgingen, sind Geheimnis, Rätsel, Anlaß zum rückwärtsgerichteten Tagtraum.

Die Ruine ist in dieser Hinsicht an bekannte Motive anzuschließen, doch in anderer Hinsicht verweigert sie sich der Tradition. Wilbourne zeigt keine Ruine, die ein großes Bauwerk war oder es zitiert, keine monumentale oder sakrale Form. Das, was hier im ruinierten Zustand als Blickpunkt für einen Garten auf vormals industriellem Gelände neu geschaffen wurde, ist erkennbar die Ruine eines keinesfalls auffälligen Privathauses, damit die mögliche Ruine vieler Privathäuser, die in der Umgebung des neuen Parks bestehen. So nimmt sie zwar unspezifisch, aber erkennbar Verbindungen mit dem Leben der Betrachter aus der Umgebung auf, die diese Skulptur in ihrem Park vorfinden. »Wilbourne hat erklärt, daß die Skulptur ein Denkmal für die Vergangenheit ist, für die Generationen, die an der Wearside gelebt und gearbeitet haben und über deren Leben wir so wenig wissen. Wie an der Geschichte selbst ist auch am Red House nicht alles klar oder vollständig.« (I. Thompson 1994, 8) Die Skulptur liefert keinen Ansatz zur Narration. Das Zentrale ist das Zeigen des Verfalls als Verfall, der an einem Beispiel sichtbar wird, in einem bestimmten Moment, der sich in jedem

anderen Verfall eines jeden anderen verlassenen viktorianischen Hauses wieder-
holen könnte. Dieser Moment ist dargestellt, festgestellt, versteinert. »Zeit ge-
rinnt so zum räumlichen Tableau, zum *nunc stans* der Vergängnis.«[49] Colin
Wilbourne hat nicht ein Denkmal, das auf eine spezifische Geschichte verweist,
geschaffen, nicht ein Museum oder ein museales Objekt, sondern etwas anderes:
die in Stein gehauene Kopie einer möglichen Ruine im Maßstab 1:1, die auf
unspezifische und dennoch nicht den Schrecken des Verfalls mindernde Weise
auf Vergängnis verweist und so einen Bezug zu der nicht zu schreibenden, der
undokumentierten eigenen Geschichte der Betrachter anbietet, der nicht in
Versöhnung aufgeht, sondern der Trauer Raum gibt.[50]

Ruine, Material, Medium

Ohne Trauer, ohne Melancholie, auch ohne spezifische Ansprüche an die Zukunft tauchen Ruinen auf in den Motivarsenalen, aus denen die der modernen
Architektur kritisch verbundene Architektur und die ihr nahestehende Landschaftsgestaltung schöpfen. Die semantische Energie, die in der Ruine und den
traditionell mit ihr verbundenen Motiven liegt, bietet sie als Denkmodell über
Vergangenheit und Zukunft an. Man kann das deuten als manirierte Fortsetzung des melancholischen Kommentars, doch auch als die Einnahme einer
dritten Haltung, die sich kaum je mit schwermütigen oder triumphierenden
Gedanken über Vergangenheit, Gegenwart und Zukunft verbindet. Diese Haltung zeugt keinesfalls von der Lust am Zerstören und am Zerstörten, der Lust
an Katastrophe und Untergang, die Edmund Burke als Konstante möglicher
Rezeptionen festgestellt hat (Burke 1989, 79ff), sondern meint die Hineinnahme
des Verfalls, der Gleichgültigkeit der Natur, des Ablaufs der Zeit in die Gegenwart und die explizite Unterwerfung unter sie – um sich ihr nicht mehr entziehen zu müssen. Es entstehen seit Ende der siebziger Jahre Entwürfe für neue
Ruinen, die diese Haltung zeigen. Einer der ersten u-topischen Entwürfe von
Ruinen in der Architektur ist als konsumkritischer Kommentar zur funktiona-
listischen Moderne lesbar, die Abfälle, Abrisse und Vernichtungen nicht reflektiert; so die *No-Stop City* der Gruppe Archizoom, die Ruine und Ruin einander
annähert (Documenta X, 22f).

Das Motiv der Ruine unter Einschluß und Kontrolle des geplanten Verfalls
und verbunden mit Überlegungen zur Wiederverwendung gebrauchter Materialien findet sich reflektiert in einer Selbstdarstellung der Architektengruppe
Morphosis:

»Irgendwann begannen wir, an maschinenartigen Objekten zu arbeiten. Diese Idee enstand aus unserem Interesse am Verfall der Materialien. Diese Elemente wurden als Ruinenfragmente konzipiert, die an sich schon die Eitelkeit der Architektur und die Macht der Natur widerspiegeln. Robert Smithson spricht davon, Verfall sei in jeglichem Wachstum implizit enthalten, bei dem die Zukunft in Vergangenheit umschlägt. Bei diesem Umkehrprozeß verfallen Bauten nicht zu Ruinen, nachdem sie erbaut wurden, sondern sie erheben sich bereits als Ruinen, ehe sie erbaut werden. Es ist ein Verfahren, das uns ermöglicht, uns von der Zeit zu befreien. Es gibt einen Aspekt dieses Ansatzes, der mit der Vorstellung von Wert übereinstimmt – Wert, der in unserer Gesellschaft die Kostbarkeit der Materialien mit der Bedeutung der Architektur gleichsetzt. Ein solches Bauwerk negiert diese Gleichsetzung, indem es verbrauchte, ausrangierte Materialien verwendet.« (Maine 1995, 89)

Negierte Utopie und Archäologie erscheinen aufgehoben in einer gegenwärtigen Struktur. Das Konzept ist der Versuch, sich dem Verfall nicht zu beugen, sondern ihm zu begegnen, indem er Teil der Planung wird, eine Möglichkeit, Zeit und Verfall aufzuheben und damit alle Prozesse als natürliche Prozesse zu denken. Das erinnert an Hubert Roberts Zeichnungen des noch nicht gebauten Louvre als Ruine, doch ist hier die Abweisung jeder Monumentalität ausgesprochen, das Moment des Kreislaufs der Materialien einbezogen und eine Beziehung zur Zeit konstituiert, die die Gegenwart mit der Ruine konfrontiert: Die Ruine ist das gegenwärtig Neue, das Zukünftige und auch die Vergangenheit. Vergangenheit beginnt jetzt.[51] Diese Architektur spielt mit dem Arsenal der Motive, die die Ästhetisierung des verfallenden Baus hinterlassen hat, um daraus eine Formulierung für die Stoffwerdung der Materialien und Traditionen zu entwickeln, die gleichgültig ist gegenüber einer linear gedachten Geschichte, die vorhersehbaren Verfallsprozesse als natürliche gleichmütig aufnimmt und zum Merkmal der Gestaltung macht.

Eines der ersten Projekte für offengelassenes Industrieland, das dieser Haltung entspricht, ist die Planung für die Hafeninsel in Saarbrücken, einen alten Industriehafen und seine 1980, bei Beginn der ersten Planungen, bereits überwucherten Flächen. »Wir mussten uns fragen, ob es tatsächlich so ist, dass Trümmer nur wertlos sind. Zumindest könnten sich einige ruinenhafte Reste als Versatzstücke in ein Stück Landschaft zur Erinnerung einbauen lassen, könnten vielleicht Strukturen auftauchen, die man zum neuen Zweck nutzbar machen könnte?« (Latz 1984, 19) Unspezifisch ist die gesuchte Ruine, unspezifisch der Zweck wie die Erinnerung. Zum Zeitpunkt der ersten Überlegungen ist bereits viel von den alten Strukturen abgerissen – doch was noch vorhanden ist, wird in der Ideensammlung vor dem Hintergrund einer Ruinenästhetik gedeutet. Alte Pflaster, zwischen deren Steinen Moose wachsen, werden als

Gegebenheiten identifiziert, die zwischen natürlicher und kultureller Produktion stehen und gehen als Elemente in die Planung ein, als solche gedeutete Ruinenbestände mit Brachenvegetation stellen die Grundlage und den Ausgangspunkt für das dar, was schließlich entstehen soll. Bögen einer Bahnlinie, die 1980 überwuchert waren, sollen als strukturierende Elemente erhalten bleiben.

Strukturen und Materialien werden aus Ausgrabungen gewonnen. Die Schilderung des Landschaftsarchitekten Peter Latz zeigt, daß die Zwischenstellung zwischen Natur und Kultur eine wichtige Reflexionsebene darstellt:

»Ich möchte nicht nur den Schutt überwuchern lassen, ich möchte sehen, was darunterliegt; ich möchte die Natur des Menschen in seiner Phantasie, seiner Kreativität und Neugier einbeziehen. Bei einem Projekt der Hafeninsel Saarbrücken wurden deshalb die Schutthügel ›aufgeschnitten oder angeschnitten‹ um die Vergangenheit wiederzuentdecken, sichtbar zu machen, was war. Mit Studenten, Lehrlingen und Bürgern haben wir einen Workshop veranstaltet (…) An Gruppen wurden Flächeneinheiten von ca. 400 qm verteilt – nicht übereignet, sondern nur für einen kurzen Zeitraum in Verantwortung gegeben. Rastermäßig wurde die Erschließung gesichert. Eine unendliche Fülle von Baumaterialien wurde mit der Spitzhacke aus dem Boden herausgehoben, Brocken wurden ›entdeckt‹. Aus der Phantasie und aus von Gruppen gesetzten Arbeitsregeln entstanden Stützmauern, Wegebeläge, Treppen oder einfach Lesesteinhaufen in einfachen oder besonderen Figurationen. Es wurden geologische Formationen der Umgebung sichtbar, die Carbon-, Schiefer- und Waschbergreste der Kohleproduktion, überwuchert von Pflanzen der Umgebung. Dann kamen die Bürger und pflanzten Sommerblumen und alles, was sie im Garten übrig hatten, und die Flächen blühten…« (Latz 1989, 292ff)

Geologie, Archäologie, Entdeckung von Material für unspezifische Erinnerung und seine Kombination zu in Bezug auf die Geschichte des Ortes willkürlichen Strukturen bestimmen das Vorgehen.

Der heute markanteste Punkt der realisierten Planung ist eine nicht aus den Fundstücken, sondern völlig neu erbaute Ruine, das sogenannte Wassertor, das sich über der sogenannten »versunkenen Stadt« erhebt. Beides zitiert Motive der Ruinenästhetik: Tor und Stadtgrundmauern stehen im Wasser, das sie umspült und das auch oben aus dem Tor hervorspringt, um dann abzustürzen, alles gehört erkennbar zu größeren, aus den Resten nicht rekonstruierbaren Anlagen, die nicht existieren und in diesem Falle auch nie exisiert haben.

Sie verweisen auf eine unbestimmte und nicht zu enträtselnde Vergangenheit und Geschichte, die nicht die der Saarbrücker Hafeninsel sind, sondern die, in der die Motive der europäischen Lesarten der Ruine erzeugt worden sind. Das Archiv ihrer je schon transportablen und montagefähigen Motive und Bilder erfährt eine Neugestaltung: Die Verweise erschöpfen sich im Zeigen auf ihre Ikonographie. Die Bilder, die überall auf Verfall und enigmatische Vergangenheiten zeigen könnten, sollen dies auch auf der Hafeninsel: Vergehen und Gleichgültigkeit der Zeit werden sinnfällig und alles Vorgefundene wird Material für eine Inszenierung, in der die Ruine Medium, Mittlerin ist zwischen Monumentalem und Ephemerem, zwischen historisch situierbarem Kulturdenkmal und geschichtsloser Natur.

TEIL VI

Natur nach der Industrie

Es gibt Augenblicke in unserem Leben, wo wir der Natur in Pflanzen, Mineralien, Thieren, Landschaften, sowie der menschlichen Natur in Kindern, in den Sitten des Landvolks und der Urwelt, nicht weil sie unseren Sinnen wohlthut, auch nicht, weil sie unseren Verstand oder Geschmack befriedigt (von beydem kann oft das Gegentheil stattfinden), sondern bloß, weil sie Natur ist, eine Art von Liebe und von rührender Achtung widmen.
Friedrich Schiller

Im Medium der Ruine sind die Verräumlichung der Zeit und das Wiedereintauchen und Verschwinden der menschlichen Geschichte in Naturgeschichte denkbar. Kultur und Erbe, die Bewahrung der Zeugnisse der Geschichte und eines Reichtums der Erzeugnisse und Errungenschaften zeigen sich, richtet sich ein melancholischer Blick auf sie, als todverfallen. Die Geschichte, die die Menschen machen, so lehrt der melancholische Kommentar angesichts der Ruine, ist immer schon der Natur, der Zeitlichkeit, dem Tod unterworfen, ohnmächtig ist der Versuch, mit der Unterwerfung der Natur die Gesetze der Geschichte ihr aufzuprägen. Unterschiedslos verschwinden die Dinge, die Menschen, ihre Werke.

Der melancholische Blick, der die Aufklärung und das Projekt der Moderne mit Trauer begleitet, teilt mit ihnen ein wesentliches Charakteristikum: Die Überzeugung, daß der Zeitverlauf allein linear zu begreifen ist, wie denn sonst, sagt das moderne Bewußtsein.

In den nicht melancholischen, nicht utopischen, sondern ungerührten bis spielerischen Kommentaren zur Ruine und zur Vergänglichkeit, wie sie in neueren Selbstinterpretationen von Planenden zu finden sind, zeigt sich eine andere Möglichkeit, auf das Ende der Geschichte, das Ende aufklärerischer oder moderner Hoffnungen zu reagieren. Denn in diesen Kommentaren ist die Vergänglichkeit nicht ausgezeichnet als Anlaß der Trauer, sondern in der Welt, nicht aus ihr zu entfernen und also mit Gleichmut hinzunehmen. In diesen

Kommentaren erhält deshalb auch die Naturalisierung des Vorhandenen und die Bestimmung seiner Eigenschaften einen anderen Stellenwert als ausschließlich den des Verlustes. Die Anerkennung der Vergänglichkeit und der Hinfälligkeit wird zum Ausgangspunkt neuer Konstruktionen, die ohne Trauer sind, weil sie das Verschwinden, das Ephemere als Teil des Gegebenen begreifen. Dies ist ein Blick, vor dem das Gegebene zur Natur und so zum potentiellen Rohstoff wird, zu einem Material, aus dem und über dem immer wieder neue Konstruktionen zu errichten sind. Es sind diese Charakteristika, die der Blick auf die Brache seit den sechziger Jahren immer häufiger zeigt. Deshalb ist eine große Strategie des Wieder-Holens die der Einordnung des Vorgefundenen in die ansehnliche Natur. In zahlreichen Planungen für alte Industriegelände verstehen die Planenden die Areale als »100% Natur«: Natur ist das, was vorgefunden wird. Industrie, gesellschaftliche Verhältnisse, der Zusammenbruch der alten Industrien, die Geschichte schrumpfen in dieser Perspektive zusammen auf die Frage: Was ist angesichts des Vorgefundenen, der Natur also, jetzt zu tun?

Vor diesem Blick versinkt die bisherige menschliche Tätigkeit in das nicht mehr Gewußte. Verantwortung, herrührend aus früheren Handlungen und Verhaltensweisen, kommt nicht in Anschlag, das, was Menschen, Gruppen von Menschen, Organisationen oder Institutionen tun oder getan haben, verliert seine Relevanz. Was vorgefunden wird, ist nicht die zweite Natur, von der Marx spricht, oder Reste davon, ist nicht Zerstörung oder Ruin, sondern eine erste Natur, die jetzt genau das ist, was sie ist und als solche angeschaut werden soll. Die Strategie dieser Naturalisierung findet in den Abfallhaufen der alten Industrie Wildnis oder Wüste, neu zu kultivierendes Gebiet, das ähnliches Vorgehen verlangt wie ein Urwald, ein Dickicht, ein Sumpf. Dieser Natur ist das abzuringen, was sie hergeben mag. In die Planung treten archaische und archaisierende Motive ein, in denen Natur nicht als reich, sondern als grausam und knapp erlebt wird. In dieser Natur finden sich aber auch ungeahnte Schätze, die, wie die alten Dinge, einen Prozeß des Musealisierens in Gang setzen, nun aber nicht eine Musealisierung, die auf Erinnerung zielt, kulturelles Dispositiv ganz und gar, sondern eine, die das Vorhandene in einer diffus als geschichtlich verstandenen, doch nicht an die Erinnerung appellierenden Natur fixieren möchte: Der Wunsch wird laut nach Naturschutz für die Hinterlassenschaften der Industrie.

Naturalisierung aktualisiert überhaupt ein gänzlich anderes Verhältnis zur Zeit als die Strategien, die sich auf Kultur und Erbe richten: Während letztere mit Blick auf die Vergangenheit agieren, aus der eine Kraft kommt, die zu gewinnen und zu bewahren ist, schreibt die Naturalisierung die Vergangenheit ab. Das, was ist, ist das, mit dem eine zukünftige Modellierung der Umwelt auf dem Land der alten Industrie zu rechnen hat.[1] Entwürfe, die sich der Naturalisierung bedienen, dementieren, daß sie als Strategien zur Wiedergewinnung eines Verbrauchten verstanden werden könnten. Alles ist Natur, wenn es als solche angesehen wird, und das Vorgefundene muß als solche angesehen und behandelt werden. Und von Abfall kann keine Rede mehr sein.

Doch überzeugt das nicht immer, denn die Natur, mit der diese Strategien umgehen, ist (noch) nicht soweit unter die gängigen Bilder der Natur eingerückt, daß die Spuren der Industrie gelesen werden könnten wie die Spuren vergangener oder noch gegenwärtiger agrarischer Tätigkeit, die ein naturalisierender Blick auch vor 500 Jahren zu schätzen wußte, daß die, verglichen mit den bislang bekannten, zehnfach schwereren Kiefernnadeln um Tschernobyl ohne Zögern neben die Kiefernadeln, sagen wir, um Todtnauberg gestellt wären. Deshalb ist der naturalisierende Blick auf altes Industrieland noch entwicklungsfähig und einer Pädagogik, einer didaktischen Anstrengung aufgegeben, die an vielen Stellen ihre Kräfte sammelt. Dazu kommt eine neue Denkfigur: Wenn schon Menschen ihre Geschichte mit den industriellen Beherrschungsversuchen so gemacht haben, daß sie wieder in Natur verschwindet, auch: möglichst in der Natur verschwinden möge, so muß das Handeln für die Menschen anderswoher kommen. Der vorgesehene Akteur ist die aufs Neue auf ihre *techné* belauschte Natur.

Doch was heißt Natur nun in den vielen Zusammenhängen, in denen von ihr die Rede ist? Kaum ein Begriff ist in einem solchen Maß Ziel von Projektionen menschlicher Wünsche, menschlicher Selbsteinschätzung geworden. In den folgenden Abschnitten geht es um einige der zahlreichen Gesichter, die der Natur in Planungen für alte Industrieareale zugeschrieben werden. Zwei dieser Konzepte, die sich auf neue technologische Beschreibungen der Natur beziehen, finden besondere Berücksichtigung, die Beschreibung der Natur der Brache und die des Naturschutzes. Und es zeigt sich, daß die Altlast Affinitäten nicht nur zum Denkmal, sondern auch zur Natur bekommen hat.

1 Das Ende der Natur und ihre Erzeugung

Natur, ein Überblick

> Der Gegensatz von Natur und Kultur, auf dem wir früher insistierten,
> scheint uns heute einen vor allem methodologischen Wert zu haben.
> *(Claude Lévi-Strauss)*

Seit Umweltprobleme thematisiert werden, steht neben der Befassung mit Umwelt diejenige mit Natur auf der wissenschaftlichen wie populärwissenschaftlichen Agenda. Mit dem sich seit den fünfziger Jahren des 20. Jahrhunderts entfaltenden Diskurs über Umweltverschmutzung, Ökologie und die Gefährdung der Lebensgrundlagen ist es zu einer Neuentdeckung und -befragung der Natur gekommen. Das auffallendste an der Fülle der Veröffentlichungen aus zahlreichen Disziplinen und Perspektiven ist die Heterogenität dessen, was verstanden wird, wenn von Natur die Rede ist. Genealogien von Naturbegriffen, Traditionen, die verschüttet sind oder als verschüttet galten, werden befragt, andere Traditionen gegen ihre Erosion verteidigt: Im Zuge der Umweltdebatte ist Natur zum umkämpften Simulakrum geworden.[2]

Fragen, die in den letzten Jahrzehnten an die Rede von der Natur gerichtet worden sind, betreffen Art und Status von Modellierungen in den Naturwissenschaften wie die Rolle der Natur als Berufungsinstanz in philosophischen, politischen oder auch planerischen Auseinandersetzungen. Einige WissenschaftshistorikerInnen gehen mittlerweile mit der Instabilität der Gegenstände, die als Natur oder Teile der Natur beschrieben werden, »ethnologisch« um.[3] Den Untersuchungen der Wissenschaftsgeschichte bieten sich Riten, Symbole und Tabus und wissenschaftliche Gegenstände, deren Ursprung nicht auf Natur, noch auf Gesellschaft rückführbar ist, sondern die aus einem Zusammenspiel vielschichtiger naturwissenschaftlicher, technischer und weiterer sozialer Praktiken hervorgegangenen sind. Wenn aber die Naturen der Naturwissenschaften konzeptuell unübersehbar etwas Hergestelltes sind, verliert diese Natur und verlieren ihre Beschreibungen die legitimierende Kraft, die sie seit der Aufklärung in Anspruch nehmen konnten. Das gilt ebenso für die Rede von sittlicher Natur oder von Naturrecht, auch wenn es Beispiele für den Versuch einer Fortsetzung der über diese Naturen sich legitimierenden Rede gibt.[4]

Nebeneinander stehen Berufungen auf eine Natur als legitimierende Instanz für bestimmte Handlungen, Auffassungen der Natur als Objekt von Handlungen, das Handelnde unberührt läßt, als Objekt der Betrachtung, das durch Betrachtende unberührt bleibt, die Stilisierung einer Natur als unhintergehbare oder utopisch verstandene Gegenwelt zu gesellschaftlichen Verhältnissen, die Reflexion auf biologisch definierte natürliche Grundlagen der Kultur. Diese und weitere Bestimmungen dessen, was Natur ist, sein oder werden soll, zeigen, daß sich das mit »Natur« Gemeinte nicht von selbst versteht. Dieser Befund war immer schon nur innerhalb hegemonialer Diskurswelten abweisbar. Er bedeutet gewiß nicht, daß es keine unverfügbaren, von Menschen nicht beeinflußbaren Phänomene gibt, wohl aber, daß die Berufung auf eine Natur nicht zum unbefragten Ausgangspunkt heutiger Auseinandersetzungen um die Frage taugt, wie Planungen auszusehen haben, die auf die Einrichtung der Welt für menschlichen Gebrauch zielen.

So könnte also die Selbstverständlichkeit der Berufung auf Natur als Basis des eigenen Handelns erledigt sein. Doch das ist sie nicht. Heute wird unter neuen Prämissen über Natur gestritten. Gernot Böhme hat diesen Streit als politischen beschrieben: »Heutige Umweltpolitik setzt als Naturschutzpolitik Natur immer noch als Gegebenes voraus. Dabei ginge es darum, Natur selbst zu einem Politikum zu machen, d.h. politisch auszuhandeln, welche Natur wir überhaupt wollen.« (G. Böhme 1992, 24) Dieser Diskurs fordert den Verzicht auf Legitimation durch Natur und fragt, ohne Verkennung des immer noch geringen Wissens, das wir von den Zusammenhängen unserer natürlichen gegebenen Lebensgrundlagen haben, ohne Verkennung der einerseits großen, doch letztlich bescheidenen Eingriffsmöglichkeiten, die zur Verfügung stehen, nach einer Aushandlung der Natur, die ins Werk gesetzt, gepflegt oder sich überlassen werden soll.[5] Diese Aushandlung und Bestimmung von Natur ist fundamental, denn ihre Konstituierung stellt Fragen und gibt Antworten zur Produktion von Wissen[6], zu Lebensformen und ihren stofflichen und nicht-stofflichen Grundlagen, zu Macht und Herrschaft, zur Ökonomie, zur Geschlechtlichkeit, zu politischen Zielen und Werten, zu ethischen Positionen, gesellschaftlichen und individuellen Orientierungen und Visionen, zu Angst und Bedrohtheit, zu Körperlichkeit und Sinnlichkeit, zu Spiritualität, zu Schönheit.

Rudolf zur Lippe hat deshalb Natur als »Sack für unverarbeitete Geschichte« bezeichnet und eine Aussetzung der Befassung damit gefordert (s. Radkau 1994, 11). Mit dieser Einschätzung der Natur trifft sich zur Lippe mit der Kritik an einem essentialistischen Naturbegriff.[7] Doch die unverarbeitete Geschichte ist von Interesse, weil sie wirksam ist; es verschiebt sich, nach der Kritik durch Sozialkonstruktivismus und Dekonstruktion, nur die Perspektive. Wenn auch die Geschichte des Naturbegriffs die Geschichte seiner Besetzungen mit Wünschen und Projektionen ist, so sind diese Wünsche und Projektionen doch jeweils Antworten auf die Frage nach der Beziehung, die Individuen, Gruppen, Gesellschaften, Kulturen zu ihren Lebensgrundlagen, zu ihrer eigenen Natur unterhalten. Denn auf diese unbearbeitete(n) Geschichte(n), für die verschiedene Naturen die Projektionsfläche geliefert haben, rekurrieren die verschiedenen Bestimmungen der Natur. Es spricht also nichts für eine Aufgabe der Auseinandersetzung mit der Natur, vielmehr Vieles für eine erhöhte Aufmerksamkeit für die Verfertigung der Rede von Natur, in der sie konstituiert, postuliert, repräsentiert wird, für eine Aufmerksamkeit für die Medien, in denen diese Repräsentationen zirkulieren, sowie für ihre Rolle in den Diskursen und Praktiken, in denen die menschliche Umwelt geformt wird. Einer der diskursiven Orte, an denen das geschieht, ist die Landschaftsplanung; eines der Medien die gestaltete Landschaft. Nicht zuletzt an Entwürfen für alte Industrieareale hat sich dieser Diskurs in den letzten Jahrzehnten entwickelt.

Natur und Kultur in Planungen – Funktion zweier Chiffren

Nach wie vor besteht aber offensichtlich die Hoffnung, mit der Rede von Natur noch Legitimation und damit ein Ende des Gesprächs und der Entscheidungen erzeugen zu können. Und nach wie vor ist die Versöhnung, die Harmonie, auch der Kampf und das Spiel des, wie auch immer, in kulturellen und gesellschaftlichen Zusammenhängen gesehenen Menschen mit (s)einem Anderen ein keinesfalls erledigtes Denkmuster: Obwohl die Rede von »Natur« und ihrem wichtigsten Gegensatz »Kultur« nicht auf einen intersubjektiv identifizierbaren Referenten rechnen kann, fungieren sie als zentrale Ausdrücke, wenn es um die Gestaltung von Brachen, Abfallhalden und Ruinen der Industriegesellschaft geht. Sie werden aufgerufen, wenn über »Renaturierung« oder »naturnahe Gestaltungen« entschieden wird, wenn »Sekundärbiotope« oder »Ruderalvegetationen« erhalten werden oder »Rekultivierungen« stattfinden sollen. Es gibt auch Extreme. Einige Planer lesen Gelände, die sie beplanen sollen, prinzipiell als »100% Natur«, andere planen in dem Bewußtsein, daß es keine Natur im Sinne eines noch Unverfügten gibt in der Größenordnung, die von Planung zu beeinflussen ist: Menschliche Tätigkeit hat bereits alles, was Natur heißen könnte, produziert, kultiviert: Der Gegenstand der Planung ist »100% Kultur«.[8]

Die Vielfalt dessen, was jeweils als Natur, was als Kultur verstanden und über die jeweils gegebenen Kontexte identifizierbar ist, macht es unmöglich, sie als Teile *eines* Diskurses der Planer und Planerinnen über Natur zu verstehen, in dem sich, angenommen, man diskutiere über einen hinreichend langen Zeitraum, doch eine gemeinsame Position erzielen ließe.

Man könnte es bei diesem Befund belassen. Doch gibt es eine Gemeinsamkeit der verschiedenen Deutungen. Sie liegt nicht in den Konzepten der Natur oder der Kultur. Sie liegt darin, daß die Entwürfe diesen immer wieder überschriebenen, nie eindeutig entzifferbaren, mit historischem Sinn überladenen Ausdruck »Natur« verwenden, um von dort ausgehend das zu entwickeln, was jetzt zu tun ist. Die Bestimmungen der Natur tragen in mehr oder weniger stringenter, mehr oder weniger ausgeprägter Form zur Erzeugung eines Gegenstandes der Reflexion, des planerischen Zugriffs, der Präsentation des Geplanten bei. Mit der Bestimmung der jeweiligen Naturen ergeben sich Entscheidungsgrundlagen für die Gestaltung, ästhetische Präferenzen, Handlungsanweisungen, Legitimationen, Forderungen. Die Rede von der Natur und ihren Bestimmungen dient dazu, mit einem alten bedeutungs- und geschichtsgeladenen Vokabular einen Gegenstand und Beziehungen zu diesem Gegenstand herzustellen, der keinen anderen Namen hat als den der Natur. Über diesen Diskurs entstehen Modelle der menschlichen Umwelt.

Kultur wie Natur markieren dabei als zentrale Chiffren Positionen im politischen wie im planerischen Diskurs. Sie werden verständlich, wenn die Kontexte mitgelesen werden, in denen sie auftauchen. Es zeigt sich dann, daß der Sinn der beiden Terme wie die Beschreibung ihrer Beziehung in jeder Bestimmung, in jedem Plan und Entwurf erneuert wird. Die jeweils gezogenen Grenzen zwischen Natur und Kultur sind das Ergebnis von je aktuellen Konstituierungen einer Beziehung zwischen früheren oder aktuellen eingreifenden menschlichen Aktionen und einem Anderen, auf das sich diese Aktionen richten und das sie bedingt.

Die in vorigen Teilen untersuchten Strategien liefen darauf hinaus, möglichen Abriß, mögliche Vermüllung und Vernichtung durch Reinterpretationen zu verhindern. Die Einordnung von Resten der Industrie in die Kultur, die

Geschichte, die Kunst konnten dieses offenkundig leisten. Denn sie legitimierten die Sichtbarkeit der Reste der Industrie. Die im Folgenden analysierten Verfahren erzeugen Sichtbarkeit und Auseinandersetzung mit den überflüssigen Resten der Industrie, indem sie sie auf verschiedene Weise mit Natur in Beziehung setzen. In den folgenden Abschnitten werden anhand der Planungsdokumentation für Duisburg-Nord einige Naturen vorgestellt, die nicht nur auf dieses eine Industriegelände projiziert worden sind.

Fünf Naturen

Was kann Natur heißen angesichts einer Industriebrache? Fünf Planungsteams wurden beauftragt, Entwicklungskonzepte für das bereits erwähnte ehemalige Gelände der Firma Thyssen in Duisburg-Meiderich zu erarbeiten. Ihre Aufgabe war, die Transformation des Geländes in den »Landschaftspark Duisburg Nord« zu konzipieren.

1991 beschreibt ein Planer der Internationalen Bauausstellung den Ausgangszustand: »Ein Areal von 200 Hektar Größe, durch die Montanindustrie und ihre Industrieanlagen radikal aus dem ursprünglichen Naturzustand verwertet, ehemals Standort einer Schachtanlage und einer Kokerei, die dreimal eingeebnet wurde, voll der kokereispezifischen Altlasten und Grundwasserverunreinigungen, Standort eines vollständig erhaltenen Hochofenwerks, mit noch in Betrieb befindlichen Anlagen eines Manganerzlagers und einer Masselgießerei, durchschnitten von einem offenen schnurgraden Abwasserkanal (die sog. Alte Emscher). Aber auch wiedererobert von einer neuen ruderalen Vegetation auf den Brachflächen, mit über 300 Blüten- und Farnpflanzen, besiedelt von mehr als 60 Vogelarten. Gelegen in einem Gelände, das zerschnitten ist durch Werksbahnen, Autobahnen, Abwasserkanal, Schutzwälle, und verseucht durch Altlasten, die eine unmittelbare Nutzung als Grünfläche fraglich erscheinen lassen.«[9]

Neben einer Bestandsaufnahme[10], ausdrücklichen Wünschen nach dem Erhalt des Hochofens als Denkmal und der Einbindung des bisherigen Betriebsgeländes in die städtische Umgebung, waren einige weitere Ziele vorgegeben: Es sollte so geplant werden, »daß der Landschaftspark zu jedem Zeitpunkt seiner Planung und Umsetzung einen eigenen Wert und Anziehungskraft, auch über den lokalen Bereich hinaus, entfaltet« (Planungsgemeinschaft 1991, 1), schnell sollte etwas geschehen, damit das Gelände geöffnet werden konnte, kosten sollte der Park wenig und kaum Folgekosten verursachen (Forßmann 1991, 1240).

Die fünf Planungsteams thematisierten in ihren Präsentationen nicht nur das Gelände und die Planungen dafür, sondern gaben auch über die Konzepte der »Natur« Auskunft, die den Entwürfen zugrundliegen. Es handelt sich um fünf sehr verschiedene »Naturen«: eine Kraft, die über die schlechte Vergangenheit zum Wohl der Menschen siegt, die überwältigende Natur, in deren gesetzmäßigen Wandel sich die Menschen einzuordnen haben, die aus Eigeninteresse der Menschen zu schützende Natur, die nach physikalischen Maßen und daraus abgeleiteten ästhetischen Präferenzen durch den Menschen zu beherrschende Natur und die Natur, die das Vorfindliche ist.[11]

Eine eindeutige Zuordnung zwischen der Rede über »Natur« und Details der Planung läßt sich nicht herstellen; verstörender noch, aus zwei verschiedenen Naturkonzepten kann die gleiche planerische Entscheidung, etwa die, die Spontanvegetation auf dem Gelände zu erhalten, erwachsen. Die Konzepte der Natur sind den Planungen dennoch nicht äußerlich. Sie bestimmen und beschreiben die Beziehung zwischen dem von Menschen Gemachten und Beeinflußten und einem Anderen, das dieses menschliche Eingreifen unter Bedingungen stellt. Sie reflektieren sowohl die industrielle Nutzung des Geländes in Bezug auf seine »natürlichen« Bedingungen als auch die Eingriffe durch Planungen. Die Beschreibungen der Natur setzen einen Rahmen, in dem konkrete Vorschläge für die Gestaltung akzeptabel sind und andere nicht. Sie sind deshalb Beispiele der Konstituierung von Natur im Diskurs der Planer angesichts aufgegebener Industriegelände.

Boyer / Hoff / Reinders, »Landschaftspark Duisburg-Nord«:

»Die Leitgedanken für das Konzept des Landschaftsparks wurden in Auseinandersetzung mit dem gegenwärtigen Zustand des Geländes entwickelt. Dieses ist durch zwei beherrschende Elemente geprägt: ... einmal durch die brachliegenden und teilweise demolierten Industrieanlagen und Gebäude, die sich über die gesamte Fläche verteilen und mit der Hochofenanlage und den Schornsteinen einen dominierenden Akzent setzen, ... zum anderen durch eine vielgestaltige Natur, die sich insbesondere durch eine üppige Vegetation auf dem Gelände ausgebreitet hat. Beide Elemente unterliegen einem intensiven Veränderungsprozeß, der sich bei den Industrieanlagen als Korrosion und Verfall, bei der Natur als Wachstum und weitere Ausbreitung darstellt.« (Planungsgemeinschaft 1991, 6)

Zwei geschiedene Bereiche stehen sich gegenüber, die »Natur«, die »sich« ausgebreitet hat, und die Gebäude und Anlagen, die der Produktion gedient haben. Natur steht gegen Industrieanlagen, selbsttätiges Wachsen gegen Verfall, Expansion gegen Zusammenbruch, flächendeckende Vielfalt gegen die Dominanz der industriellen Struktur, eine aufsteigende Bewegung gegen eine absteigende. Die vegetabile Natur ist das bewegende, das aktive und dominierende Element, das durch Menschen Geschaffene und von ihnen Verlassende passiv, dem Verfall ausgeliefert und zum Verschwinden verurteilt. Die »Natur« beherrscht, die »Naturbeherrschung« durch den Menschen ist an ein Ende gekommen und hat sich überdies als illusorisch erwiesen.[12]

Für die aktive »Natur« ist es gleichgültig, was sie ihrem Prozeß unterwirft, die Hinterlassenschaften der Industrie und menschlicher Tätigkeit gehen in ihre expansive Bewegung ein: »Trotz ihrer kontrastierenden Erscheinungsformen sind Verfall und Wachstum Ausprägungen eines und desselben Prozesses, durch den die Natur von dem durch die Industrie ausgezehrten Gelände wieder Besitz ergreift.« (ebd. 6) Gegenüber dieser gleichgültigen Kraft wie zu ihren Prozessen des Wachstums und Verfalls verhalten sich die Planer im wesentlichen defensiv, zustimmend, auch begeistert, wenn sie auch korrigierend eingreifen wollen: »Dieser Prozeß ist für uns das Programm des Landschaftsparks. Wir wollen ihn erlebbar und nachvollziehbar machen und leiten daraus die nachfolgenden Vorschläge ab. Grundsätzlich ist unser Konzept von der Vorstellung geprägt, dem Prozeß der Vegetation den Vorrang einzuräumen. Gleichwohl werden Teile des Geländes Gegenstand gestaltender Intervention sein. Zugleich sollen die vorhandenen Gebäude unterschiedlichen kulturellen und ökonomischen Nutzungen zugeführt werden, die sich in das Konzept einfügen.« (ebd. 6)

Die selbsttätige Entwicklung der vegetabilen »Natur« wird nicht gelenkt oder gesteuert, sondern durch punktuelle Interventionen beeinflußt. Der »Natur« werden zwei menschliche Zweckbestimmungen entgegengehalten, die »kulturelle« und die »ökonomische«, die aber von den Prozessen des Wachstums wie des Verfalls nicht ablenken sollen (ebd. 10). Dominierend bleibt die »Natur«.

Sie hält noch einige weitere Gesichter bereit, kriegerische, theatralische, triumphierende, rettende und dem Menschen wohlgesonnene:

»Im Bereich der Hochöfen 1 und 2 wird heute bereits die Rückgewinnung industrieller Strukturen durch das Eindringen der Vegetation deutlich. Dieser Prozeß von Verfall und gleichzeitigem natürlichen Wachstum bleibt in diesem Bereich weitgehend sich selbst überlassen und wird sich in absehbarer Zeit auf dramatische Weise verstärken. Diese Inszenierung, die durch keinerlei Eingriffe verfälscht wird, macht den Prozeß der Rückgewinnung des Geländes durch die natürliche Überwucherung besonders sinnfällig, weil damit die Natur ihre Fähigkeit beweist, sich selbst gegen den Widerstand schwerindustrieller Strukturen durchzusetzen. Der ausgetragene Konflikt zwischen den industriellen Altlasten und der Natur, in dem sich die Natur als die stärkere Kraft erweist, symbolisiert überzeugend die Fähigkeit der Region, sich wieder zu einem Lebensraum zu entwickeln, der sich an menschlichen Bedürfnissen in einer wiedergewonnenen natürlichen Umwelt orientiert.«

»Natur« und ihre »Urgewalt« (ebd. 8) werden als Kräfte verstanden, die die Sache der Menschen befördern. Es ist die aktive »Natur«, die für die Menschen das Gelände zurückgewinnt. Ihre authentische, widerständige Kraft überwältigt die alten Strukturen und besiegt sie in einem kriegsähnlichen Szenario. Wo industrielle Hinterlassenschaft und »Natur« aufeinandertreffen, entsteht eine dramatische Situation. Der Antagonismus von Natur und (industrieller) Kultur ist Krieg und entfaltet sich in einem *theatrum* (*mundi*), in dem sich die Natur gegen das Ergebnis einer eindeutig zerstörerischen Produktion durchsetzt, zum Wohle der Menschen und der Region. Die Natur agiert gleichsam »hinter dem Rücken« der Menschen und bügelt ihre historischen Fehler aus, eine säkularisierte und auf die Natur als Agens gewendete Version christlicher Heilsgeschichte. An der Seite und auf der Seite dieser den Menschen günstigen vielgesichtigen und kämpferischen »Urkraft« steht ein Planungsteam, das »den Siegeszug der Natur« sichtbar macht (ebd. 10).

Brandenfels, »Der Regenbogendrache«:

»Unsere Leitidee ist die der Verwandlung, des ewigen Wandels der Natur. Erd- und Kulturgeschichte bestehen aus solchen Verwandlungen: Gebirge falten sich auf, werden abgetragen und vom Meer überdeckt, Seen werden zu Festland, Meeresboden zu Gebirge, ganze Städte liegen unter meterdicken Erosionsmassen, Tempel werden vom Urwald eingenommen… Der Wandel der Natur, der sich im Bogen der Zeit vollzieht, ist evolutionär und unaufhaltsam. Es gibt weder einen Anfang noch ein Ende. Konstant sind nur die Wirkungsprinzipien, das Zusammenwirken von Naturgesetzen und Zufall. All dieses, die stufenlose Verwandlung, die Unbestimmtheit von Anfang und Ende, das Sichtbarwerden der grundlegenden Wirkungsprinzipien wird symbolisiert durch den Regenbogen.« (ebd. 27)

Ein Bild ohne Menschen: Diese Natur und ihr Wandel sind in Zeitdimensionen zu denken, die menschlich erfahrbare Zeiträume übersteigen und in denen sich Menschengemachtes auflöst. In den langen Zeiträumen transformiert sich alles, das Feste wird beweglich, das Flüssige fest. Menschliche Werke, Städte wie Tempel verschwinden in diesem kontinuierlichen Prozeß. Das Symbol des Regenbogens steht dabei für die »Verbindung und Versöhnung zwischen Mensch und Natur« (ebd. 27). Diese Versöhnung ist notwendig, denn:

»Lange wohnte und herrschte hier auch der Drache. Er steht für die gewaltsame Aneignung, für unerwartete, gefährliche Mobilisierung von Energie, für Vernichtung und Kampf. Wollen wir ihn und sein Wirken überwinden, so können wir ihn nicht einfach unterschlagen, verdrängen, vergessen. Wir müssen ihn kennenlernen und Stellung zu ihm beziehen. Erst dann, wenn wir Angst oder gar Abscheu überwunden haben und ihn hinnehmen als das, was er ist, ihn womöglich als Freund gewinnen, sind wir fähig, uns in den evolutionären Wandel der Natur wieder einzufügen, uns ihren Gesetzen anzuvertrauen. Die Leitidee des Wandels der Natur verbunden mit dem ethischen Prinzip der Überwindung wird symbolisiert durch den Regenbogendrachen.« (ebd. 28)

Im Ton und in Bildern einer Märchen- oder Mythenerzählung erfahren wir von dem Wirken einer negativen Macht, einer Allegorie der industriellen Produktion. Nach dieser Allegorie war sie vor allem eine unkontrollierte, destruktive, Angst und Abscheu erregende Kraft. Zu behandeln ist sie nach einem hier vage konturierten, doch allemal kathartischen Prozess: Konfrontation, Eingeständnis, Schuldgeständnis, Angstabbau, Akzeptanz und Versöhnung mit der destruktiven Macht folgen einander bis hin zu ihrer Überwindung, um dann den Menschen, »uns«, eine Wiedereingliederung in den Wandel der Natur zu erlauben, aus dem industrielle Prozesse »uns« entfernt haben. Die Integration fügt abgespaltene Teile wieder in ein Ganzes ein. Sie folgt einem Muster, das zwischen Beichte mit Buße, Exorzismus und Psychoanalyse angesiedelt ist, doch zur »Natur« zurückführt.

Das wird nicht als von selbst geschehender, »natürlicher« Prozeß verstanden. Vielmehr gibt es ein »ethisches« Gebot für Menschen, sich der Natur aktiv einzugliedern. Diesem Gebot entsprechen die Planer im konkreten Fall des künftigen Parks, indem sie es den erwarteten Besuchern als Aufgabe auferlegen: »Das Konzept für den Landschaftspark Duisburg Nord unter der Symbolfigur des Regenbogendrachens zeigt den Weg der Verwandlung, den alle (Besucher) gehen müssen – und sollen, um von der Vergangenheit des Gebietes zu seiner Zukunft zu gelangen.« (ebd. 28) Der Prozeß der »Klärung« und der »Stellungnahme« sind das Wichtigste und zuerst zu erledigen. Und so führt der Weg der Besucher über den »Turm der Einsicht«, der zwischen den Hochöfen entstehen soll, in das Hüttenwerk und erst dann in »die Natur«: »Erst wenn dieser Prozeß abgeschlossen ist, können sich die Besucher der Natur und ihren Erscheinungsformen hingeben, auf den Wander- und Rundwegen die vielfältigen Formen der Vegetation erleben, das Singen der Nachtigall genießen und, wenn sie mutig sind, auf Trampelpfaden in die Zonen der Naturentwicklung vordringen.« (ebd. 29) Der Zugang zur ewig sich wandelnden »Natur« ist die Belohnung, wenn die psychischen und pädagogischen Aufgaben gelöst, der (individuelle) Kampf mit der (industriellen) Destruktivität ausgefochten ist. Die »Natur« weiß zu belohnen, mit Vielfalt, Wohlklang und Abenteuer.

Cass Associates, »Landschaftspark Duisburg-Nord«:

»Das Gelände, wie das gesamte Ruhrgebiet und die meisten Industrieregionen, hat praktisch allen Kontakt zur natürlichen Landschaft verloren. Die Umwelt, die uns die Industrialisierung hinterlassen hat, ist ungesund, unansehnlich und unproduktiv. Wir glauben, dass ein Wertewandel im Hinblick auf die Zukunft notwendig ist. Wir sind überzeugt, dass eine gesunde Umwelt eine fundamentale Forderung nicht nur für die Lösung der sozialen und ökonomischen Probleme Duisburgs und des Ruhrgebietes, sondern auch für die Schaffung einer überlebensnotwendigen Harmonie zwischen dem Menschen und seines Heims(!), dem Planeten Erde, ist.« (ebd. 51)

Hier gibt es keine Natur, die bereits gezeigt hat, daß sie mit den Problemen der industriellen Reste fertigwerden wird: Die Umwelt, die durch die Industrie entstanden ist, ist denaturalisiert, wobei das Maß nicht an einer »Natur«, sondern an einer »natürlichen Landschaft« genommen wird.[13] Im übrigen ist von Natur nicht weiter die Rede, sondern von dem Planeten Erde als Wohnort und Lebensgrundlage des Menschen, von Gesundheit, von Ansehnlichkeit und Produktivität. Nicht Natur ist das primär Interessierende, sondern die Umwelt und ihre Nützlichkeit, Schönheit und Gesundheit – für den Menschen.

Das ist nach der Diskussion der ersten zwei Naturkonzepte ein wohl erstaunliches Programm. In seiner Ausrichtung an Gesundheit, Schönheit, ökonomischer und sozialer Nützlichkeit knüpft es an das humanistisch ausgerichtete Ethos der Planung an, das im 19. Jahrhundert die moderne, auf die schnelle Urbanisierung reagierende Stadtplanung begründete. In diesem Programm verbinden sich Hygienisierung und Ästhetisierung mit materiellem Wohlergehen. Dafür und nach den Zwecksetzungen der Menschen ist die Umwelt einzurichten. Wenn auch das Ethos bleibt, so doch nicht die Vorstellungen über das gewünschte Resultat: Die Frage der Verträglichkeit von Mensch und Erde wird als Frage nach einer Koexistenz von Mensch und – dann doch »der Natur« behandelt. Doch der Kontext unterscheidet sich von dem, in dem die ersten beiden vorgestellten Konzepte die Natur sehen. Natur ist in dem Entwurf von Cass Associates nicht beherrschend, sondern im wohlverstandenem Eigeninteresse des Menschen zu schützen. Das Ziel ist umfassende Harmonie, die an einem besonders zerstörten und naturfernen Ort hergestellt werden soll:

»Der Plan für den Park setzt sich im Wesentlichen aus drei Teilbereichen zusammen: Natur in der Stadt, Landschaft und Technologie, Die Kulturlandschaft. Die Anregungen für jeden dieser Teilbereiche entstammen dem heutigen Bestand und unserem Verständnis der ihm innewohnenden Möglichkeiten. Alle drei Bereiche tragen direkt zur Schaffung eines Parkes bei, in dem Mensch und Natur erfolgreich nebeneinander existieren können. Jeder ist sogar ein Beispiel dessen, wie menschliches Handeln mit der Notwendigkeit des Schutzes der natürlichen Ressourcen der Erde verknüpft werden kann.« – »Es soll gezeigt werden, wie Mensch und Natur zusammen ein kontaminiertes Gelände inmitten einer Industrieregion gleichsam in ein Paradies für Pflanzen und Tiere wie auch für den Menschen verwandeln können.« (Planungsgemeinschaft 1991, 53, 58)

Bernard Lassus – »Park in Duisburg-Nord«:

In der Präsentation dieses vierten Entwurfs ist »Natur« kein wichtiger Begriff. Tragend ist dagegen die Berücksichtigung einer physikalisch definierten Konstante. Sie strukturiert als fundamental gesetzte Polarität das Konzept des Entwurfs: »Tatsächlich spielt sich das Leben auf unserem Planeten ab zwischen zwei Extremen: polarischer Kälte auf der einen Seite und vulkanischer und unterirdischer Hitze auf der anderen Seite. Aber Leben erhält sich, indem es sich zwischen diesen beiden Polen entfaltet und versucht, seine Grenzen auszuloten. Ist es nicht großartig zu sehen, wie der Mensch künstlich Mineralstoffe mit Temperaturen bearbeitet, die so niedrig sind wie die des absoluten Nullpunktes und so hoch wie jene in den Hochöfen der Eisenindustrie? Und das alles im Dienst eines Umwandlungsprozesses, der auf Leben ausgerichtet ist.« (ebd. 76)

Es ist der Mensch, dessen Kräfte im Umgang mit den physikalischen Gegebenheiten und ihrer Nutzung für sich und »das Leben« zu bewundern sind, nicht die Natur. Die technischen Fähigkeiten des Menschen, deutlich sichtbar etwa in seinem beherrschenden Umgang mit extremen Bedingungen, fordern zum Staunen auf. Auch angesichts eines alten Industriegeländes versagt die Bewunderung für die technische Erfindungskraft des Menschen nicht – vielmehr gilt es, nach dem Ende der Produktion und ihren hier positiv gesehenen Wirkungen die Erfindungskraft des Menschen auf neue Weise zur Geltung zu bringen. Der auf dem alten Gelände ablesbare Prozeß, mit dem menschliches »Leben« technisch unterstützt wurde, soll in seinen positiven Wirkungen fortgesetzt werden. Bernard Lassus und sein Team entwerfen keinen Raum für eine neue Natur, sondern einen Garten, der »Heute«, »Gestern«, »Vorgestern« und »Morgen« verbindet, in dem Bewußtsein, daß das Gelände stark überformt ist und es durch andere kulturelle Prozesse schon war, bevor die industrielle Produktion begann. »Heute« steht für alltägliche Freizeitgestaltung, »Gestern« für die Hochofenanlage, »Vorgestern« für die landwirtschaftlich geprägte »idyllische Natur« und »Morgen« für »Gärten der Zukunft«, die an die Ende des 19. Jahrhunderts in Frankreich aufkommende Tradition der Entwürfe für eine »nature artificielle« erinnern.

Die Resultate ehemaliger und bewunderungswürdiger menschlicher Tätigkeit in Landwirtschaft und Industrie werden Ausgangspunkt für die Gestaltung. Der Entwurf des an ein »Vorgestern« erinnernden Parkteils zeigt eine vorindustrielle Agrarlandschaft mit von Hecken umschlossenem Weideland und eigener Viehzucht (ebd. 75), niemals gerät dabei der Charakter dieser Landschaft als einst von Menschen absichtsvoll geformte aus dem Blick. Die Entstehung und der Erhalt der ländlichen »idyllischen Natur« wird in diesem Zusammenhang genauso als eine Phase der menschlichen Produktion und Arbeit verstanden, wie die »gestrige« Zeit, die der Industrie.[14] Die »Gärten der Zukunft« stehen für »etwas Neues«, eine Phase des Geländes, die sich behaupten soll gegen das Vergangene. Hier knüpft der Entwurf an naturwissenschaftliche und technische Motive an: »Laboratorien« und »Experimente« für eine offene, doch technologiebestimmte Zukunft stehen im Zentrum. Beschreibungen von »Bodengärten und -laboratorien«, »Tiergärten«, »Wassergärten« und »Duftgärten« vermitteln einen Eindruck davon:

»Gärten, in denen alle von den dazugehörigen Laboratorien entwickelten Bodensanierungsmethoden erprobt werden und Gärten, in denen diese Systeme dem Publikum erklärt und angewendet werden und in denen gleichzeitig die in jedem Stadium der Bodensanierung möglichen Vegetationsformen gezeigt werden. ... Laboratorien mit experimentellen Bassins, in denen bei verschiedenen Temperaturen unterschiedliche Arten von Wasserpflanzen gezüchtet werden, sowie mit Bassins, in denen ungewöhnliche Pflanzen in ebenso seltenen Kombinationen angeordnet sind. Wassergärten mit Kaskaden, in denen das Wasser auf bewegliche Steine prallt und die mit zahlreichen, sich ständig verändernden Fontänen ausgestattet sind, die in ihrem Zusammenspiel wechselnde Figuren schaffen. ... Laboratorien, in denen die Vielfalt der Fauna der Gärten untersucht wird und Räume, in denen man Igel, Landschildkröten, Frösche usw. beobachten und vergleichen kann, und in denen bekannte und unbekannte Insekten wie verschiedene Hummelarten zusammen mit den für sie lebensnotwendigen Blumen gezüchtet werden. ... Ausser den Laboratorien, in denen neue Methoden der Dufterzeugung (sowohl natürlicher wie nicht-natürlicher Art) untersucht werden, kann das Publikum die neuen, aus den Laboratorien hervorgegangenen Duftgärten und außerdem die Duftexperimentierräume durch verschiedene Medien (z.B. Duftorgeln) kennenlernen.« (Planungsgemeinschaft 1991, 76)

Die »Gärten der Zukunft« zeigen keinen Bruch mit der bisherigen Entwicklung des Geländes, sondern zeigen (nur) weitere Entwicklungen seiner produktiven Überformung. In ihnen werden Möglichkeiten der technischen und der (natur)-ästhetischen Innovation durchgespielt. Sie sind geprägt von einem in naturwissenschaftlichem Sinne experimentellen Zugang. Sie sollen einem Publikum das sichtbar machen und ausweisen, was menschenmöglich ist im

Umgang mit der Welt in einem Garten – an einem heterotopen Ort, der nicht gegen, sondern mit allen technischen Vermögen der Gesellschaft rechnen und arbeiten soll.

Peter Latz – »Landschaftspark Duisburg-Nord«:

Zentral für den Entwurf des fünften Teams ist ein »neuer Naturbegriff« und ein neuer Bezug zu dem, was als »Natur« konstituiert und im Park realisiert wird: »Eine neue und subtilere Aneignung von Natur kann erprobt werden.« (ebd. 90) Der Naturbegriff dieses Teams bezieht sich auf das Vorhandene. Effekt der Nutzung des Gebietes und durch industrielle Eingriffe entstanden, ist es Material für künstlerische Gestaltung und wird, so wie es ist, gelesen als neue »Landschaft«. Es ist eine Landschaft, die durch ihre Geschichte gezeichnet worden ist, wie sich an der Beschreibung der Vegetation ablesen läßt:

»Die vorgefundene Vegetation zeigt sich als bizarres Muster von Lebensgemeinschaften, die der Differenziertheit der Standorte entsprechend entstehen konnten, die aber in Naturlandschaften gar nicht oder in ganz anderen Landschaften existieren. Die Vegetation kann Ausgangspunkt sein für ein faszinierendes Spektrum neuer Landschaften, in denen die neuen Geländeformen, Gewässertypen und Pflanzengemeinschaften künstlerisch interpretiert werden.« (ebd.) »Die Vegetation der postindustriellen Landschaft (…) ist ein Artengefüge, das sich auf den durch die Technik und Produktion total veränderten Standorten etablieren, sich an extreme Boden- und Temperaturverhältnisse anpassen konnte, und sich gegen Ruß und Staub unempfindlich zeigte.« (ebd. 101)

Diese »Landschaft« gehört zu dem, was unter den »neuen Naturbegriff« fällt. Sie wird durch einen Prozeß der Reinterpretation und neuen Belehnung mit Sinn erschlossen: »Die Fragmente des Gebietes werden in einer zusammengefaßten Interpretation zur ›Landschaft‹. An dem Zeitschnitt des Übergangs von der intensivsten Nutzung des Geländes über die Phase der fast todesähnlichen Ruhe hin zur langsamen Reanimation ergibt sich ›Natürliches‹. Als ein Ergebnis der Ausbeutung der ›natürlichen‹ Landschaftselemente Boden, Wasser, Luft, Vegetation, Mensch, wird Natur erkennbar.« (ebd. 92) Die »Natur« der Brache ist nicht vorgängig, ursprünglich, keine Kraft und kein Gegner, kein Partner und keine Bedingung, sondern Resultat menschlicher Aktivität, menschlichen Rückzugs und einer Reanimation unter jeweils gegebenen Bedingungen. Sie wird »jetzt« in dem Ergebnis eines Prozesses gefunden und erkannt, in dem das Gebiet überformt, ausgebeutet, gelassen worden ist. Die Vegetation weicht von dem Muster ab, das sich als »Naturlandschaft«, hier zu verstehen als »ursprüngliche« und von Menschen unberührte Landschaft, erkennen läßt. Darauf antwortet der Entwurf: »Die Arten der Spontanvegetation werden in den

Gärten kultiviert, so wie in der Renaissance die fremden Pflanzen aus den neu entdeckten Kontinenten in den Gärten des Adels kultiviert wurden, so wird nun die Vegetation der postindustriellen Landschaft über die Gärten in das Bewußtsein der Menschen eingeführt.« (ebd., 101)

»Jetzt«, nach dem industriellen Prozeß, integrieren sich auch die Reste der alten Produktionsanlagen, die stillgelegt sind, in die »Natur«. Sie ähneln denen, die »am Rheinufer in Richtung Westen« noch arbeiten. In der Beschreibung werden auch sie als »Natur« kenntlich: »Das Meidericher Hüttenwerk liegt wie ein Vorfels vor dem ›Land der Feuer‹. Nur fehlender Dampf und Rauch und keine Lichter in der Nacht künden von der Nichtfunktion der Anlagen. Auch im Park ist die Hochofengruppe das alles überragende Gebirge, und die Bunker und Pfeiler davor eine Art Dolinenlandschaft.« (ebd. 92) »Natur« steht nicht gegen die Industrie, die Industrieanlagen sind, arbeitend oder stillgelegt, genauso »Natur« und in der »Landschaft« wie es Tiere und Pflanzen sind. Es ist deshalb folgerichtig, wenn aus dem »Vorfels«, dem »Gebirge« im Entwurf ein künftiger »Aussichtsberg« wird, der »nur mit Führer und geeigneter Kleidung« zu besteigen sein soll.

Fünf Naturen und die Geschichte

Die fünf Konzepte, die fünf Naturen unterscheiden sich sehr. Das Konzept von Bernard Lassus setzt die Konstruiertheit und Konstruierbarkeit sämtlicher Mensch-Umwelt-Beziehungen im Rahmen eines physikalischen und biologischen Bezugssystems voraus. Natur ist Rohstoff, nicht eigenständige Kraft, und für den Menschen da: das ist ein modernes, weitere Rationalisierungen vorzeichnendes Konzept der Natur. Cass Associates hingegen formulieren einen abwägenden, an utilitaristischen und pragmatischen Positionen orientierten Zugang. Damit bleiben sie ebenfalls in einem modernen Paradigma, das Zwecke der Gesellschaft zuerst setzt, die Natur an die zweite Stelle rückt. Die ersten zwei der dargestellten Positionen sind dagegen auf verschiedene Weise nicht nach-, sondern anti-modern, nicht nach-, sondern anti-aufklärerisch. Sie setzen Natur zuerst, den Menschen als machtlos unterworfenes oder sein Heil aus der Natur erwartendes Wesen und applizieren christliche, mindestens aber säkularisierte christliche Motive auf diese unpersönliche Macht, die Natur heißt. Aus ihr kommt das Heil, und dies geschieht, im Falle des zweiten Entwurfs zumindest, wenn Prozesse der Schuldabtragung und Sühne vollzogen sind. Beide

Entwürfe setzen einen Antagonismus zwischen Mensch und Natur und sprechen aus einem Utopismus, der ideale Welten nicht zu konstruieren, sondern in der Natur, mit der Natur zu finden verspricht. Nicht das Wirken Gottes, auch nicht die List der Geschichte, sondern die List der Natur wirkt hinter dem Rücken der machtlosen Menschen und, das ist der Rest an aufklärerischen Positionen im Entwurf, die Menschen müssen über pädagogische Anstrengungen lernen, mit dieser Macht zu leben. Der Bezugspunkt sind nicht gesellschaftliche Verhältnisse, sondern die individuell zu leistende Abbitte für eine Existenz in der Konsumgesellschaft. Die fünfte Position, die von Peter Latz, ist die einzige, deren Bild der Natur nicht an moderne Paradigmen anknüpft und auch nicht anti-modernen Positionen verfällt, sondern eine neue Qualität verkörpert. Diese Position ist gekennzeichnet durch die Anerkennung des jetzt Gegebenen als Natur. Sie verzichtet auf jeden Bezug zu Geschichte oder zu einem je mythischen Urzustand der Natur und kennt keine bestimmte Zukunft.

Dabei bezieht sich dieser Entwurf expliziter als die übrigen auf neue Konzepte, Aufmerksamkeiten und Interessen in Naturschutz und Ökologie. Diese Positionen, deren Entwicklung im Folgenden vorgestellt wird, haben Kritik erfahren: Nicht umsonst ist die mit ihnen verbundene naturalisierende Anerkennung gesellschaftlicher Verhältnisse, Produkte und Zerstörungen mißtrauisch befragt worden. Bekanntermaßen verkürzt sie Begründungs- und Legitimationszusammenhänge oder schneidet sie gleich völlig ab.[15] Es wird sich aber bei diesen Positionen und den daraus entwickelten Verfahren um diejenigen handeln, die in den nächsten Jahren und Jahrzehnten die größten Anwendungschancen, insbesondere auf großen zerstörten Flächen, haben: Wenn – mit oder ohne Brachflächenrecycling – überhaupt ästhetisch anspruchsvolle Rückgewinnungsverfahren für Land der alten Industrie in Gang gesetzt werden, so gehören Ansätze, die es als Gegebenes betrachten, zu den vergleichsweise preiswertesten, bei der Menge an umgegrabenen, mit Giften belasteten und aufgebenen Arealen ein nicht zu unterschätzender Vorteil. Und die ästhetischen Effekte werden, indem sie bekannter werden, vermutlich zunehmend überzeugen.

Es sind vor allem zwei Typen der Rede von der Natur, die Planungen in diesem Sinne bestimmen: die Rede von der neu entdeckten Natur der Brache und die Rede von der Natur des Naturschutzes, soweit sie für aufgegebene Industrieareale diskutiert wird. Beide finden gelegentlich zusammen in Planungen für »Renaturierungen« oder »Rekultivierungen« vernutzten Landes. Die Konzepte werden im Folgenden zusammengefaßt als Strategien der Naturalisierung, die, wie alle bisher vorgestellten Strategien, der Vernichtung des Abfalls dienlich sind.

2 Die Natur der Brache

Beobachtungen

›Die Wissenschaft kann zum naiven Kunstgenuß nicht anleiten, so wenig wie die Geologen und Botaniker den Sinn für die schöne Landschaft erwecken können‹: diese Behauptung ist so schief, wie das Gleichnis, das sie decken soll, irrig. Sehr wohl vermögen dies der Geologe, der Botaniker. Ja, ohne ein zumindest ahnendes Erfassen vom Leben des Details durch die Struktur bleibt alle Neigung zu dem Schönen Träumerei.

Walter Benjamin

Die Natur, als die das Gelände des Landschaftsparks Duisburg-Nord entdeckt worden ist, ist noch gewöhnungsbedürftig. Doch bereits seit dem Anfang des 20. Jahrhunderts gibt es neben einer selbstverständlichen Aufmerksamkeit für alles, was wächst und lebt, ein spezielles Interesse an dem, was dies auf Industriegeländen und -brachen tut:[16] Vereinzelt beginnen kenntnisreiche Liebhaber und einige Exzentriker in der akademischen Welt, sich für die Tiere und Pflanzen zu interessieren, die unter industriellen Bedingungen überleben oder durch sie überhaupt erst Überlebensbedingungen in den alt-industrialisierten Ländern finden.[17] Auch gibt es gelegentlich Blicke auf Schutt- und Kehrichtplätze.[18] Doch noch der Blick auf die Flora der Londoner Müllhalden und Bombentrichter, den R.S. Fitter 1945 vorschlägt, ist Zeugnis einer frühen Aufmerksamkeit, die unter dem Tabu der Wahrnehmung des Abfalls zu stehen scheint: Er bedauert den Umstand, daß »die Londoner Botaniker schamhaft die Gelegenheit ausgelassen haben, die Flora der Abfallhalden zu untersuchen, die direkt vor ihrer Nase lagen.«[19]

Bis in die fünfziger Jahre des 20. Jahrhunderts ist selten ein wissenschaftlicher und, soweit mir derzeit bekannt, nie ein planerischer Blick eigens auf die Vegetation gefallen, die sich auf Abfallbergen oder früher industriell genutztem Gebiet ansiedeln konnte. Weder Biologen, noch Planer, noch Naturschützer hatten ihr bis dahin eine besondere und eigene Beachtung geschenkt. Beschäftigte Naturschützer hauptsächlich der Schutz der vorindustriellen Natur gegen die städtische und industrielle Entwicklung, so interessierten sich wenige Botaniker oder Zoologen speziell für Brachflächen und Müllhalden. Und Garten- und Landschaftsplaner hatten im wesentlichen mit Geländen zu tun, die als Park oder Landschaft und damit neu zu gestalten waren. So führte, obwohl Floristen und Faunisten um die besonderen Tier- und Pflanzenpopulationen auf Industriegeländen und Abfallhalden wußten, diese Kenntnis nicht über die Feststellung ihres Vorhandenseins und ihre Beschreibung im Rahmen und am Rande der jeweiligen Fachdiskurse hinaus.

Seit den fünfziger Jahren verbreitet sich zögernd die Beachtung von Tieren und Pflanzen, die unter den gegebenen industriellen und städtischen Bedingungen »von selbst« wachsen und überleben. Ruderalvegetationen, die ohne Aufsicht und Pflege, ohne eigens zugelassen, eingeplant oder eingeladen zu sein, also wild und unter anarchischen Bedingungen, wachsen, sobald der »Pflegedruck« nachläßt, geraten in den Blick.[20]

Städtische und industrielle Brachen ansehen heißt, jene anarchischen Niemandsländer und -orte, die aus der ökonomischen Ordnung herausgefallen sind, Unorte, Nicht-Orte, Müllorte, Wildnis zur Kenntnis zu nehmen und in das Bild der europäischen Stadt zu integrieren. In den fünfziger Jahren öffnet sich der Blick auf jene Zonen dritten Typs, die nicht Kultur, noch Natur, nicht Stadt, noch Land waren, sondern überflüssig und die nicht auffielen, solange es die Möglichkeit gab, sie schnell umzunutzen. Mit der Verminderung dieser Möglichkeit werden die einst marginalen Befunde zu ihrer Fauna und Flora über Interessen an Bestandsaufnahmen hinaus auch für Planungen relevant.[21]

Die ersten von öffentlich besoldeten Spezialisten durchgeführten Beobachtungen zu Flora und Fauna der Stadt- und Industriebrache stammen aus England und Wales. Sie übersetzen die bis dahin ausgebildeten biologischen Muster der Beschreibung systematisch in den Kontext der Brachen. Mit dieser Übersetzung geraten verlassene städtische Grundstücke, die alten Halden des Bergbaus mit ihrem Bewuchs und ihren Bewohnern, Pflanzen und Tiere auf alten Industriegrundstücken aus der Unkraut- und Abfallkategorie und der marginalen Bedeutung in der Fachwelt in die Kategorie der besonders beobachtenswerten Flora und Fauna.

Zwischen 1952 und 1955 gab es beispielsweise einen Survey, der Pflanzen auf innerstädtischem Brachland in London untersuchte. Es fanden sich 342 Pflanzen, ausgewanderte aus Gärten, einige waren typischerweise mit der Landwirtschaft verbundene Pflanzen, andere, wie Hopfen in der Nähe einer Brauerei, ließen sich auf industrielle Tätigkeit zurückführen (Jones 1958). Die Reihe der Untersuchungen, die sich speziell mit Besiedlungen industrieller Areale und Abfälle befaßten, ist lang, und sie betrifft einige der Gebiete, von denen bisher schon die Rede war. Mitte der sechziger Jahre begann beispielsweise eine über zehn Jahre fortgeführte Studie der Flora und Fauna auf städtischem und früher industriell genutztem Land in Lancaster, wobei insbesondere die Besiedlung von Aschen und Hochofenschlacken beobachtet wurde (Greenwood/Gemmell 1978). Die Surrey Docks in London, Teil der heute umgebauten Docklands, 1968 geschlossen und ab 1976 wieder aufgebaut, waren Gegenstand von Kartierungen. Unter anderem 121 Vogelarten wurden nachgewiesen, 30 davon, darunter seltene Arten, nisteten in dem Gebiet (Alderton 1977). Pflanzengesellschaften, die üblicherweise in ganz anderen Kontexten und in größerer Entfernung von Wallonien vermutet werden, wurden dort auf Bergehalden untersucht. Gefunden wurden mediterrane Vegetationen, Küsten- und Sumpfvegetationen, und das aus besonderen Gründen: »Schwelbrände können über ein Jahrhundert lang dauern. Die Hitze steigt in die oberen Haldenteile. Dort kann sich dann eine Vegetation mit südlichem, manchmal sogar tropischem Charakter entwikkeln. Andererseits … treten feuchte Bereiche auf. Hier entwickeln sich Pflanzengesellschaften der Sumpfvegetation. … Wenn das Sickerwasser mit Salzen angereichert ist, so kann das zur Folge haben, daß sich hier eine ›Küsten‹-Vegetation bildet.« (Pierad 1982, 128)

Die Stadt und urbanisierte, industrialisierte Areale wurden sichtbar als Areale mit einer eigentümlichen Vegetation, einer Vegetation eigenen Rechts und eines eigenen Wertes. Ökologen zeigten, daß einige der Gegenden mit der höchsten Artenvielfalt städtische Gebiete sind: Stadt- und Bevölkerungsgröße und Anzahl der vorhandenen Pflanzenarten korrelieren, statt, wie es ein stadt- und industriefeindlich voreingenommener Naturschutzgedanke nahelegen könnte, einander entgegenzustehen. Es wurde einem breiteren Kreis bekannt, daß bestimmte wildlebende Tiere sehr gut mit den Bedingungen in Städten und auf Industriearealen existieren konnten. Als in den neunziger Jahren die Vogelarten gezählt wurden, die im Stadtgebiet Berlins brüten, stellte sich heraus, daß die (hohe) Zahl von 141 Spezies zu verzeichnen war. Beobachtungen auf einem früheren Eisenbahnareal von 150 Hektar, ebenfalls in Berlin, ergaben, daß dort die erstaunliche Zahl von 566 Spezies nachzuweisen war. Vier der gefundenen Pflanzen waren noch nie in Deutschland festgestellt worden, und drei von ihnen waren in der Biologie bis dahin unbekannt.[22]

Mit diesen und ähnlichen Untersuchungen von Industrie- und städtischen Gebieten kam es zu Befunden, die das an ländlichen und vorindustriellen Bildern orientierte Verständnis der wertvollen Natur herausfordern konnten und noch können: Frühere Industriegebiete, wo nach gängigen Vorurteilen nichts anderes als Gifte und lebensfeindliche Bedingungen zu erwarten waren, zeigten eine Vielfalt von verschiedenen und auch seltenen Tieren und Pflanzen. Diese waren in der Lage, mit industriellen Abfällen zu leben. Pflanzenkundler sprechen mittlerweile selbstverständlich von »industriespezifischen«, »industrietypischen«, »industrietolerierenden« und »industriophilen« Pflanzenarten (Drecker et al. 1995, 96).[23]

Bedrohte heimische Pflanzengesellschaften, so wurde darüber hinaus festgestellt, überlebten auf Brachen und Halden. Denn auf ihnen entsteht ein Zwischenraum zwischen den kultivierenden und regulierenden Aktivitäten städtischer Ordnungsbemühungen wie ländlicher, das heißt, landwirtschaftlicher Aktivitäten und Eingriffe. Dieser Zwischenraum ist im Prozeß seiner Erforschung vom Abraum zum Schutzraum mutiert: »Seltene einheimische Arten, deren natürliche Lebensräume aufgrund von Uferverbau (Sand- und Kiesstandorte der Stromtäler) oder Intensivierung der Landwirtschaft (Sandheiden) nahezu zerstört wurden, finden in diesen Sekundärbiotopen einen Ersatzlebensraum.« (Drecker et al 1995, 97) Nicht Unkraut und unerwünschte Tiere, sondern eine Vielfalt von erstaunlichen faunistischen und botanischen Überraschungen warten auf ihre Entdeckung. Spätestens seit den achtziger Jahren des 20. Jahrhunderts sind Brachen oder Halden Gebiete, die möglicherweise eine wertvolle, sehenswerte Natur zu bieten haben. Die nicht geplanten und gepflegten Teile der Stadt, industrialisierte Areale und Halden sind heute reinterpretiert als Areale mit einer früher unentdeckten, nicht anerkannten Fauna und Flora. Stadtbrachen, aufgegebene Industrieareale, Flächen, die Abfallimages perfekt entsprachen, sind beschreibbar geworden als Reservate – und damit als Gebiete, die des Naturschutzes würdig sind.

Erwägungen, die auf ein bestimmtes Naturschöne verweisen, sind in dem bis hier skizzierten Forschungskontext noch nicht zu finden. Die zitierten Untersuchungen zielen und zielten weder auf eine neue Ästhetik der Natur noch auf die Ästhetisierung der neu in den Blick geratenen Natur. Doch mit der Bestandsaufnahme verbinden sich seit den sechziger Jahren praktische Erwägungen zur Gestaltung. Das ist der Anfang der Ästhetisierung der Fauna und Flora der Brache und der Halde, die ihre Bearbeitung wesentlich verbilligen und das Verschwinden des Abfalls in der Natur befördern wird.

Einige Planer haben dann in den siebziger Jahren, zur Zeit des Durchdringens stadtökologischer Beobachtungen in die Öffentlichkeit, anerkennend auf Brachen geblickt und sich gleich abgewandt, um ein Plädoyer für den unveränderten Erhalt der Brache, des Niemandslandes, der Wildnis zu halten, eine sowohl ästhetisch als auch ökologisch und sozial inspirierte Haltung.[24] Doch diese Haltung ist nicht allgemein geworden. Die Pflanzen- und Tierwelt der Brache entspricht einem eigenen, nicht aber einem traditionellen Bild einer schönen Natur. Nach wie vor braucht es für Nichtfachleute einige Gewöhnung, bis in einem unkontrollierten Gewächs- und Tieraufkommen auf Brachen Wildnis oder bemerkenswerte Natur – und nicht »Unkraut«, »Dickicht« und »Schädlinge« gesehen werden können. Die Irritation geht über den Kreis von Laien hinaus und betrifft auch professionellen Umgang mit Natur und ihrem Schutz. Die Roten Listen in der Bundesrepublik beispielsweise, die schützenswerte Pflanzen, Tiere und seit 1994 auch Biotope aufzählen, zeigten Mitte der neunziger Jahre, nebeneinandergelesen, interessante Effekte: Die Liste der Biotope enthielt keines, das sich auf einem früheren Industriegelände befand, während die Liste der Pflanzen einige gefährdete oder vom Aussterben bedrohte Spezies aufzählte, die vor allem auf Industriebrachen nachgewiesen waren.[25]

Doch ist weder die eine noch die andere Art der Abkehr von der Brache das letzte Wort in dieser Sache, wie die Planungen für Duisburg-Nord schon gezeigt haben. Ian McHarg und andere entdeckten bereits in den siebziger Jahren den Charme der Brachenvegetation für neue Designs. Ihr planerischer Zugriff, der die Natur der Brache beläßt, einbezieht oder behutsam modifiziert, beginnt mit einem vollzogenen Blickwechsel im Verständnis der als wertvoll und ästhetisch befriedigend betrachteten Natur. Er wendet sich ab von den Zerstörungen durch die Industrie und wendet sich dem zu, was da ist, dem, was unter den Bedingungen der nachindustriellen Gegebenheiten (über)lebensfähig ist. Dieses wird seinerseits als ästhetisch befriedigend betrachtet und geformt. Wenn heute Planungen für großflächige alte Industrieareale entstehen, spielen die Integration von Ruderalvegetationen, der begeisterte Naturschutz und die behutsame Zähmung der Wildnis eine zentrale Rolle. Damit ist die Natur der Brache auf dem besten Wege, sich unter die trivialen Gegenstände einer Ästhetik der Natur einzureihen. Gleichzeitig aber dient sie der Bewältigung der alten Gelände und der Abfälle: Die Natur der Brache ist als Indikator, als Pflanzen- und Tiermaterial Teil der technischen Organisation und des Managements von Altlasten.

Erwägungen in der British Ecological Society[26]

Angesichts der Abraumhalden, die der Bergbau in den Bergen um die Stadt Bangor hinterlassen hatte, begannen Anfang der sechziger Jahre des letzten Jahrhunderts Mitglieder des dortigen Fachbereichs *Agricultural Botany*, sich für die Vegetation zu interessieren, die auf ihnen überleben konnte. Tony Bradshaw und andere beschrieben den Prozeß, in dem einige Spezies Eigenschaften entwickelt hatten, die es ihnen ermöglichten, Metalle im Boden zu tolerieren. Die Botaniker schlossen, daß diese Pflanzen von Wert sein könnten, wenn es darum geht, »sich mit den weniger erfreulichen Effekten der industriellen Aktivitäten« für die Umwelt auseinanderzusetzen (Sheail 1987, 215).[27]

Ebenfalls Anfang der sechziger Jahre hatte ein Projekt der Universität Swansea begonnen, das sich mit aufgegebenem Industrieland im Tal des Flusses Tawe nördlich von Swansea befassen sollte. Das Projekt war interdisziplinär angelegt und beschäftigte unter anderem Botaniker, Ingenieure, Ökonomen, Geographen und Geologen. Es diente nicht reinem Erkenntnisgewinn, sondern einem praktischen Ziel: der Rückgewinnung von industriell zerstörtem Land. Eine wichtige Rolle dabei spielten Überlegungen zu einem möglichst aufwendungsarmem Vorgehen bei dem angestrebten Prozeß des *revegetating*, der Wiederbegrünung von Halden und Schlackenbergen, und vertiefte so die Erfahrungen, die ohne größeren Forschungsaufwand schon beispielsweise in Lancashire gemacht worden waren.[28]

Das Projekt machte seinen Initiatoren deutlich, wie wenig bekannt war beispielsweise über die physiochemischen Faktoren, die die Verfügbarkeit, die Aufnahme und Anreicherung von Schwermetallen durch Pflanzen bestimmen. In der Folge fand 1965 am Fachbereich Botanik der Universität Swansea ein Symposium mit einem damals noch seltenen und neuen Thema statt: *Ecology and the industrial society*. Dort wurde der Mangel an Daten und Wissen über industriell erzeugte und andere Umweltveränderungen diskutiert. Das Ergebnis war der Vorschlag, den Rahmen der Beobachtung auszudehnen und zu einer möglichst vollständigen Erfassung aller industriellen Schäden und der Möglichkeiten, damit umzugehen, zu kommen. Damit wurde die Ausdehnung ökologischer Erwägungen auf bisher ignorierte Gebiete gefordert, ein territorialer wie symbolischer Schritt hin zu der gesamten Erfassung des als heil oder normal wie des als unheil, als abweichend und behandlungsbedürftig Bewerteten. Vorgeschlagen wurde eine nationale und wiederholt durchzuführende quantitative Erfassung, ein »assessment«, schließlich eine »analytische Ökologie« (n. Sheail 1987, 214).

In dieselbe Richtung ging im Januar 1965 der Vorschlag eines Pflanzen-ökologen an die *British Ecological Society*, eine »landscape ecology research and advisory unit« ins Leben zu rufen. Zwei Funktionen sollte diese Organisation haben: Sie sollte jede verfügbare Information sammeln, die industriell zerstörte Landschaften betraf und weitere Forschungen auf dem Gebiet des »landscape improvement« betreiben. Diese Diskussionen und eine Befragung von 62 Experten für »reclamation problems« führte zu einem Bericht (Ranwell et al. 1967) und zu einem zweiten Beitrag (Goodman 1967), die die Themen, die Arten des Wissens und des Könnens aufzählten, die für die Rückgewinnung von Brachen vonnöten schienen und ein Programm für das Vorgehen entwarfen.

Sie forderten für jeden Prozeß der Rückgewinnung von Land die Definition eines konkreten und für das Gelände spezifischen Ziels. Die Wiederherstellung eines vorindustriellen Zustandes stand dabei nicht zur Debatte. Als mögliche Ziele wurden ökonomische Verwertbarkeit von alten Industriegeländen, aber auch die Erhaltung und der Schutz der öffentlichen Gesundheit, die Schaffung von Erholungsflächen und erzieherische Ziele gesehen. Als zweiter Schritt wurde, den zu setzenden Zielen jeweils entsprechend, die Beurteilung der Bedingungen für eine *revegetation* vorgeschlagen. Dafür sollte auf die Fachkompetenz von Meteorologie, Hydrologie, Physiogeographie, Mikrobiologie, Ökologie und anderen Disziplinen zurückgegriffen werden. Die Aufgabe von Expertenteams sollte es dann sein, Methoden vorzuschlagen, die aller Wahrscheinlichkeit nach am wenigsten versagen konnten. Eine weitere Gruppe von Experten sollte dann den kostengünstigsten Weg finden, um das »neue Land« zu beplanen und zu managen. Die Ausweisung weiterer Forschungsbedarfs und die Feststellung, daß eine Zusammenarbeit mit den Unternehmen und Gesellschaften notwendig war, die die Entwicklung solcher Gebiete betrieben, um von der Forschung und Theorie eine praktische Umsetzung abzuleiten, schlossen die Berichte.

Weder die *British Ecological Society*, noch das *Natural Conservancy Council*, noch das *Ministry of Housing and Local Gouvernment* ergriffen die Initiative zu einer Etablierung der vorgeschlagenen Forschungs- und Beratungseinrichtung. Die Berichte aber definieren eine Wahrnehmung alter industrieller Areale und ein Vorgehen, das sich heute in zahlreichen Planungen durchgesetzt hat: Die Forderung nach umfassender Beschreibung und Einordnung der Grundstücke in einen ebenfalls beschriebenen Gesamtzusammenhang, die Forderung, Zielsetzungen nicht absolut, sondern relativ zu den Bedingungen zu bestimmen und die nach einem institutionalisierten Zusammenspiel von Spezialisten. Dazu kommt das Konzept eines Bodenrecyclings, das aber auf die besonderen Bedingungen für Pflanzen und Tierwelt auf industriell belasteten Böden eingeht, ihre Spezifik in ihre Planungen einbezieht und zu nutzen sucht für ein möglichst preiswertes Verschwinden des Abfalls in Natur und Landschaft.

Die neuentdeckte Natur, eingeplant

Der folgende Umriß einer Strategie ist 1984 für den früher industriell geprägten Raum im Gebiet der damaligen Verwaltungseinheit Greater Manchester entworfen worden:

»Mehrere aufgegebene Industrieareale im Gebiet von Greater Manchester im Nordwesten Englands sind von regionaler ökologischer Bedeutung und zahlreiche andere haben bemerkenswerten biologischen Wert. Ähnliche Befunde gibt es aus anderen Teilen Britanniens. Das zeigt, daß ökologische Surveys ein zentraler Teil der Untersuchungen von Rekonversionsflächen sein und daß Planungen von Nachnutzungen die nicht kultivierte Natur einbeziehen sollten. Auf alten Industriegeländen vorfindliche Charakteristika von großer biologischer Bedeutung sind beispielsweise durch zufälliges Abladen von Abfällen entstanden, dem dann eine natürliche Besiedlung durch Pflanzen folgte. Beispiele sind die Kalkflora auf alkalischen Abfällen und der Orchideenbewuchs auf Asche aus Kraftwerken. Zu beiden gehören in der Region seltene wie heimische Pflanzen. ... Neuere Untersuchungen solcher durch menschliche Eingriffe entstandenen Habitate führen nun zu der Idee, daß neue Habitate durch Neugestaltung der Bodenformen geplant und geschaffen werden könnten, indem Materialien umgeschichtet werden, so daß verschiedene Substrate vorkommen, durch pH-Wert-Kontrolle über den Zusatz von Kalk, durch die Veränderung der Fruchtbarkeit über den Zusatz von Düngern, durch Drainage, so daß nasse oder trockene Habitate entstehen, und durch den Einsatz einheimischer Pflanzenspezies, damit der Artenreichtum gesteigert wird. Ein sorgfältiges Design der Umbaupläne kann, wo das angemessen erscheint, das Potential des Schutzes und der Schaffung von Habitats von hohem natürlichen Reichtum sowie ihre Aufenthaltsqualitäten ausnutzen und realisieren ... Lösungen, die auf das *wildlife* setzen, haben darüber hinaus den Vorteil, daß sie nicht teuer sind und einen minimalen Pflegeaufwand nach sich ziehen.« (Gemmell/Connell 1984, 175)

1984, als Gemmell und Connell diesen Vorschlag für die Greater Manchester Area machen, sind bereits zahlreiche Gebiete mit einem Reichtum an Pflanzen und Tieren auf ehemaligen Industriearealen und in städtischen Gebieten bekannt. Und auch auf alten Deponien ist »attraktiver« Bewuchs festgestellt worden.[29] Wigan Borough, Teil von Greater Manchester und eine der mit Industrieschäden und Abfallstoffen höchstbelasteten Gegenden, gibt zu einer nun nicht mehr merkwürdigen Feststellung Anlaß: »Wenn die Umgestaltung alle industriell geprägten Habitate zerstören würde, wären 80% von Wigans wichtigsten unkultivierten Gebieten verloren … mit ruinösen Folgen für die Flora und Fauna des Stadtgebietes.« (Gemmell/Connell 1984, 182) Die beiden Autoren sehen in dem Bewuchs und der Tierpopulation auf diesen Geländen Charakteristika, die normalerweise mit ländlichen Landschaften assoziiert werden. Damit sind ihrer Meinung nach die Möglichkeiten gegeben, neue Habitats zu schaffen und damit ein traditionelles Ziel der englischen Stadt- und Landschaftsplanung in aktueller Form wieder einer Verwirklichung zuführen können: »*wildlife* und das Gefühl des Landlebens wieder in die kleinen und größeren Städte zu bringen« (ebd. 179).[30]

Neue Habitats herzustellen, fällt mit den vorgeschlagenen Verfahren nicht schwer. Die Planung und Entscheidung darüber, welche Art der Bereicherung des Vorhandenen man will, stellt nur noch eine Frage der Finanzmittel, eine Frage der Zeit und des jeweils akzeptablen Naturschutzkonzeptes dar. Denn nach den Vorstellungen des *National Conservancy Council* Mitte der achtziger Jahre sollen einheimische Pflanzen angesiedelt werden: »Eine Schwierigkeit besteht darin, Saatgut und Pflanzenmaterial zu finden, das eine passende Bandbreite wilder Spezies enthält. Zwar sind jetzt Mischungen von Wildblumensamen bei einigen kommerziellen Anbietern erhältlich, doch sind diejenigen, die eine vernünftige Menge attraktiver einheimischer Pflanzen enthalten, teuer. Billigere Mischungen enthalten normalerweise einige importierte Spezies und Samen, der auf dem Kontinent produziert worden ist; diese hält das National Conservancy Council für nicht akzeptabel. Zur Zeit ist die natürliche Besiedlung aus bestehenden Habitaten der verläßlichere Weg.« (ebd. 183ff)

Die Planung begibt sich in die Rolle einer behutsam modifizierenden Assistentin der Natur auf Abfallhaufen und Brachflächen, die aufgrund ihres biologischen Reichtums und ihrer nun anerkannten ästhetischen Qualitäten nur noch durch leichte Eingriffe um einige Spezies zu bereichern ist, nicht aber grundlegend umgestaltet werden soll. Die Planungen folgen Prinzipien der Sparsamkeit, reduzieren den Pflegeaufwand und verlangen keine teuren Mittel – es sei denn zur Gefahrenabwehr:

»Die Umgestaltung von Land durch die Schaffung halb-wilder Gebiete ist relativ preiswert, obwohl der Umgang mit *wilderness areas* nicht von der Notwendigkeit enthebt, sich um die eventuellen Gefahrenquellen auf den Grundstücken zu kümmern. Humus wird normalerweise nicht gebraucht und starker Einsatz von Düngemitteln ist unnötig. Wo Gelände aus Gründen der Bodenbeschaffenheit und anderen Hinderungsgründen absehbar kein gutes Ackerland abgeben werden, können *wildlife* und Erholungsnutzungen gute Alternativen darstellen. Da halb-natürliche Ökosysteme sich von selbst unterhalten, ist der Aufwand und sind die Kosten der nachfolgenden Pflege minimal.« (ebd. 185)

Damit folgen sie einer Strategie zu minimalen Eingriffen, geringem Pflegeaufwand und zur Nutzung dessen, was bereits vorhanden ist und sich »von selbst« stabil erhält, den Grundlagen neuerer »Ökosystem-Management-Techniken«. Was geschehen soll, geschieht (fast) von selbst.[31]

Einer der beiden Autoren, R.P. Gemmell, Mitglied des *Joint Reclamation Team of Greater Manchester*, entwickelt zusammen mit E.F. Greenwood, *Merseyside County Museums,* 1978 bereits eine Vision, die die neue Natur zum Gegenstand einer Planung künftigen Naturschutzes *vor* der industriellen Zerstörung der alten machen kann:

»Wir schließen aus unseren Untersuchungen von Industriebrachen in Lancaster, daß bestimmte Typen industrieller Entwicklungen und der Abfallablagerung aufregende Möglichkeiten und Gelegenheiten für die Schaffung neuer Natur bieten. Um das zu erreichen, müssen neue Industrieaktivitäten, besonders solche, die Abbau von Rohstoffen und Ablagerung von Abfällen einschließen, sorgfältig geplant werden im Hinblick auf die Entwicklung neuer Habitate und im Hinblick auf künftige Interessen an einer Naturgeschichte nach der Schließung der neu errichteten Industrie. Wie man das für die verschiedenen industriellen Prozesse erreicht, insbesondere bei modernen, ist eine Frage, die ein neues Forschungsfeld eröffnet, das sich mit Techniken der Landschaftsmodellierung, der Ausbringung von Material während und nach der industriellen Nutzung, mit verschiedenen Verfahren der Düngung, der Kontrolle der Bodenfeuchtigkeit und der Drainage befaßt ... und zwar als Methoden zur Schaffung spezifischer Habitattypen und einer Vielzahl von Bedingungen für die Besiedlung.« (Greenwood/Gemmell 1978, 39)

Während diese den Schaden als Planungsgelegenheit begreifende Vision dem mir verfügbaren Wissen nach nicht zu praktischer Anwendung in Lancashire gekommen ist, so sind es doch die Grundideen des Vorschlags von 1984. 1991 publiziert der *Greater Manchester Countryside Unit*, eine Behörde, die über die Stadtgrenzen von Manchester und die umgebenden Städte hinaus für die Landschaftsplanung zuständig ist, mit der finanziellen Unterstützung des *Nature Conservancy Council* eine Broschüre, die über die Schönheit des *Wildlife in Greater Manchester* unterrichtet. Es heißt darin: »Baustellen und andere zeitweise brach liegende Gelände können eine bunt blühende Vegetation entwickeln ... Die Blüten wiederum ziehen Insekten an. Ähnlich bieten überwachsene Gärten und Grundstücke nistenden Vögeln und kleinen Säugetieren Schutz.

Abfallablagerungen der chemischen Industrie sind zu ihrem Entstehungszeitpunkt oft sehr unfruchtbar und giftig. Im Laufe der Zeit können sie sich verändern und zu kalkigen Böden werden, auf denen Orchideen und andere Blumen wachsen…« (Greater Manchester Countryside Unit 1991). Die Probleme löst die Natur mit der Zeit.

Das steht auch bei den Begrünungen von Bergehalden zur Debatte. Sie werden in alt-industrialisierten Ländern seit mehreren Jahrzehnten verlangt und durchgeführt. Meist werden dazu Bergbaugesellschaften in die Pflicht genommen. In Belgien existiert bereits 1911 ein *Gesetz zur Aufrechterhaltung der Landschaft*, das Bergwerksbesitzer zur Aufforstung von Bergehalden anhält, zwanzig Jahre später beginnen in England, meist im Zusammenhang mit Arbeitsbeschaffungsmaßnahmen, Bewaldungsbemühungen; ab 1951 beginnt im Ruhrkohlenbezirk eine umfassende Begrünungsaktion dieser Art. Die Bemühungen um die Bewaldung von Bergehalden wurden interessanterweise gerade gegen das Argument der Bergwerksgesellschaften durchgesetzt, daß sich die Halden ohnehin »von selber« begründen würden (Blaurock 1982, 13).

Die Ziele, die Verhinderung von Staub und Erosion und des Abrutschens von Halden, die Etablierung einer stabilen und pflegeleichten Vegetationsdecke und die ästhetisch zu verstehende »Integration« von Halden »in die Landschaft« sind, wo Begrünung gefordert wird, Konsens. Die Methoden aber, die zur Anwendung kommen, sind unterschiedlich und umstritten.[32] Während die meisten Verfahren auch heute noch auf den nicht immer erfolgreichen Versuch hinauslaufen, Wälder auf Halden anzupflanzen, kommen neuere Untersuchungen über die Möglichkeiten, stabile und pflegeleichte Begrünungen zu beginnen, zu anderen Ansätzen:

»Grüne Halden, wer wollte sie nicht! Aber wir müssen umdenken, wenn wir der Natur zu ihrem Recht und uns zu einer verläßlichen Lebengrundlage verhelfen wollen. Wir können nicht nur das Alte sichern, sondern wir müssen auch bedenken, daß unsere Lebensgewohnheiten die Standortbedingungen verändert haben und damit möglicherweise neue Sukzessionen ausgelöst werden, die zwar mit den Umweltverhältnissen, nicht jedoch mit unserem Bild von der Vegetation in Einklang stehen. Um beim Beispiel der Bergehalden zu bleiben: hier kann es sich vorerst nicht um die Erstellung gutsherrlicher Jagdwälder oder bürgerfreundlicher Parkanlagen handeln, sondern – dem Herrn sei's geklagt – um Ruderalfluren – im Volksmund ›Unkraut‹ – denn das ist die Methode, derer sich die Natur bedient, um einen neuen Anfang zu machen.« (Jochimsen o.J., 9)

So ist in diesem Ansatz die Natur, das heißt hier: das, was von selber geschieht, zentraler Akteur im Spiel, doch ein Akteur, der Unterstützung braucht: »Aus vegetationskundlicher Sicht wäre es am sinnvollsten, bei der Begrünung von Bergehalden jene Methode anzuwenden, derer sich die Natur in diesem Falle selbst bedient. Um den genannten Weg beschreiten zu können, muß man jedoch notwendigerweise zuerst einmal den Ablauf der Vegetationsentwicklung kennen. Dieses Wissen läßt sich jedoch mit Hilfe von Vegetationsanalysen bereits begrünter Halden und entsprechenden Analogieschlüssen in mühsamer Kleinarbeit erwerben.« (Jochimsen 1984, 89)

Dieses Konzept legt, wie das eben dargestellte, Vorstellungen einer Technologie zugrunde, die »der Natur« ihre Tätigkeiten, hier in pflanzensoziologischen Untersuchungen, ablauscht mit dem Zweck, die auf ohnehin vorhandenen Halden ohnehin ablaufenden Prozesse zu verstehen, zu akzeptieren, zu unterstützen, dann aber nach Möglichkeit zu beschleunigen. Grenzen der Manipulierbarkeit werden ausgelotet und spielen eine wichtige Rolle. Denn die Forschungen antworten auf bisherige Erfahrungen mit Begrünungen von Halden mit der Entwicklung eines Zugangs, der nicht versucht, ohnehin ablaufende Prozesse zu ersetzen, sondern sie akribisch beobachtet, um sie in seine Zwecke einzufügen. Die Natur ist auch hier Akteur in der Wiedergewinnung von Land. Das, was von selber geschieht, wird aber unter die Vorgaben gesetzter Ziele und Zwecke gestellt. Im Rahmen dieses Umweltmodells wirkt die Natur als integrierter Teil eines kontrollierten Systems, das insgesamt einem wenig aufwendigen Entwicklungsprogramm folgt und ästhetisch befriedigende Lösungen der Abfallprobleme produziert.

Die neuentdeckte Natur, mit Genuß betrachtet

1991 veröffentlicht die Internationale Bauausstellung einen »floristisch-vegetationskundlichen Führer für Industriebrachen im Ruhrgebiet«, der eine Einführung in das Naturschöne der Brache bietet. Zugrunde liegt ein Forschungsprojekt der Universität Hannover »Die Bedeutung von Industrieflächen für den Naturschutz, untersucht anhand der spontanen Vegetation von Industrieflächen im Ruhrgebiet«, das vom Bundesministerium für Forschung und Technologie gefördert worden ist (Dettmar 1991).

Diesem Führer steht ein »Naturkundlicher Führer« zur Seite, der zu Exkursionen in das unbekannte Gebiet der neuen Natur einlädt und ihre Kritik als die eines ästhetischen Gegenstandes befördert: »Die Exkursionen sollen den Bürgern zeigen, daß selbst Flächen, die einst vom Menschen intensiv genutzt wurden, wieder von der Natur ›zurückerobert‹ werden können, und daß gerade diese Gebiete ästhetische Reize bieten und viele Tier- und Pflanzenarten beherbergen, die in den üblichen Grünanlagen nicht zu finden sind.« (Meßer 1992, 3) »Sehr beeindruckend ist der Lebensraum ›Hüttenwerk‹. Hier hat sich an vielen Stellen eine Ruderalvegetation entwickelt, die dem Hüttenwerk einen besonderen ästhetischen Reiz verleiht. Er ist unter anderem begründet in dem starken Gegensatz zwischen den organischen Formen der Vegetation und den geraden, technischen Linien der vorhandenen Industriebauwerke.« (ebd. 7)

Die technische Struktur charakterisiert einen »Lebensraum«, die Pflanzen erscheinen mit ihr zusammen als ökologische Einheit, vor allem aber als ornamentale oder architektonische Struktur. Der Blick, der sich auf diese Anlage richtet, sieht Pflanzen wie Bauten als Gegenstände, die gleichermaßen als Gestalten ihre Funktion in einem ansprechenden Bild haben. Es bezieht aus Formen seinen Reiz und gesteht der Vegetation eine auf Formen beschränkte ästhetische Rolle zu. Das bestimmende Hüttenwerk wie die Pflanzen erscheinen als kontingent, sie sind gleichermaßen hinzunehmen, als Teile eines Gesamtbildes, und dieses ist schön.[33]

Wie Vegetation und Hüttenwerk können auch Vegetation und Altlast eine Symbiose eingehen, die den Blick auf die Schönheit nicht hindert: »Das Gelände der ehemaligen Kokerei an der Hamborner Straße/Beecker Straße ist aus vegetationskundlicher Sicht interessant. Die Kokereianlagen wurden 1977 stillgelegt und 1980/81 abgerissen. Innerhalb der letzten 9 Jahre hat sich auf ehemals vegetationslosen Flächen ein lockeres Gehölz aus Birken, Weiden und Sommerflieder entwickelt. Der Untergrund besteht zum größten Teil aus Bergematerial und ist wie das Grundwasser mit Rückständen der Kokerei stark belastet. Es gibt zum Beispiel Stellen, an denen im Sommer flüssiger Teer an die Oberfläche dringt.« (Meßer 1992, 18)

Mögliche Vergiftungen werden zur Kenntnis genommen und als Teil einer gewordenen Situation begriffen. Vegetation und Teer gehören zusammen, weil sie gemeinsam vorkommen. Nicht weiter relevante Zufälle haben sie zusammengeführt und das eine wie das andere fügt sich zusammen im ästhetischen Erlebnis. »Die Beerensträucher dienen im Herbst vielen rastenden Singvögeln als Nahrungsquelle. So finden sich die in Nord-Europa brütenden Rotdrosseln hier auf ihrem Durchzug ein. Da die Stärke der Schadstoffbelastung von Boden und Früchten nicht geklärt ist, sollte auf den Verzehr von Wildpflanzen und deren Früchten durch den Menschen, nicht nur dort, sondern auch an anderen Stellen des Nordparks, verzichtet werden.« (Meßer 1992, 24) Das Auge ist das Organ des Genusses, der Geschmackssinn besser nicht, denn die Pflanzen, die der Naturführer verzeichnet, sind nicht nutzbar wie Pflanzen, die auf nicht mit Altlasten belasteten Böden wachsen. Erst die genaue Untersuchung von Belastungen kann hier Gewißheit schaffen, Vorsicht ist angebracht. Dieweil verzehren Vögel die Beeren. Wahrscheinlich nehmen sie dabei Stoffe auf, die ihrem Gedeihen nicht förderlich sind.

Eng mit der schönen und technoiden, mit der als Indikator fungierenden und in Systemzusammenhängen operierenden Natur der Brache verbindet sich der Naturschutz.

3 Die Natur des Naturschutzes

Bienen und Wespen – eine Fallstudie

Vor fünfzehn Jahren hielten viele, wenn nicht die meisten Naturschützer
den Ausdruck ›Naturschutz in der Stadt‹ – wenn er überhaupt vorkam, –
für eine äußerst schräge Nebenbühne des ländlichen Theaters der Aktivitäten und Forschungen zum Naturschutz.
Lyndis Cole – 1983

Auf einem ehemaligen Ziegeleigelände im Stadtteil Böckingen von Heilbronn
ist im Mai 1995 ein Park eröffnet worden. Zwei Büros haben ihn geplant.[34]
Auseinandersetzungen gab es lediglich um einen Punkt der Planung, und um
diesen soll es hier gehen. Denn das Ergebnis verweist auf ein Umweltmodell,
das im öffentlichen Diskurs einflußreich geworden ist.

Nach der Entscheidung über den Wettbewerb für den Park auf dem ehemaligen Industrieareal finden Naturschützer des Naturschutzbundes (DBV)
in einer Lößwand eine Menge von seltenen Vögeln sowie wildlebenden Bienen und Wespenarten, wie sie ansonsten kaum anzutreffen ist. Es handelt sich
um etwa 80 Wildbienen- und 40 Wespenarten. Der Naturschutzbund macht
sich zum Anwalt der Bienen und Wespen. Dadurch wird der weitere Verlauf
des Planungsprozesses entscheidend beeinflußt, denn bei dem Fund handelt
es sich, bald auch anerkanntermaßen, um ein Naturdenkmal. Es konnte dadurch entstehen, daß das Gelände nach dem Konkurs der Ziegelei sieben Jahre
brach gelegen hatte, bevor mit dem Bau des Parkes begonnen wurde. Die Planung richtet sich nach diesem Fund: Zwischen der geschützten Lößwand und
dem Rest des Parks soll nun ein gesicherter Abstand bleiben. Hohe Trockenmauern, die mit Nährpflanzen für die Insekten bepflanzt worden sind, trennen heute diesen Parkteil von den anderen. Den Mauern (und einigen Schildern) wird es überlassen, dafür zu sorgen, daß es für Menschen unattraktiv
ist, in diesen Bereich einzudringen. Die »Natur« dahinter ist eine geschützte

und unbetretbare, die »Natur« davor eine vielfältige für Menschen zugängliche Parklandschaft.

Das Umweltmodell, das die Abtrennung der Lehmwand zur Folge hat, gesteht Insekten einen Lebensraum zu und verlangt den Rückzug von Menschen. Das setzt ein komplexes Verständnis der Beziehung zwischen Menschen und ihrer Umwelt voraus. Die erste Entscheidung ist wohl die, überhaupt nachzusehen, welche Tiere und Pflanzen sich auf einem alten Industrieareal angesiedelt haben. Dieser Blick hat, wie in den letzten Abschnitten gezeigt wurde, noch keine lange Tradition. Auch 1989, als der Wettbewerb für das Ziegeleigelände entschieden wird, ist dieser Zugang noch nicht unbedingt selbstverständlich. Er kommt erst durch die Untersuchungen von Naturschützern ins Spiel.

Suchen läßt sich nur etwas Identifizierbares, jeder Suche ist ein Wissen vorausgesetzt. Es basiert in diesem Falle auf biologischen, zoologischen und ökologischen, Beschreibungen und Befunden, die der Bewertung dessen, was in der Lößwand steckt, vorausgehen.[35] Es ermöglicht, die Insekten in der Wand zu erkennen, einzuordnen, ihren Lebensraum als Biotop systematisch zu beschreiben und die Bedingungen seines Erhaltes zu bestimmen. Dazu kommt statistisches Wissen, über das sich das Gefundene in Relation zu anderen Vorkommen ähnlicher Populationen und Konstellationen setzen läßt.

Aus der Feststellung allein ergibt sich nun keinesfalls zwingend ein bestimmtes weiteres Verhalten: Man kann etwas feststellen und beschreiben und sich um den weiteren Verbleib des Beschriebenen nicht kümmern. In dem hier diskutierten Fall setzen die Befunde jedoch eine Kette von Folgerungen in Gang. Aus der Beschreibung des Biotops wird die Forderung nach seinem Erhalt abgeleitet – und zwar nicht, weil sich das per se aus biologischen Beschreibungen ableiten ließe, sondern mit rechtlichen, ethischen, naturästhetischen und denkmalpflegerischen Argumenten. Aus der Feststellung, daß es sich bei dem beschriebenen Biotop um ein seltenes mit seltenen Arten handelt, die auf der Roten Liste der vom Aussterben bedrohten Tiere stehen, folgt, daß das Biotop die rechtlichen Kriterien des Erhaltens- und Schutzwürdigen erfüllt.

In den Roten Listen in der Bundesrepublik sind Tier- und Pflanzenarten, neuerdings auch Biotope zusammengestellt, die in ihrer Existenz gefährdet sind. Es handelt sich also um ein Instrument der Identifizierung, Inventarisierung und der Wahl. Fünf Gefährdungskategorien werden unterschieden: »ausgestorben oder verschollen« (Kategorie 0), »vom Aussterben bedroht« (1), »stark gefährdet« (2), »gefährdet« (3) und »potentiell gefährdet« (4). Rote Listen zählen Spezies nach Gefährdungsgrad auf. Sie fragen nicht nach ökologischen Zusammenhängen, Nützlichkeit oder Schädlichkeit, dafür allerdings danach, ob diese Tier- oder Pflanzenspezies vor etwa 100 bis 150 Jahren nachweislich im Untersuchungsgebiet vorgekommen ist.[36] Das ist kein bedeutungsloser Zeitabschnitt. Zum einen existieren aus der Zeit zwischen 1840 und 1890 die ersten umfassenden Aufzeichnungen über festgestellte Tier- und Pflanzenspezies, zum anderen beziehen sie sich auf eine agrarisch geprägte Landschaft vor der Industrie. Durch die vielfältige landwirtschaftliche Nutzung war zu diesem Zeitpunkt die höchste Zahl an Pflanzen- und Tierspezies in Mitteleuropa vorhanden, die je dort gelebt hat. Die Listen zählen hauptsächlich Standortspezialisten auf, nicht aufgenommen sind »Allerweltsarten«, die aber durch die heutige intensive Düngung ebenfalls bedroht sind.[37]

Die Lößwand wird also mit Hilfe der Roten Liste als Naturdenkmal im juristischen Sinne anerkannt, als Museumsstück. Die revidierte Planung setzt sich damit in Beziehung zu jener spezifischen Sicht des Verhältnisses von Vergangenheit, Gegenwart und Zukunft, die generell Musealisierungen zugrunde liegt. Aufgabe der Gegenwart ist, den Erhalt dieser Natur auf eine unbestimmte Zukunft hin zu sichern.

Eines der zentralen Argumente für Naturdenkmalschutz, Ursprünglichkeit, fällt hier verständlicherweise aus. Erst der Abbau von Lehm hat die Bedingungen für die Entstehung des Schutzwürdigen geschaffen. Es kann hier also nicht um die unberührte Natur als Hort authentischen Lebens, als unhintergehbaren Ausgangspunkt einer Zivilisationskritik gehen.[38]

Das verschlägt nicht die Aktivitäten zum Erhalt. Das Umweltmodell beruht auf einem Begriff von Naturschutz, der sich um den Erhalt seltener Biotope bemüht, wie immer sie auch entstanden sein mögen.[39] Dennoch rekurriert der Lösungsvorschlag auf die Vorstellung einer von Menschen unberührten Natur, einer Wildnis, wenn auch gewissermaßen *post festum*. Die Lößwand wird nämlich samt darin vorkommenden Tieren dadurch geschützt, daß Menschen keinen Zugang zu ihr erhalten: Natur ohne Menschen ist die bestgeschützte Natur. Geplant wird also der Ausschluß der potentiell zerstörerischen Menschen, damit das Geschützte unberührte Natur *werden* kann. Auch ein weiteres Motiv der Planung zitiert die Vorstellung einer unberührten Natur. Die Umwelt der Insekten wird als relevant erachtet. Das läßt sich als ethisches, als normatives Moment im Spiel verstehen. In der Gestaltung wird zwischen der Bedrohung des Lebensraumes seltener Tiere und dem Recht der Parkbenutzer auf einen Zugang dazu abgewogen.[40]

In die Planung ist also eine Fülle von Wissensbeständen unterschiedlicher Herkunft eingegangen, zoologische Beschreibungen und Klassifikationen wie ökologische Modelle. Einige Entscheidungen und Handlungen, wie die Unterschutzstellung, beziehen sich auf institutionelle Kenntnisse und Möglichkeiten, auf Rote Listen und weitere rechtliche Voraussetzungen des Naturdenkmalschutzes. Und nicht zuletzt spielen Überzeugungen, ethische und ästhetische Momente eine Rolle. Die schließlich realisierte Gestaltung materialisiert ein sehr komplexes Modell des Bezuges zwischen Mensch und Umwelt und reflektiert eine heutige Spielart des Naturschutzes.

Naturschutz

Naturschutz beginnt Ende des 19. Jahrhunderts in Deutschland, England und Frankreich[41] als ästhetisches, moralisches und politisches Programm, das in Parallele zum Denkmalschutz als verwaltungstechnisch und juristisch abgesicherter Eingriff etabliert wird. Wie der Denkmalschutz für Bauten und Geräte ist der Naturschutz mit der Forderung nach staatlichem Eingreifen in Wirtschaftsinteressen verbunden. Er legitimiert sich um 1900 ebenfalls unter anderem in Berufung auf die Nation, verlangt gesetzliche Regelungen und die Gründung und das Agieren von Behörden. 1920 drückt sich diese Verbindung explizit in der Weimarer Verfassung aus: »Die Denkmäler der Kunst, der Geschichte und der Natur sowie die Landschaft genießen den Schutz und die Pflege des Staates.«[42] Der Name des »Bundes zur Erhaltung der Naturdenkmäler aus dem Tier- und Pflanzenreich« (gegr. 1911) zeugt für Deutschland von der Parallele zum Denkmalschutz für Kunst- und Kulturdenkmäler, ähnlich wie der Name des bereits 1895 in England gegründeten »National Trust for Places of Historic Interest and Natural Beauty«.[43] Als Teilbereich des Naturschutzes wird der Schutz von »Naturdenkmalen« gedacht, der sich auf als einzeln verstandene Gegenstände bezieht, alte Bäume, charakteristische, als Gestalt wahrnehmbare Felsstrukturen. Prototyp ist der bereits 1836 vor weiteren Nutzungen als Steinbruch geschützte Drachenfels, der zum Zwecke der Sicherung durch den preußischen Staat erworben wird. Geschützt werden damit eine Trachytkuppe und eine Ruine (Jäger 1994, 226).

1904 überträgt Hugo Conwentz systematisch die Kriterien des (Kunst-)Denkmalschutzes auf Naturdenkmäler, und grenzt sie, schon in dem Bewußtsein, daß unberührte Natur kaum noch »in den Kulturstaaten« existiert, ab von geplanten und gepflegten Pflanzungen, die er in einen weiteren Bereich der Naturdenkmäler verweist. Ein erstes über Fragebögen erstelltes Inventar, von Jentzsch in Parallele zu Verfahren des Baudenkmalschutzes 1900 zusammengestellt, expliziert in seinem Titel, was darunter zu verstehen ist: »Nachweis der beachtenswerten und zu schützenden Bäume, Sträucher, erratischen Blökke in der Provinz Ostpreußen« (Conwentz 1904).

1880 hatte Ernst Rudorff, einer der ersten, die in Deutschland für eine Ausweitung des Naturschutzes eingetreten sind, gefordert, daß auch die museale Sammlung der Natur sich nicht auf kleine geschützte Räume beziehen sollte, sondern auf größere Territorien: Der angemessene Gegenstand des Naturschutzes sei die Landschaft. In dieser Landschaft stellt er auch die historischen Denkmale »als ein Stück Natur« vor, »so weit sie malerisch und poetisch wirken«. Das Ziel seiner Bemühungen ist keinesfalls auf eine Natur oder Natürlichkeit ohne menschlichen Eingriff gerichtet, sondern auf die Erhaltung der »Landschaft als aus Natur und Menschenwerk gewordene«, eine Forderung, die Konsequenzen für die Integration der technischen Denkmale in die Landschaft haben sollte und sich heute noch in der Praxis des deutschen Naturschutzes und in Überlegungen zum »Leitbild« für das zu Schützende niederschlägt.[44]

Naturschutz ist in seinen institutionellen Anfängen keine Unternehmung zum Schutz aller oder einzelner Spezies, erst recht kein auf ökologischen Überlegungen beruhendes Konzept. Es geht auch nicht um den Erhalt der sauberen Luft zum Atmen, des Wassers, das sich unaufbereitet trinken läßt, oder des Bodens ohne Schwermetalle, es geht nicht um die Sicherung eines Waldbestandes für eine Fortsetzung wirtschaftlicher Nutzungen, nicht um Gewässer, die für mehrere Nutzer zur Verfügung stehen sollen. Naturschutz ist ein von ästhetischen Erwägungen geprägtes Programm zum musealisierenden Erhalt von Naturdenkmälern, bekannten agrarischen Landschaften und beeindruckenden »Places of Natural Beauty«.[45]

Die ersten Argumente für den Naturschutz sind, nicht nur in Deutschland, national orientiert, anti-kapitalistisch, anti-industriell. Sie richten sich gegen die Ökonomisierung der Wälder wie gegen die Umgestaltung durch industrielle Produktionen, gegen die Zerstörung eines gewohnten Bildes der Landschaft, die als nationaler, auch als völkischer Besitz begriffen wird. Soziale Argumente spielen zunächst kaum eine Rolle.[46] Die Widersacher, die Naturschützer in England, Frankreich und Deutschland zuerst ausmachen, sind Industrie und Waldwirtschaft.

In Deutschland beginnt die Argumentation für Naturschutz mit dem Verweis darauf, daß die Industrie das »Malerische und Poetische« der Landschaft zerstöre.[47] Der »Bund Heimatschutz«, der ab 1911 gemeinsam mit deutschen und österreichischen Denkmalschützern tagt, hatte seit seiner Gründung 1904 ein umfassenderes Programm, das Kultur- und Naturlandschaft gleichermaßen vor der Industrie zu schützen suchte. Er verfolgte den Zweck, »deutsches Volkstum ungeschädigt und unverdorben zu erhalten und, was davon unzertrennlich ist: die deutsche Heimat mit ihren Denkmälern und der Poesie ihrer Natur vor weiterer Verunglimpfung zu schützen.«[48] Im Gründungsaufruf heißt es:

»Die Verwüstungen des dreißigjährigen Krieges haben nicht so verheerend gewirkt, so gründlich in Stadt und Land mit dem Erbe der Vergangenheit aufgeräumt, wie die Uebergriffe des modernen Lebens mit seiner rücksichtslos einseitigen Verfolgung praktischer Zwecke. Und hier handelt es sich nicht mehr allein um die Zerstörung von Menschenwerk, sondern ebenso sehr um die brutalsten Eingriffe in das Leben und die Gebilde der Natur. Heide und Anger, Moor und Wiese, Busch und Hecke verschwinden, wo irgend ihr Vorhandensein mit einem sogenannten rationellen Nutzungsprinzip in Widerstreit gerät. Und mit ihnen verschwindet eine ebenso eigenartige als poetische Tier- und niedere Pflanzenwelt.«[49]

Dieser Naturschutz ist ein defensives Konzept in einem Konfliktfeld, darin der Musealisierung ähnelnd, daß er das zu Schützende aus Verwertungs- und Zerstörungsprozessen herauszunehmen sucht. Naturschutz schafft Enklaven, Räume außerhalb der normalen Räume, Heterotopien. Naturschutz setzt eine Bedrohung voraus, gegen die eine Verteidigungslinie errichtet wird. Hinter dieser entsteht eine außerhalb des Gewöhnlichen liegende Zone und in ihr Sicherheit. Diese Einstellung konnte schon 1906 auch als »stillschweigende Erlaubnis, mit dem übrigen weitaus größten Teil des Weltantlitzes rücksichtslos zu verfahren« gelesen werden.[50] Auf das Ganze gesehen ist der Schutz einzelner Teile ein eher resignatives Verfahren. Den marginalen Charakter des Naturschutzes gegenüber der Naturzerstörung hat Siegmund Freud 1917 in seinen »Vorlesungen zur Einführung in die Psychoanalyse« in einem Vergleich mit der Phantasietätigkeit benannt, die ihr Gegenstück in der Einrichtung von Naturschutzparks habe. Beide erinnern an einen alten Zustand, der »überall mit Bedauern der Notwendigkeit geopfert« wurde. Phantasie und Naturschutzpark seien gleichermaßen Schonungen, nicht dem Realitätsprinzip unterworfen, ausgenommen von der Realitätsprüfung und dem Lustprinzip zugewiesen (Freud 1973, 387).

Naturschutz und Eingriff

Doch ganz stimmt die Parallele nicht. Denn eine Forderung ist für Kulturdenkmäler niemals prinzipiell erhoben worden: Daß sie unzugänglich für die Öffentlichkeit sein sollten. Das aber ist bereits eine Forderung von Ernst Rudorff.

Er polemisiert in diesem Sinne 1880 gegen den Tourismus in seines Erachtens zu schützenden Gebieten, weil er vom »Eigentlichen« und »Eigenen« der Natur ablenke und mit Hotels beispielsweise in Bergregionen eine städtische Atmosphäre an einen Ort bringe, der dadurch vergleichgültigt und gleichsam ortlos werde.[51]

Und noch in einem zweiten Sinne stimmt die Parallele nicht. Wie jede Musealisierung trifft auch der Schutz der Natur seine Wahlen unter den potentiell schützenswerten Gegenständen, um das Gewählte auf unabsehbare Zeit zu erhalten. Auch die Schutzdauer eines naturgeschützten Gebietes ist nicht beschränkt und wird mit Option auf ewige Dauer eingerichtet. Das stellt allerdings vor andere Probleme als die Musealisierung von Tonkrügen oder Dampfmaschinen:[52] Ist im Falle der Krüge und Maschinen eine Arbeit gegen Verfall, zumindest gegen Staub zu leisten, so stellt der Erhalt des naturgeschützten Gebietes in genau der geschützten Form vor andere Probleme, weil das Geschützte lebt. Im Naturschutzgebiet wachsen die absichtsvoll geschützten Pflanzen oder auch andere, folgen unterschiedliche Stadien des Bewuchses aufeinander (Sukzession), siedeln sich neue Tiere an. Das Geschützte bleibt nicht, wie es war.

Da der Naturschutz zuerst ästhetische, an Bildern eines vorindustriellen Naturschönen ausgerichtete, Ziele verfolgt hat, überrascht es nicht, daß bereits frühe Naturschutzbestrebungen zu Eingriffen in das Geschützte geführt haben. Denn zur Erhaltung mancher als erhaltenswürdig angesehenen Landschaft sind energische Maßnahmen vonnöten: Um die Entstehung von Wald zu verhindern, werden etwa in der Lüneburger Heide und anderen Heidegebieten Sträucher und Bäume regelmäßig entfernt. Abholzen, das Spritzen von Gift, auch die völlige Entfernung von Böden mit ihrem Bewuchs, um den sandigen Boden darunter wieder zum Vorschein zu bringen, sind in diesen Gebieten notwendig, wenn sie Heidegebiete bleiben sollen. Die Eingriffe sind Versuche, »die historischen Eingriffe mit moderner Technik zu simulieren und die früheren Wirtschaftsweisen nachzuahmen«.[53]

So läßt sich also mit Argumenten des Naturschutzes sowohl für die völlige Absperrung von Schutzgebieten, wie für die eingreifende Erhaltung, Verbesserung, die Renaturierung und schließlich sogar für die Neukonstruktion ganzer Landschaften für den Tourismus eintreten, nach Bildern, die ästhetischen Erwägungen folgen. Davon wird bereits im zweiten und dritten Jahrzehnt des 20. Jahrhunderts ausgiebig Gebrauch gemacht und damit die Strategie und das rechtliche Instrumentarium des Naturschutzes verfügbar für die Erfindung und Modellierung sowohl der industriellen als auch der postindustriellen Landschaft.[54]

Naturschutz mit Asbest

Die Neuerrichtung geschützter Natur auf altem Industrieland ist in großem Stile in den *River Valleys* um Manchester betrieben worden, Wasserläufen und ihren Tälern, die durch Textil- und andere Industrien zerstört waren. 1979 wird der Zustand von einem Landschaftsplaner beschrieben wie folgt: »Zur Zeit sind die Flüsse stark verschmutzt und haben eine kaum bemerkenswerte Fauna oder Flora ... Die Täler sind weitgehend ihres ursprünglichen Baum- und des damit verbundenen Tierbestandes beraubt und werden häufig als Müllkippen genutzt; sie sind Standorte von Abwasser- und Kraftwerken und von frei über das Gebiet verteilten (gelegentlich konzentrierten) angejahrten Industrie- und Wohngebäuden...« (Rourke 1979, 382).

Die Planungen für Erholungsgebiete um die Flüsse gingen von einem Konzept zur Renaturierung aus: »Der Grundansatz bestand in dem Versuch, die natürliche Landform durch Aussonderung wie Einbeziehung früherer Müllplätze und Abfallhaufen, den Ergebnissen älterer Abbauprozesse und industrieller Aktivitäten, wieder herzustellen, die unerwünschten Folgen unpassender Nutzungen wie unansehnliche und schlecht plazierte Industrie und Schrottmetallager zu beseitigen und eine landschaftlich bestimmende Struktur durch Baumpflanzungen zu schaffen, um so verschiedenen Erholungsaktivitäten einen Platz zu geben.« (ebd. 383)

Die Beachtung vorhandener Fauna und Flora spielt eine große Rolle. Die Voraussetzung dafür bot die Arbeit von Naturschützern, die die vorhandene Flora und Fauna kartierten. 1976 wurde die *Greater Manchester Wildlife Working Group* in der *Greater Manchester Countryside* eingerichtet.[55] 1980 bis 1982 erstellte die Gruppe eine umfassende Übersicht über *Sites of Biological Importance* (S.B.I.) in Greater Manchester, um daraus ein Erfassungs- und Managementsystem für das Gebiet als künftiges Naturschutzgebiet abzuleiten.[56] Eines der schwerstverschmutzten Täler, das des River Mersey, sollte nach der erklärten Absicht der Stadt Trafford, in deren Verwaltungshoheit sich heute ein Großteil des Tales befindet, zu einer *Site of Biological Importance* gestaltet und erklärt werden, einer niedrigen, doch immerhin einer Stufe in der Hierarchie des englischen Naturschutzes für größere Flächen.[57]

In diesem Tal liegen heute, teils auf einer Asbesthalde, der *Sale Water Park* und der *Chorlton Water Park*. In ihrer Gestalt sind sie Ergebnisse eines Autobahnbaus, der zwei große Gruben im Überschwemmungsgebiet des Mersey hinterließ, von Regulationsbemühungen am Fluß durch die *National Rivers Authority* und ausführlicher öffentlicher Konsultationen über die Zukunft des

Gebietes. Die Asbestablagerungen wurden ab 1951 durchgeführt, mit der Auflage, daß die Ablagerungen bedeckt und die Flächen anschließend eingesät werden sollten. 1972 wurden im Rahmen einer nationalen *Operation Eye-sore*[58] erste Aufräumungsarbeiten und Neugestaltungen vorgenommen. Das seitdem immer wieder von städtischen Planern gegen wirtschaftliche Interessen verteidigte Ziel des Umbaus war, das Gebiet für informelle Erholungs- und Wassersportaktivitäten zu nutzen, für »*wildlife* und Naturschutz, in einer attraktiven Landschaft« (Trafford M.B.C. 1991, 4).

Es kommt zu Kontaminierungen durch die Asbesthalde. 1977 fällt das den Planungsbehörden nach mehreren Beschwerden durch Anwohner auf, die sich zwar nicht durch Asbest, aber durch *fly-tipping*, unkontrollierte Müllablagerungen in dem Gebiet, belästigt fühlen. Die *County Planning Officers* stellen fest, daß die Ablagerungen sich über 10,4 *acres* erstrecken und Teil eines offenen und unkontrollierten Geländes sind, auf dem bevorzugt Motorsport getrieben wird. Die Halde wird umgehend in das *derelict land program* aufgenommen,[59] Sicherungsmaßnahmen werden durchgeführt und das Gelände zum Teil einbezogen in die Anlage des neu geplanten *Sale Water Parks*, der 1980 eröffnet wird. Der Hauptparkplatz und das Besucherzentrum des Parks grenzen an die alten Halde. 1985 wird festgestellt, daß die bis dahin ergriffenen Sicherungsmaßnahmen nicht ausreichen, im Eingangsbereich des *Sale Water Parks* leckt die Halde. Für die Arbeiten werden diesmal aufgrund gesteigerten Bewußtseins für die Gefahren von Kontaminierungen energische Sicherheitsvorkehrungen getroffen: Absperrung des Arbeitsbereichs, Schutzkleidung und Atemmasken für die Arbeiter. Was aus der Halde entnommen wird, geht auf gesicherte Deponien, die Materialien, mit denen jetzt ein endgültiger Verschluß der Halde versucht wird, bestehen aus einer Betonabdeckung, die mit Füllmaterialien und Erde überdeckt und mit alten Eisenbahnschwellen gestaltet wird.[60]

Das Besucherzentrum in dem Gebiet informiert heute über Tiere und Pflanzen, über den Fluß, über das Leben im See. Es wird betrieben vom *Mersey Valley Warden Service*, einem Rangerdienst, der teils professionalisiert, teils ehrenamtlich arbeitet. Er überwacht das Gebiet, veranstaltet Führungen im teilweise naturgeschützten Gebiet und hält Informationen, Ausstellungen sowie Lehrangebote für Schulklassen bereit. Nicht weit davon gibt es ein Wassersportzentrum, von dem aus Surfen, Segeln, Kanufahren und andere sportliche Aktivitäten zu betreiben sind. »Das ganze Gebiet des Water Parks wurde mit öffentlichen Mitteln aus etwas entwickelt, das im wesentlichen Brachland mit einer tiefen Grube war, die beim Bau der daran vorbeiführende Autobahn ausgebaggert wurde, und mit einer Asbesthalde, und in eine zunehmend attraktive Landschaft und ein *wildlife* Habitat verwandelt.« (Trafford M.B.C. 1991, 1).

Kriterien

In gängiger Deutung wird Naturschutz heute noch gesehen wie zu seinen Anfängen, als Konzept zum Schutz der Landschaft und der Natur, das ein »eingewöhntes oder gewünschtes Bild von Fauna und Flora festhält« (Schwarz 1994, 340). Dieses nach wie vor für die Praxis des Naturschutzes wesentliche Bild stammt, wie vielfach gezeigt wurde, aus vorindustrieller Zeit und gibt die Landschaft, Fauna und Flora wieder, die vor der Industrialisierung, vor der Industrialisierung insbesondere der Landwirtschaft, anzutreffen waren.[61]

Der heute kodifizierte Naturschutz hat jedoch kein unbestrittenes, konsensfähiges Zielsystem, das ein konkret bestimmtes Handeln für ein bestimmtes Bild der Natur, schon gar nicht für ein bestimmtes Naturschöne nach sich ziehen müßte. Definitionen dessen, was Naturschutz ist und tut, schwanken zwischen: »echter Naturschutz unterbindet jeden Eingriff« und: Naturschutz ist die »nachhaltige Nutzung der natürlichen Güter Boden, Wasser, Tier- und Pflanzenwelt einer Landschaft unabhängig vom Zweck«. Ein Meisterwerk der Unklarheit ist der Eingangssatz der *World Conservation Strategy* der *International Union for Conservation of Nature and Natural Resources (IUCN)* von 1980: »Naturschutz handelt von der Wechselwirkung zwischen Menschen und der Umwelt«.[62] Konkreter wurde das *Man and the Biosphere Program* der UNESCO, das auf den Schutz von Biosphärenreservaten ausging und sie als Repräsentanten der Variationsbreite innerhalb eines Landschaftstyps oder in einer Region beschrieb, also die Eigenart und die daraus folgende Situation des herausgehobenen Refugiums neben dem, was als Normalität zu gelten hat, betonte (Austin/Margules 1994, 48).

Einzelne Kriterien, die sich zwischen 1971 und 1981 in 17 internationalen Studien zu verschiedenen Unterschutzstellungen finden, sind, in der Reihe ihrer Häufigkeit: »Vielfalt« (16mal), »Natürlichkeit und Seltenheit«, »Fläche«, »Gefährdung durch den Einfluß des Menschen«, »ästhetischer Wert, Bedeutung für Bildung und Erziehung«, »Repräsentanz«, »Wissenschaftliche Bedeutung«, »Vorliegen historischer Aufzeichnungen«. Einmal genannt sind in den Studien die »Archäologische Bedeutung«, »forstliche Genbank«, »Potential als Artenreservoir«. (Usher 1994, 24)[63] Das *Man and the Biosphere Program* fügt Kriterien hinzu, die über diese hinausweisen und von einer systemtheoretisch

236

fundierten ökologischen Überholung der internationalen Diskussion um Naturschutz in den achtziger Jahren zeugen: Es geht darum, »die ökologische Vielfalt und die Selbstregulationsfähigkeit der Umwelt zu bewahren, zum Schutz der genetischen Ressourcen, für die Erziehung und Bildung, die Forschung und für die Kontrolle der Umwelt mit Hilfe von Bioindikatoren« (Austin/Margulis 1994, 48). Es sind diese Argumente, die den Naturschutz zu einem rechtlichen und konzeptuellen Instrument machen, das ihn aus den Unwägbarkeiten ästhetischer Argumentationen in die Verwertungslogik transponiert, in der das je Vorhandene Material für die Modellierung einer zweckrational bestimmten Umwelt wird.[64]

Argumente für den speziellen Arten- und Biotopschutz auf Industriebrachen setzen nun alte Argumentationen fort und ergänzen sie dem Gegenstand entsprechend. Neben die auch hier für Unterschutzstellungen bevorzugten Kriterien »Vielfalt« und »Seltenheit« von Flora, Fauna und Biotopen tritt ein umfassenderer Anspruch, der sich auf die planerische Beherrschung von industriellen Überresten bezieht und auf die Möglichkeit wie auch gelegentliche Notwendigkeit einer vollkommenen Erfassung und Kontrolle der Landschaft verweist.[65]

Es sind vor allem zwei Funktionen, die dafür als wichtig anerkannt werden: die Indikatorfunktion von Pflanzen- oder Tiervorkommen, die für das »monitoring«, die Kontrolle von Standorten und ihrer Entwicklung, genutzt werden können, und die Entwicklung von angepaßten Arten, die zur Ansiedlung auf Industriebrachen erwiesenermaßen taugen. Daneben tauchen unspezifische erzieherische Intentionen auf. Den Stand der Argumentation repräsentiert das folgende Zitat:

»Industriebrachen stellen Refugialräume für seltene Arten dar; neue Ökotypen entstehen durch Adaption (Anpassung) an die spezifischen städtischen Standortbedingungen und liefern neues genetisches Material (Genpool-Funktion). Diese speziell angepaßten Pflanzenarten können für landschaftspflegerische Maßnahmen auf Problemstandorten eingesetzt werden; Indikatoren liefern Anhaltspunkte über den Zustand der Umwelt (passives Monitoring), z.B. zeigen Bestände mit der immissionsharten Pflanzenart *Puccinellia distans* besonders belastete Standorte an … Wärmeliebende Arten können als Indikatoren zur thermischen Klimabewertung einer Stadt herangezogen werden; Pflanzen besitzen eine wertvolle Filter-Funktion für die Lufthygiene; Industriebrachen tragen als Kontaktzone zwischen Natur und Stadt zum Wertesystem der (heranwachsenden) Stadtbevölkerung bei.« (Drecker et al 1995, 101).

Die geschützte Fauna und Flora, die geschützten Biotope und Gebiete sind zweckvoll nutzbarer Teil des Sanitär-, Überwachungs- und Kontrollsystems zur Überprüfung und Bewertung einer je synthetischen Natur. Sie stehen in diesem Sinne bereit, um als Material für die Modellierung der industriellen und der postindustriellen Umwelt zu dienen. Die Argumente des Naturschutzes sind Teil der Herstellung universaler Verwertbarkeit aller vorkommenden, aller vorfindlichen Stoffe. Diese Möglichkeit entfaltet sich heute über weite Territorien, in der industriellen wie der postindustriellen Landschaft.

TEIL VII

Postindustrielle Landschaften

So wahr es ist, daß ein jegliches in der Natur als schön kann aufgefaßt
werden, so wahr das Urteil, die Landschaft der Toscana sei schöner als die
Umgebung von Gelsenkirchen.

Theodor W. Adorno

Adorno trifft in dem bekannten Aperçu aus der Ästhetischen Theorie eine für
die spätidealistische Rede von der Landschaft typische Unterscheidung. Es ist
die zwischen einer alten »Kulturlandschaft«, die als solche einem wohlwollen-
den ästhetischen Urteil unterworfen werden kann, und der Umgebung einer
Industriestadt, die sich gegen ihre Bezeichnung als Landschaft zu sperren
scheint. Diese fordert nicht zu Zustimmung heraus und unterliegt einem ästhetischen Urteil allenfalls im ironischen Vergleich. Denn Schönheit, diese sich
allen Bestimmungen entziehende und dennoch zentrale Kategorie einer klassischen Ästhetik, Fluchtpunkt auch der frühen Argumentationen für einen
Naturschutz der Landschaft, ist ihr keinesfalls zuzusprechen. Doch indem die
Landschaft der Toscana und die Umgebung von Gelsenkirchen einem Vergleich
unterworfen werden, werden sie beide, letztere zumindest versuchsweise, angesehen als und wie Natur. Und doch wird der Blick auf die Umgebung von
Gelsenkirchen niemals ergeben, daß hier Natur ist, die »als schön kann aufgefaßt werden.« Während die Toscana, eine städtische und agrarisch geprägte
Region, ohne Mühe als Landschaft und damit als ausgezeichneter Gegenstand
einer naturästhetischen Betrachtung erkannt wird, gelingt dies nicht da, wo
Industrie ist. So gibt es also Landschaft, die durch menschliche Tätigkeit geprägt worden ist, und menschliche Tätigkeiten, die Gebiete umgestalten, ohne
dabei Landschaften zu hinterlassen, die sich einem naturschützenden Elan
unmittelbar aufdrängen.[1] Dafür, daß diese Einschätzung auch heute noch
keinesfalls neben allgemein akzeptierten Einschätzungen liegt, sprechen die
Ströme der touristischen Wanderungsbewegungen, die ins Gebirge, ans Meer,

auch in agrarisch geprägte Regionen führen, doch immer noch nicht ins Ruhrgebiet.

In der Rede von Landschaften, auch von Parks, liegt aber die Möglichkeit der Vermittlung von menschlicher Tätigkeit und einer Natur, auf die sie sich richtet. Beides schließt sich zusammen zu einem Natur-Kulturamalgam, das als Ganzes dann als intentionslos Geschaffenes gelesen werden kann. Und wenn Adorno den Unterschied im Blick auf die Toskana und die Umgebung von Gelsenkirchen festhalten will, so ist dieser Unterschied in den letzten Jahrzehnten zumindest in Planungskonzeptionen planiert worden: Auch das harmonisierende Potential der Landschaft ist eingebunden in Strategien zur Bewältigung der Abseite und des Abfalls.

Der ästhetisierende Blick auf ein Gebiet als Landschaft ist eine der großen europäischen utopischen Imaginationen, der einer möglichen Harmonie zwischen Mensch und Natur: Der Blick hält die Schwebe zwischen Natur und Kultur und sieht beide als versöhnt, mindestens aber als einander entsprechend und in diesem Sinne in Harmonie befindlich. In das Konzept der ästhetisierten Landschaft läßt sich nahezu alles retten, wenn sich ein verlandschaftender Blick findet. Seit knapp fünfzig Jahren findet sich dieser Blick in englischen, seit zwanzig Jahren in deutschen Planungen für aufgegebene Industriegelände. Planungen für alte Industriegelände und -regionen zitieren Beschreibungen und Motive, die in der Geschichte der Rede von Landschaften, Parks und Gärten entstanden sind. Sie können sich dabei auf Traditionen stützen, die seit Anfang des Jahrhunderts, zwar in marginalisierten Diskursen, aber unterstützt durch die Praxis industrieller und infrastruktureller Umgestaltung wie durch die Legitimierung der technischen Schönheit die Schönheit der Technik und das technisch Erhabene in der Landschaft einzuführen suchen.

Dem verlandschaftenden Blick werden dabei Gelände unterworfen, die in der Rede von Landschaften, Parks, Landschaftsparks und Landschaftsgärten selten eines solchen Blickes gewürdigt worden sind. Denn seit es Industrie in größerem Umfange gibt, ist Landschaft, sind Landschaftsparks und Gärten vorwiegend als Gegenmodelle zur industriellen Stadt, zur industriellen Produktion und ihrer Technik, auch zu Krankheit und Zerstörung gesehen und gestaltet worden, um ihnen das Bild einer idealen, einer harmonischen Beziehung zwischen Mensch und Natur entgegenzuhalten oder Schäden auszugleichen. Auch in diesen kompensatorischen Entwürfen trägt Landschaft die Spuren menschlicher Tätigkeit, mindestens, so im Falle der erhabenen Landschaften der Gebirge und Wüsten, die Spuren einer gedanklichen Beherrschung, die auch abweisende Gegenden angstfrei betrachten läßt. Doch unterscheidet die kompensatorische Auffassung der Landschaft zwischen einem Bild, dem sie folgen will, und einem anderen: Die kompensatorische Auffassung der Landschaft hält ein Ideal fest und steht der Verwandlung der Welt durch industrielle Produktionen und Infrastrukturen unversöhnlich gegenüber.

Mit der verbreiteten Anerkennung von industriellen Geräten, Bauten und Ensembles als museumswürdig, mit der gesteigerten Wertschätzung von Ruderalflächen und ihren Vegetationen, sind aber die Möglichkeiten gestiegen, das seit seinen Anfängen mit dem Konzept der Landschaft verbundene integrierende und harmonisierende Potential in eine umfassende Strategie für alte Industrieregionen umzuwandeln. Die alte Industrie erscheint dann nicht als Hindernis einer landschaftlichen Betrachtung, sondern als Teil einer Kulturlandschaft, die sich der Produktivität von Menschen verdankt wie eben die Toscana auch. Die Rede über Landschaften, Landschaftsparks, Landschaftsgärten, die auf alten Industriegeländen gleich gesehen oder noch gebaut werden, wählt frei aus dem Arsenal der Motive, die mit der ästhetisierten Landschaft in Beziehung gesetzt waren, um sie in neuen Deutungen, für neue Modelle einer Umwelt nach der industriellen Produktion zu aktualisieren. In vielen Fällen erweist es sich dabei als günstig, daß Landschaften traditionell nur *gesehen* werden wollen. Das kommt der Integration von Industrielandschaften insofern entgegen, als mancher Boden und manche Früchte in der Landschaft der alten Industrie besser mit Vorsicht und aus einer gewissen Distanz genossen werden.

Die Wertschätzung der Industrielandschaft, der postindustriellen Landschaft entsteht nicht ohne Brüche und Verwerfungen. Zu überwinden sind die Idee einer kompensatorischen Beziehung zwischen Landschaft und Industrie sowie beharrlich fortwirkende Idealbilder der Landschaft, materialisiert in vorindustriellen Agrarlandschaften oder in Landschaftsgärten des 18. und 19. Jahrhunderts. Die Überwindung dieser Bilder ist schwer, denn die Landschaft, auch die naturgeschützte Landschaft der Industrie, ist (noch?) nicht soweit unter die üblichen Landschaften eingerückt, daß die Spuren der Industrie gelesen werden könnten wie eben jene Spuren agrarischer Tätigkeit, die der landschaftliche Blick immer schon zu schätzen wußte. Deshalb ist der verlandschaftende Blick auf altes Industrieland noch entwicklungsfähig – und einer pädagogischen Anstrengung aufgegeben, die an vielen Stellen ihre Kräfte sammelt.

In den folgenden Abschnitten geht es darum, für die umfassendste der hier diskutierten Strategien, die der Verlandschaftung der alten Industrie, das zu leisten, was in den vorigen Teilen für die dort diskutierten Strategien unternommen worden ist: Um die Versammlung der Motive und Verfahren, die in neuen Planungen aufgenommen werden, um aus unansehnlichen Resten der industriellen Produktion neue ansehnliche Gebiete zu erzeugen. Es geht nicht darum, den zahlreichen Darstellungen der Geschichte der Landschaftsmalerei und der Landschaftsgärten eine neue Kurzfassung beizugesellen. Vielmehr ist das Ziel, das kulturelle Archiv zu charakterisieren, aus dem sich Modellierungen der Umwelt für die Beseitigung des Abfalls bedienen.

Das einleitende Kapitel greift weiter aus als die einleitenden Abschnitte anderer Teile, denn nicht erst um 1900 werden die Motive entwickelt, die heute aktualisiert und in diesem Prozeß umgeschrieben werden. Sie kommen von ferner her und sind disparater. Auch hier zeigt sich die Notwendigkeit ihrer Deutung vor dem Hintergrund der Auflösung einer Scheidung zwischen einem alltäglichen, durch Zweckrationalität bestimmten Bereich und einem herausgenommenen, in dem die üblichen Kategorien und Verhaltensweisen ausfallen.

Die neue Rede über die postindustrielle Landschaft löscht diesen Bereich durch Einvernahme aus. Es gibt kaum Entwürfe für die postindustrielle Landschaft, die auf die kompensatorischen Möglichkeiten des Konzepts der Landschaft rekurrieren. Vielmehr fallen Projekte auf, die auf die Gestaltung einer harmonischen Umwelt mit alter Industrie zielen oder angenommene Korrespondenzen zwischen Landschaft und Bewohnern zu ihrer Grundlage machen. Die Weitung der Grenzen geht auch hier auf ein Ganzes: jedes Territorium kann ästhetisch befriedigende Landschaft werden. Und von Abfall kann keine Rede mehr sein.

1 Das Bild der Landschaft

Die Landschaft im Bild

Ein Weiler, um den Kirchturm gedrängte Häuser, mit dem Friedhof dazu;
eine Talmulde mit sanft geschwungenen Linien, unterstrichen von den
Wiesen an den Hängen; ein See, gekrönt von konzentrischen Fermaten,
eine windige Ebene, die wer weiß wohin führt… ein Tableau.
Michel Serres

Landschaft ist, wenn man den kühnen Versuch macht, einen Kern zu bestimmen, der diesem Begriff über die Jahrhunderte eigen ist, ein durch den Blick als charakteristische Einheit ausgezeichneter und erzeugter Naturausschnitt. In Landschaften wird nicht etwas Menschengemachtes eigens angeschaut; etwas als Landschaft ansehen heißt, es wie Natur ansehen, als Ergebnis eines bewußtlosen Produzierens und sich in Bezug dazu zu setzen.

Landschaften in dem hier verwendeten und für die Fragestellung relevanten Sinne sind also nicht einfach als Objekte in der Welt vorhanden, sie verlangen einen ästhetisierenden Blick, die Imagination, die Einbildungskraft, die sie erst zur Landschaft macht und einem ästhetischen Urteil erschließt.[2] Landschaft entsteht, da sind die über etwa fünf Jahrhunderte geäußerten Meinungen kaum geteilt, durch die Zuwendung eines Subjekts, das die Landschaft in der Malerei, in der Landschaftsgestaltung oder allein durch seine Anschauung als solche erzeugt. Die Erzeugung einer Landschaft beruht auf einer begrenzenden Wahl und ist nie Anschauung der ganzen Natur: »Ein Stück Boden mit dem, was darauf ist, als Landschaft ansehen, heißt einen Ausschnitt aus der Natur nun seinerseits als Einheit betrachten – was sich dem Begriff der Natur ganz entfremdet« schreibt Georg Simmel 1913 (Simmel 1984, 131). Der landschaftliche Blick ist ein partialisierender Blick, den ein Betrachter auf die Natur richtet, ein ästhetischer, ein (ein)fühlender Akt. Darin wird das Gesehene zum Bild.

Alberti schreibt 1486 dem Anblick einer schönen Umgebung besondere Wirkungen zu: Er führt zur Harmonisierung und kann selbst Fieberkrankheiten lindern. Das ist zu der Zeit, in der der Ausdruck *paesi* als Fachterminus der Malerei in Venedig nachweisbar ist. Er bezieht sich auf die »malerische Darstellung eines Naturausschnitts«. Die Landschaft, die zuerst wahrgenommen und gestaltet wird in Bild und Text, ist eine angenehme, eine harmonische und harmonisierende, *locus amoenus* mit allen Eigenschaften, die diesem klassischen Topos zuzusprechen sind.[3] Die ästhetisierte Landschaft entsteht zuerst als gezeichnete, als gemalte; dieser Landschaft folgt die Gestaltung des Landschaftsparks als ideale Landschaft, folgt auch die Beschreibung der Landschaft »draußen«. Baudelaire bemerkt, es sei die künstlerische, auch die alltägliche Imagination, die die – schöne – Landschaft mache, Gombrich radikalisiert diese Sicht insofern, als er die in der Landschaftsmalerei konkretisierte Imagination als den historischen Ausgangspunkt einer ästhetischen Betrachtung der Natur als Landschaft sieht. Nicht der Blick über ein bestimmtes und geographisch zu verortendes Tal, über Hügel und Flüsse, sondern das Kunstwerk, das dieses oder ein imaginiertes Tal zusammen mit dem es erzeugenden Blick ins Bild setzt, macht aus Land zuerst eine Landschaft.[4]

Die Wahrnehmung der Landschaft »draußen« folgt Mustern, die in der Malerei entwickelt worden sind, zunächst dem der perspektivischen Ordnung. Gemalt, geschrieben, gestaltet ist sie eine stillstehende, perspektivische Projektion des Blickenden in den Raum. Die Landschaft des Absolutismus, die des aufgeklärten Absolutismus, der Aufklärung wie die der Spätromantik ist Natur, gesehen als Tableau. Die perspektivisch gesehene Welt aber ist nach Panofskys Beschreibung eine Welt, in der sich der Blick der Welt bemächtigt: »So läßt sich die Geschichte der Perspektive mit gleichem Recht als Triumph des distanzverneinenden menschlichen Machtstrebens, ebensowohl als eine Befestigung und Systematisierung der Außenwelt, wie als Erweiterung der Ichsphäre begreifen« (Panofsky 1974, 123). Insofern ist mit ihrer Erzeugung im Bild schon ein Zugriff gegeben, der Landschaft als ideale Konstruktion ausweist.[5]

Im 18. Jahrhundert greift der Blick der Malerei wie der Ästhetik über die angenehme, die schöne, heitere, utopische Landschaft mit den Charakteristika des *locus amoenus* hinaus. Der verlandschaftlichende Blick richtet sich nun auf die ungezähmte, die unwirtliche, feindliche und erschreckende Natur der Gebirge, vorher als Unorte und Wüsteneien gesehene Gebiete, die sich menschlichem Einfluß entziehen. Unter dem verlandschaftlichenden Blick verlieren sie zwar nicht Bedrohlichkeit und Lebensfeindlichkeit, doch werden sie zum Gegenstand einer Ästhetik des Erhabenen sublimiert, die aus der in sicherer Entfernung stattfindenden Betrachtung der Bedrohung Genuß und Erhebung zu ziehen weiß. So integrieren sich auch Momente, die ein Erschrecken provozieren könnten, in die Landschaft.[6]

Dieser Weiterung vergleichbar ist die Aufnahme der Industrie in die Landschaft, die Beschreibung der »Umgebungen« als Landschaften eigenen Typs, schließlich die Aufnahme der Hinterlassenschaften der Industrie in sie. Damit werden diese Gelände von Bedrohlichkeit befreit und ästhetischer Betrachtung geöffnet: Im verlandschaftenden Blick verschwinden Zerstörung, Gift, verbrauchte und verlorene Möglichkeiten.

Park und Garten

Eine besondere Qualität hat der Garten, der Landschaftsgarten, die ihn in der allgemeineren Rede über die Landschaft auszeichnet. Gärten sind Gestaltungen idealer Umgebungen, im ausgreifenden Falle auch idealer Welten. Sie sind Realisierungen von idealen Modellen der Umwelt und kommen der Aufnahme durch heutige Planungen für Brachen auch in diesem Punkt entgegen: Sie sind »special sites of artifice pretending to be nature«, kunstreich gestaltete Orte also, die vorgeben, Natur zu sein. (Hunt 1992, 263)

Die Ziele und Ergebnisse der Landschaftsgärtnerei werden im 18. Jahrhundert wie jede ästhetisierte Landschaft bevorzugt in Bezug auf die Malerei gedacht:[7] Landschaftsgärtner des 18. Jahrhunderts, die sich auf italienische Renaissancegärten oder das Vorbild französischer Gartenkunst beziehen oder dem Muster der neuen englischen Gärten folgen, beherrschten häufig die idealisierende Landschafts- und Vedutenmalerei ihrer Zeit und setzten neben der Kunst der Perspektive Motive und Themen der Malerei in Gärten um.[8] Wenn aber auch unter den Künsten die Malerei diejenige ist, die für den Landschaftsgarten die prominenteste Rolle gespielt hat, so sind doch weitere Bezüge zu den Künsten hergestellt worden, etwa zur Poesie,[9] verstanden nicht als Dichtung oder Literatur, sondern in einem umfassenderen Sinn als ideales Produzieren. So ist die erklärte Absicht des Fürsten Pückler-Muskau zu verstehen, eine »Natur im Kleinen als poetisches Ideal«, anknüpfend an den Topos vom »Buch der Natur« als »gutes Buch« schaffen zu wollen.[10] Der Bezug zum Theater, auch zur Theaterarchitektur ist nicht nur in der französischen Tradition topisch.[11] Der einflußreiche Gartentheoretiker Hirschfeld spricht von der Landschaftsgärtnerei als »Naturdramaturgie« und betont die Kulissenhaftigkeit des Gartens, dessen Blickbeziehungen er als Folge von Bildern einer Guck-kastenbühne konstruiert sieht. Die Einrichtung von Szenen im europäischen chinesischen Garten, besonders beliebt in englischen Gärten, und die Aufführung von Spektakeln, in denen der Garten zur Kulisse wird, lassen die Theaterassoziation weiter wichtig werden.[12] Zwei Jahrhunderte später knüpft hier der Kommentar Sedlmayrs an, der den englischen Landschaftspark als »Übergesamtkunstwerk« sieht (Sedlmayr 1969, 17).

Es ist kein Zufall, daß eine Vielfalt von Künsten in Bezug auf Landschaftsgärten gedacht wird, denn es handelt sich um Modelle, in denen die Bezüge zwischen Mensch und Natur umfassend reflektiert sind, um Simulationen einer idealen Welt.[13] Michel Foucault hat deshalb als »die ältesten Heterotopien mit widersprüchlichen Plazierungen« die Gärten verstanden, denn sie versöhnen das Unversöhnbare, lassen nebeneinander Heterogenes auftauchen und zeigen das Unvereinbare zusammen. »Die Heterotopie vermag an einem einzigen Ort mehrere Räume, mehrere Plazierungen zusammenzulegen, die an sich unvereinbar sind«. (Foucault 1990, 12) Heterotopien sind »Gegenplazierungen oder Widerlager, tatsächlich realisierte Utopien, in denen die wirklichen Plätze innerhalb der Kultur gleichzeitig repräsentiert, bestritten und gewendet sind« (ebd., 10).

In englischen Landschaftsparks wie in Gärten der italienischen Renaissance und des Barock, in Teilen der französischen Gärten erscheinen Umgebungen und Plätze für Geschichten, Erzählungen, Mythen und für alle in ihnen vorkommenden Leidenschaften. Sie stehen einträchtig neben idealisierten, gelegentlich allerdings auch als Muster für den Gebrauch vorgeführten aktuellen landwirtschaftlichen Produktionen.[14] Landschaftsgärten des 18. und 19. Jahrhunderts idealisieren nicht nur die gezähmte Natur, sondern auch das Leben auf dem Lande, nicht das aktuelle der Bauern des 18. und 19. Jahrhunderts, sondern ein durch Miltonlektüre und antike Mythen gefiltertes Landleben. Personal dient als Statisterie wie zur Pflege des Parks und seiner agrarischen Anteile, Nutztiere werden zur Pflege von Wiesen und Weiden eingesetzt, auch Gebäude für landwirtschaftliche Produktion wie die *ornamental farms*, die geschmückte Meierei, sind zugelassen. Sie ordnen sich dem Gesamt unter, auch wenn in ihnen, wie im *Hameau* Marie-Antoinettes in Versailles, Milch und Butter produziert wird. Sie gehören um 1750 in den Park, den Garten, wie sie in die Landschaften der Malerei gehören.[15]

Für den schönen Schrecken, den erhabene Gegenstände oder Gegenstände, an denen das Erhabene erfahrbar ist, zu bieten haben, ist auch im Garten gesorgt. Unter Aufnahme von malerischen Themen und Strukturen werden die

Schrecken der Natur und der Mythen etwa in der gebändigten Form des Labyrinths oder des künstlichen Vulkans mit Feuerwerk vor das Auge gestellt. Es gibt Grotten, Angsttheater wie das in Arnheim, Spiegelräume, *camere obscure*, Ruinen, später auch Grabmäler, antike, fiktive und schließlich, wie das Rousseaus in Ermenonville, auch aktuelle Gräber bezeichnende. Zum Bild der ganzen Welt im Garten tragen Architekturen im gotischen, chinesischen, ägyptischen, assyrischen Stil bei. Wenn William Chambers, einflußreicher Theoretiker des englischen Landschaftsgartens, 1772 über *Oriental Gardening*, die Einrichtung chinesischer Gärten, schreibt, dann berichtet er über Illusionsarchitekturen, über kleinformatige Städte, über künstliche Grotten, Vulkane, Wasserfälle und über Produktionsanlagen, Kalköfen und Glaswerke, die Rauch und Flammen ausstoßen, alles Mittel, die die Schrecken und die Anziehungskraft des Erhabenen aufweisen. Gärten enthalten eben alles, was die Welt auch sonst zu bieten hat, auch die – gezähmte und inszenierte – Produktion.[16] Hier erweist sich die Gestaltung von Landschaftsgärten auf alten Geländen der Industrie als erstaunlich traditionell: Sie nimmt, indem sie Reste alter Produktion integriert, ein Muster auf, das seit dem 18. Jahrhundert in europäischen Gärten sichtbar wird.[17] Ähnlich übertragbar ist der Blick, der schon aus dem Garten des 18. Jahrhunderts in die umgebende Weite der ästhetisierten agrarischen Landschaft geöffnet werden kann, die in ihm zum Teil des Gartens wird (Hunt/ Willis 1988, 38). Das ist eine Technologie des ästhetisierenden Blicks, die der Größe offengelassener Industriegelände gerecht wird und Planungen für postindustrielle Landschaften durchaus erleichtert.

Die Landschaft als Bild

Es trifft nicht den historischen Kern der Sache, wenn Gärten des 18. und 19. Jahrhunderts in Europa, meist englischen Modellen nachgestaltet, als belassene Natur im Gegensatz zur gleichzeitig beginnenden industriellen Verwertung der Natur begriffen werden. Doch dieses Gerücht ist wichtig geworden in heutigen Planungen für alte Industrieregionen. Wenn englische Gärten eine »natürliche Natur« vor Augen stellen sollen, dabei nicht in einem solchen Maße sichtbar kontrollierend verfahren wird wie im französischen Garten einerseits, und nicht so zerstörerisch wie in der industriellen Produktion andererseits, so handelt es sich doch um eine intensive und kontinuierlich fortzusetzende Formung einer Natur nach Menschenmaß und -regel. Die diversen »natürlichen

Naturen« der englischen Gärten verlangen wie andere Gartennaturen nicht nur einmalige, sondern permanente Intervention, wie Julies Garten, den Rousseau in der »Nouvelle Héloise« beschreibt: Wenn dieser Garten auch aussieht wie eine Wildnis, so ist doch nichts darin von Julie nicht überprüft und geordnet worden.[18]

Die Bewegung des *Pictoresque*, die die englische Gartengestaltung zwischen 1730 und 1830 nachhaltig beeinflußte und von da aus die Gartengestaltung in ganz Europa, gibt ebendieses Muster vor: Es entstehen Gärten, in denen sich der Eingriff in die Natur versteckt und in denen die umgebende Agrarlandschaft oder Wildnis zugelassen ist. Uvedale Price, Gartenarchitekt, der für und mit Richard Payne Knight einen Garten entwirft, wird von diesem gerade für die Verborgenheit seiner Eingriffe besungen:

How best to bid the verdant Landscape rise,
To please the fancy, and delight the eyes; Its various parts in harmony to join
With art clandestine, and conceal'd design; T'adorn, arrange; – to sep'rate, and select
With secret skill, and counterfeit neglect; I sing. – Do thou, O Price, the song attend;
Instruct the poet, and assist the friend.[19]

Die genaue Beobachtung und der minimale Eingriff in die *wilderness* ist dieser Bewegung eigen. Vorgefundene Unregelmäßigkeiten werden belassen, denn gerade sie werden als malerisch, als *pictoresque* empfunden. Richard Payne Knight liefert dazu eine ästhetisch-physiologische Begründung: In der Malerei ließe sich lernen, welche Eindrücke das Auge benötigt, um zu seinem Genuß affiziert zu werden, da sie nur und nur sie die sichtbaren Qualitäten der Dinge rein und abstrahiert zeige. Die Schönheit, die so wahrzunehmen ist, stellt sich her aus »harmonischen, doch leuchtenden und kontrastreichen Zusammenstellungen von Licht, Schatten und Farbe; ineinander übergehend, doch nicht verwirrt, und in einzelne Massen gebrochen, doch nicht zerschnitten...«[20] *Pictoresque* in diesem Sinne kann das Bild eines schönen, doch auch eines ansonsten nicht als schön empfundenen, also eines unregelmäßigen, häßlichen oder provozierenden Gegenstandes sein.[21]

Die genaue Beobachtung und Kontrolle der »natürlichen Natur« über den aufmerksamen Blick und das Verbergen des Arrangements ist dieser Bewegung eigen. Sie entspricht darin einer heute gängigen Praxis der Gartengestaltung und -interpretation, auch des Naturschutzes, daß sie Zeit, Gebrauch, natürliche Prozesse wie die der Vegetation, die eine Landschaft geprägt hatten, beobachtet, respektiert und nutzt. Die Eingriffe sollten minimal sein und die vorgefundenen Unregelmäßigkeiten belassen, die als schön oder erhaben, als interessant, als malerisch, als *pictoresque* empfunden werden.

Auch von hier führt ein Weg zur neuen Sichtbarkeit einer post-industriellen Landschaft. Wenn scheinbar lassen, was ist, eine Art der Gartengestaltung sein kann, so läßt sich dies auch anders als Methode begreifen: Tatsächlich lassen, was ist, wird zur Option im Umgang mit der Industrielandschaft, etwa im »Industriellen Gartenreich« um Dessau-Bitterfeld.[22] Das minimiert die Kosten und produziert eine neue Ästhetik des Gartens und der Landschaft, in der der Abfall sichtbar wird und dabei verschwindet.

Picturesque 2000

Wenn auch nicht die Begründung, nicht einmal der Verweis auf das *pictoresque* in den nun vorzustellenden Überlegungen zu Landschaften nach der Industrie auftauchen, so sind sie ihm doch in zwei charakteristischen Aspekten so nahe, daß hier das neue *pictoresque* zu suchen wäre, das John Dixon Hunt nach 1800 nur in wenigen Spuren findet.[23] Der eine Aspekt ist die Konzentration auf die möglichen Bilder einer als wild begriffenen Landschaft, soweit sie »malerisch« sind, verbunden mit einem zweiten. Dieser betrifft die zumindest in der Geste an das *pictoresque* eines Knight erinnernde Praxis der Gartengestaltung, auch des Naturschutzes, daß sie Zeit, Gebrauch, natürliche Prozesse wie die der Vegetation beobachtet, genießt, beläßt und nutzt – und keine sichtbare, und wenn, die geringstmögliche Disziplinierung von Pflanzenwuchs oder Verfall vorzunehmen sucht.[24] Der pictoresque Blick auf die Hinterlassenschaften der Industrie ist, verglichen mit anderen Griffen ins Archiv der Motive, von denen später zu handeln sein wird, verhältnismäßig jung und wird wie diese, reflektiert oder nicht, dieses Archiv neu schreiben.

1983 hat Manfred Hamm Schlackenberge in der Nähe von Gelsenkirchen-Schalke fotografiert (Hamm/Föhl 1983, 63). Das ist eine der ersten fotographischen Inszenierungen einer Abfallhalde als des Bemerkens würdige geologische Formation. Es ist nach diesem Foto ohne das Wissen, daß es sich um Schlacken handelt, nicht möglich, diesen Berg von nicht durch menschlichen Eingriff entstandenen Schotter- und Kiesbergen zu unterscheiden. Dieses Bild zeigt etwas, das erst neuerdings dem ästhetisierenden Blick unterworfen worden ist: Abfall als Natur und selbstverständlicher Teil der Landschaft, den man ansehen kann ohne Impuls zum Wegschaffen, ohne Impuls zum Handeln, als Bild. Der fotographische Blick auf Abfallstoffe ist 1983 noch ein Einzelfall, konzeptionell aber bereits geleistet. Otfried Wagenbreth, Industriedenkmalschützer und Kulturwissenschaftler in Dresden, hat, ebenfalls 1983, für den Erhalt von Landschaftsformen wie Pingen und Halden des Bergbaus plädiert – mit einer sie ästhetisierenden Argumentation: »Im Schneeberger Gebiet hat man die Halden abgeflacht und begrünt. Das Ergebnis ist eine aussageärmere Landschaft, die aber trotzdem keine Naturlandschaft geworden ist. Der aufmerksame Betrachter erkennt, daß das Relief nicht das natürliche ist, sieht aber nicht mehr die Halden als Sachzeugen der bedeutenden dortigen Bergbaugeschichte. Der geradezu künstlerisch wirksame Kontrast zwischen dem Grün des Waldes und der Ackerflächen und dem Braungrau der Gesteinshalden der Gruben ist nicht mehr vorhanden.« (Wagenbreth 1983, 127) Aufräumen wird zum Hindernis und zur Störung dessen, was da ist, und sich einer ästhetischen Betrachtung der Farb- und Formenspiele erschließen könnte.

Einer der wenigen Fälle, in denen die genannten zwei Aspekte des *pictoresque* für eine Planung zentral geworden sind, ist ein mittlerweile für einen Teil des Gesamtgebietes akzeptierter und überholter Planungsansatz des Bauhauses in Dessau für die Braunkohlegruben um Bitterfeld. Dort gibt es seit Ende der achtziger Jahre Bemühungen zur ästhetischen Bewältigung der Hinterlassenschaften des über 100 Jahre betriebenen Braunkohletagebaus und der Chemieindustrie. Bei den heute meist geschlossenen Betrieben handelte es sich vor allem um Braunkohlekraftwerke, Chemiebetriebe, basierend auf Karbochemie, außerdem gab es Aluminiumproduktion und Flugzeugbau. Grundlage der Industrien war der weit ausgedehnte Braunkohletagebau, der auch im Jahr 2000 noch, allerdings sehr reduziert gegenüber 1989, weiter betrieben wird. Es existieren etwa 60 Quadratkilometer ausgekohlte Gruben.

Seit 1990 werden die Überlegungen dazu artikuliert unter dem Titel »Industrielles Gartenreich«.[25] Das Projekt ist das einer ästhetischen und (damit) sozialen und ökonomischen Erziehung des Menschen. In seinen Intentionen schließt es so zumindest vage an das Dessau-Wörlitzer Gartenreich und die aufgeklärten Überzeugungen des Anhalt-Dessauer Landesherrn Leopold Friedrich Franz (1740-1817) an, nicht aber darin, daß die materielle Umgestaltung sekundär ist. Ein Wandel der Anschauung und der Werte soll das Projekt zum Erfolg bringen; es geht um die Förderung des Wandels der Einschätzungen und der ästhetischen Urteile, um das Akzeptieren, Aushalten und, wie zu zeigen ist, das Genießen von Widersprüchen und möglichen Entdeckungen, die über sie zu machen sind.

Die Forderung schlägt sich im Namen des Projektes für ein »Industrielles Gartenreich« nieder: »Industrie und Landschaft – ein unversöhnliches Paar, eine Herausforderung, eine künftige Symbiose...?« fragen die Autoren und Autorinnen und antworten: Es handelt sich

»um eine Problem- oder besser gesagt, um eine Schicksalsgemeinschaft von Industrie und Gartenreich.« – »Die Akzeptanz aller Facetten des Erbes einer Stadt/Siedlung/ Region als Bestandteile ihrer Zukunft, das Erschließen schonender Entwicklungs-möglichkeiten, das Freilegen kultureller Spezifika der jeweiligen Stadt/Siedlung/Re-gion mit ihrer Widersprüchlichkeit und Vielfalt, die Suche nach neuen Nutzungs-möglichkeiten mit jeweiligem sozialen, ökologischen und kulturellen ›Reingewinn‹ u.a. Momente gehören zu den eine Zukunft sichernden Werten der räumlichen Pla-nung und Gestaltung. Komplex angelegte kulturelle Projekte können dabei, so die Hypothese, als Instrument der Vermittlung von Wertvorstellungen als auch für die interdisziplinäre Arbeit der Initiatoren fungieren.« (Brückner et al. 1990, 7f; 5)

1991, zwei Jahre nach dem Mauerfall, haben Mitinitiatoren des »Industriel-len Gartenreichs Dessau-Bitterfeld-Wolfen« ihre Sicht des Gebietes als das einer zu musealisierenden Kulturlandschaft formuliert: zerstört, aber historisch wertvoll, anschließbar an eine kulturgeschichtliche Kontinuität und berühm-te Namen:

»Es sind vor allem zwei Ablagerungen, die die Formel ›Industrielles Gartenreich‹ be-flügelt haben: – das schon zur Zeit seiner Entstehung so genannte ›Gartenreich‹ Des-sau-Wörlitz, die vielleicht bedeutendste Verräumlichung eines reformabsolutistischen Programms in Deutschland während der zweiten Hälfte des 18. Jahrhunderts und – das fortschrittsgläubige Projekt einer das Gartenreich gewaltsam überformenden in-dustriellen Moderne, das mit Namen wie Walther Rathenau (AEG) und Hugo Jun-kers verknüpft ist und in einer einzigartigen Siedlungslandschaft ihren Ausdruck ge-funden hat, an deren Gestaltung nicht nur das Bauhaus – selbst krönender Ausdruck des Projekts der Moderne – mit Walter Gropius und Hannes Meyer, sondern auch andere kulturelle Strömungen wie die Heimatschutzbewegung und Einzelkämpfer wie Leberecht Migge mitgewirkt haben.« (Bodenschatz et al. 1991, 1284)

Den damit vorgezeichneten und ja durchaus öfter schon mit Erfolg umgesetz-ten Verfahren – Einordnung in ein Erbe, Nutzung vorhandener klassisch schö-ner Schätze, schließlich Musealisierung der Region und Aufbau von dieser Position aus – widerspricht in der Weiterentwicklung das Bauhaus, das radika-ler den sichtbaren Qualitäten einer gegebenen postindustriellen Landschaft zu entsprechen sucht.

1993 erscheint ein Buch, herausgegeben von der Akademie der Architekten-kammer Hessen, dem Bauhaus Dessau und dem Deutschen Architektur-museum in Frankfurt am Main, das einen anderen Ansatz vorschlägt – den der Neubewertung der Braunkohlenlandschaft mitsamt ihren Abfällen. Der Herausgeber hebt an mit der Frage, »ob man in Brachenlandschaften mehr als eine Altlast sehen kann, wie man heute mit ihnen im Sinne der Landschaftsgestaltung positiv umgehen kann und was man aus ihnen machen kann, ohne sie gleich zu ›entsorgen‹« (Toyka 1993, 19). Die Bilder des Bandes zeigen das Gebiet um Dessau, Bitterfeld und Wolfen zumeist aus der Luft. Der Gegenstand der Betrachtung sind abgeräumte Gegenden, in denen allenfalls deshalb ein Waldstück noch existiert, weil es technisch zu schwierig war, gerade dieses Stück zu räumen, wie in der Grube Goitzsche bei Bitterfeld, vor seiner Abbaggerung das bevorzugte Naherholungsgebiet der Stadt. Man kann sich über diese praktisch menschenleere, verlassene und aufgegebene Gegend eigentlich nur aus dem Flugzeug einen Überblick verschaffen. Dann aber sieht man das, was die Initiatoren und Unterstützer des »Industriellen Gartenreichs« in dieser Phase ihrer Überlegungen zeigen wollten: Nicht Müll oder gar nichts, sondern eine regelmäßige und merkwürdige Landschaft aus Abraum, die zwar durch die industrielle Produktion entstanden ist, jetzt aber daliegt wie eine malerische, unberührte, wilde Natur.

Fotografisch interessante Einzelheiten finden sich auch am Boden, Ergebnisse des Zusammenspiels von Chemieindustrie und Braunkohletagebau: Der Tagebau riß Löcher und Gruben, in die die Chemieindustrie ihre Abfälle entließ. Davon zeugen Bilder der Leipziger Fotographin Marion Wenzel in demselben Band. Der Reiz der Bilder besteht im Spiel der Farben in den Gruben und in der Beobachtung fremder Formen vereinzelter Pflanzen, die in verdächtig schillernden Flüssigkeiten wachsen, und dem Spiel mit Bildgestaltungstechniken, die es ermöglichen, beispielsweise Grubenränder in giftgrüner Farbe zu zeigen.

Abgeschriebenes und Abgefallenes gerät in den ästhetisierenden Blick – um so zum Objekt von Planungen zu werden, die allenfalls akzentuieren, nicht aber eine erneute Umgrabung oder eine Musealisierung anstreben. Dieses Konzept, das in Abstimmung mit Landschaftsplanern, dem Bauhaus und einigen Kommunen vorgestellt wurde, hatte von vornherein einen Vorteil: Es war preiswert. Anforderungen stellt es vor allem an Phantasie, Imagination, an die Bereitschaft, eine neue Landschaft anzusehen und sie wie eine als Garten begriffene Wildnis zu genießen.

Diese Visionen zeichnen mehrere Entscheidungen vor. Dazu gehört die Isolierung und Absperrung von einzelnen Gebieten, teils aus konzeptionellen, teils aus Gründen der Gefahrenabwehr. Abgeschrieben und sich selbst überlassen werden sollten etwa die sogenannten »Ascheseen«, Ascheansammlungen, die Abfälle der Braunkohleverarbeitung aufgenommen haben. Abraumhalden wurden als Bergrücken interpretiert, und die Förderung ihres minimalen Bewuchses sollte aus ihnen Hügel machen, die den üblichen Sehgewohnheiten etwas näher kommen. Der wichtigste Grundsatz aber war die Idee eines Erhalts der Brachen – und eben nicht die Rekultivierung oder -naturierung durch Schaffung einer weiteren synthetischen Landschaft nach der synthetischen Landschaft der Industrie.

Vorgesehen waren die Anlage von Spazierwegen und die Einrichtung von Aussichtspunkten mit Blickgelegenheiten über die Tagebaulöcher, die derzeit teilweise, nach einem anderen Konzept, geflutet werden. Einer der Spazierwege, die sich einige Zeit der Akzeptanz erfreut haben, ist der ›Spaziergang in Golpa-Nord‹:

»Kommen Sie mit in ein scheinbar fernes, unerreichbares Land. Ein Spaziergangforscher führt Sie auf ausgesuchten Wegen durch die ansonsten für ›Unbefugte‹ verbotene Tagebaulandschaft. Diese, seit 1991 stillgelegte, Braunkohlegrube befindet sich nur wenige Kilometer entfernt vom weltberühmten Wörlitzer Park. Hier, am Schnittpunkt von historischer Kulturlandschaft und brachgefallener Industrielandschaft stellt die Stiftung Bauhaus Dessau die Frage nach der künftigen Landschaft. … Entlang der Route über den Grund des künftigen Sees reihen sich Gartenexperimente, die mittels kleiner Inszenierungen die landschaftlichen Besonderheiten unterstreichen. … Der Spaziergang führt vorbei an Gartenexperimenten mit vergänglichen, – ›Transitorischen Gärten‹ – und an Schwimmenden Gärten, die vor dem Hintergrund einer als ›…reich an Gärten‹ berühmten Region versuchen, für die Tagebaulandschaft sowohl eine veränderte Wahrnehmung als auch neue Nutzungen zu thematisieren. Ein Spaziergang durch den Tagebau vermittelt neben einem überraschenden Landschaftserlebnis auch eine sinnliche Erfahrung der Umweltauswirkungen der Braunkohleförderung als Preis für die Erzeugung elektrischer Energie. Im Gegensatz zu den meist nüchternen und technisch fremd bleibenden Umwelt-Nachrichten und Diskussionen veranschaulicht das Durchwandern der Grube auf eindrückliche Art eine Vorstellung über die Dimensionen des stattgefundenen – und andernorts noch stattfindenden – Eingriffs. Doch wundern Sie sich nicht, wenn während des Spaziergangs vermeintlich feststehende ökologische Bewertungen durch die bereits spontan entwickelte Flora und Fauna in Frage gestellt werden. Eine Führung durch die Tagebaulandschaft ist somit ein ›Muß‹ gerade auch für in Umweltfragen interessierte Personen.«[26]

Das Konzept des Gartens, an das der Name des »Industriellen Gartenreichs« anschließt, ist dem, was hier zu sehen ist, geradezu diametral entgegengesetzt. Denn das namengebende Wörlitzer Gartenreich von der Wende zum 19. Jahrhundert wurde nicht durch einen geschulten Blick zum Garten gezähmt, sondern ist eine in allen Zügen geplante und sorgfältig arrangierte ideale Landschaft. Sie sollte nicht auf den öffentlich zugänglichen Garten beschränkt bleiben: Sie war das Modell für die stark eingreifende ästhetisch wie ökonomisch ideale Gestaltung des ganzen Herzogtums. So nimmt der Name »Industrielles Gartenreich« aus dem Gartenreich von Wörlitz das Bild der geformten idealen Welt als Zitat, folgt aber in keiner Weise seiner Ästhetik oder seinen ökonomischen Idealen. Das dem *pictoresque* nahe Leitbild zeigt vielmehr eine malerische Wildnis, zwar mit Besuchern, doch ohne Menschen, die in der Region leben, ganz wie es die Anlage der pictoresquen Gärten im 18. Jahrhundert getan hatte.[27] Im Zuge einer Entwicklung der Region werden aber die im Gebiet liegenden Städte, Dörfer und Weiher mit neuen Funktionen in wirtschaftliche Prozesse eingebunden werden müssen, wenn sie nicht verlassen werden sollen. Welcher Art die angestrebte wirtschaftliche Entwicklung sein soll und kann, ist weder um Bitterfeld noch in der Lausitz, die ähnlich durch Folgen des Braunkohleabbaus geprägt ist, abzusehen.[28]

Dennoch ist der pictoresque Blick auf die Folgen der Verwandlung riesiger Flächen in Tagebaulöcher keinesfalls ein oberflächlich ästhetisierender und damit ethisch fragwürdiger Blick, der harmonisierend die Lage verdecken würde.[29] Seine Leistung besteht darin, das anzuerkennen, was da ist. Er treibt es in die Sichtbarkeit, löst den Widerstand gegen den Blick auf die irreversiblen Zerstörungen auf, macht sie gleichzeitig erträglich und legt offen, was die Bedingungen sind, unter denen jede Auseinandersetzung mit dem Gebiet steht. Nicht jeder Umgang mit industriellen Hinterlassenschaften steht vor so gravierenden Problemen, und nicht jeder ist in einem solchen Maße angewiesen auf den Beginn mit einer alten neuen Technologie des Blicks.

2 Landschaft als Gegenbild

Kompensation

An die utopischen Orte, den idealen Garten, die Landschaft als harmonische Vermittlung von »Natur und Menschenwerk«, um eine um 1900 vielgebrauchte Formel zu wiederholen, schließen Überlegungen zur Kompensation an. Für die deutsche Diskussion über den Blick in die Landschaft ist eine Deutung einflußreich geworden, die der Philosoph Joachim Ritter ihm 1963 gegeben hat. Wenn er den Dichter Petrarca auf einen Berg, in diesem Falle den Mont Ventoux, begleitet, so will er seinen Lesern einen frühen modernen Blick auf eine Landschaft zeigen. Petrarca gewinne einen Blick in den Raum und einen »Überblick«; die Augen gewähren Zugang zur Welt unter Ausschluß aller anderen Sinne. Liest man Petrarca selbst, so stellt man fest, daß er die Gelegenheit nutzt, um seine geographischen Kenntnisse auf das Gesehene zu projizieren. Nicht das Auge, sondern seine geschulte *memoria* läßt ihn vom Mont Ventoux bis zu den Pyrenäen und bis Bologna sehen. Doch für Ritter führt Petrarca hier die Struktur vor, in der sich der ästhetische Blick auf die Landschaft entfaltet: Sie wird durch einen Blick erzeugt, sie ist für das Auge da, ihre Anschauung verlangt einen Standpunkt, eine Wahl und die Freiheit, sie zu treffen.[30]

Die Nähe des so beschriebenen Blicks auf die Landschaft zu Einbildungskraft, Imagination, ästhetischer Betrachtung und künstlerischer Gestaltung ist evident – und an dieser Verbindung ist Ritter interessiert. Denn der Blick auf diese Landschaft hat nach Ritter kompensatorische Funktion: Er soll die Herstellung eines sinnlichen Naturverhältnisses leisten, das nach dem Ende der Naturphilosophie die Naturwissenschaften nicht mehr integrieren. Nach Ritter ist es vor allem der Blick der Dichtung und der bildenden Kunst in die Landschaft, der diese Beziehung erhält und »ein sonst nicht mehr Gesagtes und Gesehenes zum Scheinen bringt« (Ritter 1962, 155).

Die Suche nach Kompensation impliziert Abwehr, Machtlosigkeit und eine Vision. Der Mangel, aus dem Unzufriedenheit erwächst, betrifft einen Zustand der Welt, des Realen, des Vorgefundenen, der in einem solchen Maße unbeeinflußbar und unausweichlich ist, daß nicht in dieser Welt, diesem Realen, diesem Vorgefundenen Besseres denkbar ist, sondern nur ergänzend, daneben, am Rande: Kompensation ist (not-wendiger) Trost, wenn die Welt entzweit, nicht harmonisch, nicht im Lot ist. Denkbar ist aber damit auch ein Zustand, in dem keine Kompensation notwendig ist, in dem die Entzweiung versöhnt, die Harmonie vorhanden ist. Die Rede von der Kompensation kennt ein Paradies, aus dem der Mensch vertrieben ist und sich deshalb außerhalb zu helfen wissen muß. Die schöne Landschaft ist eine dieser kompensatorischen Möglichkeiten, nicht im Innenraum der Kultur und Zivilisation der Stadt wie das Museum, sondern außerhalb, entfernt vor allem von der Industrie – in dem, was als Natur imaginiert werden kann.

Der Gedanke der Kompensation über Landschaft, Park und Garten ist nicht nur ein philosophischer. Im 19. Jahrhundert ist er die Basis städtebaulicher Gestaltungen, die die schlechten Folgen der Verdichtung der Städte und der Industrialisierung durch Einführung landschaftlicher Elemente zu beseitigen suchte. Das hatte hygienische und soziale Aspekte. Parks sind zuerst Kunstwerke, die sich den Gestaltungen ihrer Architekten verdanken: Der klassische Park des 19. Jahrhunderts, Buttes Chaumont in Paris – bei der Stadterweiterung auf dem Gelände einer vormaligen Poudrettefabrik angelegt – der Vondel Park in Amsterdam, der 1996 in den Rang eines Nationalen Denkmals erhoben worden ist, der Central Park in New York oder die seit 1846 angelegten Volksparks in Manchester sind kunstvolle Arrangements von Pflanzen, die zufällig auch von Insekten und Vögeln bewohnt werden. Die Haltung, in der sie wahrgenommen werden sollten, ist die der Kontemplation, der Kunstrezeption, allenfalls in England und den Vereinigten Staaten wird um die Mitte des 19. Jahrhunderts schon an sportliche Betätigung gedacht.[31]

Die Legitimation der Parks nimmt das Motiv der Kompensation auf und interpretiert es im Sinne einer weitgefaßten Idee der Hygiene: Die landschaftliche Einbettung modernen Bauens wie auch der Parkbesuch sind zu empfehlen, weil sie erlauben, Hast und schlechte Luft der Stadt hinter sich zu lassen und so die Kräfte wieder herzustellen: »Wir möchten eine Anlage, in die sich die Menschen auf einfache Weise begeben können, wenn sie ihre tägliche Arbeit getan haben, wo sie für eine Stunde umhergehen können, in der sie nichts von der Eile und dem Gedränge der Straßen sehen, hören oder fühlen, wo sie endlich die Stadt weit von sich entfernt empfinden.« – »Der Park sollte, so weit wie möglich, die Stadt ergänzen.« – »Was wir gewinnen möchten, ist Ruhe und Erholung von Geist und Seele«, so der einflußreiche amerikanische Landschaftsarchitekt Olmsted 1870 in seiner Argumentation für die Anlage von Parks in Boston.[32]

Der Park wie die grüne Vorstadt kompensieren die ästhetisch und psychohygienisch schädlichen Folgen, die mit der großen, dicht bebauten, kohlebeheizten Stadt, der Stadt der Industrie einhergehen. Das kompensatorische Moment findet sich auch dort reflektiert, wo Parkanlagen eine weitere hygienische Funktion zugeschrieben wird: Grüngürtel wie das *Emerald Necklace* um Boston, der grüne Ring um Köln in den zwanziger Jahren oder der 1910 für Berlin geplante sind nicht nur als Anblick, sondern auch dazu gedacht, die Luft der Stadt sauberzuhalten. Aus der Perspektive des hygienisierten »Organismus Stadt«[33] haben Parks ab Ende des 19. Jahrhunderts die Funktion einer »grünen Lunge«.

Diese Funktion wird auch den Volksparks des 20. Jahrhunderts zugeschrieben, die aber mit ihren Nutzungsangeboten und Erholungsmöglichkeiten weitere Verluste ausgleichen sollen, vor allem den des knappen Raumes in schlechter Wohnumgebung. Sie stehen mit ihren Angeboten für Sport, Erholung und Erziehung für die Kompensation der sozialen Folgen der großen industriell geprägten Stadt. Sie holen nicht mehr die imaginierte Natur in die Stadt, sie liefern keine Narrationen, keine Symbole und Ornamente, sondern schaffen vor allem eine Nutzfläche, die für massenhaften Gebrauch gemacht ist, eine grüne Erholungsmaschine. Doch reproduzieren auch sie innerhalb der Stadt den Gegensatz von Stadt und Land, zwischen industriell geprägtem Raum und Natur – in klarer Scheidung von bebauten Geländen, und abgeschieden von der Betriebsamkeit urbanen Lebens.[34] In diesen Überlegungen wie Gestaltungen entsteht der städtische Park als Widerstand gegen die ästhetischen, sozialen und hygienischen Zumutungen der Stadt und der Industrie.

Abschied vom schönen Gegenbild der Landschaft

Eine Gestaltung, die gegen die postindustrielle Stadt die Landschaft, den Landschaftsgarten, die Idealisierung der Natur aufruft, ist die Planung für eine Arbeitersiedlung in Uckange in Lothringen. Hier dient das Zitat des Landschaftsgartens der theatralischen Entgegensetzung von sozialen Wohnungsbauten einerseits und von Bildern klassischer Gestaltungen des Landschaftsparks andererseits. Der Entwurf des Landschaftsarchitekten Bernard Lassus setzt an beim Vorgefundenen, hier der Abwesenheit jeden Verweises auf Ästhetiken, die sich je mit der Landschaft oder der schönen Natur verbunden haben.

Die metallverarbeitenden Unternehmen in Uckange, gelegen im Kohlegebiet von Lothringen, bauten in den siebziger Jahren Arbeitsplätze ab. Die Bevölkerung der Stadt Uckange sank von 12.000 auf 9.000 Einwohner. Eine im Internationalen Stil in den sechziger und frühen siebziger Jahren errichtete Siedlung mit insgesamt 1.200 Wohnungen in mehrgeschossigen Bauten, die Wohnraum für die in der Schwerindustrie Beschäftigten gestellt hatte, war 1979 noch zur Hälfte belegt (Bayle 1988). Die Siedlungsgesellschaft und das Unternehmen *Sollac Sacilor* beschlossen, aus Gründen der Unterhaltung und der Sicherheit, das heißt, zur Prävention von Vandalismus und Diebstahl in den teils leerstehenden Häusern, die Hälfte der Gebäude abzureißen und die verbliebenen Bewohner, so weit wie möglich nach ihren Wünschen, in den stehengelassenen Gebäuden zu konzentrieren. Bernard Lassus erhielt den Auftrag, das Gelände zu überarbeiten.

Seine Lösung bestand im Offenlassen der weiten Flächen um die Bauten, zwischen denen nur einige Bäume standen, und der Bemalung der glatten siebziger-Jahre-Fassaden. Auf ihnen entstanden zwischen 1981 und 1986 in ihrer perspektivischen Anlage und flächigen Gestaltung an Comic-Hintergründe erinnernde Landschaften. Himmel, Wolken, davor Häuser und Häusergruppen, die dörfliches Fachwerk zeigen, sowie Elemente des klassischen Landschaftsparks sind zu sehen: Gartenhäuser, kleine Tempel und Einzelbauten, Loggien, Baumreihen und Pavillons sind auf die Wände aufgebracht – in einem kontinuierlichen Bild, das sich, in seinen Motiven je nach Lage der Bauten variiert, über die 300 Meter breiten Fassaden zieht.

Das Bild sei ein Spiel mit »Realität« und »Schein«, wie Lassus' Kommentator John Dixon Hunt schreibt: Perspektivisch öffnet die Landschaftsmalerei auf den Fassaden den Blick in nicht existente, von Lassus selbst als theatralisch beschriebene Räume: »An dieser Stelle kann man sagen, daß genau da die Realität gewissermaßen intensiver wird, wo an den Seitenflügeln oder auf Dachhöhe die Spielfläche ihre Grenzen hat.« (Lassus, zit. n. Hunt 1995, 68) Der ideale Garten und das Bild der Landschaft kommen in flächiger und keinesfalls illusionistischer Malerei auf die Wände sozialer Wohnungsbauten, projiziert, um eine triste Wohngegend erkennbar nicht um eine ideale Landschaft, nicht um einen Garten, sondern um das durch eine Comicästhetik gegangene Bild des Gartens als Theater zu bereichern. Die Wandmalereien in Uckange halten das Bild des Gartens wie die Abwesenheit des Gartens fest. Und indem dieser Entwurf auf der klassischen Ästhetik der Landschaft unter Anspielung auf ein Medium der Massenkultur insistiert, weist er über die Verwendung des Bildes der schönen Landschaft zumindest auf die Möglichkeit einer Spannung zwischen einem Ideal und einer vorgefundenen Realität hin. Doch das Gewicht zwischen beiden ist so verteilt, daß das Ideal deutlich Schwächen zeigt. Denn in dieser Gestaltung wird der utopische und der zweckrational organisierten Welt widerstehende Gehalt, der die Landschaft, den Landschaftsgarten als mögliches Refugium auszeichnet, nicht als Vorzeigen einer Gegenwelt eigenen Rechts zitiert. Vielmehr tritt das Zeigen des Bildes der idealisierten Landschaft unmittelbar in den Dienst der Bewältigung von Folgen zweckrational begonnener und beendeter Prozesse. Das Bild der Landschaft dient, gebrochen in der Ästhetik eines Massenmediums, als angenehmes und erfreuliches Dekor für den Massenwohnungsbau. Der aber hat dadurch gewonnen: Auch über zehn Jahre nach ihrem Umbau ist die Siedlung noch in jeder Hinsicht intakt.

Dieser Entwurf ist einer der ganz wenigen neueren, die die Landschaft als Gegenbild thematisieren und für einen anspruchsvollen Entwurf funktionalisieren. Es geschieht darin spielerisch, ironisch und doch eindeutig: daß die Idee der Landschaft als Kompensation unerwünschter Folgen industrieller oder postindustrieller Lagen verabschiedet wird.

3 Harmonie und Harmonisierung

Stadt und Land

Dem Blick auf die Landschaft, den Landschaftspark und dem durch ihn geprägten städtischen Park eine kompensatorische Funktion zuschreiben heißt, ihn als einen Blick bestimmen, der in einer entzweiten Welt den Ausgleich schafft. Das ist kein Weg zur Versöhnung. Die Versöhnung gelingt da, wo ein Blick das Gesamt erfaßt und führt nicht immer, aber häufig, über die Betrachtung des Gesehenen als und wie Natur. Dieser Blick greift gelegentlich auf die Stadt über, auch auf die Industriestadt.

Die Rede von der Stadtlandschaft handelt von einer naturalisierten Stadt oder einer Stadt, in die als natürlich gedeutete Momente integriert sind. Städte als Landschaften verstehen heißt, sie von ihren Bedingungen abzulösen, Menschen und soziale Beziehungen in ihr zu vergessen, einen ästhetisierenden und vereinheitlichenden Blick auf sie zu richten und sie in diesem Sinne dem Kunstwerk und der gezähmten, durch menschliche Tätigkeit geprägten Natur anzunähern, die ein Subjekt als Einheit verstehen kann und in der es sich wiederfindet: Es muß nicht Natur sein, sagt die Naturästhetik. »Es ist der Sinn der modernen ästhetischen Naturerfahrung, sich mit etwas zu konfrontieren, das in wesentlicher Hinsicht keiner Intention entsprungen ist« (Seel 1991, 189).

So ist die Anschauung der Stadt als Landschaft eine Übersetzung der an Landschaftsmalerei und agrarischen Gebieten ausgebildeten Technologie des Blicks. Mitte des 18. Jahrhunderts schlägt der Jesuit Laugier in seinem *Essai sur l'architecture* vor, die Stadt anzusehen wie Natur, als Wald, und sie dann zu zähmen, indem sie angelegt wird wie ein Park, regelmäßig, aber nicht zu sehr, abwechslungsreich, aber nicht verwirrend (Laugier 1989, 176f). Die Deutung ist im städtebaulichen Diskurs topisch geworden und hat die jeweils aktuellen Metaphern der Rede über Natur und Landschaft adaptiert. Zu einem Extrem hat diesen Blick auf die Stadt August Endell getrieben, der die Stadt mit »denkender Einbildungskraft« erkennen wollte und anschauen »wie man die Natur, wie man Wald, Gebirge und Meer ansieht«.[35] Der Blick auf die Landschaft wird subjektive Syntheseleistung an einem Ausschnitt einer Natur, die auch Stadt sein kann.

Materialisiert hat sich der landschaftliche, naturalisierende und idealisierende Blick auf Städte in Gestaltungen von grünen Siedlungen und Gartenstädten. Sie suchen die Gegensätze zwischen Stadt und Land über die Gestaltung von Landschaften zu überwinden, in denen sich beide durchdringen. Diese Versuche gibt es, verbunden mit programmatischen Äußerungen, ebenfalls seit der Mitte des 18. Jahrhunderts. In London beginnt um diese Zeit mit der Anlage von St. John's Wood der Bau von durchgrünten Stadtvierteln, in denen sich die Vorteile des Stadt- und Landlebens verbinden sollen, Prinzipien des Landschaftsgartens werden in die Stadtgestaltung übersetzt wie im Regent's Park von 1837. Villa, Landhaus und Cottage als Wohnformen, die städtische und ländliche Charakteristika verbinden, für die wohlhabenden Schichten, William Morris' Ideen über das Wohnen der Unterschichten vor der Stadt oder die Gartenstadtentwürfe von Ebenezer Howard integrieren Stadt und Land, Natur und städtische Zivilisation. Auch die großzügige Begrünung der Pariser Boulevards als Teil der *Haussmannisation* gehört in die Reihe dieser Versuche, und noch die Charta von Athen, die landschaftliche Elemente in die Stadt einbeziehen will, reflektiert diese Tradition. Denn die vier Funktionsbereiche Arbeit, Wohnen, Verkehr, Erholung, sollen in die gegebene Landschaft integriert werden.[36]

Harmonie in der Stadtlandschaft

Ein ehrgeiziges Projekt für eine harmonische postindustrielle Stadtlandschaft, das als IBA im Kleinen und Inkarnation des Umweltmodells der Internationalen Bauausstellung Emscher Park gelesen werden kann, wurde in der Siedlung Schüngelberg umgesetzt. Schüngelberg ist eine als Gartenstadt angelegte Bergarbeitersiedlung in Gelsenkirchen-Buer, die im Unterschied zu vielen anderen tatsächlich noch von Bergarbeitern bewohnt wird. Einer der Mitarbeiter der Internationalen Bauausstellung Emscher Park beschreibt sie 1991 wie folgt: »Im Norden das Bergwerk; im Westen und Süden die Halde; im Süden ein Abwasserkanal; im Süd-Osten Ruinen der alten Zeche Hugo I/IV; im Osten schließlich die Zechenbahn. Dazwischen – auf ca. 21 ha – befinden sich 315

Bergarbeiterwohnungen aus dem Beginn dieses Jahrhunderts, Brach- und Gartenland.« (Beierlorzer 1991, 1256) Zugänge zur Siedlung bieten eine Straße und ein Weg, die unter der Eisenbahnlinie durchführen. Mitte der siebziger Jahre war die Siedlung vernachlässigt und beinahe aufgegeben. Den Umschlag von der Abfall- in die Denkmalkategorie drückt ein Projektvorschlag deutlich aus: »Die Bergarbeitersiedlung Schüngelberg ist Mitte der siebziger Jahre nur wegen zu hoher Folgekosten nicht zugunsten der Erweiterung der Bergehalde für die Zeche Hugo abgerissen worden. Die veränderten Maßstäbe über sozialen und stadtgestalterischen Wert der Siedlungen haben deren Bestand gesichert, und so ist heute die Aufwertung dieses Wohnstandortes möglich.« (Stadt Gelsenkirchen 1989, 83) Heute ist die Siedlung ein Modellfall für die – auch den in den siebziger Jahren geforderten sozialen Zielen weitgehend entsprechende – Erneuerung von Zechensiedlungen und als Gartenstadtsiedlung unter Denkmalschutz gestellt.[37]

1996 waren die alten Häuser modernisiert, das heißt, mit neuen Installationen ausgerüstet, wärmeisoliert und mit Bädern ausgestattet. Dem Energienutzungs- und Komfortstandard entsprechend sind sie an Fernwärmeversorgung angeschlossen. Die Häuser sind von Kohlenstaub befreit, den Auflagen des Denkmalschutzes entsprechend sind die Fassaden mit mineralischem Putz überarbeitet und hell gestrichen, die Dächer sind mit roten Tonziegeln und die Fenster mit kleinteilig gegliederten Holzrahmen versehen. Mauern und Hekken wurden erhalten oder rekonstruiert, Wege und Bodenbeläge mit »natürlichen Materialien« gestaltet. Eine Maschinenhalle der Zeche Hugo I/IV ist als überdachter Abenteuerspielplatz eingerichtet.[38] Neue Bauten und neue Infrastruktur, die nicht die Gestaltung, wohl aber die Raumnutzung, die Nutzungsmöglichkeiten und die Beziehung zwischen privatem und öffentlichem Raum der alten Siedlungshäuser aufnehmen, sind dazugekommen.[39]

Aufmerksamkeit wird der Wassernutzung, der Wasserver- und -entsorgung zuteil. Ein Spundwand-Kanal für Schmutzwasser ist abgedeckt und verschiedene Wasserläufe sind »naturnah« umgestaltet als »Erlebnisraum« für die Bewohner. Abwasser, Sauberwasser und Reinwasser sind getrennt, ein Mulden-Rigolen-System sorgt dafür, daß das Regenwasser von den Hausdächern und Höfen versickert und in den neu gestalteten Hauptbach der Siedlung gelangt. Mit der konzeptionellen Grenze zwischen Natur und Kultur spielt die Gestaltung der Halde Rungenberg, die sich direkt hinter der Siedlung im Westen und Süden erhebt. Ein Teil der Halde, die 1989 noch warm war, »aber nicht brennt« (Stadt Gelsenkirchen 1989, 85) wurde nach Ende der Schüttung begrünt und zur monumentalen »Doppelpyramide« geformt, eine Gestaltung, die Berg und

Bauwerk und nicht zuletzt Pücklers Muskauer Garten assoziieren läßt. Als Ergebnis eines Künstlerwettbewerbs wurde die Halde mit einer »Kunstnatur-Schneise« versehen, die unter den Wegen über das als Erholungsgebiet geplante Gelände geführt wird.[40] Neubauten auf dem Gelände sind aus »umweltverträglichen« Materialien errichtet. Ansprüche ökologischen Bauens werden unter anderem mit Maßnahmen zur Energieeinsparung und einem siedlungsbezogenen Abfallkonzept erfüllt. Zur Bindung der Bewohner an die Siedlung tragen historische Reminszenzen und symbolische Aneignungsprozesse bei. Nach einem Wettbewerb zur Vergebung von Straßennamen haben die Bewohner, etwa zwei Drittel stammen aus der Türkei, den »Tepeweg« nach dem türkischen Wort für Hügel, eine Straße nach einem Flöz im nebenan gelegenen Bergwerk und eine weitere nach dem Architekten der Siedlung benannt.

Diese Gestaltung versammelt und zeigt die Motive, die heute für Planungen zur Wiedernutzung von abrißreifen Bauten und vernachlässigten Arealen charakteristisch sind: die Sicherung des Erhalts von Bauten und Anlagen durch Denkmalschutz, die Verbindung sozialer, ökonomischer und politischer Ziele in Wohnungsbau und der Gestaltung von Erholungsflächen, sorgfältige Stoffökonomie, »naturnahe« Umbauten mit ökologischem Anspruch, verbunden mit naturästhetischer Interpretation, Sorgfalt in der Auswahl von (»natürlichen«) Materialien, Spiele mit den Konzepten von »Kultur« und »Natur« in künstlerischen Gestaltungen, das Moment der Imagebildung zur Bindung von Bewohnern an ihre Siedlung, die Beziehung auf die architektonische und die Sozialgeschichte des Ortes, die Einrichtung von Spielzonen.

Schüngelberg steht für eine Entwicklung, die mit der Errettung der Siedlung durch den Denkmalschutz beginnt und von dort aus die harmonische Stadtlandschaft ästhetisch und ökologisch neu bestimmt: Natur und Kultur sind in jeder derzeit denkbaren Hinsicht und unter Verwendung avanciertester Technik definiert, Stoffe und Stoffbewegungen sind in diesem Versuch eines totalen Konzeptes ideal kontrolliert. Über das Gebiet der alten Gartenstadt hinaus ist auch die weitere Umgebung einbezogen, und beides über Kunstprojekte und Landschaftsplanung gestalterisch verzahnt. Ein Bild, das Garten, Park, Stadt und Hinterlassenschaften der Industrie integriert, ist entstanden. Ästhetische wie ökologische Erwägungen haben beigetragen zur Schaffung eines harmonischen Gleichgewichts.

Natur und Technik

Ältere Harmonien: Denkbar wird im zweiten Drittel des 20. Jahrhunderts unter dem Schirm des Naturschutzes die Synthetisierung neuer schützenswerter Heimat, von Landschaften in technischer und künstlerischer Vollendung, oder Landschaften des technischen Erhabenen. Neben dem Naturschutz, der, eingreifend oder nicht, erhält, gibt es einen weiteren, den als einer der prominentesten Verfechter Walter Schoenichen, Nachfolger von Hugo Conwentz als Leiter der preußischen Stelle für Naturschutz und bis 1938 Direktor der ›Reichsfachstelle Naturschutz‹, programmatisch vertreten hat. Es handelt sich um den »gestaltenden Naturschutz«, der die »Neugestaltung des Heimatbildes«, die »Prägung neuen heimatlichen Reizes« und die »Schaffung neuen Heimatgutes« zur Aufgabe hat. Das ist umfassende Landschaftsgestaltung, die mit der Einbürgerung und Wiedereinbürgerung von als heimisch identifizierten Tieren und Pflanzen, der Veränderung von Landschaftsformen, Gestaltungskonzepten für Landwirtschaft und Industrie einhergeht. In der Neuproduktion von »Heimat« zeigt sich Harmonie im Zusammenspiel von Natur und Technik: Heimat ist mit und mittels moderner Technik verbesserte Natur.[41]

Dieses umfassende Konzept steht im Kontext einer unter anderem im Bund Heimatschutz entfalteten Diskussion über die Gestaltung von technischen Bauwerken, von Straßen, Kanälen und Schienenwegen. Seit der Jahrhundertwende setzen sich in Deutschland Ingenieure mit der landschaftlichen Einpassung von Ingenieurbauten auseinander.[42] Wenn Alwin Seifert, ab 1940 ›Reichslandschaftsanwalt der Reichsautobahnen‹, Überlegungen zur Symbiose von Autobahn und Landschaft vorstellt und verlangt, daß jedes technische Bauwerk ein »harmonischer Teil der Landschaft« werden soll, »in die hinein es gestellt wird« (Seifert 1941, 14), wenn er fordert, daß »technische Notwendigkeit, technisches Können und künstlerisches Fühlen mit Gestalt und Gesetz der Landschaft zu restlosem Einklang« (ebd., 15) vereinigt werden sollen, dann nimmt er Positionen auf, die in der Weimarer Zeit schon führende Natur- und Heimatschützer vertreten hatten: »Technik« und industrielle Entwicklung sind mit der Ästhetik der (deutschen) Landschaft verträglich.[43]

Verträglichkeit ist die minimale Forderung. Das Ziel ist Schönheit, Vollkommenheit, möglicherweise die Erhabenheit, die heroischer Naturbeherrschung zugeschrieben wird. Von diesem Bestreben zeugen unter anderem auch US-amerikanische Planungen, die anerkannte und bewunderte Naturdenkmäler wie die *Niagara Falls* um 1900 und weitere Flußtäler, letzteres etwa zeitgleich mit den angesprochenen deutschen Überlegungen, zur Stromerzeugung umbauen. Die *Niagara Falls* können ohne machtvolle Proteste für die Stromerzeugung zugerichtet werden, als sichergestellt ist, daß die nach dem Umbau von ihrer An- und Ausschaltung abhängigen Wasserfälle wie die früheren aussehen werden: So können wirtschaftliche Ziele und technische Möglichkeiten ihrer Realisierung mit der Schönheit der amerikanischen Landschaft versöhnt werden. Das Ergebnis ist Harmonie von Natur und Technik, im Falle der Staudammprojekte in den USA die Schaffung von Naturparks der Energiewirtschaft, im Falle des nationalsozialistischen Deutschland die Einbettung der Infrastrukturen der Kriegswirtschaft in die Natur. In beiden Fällen gelingt die öffentliche Identifizierung der Neumodellierung der Umwelt mit dem allgemeinen Wohl.[44]

In den Zusammenhang der Bestrebungen zur Harmonisierung von Natur und Technik ist in Deutschland auch die Aufarbeitung von Tagebaurestlöchern des Braunkohletagebaus zu stellen.[45] Die Diskussion darüber beginnt in den zwanziger Jahren, 1932 erläßt Preußen »Richtlinien für die Einebnung und Urbarmachung im Braunkohlentagebau«, 1940 verlangt ein Reichsgesetz das Abtragen der oberen agrarisch nutzbaren Bodenschichten vor der Kohlegewinnung, die Verstürzung von Abraum in ausgekohlte Tagebaue und die unverzügliche Urbarmachung mit den abgetragenen Schichten (Meyer 1957, 51). Das sind Grundsätze, die nach 1949 in der BRD, nicht aber in den Braunkohlegebieten der DDR um Bitterfeld und in der Lausitz, zur Anwendung gekommen sind – bis heute übrigens nicht.

1936 war ein polemischer und einflußreicher Artikel von Alwin Seifert mit dem Titel »Die Versteppung Deutschlands« erschienen, in dem die Wiederherstellung der früheren Landschaft gefordert wurde, eine Forderung, die er 1953 wiederholt: ein synthetisierter »lebendiger Organismus Landschaft« soll nach dem Braunkohleabbau entstehen, die Folgelandschaft auch »Gemütswerten« gerecht werden.[46] 1950 beschließt der nordrhein-westfälische Landtag ein umfassendes »Gesetz über die Gesamtplanung im Rheinischen Braunkohlegebiet«, das Landschaftspläne vorsieht, die vor dem Abbau einen Neuaufbau der abgeräumten Gebiete regeln sollen. Berücksichtigt werden dabei vor allem land- und forstwirtschaftliche Interessen; doch künftige Abräumungen sollen auch von vorneherein das künftige Relief, landwirtschaftliche und Nutzbarkeit für Erholungszwecke, sowie denkmal-, natur- und landschaftspflegerische Aspekte einbeziehen: Die Rede ist in der Tat von einer »Wiederherstellung« der umgegrabenen Gebiete.[47] Das vollkommene Umgraben zur Ausbeutung von Rohstoffen ist mit Bildern harmonischer Landschaften konzeptionell verträglich: Man kann sie nachher, in Anpassung an die Erfordernisse einer industrialisierten Land- und Forstwirtschaft, in weitgehender Freiheit unter Berücksichtigung der zugehörigen Versatzstücke errichten.[48]

Der Entwurf der Heimat, der der Landschaft, in die industrielle Großstrukturen harmonisch eingebettet sind, und die Synthetisierung der neuen Landschaften nach dem Braunkohletagebau teilen vor allem diese Eigenschaft: Sie sind Vorschriften für die Produktion und Konstruktion bisher ungesehener Landschaften, die durch jeweils aktuelle politische, wirtschaftliche und technische Ziele bestimmt sind. Doch während diese Ziele neu sind, lösen sich die Konstruktionen nicht von Bildern der vorindustriellen oder der wilden Landschaft; noch die monotonen Rekultivierungen für industrialisierte Land- und Forstwirtschaft der sechziger und siebziger Jahre beziehen sich in ihrem Anspruch darauf.

Konstruktion und Harmonie

Ein anderer Weg der Harmonisierung von Natur und Technik liegt in der Bestätigung, Auszeichnung und Steigerung der Artifizialität industriell verbrauchter Gelände. Einen klischeehafte Bilder in diesem Sinne kommentierenden Entwurf für eine postindustrielle Landschaft hat die Planungsgruppe Ove Arup zur Umgestaltung zweier Terrains in Wales entwickelt:

»*Stillgelegte Atomkraftwerke unter Hügeln begraben.* Eine neue Fernsehserie von BBC Wales, die im nächsten Jahr im ganzen Land gezeigt werden soll, untersucht vier verschiedene Optionen für die Entwicklung des stillgelegten Atomkraftwerks von Trawsfynydd in Wales, dessen Gelände für die nächsten 135 Jahre ein abgeschlossenes Gebiet sein wird. Ove-Arup Partnership wurde während einer offenen Fernsehdebatte mit den Sponsoren, den Architekten, Preisrichtern und Bewohnern der Gegend als das Siegerteam ausgewählt. Andere Entwurfsteams, die Vorschläge eingereicht hatten, waren Will Alsop, SITE Architects aus den USA und Ushida-Findlay Partnership aus Japan mit Dewhurst MacFarlane and Partners. Der Vorschlag von Ove-Arup sah die Verwendung von überschüssigem Schiefer vor, der zur Zeit die Landschaft um die benachbarte Stadt Blaenau verschandelt, um die zwei Reaktorgebäude zu begraben, so daß eine Reihe von Hügeln am Ufer des Trawsfynydd Lake entsteht.« (Landscape Design 1994/1995, 4)

1994 wurden die vier Planungsteams aufgefordert, Entwürfe für das stillgelegte Atomkraftwerk in Trawsfynydd/Wales vorzulegen. Sponsoren waren öffentliche Institutionen, die BBC, das *Development Board for North Wales*, der Eigentümer, *Nuclear Electric*, und ein *Training Initiative Council*. Die Planungen wurden in drei Fernsehsendungen im November 1994 der walisischen Öffentlichkeit vorgestellt und unterlagen damit einer öffentlichen Kritik wie selten eine Planung für Altlasten.[49]

Das in den frühen sechziger Jahren entstandene Atomkraftwerk bot Arbeitsplätze in einer Gegend, die durch das Ende des Schieferabbaus und der damit verbundenen Industrien im wirtschaftlichen Niedergang begriffen war. Lokale Einwände gegen den Bau bezogen sich vor allem auf ästhetische Fragen. Ihnen suchte bereits eine Gestaltung zu begegnen, die die Reaktorgebäude als Landmarke, als repräsentativen Industriebau faßte und prominente Gestalter hatte, Sir Basil Spence und die Landschaftplanerin Dame Sylvia Crowe.

Der Abriß der nun stillgelegten Anlage, die Option der lokalen Behörden, war der Betreiberfirma zu teuer. Die Pläne von *Nuclear Electric* sahen einen Stufenplan vor: Abriß der nicht radioaktiven Teile ab 1996 und Entfernung der Ummantelung, Einschließung und Sicherung der Reaktorgebäude bis zum Jahr 2000, Überwachung der Sicherungen bis zum Jahr 2127, dem Zeitpunkt, zu dem ein Teil der radioaktiven Substanzen zerfallen sein würde, Abriß und Restaurierung des Geländes bis 2136: Präzisionsarbeit, exakt plan- und absehbar über 135 Jahre.

Das Büro Ove Arup nahm diese Vorgaben an, und die Planer ergänzten sie um eine Beobachtung: Blaenau Ffestiniog, einst ein Zentrum des Schieferabbaus der Gegend, war umgeben von Bergehalden, Grund für den Ausschluß der Stadt aus dem angrenzenden *National Park*, der die Hügel um den höchsten Berg der Britischen Inseln schützt. Aus der Vorgabe und dieser Beobachtung entwickelte sich der Plan: »Das Ziel ist es, das Gelände der Natur wieder zurückzugeben, indem Schieferabfälle, die zur Zeit Blaenau Ffestiniog unansehnlich machen, als Rohmaterial eingesetzt werden, um damit die zwei Reaktorgebäude zu begraben und so eine Reihe von Hügeln am Ufer des Trawsfynydd Lake zu schaffen.« (Armour 1995, 24) Wo es zu viele Hügel der falschen Art gibt, werden sie abgeräumt, wo sie fehlen, werden neue gebaut.

Es entstand der Plan einer umfassenden Neuformung der Landschaft. Die zwei Hügel aus Haldenmaterial sollten die Reaktorgebäude begraben; nur Zugänge zu den Reaktoren sollten freigehalten werden, um die Überprüfung ihres Zustandes zu ermöglichen. Ein Spiel mit vorhandener Landschaft und künstlichen Hügeln soll entstehen, wobei diese aber nach dem Bild der umliegenden Hügel geformt und begrünt werden: »Obwohl die neue Landform vollkommen künstlich sein wird, wäre sie so gestaltet, daß sie in die dramatische Form und Vegetation der umliegenden Landschaft paßt. Die natürliche Formung der Hügel würde den Eindruck einer dominierenden, von Menschen gemachten Struktur in dieser einzigartigen Topographie ausschließen.« (ebd.)

Doch das Erinnern erhält in Form einer Markierung, die einen Gedenkhain, wahlweise auch die Umpflanzung von Rousseaus Grab in Ermenonville, assoziieren läßt, seinen materiellen und weithin sichtbaren Anker: »Obwohl das Kraftwerk begraben würde, wäre seine Rolle in der Gemeinde nicht vergessen. Die zwei Haupthügel würden ›markiert‹ mit symbolischen Baumkreisen, die sich direkt über den stillgelegten Reaktorblöcken befänden – als Erinnerung an den früheren Gebrauch des Geländes.« (ebd.)

Zentraler Teil des Konzeptes sind Vorschläge, die das Licht betreffen, und zwar das der Sonne, die, als *shifter* zwischen Nuklear- und Solarzeitalter interpretiert, Teil der Planung wird: »Sonnenlicht – eine Quelle nachhaltiger Energie – würde eingesetzt, um auf das Gelände hinzuweisen, einen früheren ›Energieproduzenten‹. Das würde sowohl der Erinnerung an den früheren Gebrauch wie als Symbol für seine Zukunft als Ort einer nachhaltigen Energie dienen.« (ebd.) Der oben zitierte Zeitungsartikel erklärt: »Lighting Design Partnership, die mit Ove-Arup an dem Projekt gearbeitet haben, haben vorgeschlagen: Signallichter, Reflektoren, die innerhalb der Baumkreise angebracht sind, damit sie die natürliche Bewegung der Sonne spiegeln und kleine Strahlen auf die umgebenden Hügel projizieren.« (Landscape Design 1994/1995, 4)

Die ökonomisch wünschenswerten Effekte, die diesen bislang nicht realisierten Entwurf mit hohen Erwartungen verknüpften, betrafen vor allem eine touristische Nutzung: »Die ›neue Landschaft‹, der See und die umgebenden Hügel könnten einen wichtigen Orientierungspunkt für Wassersportaktivitäten, für Wanderungen, Fahrradtouren und Ausritte bieten zusammen mit unaufdringlichen Erholungsstätten am Seeufer und am Fuß der neuen Hügel.« (Armour 1995, 24) »Die Berghänge um Blaenau werden wieder als Agrarland hergestellt, so daß der Charakter der Stadt sowohl für Touristen wie für Einheimische aufgewertet wird. ›Computerfirmen und wissenschaftliche Institutionen werden sich dort nicht ansiedeln‹, sagte Mike Lowe von Ove-Arup Partnership. ›Erholungstourismus ist die ökonomische Basis in diesem Gebiet. Unser Vorschlag ist technisch und ökonomisch machbar.‹« (Landscape Design 1994/1995, 4)

4 Korrespondenzen

Das Sehen der Korrespondenz

Es gibt andere Positionen, die sowohl den Gedanken der Harmonie als auch den der Entzweiung aufnehmen. In Überlegungen zur Landschaft, in denen eine Korrespondenz zwischen Landschaften und Menschen vorausgesetzt wird, ist die Harmonie zwischen Stadt und Land, zwischen Menschengemachtem, Kultur, Zivilisation und Natur eine vorgefundene – muß aber nicht mit Befriedigung betrachtet werden: Alles dies kann einander auch korrespondieren, weil es möglicherweise gleichermaßen zu verwerfen ist.

Zwei Arten der Korrespondenz sind in der Literatur zur Landschaft beschrieben worden. Die eine Art läßt die Landschaft und das sie betrachtende Subjekt korrespondieren und insofern in einen harmonisierten Zustand eintreten. Beat Wyss verweist in diesem Sinne auf Hegels Lob der Ossiandichtung, das sich darauf gründet, »daß die beschriebenen Landschaften ganz mit der inneren Verfassung der Helden übereinstimmten.« (Wyss 1997, 209)[50] Wyss sieht »anthropomorphe Projektionen« und die Instrumentalisierung und Kolonisierung der Natur in diesem Blick, »das schlechte Gewissen über die Entzauberung der Welt« (ebd.).

Dieser Blick, auf die Landschaft gerichtet im Wissen um die Kluft zwischen Natur und Geist, ist einer der prominenteren, die auf Landschaften fallen. Auch Georg Simmel kennt diesen Blick, in dem sich Übereinstimmung aus Korrespondenz erzeugt. Es komme zu einer Korrespondenz von Mensch und Landschaft, da die Stimmung des Betrachters und die Konstituierung der Landschaft in eines fallen.[51] Der Blick, der Korrespondenzen erzeugt und über das Gesehene legt oder in ihm findet, richte sich auf »Naturausschnitte« und betrachte auch Gebiete, die durch menschliche Tätigkeit geformt sind, wie Teile der Natur, ein subsumierender und generalisierender, das Gesehene instrumentalisierender Blick. Mit diesem Blick richtet sich ein Subjekt auf eine Ganzheit, um sie als sich entsprechende zu erzeugen und zu genießen – oder an ihr und sich zu leiden.

Anzumerken ist hier, daß in Landschaftsmalerei wie im Blick in die Landschaft im allgemeinen nur Menschen zu sehen sind, die als Teil der Landschaft fungieren. Der Blick auf die korrespondierende Landschaft ist privilegiert, die Bewohner der Landschaft sehen sie nicht. Sie leben darin, sind Teil dessen, was sich dem betrachtenden Subjekt von seinem beherrschenden Blickpunkt, über seine überlegene Technologie des Blicks als Landschaft zeigt.

Das ist auch der Fall in der Beschreibung einer zweiten Art der Korrespondenz. Sie findet sich in einer Rede über die Landschaft, die gleichermaßen die gestaltete, die gesehene und die gemalte meint. Hier erscheint die Landschaft, und zwar jede, die angeschaut wird, als in Gleichklang mit denjenigen befindlich – nicht, die sie sehen, – sondern mit denjenigen, die sie bearbeitet und so geschaffen haben. In dieser Deutung sind Landschaften das blind Produzierte, das intentionslos Erzeugte, an dem sich von vorneherein eine Harmonie, eine Korrespondenz ablesen läßt, die der natürlich schaffende Mensch und die natürlich schaffende Natur haben. Diese weiß der geschulte Betrachter der Landschaft objektivierend festzustellen. Ein Beispiel dieser Art stammt aus England.

Von der schlechten zur guten Korrespondenz

> ... es gibt keinen Grund, aus dem zurückgewonnenes Land nicht zur Schaffung neuer Landschaften gut sein sollte, die ihren Zwecken genauso dienen und dem Auge genauso angenehm sind, wie es die der großen Landschaftsreformer des 18. Jahrhunderts waren.
>
> *D. Tattersall*

Eine der drastischsten pädagogischen Maßnahmen, die je zur Augenöffnung für eine durch die Industrie geprägte Umgebung in Gang gesetzt worden sind, dürfte die *Operation Springclean*, die »Operation Frühjahrsputz« sein, die ab 1967 im Nordwesten Englands die Bevölkerung in eine Aufräumaktion des gesamten Gebietes verwickelte. Sie hatte vor allem zwei Ziele: eine alte Industrieregion für ihre Bevölkerung sichtbar zu machen und darüber die Voraussetzungen für die Entwicklung einer ansehnlichen Landschaft zu schaffen, die wieder ökonomische Aktivitäten in den aufgegebenen Wirtschaftsraum ziehen sollte. Die Aktion ging aus von einer Analyse, die eine Korrespondenz zwischen Bevölkerung und Zustand der Umgebung herzustellen wußte.

Das Gebiet, auf das sich die Aufräumaktion bezog, war das Gebiet mit dem größten Bestand an *derelict land* in England. Nach einer Aufnahme von 1969 befanden sich allein 16 Prozent des Bestandes an *derelict land* von ganz England in einem *county*, in Lancashire, und umfaßten dort 9 Prozent der gesamten Fläche. In einer Gemeinde, Ince in Wakersfield, waren 33 Prozent des Bodens als *derelict land* klassifiziert, also als »Land, das in einem solchen Maße durch industrielle oder andere Entwicklungen zerstört ist, daß es ohne Behandlung keinem nützlichen Gebrauch zugeführt werden kann«.[52]

Von 400 Kohleminen in Lancashire im Jahr 1911 waren 1970 noch 11 in Betrieb. Die Strukturen der Textil- und Schwerindustrie aus dem 19. Jahrhundert waren bereits nach dem Ersten Weltkrieg aufgegeben und liegengelassen worden. Neue Industrie hatte sich auf früher agrarisch genutztem Land angesiedelt. Seit 1914 waren etwa 400 Meilen Eisenbahngeleise außer Verkehr genommen und ebenfalls liegengelassen worden. Bei jeder Schließung eines Bergwerks fielen weitere 400 *acres* an *derelict land* an (Tattersall 1970, 1ff). 1970 schreibt ein Planer beim Lancashire County Council: »Die alte Industriegelände sind in einem völlig verwahrlosten Zustand, und entfalten ihre desaströsen visuellen Wirkungen in Gemeinden, die ohnehin schon getroffen sind, da sie gravierende ökonomische Verluste haben hinnehmen müssen.« (ebd. 1)

Es war eines der ersten Gebiete, in denen versucht wurde, eine Politik der *reclamation* durchzuführen. Bereits 1954 begann das *Lancashire County Council* versuchsweise, Bergehalden zu begrünen und zu gestalten (Metropolitan Wigan 1988, 14). Ohne vorherige Behandlung des Gebietes, das alte Minenschächte, Fundamente von Betriebseisenbahnen, Verbrennungsrückstände und andere Abfallstoffe aufwies, wurden Bäume gesetzt. Primäres Ziel war eine Behandlung der ästhetischen Probleme und die experimentelle Beantwortung der Frage, welche minimale Behandlung eine grüne Landschaft erzeugen würde. Deshalb wurden die steilen Hügel nicht begradigt oder geformt und dennoch der angestrebte Erfolg erreicht (Tattersall 1970, 5). Den Planer stört 1970 nur ein Schönheitsfehler, der das Bild der vorindustriellen Landschaft verdirbt: die »unnatürliche« Form des Hangs.

Die einflußreiche Aktion, die die weitere Umgebung dieses Gebiets 1968 einem neuen Blick unterwerfen sollte, war die *Operation Springclean*. Nach einer Untersuchung des *Environment Committee of the North West Economic Planning Council* von 1965/66, die schwerwiegende Mängel durch Verschmutzungen und aufgegebene Industrieareale, aber auch in ästhetischer Hinsicht moniert hatte, suchten der *Civic Trust* und das *Planning Council* der Region, Industrieverbände und andere Organisationen nach Möglichkeiten, sowohl den desaströsen Ruf als auch die Trostlosigkeit des Nordwestens zu bekämpfen (CTNW 1968, 1). Die Ziele waren »sowohl kommerziell wie auch ästhetisch«, eine heute geläufige Kombination.

»Die Idee war, daß eine attraktivere Umgebung das trübe ›Coronation Street‹-Image des Nordwestens aufhellen könnte und deshalb dabei hilfreich wäre, die Region dem Rest des Landes sowie ausländischen Geschäftsleuten, Unternehmern und Touristen besser zu verkaufen, den Sog nach Süden zu schwächen und den Sog nach Nordwesten zu verstärken. Mehr Industrie würde mehr Menschen und mehr Wohlstand bedeuten. Der ästhetische Impuls oder das philosophische Konzept hinter der Operation Springclean war die Überzeugung, daß jeder das Recht hat, in einer angenehmen Umgebung zu leben. Es gab das Gefühl, daß wir in einer schönen Umgebung ›etwas mehr leben‹, als wir das in einer häßlichen oder gleichgültigen Umgebung tun, eine Idee, die schlagkräftig formuliert worden ist in dem Slogan ›Brighten Burnley: Brighten Life‹.« (CTNW 1968, 1)[53]

Das Ziel der Maßnahme war, wie gesagt, unverhüllt pädagogisch. Wichtiger noch als die in der *Operation Springclean* erreichten physischen Verbesserungen der Umgebung war den Akteuren aus Planung und Verwaltung die damit verbundene Erziehungsmaßnahme, die sich umfassend auf eine zu belehrende Bevölkerung bezog, der die ästhetische und hygienische Verantwortung für eine ihr korrespondierende vermüllte und unansehnliche Umgebung zugewiesen wurde. Denn Ausgangspunkt der *Operation Springclean* war eine Analyse der Probleme, die die Wurzel des Übels in unentschuldbaren Charaktereigenschaften und Einstellungen der Bevölkerung verortete. Diese wurde aufgrund von »Trägheit« und »Apathie« für den Zustand der Umgebung verantwortlich gemacht – und nicht etwa die Unternehmen der zusammengebrochenen Schwerindustrie, nicht die staatliche oder kommunale Verwaltung.

Die so verorteten Charakterschwächen wurden als amoralisch oder krank verstanden, der nicht entwickelte ästhetische Sinn als Schwäche der Wahrnehmung. Krank wie die Bevölkerung war die Umgebung, und hier folgt die Argumentation der Idee einer Korrespondenz: Es war eine schlechte Harmonie entstanden: »Es wurde davon ausgegangen, daß viele Menschen zu lange ihre Umgebung als gottgegeben und nicht als menschengemacht betrachtet hatten. Sie hielten sich selber für zu machtlos, um daran etwas zu ändern. Sie hatten sich damit abgefunden, daß sie ihre Umgebung akzeptieren müßten wie Jugendliche lernen, ihre Akne zu akzeptieren – als etwas Unangenehmes, doch Unvermeidliches.« (CTNW 1968, 2) Die *Operation Springclean* sollte diese Haltung verändern, »Trägheit und Apathie« austreiben, die »ästhetische Kurzsichtigkeit« beheben und »jeden der 6.5 Millionen Bewohner« an der Umgestaltung beteiligen.

Gegen den Zustand wendet sich eine umfassende strategische Anstrengung: »Um dieses Mammutprogramm zu bewältigen, wurde die Operation Springclean quasi militärisch organisiert.« (CTNW 1968, 2) Sie nimmt die Form einer systematischen *public relations*-Kampagne an, die Ende 1968 neben Briefserien, Faltblättern und Broschüren »30.000 inches Zeitungsspalten« produziert hat, die Eigentümern erklären, wie sie ihre Häuser, Gärten, Garagen und Schuppen aufräumen, anstreichen oder umgestalten sollen, damit sie wie andere zu einer besseren Umgebung kommen, welche öffentlichen Aktionen auf ihre Unterstützung warten und wie Maßstäbe für eine gute Umgebung aussehen.

Zentral für die Erzeugung eines öffentlichen Blicks auf die »kranke« Umgebung sind die Gestalten der »Mrs. Springclean« und der »Miss Springclean«:

»Die Aufgabe der Miss Springclean bestand darin, verschiedene Orte zu besuchen und dabei fotografiert zu werden, wie sie für eine Aufwertung in Frage kommende Gebiete in Augenschein nahm oder sich mit lokalen Würdenträgern unterhielt. Wo immer sie aus ihrem Rolls Royce stieg, makellos gekleidet, doch mit Eimer und Besen in der Hand, wurde ihr ein aufmerksamer Empfang durch Pressefotografen zuteil. In einem gewissen Maße zwang die breite Presseberichterstattung über ihre Reisen die etwas nachhinkenden Bezirke dazu, etwas zu unternehmen, wenn sie von ihrem bevorstehenden Besuch erfuhren.« (CTNW 1968, 3)

Das Resultat der Aktion waren Pflanzungen von Bäumen, die aus Stiftungen stammten, das Säubern von Häusern und öffentlichen Bauten von Kohleruß, das in YWCA-Gruppen und Schulklassen durchgeführte Müllsammeln im Wald, auf Hügeln, auf Brachflächen, die danach meist versiegelt oder mit Gras eingesät wurden, um späteres *fly-tipping* unwahrscheinlicher zu machen. Neue kostenlose Sperrmüllabfuhrsysteme wurden nebst Strafen bei Nichtbenutzung eingeführt, um das Entsorgen im Wald zu verhindern, Häuser ganzer Straßenzüge wurden, teils mit gespendeten Farben, neu bemalt wie auch das Straßenmobiliar. Gruppen zogen an Eisenbahnlinien, Bächen und Kanälen entlang, um Abfall einzusammeln. Wettbewerbe, meist von der lokalen Presse ausgeschrieben, vergaben Preise an besonders erfolgreiche Müllsammelgruppen und Gestalter der Umgebung. Alte Industriebauten wurden abgerissen.

Schließlich tritt die Königin auf, um vor der lokalen wie nationalen Presse den Blick auf die aufgeräumten und noch aufzuräumenden Gebiete zu richten. Dieser ohne jeden Zweifel bedeutende Blick bestätigt die Anschauung des Nordwestens als Landschaft. »Die Ankündigung des Buckingham Palastes, daß Ihre Majestät die Königin die Region im Zusammenhang mit der Operation Springclean besuchen werde, zog weiteres öffentliches Interesse nach sich und führte zu intensiven Aktivitäten im Mai und im April.« (CTNW 1968, 3). Die

Rundreise durch das Aufräumgebiet führt die Königin nicht nur zu »wieder aufgemöbelten Gebäuden und wie aus dem Ei gepellten Gärten«, sondern bietet ihr auch den Anblick von Bergehalden bei Wigan: »Stellen Sie sich nur die Szene vor«, lädt der *Wigan Observer* ein, »ein Rolls Royce, der seinen Weg durch Felder pflügt, seine Königliche Insassin unterwegs mit dem Ziel, sich drei Schlackenhalden anzuschauen.« (Wigan Observer, 24.5.1968).

Die drei Berge, die die Königin 1968 in Augenschein nimmt und so in ihrer zweifellosen Sichtbarkeit bestätigt, sind die »Three Sisters« in Ashton-in-Makersfield, heute ein beliebtes Gebiet für die Freizeitgestaltung, seit Anfang der sechziger Jahre geformt und nach den bewährten Methoden der Begrünung begrünt, mit Freizeit- und Sportplätzen besetzt und neben einem Naturschutzgebiet ein Motorsportzentrum enthaltend. Der Plan hatte 1970 schon Gestalt angenommen: Die drei Abraumhalden »werden neu geformt und zu einem Erholungsgebiet mit dem Schwerpunkt Motorsport umgestaltet werden« (Tattersall 1970, 6). Bekannt geworden sind sie als die »Wigan Alps«, gebirgige Natur eben, in der sich genau das finden läßt, was sonst die Berge bieten: Kurven für den Motorsport, steile Wanderwege, Wiesen zur Erholung – und ein weiter Blick über die heute weitgehend vorindustriell anmutende Landschaft.[54]

Kulturlandschaften

Die Annahme einer Korrespondenz zwischen denjenigen, die in einer Landschaft leben und ebendieser Landschaft beruft sich auf Johann Gottfried von Herder, der das Muster einer Korrespondenz von Geschichte und Natur, von Volk und seiner inneren und äußeren Natur entwirft: In Harmonie befinden sich das »Volk«, seine (nationalisierte) Geschichte und seine (nationalisierte) Natur. Eine andere Referenz der Rede von der Korrespondenz ist Alexander von Humboldt, der in seinen »Ideen zu einer Physiognomik der Gewächse« von 1806 in verschiedenen Klimaten eine Korrespondenz von Naturgestalt und Kultur gegeben sieht, die sich beispielsweise ausdrücke in »vaterländische(n) Pflanzengestalten«. In gartenkünstlerischen Werken wie den »Beiträge(n) zur bildenden Gartenkunst für angehende Gartenkünstler und Gartenliebhaber« (1818) von Friedrich Ludwig von Sckell und einigen seiner Nachfolger wird aus dem angenommenen Sein ein Sollen. Die Überlegungen zur Korrespondenz und daraus folgender Harmonie schlagen sich nieder etwa in der Empfehlung zur Verwendung »vaterländischer« Arten zur Bepflanzung von Gärten und ausgezeichneten Plätzen, eine Haltung, die später nationalsozialistischen Grundsätzen verpflichteten Planungen zugrunde liegen wird.[55]

Nach dem Muster dieser Annahmen ist es möglich, von einer nicht nur vorhandenen, sondern auch von einer zu erzeugenden Korrespondenz zwischen Menschen, Tieren, Pflanzen, Landschaftsgestalt und allen übrigen Gegebenheiten in einem als Landschaft angesehenen Stück Land auszugehen. Es ist die Basis für die Integration des technischen Kulturdenkmals in die Landschaft und zeichnet die nationalsozialistische Naturpolitik nicht nur in Bezug auf Pflanzpläne und auf als notwendig angesehene Ausmerzungen von allem, was als fremd verstanden wird vor, sondern auch in Bezug auf die technische Konstruktion der Landschaft.

Die Argumente dafür sind in den zwanziger Jahren des 20. Jahrhunderts bereits entwickelt.[56] Unter der Annahme einer vorfindlichen Korrespondenz zwischen innerer und äußerer Natur, Volk und Nation argumentiert Conrad Matschoss, Leiter des Deutschen Museums in München, 1932 für die Selbstverständlichkeit, »Natürlichkeit« des »technischen Denkmals« in der Landschaft:

»Wer die Werke der Malerei in dem europäischen Kunstsammlungen auf sich wirken läßt, wird, wenn er sich liebevoll in das Gegenständliche des Bildes vertieft, erstaunt sein, zu sehen, wie oft die Maler aller Zeiten Anlagen der Technik in ihren Bildern wiedergegeben haben: Wasserräder am Bach, Windmühlen in der Ebene, ganz abgesehen von den Tausenden von Schiffen, die im Laufe der Jahrhunderte Gegenstand künstlerischer Darstellung waren. Von den großen Straßen, Brücken und vor allem von den Bauwerken denkbar verschiedenster Zweckbestimmung gar nicht zu reden.« – »In früheren Zeiten war die Technik etwas Naturnotwendiges und Naturgegebenes und fügte sich planvoll in den Rahmen des menschlichen Daseins ein. Nicht von einer Vernichtung des Landschaftsbildes, sondern oft von einer Hervorhebung könnte man reden.« (Matschoss 1932, 1)

Werner Lindner, seit 1914 Vorsitzender des Bundes Heimatschutz und später Leiter der »Reichsfachstelle Heimatschutz« im »Reichsbund Volkstum und Heimat« hat mit Matschoss zusammen einen, wie schon erwähnt, singulär dastehenden Band über »Technische Kulturdenkmale« herausgegeben. Er schreibt darin über »Das technische Kulturdenkmal im Bild der Heimat«: »Unsere Zeit bemüht sich wieder, für die Schöpfungen des Bauwesens für die Industrie ebenso wie für den Hochbau in Stadt und Land den Blick auf das Ganze zu gewinnen, das Einzelne als Glied eines großen Ganzen herauszubilden.« – Diese Integration der Technik in die Landschaft sieht Lindner da gegeben, wo »landschaftsbezogene Wirtschaftsweisen« das Bild der Landschaft bestimmen, Windmühlen in den norddeutschen Ebenen, Wassermühlen im wasserreichen Süden Deutschlands. »Das Volkskönnen im Bauausdruck heimischer Gewohnheiten bestimmt das Gesicht der meisten Werkanlagen.« (Lindner 1932, 7)

Es können also Industrielandschaften als Ausdruck natürlicher Kräfte oder als Kulturlandschaft sui generis, als Amalgam von Kultur und Natur verstanden werden. Mühlen, Kanäle und andere Zeichen einer frühen Industrialisierung sind, folgt man diesen Deutungen, weder in der Malerei, noch in der Anschauung Objekte, die als solche in der Landschaft stören: Richtet sich der Blick auf sie als Teile einer Landschaft, verschwinden sie in dem Natur-Kulturamalgam »Landschaft« und zeugen, auch wo Industrie ist, von der Absichtslosigkeit eines allgemeinen unbewußten Produzierens.

Die Idee der Korrespondenz in allen beschriebenen Variationen ist nach 1945 grundlegend für die sogenannte kulturmorphologische Methode, ein Interpretationsverfahren der Geographie. 1970 ist Gerhard Hard dem Topos der »Landschaft als objektiviertem Geist« in der Geographie nachgegangen und fand Interpretationen, die die Kulturlandschaft auf dem Wege »erlebender Erkenntnis‹«, des »intuitiven Schauens‹« und der »Wesensschau‹«,[57] als das »sinnliche Erscheinen der Idee‹« (vgl. Hard 1970, 175 und 176), mit Referenz an Hegel als Kunstwerk betrachteten. Es ist der Geograph, der schaut und seinen Blick nun aber nicht beherrschend über das Gesehene zu legen sucht, sondern eine andere Technik seiner Bändigung findet: Er läßt sich durch das Objekt affizieren und versteht. Methoden sind die »physiognomische« oder »morphologische«. Beide schließen die Integration von Bedingungszusammenhängen in die Betrachtung der Landschaft aus. Vielmehr nähert sich diese Tradition der Rede von Landschaften ihr über eine »›zarte Empirie‹«, durch die eine »Sinnstruktur erlebend und verstehend … aus diesen Objektivationen ›entbunden‹, ›zurückempfangen‹ und ›wieder verlebendigt‹« wird (Hard 1970, 176).

Mit Physiognomik ist »die Kunst gemeint, in der äußeren Erscheinung eines Gegenstandes dessen Sinn, z.B. eine bestimmte Geistesbeschaffenheit zu erkennen«.[58] Das rekurriert auf jene auf Anschauung beruhende Erfahrungswissenschaft, die in Goethes naturwissenschaftlichen Schriften einen Platz besetzt, der durch die mathematisierten Naturwissenschaften in einen unbestimmten Zwischenraum zwischen Wissenschaft und Kunst geraten war: Die morphologische Methode dient hier der Lektüre von natürlichen, als lebendig begriffenen und untersuchten Dingen und Tatbeständen, die sich auf das Typische richtet und das Sichtbare an ihnen als »Andeutungen des Inneren« liest, um »so das Ganze in der Anschauung gewissermaßen zu beherrschen.«[59]

Verschmelzung, Auflösung der Gegensätze von Natur und Kultur sind bestimmende Momente der kulturmorphologischen Methode. Menschliche Arbeit, aus der die Landschaft entstanden ist, wird als naturgewordene oder der Natur entsprechende interpretiert. Es ist die Rede von der »›Verschmelzung‹, ›Durchdringung‹ und ›untrennbare(n) Integration‹ von ›Natur‹ (bzw. ›Materie‹) und ›Geist‹ (bzw. ›Kultur‹) in der Landschaft, in jedem Acker und ›in jeder land- und forstwirtschaftlichen Nutzfläche, in jeder Siedlung«.[60] Die Kulturlandschaft erscheint als »»gewachsener Wert«, als organisch, als Ganzes, als Einheit und Totalität, als individuelle Gestalt, als Stil, Ausdruck, Sinn, das durch Schau, Verstehen und Deuten erfaßt wird und dessen Entstehen »lebendigen, gestaltenden, wirkenden, seelischen, inneren und geschichtlichen Kräften« zugeschrieben wird. (Hard 1970, 174)

In diesen Herder, Alexander von Humboldt, Goethe und Hegel aus der Ferne aufrufenden Texten ist Natur zu Geist geworden. Sie ist es zumindest in dem bescheidenen Sinne, in dem die bewußtlose Tätigkeit der Menschen in der Gestaltung und Erzeugung ihrer Landschaft ein Kunstwerk produziert hat, das sich im geschulten Blick der Geographie lesen läßt als über einen künstlerischen Prozeß geläuterte Natur, als Kulturlandschaft.

Neue Korrespondenz

»Hier stimmt nichts! Wir haben ein festgefügtes Bild von Landschaft in unseren Köpfen. Wenn wir dieses Bild nicht wiederfinden, sind wir enttäuscht. Im Emscherraum ist ein Berg kein Berg, sondern eine Halde oder eine Deponie, an einer Stelle aufgebaut, wo geologische und geomorphologische Bedingungen niemals hätten einen Berg entstehen lassen. Dort ist ein Bach kein Bach, sondern ein künstlich geschaffenes Gerinne ohne begleitende Aue und ohne zugehörige Talform. Hier kann man nicht fragen, wieviel Schmutzwasser das Gewässer mit sich führt. Hier ist es umgekehrt! Das Gerinne besteht aus Schmutzwasser, das so nebenher den Transport von Regen- und Quellwasser mit übernommen hat. Der Freiraum ist kein Freiraum, sondern ein Raum mit etwas weniger Bebauung, so daß man mit wenig Aufwand die Straßen, die Schienen, die Stromleitungen und die Rohrleitungen hindurchführen konnte: Ein Raum, freigegeben für den Bau von Trassen. Im Emscherraum ist der Wald auch kein Wald, sondern ein zusammenhangloses Mosaik von Anpflanzungen, ein abwehrendes und undurchdringliches ›grünes Gebräu‹.«[61]

Das ist das Rohmaterial, über dem die postindustrielle Landschaft der Internationalen Bauausstellung Emscher Park seit 1989 entworfen wurde. Zunächst war da eine Nicht-Landschaft, doch gegen diese Sicht setzten die Planungen von vornherein das Postulat, daß es sich beim Ruhrgebiet sehr wohl um eine Landschaft handele, nur eben um eine ungewohnte: Der verlandschaftlichende Blick scheitert noch, da wir bislang nicht genügend Zeit gehabt haben, diese ungewohnte Landschaft zu sehen und kennenzulernen. Sie energisch umgestalten hieße, die Möglichkeit ästhetischen Zugangs zu verhindern, der künftig möglich sein könnte, es hieße, die Anerkennung von Wert, der in dieser Landschaft künftig vielleicht gesehen werden könnte, gleich auszuschließen.

Die Konsequenz war die Öffnung des Vorgefundenen für jene Sichtbarkeit, die der landschaftliche Blick seit mehreren Jahrhunderten einübt. Dieser Zugang interpretiert das Ruhrgebiet als noch nicht verständliches Kunstwerk, das durch Zeitablauf und erzieherische Maßnahmen als wertvolle Kulturlandschaft *sui generis* verständlich werden kann und nun auch soll: Die aufgegebene Landschaft der Industrie samt Müll und Ruinen hat eben nur noch nicht die Wertschätzung erreicht, die ihr durch Neuinterpretation und Überformung zukommen kann. Das symbolische Universum, in dem sie zu interpretieren ist, ist noch zu schaffen, der ästhetische Blick wird nachkommen oder ist noch zu schulen. Es ist deshalb wohl nicht irreführend, wenn man den Ansatz der Internationalen Bauausstellung als normative Interpretation des kulturmorphologischen Ansatzes liest.[62]

Die rechtliche Handhabe zum Schutz der künftig erkennbaren Kulturlandschaft bieten für die Phase ihrer Anerkennung Natur- und Denkmalschutz, auch wenn sie vorwiegend ihre Kriterien aus vorindustriellen Landschaften beziehen: »Die Planungs- und Schutzinstrumente sind allesamt aus dieser vorindustriellen Landschaft heraus entwickelt. Sie taugen daher eigentlich nicht für den Schutz der Landschaft in der Industrieregion. Wenn also die Landschaft in der Industrieregion nicht weiterhin schutzlos bleiben soll, dann ist zuerst die Frage nach ihrer Schutzwürdigkeit zu klären. Dafür gibt es kein ›objektives natürliches‹ Kriterium. Schützenswert ist eine Landschaft immer dann, wenn ihre Gefährdung durch eine nachfolgende Epoche als ›gesellschaftlicher Verlust‹ empfunden wird. Die von der Industrialisierung geschaffene Landschaft wird nun durch die ›De-Industrialisierung‹ zentral gefährdet. Das Neue daran ist, daß der ›kulturelle Wert‹ dieser Landschaft keine Zeit zum Ausreifen hat. Denn die Industrialisierung und De-Industrialisierung folgen so zeitnah aufeinander, daß ein gesellschaftlicher Prozeß der Bewußtseinsbildung sich kaum entfalten kann. In dieser Situation bleibt nichts anderes übrig, als die alten Schutzinstrumente ›sinngemäß‹ anzuwenden, um Zeit zu gewinnen, den Prozeß zu verlangsamen. Dies ist konfliktreich, da die Einsicht und der gesellschaftliche Konsens noch nicht gegeben sind. Ein Hilfsmittel um die Akzeptanz in diesem Prozeß zu fördern, besteht in der Verwirklichung symbolischer Projekte. Mit Hilfe der Internationalen Bauaustellung wird inmitten des Ruhrgebietes eine Reihe solcher Symbolprojekte derzeit verwirklicht. Sie sind zusammengefaßt unter dem Gedanken »Emscher-Landschaftspark.« (Ganser 1995, 453)

Wenn man »Park« als »großräumige gärtner(ische) Anlage, die ... die Gestaltung einer idealisierten Landschaft zum Ziele hat«, liest[63] und weiß, daß die Emscher im wesentlichen ein Hauptabwassersammler des Ruhrgebietes, eine Kloake, ein totes Gewässer ist – so zeigt sich, daß nicht nur die Grundüberlegung der Planung, sondern auch hier, wie im Falle des »Industriellen Gartenreichs«, der Name ein provokatives Programm enthält, das sich aus unversöhnten Gegensätzen speist: Ein verlandschaftlichender Blick, der Harmonien sucht und Korrespondenzen annimmt, muß an dieser Landschaft scheitern, solange Industrie, Technik, industrielle Produktivität und Destruktivität nicht zu dem Bild gehören, das als Bild einer Landschaft gelten kann. Doch das sollte geändert und das Ruhrgebiet sichtbar werden als Landschaft, die durch eine in der Geschichte der Rede von der Landschaft noch nicht berücksichtigte Weise des Korrespondierens entstanden ist, in der industriellen Produktion/Destruktion.

Das IBA-Konzept gibt jedes Gegenweltmodell Landschaft auf und geht von einem Landschaftskonzept aus, das die ausgrenzende Spaltung zwischen schöner und nicht-schöner Beherrschung, zwischen Landschaft, die Anspruch auf Zugehörigkeit zu den Gegenständen einer naturästhetischen Betrachtung machen kann, und einer Umgebung, die das nicht kann, ausschließt. Dabei kann der Bezug zu einer wie auch immer imaginierten Natur und damit zur Naturalisierung von Geschaffenem auch ausfallen und durch den Verweis auf die musealen und historischen Funktionen eines Artefakts ersetzt und also historisiert werden im Sinne der physiognomischen Methode Walter Benjamins: »Die Landschaft gibt einen aufschlussreichen Einblick in den Stand der wirtschaftlichen und technischen Entwicklung der Gesellschaft, aufschlussreicher, weil umfassender, detaillierter und genauer, als dies ein Museum je tun könnte« – die Landschaft ist Archiv, ist Bibliothek, ist Sammlung.[64] Auch dies schließt sie an kulturmorphologische Blicke an.

Rainer Piepmeyer, der 1980 eine materialreiche Untersuchung zum Landschaftsbegriff vorgelegt hat, überschreibt ihn mit »Das Ende der ästhetischen Kategorie ›Landschaft‹« und argumentiert im Sinne einer Landschaft, die Schäden der industriellen Entwicklung kompensiert: »›Landschaft‹ begann mit der Hoffnung auf die problemlösende Kraft des Fortschritts. Es ist Teil der Legitimation des Selbstvertrauens, Landschaft als von ihm unberührte Natur zu denken, mit der Aufgabe, Nebenfolgen des Fortschritts nicht nur kompensatorisch zu integrieren, sondern sie als seinen Gewinn auszugeben … So endet ›Landschaft‹ mit dem Ende der Hoffnung auf die problemlösende Kraft des Fortschritts, angesichts seiner nicht mehr kompensatorisch zu integrierenden Nebenfolgen.« (1980, 36)

Angesichts der IBA-Interpretation der Landschaft stellt sich der Prozeß anders dar: Das Ende der Kompensation ist gegeben, Landschaft bezeichnet aber nun eine Möglichkeit der nicht mehr illusionären, projizierten, in ein »Anderes« versetzten Träume. Landschaft als Gegenmodell mag am Ende sein, am Ende aber ist vor allem die Scheidung der sichtbaren Umgebung in ästhetisierbare Landschaft und etwas anderes, Unsichtbares. Das ist die heute mögliche Überwindung der Grenze zwischen dem Ausgeschiedenen und deshalb nicht Wahrnehmbaren und dem Bereich des Eingeschlossenen und der gesellschaftlichen Wahrnehmung zur Verfügung stehenden. Vor diesem Blick wird der Wahrnehmung, die sich auf das Gesamt richtet, »die ganze Landschaft« sichtbar und nicht nur ein ausgewählter Teil, von dem das unsichtbare Gelände der Industrie abgespalten wird.

Beschrieben wird eine neue Korrespondenz. Das IBA-Programm besagt: Das Ruhrgebiet ist ein Kultur-Natur-Amalgam, eine Kulturlandschaft. Für sie ist die Einbildungskraft noch nicht bemüht worden, weil diese Landschaft auf kein Ideal verweist, nicht mit dem Schönen, nicht mit dem Erhabenen in Beziehung gebracht werden kann und auch keine harmonisierenden oder kompensatorischen Funktionen übernimmt. Sie ist unverständlich, weil niemand ihr korrespondieren will und hat eine lange Geschichte der Nicht-Wahrnehmung hinter sich. Die Wahrnehmung der möglichen Landschaften um diese zu erweitern ist dann in einem durchaus therapeutischen Sinne aufklärend – und bezeichnet das Ende einer Phase der Produktion, die beherrschte Natur und die Natur der Naturästhetik dissoziiert hat. Die neue Landschaft der IBA wird nicht mehr in den Mustern der erzeugten Versöhnung und dem eines ästhetischen Ideals gedacht, sondern von dem her, was vorgefunden ist. Versöhnung findet statt als Sichtbarmachen dessen, was auch ist, und ist in dieser Hinsicht der Bewegung psychotherapeutischer Tiefenanalysen analog. Die Auffassung vom »Ende der Landschaft« würde, so könnte man vom Standpunkt der IBA-Interpretation fortfahren, die bisherigen Verdrängungen, instrumentalisierenden und gewaltsamen Versöhnungen nur fortsetzen, denn die Industrie, der Abfall und die Schäden der industriellen Produktion können dann nur noch als jenseits aller verfügbaren Kategorien gedacht werden und da gehören sie nicht hin. Sie gehören in die Sichtbarkeit, in die Akzeptanz.

In diesem Sinne könnte das Programm der Landschaft in der Internationalen Bauausstellung entmystifizierend sein, wenn es nicht den Wert und die Schönheit als aufgegebene, später dann zu erkennende den Betrachtenden antragen würde. Der Rest ist ästhetischer Erziehung und einer historisierenden Überarbeitung der Landschaft aufgegeben, die ihre Sichtbarkeit befördert. Dazu trägt unter anderem das Landmarkenprogramm der Bauausstellung bei.

Orientierung in der postindustriellen Landschaft

Als »Landmarken« und »Skulpturen« erfahren im Bereich der IBA alte Geräte und Bauten der Industrie und der mit ihr verbundenen Infrastruktur eine Neukonstituierung als symbolisch aussagekräftige Gegenstände.[65] Sie beruht im allgemeinen nicht auf ihren alten Funktionen und selten nur auf neuen Funktionen. Denn Fördergerüste, Hüttenwerke, Pumpenhäuser, Hebewerke lassen sich allenfalls um den Preis ihrer weitgehenden Zerstörung stofflich mit neuen Zwecken verbinden. Ihr Erhalt verdankt sich einer bereits bekannten vorhandenen oder, und dieser Fall ist häufiger, einer neu entworfenen, dann inszenierten und öffentlich gemachten Zeichenfunktion: Sie bleiben erhalten als etwas, das für irgendjemanden für irgendetwas steht.[66] Karl Ganser, Geschäftsführer der Bauausstellung, definiert:

»Die Landmarken des Ruhrgebietes sind Orientierungszeichen für die Bevölkerung, Symbole der Industrialisierung wie der De-Industrialisierung nach ihrer Stillegung: Zeichen des Strukturwandels. Die Landmarken verkörpern geschichtliche Erfahrungstatbestände. Sie verweisen auf das, was im Ruhrgebiet im Laufe seiner Geschichte wirtschaftlich, sozial und kulturell geschehen ist. Sie sind Träger von Erinnerungen und Zukunftsängsten, aber zugleich Orte, an deren Umnutzung sich Hoffnungen und Visionen für eine postmontane Zukunft festmachen lassen. Es gilt, sie als Basis für das Neue zu bewahren und es als etwas Eigenes, auf das man stolz sein kann, in das öffentliche Bewußtsein zu heben; ihnen Aura- und Symbolkraft für ein neues Selbstverständnis zu verleihen.« (Ganser 1994, 2f)

Wichtig sei der Erhalt »für die räumliche und städtebauliche Identitätsbildung«, weil es in der Industrielandschaft des Ruhrgebietes »keine anderen Landmarken (gibt), die als Merkzeichen Orientierung vermitteln und die Geschichte der

Region erklären.«[67] In diesem Sinne wird der Gasometer Oberhausen zur »wohl größten und eigenwilligsten Ausstellungshalle Europas«, zum »einzigartigen Raum« und »gigantischen Industriedenkmal« und zum vielfältig lesbaren Symbol: »Mit 117m Höhe, 68m Durchmesser und einem Fassungsvermögen von 350.000m^3 ist der Gasometer so gewaltig wie das Zeitalter selbst«, »ein Symbol für den Strukturwandel im Ruhrgebiet und mittlerweile das Wahrzeichen der Stadt Oberhausen«, das »den Wandel der alten Industriegesellschaft zur neuen Medien- und Informationsgesellschaft« bezeugt (Initiativkreis Ruhrgebiet 1996).

Landmarken evozieren vor allem zwei Traditionen der Strukturierung von Raum, der Erzeugung von Landschaft. Die eine gehört zu den städtebaulichen Verfahren der Renaissance. Denn hier entwickelt sich die Strukturierung der Stadt über Orte der Erinnerung, *luoghi di memoria,* wie der Venezianer Francesco Sansovino das Programm der Figurengruppen nennt, die seine *loggetta* ergänzen werden und die »gute Herrschaft« in Erinnerung rufen sollen, unter der das Venedig der Zeit um 1540 steht. Die maßgeblichen Sichtbeziehungen im Ruhrgebiet entstehen ebenfalls über Denkmale, die in ein Programm eingebunden sind: Die Interpretation der Gegenwart soll vor der strukturierenden Anwesenheit der alten Anlagen geleistet werden, die, ergänzt um einige neue Gestaltungen, Identität des Gebietes und seiner Bürger und Zustimmung zum gegebenen Zustand erzeugen sollen. Diese Funktion übernehmen nun nicht als Denkmale geplante und errichtete Bauten mit einem nach allegorischen und emblematischen Traditionen erzeugten Programm, sondern Fördergerüste und Gasbehälter, Hochöfen und Brücken, Krähne und Abwasserpumpwerke, die in der Unbestimmtheit ihrer Verweise eher der Unbestimmtheit der Ruine des 20. Jahrhunderts ähneln und wie die neuen, mit künstlerischem Anspruch verbundenen Marken diffus auf eine industrielle Vergangenheit und neue Entwicklungen deuten.[68]

Eine der neuen Marken ist eine begehbare Großskulptur auf einer Halde in Bottrop, das »Haldenereignis«: »Die Halde an der Beckstraße ist mit einer Fläche von 33,6 Hektar eine der größten Halden der Region. Mit einer Höhe von 90m bietet sie einen herrlichen Ausblick auf die umliegenden Bottroper Stadtteile, aber auch weit über die Stadtgrenzen hinaus.«[69] Auf diese Halde in Bottrop/Ruhr ist 1995 der »Bottroper Tetraeder« aufgesetzt worden, eine Stahlkonstruktion von 50m Höhe, in der schwingende Treppen auf drei Aussichtsplattformen führen. Der Bürgermeister der Stadt erklärt zur Eröffnung: »Die neue Landmarke stellt eine Verbindung zwischen Vergangenheit und Gegenwart her … mit ihr wird verdeutlicht, daß man die Halden als Produkte des Bergbaus in der Industrielandschaft nicht verstecken kann und soll.« Nachts leuchtet in der

Spitze des Tetraeders eine Lichtskulptur, die »kilometerweit zu erkennen ist«. »Der Denkansatz dabei: Die Epoche der Industrialisierung geht zu Ende. Den ›verlöschenden Feuern‹ von Kohle und Stahl, die das Ruhrgebiet prägen, sollen ›neue Feuer‹ folgen.« Theaterassoziationen sind erwünscht: »Das Haldenereignis beginnt schon mit dem Aufstieg … Stück für Stück eröffnet sich dem Betrachter eine neue Sichtweise: das Ruhrgebiet von oben, eine eindrucksvolle Industriekulisse, die grüner ist als mancher vermutet.« Indem die Ausweisung und Publizierung von Landmarken über den Raum des Ruhrgebietes, über Stadtteile und Städte ein Netz legt, das optische Anhaltspunkte für die Wiederholung von mehr oder weniger bestimmten Erinnerungsbeständen bietet, rekurriert die Planung auf ein traditionelles Bild ordnender und orientierender urbanistischer Tätigkeit. Es entstehen Orte der Erinnerung, in ihrem Gesamt ein »Theater der Erinnerung«.

Die Rede von Landmarken, *landmarks* verweist überdies auf einen US-amerikanischen Kontext, auf den des Denkmals (*historic landmark*) ebenso wie auf die künstlerische Tradition der Strukturierung von Raum als künstlerische und gestalterische Markierung von Orten und Plätzen in der Landschaft. Während das Renaissance-Konzept Traditionsbestände zitiert, um ein aktuelles politisches Programm zu präsentieren, geht die Rede über *landmarks* aus von einer Markierung von Territorien, von einer Akzentuierung der Topographie, richtet sich so zwar auch auf Geschichte und Geschichten, aber setzt den Akzent in der Betrachtung anders: auf das, was als Merkzeichen verständlich werden kann und den Unterschied zwischen Stadt und Land, zwischen der Stadt- und der ländlichen Landschaft einebnet.

Sie geht darin zurück auf die Analyse von Stadtbildern und Weisen der Orientierung, die der Stadtplaner Kevin Lynch 1960 anhand qualitativer Interviews mit Stadtbewohnern entwickelt hatte, um planbare Orientierungsmittel für die als formlos begriffene US-amerikanische Stadt zu gewinnen. Schon dies empfiehlt diesen Ansatz für die industriellen Agglomerationen, für die Elisabeth Pfeil den Ausdruck »Siedlungsbrei« gefunden hat. Fluchtpunkt von Lynchs Formgebungsversuchen für die Stadt ist die Schaffung einer (Stadt-)Landschaft, deren Eigenschaften Lynch von seinem Idealbild, der Toskana, ableitet. Die Stadt sollte individuelle Teile haben, in sich differenziert, variiert und interessant sein, der Landform entsprechend strukturiert sein und doch eine klare Form haben (Lynch 1997, 94). In seinen Vorschlägen für Orientierungsangebote spielen *landmarks* die Rolle von »point-references«. Lynch unterscheidet vor allem zwei Arten von *landmarks*, diejenigen, die alle anderen Bauten überragen und aus verschiedenen Perspektiven und Entfernungen und von vielen Stellen im Umkreis gesehen werden können und diejenigen, die eine eher lokale Bedeutung haben. Erstere können als weithin sichtbare Orientierungsmarken dienen. In Frage kommen hier einzeln stehende Türme, goldene Kuppeln oder größere Hügel. Die anderen *landmarks* lokaler Natur tragen weniger zur allgemeinen Orientierung bei, wohl aber zur Identifizierung und Strukturierung der Umgebung. Sie dienen auch, wenn sie auf häufig benutzten Wegen liegen, als die Merkmale, die die Orientierung steuern. In beiden Fällen hält Lynch die Singularität der *landmarks* für bedeutsam.[70]

Beide Traditionen der Stadtorganisation, die der an Lynch anschließenden wie die programmatische der Renaissancestadt, treffen sich in dem von der Bauausstellung verfolgten Zweck. Denn die gestellte Aufgabe ist, über weite Gebiete optische Bezugssysteme zu erzeugen, eine Ordnung zu manifestieren, Möglichkeiten zur räumlichen Orientierung in einem ansonsten, zumindest von den Planenden, als unübersichtlich empfundenen Raum und zeitliche Orientierung in der als verwirrend empfundenen Umbruchzeit zu geben: Über die Erzeugung eines Bildes, das sich über das Gebiet legt und seinen Umbau und seine Reparaturen auch nach dem Ende der Bauausstellung 1999 weiter leitet. Vor allem aber dienen sie der Erzeugung der Sichtbarkeit der alten Industrieregion als postindustrieller Kulturlandschaft, die gelesen werden soll als eine unter vielen Landschaften, auf die sich Besucher und Bewohner korrespondierend beziehen können. Und in diesem Sinne zeugt der Entwurf von der Hoffnung auf Versöhnung und schließliche Harmonie.

Es ist genau dieser Punkt, auf den sich die Kritiker der Internationalen Bauausstellung gerichtet haben. Sie haben in der Frühzeit der Bauausstellung unversöhnt auf nicht stofflich, sondern ästhetisch bewältigte Altlasten gezeigt, während spätere Kritik die politischen Effekte in Frage stellte und die längerfristige Wirkung bezweifelte.[71]

Doch nicht die von Kritikern geforderte Reparatur der Schäden, für die technische Lösungen zur Verfügung stehen, weder die Wiederverfüllung der Bergehalden in die alten Schächte, noch die vollständige Dekontaminierung aller Gelände, werden die Zukunft der postindustriellen Landschaften bestimmen. In den weltweit gesehen umfassendsten Reparaturbemühungen, und zu diesen gehört die Internationale Bauausstellung Emscher Park zweifellos, werden die für die Nachlese auf alten Industriegeländen zu gewinnenden Finanzmittel allenfalls zur Erzeugung und Umsetzung von Modellen der Umwelt reichen, in denen es sich auch unter den Umständen einer postindustriellen Landschaft gut leben läßt – und der Ausgang von neuen Deutungen wird weiter zu ihren wirkungsvollsten, preiswertesten und schon deshalb pragmatischsten Mitteln gehören.

Ohne Abfall

Es darf überhaupt nichts mehr draußen sein, weil die bloße Vorstellung
des Draußen die eigentliche Quelle der Angst ist.
Max Horkheimer, Theodor W. Adorno

Das Ausschließen von Monstern ist, im schlimmsten Falle, intolerant, pu-
ritanisch und repressiv. Im günstigsten Falle enthüllt es eine zweifelhafte
beschönigende Absicht, die den Anschein erweckt, als seien die Dinge sauberer, als sie in Wirklichkeit sind. Ein Bewahrer von Monstern sollte sich
bemühen, Modelle zu entwerfen, die die Widersprüche berücksichtigen.
Michael Thompson

I.

Industriebrachen und Abfallhalden mutieren zu Kultur und Erbe, zu Natur
und Landschaft.[1] Diese Wege befördern in reichen Gesellschaften die symbolische und imaginäre Entsorgung zurückgelassener Reste der industriellen Pro-
duktion/Destruktion, Ergebnisse einer von Knappheitskalkülen und überwäl-
tigendem Verbrauch an Stoffen, Land und Menschen bestimmten Ökonomie.
Die Strategien, die sich in den alt-industrialisierten Ländern in unterschiedlicher Intensität auf die nicht nachgefragten Flächen der alten Industrien richten, haben vor allem diese Gemeinsamkeit: Sie bedienen sich der Konstrukte,
die als Refugien vor der gesehenen und ausgeblendeten Destruktion und Anstrengung durch industrielle Prozesse gedient haben, um die Folgen der Pro-
duktion/Destruktion zu bewältigen. Doch wenn auch Museum, Garten und
Park der Neukonstruktion der Umwelt durch technische und wirtschaftliche
Prozesse mit dem Fortbestand und der Erweiterung je schon artifizieller Gegenwelten begegnen sollten, so hat sich ihre ohnehin marginale Widerständigkeit
heute ganz erledigt. Die Dispositive, die Erhalt und Schutz vor raumgreifenden
industriellen Umgestaltungen repräsentierten und an die sich die ersten Be-

mühungen um das Sichtbarmachen der Industrie, ihrer Bauten und Areale knüpften, sind in der Einverleibung postindustrieller Reste so exzessiv über frühere Ränder hinausgetrieben worden, daß sie, die ohnehin randständigen Reservate, als exklusive Refugien aufgelöst sind. Musealisierung, Verlandschaftung, Naturalisierung und die mit ihnen verbundenen Verfahren und Praktiken sind zu Strategien geworden, die ubiquitär, in Ablösung von spezifischem Material nun über jedem Material operieren können.

Differenzierung setzt jeweils ein, wenn es um die konkrete Kontextualisierung einzelner verbrauchter Gelände geht, um die genaue Entscheidung darüber, was aus dem übergroßen Angebot des Verworfenen ausgewählt, erhalten und neu interpretiert werden soll oder auch muß. Letzteres betrifft beispielsweise identifizierte Altlasten.[2]

Es entscheidet sich in jedem einzelnen Falle der Wahl von Gegenständen für eine museale Präsentation am konkreten Entwurf, was schließlich aufgenommen und museal inszeniert oder der nach wie vor Erhalt verbürgenden Denkmalpflege anvertraut wird. Die Wahl findet nicht Grenzen an dem, was Museum oder Musealisierung, Denkmal oder Denkmalschutz ist, sondern an den Kosten der Erhaltung, an den Interessen einer an Schrottverwertung interessierten Recyclingwirtschaft, an den möglichen wirtschaftlichen Erfolgen, die von einer Musealisierung zu erwarten sind: Nicht die Musealisierung wählt als exklusive Strategie ihre Gegenstände, sondern die Musealisierung ist für manche Gegenstände und Regionen als angemessene Strategie wählbar.

Umnutzungsprozesse sind als materiales Recycling thematisierbar geworden. Das ist eine Argumentationsstütze für den Denkmalschutz aus einer ungewohnten Perspektive, die nicht primär auf Kunst, Kultur und Erbe rekurriert, sondern das Konzept des Denkmals aus diesen Zusammenhängen weitgehend löst, um es unter dem Gesichtspunkt einer ressourcenorientierten Stoffökonomie zu betrachten: In dieser noch seltenen Perspektive können Bauten als ganze als Rohstoff, als Grundmaterial eines neuen Nutzungsprozesses gelesen werden; die denkmalgeschützte Wiedernutzung aller baulichen Strukturen der alt-industrialisierten Länder wird denkbar. Aus dieser Sicht setzen allenfalls eine ökonomisch bevorzugte Degradierung oder aber Verschleiß und Verfall dem Erhalt Grenzen, während sich Denkmalschutz in Ressourcenökonomie auflöst.

Während diese Perspektive auf einen Schutzraum noch nicht weit verbreitet ist, und der Denkmalschutz sich allenfalls durch Inflationierung des Konzepts bei gleichzeitiger praktischer Machtlosigkeit auflöst, ist das ästhetische Gegenweltmodell der Landschaft am Ende angekommen. Es gibt keinen Blick über ein Stück Land, der nicht eine Kulturlandschaft erblicken würde. Das utopische, das oppositionelle Moment, auch das resignative und so der Vernutzung widersprechende Moment der Kompensation, das die Auszeichnung einer Landschaft anzeigen konnte, sind gelöscht. Alte Industriegebiete oder Braunkohlelöcher bedürfen zur Anerkennung als sehenswerte Landschaften vielleicht noch der gezielten ästhetischen Erziehungs- und Öffentlichkeitsarbeit, doch prinzipiell lassen sich die alt-industrialisierten Länder als flächendeckend überzogen von Kulturlandschaften unterschiedlichen Typs beschreiben, die, weil sie vorhanden sind, auch Wertschätzung verdienen. Und wenn potentiell schützenswerte Natur das heißen kann, was vorgefunden wird, so ist sie ohnehin überall vorzufinden – oder aber herzustellen als künftig Vorfindbares.

Musealisierung und Verlandschaftung zeigen im Prozeß ihrer Ausweitung aber ein Potential, das darauf verweist, daß sie sich niemals darin erschöpft haben, Gegenwelten zu erzeugen. Museen waren und sind Orte, an denen neue Wahrnehmungsweisen und neue Gegenstände gebildet werden konnten und können. Wunderkammern bis hin zu hochspezialisierten Sammlungen heute zeigten und zeigen Schätze und Ungesehenes, sie sammelten und sammeln archäologisches Material, das aus der Erde und aus den Meeren ans Licht und in die Sichtbarkeit kam, Artefakte aus fremden Ländern, geologische und biologische Materialien. Sie trugen und tragen dazu bei, einen mehr oder weniger großen Kreis von Besuchern mit Unbekanntem vertraut zu machen. Gärten und Parks sind die Orte, an denen zuerst unbekannte Pflanzen eingeführt, vermehrt und dann teilweise verbreitet wurden.[3] Und auch die Versammlung einer möglichst vollständigen Welt mit ihren Merkwürdigkeiten im umfriedeten Raum des Gartens führt Wissen über Unbekanntes und einen Umgang damit vor, auch heute. Insofern waren und sind diese geschützten Räume Archive und Theater, die von Expansionen in Unbekanntes zeugen und einen spielerischen Umgang mit ihm erlaubten und erlauben. In diesem Sinne ist die vielfach in den Entwürfen in Anspruch genommene Auffassung von Museum und Landschaft(sgarten) als Laboratorien, an denen und in denen sich eine neue Wahrnehmung entwickeln kann und soll, nicht überraschend.[4]

Und doch bleibt diese Beobachtung ambivalent: Die als Entwicklungsstrategie redefinierte Musealisierung oder Verlandschaftung rekurriert zwar auch auf diese das Wissen erweiternden Funktionen, aber in einer Situation, die weit entfernt ist von einem freien Experimentieren und Konstruieren unter gewünschten und gewählten Bedingungen. Die Entwürfe der postindustriellen Umwelten vernichten Abfall unter Zwängen und Beschränkungen, die auf frühere menschliche Aktivitäten zurückzuführen sind. Die Entwürfe sind mit der

Beseitigung von Mißständen nach dem oft als schmerzlich erfahrenen Verlust der Verursacher befaßt. Der Auslöser der hier vorgestellten Planungen für alte Industrieareale ist nicht das Ziel, irgendetwas zu überholen und zu verbessern, der Auslöser ist das Verschwinden der alten Industrien unter Hinterlassung der Abfälle der Produktion. So viel Einfallsreichtum in die Modelle auch eingehen mag, es handelt sich auch bei den mit viel Beifall bedachten Entwürfen um postindustrielles Aufräumen.

In dicht besiedelten Gegenden, in denen der Anspruch auf Nutzung und der Anspruch auf Ungefährdetheit von Lebewesen erhoben und durchgesetzt werden können, dienen die vorgestellten Strategien dazu, die Überreste der alten Normalität industrieller Produktion/Destruktion, der das Bedürfnis nach Gegenwelten entspringen konnte, über eine Ausweitung des Gegenweltbildes auf das verlorene Terrain einzuholen. Dementiert und gleichzeitig (aus)genutzt ist das auszeichnende Moment, das jeder der Refugialräume, der des Museums, der der Landschaft, die schöne Natur, für sich in Anspruch genommen hat. Die Ausweitung der Gegenwelten auf die zerstörten und teilweise auch giftigen Hinterlassenschaften der Industrie nimmt eben diese in die Gegenwelten hinein, nimmt sie in ihre Hut und erzeugt aus den Potentialen der als Gegenwelten imaginierten Begleiter der industriellen Produktion die Modelle einer neuen Umwelt. So ist der Rekurs auf die schützenden wie auf die experimentellen Züge der Gegenwelten ein Verzehr von symbolischen und imaginären Ressourcen in der Vernichtung des Abfalls.

Was verloren gehen kann – nicht muß, wie einige der vorgestellten Planungen, die mit Brüchen wohl umgehen, zeigen – ist der Sinn für die »Monster«, wie Michael Thompson sagen würde. Mit der Einbettung in eine »Großversöhnungslogik des Schönen«, wie sie die Landschaftsbeschreibung der Internationalen Bauausstellung Emscher Park andeutet, wäre der ehemaligen Produktion, aber eben auch der Zerstörung gehuldigt. Auch in die »Sprenglogik des Erhabenen« (Welsch 1989, 211), der Erfahrung des schönen Schreckens, die in sicherer Entfernung von seiner Quelle zu machen ist,[5] passen die Entwürfe im allgemeinen nicht. Einige sind zu unspektakulär, andere verlangen, daß die sichere Entfernung vom möglichen Schrecken immer wieder neu organisiert wird: Denn nicht alle, aber einige der hier präsentierten Entwürfe setzen voraus, daß die Sorge, die Kontrolle, die sie ihren Gegenständen angedeihen lassen, tradiert wird einschließlich des Wissens um die Bedingungen dieser Sorge und der Fähigkeit und den Techniken, mit ihnen so umzugehen, daß Gefährdungen für Lebewesen ausgeschlossen werden können, wenn und solange sie denn ausgeschlossen werden sollen. Bis dahin gibt es keine Erfah-

288

rung der Freiheit und wenigstens intellektuellen Überlegenheit an diesen Gegenständen, sondern einen beständigen Zwang zur Positivierung, Identifizierung und Definition des Vorhandenen, zur Entscheidung über das, was als Sicherheit und als Zumutbarkeit gelten soll, eine Prolongierung der Kontrolle und der Wachsamkeit.[6] Hier bleiben Ambivalenzen.

II.

Sicher, es sind nur wenige Grundstücke und Regionen, denen die gründliche modellierende Bearbeitung zukommt, die auch eine mit Minimaleingriffen arbeitende Planung verlangt, und diese Grundstücke und Regionen sind bevorzugt gegenüber anderen, die keine Überarbeitung erfahren. Diese wenigen Grundstücke und Regionen aber sind prägend. Je häufiger Bilder der alten Areale der Industrie zu sehen sind, desto eher wird das, was sie zu bieten haben, zum gewohnten Anblick nicht nur für Anwohner und Einwohner von Industriegebieten. Was neue Planungen exponieren, ist auf dem besten Wege, in den normalen Bestand des Sichtbaren einzugehen und die Ambivalenzen vergessen zu machen, die die Industrien seit ihrer Entstehung begleitet haben.

Die hier vorgestellten Entwürfe für alte Industrieareale, auch die neueren unter ihnen, rechnen dennoch nach wie vor mit der Unansehnlichkeit sowohl der Areale als auch der Industrieregionen. Sie agieren aus einer Defensive in dem Versuch, Unsichtbarkeit und Abfallimages abzuschütteln, die erwünschte und herbeigesehnte Investitionen und die Schaffung von Arbeitsplätzen bremsen oder gar völlig verhindern. Ambivalente oder ablehnende Urteilen über die früheren oder heutigen Territorien industrieller Produktion/Destruktion sind nicht schon dadurch dem Imaginären entschwunden, aus dem Symbolischen getilgt, daß es den Willen zu ihrer Erledigung gibt. Und, um einem verbreiteten Mißverständnis zu widersprechen, auch aufwendige Öffentlichkeitsarbeit kann daran wenig ändern, wenn sich in Erfahrungen vor Ort ihre Versprechungen nicht bestätigen: Die Begegnung mit dem Realen muß an die über es vermittelten Nachrichten und Bilder zumindest erinnern. Es ist dies sicher einer der Gründe dafür, daß neuere Entwürfe weniger den Versuch machen, zu verdecken, abzureißen, wiederherzustellen, was ohnehin nicht zu verdecken, fortzuschaffen oder wiederherzustellen ist, sondern statt dessen auf das gerade Gegenteil setzen: auf die offensive Sichtbarmachung, Öffnung und Anerkennung dessen, was da ist. Die Förderung eines Prozesses der Aufmerksamkeit, die Tabus und Grenzen des Wahrnehmbaren in Frage stellt und überwindet, ist das in den letzten Jahrzehnten immer wichtiger gewordene Programm in der Modellierung der postindustriellen Umwelten. Zentral für die hier vorgestellten Entwürfe ist der Versuch der Formung und Erweiterung der möglichen Wahrnehmungen, der Bezug auf *aisthesis* – unter deutlicher Bevorzugung der visuellen Wahrnehmung.

Aufmerksamkeit für die technisch-industrielle Umgestaltung und ihre Folgen, die Möglichkeit, diese Folgen in das allgemein Wahrnehmbare aufzunehmen, hat sich an vielen Gegenständen und in vielen fachspezifischen Diskursen entwickelt. Das Wissen und die Argumentationen für ihre Offenlegung und Ausstellung, für das Aufdecken des Verborgenen und Verschwiegenen, haben kultur- wie naturwissenschaftliche Forschungen innerhalb und außerhalb der akademischen Institutionen erzeugt, lange bevor dieses Wissen mit identifizierbaren und zu Verfahren geronnenen Strategien für die Vernichtung des Abfalls, von Abfallimages verbunden worden ist.[7] In Entwürfen für Industrieareale kommt dazu der Rekurs auf das Archiv der Bilder, Motive und Verfahren, die in den bildenden Künsten entwickelt worden sind, und also einer auf auszeichnende Sichtbarkeit gerichteten Praxis entstammen. Künstlerische Praktiken des 20. Jahrhunderts, Praktiken des Aufdeckens, des Entdeckens, der Präsentation und des Umgangs mit (allen) Materialien als Materialien der Kunst, gehören zu den offenlegenden Praktiken, die für das Einführen früheren Abfalls in die akzeptable und akzeptierte Sichtbarkeit eingespannt werden können. Diese Praktiken haben zwei in der Modellierung von postindustriellen Umwelten verwertbare Aspekte: Der eine ist der der Untersuchung des Materials, der andere ist der der Einbindung der Zweckfreiheit der Kunst in neue Zwecke.

Die Entdeckung des Mülls als Material unter anderen Materialien durch die bildende Kunst beginnt am Ende des 19. Jahrhunderts mit seiner Definition und der Organisation seines unbemerkten Verschwindens und ist der Anfang eines Prozesses, in dem Kriterien der Aussonderung, des Sichtbaren und Unsichtbaren, herausgefordert werden. Der ausgreifende und tabulose Avantgarde-Gestus der Kunst in der Untersuchung der Materialien zeichnet ein Interesse vor, das die Grenze zwischen Abfall und anderem Material nicht respektiert.[8] Eine andere Grenze ist, zumindest aus der Sicht der Planung für alte Industrieareale, nahezu verschwunden, wenn sie auch gelegentlich als reparabel, als notwendig oder als immer wieder zu befestigende diskutiert wird.[9] Über das Verschwinden der Grenze zwischen dem Raum der Kunst und dem Alltag der postindustriellen Gesellschaft besteht nur noch aus der einen Perspektive

Diskussionsbedarf, aus der sich Künstler und Institutionen der Kunst hartnäckig mit der Auszeichnung eines besonderen autonomen Raumes der Kunst befassen. Die Planungen, in denen heute neuer Sinn für früher Abgefallenes erzeugt werden soll, setzen ihrerseits auf jeden Fall keine klare Scheidung zwischen künstlerischer Interpretation und Herstellung von Nützlichkeit, Verwertbarkeit, Produktivität voraus.

Kaum ein Text stellt die immer noch erwünschte Autonomie und Zweckfreiheit einer allerdings sentimentalisierten Kunst so sehr in Dienst und damit in Frage wie das Positionspapier »Baukultur und Kunst« der Internationalen Bauausstellung Emscher Park: »Die besondere Herausforderung für eine künstlerische Auseinandersetzung mit der Emscherregion liegt darin, bislang unzugängliche Orte zu öffnen, neue Sichtweisen zu ermöglichen, zur Auseinandersetzung mit dem Stadtteil zu aktivieren und – als Gegenpart zur planerischen Rationalität – auf den Gestaltungsprozeß Einfluß zu nehmen.« Die »der Kunst« zugesprochenen und für die Entwicklung der Region instrumentalisierten Eigenschaften und Aufgaben sind: »die verborgenen Schönheiten dieser Region entdecken und für die ganzheitliche Wahrnehmung erschließen«, »Emotionen wecken und Positionen im meta-wissenschaftlichen Bereich verändern«, »die Kreativität anderer Menschen anstoßen, indem sie zum Mitmachen auffordern und dabei verschüttete Fähigkeiten freilegen«, Teilnahme an einem »partnerschaftlichen Entwurfsprozeß« mit Planern – und nicht zuletzt, Behandlung der zentralen ästhetischen Fragestellungen: »Landschaft« und »Spuren der Industriegeschichte« (IBA Emscher Park Informationen Themenheft 5/1994, 2f). Die Indienstnahme der Besonderheiten, die künstlerischem Avantgardismus zugesprochen werden, soll dazu führen, offenen Auges über die Lage heilend neuen Sinn zu breiten und stellt so den Umschlag dar, von dem aus sich ein neuer Blick auf das Gegebene, ein neuer Umgang mit der Situation ergeben kann. Kunst ist in dieser Interpretation das Medium, das erlaubt, nach forschenden Wanderungen in den beunruhigenden Gefilden der Nutzlosigkeit und des Ausgeblendeten zu neuen Sichtbarkeiten zu kommen, die möglicherweise zu einer ökonomisch vielversprechenden Attraktivität führen.

Jenseits eines emphatischen Begriffs von Ästhetik und Kunst und ihrer Inanspruchnahme für die Etablierung neuer Sichtbarkeiten ist deshalb von dem zu sprechen, was die vorgestellten Projekte für die historisch und kulturell situierbare sinnliche Wahrnehmung bedeuten. Denn der weitgehend geöffnete Blick auf alte Abseiten ist ein bemerkenswerter Schritt in der Geschichte einer Ausbildung der Aufmerksamkeiten, deren einzelne, für sich genommen eher unscheinbare und heterogene Etappen Thema dieser Untersuchung waren.

Am Anfang der Untersuchung schien mir die kurze Bestimmung einer Paraästhetik, die David Carroll im Anschluß an Nietzsche, Derrida und Foucault gegeben hat, einen anregenden Ansatz zur Deutung der Ausweitung des Wahrnehmbaren in den Bereich des Abgefallenen zu geben: »Paraästhetik bedeutet so etwas wie eine gegen sich selbst gewendete Ästhetik oder eine Ästhetik, die über sich hinaus oder neben sich getrieben worden ist, eine fehlerhafte, unregelmäßige, ungeordnete, unangemessene Ästhetik – eine, die nicht bereit ist, in dem Gebiet zu bleiben, das durch das Ästhetische bestimmt ist.« Die Vorsilbe »para« wird dabei gelesen im Sinne von »daneben, nach, jenseits, einseitig, verfehlt, defekt, regelwidrig, ungeordnet, unpassend, falsch« (Carroll 1989, XIV). Paraästhetik schien also der Ausdruck für die Ästhetik, die den Abfall und den Abfall des Abfalls umfassen kann.

Auch sollte die Rede von einer Paraästhetik der Natur sein angesichts der Entwürfe, die sich nicht ausrichten am Bild einer Natur »für uns«, also einer künstlerischen Darstellung der Natur, sich nicht auf Natur als utopisches Gegenbild beziehen und auch nicht auf das Schöne der Natur oder in der Natur rekurrieren, sondern auf das, was von selber wächst. Diese Umschreibung hatte also Vorteile, denn sie lief nicht darauf hinaus, eine Ästhetik des Häßlichen oder eine Ästhetik des Bruchs mit ästhetischen Konventionen zu zeichnen.

Auch war darin nicht die Rede vom Fragment, der Fragmentierung, der Groteske oder der Allegorie, diesen großen Figuren aus der Geschichte der Ästhetik, die sich auf das nicht Symbolfähige, nicht Ganze, das Zerfallene, das Mißverhältnis beziehen – Kategorien, die allesamt einer Untersuchung des Abfalls nicht angemessen sind. Denn vom Fragment ist nur zu handeln, wo ein Ganzes, wie undeutlich auch immer, als denkmöglich angenommen werden kann, von Groteske dann, wenn das Unpassende zusammentrifft und ein Maß für das Passende auffindbar ist, von der Allegorie, wo ein Sinnzusammenhang zumindest im Verweis erreichbar bleibt: Diese Begriffe sind verständlich über ein ihnen Entgegengesetztes, das sie als Abweichung, als Devianz, als späteren oder vorausgehenden Zustand eines anderen Zustandes ausweist. Diese anderen Zustände aber bleiben angesichts des Gegenstandes unauffindbar.

Dennoch kann eine »paraästhetische« Betrachtung nicht die neuesten Entwicklungen erfassen. Die Wahrnehmung, die die neuesten hier vorgestellten Planungen für postindustrielle Landschaften auszeichnet, existiert nicht am Rande einer an die Kunst gebundenen Ästhetik, so häufig auch Entwürfe auf sie verweisen mögen. Vielmehr ist sie Wahrnehmen, *aisthesis*, in einem nicht exklusiven, sondern prinzipiell grenzenlosen Sinne. Sie nährt sich zwar an Rückgriffen auf die Motive, die das Sammeln und den Blick in die Landschaft, das

Innehalten vor dem historischen Monument, die Bewunderung der Natur ausgelöst oder gerechtfertigt haben, doch ohne zu ihnen noch ein anderes Verhältnis zu entwickeln als das zu einem Archiv möglicher Muster. Sie ist angeleitet
durch das in den letzten fünfzig Jahren ausgebildete Wissen unterschiedlicher
Art und Herkunft, das eben als Teil auch die Traditionen umfaßt, die die expo-
nierte Sichtbarkeit der bildenden Kunst befördert haben. Die Wahrnehmung,
die sich auf die Industriebrache richtet, ist vor allem eine gleichschwebende
Aufmerksamkeit, die das, was da ist, möglichst vollständig der Sichtbarkeit und
damit einer zumindest potentiellen Verwertbarkeit unterwirft, eine Ästhetik
ohne Abgrenzung gegen irgendwelche Gegenstände und Haltungen, wenn sie
nur auf eine gesellschaftlich akzeptable und akzeptierte Aufmerksamkeit für
die alten Areale hinausläuft.

Diese in neuesten Planungen erkennbare Haltung zur Sichtbarkeit birgt im
Extrem die Möglichkeit einer radikalen Neukonstruktion, die eines aufwendigen materiellen Umbaus einer Landschaft, in der vorgefundener Abfall ver-
bleibt und über ästhetisch motivierte Akzeptanz zum Verschwinden gebracht
wird wie im Falle des vorgestellten Entwurfs für ein stillgelegtes Atomkraftwerk in Wales. Ebenso möglich ist mit diesem Blick auf ein vernutztes Areal
aber auch ein anderes Extrem: die Unterlassung materieller Eingriffe, verbunden mit symbolischen Konstruktionen, ihrer Sicherung in Diskursen und sie
umsetzenden Animationen, auf dem zur Betrachtung freigegebenen Gelände
allenfalls gestaltet in Indizes. In beiden Fällen sind Stoffe, Dinge, Bauten, die
vorgefunden werden, allesamt, gleichermaßen und gleichgültig Materialien für
Prozesse, in denen Umwelten neu modelliert werden: Alles Vorgefundene kann
betrachtet werden als Vorsemiotisches, Unstrukturiertes, über dem eine neue
Struktur, eine neue Form, ein neues oder auch das Simulakrum eines alten
Modells der Umwelt zu errichten ist. Nichts entzieht sich der möglichen Konstruktion.

Diese Haltung kann die Verwandlung des Abfalls in Stoff, in Material für   *1*
Konzepte, Gestaltungen und Formungen fördern, wie ihn einige der vorgestellten Planungen für die alten Industrieareale betreiben: Indem sie nach Überschreitung und durch Überschreitung von Grenzen des Wahrnehmbaren und
des Wahrgenommenen die Potentiale der alten Gegenweltkonstrukte wie neue
Kontrolltechnologien gegen die als solche begriffene alte Zerstörung exzessiv
ausspielen, um Umwelten zu modellieren, in denen sich im Rahmen des Gegebenen gut leben läßt. Diese Haltung kann aber auch jene gleichgültige Ver-   *2*
wandlung der Welt in Material und die Organisation des akzelerierten Durch-
zugs der Stoffe durch Produktion und Konsumtion aufmerksam begleiten, die

nun zum geringeren Teil in den alt-industrialisierten Ländern stattfindet. Die darauf gegründeten Strategien der Schadensbegrenzung, der akzeptierende Umgang mit den Hinterlassenschaften der alten Industrien und das reparaturfördernde Recycling verfügbarer Bilder und Motive können weitere Umbauten und Umgrabungen in mildem Licht, als Strukturbildung oder gar als Chance einer Neukonstruktion von Natur oder Landschaft erscheinen lassen.

Diese Überlegung führt in ein Feld, mit dem sich diese Untersuchung über das Verschwinden des Abfalls nicht mehr befaßt. Sie führt auf die Notwendigkeit der Verbindung ethischer und aisthetischer Fragestellungen und auf die Kritik einer der letzten wenig bezweifelten Naturgewalten, des globalen Wirtschaftsprozesses, dessen produktive Innovationen derzeit reichlich und sichtbar Abfall hinter sich lassen.

Anhang

Anmerkungen

I Die Untersuchung des Abfalls

1 Zu den entsprechenden englischen und amerikanischen Kategorien vgl. eine erste und ausführlichere englische Fassung dieses Textes über »Abfall, Müll und Grenzprobleme«; Hauser 1997a.

2 Die Fassung des Imaginären, Realen und Symbolischen bezieht sich auf die zuerst von Jacques Lacan getroffene Unterscheidung, die Traum, Begehren, Wunsch und Täuschung ins Imaginäre verlegte, die physischen Bedingungen als das Reale und die symbolische Ordnung, die Realitätseffekte erzeugen kann, als fragwürdigen Mittler zwischen beiden faßte; s. dazu z.B. Lacan 1975, 24, 32f. – Zum Ort des Imaginären s. Iser 1983. – Mit der Verweisung des Abfalls in das Imaginäre entsteht eine besondere Kategorie des Unheimlichen, s. dazu Vidler 1992.

3 Von ferne profitiert diese Auffassung des Gedächtnisses von der Verbindung aus *memoria, fantasia* und *ingegno* in der Beschreibung der menschlichen Geistesvermögen durch Giambattista Vico, der die Dreiheit dieser Fähigkeiten unter dem Gesetz der Tropen, damit der Bilder sieht. Gleichzeitig ist damit auch die Auffassung vertreten, daß die Erfindung das Erinnern voraussetzt, eine These, die in dieser Arbeit so nicht erscheint, aber abgewandelt: die Erfindung zeigt sich immer wieder als Wiederholung und Umschreibung alter Muster, die nach dieser Erfindung nicht mehr sein werden, was sie vorher sein konnten. S. zu Vicos Konzept des Gedächtnisses Trabant 1994, 167ff.

4 S. Douglas 1985; Thompson 1981. – Zu den Trennungen zwischen Abfall, Müll und anderen Kategorien seit dem 19. Jahrhundert s. Melosi 1981, Kuchenbuch 1988, Hösel 1990.

5 Zur Theorie der Dinge s. Heubach 1996; zur Entwicklung der Anzahl verfügbarer Dinge s. Korff 1989; zu einem frühen Konzept des Informationsmülls s. Mettler-Meibom 1985; zur Versetzung von Menschen in die Müllkategorie s. Anm. 8.

6 »Postindustrielle Gesellschaft ist ein Begriff, der am Ende des 20. Jahrhunderts geprägt wurde. Er bezieht sich auf die abnehmende Abhängigkeit der Gesellschaften von traditioneller industrieller Produktion, den Aufstieg neuer Dienstleistungsindustrien und die neue Bedeutung des Wissens in Produktion, Konsumtion und

Freizeit.« Helweg 1997, 989. – Eine Übersicht über utopische bis pessimistische Konzepte der postindustriellen Gesellschaft gibt Rose 1992.

7 Dieser Konnex ist keine neue Errungenschaft: Die klassischen sozial nicht integrierten Personengruppen der europäischen Geschichte, Prostituierte, Henker, weibliche wie männliche Häftlinge, ergänzt um Arme, (Soldaten-)Witwen und Waisen, sind diejenigen, die bis ins 19. Jahrhundert bevorzugt mit der Beseitigung von nicht mehr verwerteten Stoffen beauftragt werden. Ihnen folgen gegen Ende des 19. Jahrhunderts in einigen deutschen Großstädten militärisch organisierte Fege- und Straßenreinigungstrupps aus Kriegsveteranen, »Ausgemusterten«. Auch die spätere Maschinisierung der Abfallbeseitigung hat den Ruch des Ausgeschlossenen nicht von den damit Beschäftigten nehmen können, ablesbar beispielsweise daran, daß zur Zeit des Arbeitskräftemangels in der BRD die unbeliebten Arbeitsplätze bei den Stadtreinigungen eine Domäne ausländischer Arbeitnehmer, »Fremder«, werden konnte. Noch Thompson befand in seiner »Theorie des Abfalls«: »Abfall (i. engl. Original: ›Rubbish‹) bleibt schließlich doch ein ziemlich widerwärtiges Zeug und hat die Tendenz, an Leuten hängenzubleiben, die mit ihm in Berührung kommen.« – Thompson 1981, 11.

8 S. Grassmuck/Unverzagt 1991; Zitat: Kabakov/Groys 1991, 105.

9 § 3 des Gesetzes zur Förderung der Kreislaufwirtschaft und Sicherung der umweltverträglichen Beseitigung von Abfällen (Kreislaufwirtschafts- und Abfallgesetz – KrW-/AbfG) von 27.9.1994, in Kraft getreten am 7.10.1996.

10 Eines der Desaster in diesem Zusammenhang ist der Umgang mit Atommüll; s. Hauser 1990a.

11 … eine Tendenz, die sich in der BRD beispielsweise schon in der Abfallverbringungsverordnung vom 18. November 1988 niedergeschlagen hat, die vorschrieb, daß die grenzüberschreitende Verbringung von Abfällen nur zulässig ist, wenn sie »wiederverwertet, aufbereitet oder zurückgewonnen« werden.

12 … eine schlechte Version des Hegelschen »wirklich Werdens«. – Die Zitate sind geliehen bei Michel Foucault. Er hat eine strukturell ähnliche Bewegung in seinem »Préface à la transgression« (1963) beschrieben, in dem er allerdings die Auflösung des Sakralen, die vollendete Profanierung der Welt und ihre Konsequenzen diskutiert. Dieser Prozeß hat »unserer Existenz die Grenze des Unbegrenzten« genommen. Die Auflösung des Sakralen, der Tod Gottes, die vollständige Profanierung der Welt hinterlassen einen »von nun an konstanten Raum unserer Erfahrung«, dessen Grenze sich in Geste und Sprache nur »in leerer Form« auf die Rekonstruktion eines Abwesenden hin, überschreiten läßt. Damit aber, so Foucault, führt er zu einer »inneren und souveränen Erfahrung. Aber eine solche Erfahrung, in welcher der Tod Gottes aufblitzt, entdeckt als ihr Geheimnis und Licht ihre eigene Endlichkeit, die unbegrenzte Herrschaft der Grenze, die Leere der Befreiung, in die sie fällt und in der sie fehlt.« – Die Analogie führt, weniger deutlich, weiter: Foucault schreibt dem sexuellen Exzeß die Möglichkeit der Überschreitung dieser Erfahrung und damit die Erzeugung einer Grenzerfahrung zu. »Der

Tod Gottes gibt uns nicht einer begrenzten und positiven Welt zurück, sondern einer Welt, die sich in der Erfahrung der Grenze auflöst, die sich in dem sie überschreitenden Exzeß aufbaut und zerstört.« Das Verschwinden der Grenze setzt eine Überschreitung in Gang, die die Erforschung einer nicht mehr teilenden, sondern differenzierenden Grenze ist, und ihre Bestätigung in einer nicht positiven Affirmation erzeugt. – Zitate aus Foucault 1987, 30ff.

13 Inwiefern dies exzessive Züge tragen kann, wird an einigen der hier untersuchten Strategien diskutiert; die »nicht positive Affirmation« gibt eine Denkfigur ab, in der sich durchaus die Implosion der im Folgenden diskutierten Konzepte denken läßt.

14 Douglas 1985, 59. – Douglas' Bestimmung von Müll und Abfall weicht von der hier vertretenen ab; s. ebd. 208f: Douglas geht aus von zerfallenden und verrottenden Stoffen, die schon wieder Grundlage für neues Wachstum bieten. Das aber ist mit den Qualitäten und Deponierungsweisen von (Haus)Müll und vielen anderen Abfallstoffen des 20. Jahrhunderts unvereinbar.

15 Zur kulturwissenschaftlichen Reflexion der Grenze s. Hohnsträter 1997.

16 Die Frage nach einem dritten Bereich oder Raum, »Third Space«, der sich zwischen zweien auftut, ist auch in der Literatur- und Kunsttheorie Homi N. Bhabhas (1994) zentral; in dem Insistieren auf eine bewegende Drittheit erinnert diese Überlegung an die in dialektischer Tradition gedachte Dynamisierung der Zweiheit etwa in der Semiotik Charles Sanders Peirces (»Interpretant«, »Drittheit«).

17 In Douglas' Untersuchung erscheinen das Abgewiesene, der Schmutz als Verweis auf mögliche Transgressionen und ein Potential für mögliche Revisionen von Systemen, Strukturen und Regeln. »Zweifellos ist es so, daß Unordnung eine Struktur zerstört, sie hält auch das Material bereit, aus dem eine Struktur entstehen kann. ... Sie symbolisiert sowohl Gefahr als auch Kraft.« Douglas 1985, 124.

18 Man denke in der Diskussion der Grenzen auch an die Figur des »gefährlichen« und in seiner verschiebenden Wirkung bestrittenen Supplements, des Zeichens, das sich als negierte Präsenz an die Stelle der Präsenz schiebt, auf die es verweist. Mit dieser Denkfigur ist die (negierte) Übertretung der Grenzen der Natur, der Vernunft, die Übertretung von Verboten in der Repräsentation Thema geworden. S. Derrida 1976, 422ff; zu den Bemerkungen im Text Derrida 1983, 244ff.

19 Vgl. zu den Motiven städtischer Sanierungen immer noch die ideenreiche Arbeit von Lesemann 1982; zu Wasser- und Hygienefragen Institut für sozial-ökologische Forschungen 1996.

20 Die Verfahren, in denen Abfälle eine materielle Wiederverwertung erfahren, sind in Abhängigkeit von Gegenstand und ökonomischen, sozialen, technischen und weiteren Bedingungen unterschiedlich, wenn sie auch sämtlich mit Kreislaufphantasien verbunden werden können. Stoffe werden zurückgewonnen durch Wiederverwerten, Transformieren, Einschmelzen, Kompostieren, Rückführen, Rücknehmen, Dinge durch Musealisieren, Restaurieren, Reparieren, Redimensionieren, Teilecycling, Weitergeben, Tauschen; Bauten durch Spoliierung, die

Sicherung von Ruinen, durch Restaurieren, Rekonstruieren, Reparieren, Integrieren, Revitalisieren, Umnutzen; Städte und Landschaften durch Arrondieren, Erneuern (»behutsam«); Landschaften und Gelände durch Renaturieren, Bewalden, Begrünen, naturnahes Gestalten. Neuere Entwürfe in Industriedesign und Architektur planen Rückholprozeduren gleich mit ein und suchen so Stoffe und Objekte in Kreisläufen und möglichst geschlossenen Systemen zu erhalten.

21 Zu Konzepten des Metabolismus und der Nachhaltigkeit s. beispielsweise den Sammelband von Ayres/Simonis, 1994. Zu den letztgenannten Konzepten s.u. Teil II und VII.

22 Den Ausdruck »Industrie« verstehe ich im Zusammenhang dieser Arbeit als »zusammenfassende Bezeichnung für die gewerbliche Gewinnung von Rohstoffen, die Be- und Verarbeitung von Rohstoffen und Halbfertigfabrikaten, die Veredelung von Sachgütern sowie Montage- und Reparaturarbeiten. Merkmale der I(ndustrie) sind Arbeitsteilung und Spezialisierung, Mechanisierung und Rationalisierung der Produktion« – und richte mich hierin nach dem Eintrag »Industrie« im 10. Band der 19. Auflage der Brockhaus-Enzyklopädie.

23 Aus dem Themenspektrum ausgeschlossen ist auch die Frage nach Organisationsstrukturen, in denen planerische Lösungen gesucht und bis zur Umsetzungsreife gebracht werden, wie auch Untersuchungen zu den längerfristigen Veränderungen der Planungsphilosophien und -prinzipien, die den je aktuellen Stand der Lehrmeinungen repäsentieren. Allgemein ist eine Entwicklung fort von umfassenden und bis ins Detail gehenden Modellen der Planung festzustellen. An die Stelle zentraler Planungen auch für Details in den 1970er Jahren treten ab den 1980er Jahren Ziele und Visionen umfassender Art, die in dezentralen, teilweise auch informellen Strukturen ausgearbeitet werden sollen. Auf den detaillierten »Plan« folgt das »Projekt«. Diese Entwicklung ist international festzustellen. S. Adrians 1994, Ganser et al 1993, Fassbender 1993, Sieverts/Ganser 1993, Stiles 1988. – Die hier angestrebte Konzentration auf Ergebnisse von Auseinandersetzungen schließt auch weitere Aspekte aus, die für die Praxis und den Prozeß der Planung zentral sind oder zumindest sein können. Die vielfältigen Bedingtheiten von Planungen stehen nicht im Zentrum der Darstellung. Das betrifft beispielsweise die Gründe, aus denen Industriegebiete oder -gelände außer Gebrauch geraten sind, sowie die vielfältigen beschränkenden und ermöglichenden Bedingungen finanzieller Art, unter denen Neuplanungen stehen. Angemerkt sei dazu hier nur, daß keine der behandelten Planungen ihre Effekte erhält ohne Investitionen und, je nach Projekt, laufende finanzielle Sicherung, oft durch die öffentliche Hand. – Ebenso wird die Bestimmtheit von Planungen durch rechtliche, eigentums-, haftungs-, bau- und bergrechtliche oder die Abfallgesetze betreffende Vorgaben nicht im Einzelnen untersucht, sondern allenfalls auf die Tatsache verwiesen, daß diese Art der Voraussetzung eine Planung mit bestimmt hat.

24 Auch dies ist eine Anleihe aus dem Cassirerschen Bilderarsenal; vgl. Cassirer 1990, 135.

25 Hauser 1989; vgl. den Rekurs auf Uexküll in Cassirer 1996, 47ff.

26 Ich paraphrasiere in dem letzten Abschnitt Teile eines Textes, mit dem Anderson und Merrell ihre Sammlung »On Semiotic Modeling« abschließen. Anderson/ Merrell 1991. – S. die Anmerkungen zu Strukturen der Aufmerksamkeit in Böhringer 1990, 25f.

27 Ich finde hier einige Charakteristika, die Hans-Jörg Rheinberger experimentellen Prozessen oder »Systemen« in den Naturwissenschaften zuschreibt; vgl. Rheinberger 1997, 34; ein weiterer Vergleich zwischen diesen und Planungen ist hier nicht beabsichtigt.

28 Zu den methodischen Konsequenzen dieser Sicht s.u. den Abschnitt über Lektüren.

29 Verwiesen sei hier besonders auf die Zusammenstellung europäischer Projekte in »De toekomst van het industrieel verleden«, Stadsdeel Westerpark et al 1995.

30 Im Ruhrgebiet sind im Rahmen der Internationalen Bauausstellung Emscher Park »Gewerbeparks«, »Dienstleistungs-«, »Service-«, »Handwerker-«, »Wissenschafts-« sowie »Technologieparks«, »Öko-«, »Gründer-« und »Zukunftszentren« entstanden – Anlagen, die auf Brachen, teils in umgenutzten Industriegebäuden, teils in Neubauten realisiert worden sind. Vgl. IBA Emscher Park Informationen Themenheft 1/1994.

31 Einen Sonderfall stellt hier die Überbauung eines weiträumigen Gebietes im alten Industriehafen von Bilbao mit einem spektakulären Museum Frank Gehrys dar, das einen Teil der Guggenheimsammlungen aufnimmt. In diesem Falle dient die alte Industrieumgebung als – pittoreske – Kulisse für ein neues Museum, das die Stadt zu einem Ziel des Tourismus machen soll, ein Programm, das unmittelbar eine neue Industrie erschließt, aber die alte als Staffage braucht.

32 In den USA ist das Liegenlassen von Grundstücken aufgrund eines anderen Verhältnisses zum Raum und einer anderen Verfügbarkeit von Land öfter als in Europa ein schlichtes Sich-Abwenden und Verfallenlassen. Horrorferien und Katastrophentourismus hatten zwar auch den *Rust Belt* um Detroit und Chicago entdeckt, doch ohne daß das zu einer systematischen Nutzung geführt hätte. Abrisse und Planierungen finden mit öffentlicher Finanzierung über *Superfund-* und *Brownfield*-Programme erst seit wenigen Jahren in nennenswertem Umfang statt – nun aber so radikal, daß z.B. im Sommer 1998 nur noch zwei Hochöfen im einst völlig von der Stahlindustrie geprägten Pittsburgh standen, von denen einer noch in Betrieb war.

33 S. Teil II.2 – Die Programme, die die Aufarbeitung alten Industrielands oder die Umgestaltung ehemaliger Regionen verlangen und/oder finanzieren, werden auch in Europa nach wie vor auf nationalstaatlicher Ebene eingesetzt und administriert. Es gibt gravierende konzeptionelle und finanzielle Unterschiede, wie Ferber 1995 z.B. an englischen, französischen und deutschen Programmen gezeigt hat.

34 Kunzmann 1981, 27; dort auch eindrückliche Chroniken konkreter und langwieriger Prozesse der Wieder- und Umnutzung.

35 Vgl. dazu die Ergebnisse zweier Konferenzen in Loccum; Schwencke 1977, Habicht 1989.

36 S. Henckel/Nopper 1985. Diese Untersuchung ist die erste, die eine flächendek-
kende quantitative Erfassung der Gewerbebrachen wie auch ihrer Wieder- und
Umnutzungstypen in der Bundesrepublik zusammenstellt; die Definition der
»Gewerbebrache« lautet: »Ehemals gewerblich, industriell genutzte Flächen, die
länger, als es dem ›normalen‹ Wiedernutzungszyklus in einer Stadt entspricht,
leerstehen (länger als ca. 3 Jahre)«, ebd. 24. – Zur Diskussion des »Flächen-
verbrauchs« s. ebd. 15ff; s. auch Wiese-v. Ofen 1984.

37 Einschränkend ist zu dieser Chronologie zu sagen, daß es auch heute Vorgänge
gibt, die nach dem vorgeschlagenen Zeitraster eher typisch für die erste, zweite
oder dritte Phase wären. – Ein Sonderproblem stellen die Konversionsflächen, vormals militärische genutzte Flächen, dar; sie werden hier nicht behandelt. Für
Deutschland s. dazu den Thementeil in Bauwelt 1992, Heft 12 (= Stadtbauwelt
113).

38 Zur Einschätzung mündlicher Berichte über die Vergangenheit und ihrer Rolle
für die Geschichtsschreibung s. immer noch Niethammer 1985.

39 S. Anm. 2 zu diesem Kapitel.

40 In Anlehnung an Foucault; vgl. Hauser 1990, 32-41. – Foucault, auf den dieser
Umriß einer Diskursanalyse zurückgeht, hat keine Methode der Textlektüre beschrieben, sondern Aspekte von Wissensformationen identifiziert, die in traditioneller hermeneutischer Lektüre von Texten nicht zum Gegenstand werden. Insofern lese ich seine, nie zum methodischen Instrument entwickelte Diskursanalyse
als Aufforderung dazu, die Aufmerksamkeit auf Umstände, Legitimationen von
Sprechern und Sprecherinnen, Wahlen von Wirklichkeitsausschnitten, legitimierende Institutionen und Traditionen zu richten, die Dispositive zu identifizieren,
die Wissensordnungen strukturieren und die Praxis, für die und mit der sie entstehen, in die Untersuchung einzubeziehen; vgl. Foucault 1977; 1986.

41 Bal/Bryson 1991, 194. Dieses und alle weiteren Zitate aus englischen und französischen Texten sind, wenn nicht anders angegeben, von der Autorin übersetzt worden.

42 Diese analytischen Akte führen nie so weit, daß der Text, der dekonstruiert, Lesern
These und Sinn verweigern und sich allein in der Erzwingung eines Lektüre-
musters erschöpfen könnte. Insofern sind der Anteil des Sinns und der Anteil der
auf einen Sinn gerichteten Lektüre in der dekonstruktiven Lektüre ihr verfemter
Teil. Über die Inszenierung des Sinns wie der Struktur seines Textes treffen überdies auch ein dekonstruierter Autor, eine Autorin eine wie immer intentions- und
verantwortungslos verstandene Entscheidung. Vgl. als Beispiel die Inszenierung
der Abwesenheit des Autors in Derridas »Mythologie blanche«, dt. in Derrida 1988.

II Erste Besichtigung der Abseite

1 Das verweist auf die nicht nur abendländische Verachtung der Materie und ihrer
Manipulation; s. Hauser 1998b. – Produzierende Industrieanlagen können nach
wie vor Invektiven hervorrufen, etwa den harschen Kommentar des US-amerikanischen Architekturtheoretikers Robert Harbison: »Wenn sie arbeiten, dann sind
sie Bilder der Hölle – laut, stinkend, dunkel – und machen ganz den Eindruck,
daß ihre Gewalt leicht an die Oberfläche treten könnte«, Harbison 1992, 122.

2 Das heißt nicht, daß es keine Beobachtung von Umweltschäden gibt, auch nicht,
daß keine Regelungsbemühungen da sind, doch sie bleiben marginal. S. die Literaturangaben im folgenden Kapitel. – Zur Thematisierung von Armut in der bildenden Kunst s. Hauser 1995.

3 S. Marinetti 1980, bes. 149ff; zu den mimetischen Bezügen zwischen industrie-
bestimmter Erfahrungswirklichkeit und ästhetischem Konzept in futuristischen
Entwürfen s. Krüger i. Druck (2001), IIIE.

4 Als Perfektionierung der Nicht-Erfahrbarkeit der Manipulation von Materie können der Export von »einfachen« Arbeiten, auch Automatisierung und Informatisierung der Arbeit beschrieben werden. Es wundert nicht, daß der zweite der genannten Prozesse neo-platonische Apologeten findet; s. Heims 1993.

5 S. Lindner 1993, 175ff; Zitat 176. – Zum positiven Image des Ruhrgebiets bei seinen Bewohnern und zum extrem negativen Image im übrigen Bundesgebiet in
den 1980er Jahren s. die aufschlußreiche Untersuchung von Thies 1989, erarbeitet
zur Zeit des Beginns der Internationalen Bauausstellung Emscher Park.

6 Voraussetzung des »Kulturtourismus«, der auch zu Industrieanlagen führt, ist ein
Kulturbegriff, der »sämtliche materiellen Artefakte einer Epoche oder einer Region
als ›kulturelle‹ Äußerungen einer Gesellschaft« ansieht; Soyez 1993, 42. – Peter
Behrends hatte 1910 von der Industriekultur als einer zu schaffenden Überhöhung
und Verbesserung des Bestehenden gesprochen; die 1995 gegründete Zeitschrift
»industrie-kultur« verwendet einen anderen Begriff, indem sie unter industriearchäologischen und -touristischen Gesichtspunkten alte Industrieanlagen vorstellt,
Reisen zu ihnen organisiert, ihre Erhaltung propagiert und Netzwerke zwischen
Interessierten zu schaffen sucht. In seiner Weite erinnert der Begriff des »Kulturtourismus« wie der hier verwendete Begriff der »industrie-kultur« an Kulturbegrif-
fe der Anthropologie, die ihr Augenmerk potentiell auf alle von Menschen geschaffenen Artefakte und auf alle Konzeptualisierungen und Handlungen richtet. Die
Verwendung der Termini »Kulturtourismus« und »industrie-kultur« impliziert
dennoch einen Anspruch, der an Behrends engeren Kulturbegriff anschließt und
»Kultur« als besonders Wert- und Bedeutungsvolles betrachtet. Zu Zielen, Praxis
und Organisation des Industrietourismus s. industrie-kultur 1/1998; s. auch Forum Industriedenkmalpflege und Geschichtskultur 1/2000 mit Kommentaren zum
»Jahr der Industriekultur«, zur »Europäischen Route der Industriekultur« und zu
einer Initiative für einen »Nationalpark der Industriekultur« im Ruhrgebiet.

7 S. dazu die Untersuchungen über das Werktor und seine Funktionen in Drepper 1991.

8 Diese Aussagen beruhen auf der ausführlichen Durchsicht zahlreicher aktueller Reiseführern in der größten Buchhandlung für Reiseliteratur in Berlin am 14.1.1999.

9 Vgl. Soyez 1989, 1993. – Aufwendige, je nach Anspruch und Bildung der Besucher differenzierte Besichtigungsangebote sind auch üblich bei Betrieben, die auf öffentliche Finanzierung angewiesen, doch in die öffentliche Kritik geraten sind wie etwa die Aufbereitungsanlage Sellafield/England.

10 Die öffentliche Hand ist es in fast allen alt-industrialisierten und sich deindustrialisierenden Ländern, die nach Ausbeutung der Rohstoffe die Gruben und Halden, nach dem Ende der Produktion auch hoffnungslose Industriegelände, etwa aus Gründen der Gefahrenabwehr, übernimmt. Ausnahmen machen der Bergbau, der bereits seit Anfang des 20. Jahrhunderts für einige Folgen in Verantwortung genommen wird. S. Siedlungsverband Ruhrkohlebezirk 1974. – Gründe für die Absperrungen von alten Industriearealen sind z.B. der Umstand, daß sie in Privatbesitz sind, Haftungs- und Sicherheitsfragen, Instabilitäten von Bauten oder Böden u.a.

11 1981, 3 – in einem ersten Bericht für das *Ministère de l'environnement et du cadre de vie* Frankreichs über Industriebrachen.

12 Diesem als Mechanismus beschreibbaren Prozeß der Aufwertung des Abfalls gilt das Buch von Michael Thompson, Thompson 1981. – Zu Nicht-Orten und ihrer Freiheit s. Arlt 1997; s. dort insbesondere die Darstellung eines (Kunst-)Projektes, dessen Zweck das Nicht-Tun auf einem Industriegelände in Linz war.

13 Das Erhabene erlebte am Ende der 80er Jahre im Zusammenhang mit der Reflexion der Zerstörung der Natur, dem Verfall der Industrie, eine Renaissance in kulturwissenschaftlichen Diskussionen; s. Pries 1989. Gemein scheint seinen Interpretationen eines zu sein: Das Erhabene kann nur in sicherer Distanz von seiner Quelle genossen werden. Wenn das Gefühl der Bedrohtheit, des Unheimlichen nicht vermieden werden kann, setzt Schrecken ohne ästhetische Rettung ein.

14 Eine in ihrer Prägnanz beeindruckende Analyse ist die erste Übersicht der französischen Brachen, die 1981 auf Veranlassung einer interministeriellen Arbeitsgruppe Frankreichs zustande kam; De Courson 1981. – S. Häußermann u.a. 1992; zum Konzept der Deindustrialisierung Ambrosius 1994; zur Kritik der Deindustrialisierung s. Dickson/Judge 1987, Perrucci et al 1988; zu den Erwartungen an die neue Informationsgesellschaft Anfang der 1990er Jahre s. Dordick/Wang 1993; allgemein zu Globalisierungsprozessen s. Altvater/Mahnkopf 1999; zu Perspektiven der Stadtentwicklung unter Bedingungen der sogenannten Globalisierung s. z.B. Borja/Castells 1997, Eade 1997, Sassen 1996.

15 Zum Ruhrgebiet s. vor allem Behrenbeck 1995; zum Emschergebiet s. Reiß-Schmidt 1991; zu diesbezüglichen Plänen für Bitterfeld s. Bodenschatz et al 1991, 1291.

16 Stéphane Musika arbeitet 1994 für das *Établissement Publique de la Métropole Lorraine*, eine halbstaatliche Organisation, die sich mit der Revitalisierung der lothringischen Industriegebiete befaßt.

17 Zu diesen Folgen s. Brüggemeier/Rommelspacher 1992, 77f. – Der Umstand, daß ganze Regionen zu ihrem Zustandserhalt abhängig sind von technischen Unterstützungen, in der Darstellung der Projekte beispielsweise der Internationalen Bauausstellung Emscher Park nur eine geringe Rolle spielt: Er pflegt in der »Kulturlandschaft« unterzugehen. Das ist auch folgerichtig, s. dazu Teil VII.

18 Das Programm hatte zunächst einen Umfang von 250 Millionen Pfund Sterling. Weitere 1.2 Milliarden wurden für die Schaffung einer neuen industriellen Grundlage für Wales eingeplant; Richards 1995, 26.

19 S. für Deutschland die Beiträge in Brüggemeier/Rommelspacher 1987; zu Reaktionen auf Luftverschmutzung im 19. und 20. Jahrhundert Spelsberg 1984; zur heute interessierenden Verschmutzung von Boden und Wasser und zur rechtlichen Lage im Ruhrgebiet Brüggemeier/Rommelspacher 1992, bes. 75ff; Quellen zur »Geschichte der Umwelt« in Brüggemeier 1995; zur »Umweltpolitik« in Deutschland nach 1900 Wey 1982; s. die Fallstudie in Grosser/Schmidt 1994, 86ff; zu weiteren europäischen Industrieregionen s. die Beiträge in Brimblecombe/Pfister 1990.

20 Zu »Brachflächen und Flächenrecycling« gibt der Sammelband von Genske und Noll 1995 einen internationalen Überblick; s. dort den Überblick über die für »Flächenrecycling und Kontamination« relevanten Gesichtspunkte, Thein 1995. Ich konzentriere mich im Folgenden auf die britische und deutsche Entwicklung.

21 Daß das nicht immer gelingt, darüber haben die Kontaminierungen durch radioaktive Stoffe belehrt.

22 Barry 1995, 281; s. diesen Beitrag generell zur britischen Bearbeitung von *contaminated land*. – Seit Verabschiedung des Environmental Act 1995 ist ein umfassendes Assessment in Arbeit, das Ende 2000 zu Empfehlungen führen soll.

23 S. dazu auch die Beiträgen zu Japan, den USA, Kanada, Großbritannien in Genske/ Noll 1995.

24 Zum Stand der rechtlichen und technischen Prozesse der Altlastenbearbeitung s. bis 2000 die Zeitschrift »BrachflächenRecycling«; im Internet ist die Brownfield- und Superfundinformation der US-amerikanischen *Environmental Protection Agency* ein guter Ausgangspunkt zum Auffinden internationaler links.

25 Vgl. die Zahlenangaben von 1991 bei Grosser/Schmidt 1994, 14.

26 Diese Definition steht sinngemäß bereits in dem Sondergutachten des Rates von Sachverständigen für Umweltfragen 1989, veröffentlicht 1990: »eine Altablagerung oder ein Altstandort, von dem Gefährdungen für die Umwelt, insbesondere die menschliche Gesundheit ausgehen oder zu erwarten sind«. Das Bundes-Bodenschutzgesetz, veröffentlicht am 24. März 1998, folgt diesen Definitionen in seinem 3. Teil, §§11-16.

27 Als Altlasten werden nur Stoffe und Standorte gefaßt, die sich auf aufgegebenen Flächen befinden, nicht also die möglichen Ablagerungen, die auf noch in Betrieb befindlichen Geländen sind. Ihre Subsumierung unter Altlasten findet nur in Ausnahmefällen statt, eine Behandlung durch öffentliche Stellen wird nur dann, wenn Gefahr für die Öffentlichkeit festgestellt werden kann, in Betracht gezogen. – Zu

möglichen Unterschieden in der Erfassung vgl. Beispiele aus der Emscherzone in Kahnert 1992, 120; zu den Regelungen der genannten Verordnung s. Bundesgesetzblatt Teil I v. 16. Juli 1999, 1554. – Zum Ende 1999 immer noch aktuellen Stand der konzeptuellen Auseinandersetzung mit Altlasten s. Rat von Sachverständigen für Umweltfragen 1995; die folgende Darstellung stützt sich auf Definitionen und Angaben in diesem Band und den Text der Bundes-Bodenschutz- und Altlastenverordnung vom 12. Juli 1999.

28 Zahlenangaben n. Bundesumweltministerium 1994, 7; Grosser/Schmidt 1994, 13; Freier et al. o.J., 1.

29 Die mögliche Größenordnung des Unbekannten möge ein Blick auf Forschungen zum Thema im Ruhrgebiet andeuten: 1977 war es einem der ersten Projekte zur Erforschung der Wiederverwendung stillgelegter Zechengelände nicht einmal möglich, zum Umfang der Zechenbrachen im Ruhrgebiet auf bereits existierende Informationen oder Unterlagen zurückzugreifen; s. Kunzmann 1981, dort auch gute Fallstudien. 1992 erst hat eine Dissertation (!), Holzapfel 1992, durch Abgleichung und Ergänzung der bei den einzelnen Kommunen vorhandenen Informationen eine Übersicht über brachliegende Gelände geschaffen. Bei meiner letzten Nachrecherche zu diesem Punkt im Frühjahr 1998 war das immer noch das beste Instrument zum Überblicken der Lage.

30 Vgl. dazu Simon 1996, der einige Fälle, mögliche Vergleiche und Unstimmigkeiten nennt.

31 So der Rat von Sachverständigen für Umweltfragen 1990; auch das Bundes-Bodenschutzgesetz vom Frühjahr 1998, das am 1. März 1999 in Kraft getreten ist, konzentriert sich auf die »dauernde Gefahrenabwehr«: Sie ist das eigentliche Sanierungsziel; s. Freier et al. o.J., 2.

32 Zum Kräfteverhältnis zwischen Abfallindustrie, Naturschutz und Denkmalschutz s. Ganser 1996. Die dort angeführten Beispiele sprechen dafür, daß Sanierung lohnend, doch die Branche unterbeschäftigt ist; letzteres entspricht auch dem von Lühr 1996 gezeichneten Bild einer Branche, die Anfang der 90er Jahre entschieden mehr Reinigungsanstrengungen erwartet hat, als schließlich zustandekamen.

33 Beispiele bei Kahnert 1992, 125.

34 Die Bemerkung fiel in einem Gespräch mit Herrn Dr. Koch, Geschäftsführer der Saarbrücker GIU. Diese hauptsächlich in städtischem Besitz befindliche Gesellschaft betreibt die Sanierung, Umgestaltung und Vermarktung des Gebietes der ehemaligen Burbacher Hütte, auf dem zehn Prozent der Böden als kontaminiert gelten, ein Punkt den die Öffentlichkeitsarbeit explizit anspricht. – Reisetagebuch S.H., 30. August 1996.

III Kultur und Erbe

1 Nicht zuletzt wird dazu die Tatsache beitragen, daß in den letzten Jahren neue Brandschutz- und weitere baupolizeiliche Vorschriften auch auf musealisierte oder umgenutzte Industrieanlagen übertragen wurden.

2 Durchaus gängiger ist die Position von Peter Behrens, Mitbegründer des Werkbundes. Er stellt 1910, zu dem Zeitpunkt seit drei Jahren Berater der AEG in Designfragen, im ersten Jahrgang der Zeitschrift »Der Industriebau« fest: »Zivilisation« sei dank der Kunst der Ingenieure erreicht, das »Kulturbedürfnis« aber keinesfalls befriedigt, da sich Technik und Kunst noch nicht »berühren«, das öffentliche Leben deshalb noch nicht »die Zeichen einer gereiften Kultur« trage; s. Behrens 1910, 177. So stellt sich für Behrens die Frage künftigen, wohl auch seines eigenen, Industriedesigns, der zu schaffenden »Industriekultur«, nicht aber die nach dem Erhalt ausrangierten Geräts. Zu Behrens s. Buddensieg 1990.

3 Zur Frühgeschichte der Industrie- und Technikmuseen s. Klemm 1973; vgl. aber die Interpretation der dort vorgestellten Sammlungen in Bredekamp 1993. Zur Gründung technischer Museen in europäischen Hauptstädten um 1900 s. Festschrift 50 Jahre Technisches Museum für Industrie und Gewerbe Wien 1968.

4 Von der Popularität des Museums zeugt die Eröffnung des Museumsneubaus 1925, sie ist begleitet von Festumzug und einem Festspiel, das kein geringerer als Gerhard Hauptmann schreibt.

5 Darüber berichtet Matschoss 1925. – Wilhelm Claas hat bereits 1931 unter Berufung auf Oscar von Miller den Vorschlag für ein solches Museum in Hagen gemacht, 1936-37 auch im Auftrag der Stadt Planungen unternommen und 1939 veröffentlicht; s. Claas 1966. – Versuche, technischen Überresten eine museale Bedeutung, Denkmalwert und damit kulturelle Signifikanz zuzusprechen, sind mit dem Kampf um gesellschaftliche Anerkennung als Elite verbunden, den sowohl Ingenieure als auch Fabrikanten mit verschiedenen Akzentsetzungen in der wilhelminischen, auch der viktorianischen und der Gesellschaft der Dritten Republik führten; zeitgenössische Literatur zum Thema verzeichnet Sombart 1928, 3ff.

6 Diese Technikgeschichte sucht den technischen Disziplinen einen Platz in der anerkannten Wissenschaft zu verschaffen, der der Arbeit, der Technik, der Manipulation von Stoffen nicht selbstverständlich zugestanden ist; vgl. Lindner 1932.

7 Das ist die klassische Domäne des Denkmalschutzes, auch wenn Argumentationen um die Jahrhundertwende den historischen und nationalen Zeugniswert stärker betonen als künstlerische Werte.

8 So beispielsweise der Architekt Romberg 1841; vgl. Müller-Wiener 1973. – Um diese Zeit trennen sich schon in der Ausbildung die Wege von Architekt und Ingenieur. S. Straub 1949, 197ff; vgl. hier Teil IV.2.

9 Vgl. noch die Wiederholung der Argumente in der Einleitung zu Rödel 1992.

10 S. die Dokumentation der Tagung, Ironbridge Gorge Museum Trust 1975. – Die Argumente sind programmatisch formuliert in einer 1983 erschienenen umfassen-

den Bestandsaufnahme mit dem Titel »Technische Denkmale in der Deutschen Demokratischen Republik«. Sie bestimmen die Beziehung zwischen der staatstragenden »Klasse« und den »Technischen Denkmalen« in einem sozialistischen Staat; das »Recht« und die »Verpflichtung der Arbeiterklasse« zur Pflege technischer Denkmale begründen die Autoren: »Wir sehen in der alten Technik Waffen, die die Bourgeoisie gegen die Arbeiterklasse nutzte. Wir sehen in der alten Technik Waffen, die die Arbeiterklasse beherrschen lernte ..., die wir der Bourgeoisie in den historischen Klassenkämpfen entrissen und sie selbst damit vertrieben ..., in die Erfahrung und theoretisches Wissen von Arbeitern, Technikern und Wissenschaftlern eingingen, kristallisierte Schöpferkraft. Wir sehen in der alten und neuen Technik eingedenk dieser historischen Erfahrung Waffen, die wir weiterentwickeln müssen, um den Sieg des Sozialismus in der Welt zu vollenden.« Vgl. Wagenbreth/Wächtler, 1983a, 12. – In Übertragung der ursprünglich literatur- und kunstwissenschaftlichen Widerspiegelungstheorie auf Denkmäler der industriellen Entwicklung werden die materiellen Zeugnisse zu »Widerspiegelungen« einer Geschichte der Produktivkräfte, die vom »Feudalismus« bis zum »Aufbau des Sozialismus in der DDR« konstruiert wird. – 1955 gibt es in der DDR eine Wanderausstellung zu »Technischen Kulturdenkmalen« zu sehen, vgl. Institut für Denkmalpflege 1955. – Argumente für den Erhalt technischer Denkmale werden auch in Polen wie in der Tschechoslowakei entwickelt; diese Länder werden hier nicht untersucht. Angemerkt sei aber, daß die Diskussion über den Erhalt von Industriebauwerken in Polen bereits 1939 beginnt. 1948 wird ein Bergbaumuseum in Sosnowiec gegründet, 1949 das Museum des Salzbergwerks in Wieliczka. 1953 entsteht ein »Institut der Geschichte der materiellen Kultur« an der polnischen Akademie der Wissenschaften, das von Jan Pazdur geleitet wird. Bereits 1955 publiziert das Institut Grundsätze der Registrierung und Dokumentation der Geschichte der materiellen Kultur. – In der CSSR werden ähnliche Grundsätze verfolgt; s. Günther 1975b, 136. – Ein Inventar polnischer Industriedenkmäler erscheint seit 1961; s. Pazdur 1961ff. – Einen Umriß der Industriedenkmalpflege in den genannten Ländern zeichnet Ebert 1998.

11 Als fehlend werden Bauten und Anlagen der Industrie, Arbeiterwohnungsbau und Infrastrukturbauten identifiziert, und es wird von einer »Vernichtung der Geschichte«, »fehlende(m) historische(n) Bewußtsein« und der Verkennung von sozial- und wirtschaftshistorischen Quellen gesprochen. Vgl. Schirmbeck 1986; 14, Echter 1985, 9; Gubler 1980, 8; Wehdorn 1982, 5. – Auf dem *104e congrès national des Sociétés savantes* 1979 kritisieren zwei Vortragende mit ähnlichem Tenor die seit 1830 geleistete Arbeit des französischen *Service des Monuments historiques*: Es sei bisher allein darum gegangen, »den idealtypischen baulichen Rahmen ... zum großen Fresko der Geschichte Frankreichs, angerichtet auf bürgerliche Art« zu konstituieren; n. Daumas 1980, 439.

12 S. Günther 1975, 1975a-d, Günther/Günther 1976, Bollerey/Hartmann 1978. Der Erhalt der Siedlung Eisenheim im Ruhrgebiet war der Versuch, nicht nur Bauten,

sondern auch die Sozialstrukturen und Beziehungen in der Siedlung zu erhalten. Zur Auseinandersetzung darum s. Projektgruppe Eisenheim 1973, Günther 1975a, 1977, Günther/Günther 1976. – In zahlreichen Arbeitersiedlungen gründen sich Bürgerinitiativen und erreichen auch Denkmalschutzstatus für die Siedlungen; Inventare, z.b. Bollerey/Hartmann 1975, Wehling 1990 und 1994, unterstützen den Prozeß. Mauthe et al. untersuchten 1983 die Ergebnisse und stellten fest, daß im Zuge von Privatisierungen vor allem die alten Mieter die denkmalgeschützten Siedlungen verlassen mußten: Der Mitte der 70er Jahre angestrebte Sozial- und Milieuschutz war schon wenige Jahre später erledigt.

13 Hier konzentriere ich mich auf die Frage des Zusammenhangs zwischen Bewahrung von Dingen und Gedächtnis, der als gemeinsamer Grund der Argumentationen angesichts von Musealisierungen funktioniert. Anzumerken ist: Was als Identität gilt, wenn denn eine gesucht wird, ist ein Politikum ersten Ranges, ihre Aushandlung ist eine Frage von »(Definitions-)Macht« (Berger/Luckmann). Explizierte Identitäten und darauf gegründete Musealisierungen haben oft eine Konfliktgeschichte hinter sich, in der mehr oder weniger organisierte politische Instanzen, Experten und Anwälte des Erinnerns spezifischer Geschichte, Vertreter bestimmter Entwicklungsmodelle gewünschte, vorgeschlagene, popularisierte, aufgedrängte und, in der materiellen Realisierung, auch handgreiflich erzeugte Identitäten für andere entworfen haben. In manchen Fällen setzen sich Bevölkerungsgruppen gegen vorgeschlagene Identitäten mit eigenen Vorstellungen, die ebenfalls Identitäten definieren, zur Wehr, in anderen Fällen führt Übereinstimmung aller Beteiligten über das, was die Identität und Geschichte beispielsweise einer Region ausmachen soll, zu einvernehmlich akzeptierten Programmen der Musealisierung.

14 Zu den »Orten der Erinnerung« s. die umfassende Sammlung von Nora 1997; s. auch Argumente in Pomian 1993, 60; Walsh 1992, 52. – Paul Nora geht davon aus, daß es einen Übergang gibt, der die gelebte Tradition abtötet und eine Historisierung erzeugt, die dann ihrerseits ihre Orte feststellt und dokumentiert. Daß auch diese Orte und die Geschichte, die sie bezeugen, in Frage stehen, sucht die hier in Teil III und IV vorgeführte Argumentation aufzuzeigen.

15 Zum Konzept der Écomusées s. Teil IV.2.

16 Severin Heinisch, Industriemuseum Steyr, vertritt dieselbe Position, wenn auch mit größerer Skepsis gegenüber der Beschreibung des Museums als Gegenwelt: »... der Fortschrittsgedanke der Moderne wurde immer schon von seinem scheinbaren Gegenteil, dem Bedürfnis des Konservierens, des Historisierens und Musealisierens begleitet... Geschichte und Museum weisen sich als wertsichernde, konservatorische Stabilitätsanker aus, im scheinbaren Gegensatz zur Dynamik des Verschwindens und permanenten Hervorbringens des Massenkonsums und häufig als Alternative mißverstanden. Musealisierung definiert als partieller Entzug der Objekte aus dem industriellen Verschleiß, verbirgt hinter antimoderner Fassade wesentliche kompensatorische Funktionen des Modernismus«, Heinisch 1993, 75.

17 »Aura« verweist im Zusammenhang mit alten Alltagsdingen unmittelbar auf Walter Benjamins programmatischen Versuch einer Befreiung der in den alten Dingen liegenden Kraft. Hier beziehe ich mich allerdings auf die gegenüber dem Passagenwerk verkürzte Definition der Aura im Kunstwerkaufsatz als »einmalige Erscheinung einer Ferne, so nah sie auch sein mag«, Benjamin 1980 I.2, 440.

18 Theodor W. Adorno hat in Paraphrase von Valérys Äußerungen über das Kunstmuseum diese Verbindung zwischen Ökonomie und musealer Sammlung gezogen; Adorno 1977, 183.

19 1973, zit. nach Ernst 1988.

20 Zu den hier verwendeten Begriffen vgl. zusammenfassend das Kapitel über Fetische in Heubach 1996; dort auch die Literaturangaben zu klassischen Texten, Verdinglichung, Vergegenständlichung und Warenfetischismus betreffend; zur Fremdheit auch der vertrauten Dinge s. Flusser 1993.

21 Vgl. Barthes 1957. – Die entfaltete Argumentation der an semiotische und poststrukturalistische Konzepte anschließenden archäologischen und historischen Debatte zur »New Museology« repräsentieren Hodder et al 1995 und Pearce 1996.

22 »Was einen Ort bestimmt, kann bereits ausradiert sein oder muß später verschwinden, wodurch Spuren der Vergangenheit und der Zukunft ebenso vorhanden sind.« Eisenman 1995, 324.- Zu Benjamins Entwurf einer Physiognomik der alten Dinge s. Benjamin 1983, V/I 2.

23 Zu historischen Museen, ihrer Form, ihrer Didaktik, ihren Narrationen und ihren Objekten s. die Beiträge in Rüsen et al 1988; Ottenjann 1985; Flierl 1992; s. Anm. 20.

24 Ein spektakuläres Beispiel für diesen Zugang ist *The Cloisters*, jener aus Teilen von europäischen Klöstern aus verschiedenen Jahrhunderten kompilierte Museumsbau an der US-amerikanischen Ostküste. Weitergetrieben noch sind die Eklektik und Willkür von Sammlung und Zusammenstellung sowie die exzessive Neudeutung im walisischen Museumsdorf Port Meirion, in dem aus der Verkleidung des Hauptkamins eines Schlosses die Fassade eines Hauses geworden ist. Ob Port Meirion für Museologen als Freilichtmuseum akzeptabel ist, ist allerdings zweifelhaft.

25 Prototypen der Retrofiktion wie der authentischen Reproduktion finden sich in Colonial Williamsburg/Virginia; s. z.B. Whiffen 1958, Lounsbury 1990.

26 Ich spiele hier auf Eisenmans Idee des Palimpsestes an, Eisenman 1995, 324.

27 Zu Positionen zur historischen Ausstellung auf dem Höhepunkt der Diskussion s. Deneke 1990, Fehr/Grohé, 1990; Fliedl et al.; 1992, Kindler/Liebelt, 1990; Ministerium für Bundes- und Europaangelegenheiten des Landes Nordrhein-Westfalen 1996. – Das Bergbaumuseum in Bochum beispielsweise, 1930 durch die Westfälische Berggewerkschaftskasse, der Gemeinschaftsorganisation der Bergbauunternehmen im Ruhrgebiet gegründet, sollte den Bergbau in der Bevölkerung des Ruhrgebiets popularisieren; Slotta 1980, 20.

28 S. CNRS 1985; vgl. zu französischen Argumentationen Daumas 1980, 433ff, Comptes rendues du 104e congrès national des Sociétés Savantes, 1979 und Jaoul 1987. Zu deutschen Beiträgen vgl. Müller 1973.

29 Zur Beziehung von Narration, Geschichte und musealisiertem Gegenstand s. Ernst 1988 und 1992.

30 Die Fotographin im viktorianischen Fotosalon erzählte, daß Lehrer ihre Schulklassen zuerst zum Kleiderfundus bringen, denn nach dem Umziehen würden die Kinder versuchen, sich so gesittet wie »real Victorians« zu verhalten. – Reisetagebuch S.H, 16. 9. 1996.

31 Zu Peter Behrens s. Teil III,1; s. Buddensieg 1990. – Zur »Grabe wo Du stehst«-Bewegung s. Referate in: Ministerium für Bundes- und Europaangelegenheiten des Landes Nordrhein-Westfalen 1996.

32 Siehe auch Pomian 1993, 61.

33 Sloterdijk 1989, zit. n. Korff 1992, 26.

34 Zu Rauschenberg s. Ostertag 1993, 8ff; dort auch Weiteres zu Müll und Kunst in den USA.

35 S. die Abschnitte über den Sammler im Passagenwerk, Benjamin 1983. V/I 2.

36 Hier revidiere ich eine Interpretation, die ich in Hauser 1996a gegeben habe. – Weitere Kommentare von Künstlern und Künstlerinnen zum Museum und seiner Schutzfunktion in Fehr 1998.

37 Vgl. den Katalog der Ausstellung Deep Storage, Schaffner/Winzen 1997.

38 Henri Jeudy hat das sich dabei ändernde Verhältnis zur Zeit als das einer immer schon vollendeten Zukunft beschrieben: »Man erfaßt sie (die Dinge, S.H.) ausschließlich unter zukunftsorientierten Gesichtspunkten. Der ihnen geltende Verwaltungsbetrieb ist einem vorausschauenden Denken unterworfen, das uns nötigt, im Futur II, in der ›vollendeten Zukunft‹ zu leben. Die betroffenen Institutionen verfolgen letztendlich eine ›antizipierende‹ Politik, die sich immer ähnlicher wird«, Jeudy 1987, 8. Das Museum erzeugt seine Gegenstände antizipierend und damit auch, s.o., die Identitäten, die es anbietet.

39 Der Anspruch einer »umfassenden« Ausstellung liegt der Sammlung des Bergbaumuseums Bochum beispielsweise zugrunde. Ich folge hier einer Interpretation, die sein Direktor Rainer Slotta 1980 gegeben hat.

IV Das Museum der Industrieregion

1 1985 wird das »industrielle Erbe« als Aufgabenbereich des Europarates etabliert. Eine Konferenz in Lyon im Oktober 1985 definiert vier Absichten: die interdisziplinäre Erforschung technischer und industrieller Anlagen unter historischen, soziologischen, baulichen, wirtschaftlichen und politischen Gesichtspunkten, die schulische Vermittlung dieser Forschungen, die rechtlich gesicherte öffentliche Aufschließung auch privater Firmenarchive und die Erstellung eines Gesamtinventars nebst Typologie der Industriebauten Europas. Gefordert wird auch fachliche Aufmerksamkeit für verschwindende Industriebauten, Atomkraftwerke und

Raffinerien beispielsweise. Lequin 1987, 10ff. – Systematische Umsetzungsbemühungen habe ich nicht nachweisen können.

2   Um den Vergleich etwas weiter zu treiben: Musealisierung ist eine mögliche Konsequenz von Denkmalschutz, aber keinesfalls eine notwendige. Denkmalgeschützter Bestand kann für nicht museal begriffene Aktivitäten wie Wohnen, Arbeiten und so fort genutzt werden, wenn es die geschützten Baulichkeiten und die Art ihres Schutzes zulassen. Denkmalschutz kann zwar zur rechtlichen Sicherung und Voraussetzung einer Musealisierung von Gebäuden und Anlagen gemacht werden, doch nicht jedes Museum muß in einem rechtlich bevorzugt vor dem Abriß geschützten Gebäude residieren.

3   Zu den heute gängigen Argumenten s. Kiesow 1995; s. auch die Argumente in III.1 und die im Folgenden zitierten Begründungen der englischen Industriearchäologie.

4   Nur das Land Sachsen hat bereits vor dem Zweiten Weltkrieg ein Gesetz zum Schutz von »Kunst-, Kultur- und Naturdenkmälern«, das »technische Anlagen« ausdrücklich einbezieht. – Im Juni 1975 wird in der DDR ein Denkmalpflegegesetz verabschiedet, das den Erhalt von »technischen Denkmalen« und die Dokumentation der »Geschichte der Produktivkräfte« verlangt. Erhalten werden sollen »Denkmale der Produktions- und Verkehrsgeschichte wie handwerkliche, gewerbliche und landwirtschaftliche Produktionsstätten mit ihren Austattungen, industrielle und bergbauliche Anlagen, Maschinen und Modelle, Verkehrsbauten und Transportmittel.« S. Gesetz zur Erhaltung der Denkmale in der Deutschen Demokratischen Republik §3. – 1980 wird in Nordrhein-Westfalen ein neues Denkmalschutzgesetz verabschiedet, das deutlich das Interesse am Erhalt von Industriebauten und -anlagen dokumentiert. In der letzten Fassung vom 20.6.1989 sind ausdrücklich »Sachen« als schützenswert eingestuft, die für die Geschichte der »Entwicklung der Arbeits- und Produktionsverhältnisse« bedeutsam sind. Explizit werden »handwerkliche und industrielle Produktionsstätten« erwähnt sowie »Denkmalbereiche«, die auch dann unter Schutz gestellt werden können, wenn nicht jedes einzelne Gebäude den Anforderungen an geschichtliche Bedeutsamkeit entspricht, eine wichtige Voraussetzung für den Ensembleschutz von Industrieanlagen. Vgl. Denkmalschutzgesetz §§ 1 und 2. – Das relativ geringe denkmalpflegerische Interesse reflektiert noch 1967/69 das größte deutsche Handbuch der Denkmäler, der »Dehio«, der 70 industrielle Gebäude und Anlagen in Nordrhein-Westfalen als schützenswert anzeigt. – Zu dieser Zeit beginnt in der Bundesrepublik Deutschland die Erfassung und systematische Aufnahme industrieller Bauten und Geräte, Voraussetzung für die Abwägung denkmalpflegerischer Entscheidungen und der Etablierung eines Industriedenkmalschutzes. Inventare von Regionen werden, zuerst nahezu privat, von einzelnen vom Industriedenkmalschutz überzeugten (Kunst)Historikern und Referenten in Bauämtern, schließlich im Namen von Behörden, erstellt. Viele bereits vorher erarbeitete Inventare erscheinen pünktlich zum Europäischen Denkmalschutzjahr 1975. – Vgl. das Inventar

von Slotta, 1975ff. Das aktuelle Verzeichnis für die alten Bundesländer ist Rödel 1992, für die neuen Bundesländer Rödel 1998; vgl. zu den Anfängen des deutschen Industriedenkmalschutzes die Beiträge von Günther 1975. – Zur Geschichte des Denkmalschutzes und seiner Internationalisierung s. Choay 1996a, bes. 152ff.

5 Als Auslöser einer Popularisierung des Industriedenkmalschutzes wird immer wieder der Abriß des *Euston Arch* in London 1957 genannt, dem die Gründung der dann sehr aktiven *Victorian Society* folgte; s. Cullingworth/Nadin 1995, 155. 1952 war aber schon das Albert Dock in Liverpool unter Schutz gestellt worden. Grundlage für den Industriedenkmalschutz bot in England der in Reaktion auf die Kriegszerstörungen beschlossene *Town and Country Planning Act* von 1947. Er verlangte unter anderem das *listing* von Bauten, die in der Neubauphase aufgrund ihres »special architectural and historic interest« erhalten bleiben sollten. In Manchester hatte das die praktische Folge, daß in den ersten Jahren des *listings* kaum seine viktorianischen Züge zur Kenntnis genommen wurden; 1973 gab es vom zuständigen *Department of the Environment* eine Liste mit 600 Einträgen, darunter Büro-, Infrastruktur- und Hotelbauten, doch kaum Fabrikgebäude; eine 1994 erstellte Liste des nun zuständigen *Department of National Heritage* enthielt 960 Einträge, vier Gebäude aus den sehr produktiven 50er und 60er Jahren, doch endlich auch zahlreiche Fabriken; s. HMSO/ Bamford 1995, 45ff.

6 Diese Kriterien sind auch bestimmend für den *Historic American Engineering Record* (HAER), das zentrale US-amerikanische Erfassungs- und Dokumentationszentrum für technische Anlagen und Industriebauten im *National Park Service*, der Teil des Innenministeriums der USA ist. Aufgabe des HAER ist die zeichnerische Dokumentation aller dieser Baulichkeiten, soweit sie zur Kenntnis des HAER kommen. Die Dokumentation entscheidet nicht über den Erhalt.

7 Zum Rheinischen und zum Westfälischen Industriemuseum s. Bönnighausen/Wirtz 1995. – Zu den Forderungen vgl. die Beiträge zur Museologie der Industrie in CNRS 1985 und die Beispiele auf den folgenden Seiten; s. Slotta 1975, XIV; Jaoul 1987; Daumas 1980, 433ff; s. dort auch das erste Kapitel »Le paysage industriel«. – Aus museumspraktischer Perspektive wird für den Erhalt ganzer Komplexe die »Anschaulichkeit« zum Argument: »Allein durch die Sammeltätigkeit der Museen lässt sich die Industriekultur nicht genügend verdeutlichen. Die Anschaulichkeit, der direkte Kontakt, erleiden Einbussen, wenn die Gegenstände aus dem Kontext gelöst sind. ... Dabei geht es hier um die Erhaltung ganzer Strukturen.« Gubler 1980, 11.

8 Während die gesetzlichen Möglichkeiten sich zugunsten eines Industriedenkmalschutzes gewandelt haben, werden nach wie vor mögliche Industriedenkmäler abgerissen. Nicht zuletzt das Interesse einer ausgebauten Recyclingbranche steht der praktischen Erhaltung entgegen. In den neuen Ländern Deutschlands haben auch kurzsichtige Arbeitsbeschaffungsmaßnahmen beispielsweise im Gebiet um Bitterfeld und Dessau zu flächendeckenden Abrissen alter Bausubstanz geführt; andere Bauten fallen den hohen Bodenpreisen in Innenstädten zum Opfer, so

womöglich auch eine so markante Anlage wie die Renault-Anlagen auf der Ile Seguin in Paris; s. L'île Seguin en question, 1999. Von den tatsächlichen Abrissen her gesehen haben am Industriedenkmalschutz Interessierte international jeden Grund, um den Erhalt alter Industriebauten besorgt zu sein. Durchgesetzt ist allenfalls der prinzipielle Verdacht, daß beim Abriß Fehler zu machen seien.

9 Ursprünge, Gründungen und Anfänge sind kritische Punkte. Sie werden von später Kommenden da identifiziert und als solche kommuniziert, wo Legitimation und Wiederholung erwünscht sind oder Legitimationen, Muster und ihre Wiederholung kritisiert oder modifiziert werden sollen. Urspünge fungieren meist als diskurs- und praxisbegründende Symbole, aus dem sich eine aktuelle Rede speist. In diesem Sinne ist Ironbridge als symbolischer Ort zum Ursprung und Zentrum einer Bewegung geworden.

10 Bei diesem Text handelt es sich um einen immer wieder aufgegriffenen, einen Gründungstext der Industriearchäologie, der als »texte inaugurale« die Entfaltung des Diskurses der Industriearchäologie vorzeichnete. – Den Ausdruck »texte inaugurale« leihe ich von Françoise Choay aus, die ihn in ihrer Untersuchung über zwei Gründungstexte der Architekturtheorie entwickelt hat, Choay 1996.

11 Es gibt auch eine US-amerikanische Ursprungsgeschichte der Bezeichnung *industrial archaeology*, in der Vincent P. Foley die Erfindung des Ausdrucks Donald Dudley, einem Latinisten an der Universität Birmingham, zuschreibt – und zwar schon 1953. Ein Korrespondent der Zeitschrift *Industrial Archaeology* verlegt den Ursprung des Ausdrucks ins 18. Jahrhundert. Zu beiden Angaben s. Negri/Negri 1978, 7. – Zur frühen Selbstbegründung der Industriearchäologie mit jeweils unterschiedlichen thematischen und nationalen Akzentsetzungen, s. für die Niederlande Nijhof 1978, für Italien Borsi 1978 und Piva et al. 1979 mit einem Überblick über internationale Kongresse, Periodika und einer umfassenden Bibliographie; für Frankreich Daumas 1980 und die Zeitschrift *L'Archéologie industrielle en France, patrimoine, technique, mémoire*, die seit März 1976 erscheint; für die USA die Bestandsaufnahme von Sande 1976, erschienen fünf Jahre nach Gründung der US-amerikanischen *Society for Industrial Archeology* (SIA).

12 Diese Zuschreibung kann sich auf Forschungen zur Industriegeschichte stützen, die seit den 1940er Jahren auf England bzw. Großbritannien als Ursprungsnation des industriellen Zeitalters verweisen.

13 Rix ist und bleibt kein einsamer Rufer in der Wüste. 1959 setzt das *Council for British Archaeology* (CBA) ein Forschungskomitee zur Industriearchäologie in Gang, dem es später einen *National Survey of Industrial Monuments* folgen läßt; Buchanan 1972, 55. Es arbeitet mit Ministerien zusammen, empfiehlt die Erhaltung konkreter Bauten als Denkmale und fungiert als Forum für die zahlreichen industriearchäologisch interessierten Vereine Großbritanniens. 1963 erscheint in Belfast der erste Inventarisierungsversuch der industriellen Denkmäler für eine Region, Green 1963. Ab 1965 organisiert das Zentrum für das Studium der Technikgeschichte der TU Bath eine Inventarisierung, den *Record of Industrial Monuments*,

der bereits 1970 7000 Einträge aufweist. Eine weitere Inventarisierung dokumentieren die Bände des *Batsford Guide to the Industrial Archaeology of the British Isles*, ab Mitte der 70er Jahre von Keith Falconer herausgegeben.

14 1979 zählt ein Adressenverzeichnis 85 mit Industrial Archaeology befaßte lokale Organisationen auf; Smith et al. 1979; die Liste ergänzt eine weit ausführlichere von Cossons und Hudson von 1971.

15 Michael Rix' Biographie und seine Vorläuferschaft wird nicht nur in der britischen Industriearchäologie zum Thema späterer Industriearchäologen; s. Gubler 1980, Negri/Negri 1978.

16 Hudson 1975; Hudson hatte bereits 1963, ²1966, eine Einführung in die Industriearchäologie verfaßt. Neben vorwiegend beschreibenden Einführungen wie der Hudsons entstanden auch systematische Abrisse: J.P.M. Pannell publizierte 1966 ein Buch über Techniken der Industriearchäologie, R. Angus Buchanan setzte 1972 dieses Thema fort; in diesen Einführungen zeigt sich das Bemühen um Selbstdefinition einer neuen Wissenschaft und um Klärung des Verhältnisses zu anderen akademischen Disziplinen.

17 BP meint in der Tat *British Petrol*; es könnte interessant sein, in den Archiven der BP nach den internen Argumentationen zu suchen, die es, kurz nach der Ölkrise, einer Ölfirma interessant erscheinen lassen, ein industriearchäologisches Unterfangen zu unterstützen. – Cossons wiederholt in seiner Beschreibung dessen, was die Industriearchäologie tut, Ansichten und Muster, die Rix vorgezeichnet hatte, beispielsweise den Vorreitercharakter der englischen Entwicklungen der Industrie und betont ebenfalls die Wichtigkeit der Erforschung und Gestaltung der Landschaft; vgl. Cossons 1975, 15ff.

18 Rix beendet den Artikel mit der Aufzählung weiterer möglicher *National Parks* des angedeuteten Zuschnitts. Wir finden die Londoner Docklands erwähnt, Teile des Nordwestens von Birmingham, Leeds, Manchester, unter anderem die dortige Liverpool Station, die heute Teil des Industriemuseums im ersten *Urban Heritage Park* Englands ist – diverse Orte, mit denen sich dieses Buch noch befassen wird, weil hier Plätze bezeichnet sind, auf die später tatsächlich große Anstrengungen des Erhalts und Umbaus gerichtet worden sind.

19 *New Towns* sind seit der Verabschiedung des *New Towns Act* 1946 gebaut worden, um dem Bevölkerungsdruck in den schon vor dem Krieg vernachlässigten, überfüllten und nach dem Krieg teilweise zerstörten Städten einen Ausweg zu bieten. Sie waren Versuche, bessere Lebensumstände im Grünen zu schaffen und inspiriert von Gartenstädten. Ihr Bau wurde auf der Basis von Krediten nahezu ganz von der öffentlichen Hand finanziert und durch staatlich eingesetzte Entwicklungsagenturen betrieben. Diese *Development Corporations* hatten weitreichende Befugnisse sowohl in der Verfügung über Boden und Eigentum als auch in der Durchsetzung von Gestaltungen. Ihre Aufgabe war die Erstellung von Häusern und Fabriken, übrigens nicht selten auf altem Industriegrund, die Herstellung von Infrastrukturen und einiger kommunal betriebener Treffpunkte. Der undemokrati-

sche Weg des Vorgehens bot oft Anlaß zu lokaler Kritik. Diese Städtebaupolitik wurde bis zur Wiederentdeckung der dieweil weiter verfallenen Innenstädte am Anfang der 70er Jahre fortgesetzt. Vgl. Soissons 1991 über die New Town Telford.

20 Zit. n. Thomas 1982, 1.

21 Vgl. Thomas 1982, App C, p. 3 (ungez.)

22 »… comme il se devait, au saint des saints de l'archéologie industrielle…« Daumas 1980, 445. – Der zweite dieser Kongresse fand 1975 im Bergbaumuseum Bochum, der dritte 1978 in Schweden statt. Auf diesem wurde *The International Committee for the Conservation of the Industrial Heritage* (TICCIH) gegründet, zur Zeit eine einflußreiche Organisation in der internationalen Politik des Denkmals. S. dazu Ebert 1995.

23 Chronik nach: Ironbridge Gorge Museum, Chronology 1991; Ironbridge Gorge Museum, Visitor statistics 1991; Cossons 1979; de Haan 1996.

24 Zit. n. Cossons 1979, 182.

25 Beglaubigt wird diese Deutung nicht zuletzt durch den feierlichen Besuch des Prince of Wales: »Fast auf den Tag genau zum zweihundertsten Geburtstag der Fertigstellung des Bogens der Iron Bridge über den Severn war der Besuch Seiner Königlichen Hoheit ein passender und angemessener Tribut an die großen Pioniere des achtzehnten Jahrhunderts, die dieses herausragende Symbol der Industriellen Revolution errichtet haben.« Iron Bridge Gorge Museum Trust 1979/80.

26 Gemessen an seiner Anziehungskraft für Besuchermassen gehört das *Albert Dock* in Liverpool zu den sehr erfolgreichen Stätten. Mit 5.1 Millionen Besuchern jährlich belegte es Ende der 1980er Jahre hinter dem *Blackpool Pleasure Beach* den zweiten Platz in der Rekordliste der kostenlos zu besuchenden Attraktionen Großbritanniens; Walsh 1992, 141.

27 Zur ökonomischen Bewertung des »Erbes« s. Greffe 1990.

28 Das wichtigste US-amerikanische Beispiel für die Entwicklung zur Musealisierung einer Region ist der *Lowell National Park* in Massachusetts, der eine ganze Stadt mit 70.000 Einwohnern und das umliegende Land umfaßt. Lowell war bis zum Anfang der 1970er Jahre eine Textilstadt, geprägt von großindustrieller Textilproduktion. Heute sind die meisten der großen Gebäude Museen, umgenutzt für neue Unternehmen, für Dienstleistungen, für touristische Zwecke. S. Division of Publications National Park Service o.J., 86ff.

29 Hubert 1990, 200; Bellaigue-Scalbert 1990.

30 S. Teil VII.4.

31 Das erinnert an das Landmarkenprojekt der Internationalen Bauausstellung; s. Teil VII.4.

32 Es ist diese Beschreibung des Raumes, die das Écomusée zu einem »Museum der Region« machen und von späteren Konzepten für »postindustrielle Landschaften« unterscheidet. Die Entwürfe für postindustrielle Landschaften beziehen sich, bewußt oder nicht, auf Muster, die die Landschaftsmalerei und die daran anschließende Gartengestaltung geprägt haben. Sie breiten dem entsprechend Tableaus

aus, öffnen Zwischenräume zwischen Orten selbstverständlich der Sichtbarkeit und sind nicht auf einzelne Natur- und Kunstdenkmäler fixiert. Vgl. dazu Teil VII.

33 In der Darstellung folge ich von Hinten 1985 und Hubert 1990.

34 Zit. n. Hubert 1990, 204; s. zu den Effekten des Museums auch Bergeron 1992, 275.

35 Chronik nach: Écomusée regionale du Centre o.J. und Liebin/Masure-Hannecart o.J.

V Übergänge – Monumentales, Ephemeres, Ruinen

1 Zur Geschichte des Industriebaus s. Müller-Wiener 1973, Sturm 1977, 81f, Raja 1983; zum englischen Industriebau Jones 1985; zum belgischen Bruwier/Desvosquel 1978 und Linters 1986. – Formen, die allein der Industrie zuzuordnen sind und so eine eigene Ästhetik vorzeichnen, entstehen ab dem 18. Jahrhundert als funktionale Bauformen, so der hohe Fabrikschornstein, zuerst meist eckig, dann rund und im Zeitstil dekoriert, die zunehmend größer werdenden Ofenanlagen oder die seit Mitte des 19. Jahrhunderts gebauten Shed-Dach-Hallen, beliebig verlängerbare Flachbauten, die zunächst in der Textilindustrie aufgrund schwerer werdender Maschinen die Stockwerksbauten ablösen und durch die Dächer soviel Tageslicht wie möglich einfangen sollen.

2 Die Zusammenhänge, die heute den Bau, insbesondere auf Grundstücken, die internationale Spitzenpreise erzielen, zu einer marginalen und damit auch ephemeren Erscheinung des eigentlich relevanten Prozesses der Refinanzierung und Abschreibung machen, können hier nicht thematisiert werden.

3 Nicht ursächlich für das Vorgehen gegen Bauten, die ihre Funktionen verloren haben, doch hier erwähnenswert ist der Umstand, daß so wirkungsvolle und preiswerte Techniken der Demolierung vorhanden sind, wie sie noch keiner Gesellschaft bisher zur Verfügung standen.

4 Die Images sind für die Frage nach der Wieder-Holung aus dem Abfall aussagekräftig, weil sie gängige Vorstellungen aufgreifen, die den Abfallgeruch vertreiben sollen. Die erwünschten Deutungen werden nicht durch Campaigner, PR-Agenturen, Referenten für Öffentlichkeitsarbeit kontrolliert und erfunden, sondern nur geformt und gezielt eingesetzt. Neue Images sind nur erfolgreich, wenn sie an eine bereits vorhandene Bereitschaft appellieren, etwa die, sich mit einer bestimmten Erzählung über Traditionen von Arealen zu identifizieren, alten Dingen oder Gebäuden einen Vorzug zu geben, ein Angebot ungewöhnlicher Bedingungen und exklusiver Gegenstände zu akzeptieren – oder wenn sie einen Anfang, einen Ursprung, eine Reinheit zu symbolisieren vermögen, die für eine neue Nutzung bereitsteht. Insofern greifen die intendiert verbreiteten Bilder zwar gezielt in einen bereits bestehenden öffentlichen Diskurs ein, können ihn aber nicht beliebig steuern.

5 Hardy 1983 gibt einen guten Überblick über die verschiedenen Pläne, ihre Kritik und ihre Umsetzungen; das bekannteste Buch zur Entwicklung und Kritik der Docklandplanungen stammt von Sue Brownill, die für die größte der ansässigen Bürgervereinigungen gearbeitet hat; Brownill 1990. Zur Überblicksinformation s. Hebbert 1992; eine umfassende Beschreibung der Gestaltungen und ihrer Folgen bietet Edwards 1992. Zu den organisatorischen Voraussetzungen s. HMSO 1995, zur Architektur in den Docklands Williams 1996. – Umbauten der beschriebenen Art nahmen vor allem Hafenstädte vor, deren Hafengebiete durch die Umstellung der Frachten auf Containertransporte binnen weniger Jahre in den 1960er Jahren ihre Funktion verloren; s. zu Revitalisierungsbemühungen für große Häfen Hoyle/ Pinder/ Husain 1988.

6 1978 wurde die Ausweisung eines Rotlichtbezirks in dem Gebiet vorgeschlagen und führte zu Protesten von Anwohnern; sie schlugen sozialen Wohnungsbau vor, der in den 80er Jahren teilweise realisiert wurde.

7 Der Entwurf für die Brücke stammt von van Berkel & Bos / UN-Studio; der Namensgeber ist selbstverständlich Erasmus von Rotterdam.

8 Kop van Zuid Communications Team; 1996, 7. – Zum Entwurf von Teun Koolhaas s. Rodermond/Tilman 1993, 76ff; zur ersten Einschätzung des städtebaulichen Entwurfs im Hinblick auf Umsetzungschancen und möglichen ökonomischen Erfolg das Gutachten von De Internationale Investeringsbank 1987.

9 Publikationen zu internationalen Entwürfen: Bauwelt 10/1984 und 28/1991, Cantacuzino 1989, Robert 1989, Boucher Hedenstrom 1994; s. auch das Themenheft der Zeitschrift Architektur und Wettbewerbe, März 1997. Für die Niederlande s. Nijhoff/Schulte 1994; Das 1992 gegründete Projectbureau Industrieel Erfgoed (PIE) stellte 1995 weitere Positionen zur Wiedernutzung vor. Für Frankreich s. Belhoste/Smith 1997; zur EUREGIO Maas-Rhein Fehl et al. 1996. Zu deutschen Projekten s. die 20 beispielhaften Umbauten in Architektur-Forschung Braunschweig 1984, Echter 1985 und Föhl o.J.; für den Planungsraum der Internationalen Bauausstellung Emscher Park Zlonicky 1991, IBA Emscher Park Informationen Themenheft 4/1993 und Internationale Bauausstellung Emscher Park 1999. Diese Bibliographie ist mitnichten vollständig.

10 Zu den Versäumnissen der Postmoderne im Hinblick auf technische Innovationen s. Pawley 1998.

11 Diese Argumente führt Damus an, ohne ihnen zuzustimmen, vgl. Damus 1989, 20, 33ff.

12 Zu postmoderner Ästhetik s. z.B. Smith 1977, Jencks 1987 und Dreyer 1997.

13 Sowohl in Frankreich, Belgien, den Niederlanden, als auch in Deutschland und England entstanden neben umgebauten und »wie improvisiert« – Hamm/Föhl 1983, 18 – wirkenden Bauten und Anlagen seit dem 18. Jahrhundert Industriebauten, die architektonisch geformt, oft nur überformt waren. Versuche des 18. und 19. Jahrhunderts, die Bauten, in denen industrielle Arbeit stattfindet, durchgehend zu gestalten, beziehen sich vorwiegend auf die Übertragung bekannter

und hoch bewerteter architektonischer Formen auf die neuen Bedürfnisse der Produktion. Es entstehen an feudale Siedlungsmuster anschließende Gesamtanlagen, die sich als geschlossene soziale wie ästhetische Einheiten präsentieren. Beispiele dafür sind Ledoux' Saline von Arc und Senans (Chaux), zwischen 1773 und 1779 erbaut, oder private Bergwerksanlagen mit Siedlungen, wie sie um 1820 in Wallonien entstehen, in Bois-du-Luc oder Le Grand Hornu heute noch zu besichtigen. Sie sind sowohl in ästhetischer Hinsicht wie in ihrem sozialen Programm der Kontrolle und der patriarchalen Fürsorge für die Arbeiterschaft von einer Repräsentativität und Geschlossenheit, die dazu führte, daß sie über die letzten zwei Jahrhunderte immer wieder Besucher anziehen konnten und heute umgenutzt werden. Vgl. dazu die Angaben bei Müller-Wiener 1973, 28; s. auch Anm. 1 zu diesem Kapitel. – Auf feudale Vorbilder zurückgehende historisierende Anlagen sind auch die um 1870 entstandenen »Chateaux forts« oder »Chateaux de l'industrie« der nordfranzösischen Städte Roubaix und Lille, die Fabrikschlösser in Telfs oder Innsbruck, der im zeitgenössischen Stil gehaltene Landschaftspark, der um 1800 um die Spinnerei Cromford in Ratingen angelegt wird, der Landschaftspark, mit dem die Unternehmerfamilie Stumm knapp hundert Jahre später die Villa vor ihren Hochöfen in Neunkirchen/Saar umgeben ließ, einige katalanischen Architekturen der Schwerindustrie, s. Morató i Ferrer 1995, oder Schlösser der Bierbrauereien des 19. Jahrhunderts wie das bekannte Feldschlösschen in Rheinfelden, Anlagen, die heute allesamt hergerichtet und umgenutzt sind.

14 Fassaden an Industrie- und Verkehrsbauten sind oft vorgehängt und zeigen Rückgriffe auf »große« Architekturen, auf historische Monumente und Stile. Hüttenwerke werden von Zinnen gekrönt, gotische, romanische oder der etruskischen Mode folgende Versatzstücke zieren Fenster und Giebel, Jugendstilornamentik und expressionistischer Zierrat schmücken Bauten, die in Symmetrie und Proportion keinem traditionell geschulten architektonischen Blick standhalten. Die Verkleidung von Eisenkonstruktionen hat viele Anhänger, da ohne Verkleidung keine geschlossene Masse des Baukörpers entsteht, ein um die Jahrhundertwende zum 20. Jahrhundert als äußerst störend empfundener Umstand. »Der konstruierende Ingenieur teilte halb die Ansicht, daß seine Bauten zwar nützlich, aber nicht schön seien. Er rief in allen Fällen, wo nach der alten Gewohnheit Schönheit in Frage kam, die Hilfe seines Halbbruders, des Architekten an, der seine Brückeneingänge, seine Bahnhofshallen und das Innere seiner Dampfer mit sogenannter Kunst, das heißt, mit historischen Architekturformen behing«, so der ironische Kommentar des Werkbundmitbegründers Hermann Muthesius, 1908, 22. Fassaden für Industriebauten, auch Verkehrsbauten werden Architekten in Auftrag gegeben, der Bau dahinter bleibt Mitte des 19. Jahrhunderts allein Ingenieuren überlassen, ein Verfahren, das die auf Zusammenarbeit von Ingenieur und Architekt drängenden Industriearchitekten Schupp und Kremmer in den 1920er Jahren beklagen; Schupp/ Kremmer o.J., 64. Es sind diese Bauten, auf die sich die in den 1980er Jahren auffallenden Umnutzungsbemühungen vorzugsweise richten.

15 Walter Benjamin, kluger Beobachter des Vergehens, sieht Eisenkonstruktion verbunden mit dem Transitorischen und bemerkt in den 1930er Jahren eine Veränderung des Urteils darüber, was vorübergehend und was fest erscheint: »Die ersten Eisenbauten dienten transitorischen Zwecken: Markthallen, Bahnhöfe, Ausstellungen. Das Eisen verbindet sich also sofort mit funktionalen Momenten im Wirtschaftsleben. Aber was damals funktional und transitorisch war, beginnt heute in verändertem Tempo formal und stabil zu wirken« Benjamin 1983, I 216. Einen Vorschein dieser Entwicklung stellt der *Cristal Palace* von 1851 dar; zeitgenössische Kommentaren dazu bei Krause 1995, 138f.

16 Vgl. Robert 1989, 9; Bodenbach 1999 zu Herzog/de Meurons Umbau der Küppersmühle in Duisburg.

17 Ähnlich Robert 1989, 10.

18 Petzet 1996, 17. – Petzet nennt in seinem Beitrag Zahlen, die hier nicht vorenthalten seien: Im Jahr 1995 gehen eine Mrd. DM allein in die Sanierung der Böden der Wismut AG und werden in derselben Höhe pro Jahr ein Jahrzehnt lang dahin gehen, während 1995 insgesamt 700 Millionen DM für die Städtebauförderung in der gesamten Bundesrepublik zur Verfügung standen; Petzet 1996, 18.

19 Die Verbindungen zwischen Denkmalpflege und Ressourceneffizienz, zwischen Inventar und Charakteristik der Bauten und ihrer Materialität hat Ute Hassler in ihrem, wie ich glaube, ohnehin unvermeidliche und sinnvolle zukünftige Entwicklungen vorzeichnenden, Beitrag hergestellt, Hassler 1996a. Erste Umnutzungskonzepte, die diesen Aspekt betonen, liegen vor. S. z.B. Ringleben 1999.

20 Auch die Mittel, die Riegl wie Dehio vorschlagen, unterscheiden sich weniger als nach den grundsätzlichen Unterschieden in ihren Positionen zu erwarten: Beide verlangen Schutzgesetze, die auch in die Verfügung über das Privateigentum eingreifen, verlangen die Sicherung von Bauwerken und sprechen sich für Inventare aus, die langsam, erst seit etwa 1900 in verschiedenen deutschen Ländern erstellt werden.

21 Die Fagus-Werke in Alfeld an der Leine von 1911 sind eines der ersten architektonisch anspruchsvollen Industriebauwerke, die diesen Zielen entsprechen. Das Programm dieser Architektur beschreibt Adolf Behne 1927, 162ff: »Die konstruierte Fabrik ist nichts anderes als der klarste, technisch sauberste Ausdruck des Betriebsganges...«, »Die Sache hat sich durchgesetzt – gegen formale Konventionen.« In diesem Sinne ist auch die Faszination zu verstehen, mit der seit Anfang des 20. Jahrhunderts zahlreiche europäische Architekten in den USA, auch in Großbritannien, Getreidesilos und Lagerhallen, Hochöfen und Verkehrsanlagen betrachten. Mies van der Rohe, Le Corbusier und Gropius übersetzen bis zur Imitation Typen dieses industriellen Bauens in klassische Bauaufgaben; s. Venturi et al. 1972, 92f; Banham 1990, 1990a.

22 S. Sturm 1977, 100; Behne 1964, 30; Einspruch gegen die »Schuppen« und Gegenbeispiele in Bauwelt 45/1999. – Gründe der Aufgabe des Repräsentationsanspruchs für Industriebauten nennt Busch 1980, 177ff, Gründe für das erneute Interesse daran die Deutsche Bauzeitung 133, 10/1999.

23 S. dazu den materialreichen Aufsatz von Joachim Krausse über das Ephemere in der Architektur, Krausse 1995, in dem aber der hier betonte Gegensatz in einem allgemeinen Begriff des Ephemeren untergeht.

24 Das ist eine Entwicklung der 1960er Jahre, die auf ein ökologisch-technologisches Programm hinausläuft. Ihr Mentor, Buckminster Fuller, hatte bereits Ende der 1920er Jahre begonnen, die Möglichkeiten zu untersuchen, die sich aus der »Ephemerisierung« ergeben. Vgl. zum Programm der 60er Jahre Fuller 1998, 10ff; zum Konzept der Ephemerisierung der 20er Jahre Fuller 1938.

25 Vgl. Günther 1975.

26 Daß es in der Renaissance wie auch im 19. Jahrhundert »ephemere Denkmäler« gab, soll ein Band zeigen, den Michael Diers 1993 herausgegeben hat. Die Wahl des Ausdrucks »Denkmal« für die dort behandelten Gelegenheitsarchitekturen, lebenden Bilder, Ausstellungen und Installationen ist allerdings nicht glücklich und wohl eher der provokativen Auseinandersetzung mit »verschwindender Kunst« und also der für Kunstwerke postulierten Überzeitlichkeit geschuldet. S. Diers 1993, 1f.

27 Vgl. die Formulierung der Kriterien in Föhl o.J.

28 Die Informationen verdanke ich Thomas Görlinger, zu der Zeit am Fachbereich Geographie der Universität des Saarlandes studierend, 1996 Referent im Ministerium für Bildung, Kultur und Wissenschaft des Saarlandes; Gesprächsnotizen vom 30. 8. 1996.

29 S. Chronologie der Alten Völklinger Hütte 1995 und den Artikel von Lüth und Skalecki in ICOMOS o.J.; Johann-Peter Lüth hatte als Landeskonservator des Saarlandes maßgeblichen Einfluß auf die Unterschutzstellung der Hütte.

30 Zu dieser Sicht der Hütte hatten das bereits erwähnte Gutachten von Rolf Höhmann, der weltweit nichts Vergleichbares in dieser Komplettheit und auf so kleinem Raum zu sehen wußte, sowie die Gutachter von ICOMOS, der Arbeitsebene der UNESCO, Clear (GB) und Bergeron (F, TICCIH), beigetragen.

31 Auf Teilen des Hüttengeländes sollte Gewerbe angesiedelt werden, insbesondere auf dem kontaminierten früheren Kohlewertstoffbereich, dessen Gebäude abgerissen sind, doch dieser Plan konnte nicht in die Tat umgesetzt werden. Einige der Gebäude sollten Teil der Hochschule werden, ein Plan, der sich ebenfalls zerschlug, da keine Mittel der Hochschulbaufinanzierung zur Verfügung standen. Die frühere Handwerkergasse, in der Zuarbeiten für die Hütte stattfanden, ist heute von der Hochschule der Künste genutzt. Als Sehenswürdigkeit ist zuerst der »Hochofen 6« gestaltet worden, der heute bis oben hin begehbar und zu besichtigen ist. Seit Ende August 1996, zum jährlich an wechselnden Orten stattfindenden Saarlandtag eröffnet, gibt es einen neu erbauten Besucherweg über das Gelände.

32 Burckhardt 1995, 132; vgl. auch Huse 1997, 85ff. – Vor ähnliche Fragen stellt in Polen das Hüttenwerk Starachowice, das seit 1968 unter Denkmalschutz steht und teilrestauriert ist, in Frankreich der am 31. Juli 1995 unter Schutz gestellte Hochofen U4 in Uckange, Lothringen, stellen die Sloss-Furnaces in Birmingham/

Alabama in den USA, die 1981, zehn Jahre nach der Stillegung, unter Denkmalschutz gestellt wurden, die unter Schutz stehenden Öfen in Neunkirchen und in Duisburg-Meiderich.

33 Zu den Anforderungen an eine gelungene Ruine im englischen Pictoresque s. Hunt 1992, 179ff.

34 Das ist anders bei Denkmälern, die für nationale Traditionen stehen (sollen), in Ruinenzustand. Man denke an die Frauenkirche in Dresden: Der Zustand ist der einer Zerstörung und diejenigen, die den Neubau der Kirche betreiben, sind fern davon, einen ästhetisierenden Blick auf die Reste zu werfen und sie nicht als ruiniert, sondern als Ruine zu begreifen. Dies bleibt allein den Gegnern des Neubaus vorbehalten.

35 Vgl. beispielsweise Hubert Roberts *Port de Rome, orné de différents monuments d'architecture antique et moderne*, 1767 gezeigt im Pariser Salon, das Teile des Kapitolspalastes, des Pantheons, der Berninikolonnaden und andere identifizierbare Bauten zusammenstellt. Abb. in Burda 1967, Nr. 112. – Diese Kombinationen werden typisch für den Landschaftsgarten, der Ruinenmodelle aus allen möglichen Zeiten und Kulturen aufnimmt, vgl. Hunt 1992, 181, der auch für die Gartenarchitektur im 18. Jahrhundert einen Übergang von der eindeutig erkennbaren Ruine zur Ruine sieht, die nur noch allgemein auf Verfall verweist.

36 Thomas Burnet begreift im 17. Jahrhundert die Alpen als eine zerstörte Natur. Sie scheinen ihm entstanden durch Schuld und Sünde des Menschen; s. H. Böhme 1989, 295f.

37 »Der Verfall erst öffnet den Raum des Schönen der Ruinen. Sie sind, kann man mit Schiller sagen, sentimentalische Objekte par excellence – Gegenstände nachträglicher Reflexion, Signifikanten einer Abwesenheit, eines Mangels an Idealität, sofern diese sich an der Ganzheit, Funktionalität und Intaktheit des Werks bemißt.« H. Böhme 1989, 287.

38 Fresken Veroneses in der Villa Barbaro in Maser wie Fresken in der Villa Godi in Lonedo, also in zwei von Palladio gestalteten Bauten, zeigen das erste Mal die Ruine als Hauptmotiv in einer Landschaft. Zu den Kontexten der Fresken, ihren Bildprogrammen und ihrer Vorzeichnung bei Vitruv s. Burda 1967, 17ff.

39 In philosophischen und philologischen Seminaren an Universitäten spielt die Auseinandersetzung mit Walter Benjamins Geschichtsphilosophie, hier insbesondere mit der Allegorie und dem Fragment, also dem barocken Trauerspiel, eine große Rolle. Die den Ruinen und der Gotik zugewandte deutsche Frühromantik und ihre politischen Enttäuschungen werden ausführlich beforscht, die Rede vom *posthistoire* dringt nach Deutschland – und als neues Feld aktueller Enttäuschungen und aktueller Apokalypse öffnet sich die durch die industrielle Produktion ausgelöste ökologische Katastrophe, die Gedanken über lebenswerte Zukünfte irrational bis geradezu frivol erscheinen lassen. Das ist in Stichworten das intellektuelle Ambiente, in dem sich in Deutschland die Aufmerksamkeit den zerfallenden Bauten der Industrie zuwendet und sie als Ruinen in eben jenem bedeutungsvol-

len Sinne kenntlich werden, der den ästhetischen, den kulturphilosophischen und -historischen Zugang zum zerstörten Bauwerk auszeichnet.

40 Hartmut Böhme, 1988, 342 im Anschluß an Eva M.J. Schmid.

41 Manfred Hamm hat mehrere Fotobände über Industriearchitektur veröffentlicht; nur einige zeigen Überreste der Industrie als Ruinen; s. Hamm et al. 1978, 1981, 1983.

42 Burda, 1967, 26, konstatiert hier ein »… Wechselspiel zwischen der künstlich konstruierten Natur im Landschaftsgarten und der wirklich vorgefundenen, welches sich wiederholt im Verhältnis von gebauter und historischer Ruine.« Sie sind offenbar angeregt durch die Malerei besonders Claude Lorrains.

43 Ich folge hier Burda 1967. Anleitungen zum Ruinenbau im Landschaftsgarten sehen sie allerdings auch am Ende labyrinthischer Wege vor, überwuchert von Pflanzen; Klausen und Eremitagen, häufig in Form von Ruinen, gehören ebenfalls zu den versteckteren Teilen des Landschaftsgartens; s. H. Böhme 1988, 358f.

44 Die formale Affinität ist in der Malerei und Architektur Ende des 16. Jahrhunderts thematisiert worden. Denn die Ruine als malerischer Bildgegenstand kann »mit den frei bewegten Formen der Natur, mit Bäumen und Hügeln, eine Bindung zu einem malerischen Ganzen eingehen, wie sie der nicht-ruinenhaften Architektur versagt ist« – bis dahin, daß auch gestürzte Bäume im Bild wie Ruinen situiert werden können. S. Wölfflin 1948, 26f, zit. n. Burda 1967, 27. Ähnlich auch Hirschfeld 1780, Bd. 3, 115; Price 1798, 62.

45 Ein Werbefaltblatt: »Redpoint Tours – Kletterkurse + Reisen – Expeditionen – MTB Touren« wirbt für das »Schnupperklettern im Emscher Park in Duisburg: »Klettern – faszinierend, aber kann ich das überhaupt? Kenne ich jemanden, der mir seine Ausrüstung leiht und mich mitnimmt? Alles kein Problem!! Ausrüstung wird gestellt, ausprobieren…! An einem Nachmittag soviel über's Klettern lernen, daß man sicher wieder nach unten kommt und ›Blut geleckt‹ hat, für einen Anfängerkurs! Erste Erfolgserlebnisse zwischen Himmel und Erde und alten Bunkermauern!…Treffpunkt: Industriepark Nord / Emscher Park an der Kletterwand.«

46 Ruinen können Anlaß von Hoffnung werden, wie die Ruinen, in diesem Falle die Palmyras, im politisch-aufklärerischen Diskurs Volneys. Angeregt durch den Blick auf den Verfall nicht nur dieses, sondern aller früheren »Reiche« erwächst ihm die Vision einer Gesellschaft, aus der Krieg und Zerstörung ein für alle Male vertrieben sind. Die Voraussetzung ist die Bildung eines neuen und universal gedachten Menschengeschlechts, das in der Lage ist, seine Unterschiede, Widersprüche und Konflikte durch Ausgleich zu regeln; s. Volney 1791/1971. – Zu ebenfalls auf die Zukunft ausgerichteten Ruinenmotiven in Herrschaftsarchitekturen, die mit dem Ruinenmotiv eine Drohung (gegen Aufrührer) verbinden s. die Angaben bei H. Böhme 1989, 293f und die dort verzeichnete Literatur.

47 Zu einem positiven Blick auf die Zukunft führen auch die Beschreibung des Idylls

oder Arkadiens vor Ruinenkulisse oder die Betrachtung der Ruine als Ausgangspunkt neuer zukunftsträchtiger Synthesen aus dem Alten. Hubert Burda hat die Ruinen in den Fresken zweier Villen Palladios als das Alte gelesen, aus dem sich die Synthese einer neuen Architektur ergibt und zeigt, daß zahlreiche Ruinendarstellungen Hubert Roberts eine ähnliche programmatische Funktion für die Architektur seiner Zeit haben; s. Burda 1967, 17ff, 50ff. – Zur Kritik der Natur, die sich in dem vorgestellten Entwurf präsentiert, s. IV.1.

48 Sie zeigen sich beispielsweise in dem jahrhundertelangen Kreisen um Rom als Ruine, das im christlichen theologischen Diskurs wie im europäischen Denken über Geschichte eine zentrale Rolle spielt. Man denke auch an die Befriedigung legitimatorischer Interessen, die die jeweils national organisierten Archäologien in ihren Auseinandersetzungen mit ihren Gegenständen neben und mit kunsthistorischen Betrachtungen befriedigt haben, an ihren Beitrag zur Abgrenzung gegen als anders und als unterlegen verstandene Kulturen. – Zu diesem Aspekt der Wissenschaftsgeschichte der Archäologien s. Stefan R. Hauser 1999.

49 H. Böhme 1988, 363. Das Zitat bezieht sich auf Tarkowskijs Film *Stalker*, doch ist damit eine Zeitstruktur eingefangen, die diejenige, die Wilbourns Arbeit aktualisiert, trifft.

50 Die Kunstkritik mag gegen diese unmittelbare Zugänglichkeit des Werks Einwände haben, von der Bevölkerung wird es offenbar enthusiastisch aufgenommen; s. I. Thompson 1994.

51 Albert Speers Planungen für Berlin, die in die Planungen die möglichen Ruinen des tausendjährigen Reichs einbeziehen, sind ebenfalls nicht damit zu verbinden, denn sie planen für eine Zukunft, die dem Fortschrittspfeil folgt, um erst nach mehreren Jahrhunderten die Stadt in Ruinenzustand übergehen zu lassen. – Die bekanntesten neuen Ruinen dürften die der Gruppe SITE sein, die mit der Idee des Übergangs zwischen Natur und Architektur und dem Überwuchern spielt und Gebäude entwirft, die von vornherein Ruinen gleichen. Besonders in ihren Entwürfen für die Handelskette *Best* setzen sie das Transitorische und Ephemere in Szene, indem sie tropische Vegetation Gebäude überwuchern lassen, eine ruinierte Fassade errichten, deren abgefallene Steine sich davor finden, indem sie den Eingang eines Baues als weggebrochene (herausschiebbare) Ecke formulieren und keines ihrer Gebäude den Charakter des Vollendeten, des Fertigen, des Symmetrischen oder Stimmigen annehmen lassen; SITE 1979, 1980, 1989. – Generalisierend stellt der Architekt Günter Zamp Kelp fest: »Ruinen und Fragmente wurden Teile postmoderner Stilcollagen. Die Ruine ist historisierende Repräsentation für komplexe Vergänglichkeit geworden.« Kelp 1987, 125.

VI Natur nach der Industrie

1 Einige Stimmen wollen sie allerdings an Archiv, Bibliothek, Museum anschließen und behaupten so ein Kontinuum von Natur und Kultur und allen Bemühungen, die sich auf beide richten können. Vgl. dazu den folgenden Teil über postindustrielle Landschaften.

2 Simulakrum wird hier im Sinne Baudrillards verwendet. – Die Auseinandersetzung mit Naturbegriffen beginnt ihre Hochkonjunktur im deutschen Sprachraum um 1980 mit Sammelwerken, die unterschiedliche Disziplinen befragen; s. Sturm 1979, Zimmermann 1982, Großklaus/Oldemeyer 1983, Schwemmer 1987; zu Veröffentlichungen aus dem angelsächsischen Raum s. Robertson et al 1996.

3 Sie finden die Gegenstände wissenschaftlicher Konstruktion vor wie die Konzepte beliebiger Ethnien; s. Latour 1992, 289.

4 Die legitimierende Rede von der Natur lebt weiter als gesellschaftskritischer und legitimierender Diskurs für »natürliche Lebensweisen«, als Qualitätssiegel »reiner Naturprodukte« etc. Die prominenteste Version einer Berufung auf Natur ist die, die die Anerkennung ihr inhärenter Werte oder ihre Eigenrechte einfordert; z.B. Jonas 1979, Naess 1986, sie somit zum modernen (Rechts-)Subjekt erklärt und ethische Forderungen in ihrem Namen stellt.

5 Vgl. die Ausführungen über »Natur als Produkt«, Immler 1994, 254ff.

6 Ein Aspekt dieses Diskurses wäre die Revision der Art, in der Wissen erzeugt wird. »Situated knowledges« und grenzüberschreitendes Denken sind angesichts der ökologischen Situation gefordert worden. »Situated knowledges« zeichnen sich durch die Sorgsamkeit in der Konstruktion »des Anderen« aus; Ziel ist die Schaffung eines Wissens, das aus vielen sich miteinander in Beziehung setzenden Perspektiven unter Überschreitung von Diskursgrenzen entsteht. Neben Fragenden, die sich in ihren Interessen reflektieren, verlangt die Entstehung von »situated knowledges«, daß das Objekt des Wissens als handelnd, als aktiv begriffen wird und nicht als Projektionsschirm, Grundlage oder als Ressource, und keinesfalls als einem Meister unterworfen, der den dialektischen Prozeß abschneidet und »objektives Wissen« erzeugt; n. Haraway 1988, 592f. Eine solche mit heterogenen Perspektiven umgehende Wissensproduktion ist vielleicht in der Lage, mit der Welt, die wie ein »coding trickster« erscheint, umzugehen; ebd. 596.

7 Diese ist vor allem ausgearbeitet in feministischer Wissenschaftskritik; zur diskursiven Funktion der Natur vgl. z.B. Haraway 1989; Orland/Scheich 1995; dort auch weitere Literatur.

8 Vgl. dazu Ganser 1995.

9 Das Projekt ist Teil der Internationalen Bauausstellung Emscher Park. Ich beziehe mich auf die Kurzfassung der fünf Konzepte, die die Planungsgemeinschaft Landschaftspark Duisburg-Nord im März 1991 herausgegeben hat. Der Planungsgemeinschaft gehörten die *Landesentwicklungsgesellschaft Nordrhein-Westfalen GmbH* und die *Thyssen-Entsorgungs-Technik GmbH* an. Die Kurzfassung diente »als Arbeits-

grundlage für die Mitglieder der Bewertungskommission und als erste Information der Öffentlichkeit«, ebd. 2. Über den Planungsvorlauf, das Engagement der
Bevölkerung und die Ausgangslage unterrichtet Forßmann 1991, Zitat im Text
ebd. 1240ff; s. auch die Einleitung zur Konzeptpräsentation.

10 Diese umfaßte eine Erhebung der vorhandenen Bauten, der Leitungen und Bahn-
anlagen, eine Kartierung der Vegetation, die Auswertung vorhergegangener Untersuchungen zu Altlasten, ein Gutachten zum Denkmalwert des Hochofens, Erkenntnisse industriegeschichtlicher Forschungen und Forderungen engagierter
Bürger; Forßmann 1991, 1244.

11 Die Teams waren jeweils interdisziplinär zusammengesetzt. Teilweise gehörten
zu ihnen neben Architekten und Landschaftsplanern auch Sportwissenschaftler,
Geologen, Museumsfachleute, Energietechniker und andere; s. Planungsgemeinschaft 1991, 2ff.

12 Zur beherrschten Natur s. immer noch Merchant 1987.

13 Zum Begriff der Landschaft und zu ihren Naturen s. Teil VII.

14 Zur Gestaltung der Industriebauten in diesem Parkentwurf s. ebd. 72ff.

15 Zur Kritik s. beispielsweise Initiativkreis Emscherregion 1994.

16 Einwanderungen von Tieren in Industriegebiete sind bereits seit Ende des letzten
Jahrhunderts bekannt; Erz 1995; dort einwandernde Pflanze beschreibt schon das
klassische Überblickswerk von Wünsche 1928.

17 Von den »Adventivpflanzen« und ihrer Untersuchung ist hier etwa zu sprechen,
den unkontrolliert wachsenden, eingeführten Pflanzen. Dazu gehören mitgeführ-
te Pflanzen aus Importen, die an Bahngleisen und auf Industriegeländen aufgesucht und kartiert werden. Sie faszinieren einen in den 20er Jahren gut vernetzten
exklusiven Kreis, in dem neben Professoren Postmeister und Ingenieure, Kaufleu-
te und andere in mittelständischen Berufen Tätige die wichtigsten Akteure sind; s.
Scheuermann 1930, Bonte 1930.

18 S. beispielsweise Scheuermann 1928, Christiansen 1928.

19 Zit. n. Drecker et al 1995, 95. – Zu weiteren frühen Beobachtungen auf Industrieland s. die, allerdings spärlichen, Angaben in der sonst ausführlichen Bibliographie zur Stadtökologie von Braun und Kaerkes 1985.

20 Ich gehe von der Formulierung von Hard 1985, 31, aus: »Mit ›Ruderalvegetation‹
ist hier die gesamte Vegetation gemeint, die in den Freiräumen unserer Städte von
selber wächst oder von selber wüchse, wenn alles städtische Leben weiterginge wie
bisher, aber kein Gärtner sich mehr um das ›Stadtgrün‹ kümmern würde.«

21 Sie sind der Grundstock eines eigenen Untersuchungsgebiets, der Stadtökologie.
Die ersten Publikationen dazu stammen aus den 1960er Jahren, einen Höhepunkt
erreichen sie um 1980. In dem Jahr findet auch das zweite Europäische Ökologische Symposium in Berlin statt, veranstaltet von der *British Ecological Society* und
der *Deutschen Gesellschaft für Ökologie*. Es befaßte sich mit städtischen Ökosyste-
men. Das Standardwerk der Stadtökologie in Deutschland ist Sukopp/Witt; s. auch
die Festschrift Dynamik und Konstanz 1995; ältere Literatur ist in der folgenden

Anmerkung angegeben. – Zur Popularisierung der Stadtökologie trug u.a. Andritzky/Spitzer 1981 bei.

22 Zur Erforschung der Ruderalvegetation s. z.B. Wilmans/Baammert 1965, Hülbusch 1978; zu frühen industrie- und stadtökologischen Untersuchungen in England s. Cole 1983; zu frühen Kartierungen von Stadtbiotopen in England Graf 1986; für Deutschland vgl. Sukopp 1987, Wittig 1991; einflußreich sind in englischsprachiger Literatur McHarg 1971 und Laurie 1979. – Die Angaben zur erwähnten Berliner Brache stammen aus Neiss 1995, 456.

23 S. auch Rebele/Dettmar 1996 über »Industriebedingte Lebensräume«, 11ff. – Die Darstellung auch der neuesten Befunde folgt immer demselben Muster der Erfassung und Darstellung: Spezies werden identifiziert, Zahlen über Funde präsentiert. Die Anzahl der Spezies, ergänzt um die Feststellung der Seltenheit ihres Vorkommens, sind die Kriterien, nach denen über die besondere Bedeutung eines Geländes, eines Biotops entschieden wird. Dazu kommen Beobachtungen, die die Veränderungen von Pflanzen aufgrund der besonderen Bedingungen darstellen. Diese Erfassung ist eine der Grundlagen des Naturschutzes; s.u.

24 Vgl. Ullmann/Burckhardt 1981.

25 Das ist zu schließen aus Neiss 1995, 455 und 456.

26 Ich folge in den nächsten Abschnitten kommentierend Sheails Darstellung der Geschichte der *British Ecological Society*; Sheail 1987, 213-217.

27 Eine der ersten Pflanzen, die in dieser Hinsicht untersucht wurden, war die Spezies *Agrostis tenuis,* das rote Straußgras, ein »typischer Hunger-, Säure- und Magerkeitsanzeiger«, Hard 1985, 31, der vor allem in »peripheren und ›rückständigen‹ Agrarräumen Mitteleuropas« vorkommt. Dieses Gras ist ein wesentlicher Bestandteil städtischer Rasen. Was sich aus diesem Befund hermeneutisch über die Beziehung von Stadt, Land und Natur entwickeln läßt, zeigt der meisterhafte Artikel von Hard 1985.

28 S. Teil VII, »Von der schlechten zur guten Korrespondenz«.

29 Vgl. dazu die Literaturangaben in Gemmell/Connell 1984; zur kritischen Diskussion eines Berliner Beispiels s. Eisel/Ludwig/Trepl 1996; dort auch weitere Literaturangaben.

30 Vgl. dazu das Kapitel über »Harmonie und Harmonisierung«, Teil VII.3.

31 Vgl. zu frühen Beispielen aus den USA Skaller 1981; s. Rebele/Dettmar 1996, 101ff.

32 Zu frühen Begrünungsaktionen in Industriegebieten Europas, u.a. in England, Frankreich, Belgien und Polen, zu ihren Erfolgen und Mißerfolgen s. den Tagungsband Siedlungsverband Ruhrkohlebezirk 1974; zu Zielsetzungen und internationalen Erfahrungen Kommunalverband Ruhrkohlebezirk 1982; zu Erfahrungen im Ruhrgebiet bis Anfang der 1980er Jahre s. Blaurock 1982.

33 Es scheint fast absurd, in diesem Zusammenhang an die Fassung des Naturschönen bei Adorno zu erinnern. Denn zwischen der stillen, wohlgefälligen Anschauung dessen, was da ist, ohne Kritik der Teerseen und der Destruktion, und einem Naturschönen, das Erinnerungs- und utopische Gehalte festhält gegen die Normalität

der Destruktion, liegen Welten – wie auch zwischen der Feier der frei wachsenden Natur, wie sie der »Vegetationskundliche Führer« bietet und dem bei Adorno niemals aus dem Blick geratenen Naturzwang. Vgl. Adorno 1970, 104ff.

34 Der Park ist von dem Büro Karl Bauer, Karlsruhe, zusammen mit Jörg Stötzer, Sindelfingen, geplant worden. Mit der Beschreibung beziehe ich mich auf einen kleinen Teil des Geländes, das das Büro Bauer gestaltet hat. Der Entwurf ist 1995 vom Bund Deutscher Landschaftsarchitekten ausgezeichnet worden. Literatur: BDLA 1995; Vortragsmanuskript Karl Bauer, Januar 1996.

35 Im Falle des erhaltenden wie im Falle des gestaltenden Naturschutzes, von dem noch die Rede sein wird, ist eine Voraussetzung gegeben: Das, was als Natur geschützt werden soll, muß als positiver Tatbestand bekannt und definiert sein, um erwählt zu werden. Das nicht Bekannte, das nicht Definierte ist nicht auffindbar und entgeht also dem Schutz: Naturschutz meint eine bekannte und erwählte Natur. Die Zusammenstellung setzt also die Erfassung eines Inventars der Natur voraus.

36 Zur Entwicklung des Naturschutzes in Deutschland s. Erz 1994.

37 Vgl. Häpke 1990a, 50, der als Bezugszeitraum 140 Jahre angibt; s. Pflug 1987. – In diesem Zusammenhang ist in Abschweifung vom Thema anzumerken, daß 70% des Artensterbens in Deutschland nicht auf die Industrie, sondern auf die (industrielle) Landwirtschaft zurückzuführen sind, s. z.B. Reicholf 1994.

38 Diese Denkfigur hat sich nicht nur mit den Kriterien des Naturschutzes, sondern vor allem durch umwelthistorische Forschung verflüchtigt: Daß es unberührte Natur kaum noch gibt, haben Karl Marx und Friedrich Engels bereits im ersten Teil der Deutschen Ideologie gegen Feuerbach eingewandt; zu diesen und anderen Einwänden Schwarz 1994, 333. – Unter Bezug auf die alten Produktions- und Abbaustätten erschien schon 1960 in London eine Untersuchung über die Entstehung der Broads in Norfolk, heute eine abwechslungsreiche Landschaft mit Seen, schilfbestandenen Sümpfen und Wäldern, die ihre Entstehung mittelalterlichem Torfabbau verdankt, Lambert et al 1960. Zu frühen Beobachtungen s. Anm. 3 und 4 in Radkau 1994, 12.

39 Zu (polemischen) Argumenten in diesem Zusammenhang vgl. z.B. Vences 1993.

40 Daß damit Ansprüche von Menschen und nicht von Tieren verfolgt werden, steht dabei außer Frage.

41 In dem hier dargestellten Sinne ist Naturschutz nicht als vorwiegend wirtschaftliche, Statusinteressen dienende oder ressourcenschonende Maßnahme zu begreifen. Das schließt für die folgende Beschreibung aus, daß Regelungen, die die Nutzung von Gewässern aller Art oder von Wald in allen Kulturen bestimmt haben, als Vorläufer des heute wieder sehr wichtigen ästhetisierenden Naturschutzes betrachtet werden.

42 Artikel 150, zitiert n. Jäger 1994, 227.

43 Zur englischen Entwicklung vgl. Ratcliffe 1994; Cullingworth/Nadin 1995, 170ff, 181ff.

44 Rudorff 1880 zit. nach der Textsammlung von Huse 1996, 161; zum Naturschutz in Deutschland s. Erz 1994, hier 154; vgl. Jäger 1994, 225ff.

45 Die erste rechtlich kodifizierte Unterschutzstellung eines größeren Gebietes wird in den USA vollzogen; der *Yellowstone National Park* ist seit 1872 geschützt. – Die US-amerikanische Interpretation des Naturschutzes hat andere Argumente als die europäische, ein utilitaristisches: Naturressourcen sind zu nutzen als »das wichtigste Gut für die größtmögliche Zahl von Menschen für die längstmögliche Zeit« (Clifford Pinchot), ein religiös motiviertes: »die Kommunikation mit der Natur bringt die Menschen näher zu Gott« (John Muir). Bereits um 1900 beginnt eine wissenschaftliche Auseinandersetzung mit den Widersprüchen, die sich aus unterschiedlichen jeweils utilitaristischen Forderungen an den Umgang mit Natur richten. Vgl. Hunter Jr. 1996, 11ff.

46 Vgl. Argumente und Zitate in Hermand 1993, 14ff; Andersen 1987, 143ff; Gröning/Wolschke-Bulmahn 1986, 158ff; dort auch soziale Begründungen und Motive des Naturschutzes aus den 1920er Jahren.

47 Vgl. Piepmeyer 1980, 41f; Andersen 1987, 143, 150ff.

48 Zitiert n. der Textsammlung von Huse 1996, 151. – Die Mitgliedschaft kam aus verschiedenen bürgerlichen politischen Lagern und Parteien und war, wie Norbert Huse, 1996, 150ff, argumentiert, nicht von vornherein dem nationalistischen Lager zuzuordnen. Sie verbanden gemeinsame ästhetische und moralische Überzeugungen, auch sentimentale und volkstümelnde Interessen – und eine ausgeprägte Industriefeindschaft; s. auch Rollins 1993. – Die Ambivalenz, mit der der Bund die Industrie einerseits als schädigend, andererseits als Produzent von Wohltaten ansah, verurteilte ihn zu weitgehender Wirkungslosigkeit was die Erreichung von Schutzzielen anging; dies und die schließlich reibungslose Integration in den ›Reichsbund Volk und Heimat‹ analysiert Andersen 1987; zu den Bezügen zwischen Bund Heimatschutz und der Entdeckung der Schönheiten der Industrielandschaft s. den Abschnitt über »Natur und Technik« in Teil VII.3; s. dort auch Ausführungen zu den aggressiven Fortsetzungen, die aus Natur- und Heimatschutz eine »Eugenik der Kultur« (Hans Schwenkel) zu formen suchen. – Die Nähe, die der Naturschutz über Heimatbegriff, die Berufung auf ein Volk und nicht zuletzt auch über einen Teil seiner organisierten Anhängerschaft zum nationalsozialistisch geprägten Volks- und Heimatbegriff hatte, hat Naturschutz jeder Spielart nach 1945 für nahezu das gesamte politische Spektrum »links« der CDU zu einer mit Mißtrauen zu betrachtenden Größe gemacht. Noch die Gründungen der Bunten Listen und der Grünen sind nicht nur aufgrund ihrer Industriekritik, sondern auch aufgrund einer vermuteten Nähe zu »rechter« Politik auf den Widerstand unter anderem der SPD gestoßen. In diesem Fall erlaube ich mir, auf eigene Erfahrung zu verweisen.

49 Zit. n. Huse 1996, 151.

50 Lux, zitiert nach Rollins 1993, 160, Anm. 14; vgl. die Überlegungen zum Refugium Naturschutz, die 1947 der Etablierung der *National Nature Reserves* in Großbritannien zugrundelagen in Ratcliffe 1994, 83ff.

51 Rudorff 1880, n. der Textsammlung von Huse, 1996.

52 ...wenn auch nicht vor gänzlich andere Probleme als die Musealisierung ganzer Territorien. Die Eco'sche Landkarte im Maßstab 1:1 ist als Leitbild auch hier unbrauchbar.

53 Die Abtragung des Bodens entspricht alter Praxis zur Gewinnung von Dünger; Häpke 1990a 49f, Zitat S. 50. – Nicht entscheidend für diese Eingriffe und die Liebe zur Heide ist die Tatsache, daß diese durch eine jahrhundertelange Übernutzung und schließlich Zerstörung von Wald entstanden ist – wie auch die Vielzahl der dort aufzufindenden vom Aussterben bedrohten Pflanzen: Sie konnten sich nur deshalb ansiedeln, weil die Böden durch Übernutzung nährstoffarm geworden waren. – Als erhaltender Naturschutz ist auch die Fortführung des Braunkohletagebaus in der Lausitz anzusehen, zumindest der Weiterbetrieb seiner Grundwasserpumpen: Denn ohne diese Maßnahme würde der naturgeschützte Spreewald, der seit über 200 Jahren durch den Braunkohletagebau tangiert wird, heute, nach Absenkung des Grundwassers im gesamten Gebiet, nahezu trockenfallen. – Zu weiteren üblichen Eingriffen in Natur schützender Absicht s. Pflug 1987, 7.

54 Zu Beispielen und Literatur s. den Abschnitt über »Harmonie und Harmonisierung«; Teil VII.3.

55 Sie bestand aus dem *Cheshire Conservation Trust*, dem *Lancaster Trust for Natural Conservation*, dem *Natural Conservancy Council*, der *Royal Society for the Protection of Birds*, der *North West Naturalists' Union* und einigen lokalen Gruppen; diese Aufzählung möge die Reichweite des Projektes andeuten.

56 Maund 1982, 91f; s. Stiles 1988, 35.

57 Trafford M.B.C, 1996, 13. – Zur Bedeutung der Klassifikationen im britischen Naturschutz sowie zu den sie verwaltenden und kontrollierenden Institutionen s. Cullingworth/Nadin 1995, 170ff.

58 Sie war im wesentlichen der in Teil VII.4 beschriebenen *Operation Springclean* nachempfunden.

59 S. dazu Teil II.2.

60 Die Informationen im letzten Abschnitt stammen, in Abweichung von der sonst geübten Praxis in dieser Arbeit, aus nie veröffentlichtem Material. Ich verdanke sie dem offenen Umgang mit öffentlich relevanten Informationen in England und einem Einblick in das Archiv der Stadtverwaltung Trafford; Akte 35105.

61 Durch die vorindustrielle Landwirtschaft erst ist der Artenreichtum, der heute geschützt werden soll, ermöglicht worden; s. dazu und zur Funktion der Roten Listen Sukopp et al 1978; vgl. Häpke 1990a-1990c.

62 Zitate nach Usher 1994, 17f; vgl. Erz 1994, 132ff; Olschowy 1993, 94f. In Deutschland beziehen sich die aktuellen Zielbestimmungen des Bundesnaturschutzgesetzes unter anderem auf die »nachhaltige« Sicherung der »Leistungsfähigkeit des Naturhaushaltes«, die »Nutzungsfähigkeit der Naturgüter«, rekurrieren also auf stoffökonomische Kriterien, doch auch auf den Erhalt von »Vielfalt, Eigenart und Schön-

heit von Natur und Landschaft als Lebensgrundlage des Menschen«; s. § 1 des Bundesnaturschutzgesetzes in der Neufassung vom 21.9.1998.

63 Ich folge hier Angaben in Usher 1994, einer der wenigen Veröffentlichungen, in denen Kriterien des Naturschutzes nicht aufgebaut und verteidigt, sondern untersucht werden. – »Fläche« meint als Kriterium, daß die Größe eines Gebietes ausreicht, um den Erhalt seiner Eigenarten sicherzustellen. – Insbesondere Natürlichkeit ist ein hochgradig schwieriges und ideologieanfälliges Kriterium, das sich in Bewertungen auffächert in: natürlich, naturnah, bedingt naturnah, naturfern, naturfremd. Es bezieht sich auf das Maß menschlicher Eingriffe in die Natur. Für Europa gilt ein natürlicher Zustand als nicht mehr nachweisbar; für Australien etwa wird schlicht die Zeit vor der Landnahme durch die Europäer zum »natürlichen« Stadium erklärt. Vgl. Usher 1994, 33f. s. auch Breuning 1997, der 52 »wertbestimmende Gesichtspunkte« beschreibt. – Auch die Seltenheit ist ein nicht ohne Ambivalenzen zu betrachtendes Kriterium. Das Gebiet um Tschernobyl wurde 1988 als ökologisches Schutzgebiet verhandelt, denn in der Umgebung waren Kiefern mit Nadeln aufgetreten, die bei normaler Größe das zehnfache des üblichen Gewichtes hatten, daneben war es zu Riesenwuchs bei einigen Pflanzen gekommen. Sie entsprachen in idealer Weise Kriterien des Naturschutzes: Sie waren selten, repräsentativ, genetisch vermutlich rar. Sie stellten eine Transformation unter Bedingungen dar, die, so die allgemeine Annahme, sich nicht wiederholen werden. – Ähnlich skeptisch ist auch die Ausweisung eines Vogelschutzgebietes auf dem früheren Atombomben-Testgelände auf den Amchitka-Inseln vor Alaska 1988 zu beurteilen; FR 10.8.1988, 10.

64 Über die Schwierigkeiten einer allein auf Zweckrationalität gestellten Naturschutzargumentation unterrichtet Ehrenfeld 1997; seine Argumente stehen im Kontext der US-amerikanischen Diskussion um Naturschutz, die in ihrer Praxis sich in einem ungleich stärkeren Maße als europäischer Naturschutz vor ökonomischen Interessen zu verantworten hat.

65 Zur Definition von Notwendigkeit s. den Abschnitt über die Altlasten in Teil II.

VII Postindustrielle Landschaften

1 Auf die besondere Ausprägung des Landschaftsideals der Jugendbewegung hat Joachim Wolschke-Bulmahn hingewiesen; es scheint nicht falsch, auch wenn die Jugendbewegung sich auf das Gebiet des Deutschen Reiches konzentrierte, die Toscana Adornos neben sie zu stellen: »Landschaften, die zwar dünn, aber gleichmäßig besiedelt waren, deren Erscheinungsbild durch eine jahrhundertelange kulturelle Tätigkeit, überwiegend Land- und Forstwirtschaft, geprägt war, und die bis zu ihrer Entdeckung durch die Jugendbewegung weder von der industriellen Entwicklung noch vom Tourismus beeinträchtigt waren, können an ehesten als Idealland-

schaften der Jugendbewegung bezeichnet werden...« Wolschke-Bulmahn 1993, 188.

2 Auf Bedeutungen des Landschaftsbegriffs als rechtlich-politischer Raum oder als Bezeichnung der Bevölkerung einer Region weist G. Müller 1977 hin. Diese Bedeutung ist in Bezeichnungen wie etwa der der Landschaftsverbände erhalten. – In einem nicht notwendig ästhetisch aufgeladenen Sinne ist der Begriff dann verwendet, wenn von naturräumlicher Gliederung in der Geographie die Rede ist: hier meint Landschaft »einen bestimmten Teil der Erdoberfläche, der nach seinem äußeren Erscheinungsbild und durch das Zusammenwirken der hier herrschenden Geofaktoren (einschließlich menschlicher Tätigkeit) eine charakteristische Prägung besitzt und sich dadurch vom umgebenden Raum abhebt«, Meyers Großes Universal-Lexikon 1984, Bd. 10. Zu einer möglichen Nähe anderer geographischer und ästhetischer Begriffe der Landschaft s. die Ausführungen über die kulturmorphologische Methode im Abschnitt über Korrespondenz in diesem Teil.

3 Alberti IX,4. – S. zu englischen, niederländischen und deutschen Belegen Gruenter 1953, 110ff. – Piepmeyer, 1980, geht davon aus, daß das Sehen der Landschaft ihrer malerischen Gestaltung vorausgegangen sein muß. Er folgt damit einer Abbildtheorie der Malerei, die die ihr eigene Geschichte unterschlägt. Zum Heraustreten der Landschaft als Sujet in der Entwicklungen der europäischen Malerei s. Blanchard 1986, bes. 72ff; s. Clark 1950, 1962.

4 »Wenn eine Zusammenstellung von Bäumen, Gebirgen, Gewässern und Häusern, die wir eine Landschaft nennen, schön ist, so ist sie dies nicht durch sich selbst, sondern durch mich, von meinen Gnaden, dank der Vorstellung oder dem Gefühl, die ich damit verbinde.« Baudelaire 1989, 186; s. Gombrich 1985, 152.

5 Die Organisation der gesehenen Landschaft nach perspektivisch organisierten Bildern der neuzeitlichen Malerei zieht sich durch die Diskussion der Landschaft. Betrachtet wird sie von einem Standpunkt aus, der ein Bild oder gar ein Panorama eröffnet, Durchblicke in Parks sind zum Genuß eines Bildes bestimmt. Auch Beschreibungen und Darstellungen von Landschaften, deren Betrachter auf Hügeln einen Überblick suchen, zeugen davon. – Zur Stadtlandschaft s. Beispiele in Hauser 1990, 101ff.

6 Zu den Ambivalenzen des Konzepts des Erhabenen s. H. Böhme 1989a, Pries 1989. – Zur Interpretation der Berge s. Wozniakowski 1987; zu ihrer Interpretation als Ruinen und Verletzungen der Erde s. ebd. 308ff; zur Theorie des Erhabenen und der Berge ebd. 50ff; über die Entdeckung der US-amerikanischen Landschaft und ihrer Erhabenheit vor der Interpretationsfolie europäischer Ästhetiken s. Nye 1996, 1-43.

7 »Die Malerkunst, als die zweite Art bildender Künste, welche den Sinnenschein künstlich mit Ideen verbunden darstellt, würde ich in die der schönen Schilderung der Natur, und die der schönen Zusammenstellung ihrer Produkte einteilen. Die erste wäre die eigentliche Malerei, die zweite die Lustgärtnerei. Denn die erste gibt nur den Schein körperlicher Ausdehnung; die zweite zwar diese nach

der Wahrheit, aber nur den Schein von Benutzung und Gebrauch zu anderen Zwecken, als für das Spiel der Einbildung in Beschauung ihrer Formen«. Kant 1975, A 207 – Zur Beziehung von Landschaftsmalerei und -gärtnerei s. Hunt/ Willis 1988, 15ff.

8 Einer der prominentesten unter ihnen ist Hubert Robert, der als Landschafts- und Ruinenmaler zum Gartenarchitekten wird und nach Arbeiten in Versailles, Ermenonvilles und Rambouillets 1778 schließlich zum »dessinateur des jardins du roi« aufsteigt; s. Burda 1967, 42; zu diesem Zusammenhang auch Hunt 1992, 179; zu der Beziehung zwischen Renaissancegarten und Englischem Garten Hunt/Willis 1988, 2ff.

9 S. die Ausführungen über die Beziehung von Schrift, Bild und Garten im Picto-resque des 18. Jahrhunderts in Hunt 1992, 187ff.

10 Diesen Hinweis verdanke ich Marianne Kesting, die allerdings das Poetische und die topische Tradition als rein Literarisches bzw. literarische Tradition faßt; Kesting 1986, 204. S. dort Beispiele literarischer Gärten. – Von der engen Beziehung der Poesie, der Malerei und der Gartenkunst spricht Horace Walpole, wenn er sie um 1770 als die drei neuen Grazien bezeichnet »who dress and adorn nature«, zit. n. Hunt/ Willis 1988, 11.

11 Über den *Parc Monceau* schreibt Carmontelle 1779: »Die Natur unterscheidet sich nach den Klimaten. Laßt uns also die Klimate verändern, damit wir jenes verges-sen, in dem wir uns befinden. Ändern wir die Szenen des Gartens wie die Dekoration der Oper, so daß wir dort das in Wirklichkeit sehen können, was die fähigsten Maler als Dekoration liefern können, alle Zeiten und alle Orte«, zit. n. Baltrušaitis 1995, 218.

12 S. G. Böhme 1989, 88; Baltrušaitis 1995, 240ff; englische Beispiele in Hunt/Willis 1988, 18f.

13 In diesem Sinne ist der Gegensatz zwischen dem »künstlichen« französischen und dem »natürlichen« englischen Garten zu überdenken. Der französische Garten des 17. Jahrhunderts wird in der Literatur nicht mit dem Landschaftsbegriff ver-knüpft, der vielmehr in Opposition zu seiner Reguliertheit und Strenge verstan-den und allein mit dem englischen Garten assoziiert ist. Doch auch die geometri-schen Gartenanlagen, und das verbindet sie mit späteren Gärten, die als Land-schaftsparks und -gärten verstanden werden, entwerfen ein idealisierendes Modell der Beziehung zwischen Mensch und Natur. Und auch sie öffnen einen Blick auf eine Landschaft, hier imaginiert, reguliert zur Wahrnehmung nach den noch nicht dynamisierten Konstruktionsprinzipien des perspektivischen Bildes. Der perspek-tivierte Blick erreicht hier seine strengste Umsetzung. Man kann sagen, »daß die Perspektive zum Zweck, zum eigentlich erstrebenswerten Landschaftsideal wird«, als Form, die die Homogenisierung des Raumes, seine Beherrschung, die Gestal-tung des Landes und der Natur bestimmt. Diese Gärten sind nicht Empfindungs-raum und haben keine Affinität zum Naturschönen wie englische Landschafts-gärten; sie lassen der Natur in einem emphatischen Sinne keinen Raum, sondern

schließen in ihrer Gestaltung an die Regeln an, denen auch das Bauen unterworfen wird. – Ich verdanke den Blick auf den französischen Garten als Landschaft Martin Burckhardt 1994, 184ff; Zitat 188.

14 Landschaftsgärten folgen erzieherischen und, in der Tradition von Renaissancegärten, wirtschaftlichen Programmen. Das Dessau-Wörlitzer Gartenreich, der älteste heute erhaltene Landschaftspark Mitteleuropas, folgt einem solchen aufklärerischen Ideal einer vollständigen und insgesamt »schönen und nützlichen« Landschaft, die sich schließlich zu einer »Landesverschönerung« des gesamten Landes Anhalt-Dessau ausweitet und der Förderung einer aktuellen nicht nur idealisierten, sondern auch perfektionierten Landwirtschaft dienen soll. Garten kann also das landwirtschaftlich genutzte und gleichzeitig parkähnlich gestaltete Territorium eines ganzen Fürstentums werden, einer ganzen Region sein. Dieser Landschaftspark war zugänglich für die Einwohner des Landes Anhalt-Dessau. Auch sein Gestalter, Friedrich Wilhelm von Erdmannsdorff, nimmt übrigens zeitgenössische malerische und zeichnerische Traditionen und Interpretationen der »Natur« auf. – Zum Dessau-Wörlitzer Gartenreich s. Staatliche Schlösser und Gärten 1988; Trauzettel 1994.

15 Vgl. v. Buttlar 1982; vgl. die Tendenzen in neueren Landschaftsschutzgebieten z.B. im Schwalm-Nette-Gebiet, wo die Bewohner die Aufgabe haben, eine alte Kulturlandschaft durch ihre Arbeit mit längst überholten Techniken und Technologien zu erhalten – ihre Rolle weicht nicht wesentlich ab von der der Bewohner etwa des Wörlitzer Gartenreiches im 18. Jahrhundert.

16 Chambers 1972, 32ff; illusionistische und fantastische Gartenelemente bei Baltrušaitis 1995, 199ff; zu »Angst und Schauder im Landschaftsgarten« s. Hüttel 1999.

17 Was die neuen Gärten auf alter Industrie aus naheliegenden Gründen (Bodenbeschaffenheit, Kosten, Pflegeaufwand) niemals aufnehmen, sind beispielsweise die überquellende Blumenpracht impressionistischer Gärten, oder die Muster bürgerlicher Privatgärten des 19. Jahrhunderts.

18 Dies ein Kommentar zur Verkennung des Englischen Gartens in G. Böhme 1989; es muß doch berücksichtigt werden, daß hier die Intention auf ein historisches Naturideal gerichtet ist, auch wenn wir heute die Atmosphäre dieser Gärten immer noch als ideale empfinden können.

19 Richard Payne Knight 1794, zit. n. Hipple 1957, 248.

20 Knight 1805, zit. n. Hipple 1957, 257f.

21 Nicht die Erfahrung harmonischer Schönheit, auch nicht die Erfahrung des Großen, des Erhabenen sollen die Gärten ermöglichen, die nach dem ästhetischen Ideal des *Pictoresque* gestaltet werden: »Das Pictoresque liegt auf einem unregelmäßigen Pfad dazwischen«, Robinson 1992, xi. – Diese Erfahrung ist in späterer Interpretation nicht beschränkt auf Gärten. Frederick Law Olmsted hat sie als prinzipiell urbane Erfahrung aus seinen Parks zu verbannen gesucht; s. Olmsted 1870 in Olmsted 1997, 81.

22 Vgl. dazu das dritte Kapitel dieses Teils.

23 Vgl. das Kapitel »The Picturesque Legacy to Modernist Landscape Architecture«, Hunt 1992, 257ff.

24 Zur Beschreibung der Praxis des *pictoresque* im 18. Jahrhundert s. Robinson 1992, xiiff.

25 Das Projekt des »Industriellen Gartenreichs« hatte noch vor 1989 in der Gründung einer dem Bauhaus assoziierten Arbeitsgruppe Stadtplanung begonnen. In einem Projektbericht, den die Werkstatt des Bauhauses, ein Zusammenschluß der Arbeitsgruppe mit Planern, Malern, Medienfachleuten, beraten durch IBA-Mitarbeiter und Stadtplaner der TU Berlin, für 1989 und 1990 verfaßte, Brückner et al. 1990, erscheinen die ersten Orientierungen programmatisch formuliert: »1. Es existiert ein globales, existenzbedrohendes ökologisches Problem, das vor der bauhaus-Tür, in der Region Dessau-Bitterfeld focussiert. Dieses Problem ist ursächlich an die Entwicklung der Industriegesellschaft gebunden. 2. Lösungsansätze mit den der Industriegesellschaft eigenen Methoden und Instrumenten (Technologie- und Produktorientierung, Fortschrittsglaube, Wachstum, Universalitätsanspruch...) führen zur Problemfundamentierung und -verschärfung. Es geht nicht mehr um Produkte und Idealzustände, sondern letztlich um Prozesse, Werte und evolutionäre Veränderungen. 3. Das historische Bauhaus mit seinen Gestaltungsansätzen war Produkt und Promotor der modernen Industrie-Gesellschaft. Mit den Grenzen der Industrie-Gesellschaft sind auch seine Grenzen sichtbar geworden. 4. Eine Bewältigung der Probleme kann nur aus einem soziokulturellen Wertewandel heraus vollzogen werden. Dafür gibt es keine universellen Rezepte, sondern nur regionale Lösungsansätze. 5. Die existenzbedrohte Welt fragt nach exemplarischen Modellen, die ein konkret und regional arbeitendes bauhaus als Labor und Spiegel menschlicher Kultur einbringen kann. 6. Ein Ausweg aus der Krise des Industrie-Zeitalters deutet sich sowohl mit dem kulturellen Bruch, als auch mit der Weiterentwicklung von Instrumentarien des historischen Bauhauses an. Experimentelle Werkstatt. bauhaus dessau.« Brückner et al. 1990, 16.

26 Agentur Reisewerk 1997; s. auch Stiftung Bauhaus Dessau o.J.: »Lehrpfad der industriellen Wandlung«, eine Beschreibung eines Weges von Ferropolis, der Zusammenstellung ausrangierter Braunkohlebagger, vorbei an Kippen und Ascheseen, durch den Ort Zschornewitz, der zwischen Kippen liegt, über ein Kraftwerksgelände bis hin zur Außenkippe eines Tagebaus; dieser Weg nimmt allerdings im Unterschied zur zitierten Beschreibung auch technische Denkmale auf. – Verwiesen sei auch auf die Spaziergangforschung der Gruppe *alias* in Dessau, s. alias 1999.

27 Die pictoresquen Gärten des 18. Jahrhunderts entstanden angesichts verlassenen Agrarlandes als Folge der Politik der *enclosures*, die die Bauern von ihrem Land vertrieb zugunsten der Einrichtung von Weiden.

28 Hier beziehe ich mich auf Fragestellungen und Ergebnisse eines Entwurfsseminars für das Lausitzer Braunkohlengebiet, das Axel Busch und Nicole Huber an der

Hochschule der Künste 1998/99 angeboten haben. Zur Geschichte der Lausitz s. Lenz 1999, Aussagen zur Zukunft in wolkenkuckucksheim 2/1999.

29 Zu den Zusammenhängen von Ethik und Ästhetik der Natur s. Seel 1991.

30 Ritter 1963; kommentierend dazu Waldenfels 1986; die von Ritter vertretene Einvernahme Petrarcas geht auf Deutungen vor allem Jakob Burckhardts, 1930, 211-213, zurück. Ich sehe sie als Perspektive eines späten deutschen Idealismus auf einen idealisierten Ursprung des zeitgenössischen Denkens in der italienischen Renaissance, gedeutet vor dem Hintergrund spätromantischer Künstlerselbstaussagen. Auffallend in den Interpretationen ist die Identifizierung der Neugierde Petrarcas mit ästhetischer Neugierde, während die Betrachtung der *memoria*-Theorie, die Petrarca hier exemplifiziert und mit seiner Augustinuslektüre bestätigt, schlicht mit romantischer Innerlichkeit verwechselt wird. Vgl. Petrarca 1995, Brief vom 26. April 1336; s. Krüger 2000. In der einflußreichen Ritterschen Interpretationstradition steht noch, wie sich in seiner Interpretation von C.D. Friedrich, C.G. Carus und Ph.O. Runge zeigt, Piepmeyer 1980, 17-22.

31 Vgl. Cranz 1982; Cranz unterscheidet für die USA vier Parktypen, die sich in ähnlicher Form in Europa finden; drei davon tragen deutliche Züge der Kompensation: der Park als Gegenort gegen eine zerstörerische Stadt, der Park als Reform- und Erziehungsprojekt, das einer durchzurationalisierenden Stadt gegenübersteht, der Park als Ort der Erholung und schließlich gibt es den vierten Typ, der Stadt und Park nicht mehr gegenüberstellt, sondern sie integriert – und eher einen anderen Blick darstellt als eine tatsächliche Umgestaltung der Umwelt. Die Nutzungen, die dem Park zugeschrieben worden sind, werden, so Cranz, in den USA seit etwa 1965 verteilt und in allen Teilen der Stadt aufgefunden: Man könnte sagen, sie diffundieren, diesen Befund aber auch mit dem rapide abnehmenden öffentlichen Raum verbinden.

32 Olmsted 1997, 80f; zu städtischen Luftverhältnissen und der heilenden Wirkung von Parks ebd. 64ff.

33 Zur Metapher des Organismus Stadt s. Hauser 1991, 1992.

34 Zur Geschichte der Volksparks s. Pohl 1993; zu frühen Parks in Manchester Latimer 1988; zu dieser Interpretation des Parks und heutigen Revisionen den Kommentar von Knuijt et al 1993, 28ff; zum Zusammenhang von Volkspark und Naturschutzgedanken Gröning/Wolschke-Bulmahn 1986, 158ff. – Die Amalgamierung des Hygienischen und Ästhetischen im Städtebau wird z.B. vertreten von der Deutschen Gartenstadtgesellschaft (*1902). – Zu erinnern ist in diesem Zusammenhang an weitere kompensatorisch deutbare Bemühungen, die Teil der Arbeiterkultur geworden sind: an Taubenzucht und Wanderverein, an Sport im Freien, oft auf Geländen der Betriebseigner, und vieles andere, dem hier nicht weiter nachgegangen werden kann. – Die soziale Befriedung durch Kompensation spielt ebenfalls eine Rolle. Die Finanziers von Parks in Industrieregionen sind, entweder über Steuerzahlungen oder aufgrund philanthropisch motivierter Stiftungen, oft die Betriebe der Stadt.

35 Zit. n. Hammerschmidt 1994, 375; dort auch weitere Literatur zur Stadt als Landschaft. – Das Konzept »Landschaft« ist unter Berücksichtigung dieser Tradition nicht durchgehend, wie Hard 1985, 45, schreibt, um 1900 »anti-modern«, »anti-städtisch«, »anti-industriell«, wenn auch in seinen Bestrebungen zur Harmonisierung dazu neigend, die Verschlechterung der Lebensbedingungen in den Städten des 18. und 19. Jahrhunderts ebenso malerisch verschwinden zu lassen, wie die Auswirkungen der absolutistischen Besteuerung auf die Bauernschaft im Landschaftsbild der agrarischen Regionen des 17. und 18. Jahrhunderts untergehen.

36 Daß das Ergebnis der Charta meist Abstands- und Sozialgrün war, ist den Tätigkeiten der Verfasser, nicht dem Text anzulasten; vgl. CIAM 1984, 132.

37 Der Architekt des Umbaus und der Ergänzungen war Rudi Keller aus Zürich. – Daß Neubauten in der Siedlung notwendig wurden, lag daran, daß aufgrund von Beschäftigungsgarantien nach Stillegung der letzten Aachener Zechen Bergleute durch die Zeche Hugo übernommen wurden und arbeitsplatznah untergebracht werden sollten; s. Internationale Bauausstellung Emscher Park 1991, 26f.

38 In der Auflistung der Motive folge ich Beierlorzer 1991, 1994; IBA Emscher Park Informationen Themenheft 3/1993, 36ff; Internationale Bauausstellung Emscher Park 1991.

39 Vgl. Internationale Bauausstellung Emscher Park, Hg., 1996a zum Wettbewerb um eine darüber hinaus vorgesehene Ergänzung der Siedlung.

40 S. IBA Emscher Park Informationen Themenheft 5/1994, 26ff.

41 S. Schoenichen 1934; Walther Schoenichen beschreibt in seinem Buch die Ziele des Naturschutzes im Hinblick auf nationalsozialistische Politik und Ziele; Landschaften und ihre Gestaltung bindet er, schon in Publikationen seit 1914, explizit an rassenhygienische Vorstellungen; zu Schoenichen s. Gröning/ Wolschke-Bulmahn 1986, bes. 140ff; vgl. Häpke 1990c, 65. – Das Landschaftsbild nationalsozialistischer Prägung geht aus von einer als harmonisch verstandenen Korrespondenz zwischen einem Volk und der Landschaft, die seine »schicksalsgegebene« Heimat ist und die Bedingung seiner »Kultur«. Die krude Folgerung daraus ist, daß als heimatlos definierte Gruppen oder Völker keine Kulturlandschaft formen können, keine Kultur besitzen und in der »Heimat« von »Kulturvölkern« nichts verloren haben. – Zu den Grundlagen dieser Folgerungskette s. z.B. Seifert 1941, 23 und 30; zusammenfassend Gröning/ Wolschke-Bulmahn 1986, 149f; zu den Planungen des Dritten Reiches für die zu erobernden Ostgebiete dies. 1987.

42 Die Frage nach der Einpassung von Ingenieurbauten stellt sich bereits kurz nach 1900, beispielsweise in der regelmäßigen Kolumne zum »Heimatschutz« der 1910 gegründeten Zeitschrift »Der Industriebau«. – Zu den diesbezüglichen Vorstellungen der deutschen Heimatschutzbewegung s. Klatter 1923.

43 S. z.B. Matschoss/ Lindner 1932; Lindner, langjähriger Vorsitzender des Bundes Heimatschutz, wird im Dritten Reich Leiter der ›Reichsfachstelle Heimatschutz‹ im ›Reichsbund Volkstum und Heimat‹; Andersen 1987, 154f. – Zu den auffallenden personellen Kontinuitäten und den weniger auffallenden Diskontinuitäten in

Naturschutzorganisationen vor und nach 1933 s. ebd. und Gröning/ Wolschke-Bulmahn 1986, 140ff, 182f.

44 S. Todt 1941, 5.; vgl. die durchgehende Identifizierung der Ziele der nationalsozialistischen Programmen folgenden Industrie und der Ziele des »Volkes« in Schoenichen 1934; zu heroischen Aspekten der Bewältigung der Wildnis s. Gröning/ Wolschke-Bulmahn 1986, 157. – Zu US-amerikanischen Zustimmungen zur technischen Neugestaltung der Landschaft Nye 1996, 135ff; zur Darstellung der Staumdammprojekte in den 1920er und 30er Jahren ebd. 132ff. Das Buch trägt den schönen Titel »American technological sublime«.

45 Zu früheren Rekultivierungen s. Meyer 1957; dort umfassende Literaturangaben.

46 N. Meyer 1957, 49. – Die personellen Kontinuitäten, die Naturschutz und Landschaftspflege der Weimarer Republik und des Dritten Reiches verbinden, lassen sich weiterverfolgen in die Nachkriegszeit; s. Gröning/ Wolschke-Bulmahn 1986; Andersen 1987; eine systematische Studie zum Thema steht aus.

47 In der Praxis geht es dabei primär um die Wiederherstellung von Nutzungen auf bestimmten Flächen des Territoriums und um die Schaffung einer hochartifiziellen, doch als ansehnlich empfundenen Landschaft: Wiederhergestellt werden vor allem landwirtschaftliche und forstliche Nutzflächen, ansonsten »Restseen und -kippen« sowie Erholungsgebiete. S. Olschowy 1978, 3f; 1978a, 464f. Zu neueren Bearbeitungen von Tagebauen in den alten Bundesländern und ihren gesetzlichen Voraussetzungen s. Olschowy 1993, 83ff. – Toyka 1993 stellt – neben den bereits erwähnten Deutungen der Braunkohlegruben als pictoresque Landschaft – Rekultivierungsprojekte aus DDR-Zeiten für das heutige Gebiet des »Industriellen Gartenreiches« vor, die diesen Zielen in Teilen entsprechen, jedoch vor allen Dingen Flutungen vorsehen; s. auch dazu Olschowy 1993, 83.

48 Anschauungsmaterial zu den verschiedenen Landschaftsbildern in Bergbaufolgelandschaften der letzten Jahrzehnte bietet Olschowy 1993. – Die Ansprüche der Umgesiedelten an die Sorgfalt der neuen synthetisierten Landschaften sind in den letzten Jahrzehnten sehr gewachsen, doch bleibt die Synthese sichtbar.

49 Die folgenden Informationen stammen aus einem Artikel, den Tom Armour, der im Büro Ove Arup mit der Leitung des Projektes befaßte Architekt, in *The Arup Journal* 1995 veröffentlicht hat.

50 »Die Physiognomie dieses ganzen Lokals macht uns erst recht das Innere der Gestalten, welche sich auf diesem Boden mit ihrer Wehmut, Trauer, ihren Schmerzen, Kämpfen, Nebelerscheinungen bewegen, vollständig deutlich, denn sie sind ganz in dieser Umgebung und nur in ihr zu Hause.« Zit. n. Wyss 1997, 209.

51 Diese Art der Korrespondenz wird auch im Sinne der mit Schelling abbrechenden Naturphilosophie als Korrespondenz von Schemata der Natur und des menschlichen Geistes oder auch Leibes betrachtet; ein Reflex dieser Haltung bei Alexander von Humboldt: »Denn in dem innersten, empfänglichen Sinne spiegelt lebendig und wahr sich die physische Welt. Was den Charakter einer Landschaft bezeichnet:… alles steht in altem, geheimnisvollen Verkehr mit dem gemütlichen Leben (= Gemütsleben, S.H.) des Menschen«, 1969, 34f.

52 Die Definition erfaßt nicht jedes vergiftete oder aus anderen Gründen unbrauchbare Land. Sie schließt sowohl Land mit Schäden durch Militär, wie durch »natürliche Ursachen« unbrauchbar gewordene Gebiete aus, wie auch Land egal welchen Zustands, das noch in irgendeinem Gebrauch ist.

53 Diese und die folgenden Zitate stammen aus einem Bericht des für die Planung verantwortlichen *Civic Trust of the North-West*, der zusammen mit dem *Department of Economic Affairs* in Manchester die Ergebnisse referiert. – Burnley ist ein Ort im Gebiet der Operation.

54 Von den bis dahin reklamierten 1.362 Hektar an »derelict land« sind 1985 32 Prozent landwirtschaftlich, 24 Prozent als öffentliches Grün und 20 Prozent als Wald genutzt: zwei Drittel der Böden wurden »grünen Nutzungen« zugeführt. Neue Produktionsanlagen entstanden auf 7 Prozent der Fläche, Wohnungen auf 5 Prozent; Metropolitan Wigan 1988, 15.

55 Vgl. Wolschke-Bulmann 1996, 1ff; dort auch die einschlägigen Literaturangaben. Wolsche-Bulmahns Aufsatz führt die Geschichte dieser Korrespondenzannahmen weiter, indem er ihre nationalen, nationalsozialistische Landschaftsgestaltung und sie vorbereitende Deutungen am Anfang des 20. Jahrhunderts entwickelt; s. den Abschnitt »Natur und Technik« im vorigen Kapitel.

56 Vgl. Andersen 1987, 154; Gröning/Wolschke-Bulmahn 1986; s. die Ausführungen im vorigen Kapitel über Harmonien von Natur und Technik.

57 Muris 1934, der bevorzugt von der »deutschen Kulturlandschaft« handelt; vgl. Hard 1970, 175.

58 S. Hard 1985, 29. – Es ist jene Kunst, die Alexander von Humboldt dem Naturforscher abverlangt, die Walter Benjamin in der Betrachtung von Sammlungen am Werk sieht. S. Humboldt 1969, 74ff; Benjamin 1983, V/I, 269ff.

59 Goethe 1975, 55; vgl. auch ebd. 120ff, 317ff. – Zur Vorgeschichte der physiognomischen Methode s. Rosenkranz 1850, 319ff, der sich seinerseits auf Alexander von Humboldt bezieht; s. Piepmeyer 1980, 24.

60 Bobek und Schmithüsen 1967 n. Hard 1970, 175.

61 Ganser 1995, 448. Der Aufsatz stammt aus der Jubiläumsausgabe zum 70jährigen Bestehen der Zeitschrift Natur und Landschaft, die den Titel *Naturschutz in der Industrielandschaft* trägt. – Anfang der 1990er Jahre sind über 50% des Ruhrgebiets übrigens land- oder forstwirtschaftlich oder als Grünflächen genutzt; s. Olschowy 1993, 14.

62 Auffallend in der zitierten Beschreibung – nicht in der Praxis der IBA, die sich intensiv mit der Schaffung von Wohn- und Arbeitsmöglichkeiten für die verschiedensten Gruppen auseinandersetzt – ist das Fehlen von Menschen in der Landschaft. – Zur beeindruckenden Vielfalt der Projekte, die unter dem überwölbenden Landschaftskonzept entstanden sind, s. Internationale Bauausstellung Emscher Park 1999.

63 Meyers Grosses Universal-Lexikon, Bd. 10, 1984, Eintrag »Park«.

64 Schmid 1991, 35. Arno Sighart Schmid, von dem das Zitat stammt, war wissen-

schaftlicher Direktor der Internationalen Bauausstellung. – Vgl. Benjamin 1983 V/I, 269ff.

65 Die Entdeckung dieser Bauten hat eine hier anzumerkende Folge in dem erneuten Bemühen um eine »harmonische Einbettung« von Bauten der Infrastruktur und der Industrie in die Landschaft. Beispiele sind die Zentraldeponie Emscherbruch, die Kläranlage in der Welheimer Mark in Bottrop oder das in Herten im Ruhrgebiet errichtete »Rohstoffrückgewinnungszentrum«. S. Reiß-Schmidt 1991, 1262ff; Gunßer 1993, 171f.

66 Die als solche neu erkannten Zeichen stehen, da sie bisher zu keinen Lektüren herausgefordert haben, vielen Interpretationen offen, beispielsweise den folgenden, die von einem Fotographen und zwei Industriearchäologen stammen: »Das Fördergerüst, das die Bergarbeitersiedlung überragt, die Häuser zum Sichducken bringt – Dokument der Abhängigkeit, des unentrinnbaren Schicksals, auf die Zeche zu müssen. Andererseits – das Fördergerüst als Monument des technischen Fortschritts, der Wirtschaftskraft der Montanreviere. Hier konnte verdient werden, das schwarze Gold lockte in immer neuen Anwerbungswellen Zehntausende aus dem agrarischen Osten an die Ruhr.« – Hamm/Föhl 1983, 7; »Die ›Zeugnis-Monumente der Industriearchäologie stehen in der Kontinuität, das heißt, sie gehören nicht nur zur Anerkennung des Fortschritts in einem positivistischen Sinne, sondern auch zur Anerkennung der Dialektik, des Klassenkampfes, der menschlichen Opfer, deren so beredte Zeugnisse sie sind.« – Borsi 1980, 16.

67 Ganser 1994, 2. – Eine ähnliche Intention verfolgt bereits Wagenbreth, wenn er 1983 auf die landschaftsgestaltende Funktion der technischen Denkmale der DDR hinweist.

68 Zu Orten der Erinnerung s. Biermann 1998, zu Theatern der Erinnerung Yates 1966; zur Landmarken-Kunst s. den von Peter Pachnicke und Bernhard Mensch herausgegebenen Katalog, 1999.

69 Zitate aus Emscher Park Info-Dienst Nr. 45/1995, 2f. Architekt des Tetraeders ist Wolfgang Christ.

70 Nach Lynch 1997, 48. Als *landmarks* fungieren für die von ihm Befragten Bauten und Merkmale, die eine klare Form (»a clear form«), einen formalen oder semantischen Gegensatz zu ihrem Hintergrund (»contrast with their background«) und/oder eine auffallende Positionierung (»prominence of spatial location«) aufweisen. Für die Planung folgt daraus, daß erwünschte Markierungen entweder von vielen Orten aus sichtbar sein oder in lokalem Kontrast zu naheliegenden Elementen stehen sollten; Lynch 1997, 78ff.

71 Vgl. z.B. Initiativkreis Emscherregion 1994; Häpke 1993; Ache et al 1992. – Kritiken nach dem Ende der IBA bei Günther 1999, Gunßer 1999.

Ohne Abfall

1 Das heißt, wenn sie nicht mit neuer Produktion, neuer Bebauung respektive weiterer Aufschüttung zu rechnen haben, also der ungebrochenen Fortsetzung einer Nutzung.

2 Wenn Individualität und Lokalität in der Ökonomie der Stoffe noch eine Rolle spielen, dann im Falle verseuchter Böden.

3 Das ist eine heute wieder bekannter gewordene Funktion, da Pharmafirmen versuchen, kaum untersuchter Pflanzen habhaft zu werden, die in botanischen und Ziergärten leichter zu finden sind als etwa in südamerikanischen Wäldern. Unter anderem wies darauf im Sommer 1997 ein vor Diebstahl warnender Anschlag an den Toren der Kew-Gardens in London hin.

4 Diese Auffassung ist Grundlage des musealisierenden Konzepts der *Écomusées*, sie ist ebenfalls deutlich in den Thesen der Internationalen Bauausstellung Emscher Park.

5 Das Erhabene hat als Gegenstand der kulturwissenschaftlichen Reflexion Ende der 80er Jahre eine Konjunktur erlebt und verbindet sich zu dieser Zeit zwanglos mit der Reflexion über zerstörte Natur und ihre ästhetischen Qualitäten. Denn schön, das heißt harmonisch – und damit der »Beförderung des Lebens« dienend, Kant 1975 B 75, ist diese Natur, ist dieses Gegebene nicht – eher ist es schon die erhabene Natur »in ihrem Chaos oder in ihrer wildesten regellosesten Unordnung und Verwüstung«, ebd. 78, die in den 80er Jahren wie auch heute zur Betrachtung kommt, doch häufig auch jene Natur, die nicht distanzierbar und nicht intellektuell beherrscht werden kann und dann »roh« und »gräßlich« ist; ebd. 77. – Vgl. die Beiträge in Pries 1989. – Im Erhabenen in der Fassung Kants, wie in der Beschreibung erhabener Gegenstände bei Edmund Burke, ist die sichere Entfernung von der Quelle des lustvollen Schreckens als Voraussetzung mitgedacht: Gefühle des Erhabenen kommen nicht auf, wenn die »Sicherheit« gefährdet ist. »Die qualitative, nämlich intellektuelle Distanz bringt das Bewußtsein eines über alle Verwüstungen der Natur erhabenen Selbst hervor: das ist die lustvolle Seite des Erhabenen«, Böhme 1989a, 120. »Das Furchterregende und Ängstigende soll zu einem Purgatorium des Imaginären verwandelt werden: die *vorgestellte* erhabene Natur, vor der man als physisches Subjekt klein und schutzlos ist, *weckt* ›eine Selbsterhaltung ganz anderer Art‹, nämlich die Selbstbefestigung zu einem wahrhaft erhabenen Subjekt, das eine ›Überlegenheit über die Natur selbst in ihrer Unermeßlichkeit‹ in sich findet«, ebd. 123.

6 Das heißt auch, daß die Kontrolle zu einer Abstufung des menschlichen Rückzugs vor Stoffen und Gebieten führt, die eine neue Qualität des Unheimlichen repräsentieren können; zum Unheimlichen in der gebauten Umwelt s. Vidler 1992. – Zur immerhin schon aufgekommenen Idee einer quasi-religiösen Bewältigung des Atommülls über die Einrichtung einer kontrollierenden Priesterkaste s. Posner 1990.

7 Zu den Disziplinen, auf die in diesem Buch verwiesen worden ist, gehören

Industriearchäologie, Sozial-, Wirtschafts- und Kunstgeschichte ebenso wie Biologie, Geologie, die Disziplinen des technischen Umweltschutzes und alle ihnen jeweils vorausgehenden Untersuchungen, unter denen einige durchaus als Liebhabereien begonnen worden sind.

8 S. Hauser 1996a.

9 Vgl. Groys, der die Etablierung und Umschreibung des kulturellen Archivs nach wie vor an eine autonom gedachte Kunst zu binden sucht; Groys 1992; vgl. auch Böhringer 1991, 24ff.

Literatur

Abelshauser, Werner (Hg.), 1994, Umweltgeschichte: Umweltverträgliches Wirtschaften in historischer Perspektive (= Geschichte und Gesellschaft: Zeitschrift für historische Sozialwissenschaft; Sonderheft 15). Göttingen: Vandenhoeck und Ruprecht.

Ache, Peter / Bremm, Heinz-Jürgen / Kunzmann, Klaus R. / Wegener, Michael (Hg.), 1992, Die Emscherzone: Strukturwandel, Disparitäten und eine Bauausstellung (= Dortmunder Beiträge zur Raumplanung 58). Dortmund: Institut für Raumplanung (IRPUD), Universität Dortmund.

Adorno, Theodor W., 1970, 1977, Gesammelte Schriften Bd. 7, Bd. 10.1. Frankfurt/M.: Suhrkamp.

Adrian, Hanns, 1994, Die Erneuerung industrieller Ballungsräume... eine Aufgabe der IBA, aber auch eine gesamtdeutsche Aufgabe. In: RaumPlanung 65. 89-94.

Agentur Reisewerk, 1997, Ein Spaziergang in Golpa-Nord. Faltblatt.

Alberti, Leon Battista, 1975, De re aedificatoria. In: Leon Battista Alberti. De re aedificatoria, Florenz 1485. Index verborum, bearbeitet von Hans-Karl Lücke. Bd. 4 (Veröffentlichungen des Zentralinstituts für Kunstgeschichte in München 6). München: Prestel.

Alderton, R.E., 1977, Birds at Surrey Commercial Docks, January 1973 to December 1975. In: London Bird Report 40. 85-90.

alias. Atelier für Spaziergangforschung und -unternehmungen, 1999, Selbstdarstellung. Dessau: alias.

Althöfer, Heinz, 1977, Fragment und Ruine. In: Kunstforum International 1/1977. 57-169.

Altvater, Elmar / Mahnkopf, Birgit, 1999, Grenzen der Globalisierung. Ökonomie, Ökologie und Politik in der Weltgesellschaft. Münster: Verlag Westfälisches Dampfboot. 4. völlig überarbeitete Auflage.

Ambrosius, Gerold, 1994, Ursachen der Deindustrialisierung Europas. In: Abelshauser (Hg.), a.a.O. 191-221.

Andersen, Arne, 1987, Heimatschutz. Die bürgerliche Naturschutzbewegung. In: Brüggemeier / Rommelspacher (Hg.), a.a.O. 143-157.

Anderson, Myrdene / Merrell, Floyd, 1991, Filling and emptying figures and grounds in art, craft, and science. In: dies. (eds.), On Semiotic Modeling (= Approaches to Semiotics 97). Berlin / New York: Mouton de Gruyter. 597-601.

Andritzky, Michael / Spitzer, Klaus (Hg.), 1981, Grün in der Stadt – von oben von selbst für alle von allen. Reinbek bei Hamburg: Rowohlt.

Architektur und Wettbewerbe (AW), 1997, Nr. 169, März 1997. Themenheft »Neue Nutzungen für Militärstützpunkte und Industrieflächen«.

The Architectural Journal, 1979, 32, vol. 170, Themenheft »Iron in the Soul«, 8. August 1979.

Arbeitskreis Emscher Landschaftspark, 1991, Leitlinien Emscher Landschaftspark. Qualitätsziele der Parkentwicklung. Umsetzung der Leitlinien. Schwerpunkte und Leitthemen der Landschaftsparks in den Regionalen Grünzügen A-G. Essen: Kommunalverband Ruhrgebiet.

Architektur-Forschung Braunschweig, 1984, Praxisbezogene Untersuchung zur Stadtentwicklung. Planungshilfen zur Umnutzung von Fabriken. Stufe 1: 20 Fallstudien. Handlungskonzepte und Umnutzungsstrategien. Gutachten im Auftrag des Ministers für Landes- und Stadtentwicklung des Landes Nordrhein-Westfalen. Bearbeiter: Uwe Kleineberg, Roland Wolf. Stuttgart: IRB-Verlag.

Arendt, Hannah, 1981, Vita activa oder vom tätigen Leben. München: Piper. 2. Auflage.

Arlt, Peter, 1997, Sieben gewöhnliche Orte (= Schriften der Johannes-Kepler-Universität Linz, Reihe B – Wirtschafts- und Sozialwissenschaften 25). Linz: Universitätsverlag Rudolf Trauner.

Armour, Tom, 1995, Power to change. In: The Arup Journal 1/1995. 23-24.

Austin, Mike P. / Margules, Christopher R., 1994, Die Bewertung der Repräsentanz. In: Usher / Erz (Hg.), a.a.O. 48-65.

Ayres, Robert U. / Simonis, Udo E. (Hg.), 1994, Industrial metabolism: Restructuring for sustainable development. Tokyo / New York / Paris: United Nations University Press.

Bahrdt, Hans Paul, 1977, Verhältnis unserer Gesellschaft zu Denkmälern. In: Deutsche Kunst und Denkmalpflege 35. 178-187.

Bal, Mieke / Bryson, Norman, 1991, Semiotics and Art History. In: The Art Bulletin vol. LXXIII, 2, June 1991. 174-208.

Baltrušaitis, Jurgis, 1995, Aberrations. Essai sur la légende des formes. Les perspectives dépravées. Paris: Flammarion.

Banham, Reyner, 1990, Die Revolution der Architektur: Theorie und Gestaltung im ersten Maschinenzeitalter (= Bauwelt Fundamente 89; Theory and design in the first machine age, dt.). Braunschweig: Vieweg.

ders., 1990a, Das gebaute Atlantis: amerikanische Industriebauten und die frühe Moderne in Europa (A concrete Atlantis: U.S. industrial building and European modern architecture 1900-1925, dt.). Basel / Berlin: Birkhäuser.

Barck, Karlheinz / Gente, Peter / Paris, Heidi / Richter, Stefan (Hg.), 1991, Aisthesis. Wahrnehmung heute und Perspektiven einer anderen Ästhetik. Leipzig: Reclam. 2. Auflage.

Barry, David L., 1995, Recycling Derelict Sites UK Experience. In: Genske / Noll (Hg.), a.a.O. 81-289.

Barthes, Roland, 1957, Mythologies. Paris: Seuil.

Baudelaire, Charles, 1989, Sämtliche Werke / Briefe in 8 Bänden, hg. v. Friedhelm Kemp und Claude Pichois in Zusammenarbeit mit Wolfgang Drost. Bd. 5: Aufsätze zur Literatur und Kunst 1857-1860. München / Wien: Hanser.

Baudrillard, Jean, 1983, Simulations. New York: Semiotext(e).

Bauer, Hermann-Josef, 1987, Renaturierung oder Rekultivierung von Abgrabungsbereichen? Illusion und Wirklichkeit. In: NZ-Seminarberichte, Heft 1, Jg. 1. 10-20.

Bauer, Karl, 1996, Heilbronn-Böckingen: Stadtteilpark auf ehemaliger Ziegelei, Vortragsmanuskript.

Bauwelt 43/1983, »Das alte Land der Industrie«.

Bauwelt 10/1984, »Umnutzung von Fabrikbauten«.

Bauwelt 28/1991, »Neue Art«.

Bauwelt 12/1992 (= Stadtbauwelt 113), »Planung und Marktwirtschaft«.

Bauwelt 45/1999, »Hallen der Produktion«.

Bayle, Christophe, 1988, Quand le sol redevient solide. Retournement de situation à Uckange. In: Urbanisme 220, Sonderdruck.

BDLA (Bund Deutscher LandschaftsArchitekten), 1995, Der Deutsche Landschafts-Architektur-Preis 1995. Bonn: BDLA.

Becher, Bernd / Becher, Hilla, 1967, Industriebauten 1830-1930. Eine fotografische Dokumentation von Bernd und Hilla Becher. Die Neue Sammlung München, 6. März bis 16. April 1967. München: Die Neue Sammlung.

Becher, Bernhard / Becher, Hilla, 1970, Anonyme Skulpturen – eine Typologie technischer Bauten. Düsseldorf: Art-Press-Verlag.

dies., 1971, Die Architektur der Förder- und Wassertürme. Industriearchitekturen des 19. Jahrhunderts (= Studien zur Kunst des 19. Jahrhunderts 13). München: Prestel.

Behrens, Peter, 1910, Kunst und Technik. In: Der Industriebau Jg. 1, Heft 8. 176-180.

Beierlorzer, Henry, 1991, Großprojekte ohne Größenwahn – Stadterweiterung durch Innenentwicklung. In: Bauwelt 1991, Heft 24 (= Stadtbauwelt 110). 1248-1259.

ders., 1994, IBA Emscher Park. Ökologische Erneuerung. Siedlung Schüngelberg/Gelsenkirchen – Wohnen neben der Zeche. In: Bundesbaublatt 1994, Heft 9. 671-674.

Behne, Adolf, 1927, Die moderne Fabrik. In: Der Schünemann-Monat. Deutsche Blätter für Kunst und Leben, Jg. 1927, Heft 2. 160-167.

ders., 1964, Der moderne Zweckbau (= Bauwelt Fundamente 10). Berlin u.a.: Ullstein. Neuausgabe.

Belhoste, Jean-Francois / Smith, Paul (eds.), 1997, Patrimoine industriel. Cinquante sites en France. Paris: Édition du patrimoine.

Benevolo, Leonardo, 1993, Die Stadt in der Europäischen Geschichte. München: Beck.

Benjamin, Walter, 1980, Gesammelte Schriften. Werkausgabe. Unter Mitwirkung von Theodor W. Adorno und Gershom Scholem herausgegeben von Rolf Tiedemann und Hermann Schweppenhäuser. Frankfurt/M.: Suhrkamp.

ders., 1983, Das Passagen-Werk. In: ders., Gesammelte Schriften. Werkausgabe. Bd. V/1 und V/2. Herausgegeben von Rolf Tiedemann. Frankfurt/M.: Suhrkamp.

Berenbeck, Sabine, 1995, Wandel. In: Feuer & Flamme. 200 Jahre Ruhrgebiet. Die Ausstellung im Gasometer Oberhausen. 19. Mai bis 15. Oktober 1995. Veranstaltet von der Gasometer Oberhausen GmbH (1995). Essen: Klartext. 2. verbesserte und erweiterte Auflage. 267-278.

Bergeron, Louis, 1992, Écomusées, musées techniques, musées industriels: une nouvelle génération. In: Brigitte Schroeder-Gudehus (Hg.), La Société industrielle et ses musées. Demande sociale et choix politiques 1890-1990. Paris: Éditions des Archives contemporaines. 271-280.

ders., 1997, L'âge industriel. In: Nora (éd.), a.a.O. Tôme 3, 3973-3997.

Beyer, Andreas, 1991, 78 Jahre danach – Bemerkungen zur Geistes-Gegenwart der Ikonologie. In: Horst Bredekamp / Michael Diers / Charlotte Schoell-Gless (Hg.), Aby Warburg – Akten des Internationalen Symposions Hamburg 1990. Weinheim: VCH. 269-279.

Bhabha, Homi K., 1994, The Location of Culture. London / New York: Routledge.

Bien, Günther / Gil, Thomas / Wilke, Joachim (Hg.), 1994, «Natur« im Umbruch. Zur Diskussion des Naturbegriffs in Philosophie, Naturwissenschaft und Kunsttheorie (= problemata 127). Stuttgart-Bad Cannstadt: frommann-holzboog.

Biermann, Veronika, 1998, Luoghi di memoria: Das Gedächtnis der Stadt. Vortrag auf der Tagung »Dame Francis A. Yates. Ihr Werk im Kontext der Renaissance- und Erinnerungsforschung«, 8.-10. März 1998, Einstein Forum Potsdam. Manuskript.

Biervert, Bernd / Held, Martin (Hg.), 1994, Das Naturverständnis der Ökonomik: Beiträge zur Ethikdebatte in den Wirtschaftswissenschaften. Frankfurt/M. / New York: Campus.

Birnbacher, Dieter (Hg.), 1997, Ökophilosophie. Stuttgart: Reclam.

Blanchard, Marc E., 1986, Landschaftsmalerei als Bildgattung und der Diskurs der Kunstgeschichte. In: Smuda (Hg.), a.a.O. 70-86.

Blaurock, Helmut, 1982, Erfahrungsbericht über Bergehalden im Ruhrgebiet. In: Kommunalverband Ruhrgebiet (Hg.), a.a.O, 13-18.

Bodenbach, Christoph, 1999, Jacques Herzog, Pierre de Meuron. Museum Duisburg, Umbau der Küppersmühle. In: Deutsches Architekturmuseum Frankfurt, Wilfried Wang und Anette Becker (Hg.): DAM Architekturjahrbuch 1999. München, London, New York: Prestel. 104-109.

Bodenschatz, Harald / Brückner, Heike / Kegler, Harald / Stein, Martin, 1991, Industrielles Gartenreich Dessau-Bitterfeld-Wittenberg. In: Bauwelt 1991, Heft 24 (= Stadtbauwelt 110). 1284-1293.

Böhme, Gernot, 1985, Anthropologie in pragmatischer Hinsicht. Darmstädter Vorlesungen. Frankfurt/M.: Suhrkamp.

ders., 1989, Für eine ökologische Naturästhetik. Frankfurt/M.: Suhrkamp.

ders., 1992, Natürlich Natur. Über Natur im Zeitalter ihrer technischen Reproduzierbarkeit. Frankfurt/M.: Suhrkamp.

Böhme, Gernot / Schramm, Engelbert (Hg.), 1985, Soziale Naturwissenschaft. Frankfurt/M.: Suhrkamp.

346

Böhme, Hartmut, 1988, Natur und Subjekt. Frankfurt/M.: Suhrkamp.

ders., 1988a, Kulturgeschichte des Wassers. Frankurt/M.: Suhrkamp.

ders., 1989, Die Ästhetik der Ruinen. In: Dietmar Kamper / Christoph Wulf (Hg.), Der Schein des Schönen. Göttingen: Steidl. 287-304.

ders., 1989a, Das Steinerne. Anmerkungen zur Theorie des Erhabenen aus dem Blick des »Menschenfremdesten«. In: Pries (Hg.), a.a.O. 119-141.

Boeminghaus, Dieter A. / Felder, Wolfgang / Mandler, Arthur, 1988, Umwidmung. Dargestellt am Beispiel Textilfabrik Ermen & Engels, Engelskirchen (Dt. / Engl.). Aachen: Sepia.

Bönnighausen, Helmut / Wirtz, Rainer, 1995, Das Rheinische und das Westfälische Industriemuseum. In: industrie-kultur, Startausgabe 1995. 7-12.

Böhringer, Hannes, 1991, Attention im Clair-obscur: Die Avantgarde. In: Barck et al (Hg.), a.a.O. 14-32.

Bohrer, Karl Heinz, 1987, Nach der Natur. Ansicht einer Moderne jenseits der Utopie. In: Merkur 41, Heft 8, August 1987. 631-645.

Bonte, Louis, 1930, Beiträge zur Adventivflora des rheinisch-westfälischen Industriegebietes 1913-1927. In: Beiträge zur Landeskunde des Ruhrgebiets, Heft 3. Essen: Girardet. 3-117.

Bollerey, Franziska / Hartmann, Kristiana, 1975, Wohnen im Revier. 99 Beispiele aus Dortmund. Siedlungen vom Beginn der Industrialisierung bis 1933. Ein Architekturführer mit Strukturdaten (= Dortmunder Architekturhefte 1). Dortmund: Selbstverlag.

dies., 1978, Siedlungen aus den Regierungsbezirken Arnsberg und Münster. Beitrag zu einem Kurzinventar. Dokumentation des Forschungsvorhabens Wohnen und Arbeiten im Ruhrgebiet. Arbeitsschritt 1 (= Dortmunder Architekturhefte 8). Dortmund: Selbstverlag.

Bonberg, Wolfgang / Sobich, Peter-Rüdiger, 1995, Revitalisierung brachgefallener Hüttenstandorte im Saarland. In: BrachflächenRecycling/ RecyclingDerelictLand 1/1995. 47-52.

Borja, Jordi / Castells, Manuel, 1997, Local and global: the management of cities in the information age. London: Earthscan Publishers.

Borsi, Franco, 1978, Introduzione alle archeologia industriale. Rom: Officina Edizioni.

ders., 1980, L'archéologie industrielle – problèmes et perspectives. In: archithese 10, Heft 5. 12-18.

Boucher Hedenstrom, Frédérique, 1994, Aménagement et reconversion des espaces industriels: quelques exemplaires européens. Paris-la-Défense: Ministère du Logement.

Braun, Ralf-Rainer / Kaerkes, Wolfgang M., 1985, Bibliographie zur Stadtökologie und ökologischen Stadtplanung (= Materialien zur Raumordnung aus dem Geographischen Institut der Ruhr-Universität Bochum. Forschungsabteilung für Raumordnung, 31). Bochum: Geographisches Institut der Ruhr-Universität.

Bredekamp, Horst, 1993, Antikensehnsucht und Maschinenglauben. Die Geschichte der Kunstkammer und die Zukunft der Kunstgeschichte. Berlin: Wagenbach.

Dieunlg, Thomas, 1997, Beschreibungen zu den wertbestimmenden Gesichtspunkten. In: Fachdienst Naturschutz, Grundlagen 1. Hg. von der Landesanstalt für Umweltschutz Baden-Württemberg. Karlsruhe. 2. Auflage. 227-233.

Briggs, Asa, 1993, Victorian Cities (= Classics in urban history 2). Berkeley/CA: University of California Press.

Brimblecombe, Peter / Pfister, Christian (eds.), 1990, The Silent Countdown. Essays in European Environmental History. Berlin / Heidelberg / New York: Springer.

Brock, Bazon, 1985, Die Ruine als Form der Vermittlung von Fragment und Totalität. In: Lucien Dällenbach / Christiaan L. Hart Nibbrig (Hg.), Fragment und Totalität. Frankfurt/M.: Suhrkamp. 124-140.

Brownill, Sue, 1990, Developing Londons's Docklands – another great planning disaster? London: Chapman.

Brückner, Heike et al, 1990, Industrielles Gartenreich. Zukunft für die alte Industrieregion Mulde/Mittelelbe. Projektbericht 1989/90. Dessau: Bauhaus Dessau.

Brüggemeier, Franz-Josef (Hg.), 1995, Industrie – Natur. Lesebuch zur Geschichte der Umwelt im 19. Jahrhundert. Frankfurt/M. u.a.: Campus.

Brüggemeier, Franz-Josef / Rommelspacher, Thomas (Hg.), 1987, Besiegte Natur. Geschichte der Umwelt im 19. und 20. Jahrhundert. München: Beck

Brüggemeier, Franz-Josef / Rommelspacher, Thomas, 1992, Blauer Himmel über der Ruhr: Geschichte der Umwelt im Ruhrgebiet 1840-1990. Essen: Klartext.

Bruwier, Marinette / Duvosquel, Jean-Marie (eds.), 1975, Le règne de la machine. Rencontre avec l'archéologie industrielle. Brüssel: Société Nationale de Crédit à l'Industrie. Crédit Communal de Belgique.

Buchanan, R. Angus, 1972, Industrial Archaeology in Britain. Harmondsworth/ Middlesex / Baltimore / Maryland / Victoria: Penguin.

Buddensieg, Tilman, 1990, Industriekultur: Peter Behrens und die AEG 1907-1914. Berlin: Mann.

Bundes-Bodenschutzgesetz (BBodSchG) vom 24. März 1998. In: Bundesgesetzblatt I, 502ff.

Bundesumweltministerium, 1994, Ökologischer Aufbau. Altlastensanierung. Eine Information des Bundesumweltministeriums. Bonn.

Burckhardt, Jacob, 1934, Die Kultur der Renaissance in Italien: ein Versuch. Wien: Phaidon.

Burckhardt, Lucius, 1995, Das Hochofenwerk als Weltkulturerbe. In: Daidalos 58, 130-135.

Burckhardt, Martin, 1994, Metamorphosen von Raum und Zeit. Eine Geschichte der Wahrnehmung. Frankfurt/M. / New York: Campus.

Burda, Hubert, 1967, Die Ruine in den Bildern Hubert Roberts. München: Fink.

Burke, Edmund, 1989, Philosophische Untersuchung über den Ursprung unserer Ideen vom Erhabenen und Schönen (A philosophical enquiry into the origin of our ideas of the sublime and the beautiful, dt.). Hamburg: Meiner. 2. Auflage.

Busch, Wilhelm, 1980, F. Schupp, M. Kremmer. Bergbauarchitektur 1919-1974 (= Landeskonservator Rheinland, Arbeitsheft 13). Köln: Rheinland Verlag.

Butler, Stella V. F., 1992, Science and technology museums. Leicester u.a.: Leicester University Press.

von Buttlar, Adrian, 1982, Der englische Landsitz 1715-1760. Symbol eines liberalen Weltentwurfs (= Studia iconologica 4). Mittenwald: Mäander Kunstverlag.

ders., 1989, Gartenkunst des Klassizismus und der Romantik. Köln: DuMont.

Calließ, Jörg / Rüsen, Jörn / Stiegnitz, Meinfried (Hg.), 1989, Mensch und Umwelt in der Geschichte (= Geschichtsdidaktik NF 5). Pfaffenweiler: Centaurus.

Carroll, David, 1987, Paraaesthetics: Foucault, Lyotard, Derrida. New York: Methuen.

Cass, Richard, 1994, City solutions. In: Landscape Design No. 228, March 1994. 32-35.

Cassirer, Ernst, 1990, Philosophie der symbolischen Formen. Dritter Teil. Phänomenologie der Erkenntnis. Darmstadt: Wissenschaftliche Buchgesellschaft. 9. Auflage. Reprographischer Nachdruck der 2. Auflage von 1954.

ders., 1996, Versuch über den Menschen. Einführung in eine Philosophie der Kultur. Hamburg: Meiner.

Cantacuzino, Sherban, 1989, Re/Architecture. Old Buildings / New Uses. London: Thames and Hudson.

Centro do Documentazione e di Ricerca Archeologia Industriale / Società italiana per l'archeologia industriale, 1977, Atti del convegno internazionale di archeologia industriale. 24.-26. Juni 1977. Milano: clup.

Chambers, William, 1972, A Dissertation on Oriental Gardening. Farnborough: Gragg International.

Charlton, Christopher, 1989, Die Arkwright Society und ihre Arbeit in und um Cromford. In: Fehr / Grohé (Hg.), a.a.O. 25-31.

Choay, Francoise, 1996, La règle et le modèle. Sur la théorie de l'architecture et de l'urbanisme. Paris: Seuil. 2. überarbeitete Auflage.

dies., 1996a, L'allégorie du patrimoine. Paris: Seuil. Revidierte und korrigierte Ausgabe.

Christiansen, D.N., 1928, Die Adventiv- und Ruderalflora der Altonaer Kiesgruben und Schuttplätze. Sonderdruck aus: Schriften des Naturwissenschaftlichen Vereins für Schleswig-Holstein XVIII, Heft 2.

Christmann, Gabriela B., 1992, Wissenschaftlichkeit und Religion: Über die Janusköpfigkeit der Sinnwelt von Umwelt- und Naturschützern. In: Zeitschrift für Soziologie 21, Heft 3. 200-211.

Chronologie Alte Völklinger Hütte 1873-1995, 1995. In: Ministerium für Bildung, Kultur und Wissenschaft (Hg.), Saarland. Sonderdruck anläßlich der Aufnahme in die UNESCO Welterbeliste, o.P.

CIAM, 1984, Charta von Athen – Lehrsätze. In: Conrads (Hg.), a.a.O. 129-138.

Cioran, Emile, 1978, Geschichte und Utopie (Histoire et utopie, dt). Stuttgart: Klett-Cotta.

Ulaas, Wilhelm, 1966, Technische Kulturdenkmale im Bereich der ehemaligen Grafschaft Mark. Hagen/Westfalen: von der Linnepe Verlagsgesellschaft. 3. überarbeitete Auflage.

Clark, Kenneth MacKenzie, 1950, Landscape painting. New York: Scribener.

ders., 1962, Landschaft wird Kunst (Landscape into art, dt.). Köln: Phaidon.

Clarke, Michael / Ebert, Wolfgang / Quast, Michael, 1995, Zugänge zum Eisen. Industriegeschichtlicher Führer. Duisburg: LEG Landesentwicklungsgesellschaft Nordrhein-Westfalen GmbH / Deutsche Gesellschaft für Industriekultur e.V. (Hg. und Verlag).

CNRS (ed.), 1985, L'étude et la mise en valeur du patrimoine industriel. 4e conférence international, Lyon – Grenoble, septembre 1981. Paris: Éditions du CNRS.

Cole, Lyndis, 1983, Urban Nature Conservation. In: Warren / Goldsmith (eds.), a.a.O. 267-285.

Comptes rendus du 104e congrès national des Sociétés Savantes, 1979, Section des Sciences. Fascicule 5. Colloque d'archéologie industrielle. Paris: Bibliothèque Nationale.

Conrad, D.H.G., 1975, Vorwort. Zu: Rainer Slotta, Technische Denkmäler in der Bundesrepublik Deutschland. Bd. 1 (= Veröffentlichungen aus dem Bergbaumuseum Bochum 7). Bochum: Deutsches Bergbau-Museum Bochum. VII-VIII.

Conrads, Ulrich (Hg.), 1984, Programme und Manifeste zur Architektur des 20. Jahrhunderts (= Bauwelt Fundamente 1). Braunschweig / Wiesbaden: Vieweg. Nachdruck der 2. Auflage.

Conwentz, Hugo, 1904, Die Gefährdung der Naturdenkmäler und Vorschläge zu ihrer Erhaltung. Berlin: Borntraeger.

Cossons, Neil, 1975, The BP Book of Industrial Archaeology. Newton Abbot / London / North Pomfret (Vt) / Vancouver: David & Charles.

ders., 1979, Ironbridge – The First Ten Years. In: Industrial Archaeology Review v. 3, no. 2. 179-186.

ders., 1979a, An appreciation by the Director. In: Iron Bridge Gorge Museum's Trust (ed.), a.a.O. 1-12.

Cossons, Neil / Hudson, Kenneth (eds.), 1971, The Industrial Archaeologists' Guide 1971-73. Newton Abbott: David & Charles.

Cossons, Neil / Trinder, Barrie, 1979, The Iron Bridge. Symbol of the Industrial Revolution. Bradford-on-Avon: Moonraker Press.

Cranz, Galen, 1982, The Politics of Park Design: A History of Urban Parks in America. Cambridge, Mass.: MIT Press.

CTNW (Civic Trust for the North West), 1968, Operation Spingclean. Civic Trust for the North-West, Department of Economic Affairs. Bericht, maschinenschriftlich.

Culler, Jonathan, 1988, Framing the sign: criticism and its institutions. Oxford: Blackwell.

Cullingworth, J. Barry / Nadin, Vincent, 1995, Town and Country Planning in Britain. London / New York: Routledge. Reprint der 11. ergänzten Auflage von 1994.

Damus, Martin, 1989, Alte Fabriken und die nostalgische Baukunst der Gegenwart. Über den Zusammenhang von der Umnutzung alter Industrieanlagen und postmoderner Architektur. In: Nachlaß des Fabrikzeitalters. Alte Leitbilder. Nostalgische Baukunst. Industriemuseen. Mit Beiträgen von Thomas Schleper, Renate Nötzel, Martin Damus, Jochen Putsch. Köln: Rheinland Verlag. 20-38.

DATAR, 1991, La réhabilitation des friches industrielles. Paris: La documentation Francaise.

Daumas, Maurice, 1980, L'Archéologie industrielle en France. Paris: Laffont.

De Courson, Jacques, 1981, Friches industrielles. Paris: Ministère de l'environnement et du cadre de vie. Direction de l'urbanisme et des paysages.

Decken, Oliver, 1992, Vom Kohlenpott zum Mülleimer. Eine Polemik zur Zukunft der Emscherzone. In: Ache et al (Hg.), a.a.O. 189-207.

Decommissoned nuclear plants, buried in hills, 1994/95, in: Landscape design No. 236, December 1994 / January 1995, 4.

de Haan, David, 1996, Ironbridge – from Museum to World Heritage Site. Vortragsmanuskript.

Dehio, Georg / Riegl, Alois, 1988, Konservieren, nicht restaurieren. Streitschriften zur Denkmalpflege um 1900. Mit einem Kommentar von Marion Wohlleben und einem Nachwort von Georg Mörsch (= Bauwelt Fundamente 80). Braunschweig / Wiesbaden: Vieweg.

Dehio, Georg, 1988, Denkmalschutz und Denkmalpflege im neunzehnten Jahrhundert. Festrede an der Kaiser-Wilhelms-Universität zu Straßburg, den 27. Januar 1905. In: Dehio / Riegl, a.a.O. 88-103.

De Internationale Investeringsbank N.V., 1987, Multi-Functionele Grootstedelijke Ontwikkeling op de Kop van Zuid. Haalbaarheidsonderzoek. 's-Gravenhage. Gutachten vom 21. Mai 1987.

Deneke, Bernward, 1990, Realität und Konstruktion des Geschichtlichen. In: Korff / Roth (Hg.), a.a.O. 65-86.

Denkmalrecht der Länder und des Bundes. Ergänzbare Sammlung mit Erläuterungen, Rechts- und Verwaltungsvorschriften, amtlichen Informationen, Rechtsprechung und Literatur. Herausgegeben im Auftrag der Interparlamentarischen Arbeitsgruppe von Prof. Dr. jur. Rudolf Stich, Dr. Wolfgang E. Burhenne, Dr. Karl-Wilhelm Porger. 2 Bde., 1983ff. Berlin: Erich Schmidt.

Department of the Environment, 1974, Survey of Derelict and Despoiled Land in England. London: HMSO.

dass., 1975, Results of the 1974 Survey of Derelict and Despoiled Land in England. Derelict Land and Waste (Refuse) Tipping Section. London: HMSO.

dass., 1984, Results of the 1982 Survey of Derelict Land in England. London: HMSO.

Derrida, Jacques, 1976, Die Schrift und die Differenz (L'écriture et la différence, dt.). Frankfurt/M.: Suhrkamp.

ders., 1983, Grammatologie (De la grammatologie, dt.). Frankfurt/M.: Suhrkamp.

ders., 1988, Randgänge der Philosophie (Marges de la philosophie, dt.). Wien: Passagen.

Dettmar, Jörg, 1991, Industriebrachen – Vergiftete Wüsten oder lebendige Oasen? Ein floristisch-vegetationskundlicher Führer für Industriebrachen im Ruhrgebiet. Gelsenkirchen: Gesellschaft Internationale Bauausstellung Emscher Park mbH.

Deutsche Bauzeitung, 1999, 133, 10/99, Thema: »Industriebau«.

Dickson, Tony / Judge, David (ed.), 1987, The Politics of Industrial Closure. London: Macmillan.

Diefenbacher, Hans / Ratsch, Ulrich, 1992, Verelendung durch Naturzerstörung. Von den politischen Grenzen der Wissenschaft. Frankfurt/M.: Fischer.

Diers, Michael, 1993, Ewig und drei Tage. Erkundungen des Ephemeren – zur Einführung. In: ders. (Hg.), Mo(nu)mente: Formen und Funktionen ephemerer Denkmäler (= Artefact 5). Berlin: Akademie Verlag. 1-10.

Division of Publications, National Park Service, U.S. Department of the Interior, o.J., Lowell. The Story of an Industrial City: A Guide to Lowell National Historical Park and Lowell Heritage State Park (= Official national park handbook; handbook 140). Lowell/Mass.

Documenta X, 1997, short-guide/Kurzführer. 21. Juni bis 28. September 1997, hg. durch die documenta und Museum Fridericianum Veranstaltungs-GmbH. o.O.: Cantz.

Domke, Helmut / Weyres, Willy, 1971, Einleitung. Zu: Bernhard und Hilla Becher, Die Architektur der Förder- und Wassertürme. Industriearchitekturen des 19. Jahrhunderts (= Studien zur Kunst des 19. Jahrhunderts 13). München: Prestel. 7-8.

Dordick, Herbert S. / Wang, Georgette, 1993, The Information Society. A Retrospective View. Newbury Park/California: Sage Pubications.

Douglas, Mary, 1985, Reinheit und Gefährdung. Eine Studie zu Vorstellungen von Verunreinigung und Tabu (Purity and Danger, dt.). Berlin: Reimer.

Drecker, P.F. / Sudhoff, B. / Vedder, A., 1995, Biologische Aspekte und deren Berücksichtigung im Planungsprozeß. In: Genske / Noll (Hg.), a.a.O. 95-106.

Drepper, Uwe (Hg.), 1991, Das Werktor. Architektur der Grenze. München: Prestel.

Dreyer, Claus, 1997, Zur Ästhetik der architektonischen Moderne nach der Postmoderne. In: Wolkenkuckucksheim. Internationale Zeitschrift für Theorie und Wissenschaft der Architektur. 2. Jg, Heft 1, Mai 1997. http://www.theo.tu-cottbus.de/wolke/wolke_1.html

Eade, John (Hg.), 1997, Living the Global City. Globalization as a local process. London / New York: Routledge.

Ebert, Wolfgang, 1995, Der Kongreß tanzt. TICCIH: Weltverband der Industriearchäologie. In: industrie-kultur, Startausgabe 1995. 56-57.

ders., 1995a, Hüttenwerke als Museum? In: industrie-kultur, Startausgabe 1995. 23-31.

ders., 1998, Internationaler Industrietourismus. In: industrie-kultur 1/98. 8-17.

Ebert, Wolfgang / Bednorz, Achim, 1996, Kathedralen der Arbeit. Historische Industriearchitektur in Deutschland / Cathedrals of Work. Historical Industrial Architecture in Germany. Berlin: Wasmuth.

Echter, Claus-Peter, 1985, Probleme der Denkmalpflege bei Anlagen zur Infrastruktur und der Industrie des 19. und frühen 20. Jahrhunderts. In: ders. (Hg.), Ingenieur- und Industriebauten des 19. und 20. Jahrhunderts. Nutzung und Denkmalpflege. Berlin: Deutsches Institut für Urbanistik. 9-18.

Écomusée régional du Centre, o.J. (1996), L'Écomusée régional du Centre A.S.B.L. En collaboration avec la Communauté française de Belgique et la Direction générale des Affaires culturelles du Hainaut. Houdeng-Aimeries: Écomusée régional du Centre.

dass., o.J. (1996a), Objectif 1 des Fonds Structurels Européens. Image de marque et atouts touristiques de la région du Centre. Archéologie industrielle. Houdeng-Aimeries: Écomusée régional du Centre.

Editorial, 1979, In: Industrial Archaeological Review, vol. 3, no. 2, Spring 1979; »Special issue to celebrate the 200th Anniversary of the first iron bridge«. 111.

Edwards, Brian, 1992, London Docklands: Urban Design in an Age of Deregulation. Oxford u.a.: Butterworth-Heinemann in Reed International Books.

Ehrenfeld, David, 1997, Das Naturschutzdilemma. In: Birnbacher (Hg.), a.a.O. 135-177.

Eisel, Ulrich / Ludwig, Daniela / Trepl, Ludwig, 1996, Gefühlte Theorien: Brachflächen und ihr Erlebniswert. In: Zeitschrift für Semiotik Bd. 18, Heft 1. 67-81.

Eisenman, Peter, 1995, Aura und Exzeß. Zur Überwindung der Metaphysik der Architektur. Wien: Passagen.

Emscher Park Info-Dienst Nr. 45/1995.

Emscher Park Info-Dienst Nr. 48/1996.

Engel, Helmut, 1984, Industrie-Denkmalpflege in Berlin. In: Deutsche Kunst- und Denkmalpflege 42, 2. 115-120.

English Partnerships, 1996, Investment Guide Summary. Broschüre.

Enterprise Development Company, Inc., 1988, Kop van Zuid. A Strategy for Action 1989-1999. Columbia. Gutachten vom 12.12.1988.

Entschließung zum sozialen Erbe Europas des Europaparlaments vom 11. Februar 1983. In: Denkmalrecht der Länder und des Bundes Nr. 550, 21.

Ernst, Wolfgang, 1988, Entstellung der Historie? – Museale Spuren(t)sicherung zwischen déjà vu und Wahrnehmungsschock. In: Rüsen (Hg.), a.a.O. 21-34.

ders., 1992, Geschichte, Theorie, Museum. In: Fliedl et al (Hg.), a.a.O. 7-40.

Erz, Wolfgang, 1994, Bewerten und Erfassen für den Naturschutz in Deutschland: Anforderungen und Probleme aus dem Bundesnaturschutzgesetz und der UVP. In: Usher / Erz (Hg.), a.a.O. 131-166.

ders., 1995, Zur urban-industriellen Naturwahrnehmung. In: Natur und Landschaft 70, Heft 10. 447.

Estermann, Hans, 1983, Industriebrachen im Ruhrgebiet und der Grundstücksfonds Ruhr (= Institut für Raumplanung der Universität Dortmund, Arbeitspapier 12). Dortmund: Universität Dortmund.

European Academy of the Urban Environment (Hg.), 1995, The Central European Metropolises. Redevelopment of derelict land in Europe. Berlin: European Academy of the Urban Environment.

Fassbinder, Helga (Red.), 1993, Strategien der Stadtentwicklung in europäischen Metropolen. Berichte aus Barcelona, Berlin, Hamburg, Madrid, Rotterdam und Wien. Dokumentation des Fachkongresses der Stadtentwicklungsbehörde Hamburg und der TU Hamburg-Harburg am 6. und 7. November 1992 (= Harburger Berichte zur Stadtplanung 1). Hamburg: TU Hamburg-Harburg.

Fehl, Gerhard / Rodriguez-Lores, Juan, 1983, Stadterweiterungen 1800-1875. Von den Anfängen des modernen Städtebaus in Deutschland (= Stadtplanungsgeschichte 2). Hamburg: Christians.

Fehl, Gerhard / Kaspari, Dieter / Krapols, Marlene (Hg.), 1995, Umbau statt Abriß! Transformer en lieu de démolir! Ombouwen in plaats van afbreken! Zur Erhaltung des industriellen Erbes in der EUREGIO Maas-Rhein. Pour une conservation de l'heritage industriel dans l'Eurégio Meuse-Rhin. Betreffende het behoud van het industrieel erfgoed in de Euregio Maas-Rijn. Aachen: Dr. Rudolf Georgi.

Fehr, Michael (Hg.), 1998, Open Box. Künstlerische und wissenschaftliche Reflexionen des Museumsbegriffs (= Museum der Museen 5). Köln: Wienand

Fehr, Michael / Grohé, Stefan (Hg.), 1989, Geschichte. Bild. Museum. Zur Darstellung von Geschichte im Museum (= Museum der Museen 1). Köln: Wienand.

Ferber, Uwe, 1995, Aufbereitung und Revitalisierung industrieller Brachflächen in den traditionellen Industrieregionen Europas (= WAR 89). Darmstadt: Technische Hochschule Darmstadt, Institut für WAR.

Ferropolis, 1997. Faltblatt. Dessau: Stiftung Bauhaus Dessau.

Festschrift 50 Jahre Technisches Museum für Industrie und Gewerbe in Wien, 1968. Schriftleitung: Josef Bittner. Wien: Verein zur Förderung des Technischen Museums.

Feuer & Flamme, 1995. Feuer & Flamme. 200 Jahre Ruhrgebiet. Die Ausstellung im Gasometer Oberhausen. 19. Mai bis 15. Oktober 1995. Veranstaltet von der Gasometer Oberhausen GmbH. 1995. Essen: Klartext. 2. verbesserte und erweiterte Auflage.

Fischer, Wend, 1967, Einleitung. Zu: Becher / Becher, a.a.O. 3-4.

Fleetwood, Michael, 1979, Pig iron. In: The Architectural Journal 32, vol. 170, 8. August 1979. 288-293.

Fliedl, Gottfried / Muttenthaler, Roswitha / Poch, Herbert (Hg.), 1992, Erzählen, Erinnern, Veranschaulichen (= Museum zum Quadrat 3). Wien / Klosterneuburg: Eigenverlag des Vereins Arbeitsgruppe für theoretische & angewandte Museologie.

Flusser, Vilém, 1991, Die Stadt der Erstinkenden. Eine Flaschenpost. In: ders., Nachgeschichten. Essays, Vorträge, Glossen. Düsseldorf: Bollmann. 181-184.

ders., 1993, Dinge und Undinge. Phänomenologische Skizzen. München / Wien: Hanser.

Föhl, Axel, o.J., Bauten der Industrie und Technik. Bonn: Deutsches Nationalkomitee für Denkmalschutz, Geschäftsstelle beim Bundesministerium des Innern (Hg. und Verlag).

Forßmann, Jörg, 1991, Der Landschaftspark Duisburg-Nord. Integrierter »Trittstein« des Emscher Landschaftsparks oder lokales Experimentierfeld? In: Bauwelt 1991, Heft 24 (= Stadtbauwelt 110). 1238-1247.

Forum Industriedenkmalpflege und Geschichtskultur 1/2000, Themenheft »Jahr der Industriekultur – Kunst und Industrie im Ruhrgebiet«.

Foucault, Michel, 1977, Die Ordnung des Diskurses. Inauguralvorlesung am Collège de France – 2. Dezember 1970 (L'ordre du discours. Lecon inaugurale au Collège de France prononcée la 2 décembre 1970). Frankfurt/M. / Berlin / Wien: Ullstein.

ders., 1977, Sexualität und Wahrheit I, Der Wille zum Wissen (Histoire de la sexualité I, La volonté de savoir, dt.). Frankfurt/M.: Suhrkamp.

ders., 1986, Die Archäologie des Wissens (L'archéologie du savoir, dt.). Frankfurt/M.: Suhrkamp. 2. Auflage der stw-Ausgabe.

ders., 1987, Von der Subversion des Wissens. Frankfurt/M: Fischer.

ders., 1990, Andere Räume. In: Zeitmitschrift 1, 4-15.

Frank, Manfred, 1984, Was ist Neostrukturalismus? Frankfurt/M.: Suhrkamp.

Franz, Wilhelm, 1910, Kann man Industriebauten schön gestalten? Berlin: Verlag des Reichsboten.

Freier, Karin / Grimski, Detlef / Reppe, Silvia, o.J. (1998), Vorgaben des Bundes-Bodenschutzgesetzes für das Flächenrecycling. Manuskript.

Friedrich, Caspar David, 1974, Caspar David Friedrich in Briefen und Bekenntnissen, hg. v. Sigrid Hinz, München: Rogner und Bernhard. 2. veränderte und erweiterte Auflage.

Freud, Siegmund, 1973, Vorlesungen zur Einführung in die Psychoanalyse. (= Gesammelte Werke 9). Frankfurt/Main: Fischer.

Fuller, R. Buckminster, 1938, Nine Chains to the Moon. New York: Lippincott.

ders., 1998, Bedienungsanleitung für das Raumschiff Erde und andere Schriften, hg. v. Joachim Krausse und Ursula Behn. Dresden / Amsterdam: Verlag der Kunst.

Ganser, Karl, 1994, Industriedenkmäler – Landmarken für Vergangenheit und Zukunft des Ruhrgebietes. In: Deutscher Verband für Wasserwirtschaft und Kulturbau e.V. (DVWK) (Hg.), a.a.O. 1-8.

ders., 1995, Landschaftstypen im Emscherraum: Zur Frage ihrer Schutzwürdigkeit. In: Natur und Landschaft, 70, Heft 10. 448-453.

ders., 1996, Industriegeschichte als historischer Irrweg? In: International Council on Monuments and Sites, a.a.O. 20-22.

Ganser, Karl / Kupchevsky, Ted, 1991, Arbeiten im Park. 16 Standorte im Wettbewerb um Qualität. In: Bauwelt 1991, Heft 24 (= Stadtbauwelt 110). 1220-1229.

Ganser, Karl / Siebel, Walter / Sieverts, Thomas, 1993, Die Planungsstrategie der IBA Emscher Park. Eine Annäherung. In: RaumPlanung 61. 112-118.

Garnier, Tony, 1989, Die ideale Industriestadt (La cité industrielle, dt.). Eine städtebauliche Studie. Text von René Jullian. Tübingen: Wasmuth.

Gassner, Edmund, 1983, Geschichtliche Entwicklung des Denkmalrechts und des städtebaulichen Gestaltungsrechts. In: Denkmalrecht der Länder und des Bundes Nr. 090, 01-52.

Gemmell, R.P./Connell, R.K., 1984, Conservation and creation of wildlife habitats on industrial land in Greater Manchester. In: Landscape Planning 11, 1984, 175-186.

Genske, Dieter D./Noll, Hans-Peter (Hg.), 1995, Brachflächen und Flächenrecycling. Berlin: Ernst.

Gesetz zur Erhaltung der Denkmale der Deutschen Demokratischen Republik. In: GBl. I Nr. 26, 27.6.1975; in: Denkmalrecht der Länder und des Bundes Nr. 499, 11-17.

Giedion, Siegfried, 1978, Raum, Zeit, Architektur. Die Entstehung einer neuen Tradition (Space, Time and Architecture, dt.). Zürich/München: Artemis. Zweite Auflage der Studiopaperbackausgabe.

von Goethe, Johann Wolfgang, 1975, Goethes Werke. Hamburger Ausgabe in 14 Bänden, Bd. 13. München: Beck. 7. Auflage.

Gombrich, Ernst H., 1934, Zum Werke Giulio Romanos I. In: Jahrbuch der Kunsthistorischen Sammlung in Wien, Neue Folge, Bd. VIII, S. 79-104.

ders., 1985, Die Kunsttheorie der Renaissance und die Entstehung der Landschaftsmalerei. In: ders., Die Kunst der Renaissance, Bd. 1: Norm und Form. Stuttgart: Klett-Cotta.

Goodman, Gordon T./Edwards, R.W./Lambert, J.M. (eds.), 1965, Ecology and the Industrial Society. Oxford: Blackwell Scientific Publications.

Goodman, Gordon T., 1967, Survey of the nature of the technical advice required when treating land affected by industry. In: Journal of Ecology 55, 27-34.

Gora, Monika/Bandolin, Gunilla, 1996, Das Müllmuseum, Schweden. In: Topos. European Landscape Magazine 14. 66-71.

Graf, Annerose, 1986, Stadtbiotopkartierung in England. In: Landschaft und Stadt 3/1986. 120-127.

Grassi, Ernesto, 1957, Enzyklopädisches Stichwort »Das Museum«. In: Malraux, a.a.O. 115-120.

Grassmuck, Volker/Unverzagt, Christoph, 1991, Das Müll-System. Eine metarealistische Bestandsaufnahme. Frankfurt/M.: Suhrkamp.

Greater Manchester Countryside Unit, 1991, Wildlife in Greater Manchester. Broschüre.

Green, Edward R.R., 1963, The Industrial Archaeology of County Down. Belfast: HMSO.

Greenwood, E.F./Gemmell, R.P., 1978, Derelict land as a habitat for rare plants. In: S(outh) Lanc(a)s(hire) (v.c. 59) and W(est) Lanc(a)s(hire) (v.c. 60). In: Watsonia 12. 33-40.

Greffe, Xavier, 1990, La valeur économique du patrimoine. La demande et l'offre des monuments. Paris: Anthropos.

Greverus, Ina-Maria (Hg.), 1976, Denkmalräume – Lebensräume (= Hessische Blätter für Volks- und Kulturforschung. Neue Folge der Hessischen Blätter für Volkskunde 2/3). Gießen: Wilhelm Schmitz.

van Grieken, Marc/Moffat, Wendy, 1994, Leaden steps. In: Landscape Design 228, 38-40.

Gröning, Gerd / Wolschke-Bulmahn, Joachim, 1986/1987, Die Liebe zur Landschaft. Teil 1: Natur in Bewegung, Teil 3: Der Drang nach Osten (= Arbeiten zur sozialwissenschaftlich orientierten Freiraumplanung 7, 9). München: minerva.

Grosser, Guido / Schmidt, Holger, 1994, Altlastensanierung – Mit den Bürgern (= Dortmunder Materialien zur Raumplanung 22). Dortmund: Dortmunder Vertrieb für Bau- und Planungsliteratur.

Großklaus, Götz / Oldemeyer, Ernst (Hg.), 1983, Natur als Gegenwelt. Beiträge zur Kulturgeschichte der Natur. Karlsruhe: von Loeper.

Groys, Boris, 1992, Über das Neue. Versuch einer Kulturökonomie. München / Wien: Hanser.

ders., 1997, Logik der Sammlung: am Ende des musealen Zeitalters. München / Wien: Hanser.

Gruenter, Rainer, 1953, Landschaft. Bemerkungen zur Wort- und Bedeutungsgeschichte. In: Germanisch-Romanische Monatsschrift, N.F. 3, 34. 110-120.

Gubler, Hans Martin, 1980, Industriearchäologie. Versuch einer Begriffsbestimmung. In: archithese 10, Heft 5. 5-11.

Günther, Janne / Günther, Roland, 1976, Architekturelemente und Verhaltensweise der Bewohner. Denkmalschutz als Sozialschutz. In: Greverus (Hg.), a.a.O. 7-56.

Günther, Roland, 1975a, Schutz von Denkmälern der Sozialgeschichte. In: Klotz et al, a.a.O. 118-124.

ders., 1975b, Schutz historischer Industrieanlagen. In: Klotz et al, a.a.O. 125-137.

ders., 1975c, Oberhausen. Die Denkmäler des Rheinlandes. Düsseldorf 1975.

ders., 1975d, Mülheim an der Ruhr. Die Denkmäler des Rheinlandes. Düsseldorf 1975.

ders., 1977, Eisenheim – Ein Entwicklungsprozeß alternativer Kultur. In: Schwencke (Hg.), a.a.O. 66-79.

ders., 1999, Die Internationale Bauausstellung (IBA) Emscher Park. Zehn Jahre Struktur-Entwicklung im Ruhrgebiet: 1989-1999. In: Kritische Berichte 3/1999. 52-64.

Gunßer, Christoph, 1993, Willkommen im Entsorgungspark. In: Deutsche Bauzeitung 10, No. 127. 171-172.

ders., 1999, Wandel ohne Wachstum? Strukturwandel durch Gestaltung? Eine Bilanz. In: Deutsche Bauzeitung 133, 6/99. 66-71

Haager Konvention, Gesetz zu der Konvention vom 14.5.1954 zum Schutz von Kulturgut bei bewaffneten Konflikten vom 11. April 1967 in der Fassung vom 10.8.1971. In: Denkmalrecht der Länder und des Bundes Nr. 610, 11-23.

Habermas, Jürgen, 1991, Der philosophische Diskurs der Moderne. Zwölf Vorlesungen. Frankfurt/M.: Suhrkamp. 3. Auflage.

Habicht, Susanne (Hg.), 1989, Umnutzung von Industriebrachen – Initiativen entwickeln Konzepte (= Loccumer Protokolle 3/1989). Rehburg-Loccum: Evangelische Akademie Loccum, Erenter.

Häpke, Ulrich, 1990a, Die Unwirtlichkeit des Naturschutzes. Böse Thesen. In: Kommune 2/1990. 48-53.

ders., 1990b, Die Industrie, das Militär und der Naturschutz. Weitere böse Thesen. In: Kommune 3/1990. 53-57.

ders., 1990c, ... und pflanzen doch bloß Plastikbäume. Letzte böse Thesen zum Naturschutz. In: Kommune 4/1990. 65-69.

ders., 1993, IBA-Landschaftsplanung – Ästhetik der Zerstörung oder Pflege der Ressourcen. In: Müller / Schmals, a.a.O. 246-254.

Häußermann, Hartmut (Hg.), 1992, Ökonomie und Politik in alten Industrieregionen Europas. Probleme der Stadt- und Regionalentwicklung in Deutschland, Frankreich, Großbritannien und Italien (= Stadtforschung aktuell 36). Basel / Berlin: Birkhäuser.

Hallbaum, Franz, 1927, Der Landschaftsgarten: sein Entstehen und seine Einführung in Deutschland durch Friedrich Ludwig von Sckell. 1750-1823. München: Schmidt.

Handbuch der Deutschen Kunstdenkmäler. Georg Dehio, 1967/1969, Nordrhein-Westfalen Bd. 1: Rheinland, bearb. v. Ruth Schmitz-Ehmke, Bd. 2: Westfalen, bearb. v. Dorothea Kluge und Wilfried Hansmann. Fortgeführt v. Ernst Gall, Neubearb. bes. durch die Vereinigung zur Herausgabe des Dehio-Handbuches, München / Berlin: Deutscher Kunstverlag.

Hamm, Manfred (Fotos) / Föhl, Axel (Text), 1983, Sterbende Zechen. Berlin: Nicolaische Verlagsbuchhandlung.

Hamm, Manfred / Steinberg, Rolf, 1984, Tote Technik. Ein Wegweiser zu den antiken Stätten von morgen. München: dtv.

Hammerschmidt, Valentin, 1994, Stadtlandschaft – eine Naturlandschaft? In: Bien et al, a.a.O. 367-389.

Haraway, Donna, 1988, Situated Knowledges. The Science Question in Feminism as a Site of Discourse on the Priviledge of Partial Perspective. In: Feminist Studies 14/3. 575-599. Dt. in Haraway 1995, 73-97.

dies., 1989, Primate Visions. Gender, Race and Nature in the World of Modern Science. New York / London: Routledge.

dies., 1995, Die Neuerfindung der Natur. Primaten, Cyborgs und Frauen. Frankfurt/ M. / New York: Campus.

Harbison, Robert, 1992, The Built, the Unbuilt and the Unbuildable. In Pursuit of Architectural Meaning. Cambridge/Mass.: The MIT Press. Neudruck der 1. Auflage von 1991.

Hard, Gerd, 1970, Noch einmal: Landschaft als objektivierter Geist. Zur Herkunft und zur forschungslogischen Analyse eines Gedankens. In: Die Erde. Zeitschrift der Gesellschaft für Erdkunde zu Berlin. 101. Jahrgang 1970, Heft 3. 171-197.

ders., 1985, Städtische Rasen, hermeneutisch betrachtet – Ein Kapitel aus der Geschichte der Verleugnung der Stadt durch die Städter. In: Festschrift für Elisabeth Lichtenberger (= Klagenfurter Geographische Schriften Heft 6). Klagenfurt: Universität Klagenfurt. 29-52.

Hardy, Dennis, 1983, Making Sense of the London Docklands: Processes of Change (= Geography and Planning Paper No. 9). Middlesex Polytechnic.

Hassler, Uta, 1996, Einführung ins Thema. In: International Council on Monuments and Sites, a.a.O. 11-15.

dies., 1996a Die Altlast als Denkmal? In: International Council on Monuments and Sites, a.a.O. 101-113.

Hauser, Stefan R. 1999, Der hellenisierte Orient: Bemerkungen zum Verhältnis von Alter Geschichte, Klassischer und Vorderasiatischer Archäologie. In: Hartmut Kühne / Reinhard Bernbeck / Karin Bartl (Hg.), Fluchtpunkt Uruk. Archäologische Einheit aus methodischer Vielfalt. Schriften für Hans-Jörg Nissen. Rahden/ Westfalen: Marie Leidorf. 316-341.

Hauser, Susanne, 1989, Die Stadt als Umwelt und die Sprache. In: Gerhard Braun (Hg.), Umwelt Wahrnehmung Bild Kommunikation (= Semiotische Studien zur Kommunikation 4). Hildesheim u.a.: Olms/Berlin: Hochschule der Künste. 77-88.

dies., 1990, Der Blick auf die Stadt. Semiotische Untersuchungen zur literarischen Wahrnehmung (= Historische Anthropologie 12). Berlin: Reimer.

dies., 1990a, Bisherige Erfahrungen mit der Kommunikation über radioaktiven Abfall. Nachwort zu: Posner (Hg.), a.a.O. 195-258.

dies., 1992,»Reinlichkeit, Ordnung und Schönheit« – Zur Diskussion über die Kanalisierung im 19. Jahrhundert. In: Die Alte Stadt 23, Heft 4. 292-312.

dies., 1993, Grenzen des Mülls. In: TU INTERNATIONAL Nr. 20/21, September 1993. 8-10.

dies., 1995, Bilder der Armut. Zu einer Zeichnung von George Grosz. In: Werkstatt-Geschichte 10, 42-54.

dies., 1995a, Megalopolis und Megamüll. In: oikodrom Stadtpläne, Forum nachhaltige Stadt 4/1995, 10-12.

dies., 1996, Repräsentationen der Natur und Umweltmodelle. In: Zeitschrift für Semiotik 18, Heft 1, S. 83-92.

dies., 1996a,»Die schönste Welt ist wie ein planlos aufgeschütteter Kehrichthaufen.« Über Abfälle in der Kunst. In: Paragrana. Zeitschrift für Historische Anthropologie 1996, Heft 1. 244-263.

dies., 1996b, Kreisläufe und endgültige Lösungen. Vortragsmanuskript.

dies., 1996c, Die Kloakenreform – mentalitäts- und kulturgeschichtliche Aspekte. In: Institut für sozial-ökologische Forschung (Hg.), a.a.O. o.P.

dies., 1997, Umweltmodelle – Landschaftsgestaltung und neue Beschreibungen der Natur. In: Dialektik 1997/1, Themenheft »Modelldenken in den Wissenschaften«. 105-118.

dies., 1997a, Garbage, Waste and Boundaries. In: Jeff Bernard / Josef Wallmannsberger / Gloria Withalm (Hg.), Welt der Zeichen – Welt der Dinge. World of Signs – World of Things. Akten des 8. Internationalen Symposiums der Österreichischen Gesellschaft für Semiotik. Innsbruck 1993 (= Angewandte Semiotik 15). Wien: ÖGS. 73-86.

dies., 1998, Naturästhetik peripherer Zonen. Über Industriebrachen und die neue Natur. In: »S«, European Journal of Semiotics, 3/1998. 175-191.

dies., 1998a, Postindustrielle Landschaft. Kulturwissenschaftliche Revisionen. In: Hans-Christian von Herrmann / Matthias Middell (Hg.), Orte der Kulturwissenschaft. 5 Vorträge. Leipzig: Leipziger Universitätsverlag. 81-97.

ulles., 1999, Modelle und Adaptionen. Planungsansätze für alte Industrieregionen. In: Wolkenkuckucksheim. Internationale Zeitschrift für Theorie und Wissenschaft der Architektur 2/1999. www.theo.tu-cottbus.de/wolke.

Hebbert, Michael, 1992, One ›Planning Disaster‹ after Another. London Docklands 1970-1992. In: London Journal 17, Heft 2. 115-134.

Hegel, Georg Wilhelm Friedrich, 1970, Vorlesungen über die Ästhetik I-III. In: ders., Werke in zwanzig Bänden, Bde. 13-15. Frankfurt/M.: Suhrkamp.

Heimatschutz, 4/1908, Heft 1, Themenheft »Maßnahmen gegen bauliche Verunstaltungen in Stadt und Land in Preußen«.

Heinisch, Severin, 1988, Objekt und Struktur – Über die Ausstellung als einen Ort der Sprache. In: Rüsen (Hg.), a.a.O. 82-87.

ders., 1993, Dislokation und Bedeutungstransfer des musealen Objekts. In: Hans Petschar (Hg.), Identität und Kulturtransfer: semiotische Aspekte von Einheit und Wandel sozialer Körper (= Nachbarschaften, humanwissenschaftliche Studien 2). Wien / Köln / Weimar: Böhlau. 75-88.

Helweg, Arthur W., 1997, Art. Postindustrial Societies. In: Frank N. Magill (Hg.), International Encyclopedia of Sociology. London / Chicago: FD. Bd.II, 989-993.

Henckel, Dietrich / Nopper, Erwin, 1985, Brache und Regionalstruktur. Gewerbebrache – Wiedernutzung – Umnutzung. Eine Bestandsaufnahme. Berlin: Deutsches Institut für Urbanistik.

Henkel, Michael, 1988, Altlasten als Rechtsproblem (= Arbeitsblätter Umweltrecht 5). Berlin: Deutsches Institut für Urbanistik.

Hennebo, Dieter / Hoffmann, Alfried, 1965ff, Geschichte der Gartenkunst in drei Bänden. Königstein: Koeltz.

Hermand, Jost, 1993, »Erst die Bäume, dann wir!«. Proteste gegen das Abholzen der deutschen Wälder. In: ders., a.a.O. 1-23.

Hermand, Jost (Hg.), 1993, Mit den Bäumen sterben die Menschen. Zur Kulturgeschichte der Ökologie. Köln / Weimar / Wien: Böhlau.

Heubach, Friedrich W., 1996, Das bedingte Leben. Theorie der psycho-logischen Gegenständlichkeit der Dinge. Ein Beitrag zur Psychologie des Alltags. München: Fink. 2. Auflage.

von Hinten, Wassilia, 1985, Zur Konzeption des Écomusée in Frankreich. In: Ottenjann, a.a.O. 88-101.

Hipple, Walter John Jr., 1957, The Beautiful, the Sublime, and the Picturesque. Carbondale: The Southern Illinois University Press.

Hirschfeld, Christian Cajus Lorenz, 1779-85, Theorie der Gartenkunst, 5 Bde. Leipzig: Weidmann.

HMSO, The Central Office of Information, 1995, Urban Regeneration. London: HMSO.

HMSO (ed.), 1995, Manchester. 50 years of change. Post-War Planning in Manchester. Projektleiter: Phill Bamford. London: HMSO.

Hocquél, Wolfgang, 1992, Zum Wiederaufbau zerstörter Baudenkmale. Beispiel Leipzig. In: Bauwelt 83 1992, Heft 22. 1219-1229.

Hodder, Ian et al, 1995, Interpreting Archaeology. Finding meaning in the past. London / New York: Routledge.

Höffe, Otfried, 1994, Abschied vom anthropozentrischen Denken? In: Universitas No. 575. 452-464.

Hösel, Gottfried, 1990, Unser Abfall aller Zeiten. Eine Kulturgeschichte der Städtereinigung. München: Jehle. 2. erweiterte Auflage.

Hohnsträter, Dirk, 1997, Grenzüberschreitung und Grenzgang als literaturwissenschaftliches und kulturwissenschaftliches Thema. Magisterarbeit, Universität Tübingen.

Holzapfel, Andrea M., 1992, Flächenrecycling bei Altlasten. Sanierung und Wiederverwertung brachliegender Industrie- und Gewerbeflächen am Beispiel des Ruhrgebietes (= Abfallwirtschaft in Forschung und Praxis 53). Berlin: Ernst Schmidt.

Horkheimer, Max / Adorno, Theodor W., 1969, Dialektik der Aufklärung. Frankfurt/M.: Fischer.

Hoyle, Brian S. / Pinder, David A. / Husain, M. Sohail (eds.), 1988, Revitalising the waterfront: international dimensions of dockland redevelopment. London: Belhaven Press.

Hubert, Francois, 1990, Das Konzept Écomusée. In: Korff / Roth (Hg.), a.a.O. 199-215.

Hudson, Kenneth, 1966, Industrial Archaeology: an Introduction. London: Baker. 2. überarbeitete Auflage.

ders., 1975, Exploring our industrial past. London: Teach Yourself Books – Hodder and Stoughton.

Hülbusch, K.H., 1978, Die Stadt als Landschaft: oder was wächst denn so von selber. In: werk und zeit 2/1978. 30-38.

Hüttel, Richard, 1999, Angst und Schauder im Landschaftsgarten. In: Kritische Berichte 2/99. 55-64.

von Humboldt, Alexander, 1969, Ansichten der Natur. Stuttgart: Reclam.

Hunt, John Dixon, 1992, Gardens and the Picturesque. Studies in the History of Landscape Architecture. Cambridge/Mass. / London/England: The MIT Press.

ders., 1995, Bernard Lassus in Eden. In: Eden. Rivista dell'architettura nel paesaggio 1995/3, 67-93.

Hunt, John Dixon / Willis, Peter, 1988 Introduction. In: dies. (eds.), The Genius of Place. The English Landscape Garden 1620-1820. Cambridge/Mass. / London/England: The MIT Press. 1-45.

Hunter, Malcolm L. Jr., 1996, Fundamentals of Conservation Biology. Cambridge/Mass. / London etc.: Blackwell.

Huse, Norbert (Hg.), 1996, Denkmalpflege. Deutsche Texte aus drei Jahrhunderten. München: Beck, 2. durchgesehene Auflage.

Huse, Norbert, 1997, Unbequeme Baudenkmale. Entsorgen? Schützen? Pflegen? München: Beck.

Hussey, Christopher, 1967, The Picturesque: studies in a point of view. London: Cass. Neudruck der Ausgabe von 1927.

IBA Emscher Park, 1993, Beispiele zu den Projekten. Eindrücke aus einer Industrieregion im Wandel. Broschüre.

IBA Emscher Park Informationen Themenheft Nr. 3/1993, »Dimensionen ökologischer Erneuerung«.

IBA Emscher Park Informationen Themenheft Nr. 4/1993, »Zeugen der Industriegeschichte«

IBA Emscher Park Informationen Themenheft Nr. 1/1994, »Arbeiten im Park«

IBA Emscher Park Informationen Themenheft Nr. 5/1994, »Baukultur und Kunst«

IBA Emscher Park Informationen Themenheft Nr. 6/1994, »Der ökologische Umbau des Emscher-Systems«.

industrie-kultur. Denkmalpflege, Landschaft, Sozial-, Umwelt- und Technikgeschichte. 1995ff.

Immler, Hans, 1985, Natur in der ökonomischen Theorie. Opladen: Westdeutscher Verlag.

ders., 1994, Natur als Produktionsfaktor und als Produkt. Gedanken zu einer physisch begründeten Ökonomie. In: Biervert / Held, a.a.O. 241-256.

Initiativkreis Emscherregion e.V. (Hg.), 1994, IBA: Inspektion von unten. Strukturwandel im Ruhrgebiet. IBA Emscher Park: Eine Strategie? Essen: Klartext.

Initiativkreis Ruhrgebiet, 1996, Ich Phoenix. Ein Kunstereignis, Gasometer Oberhausen. Vom 18. Mai bis 13. Oktober 1996. Faltprospekt.

Institut für Denkmalpflege der DDR (Hg.), 1955, Technische Kulturdenkmale. Katalog der Wanderausstellung. Dresden: Institut für Denkmalpflege der DDR.

Institut für sozial-ökologische Forschung (Hg.), 1996, Das Management von Fäkalien und Flüssigabfällen aus Haushalten – historische Perspektive auf ein Problem der Gegenwart (= Materialien Soziale Ökologie; MSÖ 9). Frankfurt M.: ISOE.

International Council on Monuments and Sites (ICOMOS) (1996), Das Denkmal als Altlast? Auf dem Weg in die Reparaturgesellschaft (= Hefte des Deutschen Nationalkomitees XXI).

Internationale Bauausstellung Emscher Park (Hg.), 1991, IBA Emscher Park, Zukunftswerkstatt für Industrieregionen, hg. v. Thomas Sieverts (= arcus 13). Köln: R. Müller.

dies., 1995, Dokumentation Bauplatz Zukunft. Zwischenpräsentation der Internationalen Bauausstellung Emscher Park 1994/95. Text: Kirsten Büscher. Gelsenkirchen: IBA Emscher Park.

dies., 1996, Internationale Bauausstellung Emscher Park. Eine Einrichtung des Landes Nordrhein-Westfalen (dt./engl.). Text: Marion Zerressen. Gelsenkirchen: IBA Emscher Park.

dies., 1996a, Städtebaulicher Wettbewerb. Ergänzung der Siedlung Schüngelberg in Gelsenkirchen-Buer. Gelsenkirchen: IBA Emscher Park.

dies., 1999, Katalog der Projekte. Gelsenkirchen: IBA Emscher Park

Ironbridge Gorge Museum, 1991, Chronology. Maschinenschriftlich, Bibliothek des Ironbridge Gorge Museum Trust.

dass., 1991, Visitor statistics. Maschinenschriftlich, Bibliothek des Ironbridge Gorge Museum Trust.

Iron Bridge Gorge Museum Trust, 1973/74ff, Annual Report, Bibliothek des Ironbridge Gorge Museum Trust.

Iron Bridge Gorge Museum Trust (ed.), 1975, Transactions of the First International Congress on Conservation of Industrial Monuments 1973. Telford: Ironbridge Gorge Museum Trust.

ders., 1979, Ironbridge Bicentenary Exhibition 1979. Ironbridge: Iron Bridge Gorge Museum Trust.

ders., 1996, The Ironbridge Book. Telford: Iron Bridge Gorge Museum Trust.

Iron Bridge Gorge Museum Trust Deed, Fassung vom 25. November 1973, Bibliothek des Ironbridge Gorge Museum Trust.

Iser, Wolfgang, 1983, Akte des Fingierens oder: Was ist das Fiktive am fiktionalen Text? In: Dieter Henrich / Wolfgang Iser (Hg.), Funktionen des Fiktiven. München: Hanser. 121-151.

Jackson, Paddy, 1986, Landscape as a catalyst. In: Landscape Design 163. 38-41.

Jacobus, Mary / Fox Keller, Evelyn / Shuttleworth, Sally (eds.), 1990, Body/Politics. Women and the Discourse of Science. New York / London: Routledge.

Jäger, Helmut, 1994, Einführung in die Umweltgeschichte. Darmstadt: Wissenschaftliche Buchgesellschaft.

Jaoul, Martine, 1987, Une collection-type, ses limites et ses prolongements: l'objet industriel. In: Muséologie et ethnologie (= notes et documents des musées de France 16). Paris: Ministère de la Culture et de la Communication; Éditions de la Réunion des musées nationaux. 166-171.

Jencks, Charles, 1987, Die Postmoderne. Ein neuer Klassizismus in Kunst und Architektur (Post-modernism: the new classicism in art and architecture, dt.). Stuttgart: Klett-Cotta.

Jeudy, Henri Pierre, 1987, Die Welt als Museum (Paradis de l'auto-destruction, dt. Teilausgabe). Berlin: Merve.

ders., 1990, Erinnerungsformen des Sozialen. In: Korff / Roth (Hg.), a.a.O. 107-145.

Jochimsen, Maren, 1984, Natürliche Begrünung auf Bergehalden. In: Kommunalverband Ruhrgebiet (Hg.), a.a.O. 85-109.

dies., o.J. (1997), Vegetation im Wandel, Vortragsmanuskript.

Jonas, Hans, 1979, Das Prinzip Verantwortung. Frankfurt/M.: Suhrkamp.

Jones, A.W., 1958, The flora of the City of London's bombed sites. In: London Naturalist, 37. 189-210.

Jones, Edgar, 1985, Industrial Architecture in Britain 1750-1939. London: Batsford.

Jones, Ronald J. / Lovejoy, Derek and Partners, 1985, Riverside Walk, Herculaneum Dock, Liverpool. In: Landscape Design No 155, 4/1985, 21.

Kabakov, Ilya / Groys, Boris, 1991, Die Kunst des Fliehens. Dialoge über Angst, das heilige Weiß und den sowjetischen Müll. München / Wien: Hanser.

Kahnert, Rainer, 1989, Gewerbebrachen und Strukturwandel. Aspekte der Flächennutzung im Nord-Süd-Vergleich. In: Habicht (Hg.), a.a.O. 8-36.

ders., 1992, Altlasten in der Emscherzone. Hypotheken der industriellen Vergangenheit. In: Ache et al (Hg.), a.a.O. 115-129.

Kamper, Dietmar, 1992, Der letzte Schrei der Vernunft. Über die Wildnis im Kern der Zivilisation. In: Wulff D. Rehfus (Hg., Der Taumel der Moderne. Langenfeld: Bukowski. 105-113.

Kamper, Dietmar / Wulf, Christoph, 1989, Der Abglanz der entmachteten Schönheit. Zur Einleitung. In: dies. (Hg.), Der Schein des Schönen. Göttingen: Steidl. 9-13.

Kant, Immanuel, 1975, Kritik der Urteilskraft. Werkausgabe Band 10. Frankfurt/M.: Suhrkamp.

Kegler, Harald, 1997, Initiative für die Region Dessau-Bitterfeld: Industrie und Gartenreich. In: Garten + Landschaft 1997, Heft 6. 26-29.

Kelp, Günter Zamp, 1987, Am Tisch des 20. Jahrhunderts. Zukunftsperspektiven in Architektur und Stadtentwicklung. In: Lucius Burckhardt / Internationales Design Zentrum Berlin (Hg.), Design der Zukunft. Köln: DuMont. 124-138.

Kiesow, Gottfried, 1995, Einführung in die Denkmalpflege. Darmstadt: Wissenschaftliche Buchgesellschaft. 3. Auflage.

Kindler, Gabriele / Liebelt, Udo (Red.), 1990, Museum der Sinne – Bedeutung und Didaktik des originalen Objekts im Museum. Hannover: Landeshauptstadt Hannover – Der Oberstadtdirektor, Sprengel Museum Hannover.

Klatter, W., 1908, Zur Umgestaltung des Fabrikbauwesens. In: Heimatschutz 4/1908, Heft 1-3. 7-16.

Klemm, Friedrich, 1973, Geschichte der naturwissenschaftlichen und technischen Museen (= Deutsches Museum. Abhandlungen und Berichte Jg. 41, 2). München: Oldenbourg / Düsseldorf: VDI-Verlag.

Klotz Heinrich / Günther, Roland / Kiesow, Gottfried, 1975, Keine Zukunft für unsere Vergangenheit? Denkmalschutz und Stadtzerstörung. Gießen: Schmitz.

Klotz, Heinrich, 1975, Denkmalschutz ist Umweltschutz. In: Klotz et al, a.a.O. 7-10.

Knight, Richard Payne, 1794, The Landscape. Didactic Poem in three books addressed to Uvedale Price. London: W. Bulmer.

Knorr-Cetina, Karin, 1984, Die Fabrikation von Erkenntnis. Zur Anthropologie der Naturwissenschaft. Frankfurt/M.: Suhrkam.

Knuijt, Martin / Ophuis, Hans / van Saane, Peter (eds.), 1993, Modern Park Design. Recent trends. Amsterdam: Thoth.

Kommunalverband Ruhrgebiet (Hg.), 1982, Internationale Haldenfachtagung. Essen, 7. bis 10. September 1982. Begleitbuch. Essen: Kommunalverband Ruhrgebiet.

ders., 1984, Kolloquium über technisch-ökologische Untersuchungen zu Fragen der Rekultivierung von Bergehalden. Resümee. Bochum: Kommunalverband Ruhrgebiet.

ders., o.J., Entdeckungsreise durch eine Industrielandschaft. Ein Exkursionsführer für Radfahrer. Broschüre. Essen: Kommunalverband Ruhrgebiet.

ders., 1996, Tourismus im Ruhrgebiet. Route der Industriekultur. Kommunalverband Ruhrgebiet in Zusammenarbeit mit der Deutschen Gesellschaft für Industriekultur e.V. Bearbeiter: Reinholf Bugge und andere. Vortragsmanuskript. In: Ministerium für Bundes- und Europaangelegenheiten des Landes Nordrhein-Westfalen (Hg.), a.a.O.

Kommunalverband Ruhrgebiet, Abteilung Planung (Hg.), 1986, RFR '85. Regionales Freiraumsystem

ders., Ruhrgebiet, Teil 1, Freiraumfunktionen / Potentiale. Räumliches Leitbild / Ziele. Entwurf. Essen: Kommunalverband Ruhrgebiet.

Kop van Zuid Communications Team, 1996, Kop van Zuid. City of Tomorrow. Quality becomes Reality. Rotterdam. Broschüre.

Korff, Gottfried, 1991, Umgang mit Dingen. In: Lebens-Formen: Alltagsobjekte als Darstellung von Lebensstilveränderungen am Beispiel der Wohnung und Bekleidung der »Neuen Mittelschichten«. (= HdK-Materialien 91,1). Berlin: Hochschule der Künste, Presse- und Informationsstelle. 35-51.

ders., 1992, Ausgestellte Geschichte. In: Saeculum. Jahrbuch für Universalgeschichte 43, 1992/1. 21-35.

Korff, Gottfried / Roth, Martin (Hg.), 1990, Das historische Museum. Labor, Schaubühne, Identitätsfabrik. Frankfurt/M. / New York: Campus / Paris: Edition de la Maison des Sciences de l'Homme.

Korff, Gottfried / Roth, Martin, 1990, Einleitung. Zu: dies. (Hg.), a.a.O. 9-37.

Koschorke, Albrecht, 1990, Die Geschichte des Horizonts. Grenze und Grenzüberschreitung in literarischen Landschaftsbildern. Frankfurt/M.: Suhrkamp.

Krausse, Joachim, 1995, Ephemerisierung. Wahrnehmung und Konstruktion. In: Bernhard Dotzler / Ernst Müller (Hg.), Wahrnehmung und Geschichte. Markierungen zur Aisthesis materialis. Berlin: Akademie Verlag. 135-163.

Krüger, Reinhard, 2000, Petrarca, Augustinus und das zweifelhafte Vergnügen, einen Berg zu besteigen. In: Peter Morris-Keitel/ Michael Niedermeier (Hg.), Ökologie und Literatur. New York: Lang. 23-54.

ders., im Druck (2001), poeta scriptor. Untersuchungen über den Anteil der Schrift am poetischen Textbegriff in den romanischen Literaturen von der frühen Neuzeit bis zur klassischen Moderne. Tübingen: Narr.

Kuchenbuch, Ludolf, 1988, Abfall. Eine Stichwortgeschichte. In: Hans-Georg Soeffner (Hg.), Kultur und Alltag (= Soziale Welt, Sonderband 6). Göttingen: Schwarz.

Kunzmann, Klaus R., 1981, Nutzungsalternativen für Bergbaubetriebsflächen stillgelegter Zechen im Ruhrgebiet. Entwurf zur Kurzfassung des Abschlußberichtes. Dortmund: Institut für Raumplanung Universität Dortmund. Maschinenschriftlich.

Lacan, Jacques, 1975, Schriften 1 (Écrits I, dt). Frankfurt/M.: Suhrkamp.

La Laîterie. Centre Européen de la Jeune Création (ed.), 1994, Friches industrielles, Lieux culturels. Actes du colloque 18-19 mai 1993. Straßburg: La Laîterie.

Lambert, J.M. / Jennings, J.N. / Smith, G.T. / Green, C. / Hutchinson, J.N., 1960, The Making of the Broads (= Royal Geographical Society Research Series 3). London: Murray.

Latour, Bruno, 1992, »One more turn after the social turn ...« In: Ernan McMullin (ed.), The Social Dimensions of Science (= Studies in Science and the Humanities of the Reilly Center for Science, Technology, and Values III). Notre Dame: University of Notre Dame University Press. 272-292.

Latz, Peter, 1984, Visionen vom Wandel. Industriebrache und zerstörte Landschaft im Gitterwerk einer grünen Stadtstruktur als Wurzel neuer Nutzung. In: anthos 23, Heft 4. 18-23.

ders., 1989, Freiräume aus der Sicht der Stadtgestaltung. In: Wildenmann (Hg.), a.a.O. 291-298.

ders., 1994, Metamorphosen der Landschaft. In: Ralph Gaelzer / Makato Akasaka (Hg.), Landschaftsplanung und Gartenkunst. Perspektiven (= Schriftenreihe des Instituts für Landschaftsplanung und Gartenkunst der Technischen Universität Wien, 18). Wien: Technische Universität Wien. 103-113.

Latimer, Claire, 1988, Historische Parks in Manchester. In: Garten und Landschaft 98/1988, 2. 27-30.

Laurie, Ian C. (ed.), 1979, Nature in Cities. The Natural Environment in the Design and Development of Urban Green Space. Chichester / New York / Brisbane / Toronto: John Wiley & Sons.

Lawton, David, 1994, Getting in a mess. In: Landscape Design 228, March 1994. 18-20.

LeCorbusier, 1962, Charta von Athen. Texte und Dokumente, hg. von Theo Hilpert (= Bauwelt Fundamente 56). Braunschweig: Vieweg. Kritische Neuausgabe. 2. Auflage.

LEG Landesentwicklungsgesellschaft NRW GmbH (Hg.), o.J.(1995/96), Zugänge zum Eisen. Industriegeschichtlicher Pfad. Faltblatt.

Lenz, Gerhard, 1999, Verlusterfahrung Landschaft. Über die Herstellung von Raum und Umwelt im mitteldeutschen Industriegebiet seit der Mitte des neunzehnten Jahrhunderts (= Edition Bauhaus 4). Frankfurt/M. / New York: Campus.

Lequin, Yves, 1987, Conclusion of the Colloquy. In: Council of Europe (ed.), The Industrial Heritage: What Policies (= Architectural Heritage, Reports and Studies, 6). Straßburg: Council of Europe. 10-14.

Leroi-Gourhan, André, 1988, Hand und Wort. Die Evolution von Sprache, Technik und Kunst (Le geste et la parole, dt.). Frankfurt/M.: Suhrkamp

Lesemann, Klaus, 1982, Sanieren und Herrschen. Zur Gewaltstruktur gebauter Räume (= Argumentationen 49). Gießen: Focus.

Lévi-Strauss, Claude, 1968, Das Wilde Denken (La pensée sauvage, dt.). Frankfurt/M: Suhrkamp.

ders., 1995, Sehen, Hören, Lesen (Regarder, écouter, lire, dt.). München / Wien: Hanser.

Liébin, Jacques / Masure-Hannecart, Evelyne, 1987, Bois-du-Luc. Un site charbonnier du XIXe siècle (= Musées vivants de Wallonie et de Bruxelles 16). Liège / Bruxelles: Pierre Mardaga.

L'île Séguin en question, 1999. In: Architecture D'Aujourd'hui 321, 3/1999, 41.

Lindner, Werner, 1932, Das technische Kulturdenkmal im Bild der Heimat. In: Matschoss / Lindner (Hg.), a.a.O. 5-8.

Lindner, Rolf, 1993, Das Ethos der Region. In: Zeitschrift für Volkskunde 89, II. 169-190.

Linters, Adriaan, 1986, Industria. Architecture industrielle en Belgique / Industriele architectuur in Belgie / Industrial architecture in Belgium. Fotographie: Christine Bastin, Jacques Evrard. Liège / Bruxelles: Pierre Mardaga.

Londong, Dieter, 1991, Wasserläufe im Wandel – Das Emschergebiet und seine Fließgewässer. In: Helmut Schuhmacher / Burkhard Thiesmeier (Hg.), Urbane Gewässer (= Ökologie 4). Essen: Westarp Wissenschaften. 347-360.

Lounsbury, Carl R., 1990, Beaux-Arts Ideals and Colonial Reality: The Reconstruction of Williamsburg's Capitol, 1928-1934. In: Journal of the Society of Architectural Historians XLIX, Heft 4, Dezember 1990. 373-389.

Lübbe, Hermann, 1983, Zeit-Verhältnisse. Zur Kulturphilosophie des Fortschritts. Graz / Wien / Köln: Styria.

Lühr, Hans-Peter, 1996, Editorial. Fünf Jahre ITVA. Vom »Maximalismus« über den »Minimalismus« zum »Realismus« in der Altlastenbehandlung. In: altlasten spektrum 5 1996, Heft 1. 1.

Lüth, Johann-Peter, 1992, Die Völklinger Hütte, Planungen – Forschung und Entwicklung – Massnahmen. In: Staatliches Konservatorenamt des Saarlandes. Informationen zur Denkmalpflege. Die Völklinger Hütte. o.P.

Lüth, Johann-Peter / Skalecki, Georg, o.J. (1995/96), Völklinger Hütte, Bereich Roheisenerzeugung. In: ICOMOS. Hefte des Deutschen Nationalkomitees III, 120-124.

Lynch, Kevin, 1997, The image of the city. Cambridge/Mass. / London/England: The MIT Press. 25. Auflage.

Lynch, Michael / Woolgar, Steve (Hg.), 1990, Representation in Scientific Practice. Cambridge/Mass.: The MIT Press.

Lyotard, Jean-François, 1985, Immaterialität und Postmoderne. Mit Jacques Derrida, François Burckhardt und anderen. Berlin: Merve.

Maine, Thom, 1991, Connected Isolation. In: Noever (Hg.), a.a.O. 79-95.

Malraux, André, 1957, Psychologie der Kunst. Das imaginäre Museum (Le musée imaginaire, dt.). Mit einem Nachwort von Ernesto Grassi. Hamburg: Rowohlt.

Marinetti, Filippo Tommaso, 1980, Le futurisme. Lausanne: Éditions l'âge d'homme.

Matschoss, Conrad (Hg.), 1925, Das Deutsche Museum. Geschichte / Aufgaben / Ziele. Berlin: VDI-Verlag / München: R. Oldenbourg.

Matschoss, Conrad, 1925, Einleitung. Zu: ders. (Hg.), a.a.O. 1-6.

Matschoss, Conrad, 1932, Einleitung. Zu: Matschoss / Lindner (Hg.), a.a.O. 1-4.

Matschoss, Conrad / Lindner, Werner (Hg.), 1932, Technische Kulturdenkmale. Im Auftrag der Agricola Gesellschaft beim Deutschen Museum herausgegeben von Conrad Matschoss und Werner Lindner unter Mitarbeit von August Hertwig und anderen. München: Bruckmann.

Maund, Robert, 1982, The Greater Manchester adventure: an exercise in strategic environmental improvement. In: Environmental Education and Informations 2/1982, 2. 79-96.

Mauthe, Anne / Segin, Bernd / Selle, Klaus, 1983, Ausverkauf von Bergmannswohnungen? Gespräche über ein heißes Eisen. Eine Dokumentation zur Privatisierung von Bergarbeitersiedlungen im Ruhrgebiet. Mühlheim/Ruhr: Westarp.

McHarg, Ian L., 1992, Design with Nature. New York u.a.: John Wiley.

Melosi, Martin V., 1981, Garbage in the cities. Refuse, reform, and the environment 1880-1980 (= Environment history series 4). College Station, Texas: Texas A&M University Press.

Meßer, Johannes, 1992, Naturkundlicher Führer. Landschaftspark Duisburg Nord. Duisburg: Planungsgemeinschaft Landschaftspark Duisburg-Nord: Landesentwicklungsgesellschaft Nordrhein-Westfalen mbH (Hg.). Broschüre, 2. Auflage.

Merchant, Carolyn, 1987, Der Tod der Natur. Frauen, Ökologie und die wissenschaftliche Revolution. (The Death of Nature. Women, Ecology, and the Scientific Revolution, dt.). München: Beck.

Metropolitan Wigan, 1988, Derelict Land Reclamation in Wigan. Broschüre.

Mettler-Meibom, Barbara, 1985, Prolegomena zu einer Medienökologie: ein Beitrag über die fortschreitende Mediatisierung und Informatisierung infolge neuer Fernmeldeinfrastruktruren. Berlin: IIUG.

Meyer, Hans-Karl, 1957, Der Landschaftswandel in den Braunkohlegebieten von Borken und Frielendorf unter besonderer Berücksichtigung der Rekultivierung (= Marburger Geographische Schriften 5). Marburg: Geographisches Institut der Universität Marburg.

Der Minister für Stadtentwicklung, Wohnen und Verkehr des Landes Nordrhein-Westfalen, o.J. (1989), Internationale Bauausstellung Emscher-Park. Werkstatt für die Zukunft alter Industriegebiete. Memorandum zu Inhalt und Organisation. Düsseldorf.

Ministerium für Bundes- und Europaangelegenheiten des Landes Nordrhein-Westfalen (Hg.), 1996, Industriekultur – Erinnern für die Zukunft. Tagung vom 21. bis 23. November 1996 in Bonn. Beiträge maschinenschriftlich, vervielfältigt.

Ministère de l'equipement, du logement, de l'aménagement du territoire et des transports / Région Nord – Pas de Calais, Conseil Régional, 1986, Traîter les friches industrielles: L'experience de la Région Nord – Pas de Calais. Lille.

Ministère du Tourisme France et al (éd.), 1995, En avant la mémoire. Faltblatt der Écomusées Frankreichs.

Morató i Ferrer, Andreu, 1995, Re-use of industrial buildings in Catalonia. In: European Academy of the Urban Environment (Hg.), a.a.O. 30-34.

Müller, Gunter, 1977, Zur Geschichte des Wortes Landschaft. In: Alfred Hartlieb von Wallthor/Heinz Quirin (Hg.), Landschaft als interdisziplinäres Forschungsproblem (= Veröffentlichungen des Provinzialinstituts für westfälische Landes- und Volksforschung des Landschaftsverbandes Westfalen-Lippe, Reihe 1, Heft 21). Münster: Aschendorff. 4-13.

Müller, Michael, 1973, Bericht über eine Tagung zur ›Industriearchitektur‹. In: Kritische Berichte 1/1973, Heft 2. 7-11.

Müller, Sebastian / Schmals, Klaus M. (Hg.), 1993, Die Moderne im Park? Ein Streitbuch zur Internationalen Bauausstellung im Emscherraum. Dortmund: Dortmunder Vertrieb für Bau- und Planungsliteratur.

Müller-Wiener, Wolfgang, 1973, Artikel »Fabrikbau«. In: Reallexikon zur deutschen Kunstgeschichte Bd.VI. München: Alfred Druckmüller. Spalte 847-880.

Musicka, Stéphane, 1994, Requalifier les friches, ou renverser les signes du déclin. In: La Laîterie, a.a.O. 29-31.

Muthesius, Hermann, 1908, Die Einheit der Architektur. Betrachtungen über Baukunst, Ingenieurbau und Kunstgewerbe. Vortrag, gehalten am 13. Februar 1908 im Verein für Kunst in Berlin. Berlin: Karl Curtius.

Naess, Arne, 1986, The ecology movement: Some philosophical aspects. In: Philosophical Inquiry 8. 10-29.

Negri, Antonello / Negri, Massimo, 1978, L'archeologia industriale. Un saggio introduttivo con i confronti antologici da M. Rix .... (= Tangenti 52). Messina / Firenze: G. D'Anna.

Neiss, Thomas, 1995, Wertvolle Kulturlandschaft neues Emschertal? Naturschutzgebiete in urban-industrieller Landschaft. In: Natur und Landschaft 70, Heft 10. 454-457.

Neumann, Eberhard G., 1986, Zur Geschichte der Ingenieurbaukunst im 19. Jahrhundert. In: Baugeschichte und Europäische Kultur II (= Forschung und Information 38). Berlin: Colloquium Verlag. 76-89.

Niethammer, Lutz (Hg.), 1985, Lebenserfahrung und kollektives Gedächtnis: die Praxis der »Oral History«. Frankfurt/M.: Suhrkamp.

Nijhoff, Peter, 1978, Monumenten van bedrijf en techniek. Industriele archeologie in Nederland. Zutphen: De Walburg Pers.

ders., 1996, 101 industriele monumenten, Hg.: Stichting 1996, Jaar van het industrieel Erfgoed. Zwolle: Waanders Uitgevers.

Nijhoff, Peter / Schulte, Ed, 1994, Herbestemming industrieel erfgoed in Nederland. Zutphen: De Walburg Pers.

Noever, Peter (Hg.), 1991, Architektur im Aufbruch. Neun Positionen zum Dekonstruktivismus. München: Prestel.

Nora, Paul (ed.), 1997, Les Lieux de mémoire. La République. La Nation. Les France. Paris: Gallimard.

Nouvel, Jean, 1991, Projekte, Wettbewerbe, Bauten 1980-1990. In: Noever (Hg.), a.a.O. 97-113.

Nye, David E., 1996, American Technological Sublime. Cambridge/Mass. / London/ England: The MIT Press.

Odenthal, Johannes, 1986, Imaginäre Architektur. Frankfurt/M. / New York: Ed. Qumran im Campus Verlag.

O'Doherty, Brian, 1973, Rauschenberg and the Vernacular Glance. In: Art in America 61.

Olmsted, Frederick Law, 1997, Civilizing American Cities. Writings on City Landscapes, ed. by S.B. Sutton. New York: Da Capo Press.

Olschowy, Gerhard (Hg.), 1978, Natur- und Umweltschutz in der Bundesrepublik Deutschland. Hamburg / Berlin: Parey.

Olschowy, Gerhard, 1978a, Zur Entwicklung des Natur- und Umweltschutzes in Deutschland. In: ders. (Hg.), a.a.O. 1-7.

ders., 1978b, Bergbau und Landschaft. In: ders. (Hg.), a.a.O. 461-474.

ders., 1993, Bergbau und Landschaft. Rekultivierung durch Landschaftspflege und Landschaftsplanung. Hamburg / Berlin: Parey.

Orland, Barbara / Scheich, Elvira (Hg.), 1995, Das Geschlecht der Natur. Feministische Beiträge zur Geschichte und Theorie der Naturwissenschaften. Frankfurt/M.: Suhrkamp.

Ostertag, Franka, 1993, Die Dingwelt und der Abfall: Material, Metapher und Darstellungsformen der bildenden Kunst und der Literatur in den USA nach 1950. Magisterarbeit am John F. Kennedy-Institut für Nordamerikastudien der Freien Universität Berlin.

Ottenjann, Helmut (Hg.), 1985, Kulturgeschichte und Sozialgeschichte im Freilichtmuseum. Historische Realität und Konstruktion des Geschichtlichen in historischen Museen. Cloppenburg: Museumsdorf Cloppenburg.

Pachnicke, Peter / Mensch, Bernhard, 1999, Kunst setzt Zeichen – Landmarken-Kunst. Ausstellungskatalog. Oberhausen: Stadt Oberhausen.

Pannell, J.P.M., 1966, Techniques of Industrial Archaeology. Newton Abbott: David & Charles.

Panofsky, Erwin, 1974, Aufsätze zu Grundfragen der Kunstwissenschaft. Berlin: Hessling. 2. verbesserte und erweiterte Auflage.

ders., 1975, Sinn und Deutung in der bildenden Kunst (Meaning in the Visual Arts, dt.). Köln: DuMont.

Pawley, Martin, 1998, Theorie und Gestaltung im Zweiten Maschinenzeitalter (= Bauwelt Fundamente 106; Theory and Design in the Second Machine Age, dt.). Braunschweig / Wiesbaden: Vieweg.

Pazdur, Jan (Red.), 1961ff, Katalog zabytkow budownictwa przemyslowego w Polsce. Wroclaw / Warschau / Krakau / Gdansk: Zakl. Narod. imienia ossolinskich wydawn. Polska Akademii Nauk.

Pearce, Susan (ed.), 1996, Interpreting Objects and Collections. London / New York: Routledge. 2. Auflage.

Perrucci, Carolyn C. et al, 1988, Plant Closings. International Context and Social Costs. New York etc.: De Gruyter.

Petrarca, Francesco, 1995, Die Besteigung des Mont Ventoux. Lateinisch-deutsch. Übersetzt und herausgegeben von Kurt Steinmann (Epistolae familiares, dt. Teilausgabe). Stuttgart: Reclam.

Petzet, Michael, 1996, Das Denkmal als Altlast? In: International Council on Monuments and Sites, a.a.O. 17-19.

Petzet, Michael / Hassler, Uta, 1996, Einleitung. Zu: International Council on Monuments and Sites. a.a.O. 3.

Pfister, Christian (Hg.), 1995, Das 1950er Syndrom. Der Weg in die Konsumgesellschaft. Bern / Stuttgart / Wien: Haupt.

Pflug, Wolfram, 1987, Der Naturschutz und die Natur. In: NZ NRW Seminarberichte 1/1. 5-10.

Piccinato, Giorgio, 1983, Städtebau in Deutschland 1871-1914. Genese einer wissenschaftlichen Disziplin (= Bauwelt Fundamente 62; La costruzione dell'urbanistica, dt.). Braunschweig u.a.: Vieweg.

PIE (Projectbureau Industrieel Erfgoed), 1995, Oude fabrieken, nieuwe functies. Herbestemming industrieel erfgoed. Zeist: Projectbureau Industrieel Erfgoed.

Piepmeyer, Rainer, 1980, Das Ende der ästhetischen Kategorie ›Landschaft‹. Zu einem Aspekt des neuzeitlichen Naturverhältnisses. In: Westfälische Forschungen 30. 8-46.

Pierad, Raoul, 1982, Integration von Halden in den Stadtbereich. In: Kommunalverband Ruhrgebiet (Hg.), a.a.O. 125-129.

Piva, Antonio / Caputo, Paolo / Fazzini, Claudio, 1979, L'architettura del lavoro. Archeologia Industriale e Progetto. Venedig: Marsilio.

Planungsgemeinschaft Landschaftspark Duisburg-Nord, 1991, Landschaftspark Duisburg-Nord. Ein Projekt im Rahmen der »Internationalen Bauausstellung Emscher Park«. Planungsverfahren Stufe 1. Kurzfassung der von den fünf beauftragten Planungsteams vorgelegten Entwicklungskonzepte. Duisburg.

Poenicke, Klaus, 1989, Eine Geschichte der Angst? Appropriationen des Erhabenen in der englischen Ästhetik des 18. Jahrhunderts. In: Pries (Hg.), a.a.O. 75-90.

Pohl, Norfried, 1993, In which the spirit of the »Volkspark« also … In: Knuijt et al (eds.), a.a.O. 70-81.

Pomian, Krzysztof, 1988, Der Ursprung des Museums. Vom Sammeln. Berlin: Wagenbach.

ders., 1990, Museum und kulturelles Erbe. In: Korff/ Roth (Hg.), a.a.O. 41-64.

ders., 1993, Musées de la Société: De la nostalgie à l'anticipation. In: Eliane Barrosso / Emilia Vaillant (eds.), Musées et sociétes. Actes du colloque national musées et sociétés, Mulhouse-Ungersheim, juin 1991. Répertoire analytique des musées. Bilans et projets 1980-1993. Paris: Ministère de l'éducation nationale et de la culture. Direction des musées de France. Inspection générale des musées. 57-62.

Posner, Roland (Hg.), 1990, Warnungen an die ferne Zukunft. Atommüll als Kommunikationsproblem. München: Raben Verlag.

Price, Uvedale, 1798, Essays on the Pitturesque. London: Robson. 3 Bde.

Pückler-Muskau, Hermann, 1988, Andeutungen über Landschaftsgärtnerei: verbunden mit der Beschreibung ihrer praktischen Anwendung in Muskau. Frankfurt/M.: Insel.

Pries, Christine (Hg.), 1989, Das Erhabene. Zwischen Grenzerfahrung und Größenwahn. Weinheim: VCH, Acta Humaniora.

Pries, Christine, 1989, Einleitung. Zu: dies., a.a.O. 1-30.

Prince, David R./Higgins-McLoughlin, Bernadette, 1987, Museum U.K. The findings of the museums project. London: Museums Association.

Projektgruppe Eisenheim an der Fachhochschule Bielefeld, 1973, Eisenheim 1844-1972. Gegen die Zerstörung der ältesten Arbeitersiedlung des Ruhrgebiets. Westberlin: Verlag für das Studium der Arbeiterbewegung. 2. Auflage.

Radkau, Joachim, 1994, Was ist Umweltgeschichte? In: Abelshauser (Hg.), a.a.O. 11-28.

Raistrick, Arthur, 1980, The Rolt Memorial Lecture 1979: The Old Furnace at Coalbrookdale, Shropshire. In: Industrial Archaeology Review, v. IV, no. 2, Spring 1980. 117-134.

Raja, Raffaele, 1983, Architettura Industriale. Storia, Significato e Progetto. Bari: Dedalo.

Ranwell, Derek S. et al, 1967, Sub-committee report on landscape improvement advice and research. In: Journal of Ecology 55. 1-8.

Ratcliffe, Derek A., 1994, Die Auswahl von für den Naturschutz wichtigen Gebieten in Großbritannien. Der Ansatz des Nature Conservancy Council. In: Usher / Erz (Hg.), a.a.O. 83-101.

Rathje, William L. / Ritenbaugh, Cheryl K. (eds.), 1984, Household Refuse Analysis. Theory, Method, and Applications in Social Sciences. In: American Behavioral Scientist 28, Heft 1. 3-160.

Rat von Sachverständigen für Umweltfragen, 1990, Altlasten: Sondergutachten, Dezember 1989. Stuttgart: Metzler – Poeschel.

ders., 1995, Sondergutachten »Altlasten II«. Deutscher Bundestag, Drucksache 13/380 vom 02.02.1995.

Rebele, Franz / Dettmar, Jörg, 1996, Industriebrachen. Ökologie und Management. Stuttgart (Hohenheim): Ulmer.

Reicholf, Josef – im Gespräch mit Michael Miersch und Hans Schuh, 1994, Kampf an falschen Fronten. In: DIE ZEIT Nr. 27, 1. Juli 1994. 35.

Reiß-Schmidt, Stephan, 1991, Ingenieurbaukunst im Ruhrgebiet. Großkläranlage in Bottrop und Zentraldeponie in Gelsenkirchen. In: Bauwelt 1991, Heft 24 (= Stadtbauwelt 110). 1260-1269.

Région Nord – Pas de Calais / Conseil Régional, 1995, Convention d'execution de l'article 30 du contrat de plan État/ Région 1994-1998. Requalification des friches industrielles, 5. Januar 1995.

Reulecke, Jürgen, 1992, Geschichte der Urbanisierung in Deutschland. Frankfurt/M.: Suhrkamp. 3. Auflage.

Rheinberger, Hans-Jörg, 1997, Towards a history of epistemic things. Synthesizing proteins in the teste tube. Stanford/CA: Stanford University Press.

Rheinsberg, Raffael, 1982, Zeit-Brüche, Zeit-Schichten, Interferenzen. In: Daidalos 1982, Heft 3. 90-91.

Richards, Ivor G., 1995, European approaches to derelict land reclamation – Experience in Wales – In: European Academy of the Urban Environment (Hg.), a.a.O. 23-29.

Richtlinien für die Durchführung der Konvention zum Schutz des Kultur- und Naturerbes der Welt, o.J. (1995/96), Richtlinien für die Durchführung der Konvention zum Schutz des Kultur- und Naturerbes der Welt (Auszug). In: ICOMOS. Hefte des Deutschen Nationalkomitees III, 125.

Riegl, Alois, 1988, Der moderne Denkmalkultus, sein Wesen und seine Entstehung. In: Dehio / Riegl, a.a.O. 43-87.

ders., 1988, Neue Strömungen in der Denkmalpflege. In: Dehio / Riegl, a.a.O. 104-119.

ders., 1995, Kunstwerk oder Denkmal? Alois Riegls Schriften zur Denkmalpflege (= Studien zu Denkmalschutz und Denkmalpflege 15). Wien / Köln / Weimar: Böhlau.

Ringleben, Ursula, 1999, Der Altbau als Ressource. Umnutzungskonzept für das Kraftwerk Flingern II. In: industrie-kultur 1/1999. 23-31.

Ritter, Joachim, 1963, Subjektivität. Sechs Aufsätze. Frankfurt/M.: Suhrkamp.

Rivière, Georges-Henri, 1979, Écomusées. In: José Freches (ed.), Les musées de France. Gestion et mise en valeur d'un patrimoine. Notes & études documentaires. Paris: La documentation francaise, 29.

Rix, Michael M., 1955, Industrial Archaeology. In: The Amateur Historian v. 2 no. 8, October-November 1955. 225-229.

ders., 1964, A Proposal to establish National Parks of Industrial Archaeology. In: The Journal of Industrial Archaeology v. 1, no. 3. 184-192.

Robert, Philippe, 1989, Reconversions. Adaptions. New uses for old buildings. Paris: Éditions du Moniteur.

Robertson, George et al (eds.), 1996, Future Natural. Nature, Science, Culture. London / New York: Routledge.

Robinson, Sidney K., 1992, Inquiry into the pictoresque. Chicago / London: The University of Chicago Press.

Rodermond, Janny / Tilman, Harm, 1993, Het planproces als voertuig voor succes. De ›make believe‹ strategie voor de Kop van Zuid. In: de Architect 1993-5. 74-91.

Rödel, Volker, 1992, 1998, Reclams Führer zu den Denkmalen der Industrie und Technik in Deutschland. Bd. 1: Alte Länder, Bd. 2: Neue Länder, Berlin. Stuttgart: Reclam.

Rollins, William, 1993, »Bund Heimatschutz«. Zur Integration von Ästhetik und Ökologie. In: Hermand (Hg.), a.a.O. 149-181.

Rose, Margaret A., 1992, The Postmodern and the Postindustrial: A critical analyses. Cambridge/Mass.: Cambridge University Press. Reprint.

Rosenkranz, Karl, 1850, System der Wissenschaft. Ein philosophisches Encheiridion, Königsberg: Bornträger.

ders., 1990, Ästhetik des Häßlichen. Leipzig: Reclam.

Rourke, Adrian, 1979, Environmental improvements in the river valleys of Greater Manchester. In: Laurie (ed.), a.a.O. 381-391.

Rudorff, Ernst, 1880, Über das Verhältniß des modernen Lebens zur Natur. In: Preußische Jahrbücher 43. 261-276.

Rüsen, Jörn (Hg.), 1988, Geschichte sehen. Beiträge zur Ästhetik historischer Museen (= Geschichtsdidaktik, NF 1). Pfaffenweiler: Centaurus.

Rüsen, Jörn, 1988, Für eine Didaktik historischer Museen. In: ders. (Hg.), a.a.O. 9-20.

Ruff, Allan R., 1979, Holland and the ecological landscapes. A study of recent developments in the approach to urban landscape. Stockport: Deanwater Press.

Rumpf, Peter, 1984, Fiat-Lingotto: Chance oder Danaergeschenk für Turin? 20 internationale Architekten suchen für ein Industriedenkmal eine neue Verwendung. In: Bauwelt 1984/17. 722-733.

Sande, Theodore Anton, 1976, Industrial Archeology. A New Look at the American Heritage. Brattleboro/Vermont: The Stephen Greene Press.

Sassen, Saskia, 1996, Metropolen des Weltmarkts: die neue Rolle der Global Cities. Frankfurt/M. / New York: Campus.

Schaffner, Ingrid / Winzen, Matthias (Hg.), 1997, Deep Storage. Arsenale der Erinnerung. Sammeln, Speichern, Archivieren in der Kunst. Haus der Kunst München u.a. München / New York: Prestel.

Schelsky, Helmut, 1970, Freizeit und Landschaft, 13. Mainauer Gespräch 9. April 1970. In: Der Mensch im Lebensraum der Zukunft. In: Mitteilungen Deutscher Heimatbund, Sonderheft August 1970. 26-31.

Scheuermann, Richard, 1928, Die Pflanzenwelt der Kehrichtplätze des rheinisch-westfälischen Industriegebietes. In: Sitzungsberichte des Botanischen und Zoologischen Vereins für Rheinland und Westfalen. 10-28.

ders., 1930, Mittelmeerpflanzen der Güterbahnhöfe des rheinisch-westfälischen Industriegebietes. In: Beiträge zur Landeskunde des Ruhrgebiets, Heft 3. Essen: Girardet. 119-207.

Schiller, Friedrich, 1962, 1963, Schillers Werke: Nationalausgabe. Philosophische Schriften. 1. Teil, Bd. 20; 2. Teil, Bd. 21. Weimar: Hermann Böhlaus Nachfolger.

Schinkel, Karl Friedrich, 1986, Reisen in England, Schottland und Paris im Jahr 1826. Berlin: Henschel.

Schirmbeck, Peter, 1986, Bauten, Menschen und Maschinen, Die Industrie-Epoche und ihr historisches Erbe. In: Hessen. Denkmäler der Industrie und Technik. Texte: Wolfram Heitzenröder, Rolf Höhmann, Peter Schirmbeck. Fotographien von Peter Seidel. Herausgegeben von Axel Föhl. Berlin: Nicolai. 7-14.

Schmid, Arno Sighart, 1991, Der Emscher Landschaftspark. Eine historische Landschaft? In: anthos 30, Heft 4. 35-38.

Schmithüsen, Josef, 1964, Was ist eine Landschaft? (= Erdkundliches Wissen 9). Wiesbaden: Steiner.

Schoenichen, Walther, 1934, Naturschutz im Dritten Reich. Berlin-Lichterfelde: Bermühler.

ders., 1954, Naturschutz, Heimatschutz – ihre Begründung durch Ernst Rudorff, Hugo Conwentz und ihre Vorläufer. Stuttgart: Wissenschaftliche Verlagsgesellschaft.

Schramm, Engelbert, 1989, Ökologie und Gesellschaft – ihr Verhältnis in der Geschichte. In: Calließ et al (Hg.), a.a.O. 97-108.

Schulze, Gerhard, 1992, Die Erlebnisgesellschaft. Kultursoziologie der Gegenwart. Frankfurt/M. / New York: Campus. 2. Auflage.

Schwarz, Ullrich, 1994, Auf der Suche nach der Natur oder: Von Artemis zum Cyberspace? Stadträumliche und architektonische Ansätze zu einer Rekonstruktion des Anderen. In: Bien et al. (Hg.), a.a.O. 331-365.

Schwarze-Rodrian, Michael, 1991, Emscher Landschaftspark – Konzept einer regionalen Entwicklungsstrategie. In: Bauwelt 1991 Heft 24 (= Stadtbauwelt 110). 1230-1237.

Schwencke, Olaf (Hg.), 1977, Stadtkultur, Sozio-Kultur und Denkmalschutz. Kulturpolitisches Kolloquium vom 18. bis 20. Februar 1977. Leitung: Olaf Schwencke (= Loccumer Protokolle 4/1977). Loccum: Evangelische Akademie Loccum.

Sedlmayr, Hans, 1985, Verlust der Mitte: die Bildende Kunst des 19. und 20. Jahrhunderts als Symbol der Zeit. Frankfurt/M. / Berlin: Ullstein. Nachdruck der 10. Auflage von 1983.

Seel, Martin, 1991, Eine Ästhetik der Natur. Frankfurt/M.: Suhrkamp.

Seifert, Alwin, 1941, Im Zeitalter des Lebendigen. Natur, Heimat, Technik. Dresden / Planegg vor München: Müllersche Verlagshandlung.

Serres, Michel, 1981, Der Parasit (Le parasite, dt.). Frankfurt/M.: Suhrkamp.

ders., 1994, Die fünf Sinne. Eine Philosophie der Gemenge und Gemische (Les cinq sens. Philosophie des corps mêlés I, dt.). Frankfurt/M.: Suhrkamp. 2. Auflage.

Sheail, John, 1987, Seventy-Five Years in Ecology: The British Ecological Society. Oxford u.a.: Blackwell Scientific Publications.

Siedlungsverband Ruhrkohlebezirk (Hg.), 1974, Grüne Halden im Ruhrgebiet. Internationale Fachtagung ›Halden im Ruhrgebiet und ihre Integrierung in die Landschaft‹. Bochum: Siedlungsverband Ruhrkohlebezirk.

Sieverts, Thomas, 1996, Zwischenstadt. Zwischen Ort und Welt, Raum und Zeit, Stadt und Land (= Bauwelt Fundamente 118). Braunschweig / Wiesbaden: Vieweg.

Sieverts, Thomas / Ganser, Karl, 1993, Vom Aufbaustab Speer bis zur Internationalen Bauausstellung Emscher Park und darüber hinaus. Planungskulturen in der Bundesrepublik Deutschland. In: DISP. Dokumente und Informationen zur Schweizerischen Orts-, Regional- und Landesplanung 29, Nr. 115, 1993. 31-37.

Simmel, Georg, 1993, Die Ruine. Ein ästhetischer Versuch. In: ders., Gesamtausgabe Bd. 8. Aufsätze und Abhandlungen 1901-1908. Teil 2. Frankfurt/M.: Suhrkamp. 124-130.

ders., 1984, Philosophie der Landschaft. In: Das Individuum und die Freiheit. Essais. Berlin: Wagenbach. 130-139.

Simon, Stephan, 1996, Flächenrecycling im Spannungsfeld von Gefahrenbeurteilung und Abfallrecht. In: altlasten spektrum 5, 1 1996. 5-13.

SITE, 1979, De-architetturizzazione. Progetti e teorie 1969-1978 (= Universale di Architettura 32). Bari: Dedalo.

dies., 1980, Architecture as Art. With contributions by Pierre Restany, Bruni Zevi and SITE. New York: St. Martin's Press.

dies., 1989, SITE. Vorwort von James Wines. Interview von Herbert Muschamp (SITE, dt.). Stuttgart: Hatje 1989.

Skaller, P. Michael, 1981, Vegetation Management by Minimal Intervention: Working with Succession. In: Landscape Planning 8. 149-174.

Slotta, Rainer, 1975-88, Technische Denkmäler in der Bundesrepublik Deutschland. Bd. 1-5 (= Veröffentlichungen aus dem Bergbaumuseum Bochum). Bochum: Deutsches Bergbau-Museum Bochum.

ders., 1980a, Das Deutsche Bergbau-Museum Bochum. Zur Geschichte und zum Selbstverständnis. In: archithese 10/1980, Heft 5. 19-22.

ders., 1982, Einführung in die Industriearchäologie. Darmstadt: Wissenschaftliche Buchgesellschaft.

ders., 1984, Einführung. In: Conrad Matschoss / Werner Lindner (Hg., 1932), Technische Kulturdenkmale. Faksimile-Ausgabe Düsseldorf: VDI-Verlag.

Smith, C. Ray, 1977, Supermannerism. New Attitudes in Post-Modern Architecture. New York: E.P. Dutton.

Smith, Stuart B. / Penfold, Alastair / Delaney, Patrick, 1979, Industrial Archaeology. A Directory of Local Organisations. London / Chichester: Phillimore.

Smuda, Manfred (Hg.), 1986, Landschaft. Frankfurt/M.: Suhrkamp.

Smuda, Manfred, 1986, Natur als ästhetischer Gegenstand und als Gegenstand der Ästhetik. Zur Konstitution von Landschaft. In: ders. (Hg.), a.a.O. 44-69.

Sobich, Peter-Rüdiger, 1996, Ausmaß der Altlastenproblematik und Situation im Saarland. Entwurf, maschinenschriftlich.

de Soissons, Maurice, 1991, Telford. The Making of Shropshire's New Town. Shrewsbury: Swan Hill.

Sombart, Werner, 1928, Das Wirtschaftsleben im Zeitalter des Hochkapitalismus. Erster Halbband: Die Grundlagen – Der Aufbau (= Der moderne Kapitalismus III). München / Leipzig: Duncker und Humblodt.

Soyez, Dietrich, 1988, Das amerikaniche Industriemuseum ›Sloss Furnaces‹ – ein Modell für das Saarland? In: Annales. Forschungsmagazin der Universität des Saarlandes 1/1988. 59-68.

ders., 1989, Zur Anziehungskraft industrieller Produktionsstätten auf externe Besucher: Das Beispiel Villeroy & Boch in Mettlach, Saar. In: ders. et al (Hg.), Das Saarland, Bd. 1: Beharrung und Wandel in einem peripheren Grenzraum (= Arbeiten aus dem Geographischen Institut der Universität des Saarlandes 36). Saarbrücken: Geographisches Institut der Universität des Saarlandes. 269-290.

ders., 1993, Kulturtourismus in Industrielandschaften. Synopse und ›Widerstandsanalyse‹. In: Christoph Becker / Steinecke, Albrecht (Hg.), Kulturtourismus in Europa: Wachstum ohne Grenzen? Trier: Europäisches Tourismus Institut GmbH an der Universität Trier. 40-63.

Spelsberg, Gerd, 1984, Rauchplage. Hundert Jahre saurer Regen. Aachen: Alano.

Staatliche Schlösser und Gärten Wörlitz, Oranienbaum, Luisium, 1988, Das Schöne mit dem Nützlichen. Die Dessau-Wörlitzer Kulturlandschaft. Ausstellung im Gartensaal des Gotischen Hauses Mai bis Oktober 1989/1990. 2. Auflage 1989.

Stadsdeel Westerpark/Internationale Bauausstellung Emscher Park/Koninklijke BAM Groep NV, 1995, De toekomst van het industrieel verleden. Wandel für die Menschen – mit den Menschen. Amsterdam: Stadsdeel Westerpark.

Stadt Gelsenkirchen, 1989, Internationale Bauausstellung Emscher-Park. Projektvorschläge (= Informationen zur Stadtentwicklung No. 70). Gelsenkirchen: Der Oberstadtdirektor der Stadt Gelsenkirchen.

Stewart, Susan, 1984, On longing: Narratives on the Miniature, the Gigantic, the Souvenir, the Collection. Baltimore: John Hopkins University Press.

Stiftung Bauhaus Dessau, o.J. (1997), Lehrpfad der industriellen Wandlung. Faltblatt. Dessau.

Stiftung Industriekultur, 1996, Besucherinformation Weltkulturerbe Alte Völklinger Hütte. Broschüre.

Stiles, Richard, 1988, Die Landschaft in Greater Manchester. In: Garten und Landschaft 98, Heft 2. 31-38.

Straub, Hans, 1949, Die Geschichte der Bauingenieurkunst. Ein Überblick von der Antike bis in die Neuzeit. Basel: Birkhäuser.

Struthers, Tony, 1994, Die Wiedergeburt einer Stadt und die Sanierung verfallener Docklandschaft. Fallstudie Salford Kais – Groß Manchester, Großbritannien. In: Vereinigung für Stadt-, Regional- und Landesplanung e.V. (Hg.), Rückblicke – Ausblicke. Ideenwerkstatt zur Internationalen Bauausstellung Emscher Park SRL Schriftenreihe 30). Bochum: SRL. 41-50.

Sturm, Hermann, 1977, Fabrikarchitektur, Villa, Arbeitersiedlung. München: Heinz Moos

Sturm, Hermann (Hg.), 1979, Ästhetik und Umwelt. Wahrnehmung. Ästhetische Aktivität und ästhetisches Urteil als Momente des Umgangs mit Umwelt. Tübingen: Narr.

Sukopp, Herbert, 1987, Stadtökologische Forschung und deren Anwendung in Europa. In: Düsseldorfer Geobotanisches Kolloquium 4. 3-28.

Sukopp, Herbert/Korneck, Dieter, 1978, Rote Liste der in der Bundesrepublik Deutschland ausgestorbenen, verschollenen und gefährdeten Farn- und Blütenpflanzen und ihre Auswertung für den Arten- und Biotopschutz (= Schriftenreihe für Vegetationskunde 19). Bonn-Bad Godesberg: Bundesforschungsanstalt für Naturschutz und Landschaftsökologie.

Sukopp, Herbert/Wittig, Rüdiger (Hg.), 1993, Stadtökologie. Jena/Stuttgart: Gustav Fischer.

Tattersall, D., 1970, The Reclamation of Lancashire (Vortrag am 9. Dezember 1970 vor der Manchester Statistical Society). Manchester: Manchester Statistical Society.

de Tocqueville, Alexis, 1865, Oeuvres complètes. Publié par Madame de Tocqueville. Bd. VIII: Mélanges. Fragments Historiques. Paris: Michel Lévy Frères.

The Coalbrookdale Company Limited (ed.), 1959, Coalbrookdale 1709-1959. Verfasser: Arthur Raistrick. Coalbrookdale: The Coalbrookdale Company Limited.

Thein, Jean, 1995, Flächenrecycling und Kontamination. In: Genske / Noll (Hg.), a.a.O. 107-122.

Thies, Udo, 1989, Regionale Öffentlichkeitsarbeit zwischen Image und Realität. Zielsetzungen, Methoden und Ergebnisse dargestellt am Beispiel Ruhrgebiet. In: Deutscher Verband für Angewandte Geographie (Hg.), Das Ruhrgebiet im Wandel. Welchen Beitrag kann die Geographie leisten? (= Material zur Angewandten Geographie 17). Bochum: Deutscher Verband für Angewandte Geographie. 51-56.

Thiesies, Michael, 1994, Im Herzen des Ruhrgebietes: Der Emscher Park Wanderweg. Bottrop / Essen: Pomp.

Thomas, Emyr / Ironbridge Gorge Museum Trust, 1982, Report of the Honorary Secretary. The Origins of the Ironbridge Gorge Museum. Maschinenschriftlich. Bibliothek des Iron Bridge Gorge Museum Trust.

Thompson, Ian, 1994, The art of building ruins. In: Landscape Design 235, November 1994. 8-10.

Thompson, John, 1993, Life on the Edges. In: Landscape Design 227, February 1994. 43-44.

Thompson, Michael, 1981, Die Theorie des Abfalls. Über die Schaffung und Vernichtung von Werten (Garbage Theory, dt.). Stuttgart: Klett-Cotta.

Todt, Fritz, 1941, Vorwort. Zu: Seifert, a.a.O. 5.

Tony Cragg, 1983, Tony Cragg. Katalog. Bern: Kunsthalle Bern.

Toyka, Rolf, 1993, Bitterfeld. München: Prestel.

Trabant, Jürgen, 1994, Neue Wissenschaft von alten Zeichen: Vicos Sematologie. Frankfurt/M.: Suhrkamp.

Trafford M.B.C., 1996, Nature Conservation Strategy Trafford M.B.C. 1996-2001. Trafford: Trafford M.B.C.

Trauzettel, Ludwig, 1994, Das Dessau-Wörlitzer Gartenreich. Ideengut und Bewahrung einer frühen Landesverschönerung. In: Hermann Heckmann (Hg.), Berlin, Potsdam: Kunstlandschaft, Landeskultur, Bewahrung der Umwelt (= Aus Deutschlands Mitte 28). Weimar / Köln / Wien: Böhlau.

Trepl, Ludwig, 1987, Geschichte der Ökologie. Vom 17. Jahrhundert bis zur Gegenwart. Frankfurt/M.: Athenäum.

Trinder, Barrie S., 1981, The Industrial Revolution in Shropshire. London / Chichester: Phillimore. 1992, The Blackwell Encyclopedia of Industrial Archaeology. Oxford: Blackwell Publishers.

von Uexküll, Jakob, 1956, Bedeutungslehre. In: ders. u. Georg Kriszat, Streifzüge durch die Umwelten von Tieren und Menschen / Bedeutungslehre. Reinbek bei Hamburg: Rowohlt. 103-159.

Ullmann, Gerhard / Burckhardt, Lucius, 1981, Niemandsland – Stadtbrachen und wilde Gelände im Wohnbereich. In: Andritzky / Spitzer (Hg.), a.a.O. 110-115.

United Kingdom, 1985, World Heritage Concention. U.K. Nomination: Ironbridge Gorge. Maschinenschriftlich. Bibliothek des Ironbridge Gorge Museum Trust.

Usher, Michael B., 1994, Erfassen und Bewerten von Lebensräumen: Merkmale, Kriterien, Werte. In: ders. / Erz (Hg.), 17-47.

van de Velde, Henry, 1918, Drei Sünden wider die Schönheit. Zürich: Rascher.

Vences, Miguel, 1993, Kröten wollen nicht geschützt werden! Eine (weitere) Polemik gegen den Naturschutz. In: Kommune 7/1993. 33-45.

Venturi, Robert / Scott Brown, Denise / Izenour, Steven, 1972, Learning from Las Vegas. Cambridge/Mass.: The MIT Press.

Villeglé, François, 1971, »Die kollektive Realität ...« In: Dufrêne Hains Rotella Villeglé Vostell, Plakatabrisse aus der Sammlung Cremer. Stuttgart: Staatsgalerie Stuttgart. o.P.

Virilio, Paul, 1979, Der Urfall (Accidens originale). In: Tumult. Zeitschrift für Verkehrswissenschaft. 77-82.

Volney, Constantin Francois de, 1977, Die Ruinen oder Betrachtungen über die Revolutionen der Reiche. Mit einer Vorrede von Georg Foster (Les ruines, ou méditation sur les révolutions des empires, dt.) Frankfurt/M.: Syndikat.

Wagenbreth, Otfried, 1983, Der historische Faktor in der planmäßigen Gestaltung der Landschaft, am Beispiel technischer Denkmale aus den südlichen Bezirken der DDR. In: Wissenschaftliche Zeitschrift der Technischen Universität Dresden 32, Heft 5. 125-128.

Wagenbreth, Otfried / Wächtler, Eberhard (Hg.), 1983, Technische Denkmale in der Deutschen Demokratischen Republik. Leipzig: VEB Deutscher Verlag für Grundstoffindustrie.

Wagenbreth, Otfried / Wächtler, Eberhard, 1983, Aufgaben und Methodik der Pflege technischer Denkmale in der Deutschen Demokratischen Republik – eine Einführung. In: dies. (Hg.), a.a.O. 9-36.

Waldenfels, Bernd, 1986, Gänge durch die Landschaft. In: Smuda (Hg.), a.a.O. 29-43.

Walsh, Kevin, 1992, The representation of the past. Museums and heritage in the postmodern world. London / New York: Routledge.

Warren, Andrew / Goldsmith, Frank Barrie (eds.), 1983, Conservation in Perspective. Chichester u.a.: John Wiley & Sons.

Watkin, D., 1982, The English vision: The Picturesque in architecture, landscape and garden design. London: Murray.

Watts, Richard / Pearson, Rob / Rotherham, Ian, 1987, New Life for the Lower Don Valley. In: Landscape Design No. 165, February 1987. 16-19.

Wehdorn, Manfred, 1982, Die Baudenkmäler des Eisenhüttenwesens in Österreich. Trocken-, Röst- und Schmelzanlagen. Ein Beitrag zur industriearchäologischen Forschung. 2. neubearbeitete Auflage (= Technikgeschichte in Einzeldarstellungen 27). Düsseldorf: VDI-Verlag.

Wehling, Hans Werner unter Mitarbeit von Michael Frank und Karl-Heinz Freckmann, 1990, Werks- und Genossenschaftssiedlungen im Ruhrgebiet 1844-1939. Bd. 1: Kreis Wesel. Essen: Klartext.

Wehling, Hans Werner unter Mitarbeit von Michael Frank, 1994, Werks- und Genossenschaftssiedlungen im Ruhrgebiet 1844-1939. Duisburg-Rheinhausen, -Homberg/Ruhrort. Essen: Klartext.

Wells, Robert, 1994, Contaminated land case study: Wandgas site, London. In: Landscape Design No. 228. 26-27.

Welsch, Wolfgang, 1989, Adornos Ästhetik: eine implizite Ästhetik des Erhabenen. In: Pries (Hg.), a.a.O. 185-213.

Werkstatt Industrielles Gartenreich (Hg.), 1993, Jahresbericht 1992. Redaktion: Heike Brückner. Dessau: Stiftung Bauhaus Dessau.

Wey, Klaus Georg, 1982, Umweltpolitik in Deutschland. Kurze Geschichte des Umweltschutzes seit 1900. Opladen: Westdeutscher Verlag.

Whiffen, Marcus, 1958, The Public Buildings of Williamsburg. Colonial Capital of Virginia. Williamsburg: Colonial Williamsburg.

Wiese-von Ofen, Irene, 1984, Freiflächen – Brachflächen. Last oder Chance der Städte? In: Helmut Klausch et al, Flächenverbrauch und Wiedernutzung von Brachflächen. Beiträge zum Thema »Freiraum im Städtebau – neu gesehen« (= Schriftenreihe Landes- und Stadtentwicklungsforschung des Landes Nordrhein-Westfalen; Stadtentwicklung-Städtebau 2.049). Dortmund: ILS. 18-26.

Wildenmann, Rudolf (Hg.), 1989, Stadt, Kultur, Natur. Chancen zukünftiger Lebensgestaltung. Studie im Auftrag der Landesregierung Baden-Württemberg (= SGE 4). Baden-Baden: Nomos.

Williams, Stephanie, 1996, Docklands. Phaidon Architecture Guide. London: Phaidon Press. 3. verbesserte Auflage.

Wirtz, Rainer, 1994, Ent-Industrialisierung statt Strukturwandel? In: Strukturkrisen der Industriegesellschaft – Chancen für die Zukunft. Perspektiven zur Arbeitsmarkt-, Wirtschafts- und Stadtentwicklung. Ergebnisse der Aktionswoche Oberschöneweide (= Schriftenreihe der Senatsverwaltung für Arbeit und Frauen 6). Berlin: Senatsverwaltung für Arbeit und Frauen. 19-22.

Wölfflin, Heinrich, 1948, Kunstgeschichtliche Grundbegriffe. München: Münchener Verlag.

Wolkenkuckucksheim. Internationale Zeitschrift für Theorie und Wissenschaft der Architektur 2/1999, »Neue Kulturlandschaft. Arbeits- und Lebenswelt für die Zukunft«. www.theo.tu-cottbus.de/wolke.

Wolschke-Bulmahn, Joachim, 1993, Die Ästhetisierung der Landschaft in der bürgerlichen Jugendbewegung – oder: Brauchen wir eine ökologische Ästhetik? In: Hermand (Hg.), a.a.O. 189-197.

ders., 1996, Nature and Ideology: The Search for Identity and Nationalism in early 20th Century German Landscape Architecture (= AICGS Seminar Papers 17). Washington, DC: American Institute for Contemporary German Studies. The John Hopkins University.

Working Party on Industrial Archaeology, Ironbridge Gorge Museum Trust, 1967, Final Report. Maschinenschriftlich. Bibliothek des Ironbridge Gorge Museum Trust.

Woszniakowski, Jacek, 1987, Die Wildnis. Zur Deutungsgeschichte des Berges in der europäischen Neuzeit (Góry niewzruszone dt.). Frankfurt/M.: Suhrkamp.

Wünsche, Otto, 1928, Die Pflanzen Deutschlands. Leipzig / Berlin: Teubner. 12. Auflage.

Wyss, Beat, 1997, Trauer der Vollendung. Zur Geburt der Kulturkritik. Köln: DuMont. 3. durchgesehene Auflage.

Yates, Frances, 1966, The Art of Memory. London: Routledge and Kegan Paul.

Zimmermann, Jörg (Hg.), 1982, Das Naturbild des Menschen. München: Fink.

Zlonicky, Peter, 1991, Über den schwierigen Umgang mit sperrigen Gütern. In: Bauwelt 1991, Heft 24 (= Stadtbauwelt 1991). 1270-1276.

ders., 1991a, Die Brache als Chance. In: Werk, Bauen + Wohnen 1/2/1991. 28-33.

Danksagung

Dem Wissenschaftskolleg zu Berlin danke ich dafür, daß es mir mit einer Fellowship im Akademischen Jahr 1995/96 den Start in diese Arbeit leicht gemacht hat, der Deutschen Forschungsgemeinschaft danke ich für die Förderung dieser Untersuchung als Habilitationsprojekt und die Unterstützung der Publikation. Dem DAAD und dem Musée de l'Homme danke ich für einen kurzen, doch ergiebigen Studienaufenthalt in Paris, dem DAAK für die Einladung in sein German American Center for Visiting Scholars in Washington, DC.

Die dem Buch zugrundeliegende Habilitationsschrift ist in den Jahre 1996 bis 1998 entstanden, die überarbeitete Buchfassung im Frühjahr 2000.

Mein Dank für gute Gespräche, für Materialien, Hinweise und Geduld in dieser Zeit geht an Myrdene Anderson, Peter Arlt, Bob Aspinall, David A. Bell, Diana Bell, Louis Bergeron, Gisela Bock, Tim Collins, Sheena Crombie, Alain Dewier, Dieter E. Genske, Stijn van Genuchten, Thomas Görlinger, Christine Godt, David de Haan, Mike Haddon, Michael Hamann, Edith Hauser, Ernst-August Hauser, Stefan Hauser, Nicole Huber, Rolf Kania, Dimitris Karydas, Louisa Knox, Reinhard Krüger, Richard Law, Reinhard Meyer-Kalkus, Marijke Nas, Roz Park, Hans-Gerd Rudat, Serge Schneidermann, Marion Schuchardt, Joel Tarr, Michael Werner, Judith Wilke und viele anregende Diskutantinnen und Diskutanten meiner Themen und Thesen in Vortrags- und Lehrveranstaltungen. Vor allem danke ich den beiden konstantesten Kritikern, Hartmut Böhme und Thomas Sieverts.

Susanne Hauser

Kulturwissenschaften

Regina Bittner (Hg.)
Urbane Paradiese
Zur Kulturgeschichte modernen Vergnügens
2001. 200 Seiten, geb.
ISBN 3-593-36755-6

Anhand von Modellen und Bildern, die von der kompletten Herstellbarkeit der Welt erzählen, gehen die Autorinnen und Autoren in diesem Band dem Zusammenhang von moderner Massenkultur, Vergnügen und Urbanität nach. Damit nehmen sie die kulturellen und symbolischen Vorbilder in den Blick, aus denen städtische Erlebnisräume wie Vergnügungsparks, Urban Entertainment Center oder Shopping Malls heute ihre Anziehungskraft beziehen.

Dirk Matejovski (Hg.)
Metropolen
Laboratorien der Moderne
2000. 368 Seiten, geb.
ISBN 3-593-36600-2

Im Zentrum dieses Bandes stehen die Fragen, welche kulturellen, sozialen und ökonomischen Entwicklungen die Städte in Zukunft prägen werden und welche Rolle dabei die modernen Informations- und Kommunikationstechnologien spielen.

Gerne schicken wir Ihnen unsere aktuellen Prospekte:
Campus Verlag · Kurfürstenstr. 49 · 60488 Frankfurt/M.
Tel. 069/97 65 16-0 · Fax -78 · www.campus.de

campus
Frankfurt / New York

vgl. mod. Kunst

IBA – Ganzer: – Umbildg
Erinner-Raum – noch scheitert der
vorhandführte Blick – Umbildung des
Blicks, statt des Raumes 278 291
„das noch noch nicht verständl. Kunstwerk"
→ Konfliktreich, weil noch kein
  percepy. Konsens
– Neuinterpretation

IBA als im kün:
Kunstpädagogik
u. konzept./verstehen
Betriebs-
management

Deindustrialisierung gefährdet die Lohg.
keine Zeit f. percepy. Intgr. der Bewußtseinsbildg.
(allmähl.)
→ „symbol. Projekte" von oben + außen
„Auf diese Lohg. ist Ergebnis einer
Korrespondenz ② soll zur
Korresp. ① führen. u. gewertete Versöhnung" ??
(die Summe in Erinner-
Lohgpoli.")

IBA – Interpretation
d. Lohg „278 ff.

ist das nicht auf „eine instrumentalisierende

Walter Benjamins Lohgsblick
> „Lohg als Archiv/Museum/Antiquarium"   279
L Arno Sigharts Schmids   339

VS. Piepmeyer 279f. (Ende d. Kategorie Lohg
als Folge der nicht mehr kompensator.
[u. bewältigenden Neuersorge-
d. Fortschritts)
> Ästhetisierung als Invisibilisierung Abspaltung
des Nicht-Ästhetisierbaren 280
neue

Gegenmodells,

auf die
Einbildungs-Vorgän
kraft.   oder ?
oder als Akzeptiven ?
Stiftvermassen ??

! mehr
an Medi. Eignung s. hist.
Bearbeitung d. Lohg.
des Varietät
u. Entmystifizierung
u. wiss. Analogon d.
Psychother.
Tiefenanalyse

So wird Ruhrgebiet
eine Kulturlohg.
der 2Korresponden
– hat bisher
Unakzeptierbares i.d.
Stiftbericht.

instrumentalisierte
Kunst
zur Aktivierung d. Kreativität
d. Bewohner   ökon. u.a.
291

Über die äußeren, trostlosen Räume hinaus neuen Sinn zu verbreiten
291

Harmonie + Harmonisierung — Harmonie i.d.
Stadtedy.
Bergarbeitersiedl. es als
IBA-Vorbild

Namen f. Identität 263   338!

doppelte Korrespondenz   =Harmonie   ① Lohg + Subj. 269 ⌇ Zitat!
                                                    Hegel zu Ossian!
                                        ② Harmonie von Lohg v. sie
                                           erzeugenden Menschen
                                           Me-Natur-korr.
                                           Intentionsloses Erzeugtes 270

                                           Lohg als etwas
                                           ↓ die Bewohner d.
                                             Lohg sehen diese
                                             Korr. nicht! sind
                                             Teil von ihr.

veredelnd. Pfarrergarten
                                           (alten)   (nachträgl.)
                                        von der schlechten zur plazierbares
                                        guten Korrespondenz: projekt über derelict land
                                             dessen derartige visuelle
                                             Wirkungen beseitigt werden sollen.
Herder   277
Humboldt
Sckell (Sein→
Sollen)
274

                        ästhet. Erziehung 272
                        die der Char. einer gig.
                        public relations - Maßnahme
                        annimmt.
                                          um 1930
alte Lohgmalerei wird Vorbild der
Integration von { Techn. i.d. Lohg   275
                 { Lohgbez. Wirtschaftsweisen
                 { Lohg als objektiver Geist! 276
                        „Natur wird Geist"

'Aura u. Symbolhaft. d. Landmutter'

Symbole d. Schauwandels zu einer neu
(Genese) Gestltg. hin. Schaurichtung von Rau
Gewpung von Ldsf. (vgl. Renaissance-Stadtebau)

Verwandlung vorgefundener Geschichte in bloße
Natur 196

„Natur": „Ein Sack für unverarbeitete Geschichte" 200
man muß ethnol. damit umgehen 198

100% Natur vs. 100% Kultur : die gleiche Brache 201
(Industrie-)

Liste d. gefährdeten Biotope / Liste der gefährdeten
Arten

→ Keine
Industriebrachen-
Biotope

→ viele Arten, die
auf Industrie-
brachen
nachpanziern!
2

Brachevegetation : in neuen Designs!
„auf dem besten Wege, sich
unter die trivialen Gegenstände
einer Ästhetik d. Natur einzureih
217

Vereinfachung d. Ldsf. als Kompensation 259